NOVO CÓDIGO DE PROCESSO CIVIL

Coordenação
EDUARDO ARRUDA ALVIM
GEORGES ABBOUD
DANIEL WILLIAN GRANADO
ANGÉLICA ARRUDA ALVIM

NOVO CÓDIGO DE PROCESSO CIVIL

Autores

ANGÉLICA ARRUDA ALVIM
ANA CLAUDIA DOS SANTOS ROCHA
DANIEL COLNAGO RODRIGUES
DANIEL MARQUES DE CAMARGO
DANIEL WILLIAN GRANADO
EDUARDO ARRUDA ALVIM
EMMANUEL GUSTAVO HADDAD
FÁBIO PALLARETTI CALCINI
GELSON AMARO DE SOUZA
GEORGES ABBOUD
HYGOR GRECCO DE ALMEIDA
JOÃO PEREIRA MONTEIRO NETO
JOSÉ WILSON GONÇALVES
LEVI ROSA TOMÉ
LUCAS RISTER DE SOUSA LIMA
LUCIANO NOGUEIRA LUCAS
LUIZ MANOEL GOMES JUNIOR
LUIZ VICENTE PELLEGRINI PORTO
MARCELO AUGUSTO DA SILVEIRA
MARCELO CHIAVASSA DE MELLO PAULA LIMA
MIRIAM FECCHIO CHUEIRI
NATÁLIA SANCHEZ
NATALIA VIDIGAL FERREIRA CAZERTA
NELSON ROSSI
PAULO MAZZANTE DE PAULA
PETER PANUTTO
RACHEL LOPES QUEIROZ CHACUR
RENNAN FARIA KRÜGER THAMAY
SANDRO LUIZ DE OLIVEIRA ROSA
VLADIMIR JOSÉ MASSARO
WALLACE COUTO DIAS
ZAIDEN GERAIGE NETO

G|Z
EDITORA
Rio de Janeiro
2016

1ª edição – 2016
1ª edição – 2016 – 2ª tiragem

CIP – Brasil. Catalogação-na-fonte.
Sindicato Nacional dos Editores de Livros, RJ.

N843

Novo código de processo civil /Angélica Arruda Alvim ...[et. al.]; coordenação Eduardo Arruda Alvim ... [et al.]. - 1. ed. - Rio de Janeiro: LMJ Mundo Jurídico, 2015.
402 p.; 24 cm.

Inclui bibliografia e índice
ISBN 978-85-62027-75-8

1. Direito. 2. Processo civil - Brasil. I. Alvim, Angélica Arruda. II. Alvim, Eduardo Arruda.

15-25847 CDU: 347.91./95(81)

Av. Erasmo Braga, 299 – sala 202
CEP: 20020-000 – Rio de Janeiro – RJ
Tels.: (0XX21) 2240-1406 / 2240-1416 – Fax: (0XX21) 2240-1511
contato@editoragz.com.br
www.editoragz.com.br

Impresso no Brasil
Printed in Brazil

APRESENTAÇÃO

A presente obra reúne artigos sobre as principais modificações introduzidas pelo Código de Processo Civil de 2015 – Lei nº 13.105/2015 – e nela os coordenadores procuraram reunir contribuições de autores que apresentassem uma das seguintes características: 1) São advogados militantes; 2) São estudiosos do processo civil e 3) São vinculados a alguns dos mais destacados centros universitários do interior paulista. Assim, a obra apresenta textos das Faculdades Integradas de Ourinhos, do Centro Universitário Toledo de Presidente Prudente, da Universidade Metropolitana de Santos, das Faculdades Integradas de Itapetininga, da Faculdade de Direito de Franca, da Universidade Metodista de Piracicaba, da Pontifícia Universidade Católica de Campinas, da Universidade do Oeste Paulista, de Presidente Prudente, da Faculdade Anhanguera de Jacareí, da Universidade Paulista de São José do Rio Pardo, da Universidade Metodista, da Universidade de Ribeirão Preto, dentre outras renomadas instituições de ensino jurídico.

Autores conceituados normalmente procuram pedir apresentações ou prefácios a grandes doutrinadores, cuja autoridade intelectual serve para dar uma nota de excelência ao trabalho. Os autores que escreveram nesta obra coletiva, no entanto, além de estudiosos e professores, são operadores do direito e, em sua grande maioria, advogados.

Daí porque solicitaram esta apresentação, que é subscrita, antes de mais nada, por advogados que têm expressão na profissão e podem atestar a extrema utilidade prática que as reflexões aqui contidas trarão para aqueles que, a partir de Março de 2016, passarão a lidar no dia-a-dia de suas atividades forenses com o *novel* diploma.

É, pois, com satisfação, que apresentamos a público esta obra, que, além de conter reflexões aprofundadas sobre as modificações trazidas pelo Novo CPC, tem por escopo precípuo orientar o operador do direito sobre como enfrentar os problemas com os quais irá inexoravelmente se deparar.

Rodrigo de Farias Julião (Presidente da OAB – Subseção de Santos)

Rodrigo Lemos Arteiro (Presidente da OAB – Subseção de Presidente Prudente)

Roseli Oliva (Presidente da OAB – Subseção de Presidente Venceslau)

Luiz Guilherme Paiva Vianna (Presidente da OAB – Subseção de Taubaté)

Fernando Alves de Moura (Presidente da OAB – Subseção de Ourinhos)

Gerson Balielo Júnior (Presidente da OAB – Subseção de Santa Cruz do Rio Pardo)

Marcos de Mattos Martins (Presidente da OAB – Subseção de Sumaré)

Maria Lúcia Nigro (Presidente da OAB – Subseção de Itápolis)

Márcio Gonçalves (Presidente da OAB – Subseção de Penha de França)

João Luiz Pomar Fernandez (Presidente da OAB – Subseção de São Miguel Paulista)

Heleno de Lima (Presidente da OAB – Subseção de Ferraz de Vasconcelos)

PREFÁCIO

Depois de mais de quatro décadas de vigência, passando por inúmeras alterações, o Código de Processo Civil de 1973, denominado *Código Buzaid*, será revogado e entrará em vigor, a partir de março de 2016, o Novo Código de Processo Civil. Desde sua promulgação o velho Código foi exaltado e efetivamente atendeu aos anseios de seu tempo. Contudo, nos últimos anos, em razão das profundas transformações havidas na sociedade, além de aspectos atinentes a nossa cultura jurídica, por alguns considerada excessivamente *demandista*, com o objetivo explícito de tornar mais célere a prestação jurisdicional, sem prejuízo da segurança jurídica, aumentou o rol daqueles que defendiam a necessidade de uma reformulação total do Código de Processo Civil, sob os auspícios de que o velho, com as inúmeras alterações, perdera sua estrutura sistemática, transformando-se numa colcha de retalhos. É verdade que não faltavam aqueles que sustentavam a desnecessidade de um novo Código de Processo Civil, entendendo que seria suficiente uma consolidação das leis processuais. Enfim, sem tecer considerações sobre estes aspectos da questão, o certo é que acabou prevalecendo a opinião dos primeiros e adveio a Lei nº 13.105, sancionada em 16 de março de 2015, com *vacatio legis* pelo prazo de um ano.

Em linhas gerais, norteou a reforma, o fomento de soluções consensuais, com destaque para a conciliação e a mediação de conflitos, com exacerbada preocupação com a duração razoável do processo, sem olvidar de garantias constitucionalmente asseguradas e o inafastável respeito às garantias do *due process of law*, merecendo em alguns aspectos encômios e em outros posicionamentos críticos que já se manifestam, inclusive por omissões, como se deu com a não inclusão no texto legal da matéria atinente às tutelas de direitos transindividuais.

Com o objetivo de fazer uma primeira análise do Novo Estatuto Processual Civil, sob a coordenação do Prof. Dr. Eduardo Arruda Alvim, foram chamados a discorrer sobre os temas pertinentes à reforma, professores de direito dos mais diversos rincões do Estado de São Paulo e até mesmo alguns de outros Estados, cujo rol por ordem alfabética segue adiante, os quais congregam, basicamente, duas qualidades: ao mesmo tempo em que se destacam pela excelência no exercício da docência e da pesquisa científica do direito, são também advogados, porquanto ao conhecimento teórico-científico do direito processual, acrescentam nos seus estudos a prática processual, as agruras diárias daqueles que militam no Judiciário, com destacada importância pelo fato desta prática processual ir para além dos limites da atuação na capital e nos grandes centros, conhecendo também a realidade do interior.

A presente obra abarca temas relativos a princípios e normas fundamentais do direito processual civil, analisa inúmeros procedimentos e ações especificamente, diversos recursos e o próprio sistema recursal, esmiúça institutos processuais, tudo de forma crítica, revestida de profunda reflexão sobre a reforma e seus efeitos, tomando-se em conta, não só o ponto de vista teórico, como também aspectos práticos do processo civil no atual estágio da evolução do direito, dado aos atributos acima salientados dos autores, considerando necessidades do destinatário final da nova codificação, o jurisdicionado.

A obra apresenta estudos dedicados desde as denominadas *normas fundamentais*, destacando como elas reacendem a instrumentalidade do processo, com enfoque voltado para a segurança jurídica na prestação jurisdicional, até o realce que se tem para com a utilização de formas de maior respeito aos precedentes, para o que é preciso também a renovação de atitudes de todos que atuam na esfera judicial, com a adoção de tutelas com base na segurança jurídica dos precedentes vinculantes, que permitem controle difuso da constitucionalidade, demonstrando como isso aproxima o novo sistema processual do *common law* e permite maior controle de corrupção no Judiciário, inclusive salientando normas processuais que reconhecem a importância do Conselho Nacional de Justiça no cenário processual civil brasileiro, obrigando a cumprimento de metas, que confere poder fiscalizador a referido órgão. Na análise de tais questões, não passou a largo as críticas à chamada jurisprudência defensiva, com os impedimentos para admissibilidade de recursos para instâncias superiores, onde deve imperar o dever de cooperação entre os sujeitos processuais.

Relativamente aos recursos, os estudos insertos na obra demonstram que, da nova sistemática processual, espera-se que sejam instrumentos racionais de revisão das decisões judiciais, mantendo, no entanto, o mal necessário da remessa obrigatória, extinguindo-se recursos existentes no Código de Processo Civil revogado, como se deu com os embargos infringentes e o agravo retido, com a crítica, todavia, de que para tal, não se realizou qualquer estudo mais aprofundado sobre a necessidade ou não da extirpação de referidos recursos.

Indo além, os estudos que compõem a presente obra analisam pontualmente procedimentos importantes do direito processual civil, como o trâmite a que se sujeitam a tutela e a curatela, com a análise do disposto nos artigos 750 a 763 do Novo Código de Processo Civil, no qual foram tecidas considerações acerca da interdição no aspecto processual, o mesmo se dando em relação ao disposto no artigo 927, relativamente à jurisprudência vinculante, com pertinente abordagem crítica, assim como se fez com a prisão civil por inadimplemento de alimentos, tecendo considerações sobre os argumentos contrários e favoráveis a ela. De outro lado, também se demonstra como o Novo Código de Processo Civil não foi capaz de dar todas as respostas que o tema requer relativamente à *astreinte*.

De modo específico, a obra abrange o novo procedimento na ação monitória, com a inovação da possibilidade de pagamento em parcelas, a exemplo do que ocorre na execução e acolheu uma nomenclatura criticada pela melhor doutrina no que tange à dissolução parcial de sociedade, tendo, no entanto, o mérito de inserir o procedimento no sistema processual de modo a merecer aplausos, ao determinar que se proceda a prova pericial para avaliação da cota parte do sócio retirante ainda na fase de conhecimento do processo. Não faltou pormenorizado estudo sobre as ações destinadas a resolver conflitos no âmbito do Direito de Família, onde se deram alterações significativas no Novo Código, exaltando a mediação para solução de tais litígios.

Instituto processual como o da coisa julgada e os efeitos de decisões do Supremo Tribunal Federal posteriores sobre ela, passando pela ação rescisória, com controle concentrado da Corte Suprema sobre leis inconstitucionais, também integram a presente obra, sem deixar de dar destaque para a importância que tem a coisa julgada para a estabilidade e a segurança jurídica, o mesmo se dando com o procedimento relativamente à desconsideração da pessoa jurídica e sua forma incidental, permitindo que o sócio interessado tenha oportunidade de defesa, integrando efetivamente o pólo passivo do incidente e perquirindo sobre a responsabilidade patrimonial primária e secundária dele.

A análise crítica inserta nos estudos demonstra que a sentença, sua eficácia e efeitos no Novo Código de Processo Civil, poderiam ser sido melhor definidos, ao mesmo tempo em que se conclui que, no que tange à demora da prestação jurisdicional, pouco se inovou em termos de antecipação da tutela.

Em linhas gerais, de modo bastante resumido, as razões acima alinhavadas autorizam concluir o quanto será relevante levar a conhecimento público os estudos que compõem a presente obra, vindo a lume em boa hora, porque no momento em que todos que atual no Judiciário se deparam com imperativo de conhecimento do Novo Código de Processo Civil como ferramenta indispensável de trabalho e encontrarão nesses estudos fonte segura de informação e atualização da nova sistemática processual civil, principalmente porque trazem, não só as alterações e transformações, mas também porque trilham linha teórica que se destina a orientar mudança de paradigma, voltada para a grande e verdadeira inovação, consistente em direcionar a solução dos conflitos para meios amigáveis de composição e para a duração razoável do processo.

Odinei Rogério Bianchin
Advogado e Professor de Direito da UNESP

SOBRE OS AUTORES

ANGELICA ARRUDA ALVIM
Professora Regente de Direito Civil da Pontifícia Universidade Católica de São Paulo – PUC/SP. Lecionou no Curso de graduação da Faculdade Autônoma de Direito de São Paulo – FADISP. Coordenadora da Revista Autônoma de Direito Privado, da Editora Juruá. Membro do Conselho Editorial da Revista de Processo, da Editora RT e da Revista Forense. Advogada em São Paulo, Rio de Janeiro, Porto Alegre e Brasília.

ANA CLAUDIA DOS SANTOS ROCHA
Mestre em Direito Difuso; Especialista em Direito e Gestão Empresarial e em Gestão Pública de Cidades; Docente da Universidade Federal de Mato Grosso do Sul (UFMS).

DANIEL COLNAGO RODRIGUES
Mestrando em Direito Processual pela USP. Professor de Direito Processual Civil da Faculdade de Direito de Presidente Prudente/SP (Centro Universitário Toledo). Professor convidado nos Cursos de Pós-Graduação em Direito Civil e Processual Civil da Faculdade de Direito Damásio de Jesus, Complexo Educacional Renato Saraiva (CERS), Faculdade de Direito de Dracena/SP, Universidade Estácio de Sá, dentre outros. Coordenador e Professor da Escola Superior da Advocacia da 29ª Subseção da OAB/SP. Especialista em Direito Civil e Processual Civil pela Faculdade de Direito de Presidente Prudente/SP. Membro do CEAPRO. Advogado.

DANIEL MARQUES DE CAMARGO
Mestre em Ciência Jurídica UENP – Jacarezinho/PR. Professor universitário. Advogado OAB/SP. Autor do livro Jurisdição crítica e direitos fundamentais (2ª ed. Editora Núria Fabris, 2010). Coautor do livro Execução civil e temas afins – Do CPC/1973 ao novo CPC – estudos em homenagem ao Professor Araken de Assis (Editora Revista dos Tribunais, 2014).

DANIEL WILLIAN GRANADO
Doutorando e Mestre em Direito Processual Civil pela PUC/SP. Especialista em Direito Processual Civil pela PUC/SP. Professor de Direito Civil e Direito Processual Civil das Faculdades Metropolitanas Unidas – FMU. Membro do Instituto Brasileiro de Direito Processual – IBDP. Membro do Conselho Editorial da Revista Forense. Membro da Comissão Permanente de Estudos de Processo Constitucional do IASP. Coordenador Editorial e Membro Fundador da Academia de Pesquisas e Estudos Jurídicos – APEJUR. Advogado.

EDUARDO ARRUDA ALVIM
Doutor e Mestre em Direito Processual Civil pela Pontifícia Universidade Católica de São Paulo. Professor dos cursos de doutorado, mestrado, especialização e bacharelado da Pontifícia Universidade Católica de São Paulo – PUC/SP e da Faculdade Autônoma de Direito – FADISP. Acadêmico titular da Cadeira nº 20 da Academia Paulista de Direito. Membro do Instituto Brasileiro de Direito Processual. Membro do Instituto Iberoamericano de Derecho Procesal. Membro do Instituto Panamericano de Derecho Procesal. Membro da Comissão de Juristas do Senado Federal, incumbida da elaboração de Anteprojeto de Nova Lei de Arbitragem e Mediação. Presidente da Comissão Permanente de Estudos de Processo Constitucional do Instituto dos Advogados de São Paulo – IASP. Diretor da Revista Forense. Advogado.

EMMANUEL GUSTAVO HADDAD
Mestrando em Ciência Jurídica pela UENP. Professor Universitário. Advogado.

FÁBIO PALLARETTI CALCINI
Mestre e Doutor em Direito Constitucional pela PUC/SP. Ex-Membro da 2ª Seção do Conselho Administrativo de Recursos Fiscais (CARF) do Ministério da Fazenda. Membro da Comissão Especial de Direito Tributário do Conselho Federal da Ordem dos Advogados do Brasil – OAB. Diretor Jurídico Adjunto do Centro das Indústrias do Estado de São Paulo – CIESP. Membro da Comissão de Direito Constitucional da Ordem dos Advogados do Brasil – OAB – Seção de São Paulo/SP. Professor (EPD, FAAP, FGV-DIREITO/SP, IBET, CERS, COGEAE-PUC/SP, UEL, UNISEB/ESTÁCIO). Advogado.

GELSON AMARO DE SOUZA
Doutor em Direito pela PUC/SP. Membro do Instituto Panamericano de Derecho Procesal. Professor por concurso da Universidade Estadual do Norte do Paraná – UENP –Faculdade Estadual de Direito do Norte Pioneiro - Fundinopi (Campus de Jacarezinho) nos cursos de graduação e mestrado em Direito e da Faculdade de Direito da FAI de Adamantina. Ex-diretor, professor e coordenador de grupo de pesquisa científica da Faculdade de Direito Toledo. Procurador do Estado (aposentado). Advogado em Presidente Prudente-SP. E-mail: advgelson@yahoo.com.br - Site: www. gelsonamaro.com

GEORGES ABBOUD
Advogado sócio no escritório "Nery Advogados". Mestre e doutor em direitos difusos e coletivos pela Pontifícia Universidade Católica de São Paulo. Professor do mestrado e doutorado da FADISP.

HYGOR GRECCO DE ALMEIDA
Especialista em Direito Processual e Constitucional, Assessor Jurídico da Prefeitura Municipal de Andradina-SP, Presidente do Conselho Gestor do Programa de Desenvolvimento Econômico Sustentável de Andradina- PRODESAN e advogado.

JOÃO PEREIRA MONTEIRO NETO
Mestrando em Direito Processual pela USP. Especialista em Direito Processual Civil pelo Instituto Brasiliense de Direito Público. Advogado em Brasília.

JOSÉ WILSON GONÇALVES
Juiz de Direito do Estado de São Paulo – Professor Titular de Teoria Geral do Processo da Faculdade de Direito da Universidade Metropolitana de Santos
Mestrando em Direito Processual Civil pela PUC-SP

LEVI ROSA TOMÉ
Mestre em Ciência Jurídica UENP-Jacarezinho/PR. Professor universitário. Juiz do Trabalho-TRT-15ª Região. Autor do livro Menos forma, mais justiça: a necessária simplificação do processo (Editora Lumen Juris, 2014). Coautor dos livros Agências reguladoras como fator de inclusão social (Verbatim 2013) e Terceiro setor, ONGs – questões críticas (Verbatim, 2013).

LUCAS RISTER DE SOUSA LIMA
Advogado. Especialista e Mestre em Direito Processual Civil pela PUC-SP.
Email: lucas@zuleicarister.adv.br

LUCIANO NOGUEIRA LUCAS
Bacharel em Ciências Jurídicas e Sociais pela Universidade Estadual Paulista "Julio de Mesquita Filho" - UNESP. Mestre e Doutor em Direito pela Faculdade Autônoma de Direito - FADISP. Professor de Direito da Fundação Karnig Bazarian – Faculdades Integradas de Itapetininga. Advogado em São Paulo.

LUIZ MANOEL GOMES JUNIOR
Mestre e Doutor em Direito pela PUC/SP. Professor nos Programas de Mestrado em Direito da Universidade de Itaúna (UIT-MG), da Universidade Paranaense (Unipar-PR) e dos cursos de Pós-graduação da PUC/SP (Cogeae) e da Escola Fundação Superior do Ministério Público do Mato Grosso (FESMP-MT). Atuou como Consultor da Organização das Nações Unidas (2008-2010) e Pesquisador do Conselho Nacional de Justiça – CNJ (2013-2014). Advogado

LUIZ VICENTE PELLEGRINI PORTO
Juiz de Direito aposentado. Advogado em São José do Rio Pardo.

MARCELO AUGUSTO DA SILVEIRA
Mestre em Direito Público com dissertação em Processo – Civil – UNIFRAN – 2002. Professor concursado de Direito Processual Civil na Faculdade de Direito de Franca. Coordenador da Escola Superior da Advocacia – ESA – núcleo franca. Ex-professor de Processo Civil dos cursos de graduação e pós graduação da universidade de franca. Autor de livros e artigos jurídicos. Palestrante em Cursos de Direito Processual Civil da OAB-SP. Ex-professor de Direito Processual Civil na Universidade de Uberaba – UNIUBE. Advogado militante

MARCELO CHIAVASSA DE MELLO PAULA LIMA
Mestrando em Direito Civil na PUC-SP. Pós-Graduando em Direito Civil Italiano e Europeu na Scuola di Specializzazione dell'Università Degli Studi di Camerino (UNICAM). Especialista em Direito Contratual pela PUC-SP. Bacharel em Direito pela PUC-SP. Membro do Instituto de Direito Privado (IDP) e da Associação de Advogados de São Paulo (AASP). Membro do Grupo de Pesquisa "As relações jurídicas privadas e a dignidade da pessoa humana" da PUC/SP. Advogado.

MIRIAM FECCHIO CHUEIRI
Doutora em Direito pela PUC-SP e Mestre em Direito pela UEL – Universidade Estadual de Londrina – Professora no curso de Mestrado em Direito Processual e Cidadania e Diretora Geral da Universidade Paranaense – Campus de Cianorte (UNIPAR-PR)

NATÁLIA SANCHEZ
Advogada formada em 2007 pela Universidade Metodista de Piracicaba (UNIMEP), atuante desde 2008, sócia proprietária de Escritório de Advocacia na Cidade de Santa Bárbara D'Oeste. Atuante nas seguintes áreas: Família e Sucessões Contratual, Empresarial e Societário, Trabalhista, Marcas e Patentes.
Especialista em Direito do Idoso, Diabéticos e Lei Maria da Penha, com várias palestras ministradas sobre o tema, inscrita no Convênio da Defensoria Pública com a Ordem dos Advogados do Brasil.
Cargos que ocupa na OAB/SP: Presidente da Comissão da Mulher Advogada da OAB 126ª Subseção desde 2009 até os dias atuais e Presidente da Comissão de Ética e Disciplina da OAB 126ª Subseção vinculada ao TED XV, na qual permaneceu por quatro anos.

NATALIA VIDIGAL FERREIRA CAZERTA
Advogada. Especialista em Direito Processual Civil pela PUC-SP.
Email: natalia@hage.adv.br

NELSON ROSSI
Formado em Direito pela PUCCAMP (1984). Especialista em Direito Processual Civil pela PUCCAMP (1989). Especialista em Direito Civil pela PUCCAMP(1990). Mestre em Direito Processual Civil pela PUCSP (1996). Professor de Direito Processual Civil da UNIMEP de Piracicaba, SP. Advogado.

PAULO MAZZANTE DE PAULA

Advogado. Mestre em Direito pela Universidade Estadual do Norte do Paraná (Jacarezinho). Especialista em Processo Civil pelas Faculdades Integradas de Ourinhos. Graduado em direito pela Instituição Toledo de Ensino (Bauru). Professor de Direito do Trabalho das Faculdades Integradas de Ourinhos (FIO). Professor convidado da Escola Superior de Advocacia (ESA) da OAB/SP, Núcleo de Marília; pelo programa de Pós Graduação "Lato Sensu", especialização em Direito Trabalhista e Previdenciário da UNIVEM (Marília) e FADAP (Tupã): e-mail: pmp.adv@globo.com

PETER PANUTTO

Diretor e professor de Direito Processual Civil da Faculdade de Direito da Puc-Campinas. Doutorando e Mestre em Sistema Constitucional de Garantia de Direitos pela Instituição Toledo de Ensino – ITE – Bauru/SP. Membro da Comissão de Educação Jurídica da OAB/SP. Advogado.

RACHEL LOPES QUEIROZ CHACUR

Mestre em Direito Processual Civil pela Universidade do Oeste Paulista. Especialista na área de Direito Processual Civil pela Universidade do Oeste Paulista. É especialista na área de Direito Civil e Direito Processual Civil pela Escoa Superior de Advocacia OAB/SP. Aperfeiçoamento de Elaboração de Materiais e Produção de Textos – EaD – Universidade do Oeste Paulista. Aperfeiçoamento do Curso de Métodos Alternativos de Resolução de Conflitos e Negociações empresariais - UnB. É professora titula de Direito Processual Civil e Prática Jurídica. Coordenadora dos Cursos "Lato-Sensu", na área jurídica. Docente dos Cursos "Lato-Sensu" de Direito, Medicina do Tráfego, Perícia Forense e Psicologia do Trânsito. Coordena e orienta os Projetos de Iniciação Científica e Trabalhos de Conclusão de Cursos da Graduação e Pós-Graduação. Participa do Grupo de Pesquisa – CNPq. Parecerista de Revista Nacionais. Participou do Comitê de Ética em Pesquisa e Comitê de Uso e Experimentação em Animais. Membro do Núcleo Docente Estruturante do Curso de Direito e Membro do Comitê Assessor de Pesquisa Institucional. Membro Permanente da Comissão de Avaliação Institucional. Assessora da Pró-Reitoria e Pós-Graduação e da Pró-Reitoria de Extensão e Ação Comunitária. Membro da Câmara de Pós-Graduação, Pesquisa, Extensão e Ação Comunitária da Universidade do Oeste Paulista. É Professora convidada e tutora da Universidade do Sul de Santa Cantarina – EaD UNISUL. É Professora convidada da Universidade de Brasília – UnB. Membro Permanente do Centro Avançado de Estudos de Estudos de Processo (CEAPRO). Advogada.

RENNAN FARIA KRÜGER THAMAY

Pós-Doutorado pela Universidade de Lisboa. Doutor em Direito pela PUC/RS e Università degli Studi di Pavia. Mestre em Direito pela UNISINOS e pela PUC Minas. Especialista em Direito pela UFRGS. Professor de cursos preparatórios para concursos públicos. É Professor do programa de graduação e pós-graduação (Doutorado, Mestrado e Especialização) da FADISP. É Professor assistente (visitante) do programa de graduação da USP. Foi Professor do programa de graduação e pós-graduação (lato sensu) da PUC/RS. Membro do IAPL (International Association of Procedural Law), do IIDP (Instituto Iberoamericano de Derecho Procesal), do IBDP (Instituto Brasileiro de Direito Processual), IASP (Instituto dos Advogados de São Paulo), da ABDPC (Academia Brasileira de Direito Processual Civil), do CEBEPEJ (Centro Brasileiro de Estudos e Pesquisas Judiciais). Membro do Grupo de Processo Constitucional do IASP. Membro do corpo editorial da Revista Opinião Jurídica da Unichristus de Fortaleza. Advogado, consultor jurídico e parecerista.

SANDRO LUIZ DE OLIVEIRA ROSA

Mestrado pela Faculdade Autônoma de Direito – FADISP. Coordenador e Professor do Curso de Direito da Faculdade Anhanguera de Jacareí. Especialista em Direito Penal e Processual Penal pela Unisal Lorena. Especialista em Didática do Ensino Superior pela Uniderp. Professor convidado da Pós-graduação presencial em Direito Processual da Fundação de Ensino e Pesquisa de Itajubá (MG) – FEPI. Ex-professor convidado da Pós-graduação presencial em Auditoria e Perícia Contábil da Faculdade

Anhanguera de Jacareí. Ex-professor do Curso Resultado de Taubaté/SP (destinado a preparação para o Exame de Ordem). Autor de materiais didáticos-pedagógicos e institucionais na Anhanguera Educacional. Advogado.

VLADIMIR JOSÉ MASSARO
Juiz de Direito aposentado. Advogado em São José do Rio Pardo. Especialista em Direito Processual Civil. Professor de Direito Processual Civil da UNIP de São José do Rio Pardo.

WALLACE COUTO DIAS
Mestre com ênfase em Processo Civil pela Pontifícia Universidade Católica de São Paulo. Especialista em Direito Civil pela Universidade Presbiteriana Mackenzie e em Direito Processual Civil pela Universidade Municipal de São Caetano do Sul. Membro da Academia Brasileira de Direito Processual Civil. Advogado e professor de processo civil na Universidade Metodista.

ZAIDEN GERAIGE NETO
Doutor e Mestre em Direito pela PUC/SP. Graduado em Direito também pela PUC/SP. Professor de Direito do Mestrado da Universidade de Ribeirão Preto/SP – UNAERP. Professor convidado do curso presencial de pós-graduação "lato sensu" em Direito Processual Civil da Faculdade de Direito da USP – Ribeirão Preto (FDRP/USP). MBA Executivo pela FGV (Fundação Getúlio Vargas). Membro efetivo e Diretor de Relações Institucionais do IASP (Instituto dos Advogados de São Paulo). Membro das Comissões de Processo Constitucional e Bioética do IASP. Membro efetivo do IAB (Instituto dos Advogados Brasileiros). Parecerista e consultor da revista do Conselho da Justiça Federal. Autor e co-autor de diversos livros e artigos. Advogado.

SUMÁRIO

Apresentação V
Prefácio VII
Sobre os autores IX

1. O Novo Código de Processo Civil e as Disposições Comuns à Tutela e à Curatela
Eduardo Arruda Alvim / Daniel Willian Granado/ Angelica Arruda Alvim 1

2. A necessária compreensão hermenêutica para correta aplicação do art. 927 do CPC/2015
Georges Abboud 9

3. Agravo de Instrumento no Novo CPC
Marcelo Augusto da Silveira 15

4. Coisa Julgada, Rescindibilidade, Inexigibilidade e Alterabilidade
Fábio Pallaretti Calcini 41

5. Ainda sobre a desconsideração da personalidade jurídica: responsabilidade patrimonial primária ou secundária?
Daniel Colnago Rodrigues / João Pereira Monteiro Neto 53

6. Normas fundamentais do processo civil – enfoque na segurança jurídica e nos precedentes judiciais
Daniel Marques de Camargo / Levi Rosa Tomé 73

7. Jurisprudência defensiva e insegurança jurídica
Emmanuel Gustavo Haddad 99

8. As polêmicas atreladas à prisão decorrente da inadimplência de prestação alimentar no Novo Código de Processo Civil
Ana Cláudia dos Santos Rocha / Hygor Grecco de Almeida 113

9. Nova Ação Monitória – CPC de 2015
José Wilson Gonçalves 131

10. "Astreinte" – A forma de intimação do obrigado e a (im)possibilidade de modificação do valor fixado no Novo CPC
Lucas Rister de Sousa Lima / Natália Vidigal Ferreira Cazerta 157

11. A chamada ação de dissolução parcial de sociedade no Novo Código de Processo Civil
Luciano Nogueira Lucas 173

12. A demora na entrega da prestação jurisdicional e a antecipação de tutela
Vladimir José Massaro / Luiz Vicente Pellegrini Porto 201

13. O Novo Código de Processo Civil – Anotações sobre o sistema recursal
Luiz Manoel Gomes Júnior / Miriam Fecchio Chueiri 213

14. O Direito de Família face ao Novo Código de Processo Civil
Natália Sanchez 229

15. Considerações sobre os princípios da concentração e preclusão e o Novo CPC
Nelson Rossi 241

16. A tutela da segurança jurídica através dos precedentes judiciais vinculantes no Novo CPC
Peter Panutto 265

17. Eficácia da sentença e o recurso com efeito suspensivo no Novo Código de Processo Civil
Gelson Amaro de Souza / Paulo Mazzante de Paula 285

18. Aparente antinomia das tutelas de evidências e das tutelas de urgência no Novo Código de Processo Civil face às demandas de novos direitos
Rachel Lopes Queiroz Chacur 303

19. O instituto da coisa julgada: sistemática atual e considerações sobre o Novo CPC
Rennan Faria Krüger Thamay / Marcelo Chiavassa de Mello Paula Lima 319

20. A função do Conselho Nacional de Justiça no Novo Código de Processo Civil (Lei 13.105, de 16 de março de 2015)
Sandro Luiz de Oliveira Rosa 339

21. Desconsideração da pessoa jurídica na forma incidental
Wallace Couto Dias 357

22. Os 25 anos da Constituição de 1988: passado, presente e futuro
Zaiden Geraige Neto 377

O NOVO CÓDIGO DE PROCESSO CIVIL E AS DISPOSIÇÕES COMUNS À TUTELA E À CURATELA

Eduardo Arruda Alvim
Daniel Willian Granado
Angelica Arruda Alvim

SUMÁRIO: 1. Introdução. **2.** Generalidades a respeito da interdição. **3.** A sentença na interdição. **4.** O levantamento da interdição. **5.** Os regimes da tutela e da curatela – nomeação do tutor e curador. **6.** Remoção e exoneração do tutor ou curador. 7. Bibliografia.

1. INTRODUÇÃO

Pretendemos, por intermédio deste trabalho, investigar as denominadas "Disposições Comuns à Tutela e à Curatela", previstas na Seção X, do Capítulo XV, do Título III, do Livro I, da Parte Especial, da Lei nº 13.105, de 16 de Março de 2015, o Novo Código de Processo Civil. Buscaremos, portanto, analisar o disposto nos arts. 759 a 763, de aludido Diploma Legal, apontando, quando for o caso, as principais modificações que serão implementadas, por ocasião de sua entrada em vigor.

Iniciaremos nossa análise com alguns apontamentos a respeito da interdição no Novo Código de Processo Civil. Sucessivamente, veremos os casos que estão sujeitos à tutela e à curatela, bem como o regime trazido pela nova legislação.

2. GENERALIDADES A RESPEITO DA INTERDIÇÃO

A Seção IX, do Capítulo XV, do Título III, do Livro I, da Parte Especial do Código de Processo Civil regulamenta o processo de interdição. O reconhecimento da incapacidade absoluta ou relativa das pessoas que estejam elencadas nas hipóteses dos arts. 3º e 4º, do Código Civil com exclusão daquelas decorrentes do fator idade (arts. 3º, I e 4º, I, ambos do CC/02) se dá por intermédio da interdição.

O Código Civil, no art. 1.767, cuida das pessoas sujeitas à curatela. Trata-se da pessoa que vem a sofrer a interdição. São as seguintes pessoas: (*a*) aqueles que, por enfermidade ou deficiência mental, não tiverem o necessário discernimento para os atos da vida civil; (*b*) aqueles que, por outra causa duradoura, não puderem exprimir sua vontade; (*c*) os deficientes mentais, os ébrios habituais e os viciados em tóxicos; (*d*) os excepcionais sem completo desenvolvimento mental; (*e*) os pródigos.

De seu turno, trata ainda o art. 1.779 do CC/02, da curatela relativa ao nascituro nos casos em que o pai falece estando grávida a mulher que não detenha o poder familiar. Assim, também, segundo o Código Civil, sujeita-se à curatela o enfermo ou portador de deficiência física para cuidar de todos ou alguns de seus negócios ou bens.

De outro lado, o art. 1.780 do CC/2002 dispõe a respeito da curatela do enfermo ou portador de deficiência física para cuidar de todos ou alguns de seus negócios ou bens.

3. A SENTENÇA NA INTERDIÇÃO

A sentença de procedência da interdição conduz à nomeação de curador ao interditando. Há divergências a respeito de sua natureza jurídica, se constitutiva ou declaratória, na medida em que a sentença da interdição se reporta a um momento preexistente, da ocorrência da incapacidade do interdito.[1]

---

1 "RECURSO ESPECIAL. AÇÃO DE RECONHECIMENTO DE UNIÃO ESTÁVEL. 1. ALEGAÇÃO DE RELAÇÃO DURADOURA, CONTÍNUA, NOTÓRIA, COM PROPÓSITO DE CONSTITUIR FAMÍLIA SUPOSTAMENTE ESTABELECIDA ENTRE PESSOA ABSOLUTAMENTE INCAPAZ, INTERDITADA CIVILMENTE, E A DEMANDANTE, CONTRATADA PARA PRESTAR SERVIÇOS À FAMÍLIA DO REQUERIDO. 2. ENFERMIDADE MENTAL INCAPACITANTE, HÁ MUITO DIAGNOSTICADA, ANTERIOR E CONTEMPORÂNEA AO CONVÍVIO DAS PARTES LITIGANTES. VERIFICAÇÃO. INTUITU FAMILIAE. NÃO VERIFICAÇÃO. MANIFESTAÇÃO DO PROPÓSITO DE CONSTITUIR FAMÍLIA, DE MODO DELIBERADO E CONSCIENTE PELO ABSOLUTAMENTE INCAPAZ. IMPOSSIBILIDADE. 3. REGRAMENTO AFETO À CAPACIDADE CIVIL PARA O INDIVÍDUO CONTRAIR NÚPCIAS. APLICAÇÃO ANALÓGICA À UNIÃO ESTÁVEL. 4. RECURSO ESPECIAL PROVIDO.

1. Controverte-se no presente recurso especial sobre a configuração de união estável entre o demandado, pessoa acometida de esquizofrenia progressiva, cujo diagnóstico fora constatado já no ano de 1992, e que, em ação própria, ensejou a declaração judicial de sua interdição (em 24.5.2006), e a demandante, contratada, em 1985, pelos pais do requerido para prestar serviços à família.

Discute-se, nesse contexto, se, a despeito do estreitamento do convívio entre as partes, que se deu sob a mesma residência, na companhia dos pais do requerido, por aproximadamente vinte anos, seria possível inferir o propósito de constituir família, pressuposto subjetivo para a configuração da união estável.

2. Ressai evidenciado dos autos que a sentença de interdição, transitada em julgado, reconheceu, cabalmente, ser o ora recorrente absolutamente incapaz de discernir e compreender os atos da vida civil, o que, por consectário legal, o torna inabilitado, por si, de gerir sua pessoa, assim como seu patrimônio, nos termos do artigo 3º, II, da lei substantiva civil 2.1. Sem adentrar na discussão doutrinária, e até jurisprudencial, acerca da natureza da sentença de interdição civil, se constitutiva ou se declaratória, certo é que a decisão judicial não cria o estado de incapacidade. Este é, por óbvio, preexistente ao reconhecimento judicial.

Nessa medida, reputar-se-ão nulos os atos e negócios jurídicos praticados pelo incapaz anteriores à sentença de interdição, em se comprovando que o estado da incapacidade é contemporâneo ao ato ou negócio a que se pretende anular. Em relação aos atos e negócios jurídicos praticados pessoalmente pelo incapaz na constância da curadoria, estes afiguram-se nulos, independente de prova.

2.2. Transportando-se o aludido raciocínio à hipótese dos autos, em que se pretende o reconhecimento do estabelecimento de união entre as partes litigantes, a constatação do estado de absoluta incapacidade do demandado durante o período de convivência em que a suposta relação teria perdurado enseja a improcedência da ação.

2.3. Sobressai dos autos, a partir do que restou apurado na presente ação, assim como na ação de interdição, que a enfermidade mental incapacitante do recorrente, cujo diagnóstico há muito fora efetuado, não é apenas contemporânea à suposta relação estabelecida entre os litigantes, mas também

A nomeação do curador deverá respeitar a ordem prevista no art. 1.775 do CC/02. Assim, terá preferência o cônjuge ou companheiro, não separado judicialmente ou de fato. Na falta de cônjuge ou companheiro, deve ser nomeado o pai ou a mãe. Na falta destes, deverá ser nomeado o descendente que demonstrar maior aptidão, sendo que os descendentes mais próximos precedem os mais remotos. Na falta de qualquer dessas pessoas (cônjuge, ascendentes e descendentes), compete ao juiz a escolha do curador, devendo-se mencionar que o curador poderá ser o próprio requerente da interdição e que a curatela deve ser atribuída a quem melhor possa atender aos interesses do curatelado.

O art. 1.783 do CC/02 estatui que quando o curador for o cônjuge e o regime de bens do casamento for de comunhão universal, não será obrigado à prestação de contas, salvo determinação judicial.

Oportunidade mencionar ainda que a autoridade do curador estende-se à pessoa e aos bens dos filhos do curatelado, se menores de idade (art. 1.778, do CC/02). O CPC, nessa linha, dispõe que havendo, ao tempo da interdição, pessoa incapaz sob a guarda e a responsabilidade do interdito, o juiz atribuirá a curatela a quem melhor puder atender aos interesses do interdito e do incapaz.

Na sentença de interdição, o magistrado também deverá estabelecer os limites da curatela, segundo o estado e o desenvolvimento mental do interdito. Também deverá considerar na sentença as características pessoais do interdito, observando suas habilidades, potencialidades, habilidades e preferências.

A interdição do pródigo só o privará de, sem curador, emprestar, transigir, dar quitação, alienar, hipotecar, demandar ou ser demandado, e praticar, em geral, os atos que não sejam de mera administração (art. 1.782 do CC/02).

Deve ser dada ampla publicidade à sentença da interdição. Nesse contexto, a sentença de interdição deverá ser registrada no Cartório de Registro das Pessoas Naturais e publicada na *internet*, na página virtude do Tribunal onde o Juízo estiver vinculado, bem como na plataforma de editais do CNJ, onde permanecerá por seis meses.

---

anterior a ela, circunstância consabida por todos os familiares do demandado, e, especialmente, pela demandante.

2.4. Nesse contexto, encontrando-se o indivíduo absolutamente inabilitado para compreender e discernir os atos da vida civil, também estará, necessariamente, para vivenciar e entender, em toda a sua extensão, uma relação marital, cujo propósito de constituir família, por tal razão, não pode ser manifestado de modo voluntário e consciente.

3. Especificamente sobre a capacidade para o estabelecimento de união estável, a lei substantiva civil não dispôs qualquer regramento. Trata-se, na verdade, de omissão deliberada do legislador, pois as normas relativas à capacidade civil para contrair núpcias, exaustivamente delineadas no referido diploma legal, são in totum aplicáveis à união estável. Assim, aplicando-se analogicamente o disposto no artigo 1.548, I, do Código Civil, afigurar-se-ia inválido e, por isso, não comportaria o correlato reconhecimento judicial, o suposto estabelecimento de união estável por pessoa acometida de enfermidade mental, sem ostentar o necessário discernimento para os atos da vida civil.

4. Recurso provido, restabelecendo-se a sentença de improcedência"

(STJ, REsp 1414884/RS, Rel. Ministro Marco Aurélio Bellizze, 3ª Turma, julgado em 03/02/2015, DJe 13/02/2015).

Ao lado disso, deverá a sentença ser publicada na imprensa local por uma vez e no órgão oficial por três vezes, com intervalo de dez dias, devendo constar do edital os nomes do interdito e do curador, a causa da interdição, os limites da curatela e, não sendo total a interdição, os atos que o interdito poderá praticar autonomamente.

Caberá apelação contra a sentença de interdição. A apelação não terá efeito suspensivo (CPC, art. 1.012, § 1º, VI). Em sentido similar, dispunha o art. 1.773, do CC/02, revogado pelo art. 1.072, II, que a sentença que declara a interdição produz efeitos desde logo, embora sujeita a recurso.

4. O LEVANTAMENTO DA INTERDIÇÃO

Nos termos do art. 758, impõe-se ao curador o dever de buscar tratamento e apoio apropriados à conquista da autonomia pelo interdito. Em tese, a curatela deve ser provisória, de modo que se houver meios de recuperar o interdito, nos termos do que consta do art. 1.776, do CC/02, deve o curador envidar todos os esforços possíveis para tanto. Contudo, ainda que a conquista de autonomia pelo interdito seja impossível, o curador deverá diligenciar sempre em busca da proteção de seus interesses, inclusive, por meio de apoio ao interdito.

A interdição poderá ser levantada quando cessar a causa que a tiver determinado.[2] Poderá ainda ser levantada parcialmente quando demonstrada a capacidade do interdito para praticar alguns dos atos da vida civil.

De acordo com o art. 756, o requerimento de levantamento pode ser formulado pelo próprio interdito, pelo curador ou ainda pelo Ministério Público, devendo-se apensá-lo aos autos da interdição.

Em seguida, deverá ser feita perícia, inclusive por equipe multidisciplinar, se for o caso, a respeito da sanidade do interdito. Entregue o laudo, será designada audiência de instrução e julgamento.

O acolhimento do levantamento da interdição se dá por meio de sentença, à qual deverá ser dada a mais ampla publicidade, nos termos do art. 755, § 3.º, a saber, publicada na *internet*, na página virtude do Tribunal onde o Juízo estiver vinculado, bem como na plataforma de editais do CNJ, onde permanecerá por seis meses.

Ao lado disso, deverá a sentença ser publicada na imprensa local por uma vez e no órgão oficial por três vezes, com intervalo de dez dias. Além disso, a sentença de levan-

---

2 "LEVANTAMENTO DE INTERDIÇÃO. JULGAMENTO ANTECIPADO. DISPENSA DE NOVO INTERROGATÓRIO E DA REALIZAÇÃO DA AUDIÊNCIA DE INSTRUÇÃO E JULGAMENTO.
– Tratando-se de questão de direito e de fato, não havendo necessidade de produzir-se prova em audiência, é permitido ao Magistrado julgar antecipadamente a lide.
– Em matéria de cunho probatório, não há preclusão para o Juiz.
Recurso especial não conhecido"
(STJ, REsp 431.941/DF, Rel. Ministro Barros Monteiro, 4ª Turma, julgado em 01/10/2002, DJ 25/11/2002, p. 241).

tamento da interdição deverá ser averbada no Cartório de Registro de Pessoas Naturais (art. 104 da Lei nº 6.015/73 e § 3º, do art. 756).

5. OS REGIMES DA TUTELA E DA CURATELA - NOMEAÇÃO DO TUTOR E CURADOR

Conforme dito, se a incapacidade não decorrer do fator idade, a assistência ou representação do incapaz competirá ao curador, a teor do art. 1.774, do CC/02. Nesse particular, sobressai a importância da análise da interdição, que fizemos linhas atrás, que culmina, dentre outras consequências, com a nomeação de curador ao interdito.

De outro lado, o regime da tutela vem previsto nos arts. 1.728 e ss., do CC/02. Se a incapacidade defluir do fator idade, a representação, em caso de incapacidade absoluta, ou a assistência, em caso de incapacidade relativa, deverão competir aos pais, nos termos do art. 1.634, V, do CC/02. Contudo, caso os pais sejam falecidos, declarados ausentes ou, ainda, se decaírem do poder familiar, os filhos menores deverão ser submetidos à tutela. É o que dispõe o art. 1.728, do CC/02. Nesse caso, a assistência ou a representação dos menores será feita pelo tutor. De outro lado, se a incapacidade não decorrer do fator idade, a assistência ou representação do incapaz competirá ao curador, a teor do art. 1.774, do CC/02.

O art. 759 do CPC cuida do compromisso a ser prestado pelo tutor ou curador, nos casos sujeitos à tutela ou curatela. Uma vez nomeado o tutor ou curador, nos casos em que a lei dispõe, deverão prestar compromisso.

O compromisso consiste em afirmar o exercício da tutela ou curatela de forma correta, nos interesses do tutelado ou curatelado. O prazo para prestar o compromisso é de cinco dias, contado da nomeação feita em conformidade com a lei ou da intimação da decisão que mandar cumprir o testamento ou o instrumento público que o houver instituído. Essa última hipótese aplica-se ao tutor instituído por testamento, nos termos dos arts. 1.634, IV e 1.729, Parágrafo único, do Código Civil. O compromisso deve ser prestado por termo em livro rubricado pelo juiz. A assunção da administração dos bens do tutelado e do curatelado se dá a partir do momento em que o compromisso é prestado.

Nos termos do art. 1.752 do CC/02, o tutor ou curador nomeados têm direito à percepção de remuneração pela administração do patrimônio do tutelado ou curatelado.[3]

---

3 "PROCESSUAL CIVIL. CIVIL. RECURSO ESPECIAL. INTERDIÇÃO. REMUNERAÇÃO DO CURADOR. FIXAÇÃO JUDICIAL. NECESSIDADE. RETENÇÃO DE RENDAS DO INTERDITO. POSSIBILIDADE.

1. O curador tem direito de receber remuneração pela administração do patrimônio do interdito, à luz do disposto no art. 1.752, caput, do CC-02, aplicável ao instituto da curatela, por força da redação do art. 1.774 do CC-02.
2. Afigura-se, no entanto, indevida a fixação realizada pelo próprio curador e a consequente retenção de rendas do interdito.
3. A remuneração do curador deverá ser requerida ao Juiz que a fixará com comedição, para não

De outro lado, o art. 760 trata dos casos em que o tutor ou curador podem eximir-se da tutela ou curatela. O curador ou tutor podem eximir-se da tutela ou curatela nas hipóteses elencadas no art. 1.736 do CC/02, com exclusão das mulheres casadas, diante do princípio da isonomia entre homem e mulher, estabelecido no art. 5º, I, da Constituição.

Caberá o exercício do direito de escusa aos maiores de 60 anos, àqueles que tiverem sob sua autoridade mais de três filhos, aos impossibilitados por enfermidade; àqueles que habitarem longe do lugar onde se haja de exercer a tutela; àqueles que já exercerem tutela ou curatela, aos militares em serviço. Ainda, de acordo com o art. 1.737, do CC/02, também poderá escusar-se quem não for parente do menor, se houver no lugar parente idôneo, consanguíneo ou afim, em condições de exercê-la.

A escusa deverá ser apresentada no prazo de 5 dias, que será contado da intimação para prestar compromisso, se efetivada antes de aceitar o encargo. De outro lado, se depois de entrar em exercício, a escusa deverá ser apresentada no prazo de 5 dias contado do dia em que sobrevier o motivo da escusa. Observe-se que o CC/02, no art. 1.738, cuidava do prazo de 10 dias para apresentação da escusa. Contudo, considerando que o CPC é lei posterior, temos que deve ser aplicado o prazo de 5 dias. A falta de requerimento da escusa no prazo legal implica em renúncia ao direito de alegá-la.

Feito o pedido de escusa do tutor ou curador, o magistrado deverá decidi-lo de plano. Antes de decidir, deve ser ouvido o Ministério Público (art. 178). Em caso de denegação do pedido, o tutor ou curador deverá exercer a tutela ou curatela até sua dispensa por decisão transitada em julgado e responderá pelas perdas e danos que o tutelado ou curatelado vierem a sofrer, conforme dispõe o art. 1.739, do CC/02.

6. REMOÇÃO E EXONERAÇÃO DO TUTOR OU CURADOR

Cuida-se, no art. 761, do CPC, do procedimento de remoção do tutor ou curador. A remoção do tutor ou curador poderá ser pleiteada pelo órgão do Ministério Público ou por qualquer interessado.

A remoção conduz à cessação das funções do tutor ou curador, de acordo com o art. 1.764, III, do CC/02. Segundo o art. 1.766, do CC/02, será destituído o tutor, quando negligente, prevaricador ou incurso em incapacidade. O art. 1.735, do CC/02, de outro lado, prescreve que serão exonerados da tutela, caso a exerçam, aqueles que não tiverem a livre administração de seus bens; aqueles que, no momento de lhes ser deferida a tutela, se acharem constituídos em obrigação para com o menor, ou tiverem que fazer valer direitos contra este, e aqueles cujos pais, filhos ou cônjuges tiverem demandado contra o menor; os inimigos do menor, ou de seus pais, ou que tiverem sido

---

combalir o patrimônio do interdito, mas ainda assim compensar o esforço e tempo despendidos pelo curador no exercício de seu múnus.

4. Recurso especial não provido".

(REsp 1205113/SP, Rel. Ministra Nancy Andrighi, 3ª Turma, julgado em 06/09/2011, DJe 14/09/2011).

por estes expressamente excluídos da tutela; os condenados por crime de furto, roubo, estelionato, falsidade, contra a família ou os costumes, tenham ou não cumprido pena; as pessoas de mau procedimento, ou falhas em probidade, e as culpadas em abuso em tutorias anteriores; aqueles que exercerem função pública incompatível com a boa administração da tutela.

É de se observar, ainda, que o juiz tem responsabilidade subsidiária pelos prejuízos causados ao incapaz nos casos em que não tiver removido o tutor ou curador, de acordo com o art. 1.744, II, do CC/02.

Após o requerimento de remoção do tutor ou curador, estes deverão ser citados para contestar a arguição no prazo de 5 dias. Oferecida ou não a contestação, deverá ser observado o procedimento comum (art. 318, do CPC).

O art. 762, de seu turno, cuida de medida provisória de urgência que pode ser adotada pelo juiz em caso de extrema gravidade. Poderá ser determinada, nesse caso, a suspensão do tutor ou curador do exercício de suas funções. No mesmo ato que suspender o tutor ou curador, deverá o magistrado nomear substituto interino, obedecendo a ordem estabelecida no art. 1.731, do CC/02 para os tutores e art. 1.775, do CC/02, para os curadores.[4]

O tutor e o curador são obrigados a servir pelo prazo de dois anos. Findo o prazo, podem requerer a exoneração da tutela ou curatela no prazo de 10 dias contado da expiração do termo. Caso não venham a requerer a exoneração, isso implica na recondução

---

4 "PROCESSO CIVIL E DIREITO CIVIL. FAMÍLIA. INTERDIÇÃO E CURATELA. AÇÃO DE PRESTAÇÃO DE CONTAS. CASO DE EXTREMA GRAVIDADE. SUSPENSÃO DO EXERCÍCIO DA FUNÇÃO DE CURADOR. POSSIBILIDADE. CURADOR SUBSTITUTO. ORDEM DE PREFERÊNCIA LEGAL. PECULIARIDADES. PRUDENTE ARBÍTRIO DO JUIZ.

1. A cessação do exercício da curatela, por meio da remoção do curador, exige procedimento próprio, com observância da forma legal disposta nos arts. 1.194 a 1.198 do CPC.

2. A suspensão da curatela, prevista no art. 1.197 do CPC, pode ser determinada no bojo de outra ação, desde que esteja configurado caso de extrema gravidade que atinja a pessoa ou os bens do curatelado.

3. Admitida a existência de fatos sérios passíveis de causar dano ao patrimônio da curatelada, deve ser mantida a decisão que determinou a suspensão do exercício da função de curador regularmente nomeado nos autos de interdição, para, somente após a apuração dos fatos, mediante o devido processo legal e ampla defesa, decidir-se pela remoção definitiva ou retorno do curador à sua função.

4. Com base no livre convencimento motivado, é o Juiz soberano na apreciação das provas, as quais são infensas à análise do STJ nesta sede recursal.

5. Nos processos de curatela, as medidas devem ser tomadas no interesse da pessoa interditada, o qual deve prevalecer diante de quaisquer outras questões.

6. Agregue-se à especial relevância dos direitos e interesses do interditado a tutela conferida às pessoas com 60 anos ou mais, que devem ter respeitada sua peculiar condição de idade.

7. Age prudentemente o Juiz que, rente aos fatos e às circunstâncias de beligerância familiar em que estiverem inseridas as partes no processo, faz recair sobre pessoa idônea e que não esteja vinculada aos interesses dos litigantes a função de curador substituto.

8. Recurso especial não provido"

(STJ, REsp 1137787/MG, Rel. Ministra Nancy Andrighi, 3.ª Turma, julgado em 09/11/2010, DJe 24/11/2010).

ao cargo, salvo se o juiz vier a dispensá-los. A esse respeito, é expresso também o art. 1.765, parágrafo único do CC/02. Uma vez cessada a tutela ou a curatela, o tutor ou curador deverão prestar contas a respeito da função exercida "na forma da lei civil", ou seja, na forma dos arts. 1.755, do CC/02 e subsequentes.[5] Deve-se mencionar, ainda, que nos termos do art. 1.783, do CC/02, salvo determinação judicial, quando o curador for o cônjuge e o regime de bens do casamento for de comunhão universal, não será obrigado à prestação de contas.

7. BIBLIOGRAFIA

ABREU, Célia Barbosa. *Curatela e interdição civil*, Rio de Janeiro: Lumen Juris, 2009

CASTRO FILHO, José Olympio de. *Comentários ao Código de Processo Civil*. v. X. Rio de Janeiro: Forense, 1976;

MACHADO, Francisco Roberto. *Da curatela dos interditos no Novo Código Civil*. In: *Revista Dialética de Direito Processual*, nº 12, 2004.

TESHEINER, José Maria. *Jurisdição voluntária*. Rio de Janeiro: AIDE, 1992.

5 "PROCESSUAL CIVIL. RECURSO ESPECIAL. CURADOR. PRESTAÇÃO DE CONTAS. NECESSIDADE. PETIÇÃO INICIAL. INÉPCIA. EXISTÊNCIA. IRMÃS DA CURATELADA. INTERESSE DE AGIR. OCORRÊNCIA.

01. Ação de prestação de contas ajuizada em 2007, pela qual se busca obrigar curadora a prestar contas da administração do patrimônio da curatelada.

02. A jurisprudência do STJ tem se orientado pelo aproveitamento da inicial, sempre que for possível se extrair, dos fatos e fundamentos jurídicos expendidos, a conseqüência jurídica pretendida. Precedentes.

03. O interesse de agir, ou interesse processual, deve ser aferido pela existência do binário necessidade/utilidade do pronunciamento judicial.

04. Há necessidade de prestar contas, por parte da curadora, tanto pela natureza do múnus que detém, como pelos valores percebidos e gerenciados por si, em nome da curatelada.

05 Inconteste a utilidade do pronunciamento judicial, principalmente quando existem indícios de descumprimento do encargo legal - prestação de contas bianual -, preconizado pelo art. 1.757/CC-02.

06. Possível inadequação da via judicial utilizada, quando o meio eleito exceder em cautelas e garantias processuais, aquele tecnicamente preconizado, não pode ser erigido como empeço incontornável ao reconhecimento do interesse processual.

07. Recurso especial não provido"

(STJ, REsp 1186076/MG, Rel. Ministro João Otávio de Noronha, Rel. p/ Acórdão Ministra Nancy Andrighi, 3.ª Turma, julgado em 11/03/2014, DJe 16/06/2014).

A NECESSÁRIA COMPREENSÃO HERMENÊUTICA PARA CORRETA APLICAÇÃO DO ART. 927 DO CPC-2015

GEORGES ABBOUD

SUMÁRIO: **1.** Colocação do problema: não se trata de mera distinção conceitual. Não é apenas uma crítica ao NCPC. Diferenciação que busca mitigar danos de eventual aplicação inconstitucional e anti-hermenêutica do art. 927 do NCPC. **2.** Fator histórico: ou as razões pelas quais um sistema de 'stare decisis' não surge de um dia pro outro ou por determinação legislativa. **3.** Fator hermenêutico: as razões pelas quais não há nenhum ganho para a democracia em se superar o juiz-boca-da-lei pelo juiz-boca-da-súmula-ou-de-qualquer-outro-provimento-vinculante. **4.** Fator democrático: as razões pelas quais o genuíno precedente não nasce nunca com esse status. É a sua aceitação e aplicação pelas instâncias inferiores do Judiciário que o transformam em precedente.

1. COLOCAÇÃO DO PROBLEMA: NÃO SE TRATA DE MERA DISTINÇÃO CONCEITUAL. NÃO É APENAS UMA CRÍTICA AO NCPC. DIFERENCIAÇÃO QUE BUSCA MITIGAR DANOS DE EVENTUAL APLICAÇÃO INCONSTITUCIONAL E *ANTI-HERMENÊUTICA* DO ART. 927 DO NCPC

Há um perigoso equívoco em que incorre parcela de nossa doutrina ao tratar de precedente. Trata-se de pura equiparação do precedente do *common law* à jurisprudência vinculante brasileira.

O fato de o art. 927[1] do NCPC elencar diversos provimentos que passarão a ser vinculantes, não podemos fazer a leitura equivocada de imaginar que a súmula, o acórdão que julga o IRDR ou oriundo de recurso (especial ou extraordinário repetitivo) são equiparáveis à categoria do genuíno precedente do *common law.*

O objetivo deste enxuto artigo não é realizar uma pormenorizada critica dos riscos acerca da jurisprudência vinculante.[2] O escopo é tão somente elucidar e contribuir para não incorrermos em equivocada e inconstitucional aplicação do art. 927 NCPC.

---

1 "Art. 927. Os juízes e os tribunais observarão: I – as decisões do Supremo Tribunal Federal em controle concentrado de constitucionalidade; II – os enunciados de súmula vinculante; III – os acórdãos em incidente de assunção de competência ou de resolução de demandas repetitivas e em julgamento de recursos extraordinário e especial repetitivos; IV – os enunciados das súmulas do Supremo Tribunal Federal em matéria constitucional e do Superior Tribunal de Justiça em matéria infraconstitucional; V – a orientação do plenário ou do órgão especial aos quais estiverem vinculados. (...)".

2 Sobre esse tema, ver: Georges ABBOUD. *Discricionariedade Administrativa e Judicial,* SP: RT, 2014, nº 3.6.2, pp. 388 *et seq.*

Para tal desiderato, cremos ser fundamental a correta noção sobre o que é efetivamente um precedente genuíno do *common law* e a necessária compreensão do que é um provimento vinculante *por disposição legal, e.g.*, súmula vinculante, acórdão paradigma etc.

Dentre as diversas diferenças entre o precedente do *common law* e o brasileiro elencamos três que consideramos essenciais para o tratamento do tema. Desse modo, faremos a exposição do fator histórico, hermenêutico e democrático que impedem a pura equiparação conceitual entre os dois *modos-de-precedentes*.

2. FATOR HISTÓRICO: OU AS RAZÕES PELAS QUAIS UM SISTEMA DE 'STARE DECISIS' NÃO SURGE DE UM DIA PRO OUTRO OU POR DETERMINAÇÃO LEGISLATIVA

Como é cediço, a doutrina dos precedentes estruturou-se no final do século XVII, a partir de uma mudança no método filosófico que orientava o pensamento da época.

Essa mudança deve-se ao método experimental de Robert Boyle que se contrapôs ao cientificismo de Thomas Hobbes.[3]

A obra de Boyle influenciou a filosofia do direito de Matthew Hale, para a qual a validade dos princípios legais, tais como os princípios das ciências naturais, dependia da repetição e da verificação e validação dos membros da comunidade.[4]

Assim, afirma que, por muitos séculos, a lei no Ocidente desenvolvida historicamente com cada geração formando-se conscientemente na experiência de seus predecessores era um fato bem conhecido. Todavia, antes do século XVII, não tinha subido para o nível da teoria.[5]

Esse processo se deu em decorrência da formação essencialmente prática do *common law* inglês, fato que assegurou a esse sistema uma característica peculiar relacionada a sua tradição histórica. Graças à atuação de juristas, como Edward Coke, John Selden e Matthew Hale, configurou-se verdadeira dimensão filosófica para a história do *common law* inglês. Eles asseveravam que o precedente judicial deveria ocupar posição de fonte imediata do direito ao lado da equidade e da legislação. Por consequência, lançaram as premissas teóricas para a fundação da *historical jurisprudence* que ocupou a mesma posição da teoria do direito natural e do positivismo legalista.[6]

Para os citados autores, o direito, além do caráter moral, legal e político, possuía

3 Harold J. Berman. *Law and Revolution II: the impact of the Protestant Reformations on the Western Legal Tradition,* London: Harvard University Press, 2003, nº 8, pp. 265-269.

4 Matthew Hale. *The history of the common law of England.* 2ª ed. Londres: John Walthoe, 1716. Prefácio.

5 *"For many centuries law in the West had developed historically, with each generation consciously building on the experience of its prececessors, was, of course, a well-known fact. Prior to the seventeenth century, however, it had not risen to the level of theory"*.Harold J. Berman. *Law and Revolution II,* cit., nº 8, p. 269.

6 Harold J. Berman. *Law and Revolution II*, cit., nº 8, p. 269.

uma tradição histórica, cujo intuito era preservar e desenvolver a tradição do povo a quem pertence.

Sobre a questão, Harold Berman afirma que era pelo menos implícito que estes três aspectos da lei deveriam ser integrados e que os conflitos que inevitavelmente surgem entre os propósitos morais e políticos do direito podem, e devem, ser resolvidos no âmbito da história jurídica. Dessa forma, o direito, que poderia ser dito, é o equilíbrio da moralidade e da política à luz da história; é o equilíbrio da justiça e da ordem na experiência esclarecida.[7]

Com efeito, a forte influência da história na consolidação do *common law,* aliada à filosofia embasada no método de análise e síntese que exigia um exame casuístico para se alcançar as soluções legais, bem como a inexistência de um direito dogmatizado e científico ministrado em suas universidades, fez com que o *commom law* se estruturasse com base na prática cotidiana do direito, e não a partir de doutrina ou da ciência do direito, como ocorreu com o *civil law*. Ou seja, o *common Law,* ao contrário do *civil Law,* não se originou cientificamente (do ponto de vista professoral), mas, sim, judicialmente, como prática judiciária.[8]

Nesse contexto, pode-se afirmar que o *common law*, mesmo antes do surgimento da doutrina dos precedentes ou do *stare decisis,* sempre embasou-se na casuística, vale dizer, na análise de prévias decisões judiciais para se alcançar o deslinde da demanda. Essas decisões prévias não constituíam verdadeiramente precedentes, mas exemplos do modo como o direito havia sido aplicado naqueles casos particulares.

3. FATOR HERMENÊUTICO: AS RAZÕES PELAS QUAIS NÃO HÁ NENHUM GANHO PARA A DEMOCRACIA EM SE SUPERAR O *JUIZ-BOCA-DA-LEI* PELO *JUIZ-BOCA-DA-SÚMULA-OU-DE-QUALQUER-OUTRO-PROVIMENTO-VINCULANTE*

Atualmente, não se pode conceber o estudo e a aplicação direito sem a compreensão do paradigma pós-positivista, sob pena de se incorrer em equívocos do mais diversos, inclusive sobre o que seria um precedente ou de como devem ser utilizados os provimentos vinculantes já existentes em nosso sistema – bem como os previstos no NCPC.

A criação do termo 'pós-positivismo' e a sistematização desse paradigma são oriundos da obra de Friedrich Müller, que constrói uma teoria do direito que não almeja se opor ao positivismo (daí ser *pós* e não *anti* positivista), mas complementá-lo, corrigindo os equívocos. Assim, podemos afirmar que o pós-positivismo tem dois

---

7 "*It was at least implicit in their writing that these three purposes, or aspects, of law should be integrated, and, more particularly, that conflicts which inevitably arise between the moral and political purposes of law can and should be resolved in the context of legal history. Thus law, they might have said, is the balancing of morality and politics in the light of history; it is the balancing of justice and orden in the light experience*".Harold J. Berman. *Law and Revolution II,* cit., nº 8, p. 269.

8 Harold J. Berman. *Law and Revolution II,* cit., nº 9, p. 272.

grandes objetivos: a) carrear as conquistas e as inovações filosóficas advindas do giro-linguístico para o direito e b) sistematizar a teoria da norma atrelando a ao fenômeno decisório com o intuito de se superar a concepção de que decisão judicial seria mero ato de vontade ou uma operação mecânica de cariz silogístico.

De forma resumida, a obra de FRIEDRICH MÜLLER[9] é fundamental para expor que a superação do positivismo (que nunca deve ser um fim em si mesmo) precisa passar ao menos pelos seguintes enfrentamentos: (i) a norma não pode mais ser reduzida ao seu texto; (ii) o ordenamento jurídico positivo sem lacunas é uma verdadeira ficção puramente artificial; (iii) a solução dos casos jurídicos não pode mais pretender ser realizada pelo silogismo, porquanto a decisão de cada caso deve ser estruturada e construída a partir dos dados linguísticos (programa da norma) e extralinguísticos (âmbito da norma), a fim de se alcançar a norma decisória do caso concreto (não há norma em abstrato – sem problema a se solucionar não há norma); (iv) em suma, o pensamento pós-positivista não pode mais partir de uma cisão ficcional entre o jurídico e a realidade, ou seja, o pós-positivismo supera e transcende a clássica distinção entre questão de fato e de direito.

Estando compreendidas as bases do pós-positivismo, torna-se, no mínimo, ficção – ou até mesmo ingenuidade –, imaginar que o recrudescimento de decisões com efeito vinculante, ou mecanismos que almejam a solução, por meio do efeito cascata, seriam a solução adequada para racionalizar a atividade do Judiciário.

Hodiernamente, apostar em decisões dos Tribunais com efeito vinculante consiste em realizar a mesma forma de aposta ingênua que foi feita na Revolução Francesa. Contudo, no passado, acreditava-se que a lei conteria a infinidade de solução dos casos. Atualmente, essa mística tem sido depositada nas decisões dos tribunais superiores, a aposta é de que o STJ e o STF poderia criar superdecisões que, por si só, trariam a solução pronta (norma) para deslindar uma multiplicidade de casos.

O que outrora era creditado à lei, agora a crença deposita nas decisões dos Tribunais Superiores. O antigo juiz *boca-fria-da-lei* é substituído por um *juiz-boca-fria-da-súmula* ou ainda *juiz-boca-fria-de-qualquer-provimento-vinculante-dos-tribunais-superiores*. Qualquer um desses juízes incorre em equívocos hermenêutico e partilha a concepção de que é possível decidir os casos previamente em abstrato.

Nesse contexto, fica evidente a importância de se compreender o conceito pós-positivista de norma, para que se possa dar à lei e às decisões dos Tribunais Superiores o real poder que elas conseguem ter e nada além. Imaginar uma lei, um precedente ou uma decisão vinculante contendo a norma pronta em si para resolver diversos casos consiste em crença intolerável pelo pós-positivismo.

A norma não existe por si só porque precisa ser produzida em cada processo individual de decisão jurídica. Não há norma em abstrato, ou seja, ela nunca é *ante casum*.

---

9 Friedrich MÜLLER. *Postpositivismo,* Cantabria: Ediciones TGD, 2008, nº 3, pp. 188-189.

Vale dizer, ela somente pode ser compreendida quanto contraposta[10] em relação ao caso que ela pretende resolver a partir da perspectiva do intérprete.[11]

4. Fator democrático: as razões pelas quais o genuíno precedente não nasce nunca com esse *status*. É a sua aceitação e aplicação pelas instâncias inferiores do Judiciário que o transformam em precedente.

Em função da compreensão hermenêutica do tema, o precedente deve ser vislumbrado em dois níveis de análise: em um primeiro momento, o precedente é uma decisão de um Tribunal com aptidão a ser reproduzida-seguida pelos tribunais inferiores, entretanto, sua condição de precedente dependerá dele ser efetivamente seguido na resolução de casos análogos-similares. [12]

O mecanismo de decisão por precedentes é naturalmente e funcionalmente de caráter hermenêutico em razão de dois aspectos principais. O primeiro é porque a decisão por precedentes não se articula com textos pré-definidos, vale salientar: o precedente, e mais especificamente a *ratio decidendi,* não pode ser capturado e limitado por um texto, súmula etc, sob riscode deixar de ser *ratio decidendi.* O segundo aspecto é a necessária individualização do caso: a , a ser decidida por um precedente, não abarca previamente uma questão fática, o que torna necessária a demonstração da singularidade de cada caso, para que se evidencie a possibilidade ou não de submetê-lo à solução por precedentes.

Portanto, não há aplicação mecânica ou subsuntiva na solução dos casos mediante a utilização do precedente judicial. Do contrário, não será decisão por precedente. Em outros termos, não existe uma prévia e pronta regra jurídica apta a solucionar por efeito cascata diversos casos futuros, pelo contrário, a própria regra jurídica (precedente) é fruto de intenso debate e atividade interpretativa, e, após ser localizada, passa-se a verificar se na circunstância do caso concreto que ela virá solucionar é possível utilizá-la sem que ocorram graves distorções, porque se elas ficarem caracterizadas, ela, isto é, o precedente, deverá ser afastada.

Em termos simples, *o precedente genuíno no common law nunca nasce desde-sempre precedente.*

Se ele tiver coerência, integridade e racionalidade suficientes para torna-lo ponto de partida para discussão de teses jurídicas propostas pelas partes, e, ao mesmo tempo, ele se tornar padrão decisório para os tribunais e demais instâncias do Judiciário é que ele poderá com o tempo vir a se tornar precedente.

Ou seja, no *common law,* o que confere essa dimensão de precedente à decisão do Tribunal Superior é sua aceitação pelas partes e pelas instâncias inferiores do Judiciário. Daí ele ser dotado de uma aura democrática que o precedente *à brasileira,*

---

10 Para uma análise da questão da oposicionalidade, ver: Günter FIGAL. *Oposicionalidade: o elemento hermenêutico e a filosofia,* Petrópolis: Vozes, 2007.

11 Luis-Quintín Villacorta MANCEBO. *Estudo preliminar da obra, Postpositivismo,* cit., nº 1, pp. 11 e 13.

12 Confira-se a obra em conjunta com Lenio STRECK. *O que é isto: o precedente judicial e as súmulas vinculantes*, cit., pp. 42 *et seq.*

não possui, uma vez que, os provimentos vinculantes do NCPC já nascem dotados de efeito vinculante –independentemente da qualidade e da consistência da conclusão de suas decisões.

Por consequência, no *common law,* os Tribunais Superiores, quando decidem um *leading case,* não podem impor seu julgado determinando que ele se torne um precedente. Paradigmático nesse sentido é o caso *Marbury vs Madison.* Isso porque o *Justice Marshall* quando o decidiu, não podia prever que aquele caso se tornaria efetivamente o caso modelo para a realização do controle difuso de constitucionalidade. Aliás, *Justice Marshall* não poderia nem ao menos prever que o caso *Marbury vs Madison* adquiriria a importância que teve, até mesmo porque por quase três décadas após seu julgamento o precedente oriundo do caso *Marbury vs Madison* manteve-se em estado dormente. No que diz respeito à jurisprudência dotada de efeito vinculante, seu âmbito de vinculação é determinado após o julgamento do caso piloto (paradigma), e opera-se o efeito cascata, para posterior resolução de todos os casos que estavam sobrestados até o julgamento do paradigma.

Vale dizer, por força legislativa (art. 927 do NCPC), no Brasil, diversas decisões judicias já nascem vinculantes independentemente da sua própria qualidade. Ou seja, ainda que não coerente ou íntegras do ponto de vista da cadeia decisional, elas nascerão vinculantes. Essa constatação é fundamental para compreendermos a importância do *fator hermenêutico* para tratarmos da aplicação do NCPC, com o escopo de impedirmos qualquer tentativa de aplicação mecânica, ou meramente subsuntiva, de qualquer provimento vinculante.

Os provimentos postos no art. 927 do NCPC ao serem aplicados pelas demais instâncias nos casos subsequentes não dispensam atividade interpretativa por parte do julgador, bem como o contraditório para assegurar a manifestação dos litigantes acerca da forma correta para sua aplicação no caso concreto.

Portanto, a leitura correta (constitucionalmente adequada) é no sentido de que, quando o NCPC afirma a obrigatoriedade de juízes e tribunais observarem súmula vinculante e acórdão vinculantes, não há nesse ponto uma proibição de interpretar. O que fica explícito é a obrigatoriedade de os juízes e tribunais utilizarem os provimentos vinculantes na motivação de suas decisões para assegurar não apenas a estabilidade, mas a integridade e a coerência da jurisprudência.

AGRAVO DE INSTRUMENTO NO NOVO CPC

Marcelo Augusto da Silveira

SUMÁRIO: 1. Intróito **2.** Agravo de Instrumento – Conceituação. **3.** A extinção da modalidade de agravo na forma retida. **4.** Agravo de Instrumento – hipóteses de cabimento. **5.** Procedimento **5.1.** A formação do "instrumento". **5.1.1.** Peças "obrigatórias". **5.1.2.** Peças "facultativas" e peças "essenciais". **5.2.** Comunicação da interposição do juízo a quo. **6.** Decisões interlocutórias que versam sobre o mérito da causa. **7.** Poderes do relator. **7.1.** Da recorribilidade das decisões do Relator. **8.** Superveniência de sentença enquanto pendente agravo de instrumento. **9.** Conclusão. Bibliografia.

1. INTRÓITO

Elogiável a tentativa do Senado e da Comissão de Juristas designada para a elaboração de um novo Código de Processo Civil brasileiro, de mais uma vez disciplinar o recurso de agravo de instrumento.

Diga-se "mais uma vez" porque resta evidente que nos últimos 40 anos, ou seja, desde o Código de 1973, o legislador tem tentado reiteradamente acertar a finalidade, as modalidades e o procedimento do recurso de agravo.

É cediço que o agravo foi criado com o *mote* de efetividade processual, na busca de uma prestação jurisdicional justa, célere e imediata, mas que com o tempo teve suas hipóteses de cabimento restringidas em subsequentes reformas, ante ao abarrotamento dos tribunais em decorrência da expressiva utilização do referido recurso, tanto que, de certa forma, acabou por transformar tribunais de apelação em verdadeiros "tribunais de agravo".

Levando-se em conta essa realidade, percebeu-se então, que com o tempo várias alterações legislativas cuidaram do agravo. Limitando a questão temporal ao Código de Buzaid, de 1973, e partindo dele, vê-se que, na época as decisões interlocutórias poderiam ser impugnadas por agravo, cabendo ao recorrente a opção da modalidade, se retido ou por instrumento.

Em 1995, através da Lei nº 9.139, ao constatar a amplitude de situações que geravam os agravos de instrumento, e como consectário, o volume de recursos existentes, o legislador passou a restringir suas hipóteses de cabimento, e impôs a obrigatoriedade do agravo retido contra decisões interlocutórias proferidas após a sentença e àquelas proferidas no rito sumário, além das decisões sobre provas emitidas em audiência.

Já em 2001, em mais uma tentativa manifesta de limitação da utilização da via instrumental, a Lei nº 10.352, ampliou a lista das situações que seriam passíveis de agravo obrigatoriamente na forma retida, e como resultado, o rol das decisões impugnáveis por essa via passou a ser: as prolatadas em audiência de instrução e julgamento, as posteriores à sentença, tanto nos processos que tramitavam no rito sumário quanto no ordinário.

Em contrapartida, tornou obrigatória a forma instrumental para os casos de medidas judiciais de urgência ou que tinham perigo de lesão grave de difícil ou incerta reparação, e decisões posteriores à sentença acerca dos efeitos em que a apelação era recebida, inovando ao possibilitar ao relator a conversão do agravo de instrumento em retido, caso não fossem preenchidos os requisitos da urgência da medida pleiteada, demonstrando a intenção do legislador de tornar a modalidade de agravo retido como regra ao limitar as hipóteses de cabimento do instrumento.

Ainda no escopo de acertar o procedimento do agravo, houve a edição da Lei nº 11.187/2005, em plena aplicação até que entre em vigor o NCPC, fixando definitivamente o agravo na forma retida como regra, e reservando para a forma instrumental os casos excepcionais previstos em lei, ou seja, os que envolviam decisões suscetíveis de causarem à parte dano grave e difícil ou incerta reparação, nos casos de inadmissão da apelação e sobre os efeitos nos quais a apelação era recebida.

Uma das novidades deste diploma legal foi muito mal recebida por parte significativa da doutrina, o fato de que a possibilidade de conversão de agravo de instrumento em retido, na hipótese de situação na qual realmente não estão preenchidos os requisitos para a forma excepcional, além de passar a ser uma obrigação do relator, se tornou irrecorrível de imediato, dando margem à utilização do mandado de segurança contra ato judicial, tão prejudicial ao andamento de um processo.

Em suma, exsurge como produto dessa intensa atividade legiferante, a intenção do legislador de impor uma limitação dos casos passíveis de agravo de instrumento, no fito de desafogar os tribunais tão assoberbados dessa espécie recursal, que se soma aos milhares de recursos de apelações pendentes de julgamento.

Nesse breve estudo, será feita uma análise do regime do agravo de instrumento no Novo CPC, sua finalidade e procedimento, agora como modalidade única, restrita às situações taxativamente previstas na lei.

Parte-se de uma situação mista, haja vista que o legislador do novo diploma, a despeito de não ter se filiado radicalmente ao sistema da irrecorribilidade das interlocutórias, na forma rígida encontrada na legislação trabalhista e dos juizados especiais cíveis, objetivou mitigar sua incidência, através da criação de um rol de exceções, no qual a única via de agravo a ser utilizada é a instrumental, extinguindo- a modalidade retida, e, permitindo que, as decisões interlocutórias não elencadas taxativamente no NCPC, possam ser objeto de impugnação, com a devida fundamentação, em futura apelação ou contrarrazões.

Como visto, em mais de 40 anos, o tema agravo comportou cinco diplomas legais, a contar da Lei nº 5.869/73 até a sanção da Lei nº 13.105/15, que disciplina o Novo Código de Processo Civil, o que resulta por demonstrar certa insegurança legislativa quanto ao tema. Resta saber é se desta vez há conteúdo suficiente para a solução do problema do agravo e a manutenção da lei por um tempo maior que as anteriores.

Para contextualizar, resta esclarecer que no NCPC existem três formas de agravos, quais sejam: *a) o agravo de instrumento*, interponível contra decisões interlocutórias taxativamente previstas no NCPC (arts. 1.015); *b) agravo interno*, meio de insurreição contra decisões monocráticas de relator nos tribunais (art. 1.021 NCPC); e *c) agravo (*inicialmente no projeto denominado *agravo extraordinário)*, passível de utilização contra decisões que versarem sobre admissão ou não de recursos especial e extraordinário (art. 1.042 NCPC), sendo que este artigo lançará suas luzes tão somente sobre a análise do agravo de instrumento.

2. AGRAVO DE INSTRUMENTO – CONCEITUAÇÃO

O *agravo* de instrumento é o recurso cabível contra *decisão interlocutória.* Negou-se, por exemplo, a alegação de convenção de arbitragem, acatou-se ou não o pedido de intervenção de terceiros, concedeu-se ou não, tutela provisória. *"Agravo é o mesmo que gravame recebido pela parte. Em direito processual, usa-se o termo em sentido inverso, ou seja, é o recurso que existe exatamente para provocar reapreciação da decisão que tenha agravado a situação da parte".*[1]

A denominação *"decisão interlocutória"* vem de *inter locutus* (*entre as falas*). São aquelas decisões proferidas *no curso do processo* e, como nas origens do Direito Romano o processo era predominantemente oral, eram decisões que ocorriam, literalmente, "entre as falas".

Nesta medida, afirmava João Batista Lopes que a peculiaridade do agravo está em que ele não prejudica o normal andamento do processo, porque, ou tramita em instrumento separado cuja formação fica a cargo do próprio agravante, ou permanece nos autos para ser examinado futuramente, como preliminar da apelação, se não houver reconsideração pelo juiz de primeiro grau.[2]

Vale aqui a necessária observação que tal citação doutrinária, em sua segunda parte, embora ilustrativa, nos termos do novo CPC restaria prejudicada, pois o recurso de agravo na forma retida (previsto no Código de Processo Civil de 1973), não foi acolhido pela nova compilação processual, que determina que as questões incidentais não passíveis de agravo de instrumento, não serão atingidas pela preclusão, devendo a parte suscitá-las em eventual recurso de apelação, como preliminares, conforme art. 1.009, §1º do Novo CPC.

Quanto ao regular andamento do processo, o que se vê na prática, porém, é que não raras vezes os juízes suspendem a tramitação do processo até o julgamento do agravo de instrumento pela superior instância, independentemente da concessão do efeito suspensivo, sob o fundamento de que aguardar a decisão sobre ele poderá evitar perda de tempo e retrabalho, em caso de reversão do que decidido, o que, de outra banda, contribui para o retardamento da prestação jurisdicional.

Em termos gerais, o agravo de instrumento será o recurso adequado contra decisão interlocutória proferida em *qualquer espécie de procedimento,* desde que a decisão

---

1 SANTOS, Ernane Fidélis. *Manual de direito processo civil*: v. 1: processo de conhecimento. 11ª ed. ver. e atual. São Paulo: Saraiva, 2006. p. 653.

2 Cf. Lopes, João Batista. *Curso de direito processual civil. v. 2.* São Paulo: Atlas, 2006. p. 183.

trate de tema inserido no elenco do art. 1.015 do novo CPC e em outras situações taxativamente previstas no bojo do novo roteiro processual.

3. A EXTINÇÃO DA MODALIDADE DE AGRAVO NA FORMA RETIDA

O Agravo Retido foi extinto pelo Novo Código de Processo Civil. Há previsão expressa do Agravo de Instrumento (art. 994, inciso II e 1.015/1.020), sem qualquer menção à possibilidade do retido, deixando clara a opção política de sua retirada do ordenamento processual, decisão tomada pelas duas Casas do Congresso, nas quais tramitou o projeto do Novo Código de Processo Civil.

A eliminação do agravo retido não agradou a todos. Antônio Cláudio da Costa Machado[3] criticou a alteração, sob o argumento de que o contraditório seria violado, retirando a possibilidade de os advogados provocarem a retratação do juiz.

Por outro lado, inúmeras vozes ecoaram pelo fim do agravo retido, dentre elas a de Teresa Arruda Alvim Wambier:[4] "*extinguiu-se o agravo retido, e, correlatamente, alterou-se o regime de preclusões no primeiro grau de jurisdição. Trata-se de recurso cuja principal função é a de obstar a preclusão e que, embora tenha prazo para ser interposto, só é julgado como preliminar de apelação, se e quando houver apelação a ser julgada. Portanto, de rigor, a alteração que houve beneficia a parte, não significando restrição de qualquer espécie ao direito de recorrer: no regime que consta do projeto, e que foi mantido pelo substitutivo, essas questões continuarão a ser decididas quando do julgamento da apelação. Ficou, na verdade, mais confortável a situação da parte, que não precisa recorrer. E tem hoje, como terá à luz do eventual novo Código, que esperar até o momento do julgamento da apelação para ver essas questões decididas pelo tribunal.*"

Misael Montenegro Filho[5] afirmou: "*a supressão do agravo retido e a limitação das hipóteses do agravo de instrumento são dignas de aplausos. Há tempos que o agravo retido não apresenta qualquer utilidade no processo, só servindo para aumentar a quantidade de páginas que integram os autos*".

De fato, vingou a proposta de eliminação dessa modalidade de interposição do agravo, sobrestando a impugnação da decisão para o momento da apelação, vez que a preclusão foi mitigada, aproximando a sistemática de recursos do processo civil, neste aspecto, à do processo do trabalho.

Nesse passo, em substituição ao agravo na forma retida, o novo CPC criou uma inédita forma de impugnação de decisão interlocutória não passível de agravo de ins-

---

3 COSTA MACHADO, Antônio Cláudio da. Querem a ditadura do judiciário. Revista Veja. Ed. 2245. Ano 44. São Paulo: Editora Abril, novembro/2011.

4 WAMBIER, Teresa Arruda Alvim. Recursos e rendimento do processo – problemas de hoje e soluções par o amanhã. Revista de Informação Legislativa / Senado Federal – Ano 48, nº 190, t.1 – Brasília: Senado Federal, Subsecretaria de Edições Técnicas, Abril/Junho, 2011.

5 MONTENEGRO FILHO, Misael. Projeto do novo código de processo civil: confronto entre o CPC atual e o projeto do novo CPC: com comentários às modificações substanciais. São Paulo: Atlas, 2011, p. 411.

trumento. Os parágrafos 1º e 2º do art. 1.009, ao tratarem da apelação, estipulam que as interlocutórias não agraváveis não ficam acobertadas pela preclusão, e devem ser suscitadas em preliminar de apelação eventualmente interposta contra a decisão final, ou nas contrarrazões, dependendo se vencida ou vencedora em primeiro grau.

Com isso, na prática, nas situações previstas em lei que não permitem o modo instrumental, a extinção do retido diminuirá o volume dos autos, unificando na apelação toda a matéria objeto da insurreição da parte, seja contra a sentença, seja contra as decisões interlocutórias.

Resta a nosso ver, uma séria apreensão. Tendo em vista que o rol de decisões interlocutórias impugnáveis pelo agravo de instrumento está expresso no NCPC, e por mais que o legislador tenha se esforçado para incluir nele as situações mais impactantes, como agiria a parte que, se sentindo prejudicada por uma decisão interlocutória não listada, se deparasse com uma situação possível de causá-la dano irreparável ou de difícil ou incerta reparação?

Ora, estamos aí diante do nocivo cenário da volta do mandado de segurança contra ato judicial, que com o tempo, sua utilização tinha sido diminuída expressivamente com o formato anterior do agravo por instrumento, que abarcava todas as situações nas quais se evidenciava o *periculum in mora.*

Partimos desse raciocínio porque, como dito, para as situações comuns não previstas taxativamente no NCPC, a parte pode aguardar o momento da apelação ou contrarrazões para se insurgir contra as interlocutórias, sem o risco de preclusão, mas para as situações urgentes não referidas no art. 1.015, não existe via recursal adequada, e assim, a ressurreição do mandado de segurança se torna inevitável.

4. AGRAVO DE INSTRUMENTO – HIPÓTESES DE CABIMENTO

O *agravo de instrumento* tem por *principais características* a *formação de autos próprios*, com cópias das peças principais do processo *"instrumento"* e ser dirigido *diretamente ao tribunal.*

É modalidade recursal cabível nas hipóteses do art. 1.015 do Novo Código de Processo Civil:

> *Art. 1015. Cabe agravo de instrumento contra as decisões interlocutórias que versarem sobre:*
> *I – tutelas provisórias;*
> *II – mérito do processo;*
> *III – rejeição da alegação de convenção de arbitragem;*
> *IV – incidente de desconsideração da personalidade jurídica;*
> *V – rejeição do pedido de gratuidade da justiça ou acolhimento do pedido de sua revogação;*
> *VI – exibição ou posse de documento ou coisa;*
> *VII – exclusão de litisconsorte;*
> *VIII – rejeição do pedido de limitação do litisconsórcio;*
> *IX – admissão ou inadmissão de intervenção de terceiros;*
> *X – concessão, modificação ou revogação do efeito suspensivo aos embargos à execução;*
> *XI – redistribuição do ônus da prova nos termos do art. 373, § 1o;*
> *XII – (VETADO);*

> *XIII – outros casos expressamente referidos em lei.*
> *Parágrafo único. Também caberá agravo de instrumento contra decisões interlocutórias proferidas na fase de liquidação de sentença ou de cumprimento de sentença, no processo de execução e no processo de inventário.*

Além dessas situações, o Novo Código de Processo Civil previu o Agravo de Instrumento no seguinte caso:

> *a) Art. 354. Ocorrendo qualquer das hipóteses previstas nos arts. 485 e 487, incisos II e III, o juiz proferirá sentença.*
> *Parágrafo único. A decisão a que se refere o caput pode dizer respeito a apenas parcela do processo, caso em que será impugnável por agravo de instrumento.*

Entendemos que esta "decisão sobre parcela do processo" não está absorvida pelo inciso II do art. 1.015 haja vista que este último trata apenas de decisão de mérito e o art. 354 inclui também decisões sem análise de mérito (ao fazer remissão aos arts. 485 e 487 do NCPC),[6] sendo, assim, esta hipótese é mais ampla que a do referido 1.015, inciso II.

Vale o registro de que, sob nossa ótica, a partir desta nova configuração do agravo de instrumento, o recurso deixou de ser de "fundamentação livre", dependente da alegação de qualquer situação ligada à existência de risco de lesão grave a direitos (*periculum in mora*), para ser de "fundamentação vinculada", haja vista que a lei passou a taxativamente prever as situações nas quais a parte irresignada possa se valer de sua finalidade para suas objeções.

5. PROCEDIMENTO

O agravo de instrumento há de ser interposto mediante petição escrita no prazo de 15 (quinze) dias[7] úteis[8] dirigido diretamente ao tribunal *ad quem*. Por essa razão, chega às mãos do relator *sem a prévia formação do contraditório*, o que se justifica pela urgência que, em regra, o caracteriza.

A petição do agravo de instrumento, em atenção ao art. 1.016/NCPC, tem de preencher os seguintes requisitos:

a) os nomes das partes;

b) a exposição do fato e do direito;

c) as razões do pedido de reforma ou de invalidação da decisão e o próprio pedido;

---

6 Art. 354/ NCPC. Ocorrendo qualquer das hipóteses previstas nos arts. 485 e 487, incisos II e III, o juiz proferirá sentença.

7 No Novo Código de Processo Civil (art. 1.003, §5º), os prazos dos recursos foram uniformizados no prazo de 15 (quinze) dias para recorrer e responder ao recurso, excetuando-se os Embargos de Declaração, que se sujeitam ao prazo de 05 (cinco) dias.

8 Art. 219. Na contagem de prazo em dias, estabelecido por lei ou pelo juiz, computar-se-ão somente os úteis. Parágrafo único. O disposto neste artigo aplica-se somente aos prazos processuais.

d) o nome e o endereço completo dos advogados constantes do processo.[9]

Sua interposição naquele órgão pode se dar, nos termos do art. 1.017, §2º, do NCPC: *por meio de protocolo realizado diretamente no tribunal, protocolo realizado na própria comarca, seção ou subseção judiciária, o chamado "integrado"* (nos Estados em que esteja disponível. Ex. em SP é disciplinado pela Lei Estadual 11.608/03), *por postagem, meio eletrônico* (Lei nº 11.419/06) ou, ainda, por *fax* (Lei nº 9.800/99).

Quanto ao modo de interposição por postagem (ou correio), o Código de Processo Civil anterior não definia qual deveria ser a data válida de interposição: se da postagem ou do recebimento no Tribunal destinatário do recurso. O Superior Tribunal de Justiça entendia que seria considerada como data de interposição aquela em que o recurso fosse recebido na secretaria do tribunal, conforme demonstra recente acórdão:

> *PROCESSUAL CIVIL. AGRAVO NO AGRAVO EM RECURSO ESPECIAL. RECURSO ESPECIAL INTEMPESTIVO. 1. A tempestividade do recurso interposto no STJ é aferida pelo registro no protocolo da Secretaria e não pela data da entrega na agência do correio.* ***Súmula 216/STJ****. 2. Agravo não provido. (Ag. Rg. nos EDcl. no AREsp 379.018/SC, Rel. Ministra NANCY ANDRIGHI, TERCEIRA TURMA, julgado em 25/03/2014, DJe* **31/03/2014)**

Contudo, o Novo Código de Processo Civil define a regra no art. 1.003, §4º:

> *Para aferição da tempestividade do recurso remetido pelo correio será considerada como data da interposição a data da postagem.*

Desse modo, ante a novel codificação processual civil, cairá por terra o entendimento objeto da mencionada súmula 216 do Superior Tribunal de Justiça.

O *tribunal competente* para o julgamento do agravo de instrumento será aferido de acordo com o juiz que proferiu a decisão: *se juiz federal*, competente será o *Tribunal Regional Federal*; se *juiz estadual*, *Tribunal de Justiça.* A única *ressalva* a ser feita é o caso do art. 109, §4º/CF, em que se atribui ao juiz estadual competência federal. Para este último caso, de sua decisão caberá recurso para o TRF, e não para o TJ (Súmula 55/STJ).[10]

O agravo de instrumento não está dispensado de preparo, que deverá ser comprovado na petição de interposição (art. 1.017, §1º/NCPC) e sobe à instância superior e é processado *independentemente* de qualquer outro recurso. Logo, válida a cobrança de

9 DIREITO PROCESSUAL CIVIL. AGRAVO NO RECURSO ESPECIAL. AGRAVO DE INSTRUMENTO. PROCURAÇÃO. PEÇA OBRIGATÓRIA. NÃO CONHECIMENTO. 1. A ausência das peças obrigatórias previstas no art. 525, I, do CPC **[art. 1.017, inciso I, NCPC]** importa em não conhecimento do recurso, sendo inadmitida a juntada posterior. 2. Agravo não provido. (AgRg no REsp 1400770/RS, Rel. Ministra NANCY ANDRIGHI, TERCEIRA TURMA, julgado em **25/02/2014, DJe 10/03/2014)**

10 Súmula 55/STJ – "Tribunal Regional Federal não é competente para julgar recurso de decisão proferida por juiz estadual não investido de jurisdição federal."

custas para que seja processado em segunda instância e possa retornar (porte de retorno dos autos) ao juízo *a quo* após julgamento final para ser juntado aos autos principais, a não ser que se trate de agravo interposto na forma eletrônica, para a qual o porte de remessa e retorno não encontra fundamento para ser cobrado, uma vez que não haverá peças físicas para serem remetidas e devolvidas.

5.1. A formação do "instrumento"

O *"instrumento"* nada mais é que *"novos autos"* mediante a extração de cópias dos autos que ficam em trâmite na origem.

O extinto agravo retido não formava o "instrumento". O agravo de instrumento *sim*; daí a razão do seu nome. Evidentemente é possível de ser julgado no tribunal enquanto ainda pendente o processo em primeiro grau, isso se dá em razão do próprio *script do recurso.* Assim, o agravante tem de formar o *"instrumento"* (por cópias), a fim de instruir o tribunal quanto ao contexto fático e jurídico em que a decisão foi proferida para que este tenha condições de exercer a sua função revisora, a não ser que se trate de processo eletrônico, já que neste caso, o tribunal terá amplo acesso ao conteúdo dos autos.

O art. 1.017/NCPC trata das peças que devem ou podem formar o *"instrumento"*, viabilizando, assim que o agravo seja julgado de imediato. Dividem-se em dois grupos: *obrigatórias* e *facultativas*. No entanto, deve-se considerar ainda uma terceira categoria, a das *"peças essenciais"*, conforme se verá.

Anota-se que quaisquer peças que sejam juntadas podem ser declaradas autênticas pelo próprio advogado, sob sua responsabilidade pessoal, por força do disposto no art. 425, inc. IV,[11] do NCPC.

5.1.1. Peças "obrigatórias"

Consistem naquelas peças cuja falta levará o Tribunal a não conhecer do recurso. De acordo com o inciso I do art. 1.017/NCPC, são elas:

a) cópia da petição inicial;

b) cópia da contestação;

c) cópia da petição que ensejou a decisão agravada;

d) cópia da própria decisão agravada;

e) cópia da certidão da respectiva intimação ou outro documento oficial que comprove a tempestividade;

f) cópia das procurações outorgadas aos advogados do agravante e do agravado.

O Novo Código de Processo Civil inovou quanto à lista das peças obrigatórias. No sistema processual anterior, a obrigatoriedade recaía apenas sobre a cópia da de-

11 Art. 422, IV/NCPC – "as cópias reprográficas de peças do próprio processo judicial declaradas autênticas pelo advogado, sob sua responsabilidade pessoal, se não lhes for impugnada a autenticidade;

cisão agravada, da certidão da respectiva intimação e das procurações outorgadas aos advogados.

Demais peças que se mostrassem indispensáveis ao conhecimento da pretensão recursal, embora não consideradas obrigatórias, eram tratadas como "essenciais" pelos tribunais. Tais peças essenciais, se não juntadas ao agravo de instrumento, ainda que não obrigatórias *ope legis*, davam causa a não admissibilidade do recurso, uma vez que sua ausência não permitia a exata compreensão da controvérsia, na visão de grande parcela dos órgãos julgadores, posicionamento que apenas recentemente veio sendo mitigado pelo Superior Tribunal de Justiça.[12]

Assim, como descrito retro, o Novo CPC, acolhendo o que a jurisprudência e a doutrina consideravam como peças essenciais, tornou obrigatória a juntada das cópias da petição inicial; contestação e petição que ensejou a decisão agravada.

Com a nova redação, discriminando-se quais peças são obrigatórias de antemão, o recorrente saberá como instruir seu recurso, evitando-se providências protelatórias, *v.g.*, abertura de prazo para saneamento do recurso (art. 932, parágrafo único NCPC).[13]

Evidentemente, a apresentação da *cópia da decisão agravada* é *imprescindível*, vez que se trata do material que o agravante pretende ver reformado ou anulado. Sem essa, impossível é o exame da pretensão recursal.

Quanto à *cópia da certidão da respectiva intimação* serve para a análise quanto à *tempestividade* do recurso interposto. É pelo cotejo da data da intimação (comprovada pela certidão ou outro documento oficial) com a data em que fora protocolado o agravo de instrumento, que se verificará se o recurso fora interposto dentro dos quinze dias ou não.

No novo CPC, se permitiu à parte a juntada de outro documento que comprove a tempestividade. "*Parte-se da ideia de que a forma deve ser prestigiada na medida em que não descambe em formalismo pernicioso, oco e vazio, devendo-se respeitar a maneira como os atos processuais foram realizados toda vez que se atinja a finalidade normativa, ainda que sem estrito cumprimento da forma legal*".[14]

O art. 1.017, inciso II/NCPC exige a declaração de inexistência de qualquer dos documentos referidos no inciso I, feita pelo advogado do agravante, sob pena de sua responsabilidade pessoal.

As *cópias das procurações outorgadas aos advogados de ambas as partes* são exigidas para a demonstração da regularidade da representação processual de um e de outro. Ainda, na pessoa dos advogados que serão realizadas as intimações referentes ao agravo de instrumento.

E mais, o art. 1.017, §1º/NCPC determina que seja juntado o comprovante de pagamento das custas e do porte de remessa e retorno, quando devidos. Vale repetir que

12 REsp 1102467 (02/05/2012).

13 *Parágrafo único: Antes de considerar inadmissível o recurso, o relator concederá o prazo de cinco dias ao recorrente para que seja sanado vício ou complementada a documentação exigível.*

14 MARINONI, Luiz Guilherme. O projeto do CPC: críticas e propostas / Luiz Guilherme Marinoni, Daniel Mitidieiro. – São Paulo: Editora Revista dos Tribunais, 2010, p. 183.

se o recurso se der pela via eletrônica, o porte de remessa e retorno não será cobrado, uma vez que não há remessa física de cópia dos autos (cf. §5º), restando a exigência, neste caso, apenas do preparo recursal.

Conforme essa determinação, o comprovante de pagamento do preparo também é peça obrigatória.[15] e, não sendo o caso de dispensa e ausente o comprovante, o recurso poderá ser declarado deserto, nos termos do art. 1.007/NCPC, não sem antes o agravante ter a oportunidade de sanar este defeito, na forma do §2º, que indica que insuficiência no valor do preparo, inclusive porte de remessa e de retorno, implicará deserção se o recorrente, intimado na pessoa de seu advogado, não vier a supri-lo no prazo de 5 (cinco) dias.

Ainda no mesmo sentido, de acordo com o §4º, o recorrente que não comprovar, no ato de interposição do recurso, o recolhimento do preparo, inclusive porte de remessa e de retorno, será intimado, na pessoa de seu advogado, para realizar o recolhimento em dobro, sob pena de deserção, diferenciando o legislador nesses casos, a insuficiência (recolhimento parcial do preparo) da falta total de seu recolhimento.

Não cumprida integralmente a exigência de juntada das peças, o relator deverá conceder prazo de 05 (cinco) dias para que o recorrente promova a complementação das peças, nos termos do art. 1.017, §3º c/c 932, parágrafo único, do NCPC. Semelhante medida será tomada no caso de existência de vício que comprometa a admissibilidade do recurso, abrindo prazo para o recorrente promover o saneamento do vício, quando possível.

Por fim, se o modo de interposição for tipo *fac-símile* ou similar, as pelas deverão ser juntadas no momento do protocolo original (art.1.017, §4º/NCPC). Se os autos forem eletrônicos, as peças obrigatórias estão dispensadas, sendo permitido ao recorrente anexar outros documentos que entender úteis para a compreensão da controvérsia (art. 1.017, §5º/NCPC).

5.1.2. Peças "facultativas" e peças "essenciais"

O art. 1.017, inciso III/NCPC enuncia que a petição de agravo de instrumento será instruída, *"facultativamente, com outras peças que o agravante reputar úteis"*.

Com essa nova redação, a maioria das peças que a doutrina entendia como essenciais tornou-se obrigatória, resolvendo, em grande parte, a discussão sobre a imprescindibilidade de peças que, embora não relacionadas como obrigatórias, eram exigidas para o amplo entendimento do debate a permitir a análise do recurso.

Na lição de Scarpinella,[16] *"se a formação do instrumento justifica-se para que o Tribunal tenha acesso a todas as informações importantes para averiguação do con-*

---

15 RIBEIRO, DANTAS, Marcelo Navarro. *Instrumentos do agravo insuficientemente instruídos e o problema da decisão do STJ no REsp 1.102.467/RJ.* Revista de Processo. Ano 38. Set/13. V. 223, São Paulo: Editora Revista dos Tribunais, 2013.

16 BUENO, Cassio Scarpinella. *Curso sistematizado de direito processual civil.* v. 5.: recursos, processos e incidentes nos tribunais, sucedâneos recursais: técnicas de controle das decisões jurisdicionais. São Paulo: Saraiva, 2008. p. 162.

texto fático e jurídico no qual foi proferida a decisão que se pretende ver reexaminada, nada mais coerente do que entender que todas as peças que disserem respeito àquele contexto – que pode ser chamado de "contexto decisório" – precisam ser apresentadas ao Tribunal para que ele tenha ciência do que é e do que não é essencial à compreensão da controvérsia".

Ex. agravo de instrumento contra indeferimento de tutela antecipada por ter o juiz entendido não estar presente o *periculum in mora*. São peças *essenciais* para o julgamento do agravo de instrumento, além das peças "obrigatórias" (inciso I), a petição em que se formulou o pedido de antecipação da tutela e os documentos então apresentados que não se mostraram suficientes para o convencimento do juízo *a quo*.

A falta de peça essencial implica o não-conhecimento do agravo de instrumento, uma vez que não foi oportunizado ao tribunal o conhecimento integral da controvérsia.[17]

Quanto às peças *"facultativas"*, o inciso III entende-as como *"outras peças que o agravante reputar úteis"*. Pelo que foi exposto acima, restou para essa categoria hipóteses *residuais*, ou seja, peças que não se encaixarem nem nas "obrigatórias", nem nas "essenciais", como exemplo, as *cópias dos documentos que acompanham as peças obrigatórias*.

No item anterior, dissemos que o relator deverá conceder prazo para que o recorrente saneie a falta de peça e vícios que impedem a admissibilidade do recurso. Essa medida foi tema do Resp 1.102.467/RJ – Representativo de Controvérsias, ficando decidido nele que a ausência de *peças necessárias para a compreensão da controvérsia* não poderia, de plano, ser causa de inadmissão do recurso, devendo o relator oportunizar a juntada da peças à parte, indicando-as.

É certo que após o julgamento desse Recurso Especial, inúmeros acórdãos do próprio STJ mantiveram o entendimento anterior, dando por inadmitido o agravo desmunido de peças essenciais ou obrigatórias, p.ex., Min. Benedito Gonçalves: AgRg no AREsp 462.246/RJ publicado em 07/04/2014; Min. Maria Isabel Gallotti: AgRg no AREsp 414.122/SP, publicado em 04/02/2014, entre outros.

Ao que parece, o Novo Código de Processo Civil adotou o entendimento do REsp 1.102.467/RJ, pelo menos quanto o dever de oportunizar o saneamento do instrumento. Entretanto, o NCPC não impôs ao relator o dever de indicar as peças essenciais a serem juntadas. Nesse ponto parece ter razão, pois, ressalvados os casos de autos eletrônicos, cuja formação de instrumento é dispensada, o relator não tem os autos (que

17 "RECURSO ESPECIAL. AGRAVO DE INSTRUMENTO. PEÇA ESSENCIAL À COMPREENSÃO E SOLUÇÃO DO JULGAMENTO. FALTA. CONSEQÜÊNCIA. 1. O entendimento da Corte Especial é no sentido do não conhecimento do agravo de instrumento por ausência de peça essencial, não incluída no art. 525, I, do Código de Processo Civil, mas necessária para a compreensão e solução da controvérsia. 2 – Não cabe a conversão do julgamento em diligência, mesmo nas instâncias ordinárias, para suprimento da falta, sem valia a juntada a posteriori, em sede regimental." (STJ, REsp 825.949/SP, 4ª T, j. 18.09.2007, rel. Min. Fernando Gonçalves, *DJ* 01.10.2007, p. 283). Mais recentemente: (AgRg no Ag 1185212/RJ, Rel. Ministro JOÃO OTÁVIO DE NORONHA, TERCEIRA TURMA, julgado em 06/06/2013, DJe 13/06/2013).

ficaram na instância inferior) para discernir qual seria a peça essencial para o deslinde da controvérsia.[18]

Enfim, a alteração de jurisprudência é iminente.

5.2. Comunicação da interposição do juízo a quo

Art. 1.018. O agravante poderá requerer a juntada, aos autos do processo, de cópia da petição do agravo de instrumento, do comprovante de sua interposição e da relação dos documentos que instruíram o recurso.

§ 1º Se o juiz comunicar que reformou inteiramente a decisão, o relator considerará prejudicado o agravo de instrumento.

§ 2 º Não sendo eletrônicos os autos, o agravante tomará a providência prevista no caput, no prazo de 3 (três) dias a contar da interposição do agravo de instrumento.

§ 3 º O descumprimento da exigência de que trata o § 2 º, desde que arguido e provado pelo agravado, importa inadmissibilidade do agravo de instrumento.

A finalidade da comunicação ao juízo *a quo* não é só a de dar conhecimento a este sobre a interposição de agravo de instrumento perante o tribunal, mas também a de possibilitar ao juiz o repensar de sua decisão – para que exerça o juízo de retratação (art. 1.018, §1º/NCPC), se assim o desejar – e, principalmente, permitir ao agravado a ciência *integral* do agravo de instrumento, a fim de que, tomando conhecimento de suas razões e das peças que o instruem, possa exercer *devidamente* o seu direito à ampla defesa e contraditório.

A despeito dessas afirmações, a leitura isolada do *caput*, daria a entender que essa juntada de cópias do Agravo de Instrumento, nos autos do processo, seria meramente facultativa, o que se depreende do verbo "*poderá*". E que essa faculdade teria a finalidade de tão-só provocar a retratação do juízo singular. Aliás, no PL 166/2010, no Senado Federal, o art. 932 expressava que a juntada serviria para "*exclusivo objetivo de provocar a retratação*". O que levou Marinoni[19] a dizer: ... *"a ausência de juntada aos autos do processo, em primeiro grau de jurisdição, de cópia da petição de agravo não implica inadmissibilidade do recurso, inviabilizando apenas o exercício da faculdade de retratação judicial (art. 932 do projeto)"*.

De fato, o modo pelo qual se expressou indica a mera faculdade da parte, contudo, o §3º do art. 1.018, resgata a mesma lógica do art. 526 do Código de Processo Civil de 1973, impondo a regra de que a falta desta juntada, desde que arguida e provada pelo agravado, implicaria na inadmissibilidade do agravo de instrumento.

A nosso ver, se os autos do processo forem, na primeira instância, físicos, e o Agravo de Instrumento for eletrônico no Tribunal, a juntada de cópias do recurso ser-

---

18 RIBEIRO, DANTAS, Marcelo Navarro. *Instrumentos do agravo insuficientemente instruídos e o problema da decisão do STJ no REsp 1.102.467/RJ.* Revista de Processo. Ano 38. Set/13. V. 223, São Paulo: Editora Revista dos Tribunais, 2013.

19 MARINONI, Luiz Guilherme. O projeto do CPC: críticas e propostas / Luiz Guilherme Marinoni, Daniel Mitidieiro. – São Paulo: Editora Revista dos Tribunais, 2010, p. 184.

virá mesmo para provocar a retratação, e, caso ela ocorra, restará prejudicado o julgamento. Nessa formulação, a parte recorrida poderia ter acesso aos autos do Agravo de Instrumento, que são digitais, disponíveis em todo momento na rede mundial de computadores.

Se os autos do processo forem, na primeira instância, eletrônicos e o Agravo de Instrumento, na segunda instância, também o for, não há exigência de juntada de cópias nos autos do processo, salvo se o recorrente quiser provocar o juízo de retratação, do mesmo modo do último caso.

Sob este ângulo, somente no caso de o Agravo de Instrumento for físico é que a sistemática do antigo art. 526/CPC deverá ser aplicada, pois, nesse caso, não se terá a finalidade única de provocar o juízo de retratação. Se o Agravo de Instrumento for interposto na forma física, a parte recorrida não terá acesso às alegações do recorrente e esse conhecimento é fundamental para o contraditório e à ampla defesa. É essa garantia constitucional que o art. 1.018, §3º/NCPC manteve.

Como fecho, no nosso sentir, essa regra vai seguir a orientação jurisprudencial definida após a edição da Lei nº 10.352 /2001, na qual as providências enumeradas no caput do art. 526 do CPC/73 passaram a ser obrigatórias, e não mais mera faculdade do agravante. Dessa forma, deve o recorrente, no prazo de 3 (três) dias, requerer a juntada de cópia da petição do agravo de instrumento e do comprovante de sua interposição, assim como a relação dos documentos que instruíram o recurso. A não observância dessa exigência autoriza o não conhecimento do agravo,[20] desde que arguido e provado pelo agravado, caso contrário, a disposição do § 3º do novo art. 1.018, cairia no vazio. Observe-se, porém, que tudo isso seria dispensado na hipótese de processo eletrônico.

O art. 1.018, *caput,* fala ainda de que haverá de ser juntada *"a relação dos documentos que instruíram o recurso"*. De sua interpretação *literal* entende-se que basta a indicação *precisa* de quais peças dos autos foram copiadas para a formação do instrumento apresentado no tribunal *ad quem* para que o requisito esteja satisfeito. Porém, são necessários alguns esclarecimentos: se o agravante instruiu o recurso com peças *estranhas* aos autos do processo de primeira instância, é *fundamental* que ele as *apresente* (junte aos autos) ao juízo *a quo*, sob pena de se inviabilizar o alcance dos objetivos dos dispositivos mencionados no parágrafo anterior.

Nesse caso, se o agravante não comunicar o juízo *a quo* em *três dias,* a contar da interposição, o agravo de instrumento será passível de *não conhecimento, desde que o agravado argua e comprove o não cumprimento do prazo legal.*[21]

Importante repisar que o requisito acima *não pode ser conhecido ex officio*, o que o torna *exceção* em relação à generalidade dos requisitos de admissibilidade, que são cognoscíveis independentemente de requerimento da parte.

---

20 *STJ – AGRAVO REGIMENTAL NO AGRAVO DE INSTRUMENTO AgRg no Ag 864085 ES 2007/0030799-9 (STJ)*

21 *Art. 1.018, §3º/NCPC – "O descumprimento da exigência de que trata o § 2º, desde que arguido e provado pelo agravado, importa inadmissibilidade do agravo de instrumento".*

Não obstante o silêncio da lei, o prazo para o agravado arguir e provar o não cumprimento do art. 1.018, §3º, por não ser matéria de ordem pública (caso contrário seria *ex officio*), será de 15 (quinze) dias, ou seja, na oportunidade que terá para apresentar a resposta ao recurso (contraminuta).

6. DECISÕES INTERLOCUTÓRIAS QUE VERSAM SOBRE O MÉRITO DA CAUSA

No Novo Código de Processo Civil, *"Ressalvadas as disposições expressas dos procedimentos especiais, sentença é o pronunciamento por meio do qual o juiz, com fundamento nos arts. 485 e 487, põe fim à fase cognitiva do procedimento comum, bem como extingue a execução"* (art. 203, §1º/NCPC).

Todavia, há decisões que possuem conteúdo de sentença – ou seja, incidem em alguma das situações dos arts. 485 e 487/NCPC, mas *não são sentenças*. Aliás, os arts. 354, parágrafo único[22] e 356 *caput* e parágrafo 5º, ambos do NCPC,[23] reconhecem tais hipóteses, especificamente quando o juiz decide somente parcela do processo, informando como recurso objetável o agravo de instrumento, ou seja, uma decisão que versar sobre parte do processo, ainda que de cunho meritório, passa a ser encarada como interlocutória, para os fins recursais. Na verdade, isso ocorre por razões de ordem pragmática, pois passam a ser tidas por *decisões interlocutórias*, em que pesem terem conteúdo de sentença.

Para o art. 203, §2º/NCPC, decisão interlocutória é aquela que não se enquadra nas situações definidas no §1º, ou seja, aquelas que não tenham sido fundamentadas nos arts. 485 e 487/NCPC, e, mantendo a unicidade e coerência, o novo CPC destaca que mesmo se a decisão tiver lastro num desses dois artigos, mas for sobre parcela do processo, caberá *agravo de instrumento*, *ex vi* arts. 354, parágrafo único e 356,§4º.

Nestes termos, a nova lei processual deixa clara a possibilidade de no curso da relação processual, ocorrer decisão com caráter definitiva parcial, passando a ser enquadrada como interlocutória de mérito e não sentença parcial de mérito. Por consequência, se essas decisões interlocutórias de mérito não forem enfrentadas por agravo de instrumento, transitarão em julgado, submetendo o vencido aos ônus da sucumbência, em especial o do cumprimento definitivo da decisão.

---

22 *Art. 354. Ocorrendo qualquer das hipóteses previstas nos arts. 485 e 487, incisos II e III, o juiz proferirá sentença.*
Parágrafo único. A decisão a que se refere o caput pode dizer respeito a apenas parcela do processo, caso em que será impugnável por agravo de instrumento.

23 *Art. 356. O juiz decidirá parcialmente o mérito quando um ou mais dos pedidos formulados ou parcela deles:*
I – mostrar-se incontroverso;
II – estiver em condições de imediato julgamento, nos termos do art. 355.
§ 5o A decisão proferida com base neste artigo é impugnável por agravo de instrumento

Em última análise, será então o agravo de instrumento o recurso adequado para impugnar a decisão que, tendo conteúdo de sentença, não encerra o processo nem fase processual, mesmo que apesar de ser interlocutória para o processo, não o é para a parte que sofreu os efeitos do conteúdo da própria decisão.

A nosso ver, embora houvesse discussão quanto ao cabimento de apelação contra decisões interlocutórias com conteúdo de sentença no CPC/73, o recurso de apelação não era mesmo o mais adequado. Primeiramente porque, esse recurso é dotado de efeito suspensivo (art. 520 CPC/73), logo, suspenderia o andamento do procedimento, prejudicando as outras partes e a rápida solução da lide. Por outro lado, interposto *agravo de instrumento*, ocorre o reexame *imediato* da decisão.

Quanto ao tema, vale a ressalva de que, um dos exemplos largamente utilizado pela doutrina para esta situação, sob a égide do CPC/73, era a exclusão do litisconsorte. Notadamente, não mais haverá incerteza jurídica quanto a este caso específico, uma vez que o art. 1.015, VII/NCPC, expressamente previu o recurso de Agravo de Instrumento como o objetável para esta hipótese fática.

No mesmo passo do que aqui explanado quanto aos arts. 354, parágrafo único e 356, §5º/NCPC, mesmo antes do novo Código de Processo Civil, o art. 273, §6º do CPC/73 já permitia semelhante pronunciamento do juiz, rotulando-o, contudo, como tutela antecipada.

Esta forma antecipatória de pedido de mérito, se diferenciando das decisões interlocutórias simples, nas quais se resolvem meras questões processuais, não raro se tratava de verdadeira cognição plena e exauriente, vez que esgotava a matéria cognoscível. Noutros termos, era decisão sobre mérito!

Substancialmente, no NCPC também existe previsão de antecipação de tutela, mas nesta nova roupagem, ela se encontra alocada nas "tutelas provisórias" (arts. 294/304), especificamente nas tutelas provisórias "de urgência" (art. 294, parágrafo único), mas deve-se observar que não há espaço para confusão desta espécie de decisão com as agora definidas pelo novo CPC como "decisões que versarem sobre o mérito do processo" (art. 1.015, II), já que o mesmo artigo 1.015 contempla em seu inciso I a recorribilidade específica contra decisões que envolvem "tutelas provisórias", diferentemente da disposição do inciso II do mesmo artigo, que trata de decisões que versarem sobre "mérito do processo".

Em suma, não se pode considerar como mesma hipótese de cabimento a "decisão interlocutória que versa sobre o mérito da causa" (1.015, II), com decisão interlocutória que disponha sobre o "pedido de tutela provisória" (1.015, inciso I), pelo fato de que o legislador no Projeto do Novo CPC previu uma hipótese específica cada uma das decisões, muito embora muitas vezes no enfrentamento das tutelas de urgência e evidência a matéria ventilada na decisão interlocutória também seja estritamente de mérito da causa.

Além disso, também as decisões interlocutórias que tenham sido proferidas na "fase de liquidação ou de cumprimento de sentença e nos processos de execução e de inventário", mesmo que importem em mérito do processo, não podem ser enquadradas no inciso II do art. 1.015 pela existência de expressa previsão específica no NCPC, conforme parágrafo único do mesmo artigo.[24]

Na prática, somente após a entrada em vigor da lei e a realização das atividades judiciárias cotidianas é que as eventuais obscuridades geradas por essa diferenciação redacional serão esclarecidas.

7. PODERES DO RELATOR (ART. 1.016/NCPC)

O art. 1.019/NCPC estabelece um verdadeiro "roteiro"[25] a ser seguido pelo relator a partir do momento em que o agravo de instrumento lhe é distribuído. Pode ser assim considerado porque o relator observará cada um de seus incisos, na devida ordem do dispositivo, que será agora analisado, a começar pelo *caput*[26] que remete aos incisos III e IV do art. 932/NCPC, que indica que o primeiro passo a ser seguido pelo relator é:

> **1) Inciso III** – *não conhecer recurso inadmissível, prejudicado ou que não tenha impugnado especificamente os fundamentos da decisão recorrida.*

Explicando melhor suas hipóteses:

a) *recurso inadmissível* – é o que não preenche os requisitos de admissibilidade, e portanto, com o impedimento do julgamento do mérito do recurso. Ex. falta de legitimidade ou interesse, recurso inadequado, intempestivo, falta de regularidade formal, falta do preparo, existência de fato impeditivo ou extintivo do direito de recorrer, tais como a desistência, aceitação ou renúncia.

b) *recurso prejudicado* – é o que perdeu o seu objeto, o que ocorre, por exemplo, quando, interposto o agravo, o juiz se retrata, ou a parte desiste do recurso, ou ainda, as partes se compõem para por fim ao processo, entre outras possíveis situações nas quais o julgamento do recurso se torna desnecessário.

c) falta de impugnação específica dos fundamentos da decisão recorrida – trata-se aqui de uma novidade do novo CPC, não prevista no Código de Processo Civil de 1973, mas que diante de expressiva jurisprudência no sentido de não admissão do recurso por este motivo, o legislador optou por deixar a situação expressa no texto legal.

Na verdade, quando se fala de falta de impugnação específica, estar-se-ia falando de irregularidade formal quanto à ofensa aos requisitos da petição do agravo (art. 1.016,

---

24 *Parágrafo único. Também caberá agravo de instrumento contra decisões interlocutórias proferidas na fase de liquidação de sentença ou de cumprimento de sentença, no processo de execução e no processo de inventário.*

25 DIDIER JR., Fredie; CUNHA, Leonardo José Carneiro da. *Curso de direito processual civil*: meios de impugnação às decisões judiciais. 5ª ed. Salvador: JusPodivm, 2008. p. 161.

26 Art. 1.032. Recebido o agravo de instrumento no tribunal e distribuído imediatamente, se não for o caso de aplicação do art. 945, incisos III e IV, o relator, no prazo de cinco dias:

III/ NCPC),[27] no tocante a necessidade do agravante apresentar as razões do pedido de reforma ou de invalidação da decisão, que por si só já seria requisito de admissibilidade, e, portanto se encaixaria na primeira hipótese tratada no mesmo inciso, mas reitere-se, diante da quantidade significativa de recursos descartados monocraticamente por este motivo, o legislador reforçou em tópico específico tal hipótese como motivo para negativa de seguimento liminarmente. Assim, ausente a impugnação específica aos fundamentos da decisão recorrida, o recurso não será conhecido.

Caso não tenha ocorrido qualquer destas três hipóteses, o relator *deve conhecer do agravo de instrumento,* podendo adentrar ao mérito, também monocraticamente, como se depreende do próximo inciso a ser analisado, ou, se descabido o julgamento monocrático, deve aguardar que a tríade jurisdicional decida quando do julgamento colegiado.

> **2) inciso IV** – *negar provimento a recurso que for contrário a:*
> ***a)*** *súmula do Supremo Tribunal Federal, do Superior Tribunal de Justiça ou do próprio tribunal;*

O Novo Código de Processo Civil alterou a sistemática do antigo, trazendo, separadamente, as hipóteses de não conhecimento e de não provimento, tornando-se clara a diferença entre juízo de admissibilidade e julgamento de mérito do recurso.

A primeira hipótese de julgamento de mérito, pelo não provimento do recurso, ocorre quando este devolver matéria sobre qual exista súmula do Supremo Tribunal Federal, Superior Tribunal de Justiça e do próprio tribunal. A clareza desta alínea 'a', do inciso IV, do art. 932/NCPC é importante para a segurança jurídica.

Isso porque, na redação do art. 557 (CPC/73), previa-se a hipótese de não provimento se o recurso estivesse em confronto com súmula ou *jurisprudência dominante.* Esta expressão sempre deixou um desconforto semântico, porquanto implicava exacerbado subjetivismo em sua compreensão. O Novo Código de Processo Civil consertou a deficiência.[28]

O conceito de súmula consta no art. 479 do CPC/73, que indica que "*O julgamento tomado pelo voto da maioria absoluta dos membros que integram o tribunal, será objeto de súmula e constituirá precedente na uniformização da jurisprudência*". No NCPC, o espírito de uniformização de jurisprudência, fundado nos princípios da legalidade, da segurança jurídica, da duração razoável do processo, da proteção da confiança e da isonomia, está disciplinado nos artigos 926 e seguintes, quando trata do Precedente Judicial, figura institucionalizada no sistema *commom law,* que está firmando raízes no

---

27 *Art. 1.016. O agravo de instrumento será dirigido diretamente ao tribunal competente, por meio de petição com os seguintes requisitos:*
III – as razões do pedido de reforma ou de invalidação da decisão e o próprio pedido;

28 Sobre isso, Teresa Arruda Alvim Wambier: *Recursos e rendimento do processo, in* Revista de Informação Legislativa / Senado Federal, subsecretaria de Edições Técnicas – Ano 48, nº 190 (Abr/Jun. 2011) – Brasília: Senado Federal, p. 259.

Brasil, tudo para que se evite decisões judiciais contraditórias, o que tornaria o direito incoerente na solução dos casos concretos.

Determina o art. 926/NCPC:

> *Os tribunais devem uniformizar sua jurisprudência e mantê-la estável, íntegra e coerente.*
> *§ 1º Na forma e segundo os pressupostos fixados no regimento interno, os tribunais editarão enunciados de súmula correspondentes a sua jurisprudência dominante.*
> *§ 2º Ao editar enunciados de súmula, os tribunais devem ater-se às circunstâncias fáticas dos precedentes que motivaram sua criação.*

A expressão jurisprudência dominante aqui não tem aquela vagueza criticada anteriormente. Isso porque, o NCPC estabelece o que será jurisprudência dominante, determinando que os Tribunais organizem seus precedentes por questão jurídica decidida, dando-se publicidade adequada (art. 927, §5º/NCPC). Assim, na análise do recurso, o relator, ao negar provimento, terá critérios objetivos, baseados nos precedentes judiciais, na forma de súmulas.

> ***b)*** *acórdão proferido pelo Supremo Tribunal Federal ou pelo Superior Tribunal de Justiça em julgamento de recursos repetitivos;*

Outra hipótese de juízo de mérito a ser feito individualmente pelo relator resulta das decisões proferidas pelo Supremo Tribunal Federal ou Superior Tribunal de Justiça em recursos repetitivos. É outra forma de expressão dos precedentes judiciais.

O art. 928/NCPC dispõe que o julgamento de casos repetitivos será proferido em: a) incidente de resolução de demandas repetitivas e; b) julgamento dos recursos especial e extraordinário repetitivos. Vale esclarecer que conforme parágrafo único, que a matéria uniformizada poderá ser de direito material ou processual.

O efeito do julgamento dos recursos especial e extraordinário repetitivos tem o escopo de evitar a rediscussão de uma matéria já decidida e consolidada, de modo que o recurso não prossiga no tribunal para uma solução já conhecida. Antecipa-se o julgamento cujo resultado seria exatamente o mesmo.

> ***c)*** *entendimento firmado em incidente de resolução de demandas repetitivas ou de assunção de competência.*

O incidente de resolução de demandas repetitivas é outra técnica de estabilizar-se a jurisprudência e dispensar tratamento isonômico no julgamento das demandas judiciais. Está previsto no art. 976 a 987/NCPC. Ele deverá ser instaurado no Tribunal Regional Federal ou no Tribunal de Justiça. Essas instâncias judiciais resolverão o incidente e seu julgamento será vinculante ao 1º grau de jurisdição. Desse modo, existindo julgamento em incidente de demandas repetitivas, o relator negará a pretensão recursal devolvida no Agravo de Instrumento.

O julgamento em assunção de competência é aquele proferido pelo órgão colegiado com competência para uniformização da jurisprudência do tribunal. Está disciplinado no art. 947/NCPC. Se ficar evidenciada em algum recurso relevante questão de Direito que possa resolver divergência no próprio tribunal, poderá o órgão competente avocar o processo para decidir e estabilizar a jurisprudência. Nesse caso, existindo Agravo de Instrumento contra decisão convergente ao julgamento em assunção de competência, o relator negará provimento.

Como visto, o Novo Código de Processo Civil disciplinou o roteiro para observação pelo relator do recurso e, de maneira expressa, deixou de fora a hipótese de *provimento* monocrático do Agravo de Instrumento. Conforme a novel sistemática (art. 1.019, *caput*), o relator poderá decidir pelo não conhecimento (art. 932, III/NCPC) ou não provimento (art. 932, IV/NCPC), antes de passar a outras providências, vistas a seguir.

O art. 1.019 deixou clara e pontualmente sua intenção de afastar a incidência do inciso V, do art. 932/NCPC, que trata do **provimento** dos recursos, quando a decisão recorrido for contrária às hipóteses nele especificadas.

Nos termos da exposição de motivos do NCPC, a impossibilidade de aplicação do mencionado inciso V do art. 932 tem fundamento no art. 10 do mesmo diploma, que impõe ao juiz, em qualquer grau de jurisdição, a proibição de decidir com base em fundamento a respeito do qual não se tenha oportunizado a manifestação das partes, ainda que se trate de matéria sobre a qual deva decidir de ofício.

A guisa de esclarecimento, no âmbito da apelação, ao recebê-la para julgamento, o relator já teria em seu poder processo permeado amplamente pelo contraditório em ampla defesa, características que lhe permitem dar provimento ao recurso monocraticamente (art. 932, inc. V). Já na apreciação do agravo de instrumento, o relator teria apenas e tão somente o poder de não admitir e negar provimento ao agravo, mas sendo-lhe vedado o provimento individualmente, até porque muitas vezes o contraditório não teria se aperfeiçoado, o que poderia macular a decisão.

Sob o mesmo prisma, nos casos de provimento monocrático do recurso, previsto no inciso V do art. 932 – tal como visto, inaplicável em sede de agravo de instrumento – o Novo Código de Processo Civil garantiu que o recorrido ofereça suas contrarrazões. Este autor já defendia a oportunidade do contraditório nos casos de provimento monocrático do recurso, e, portanto, ao nosso sentir, nisso andou bem o novo código.

De volta ao tema agravo, se o relator decidir pelo *seguimento* (*conhecimento*) do agravo, e inocorrente as hipóteses de julgamento monocrático estampadas no inciso IV do art. 932 (negativa de provimento), já tratadas anteriormente, ele terá que observar os incisos do art. 1.019/NCPC, e no prazo de 05 (cinco) dias:

3. INCISO I – *poderá atribuir efeito suspensivo ao recurso ou deferir, em antecipação de tutela, total ou parcialmente, a pretensão recursal, comunicando ao juiz sua decisão;*

Estando em termos o recurso (*conhecido*), passa-se à terceira etapa, na qual o relator poderá dar **efeito suspensivo** ao recurso ou antecipar a pretensão recursal (**efeito ativo**), para, em seguida, comunicar ao juízo *a quo* sua decisão.

Em que pese a falta de menção expressa no inciso, por força do parágrafo único do art. 995/NCPC,[29] terá cabimento a exigência dos requisitos para concessão de efeito *suspensivo* para os recursos em geral, ou seja, o *periculum in mora* (risco de dano grave, de difícil ou impossível reparação) e o *fumus boni iuris* (probabilidade de provimento do recurso). Presentes esses dois requisitos, possível a concessão do efeito suspensivo pelo relator.

No que se refere à antecipação da tutela recursal – também chamado *efeito ativo* – o relator pode, liminarmente, conceder ao agravante, provisoriamente, os efeitos que o provimento do recurso lhe concederia, aplicando-se também os requisitos supramencionados. A eficácia deste efeito se revela à saciedade ao se examinar a extensão da atividade decisória do juiz relator, naquelas hipóteses em que o agravo de instrumento é interposto contra decisão interlocutória de conteúdo negativo.

Não é rara a ocorrência de situações nas quais o ato decisório a ser impugnado nega a concessão de tutela antecipada, de natureza satisfativa ou cautelar, baseada na urgência ou evidência pleiteada pelo litigante, ou ainda, indeferimento de liminar em mandado de segurança, em ação possessória, em ações locatícias etc. Seria, portanto, totalmente inoperante, nestes casos, a atribuição de efeito suspensivo ao agravo de instrumento.[30]

Oportuno transcrever o exemplo de Alexandre Freitas Câmara:[31] *"No que concerne ao agravo de instrumento, a possibilidade de concessão da tutela antecipada é extremamente relevante, principalmente no que diz respeito às chamadas "decisões negativas", em relação às quais de nada adiantaria a concessão do efeito suspensivo. Pense-se, por exemplo, em uma decisão de caráter positivo, como a que defere a produção de certa prova. Interposto agravo de instrumento contra tal decisão, e sendo concedido o efeito suspensivo, fica obstada a produção da prova até que se julgue o recurso. Confronte-se isto, agora, com o que daria diante de uma decisão negativa, como a que indefere a produção de uma prova. Interposto o agravo de instrumento, de nada adiantaria conceder efeito suspensivo, pois suspender os efeitos de uma decisão de indeferimento não é, certamente, o mesmo que deferir o que fora postulado. Assim é que se vislumbrou a possibilidade de, em casos como este último, o relator conceder, desde logo, o resultado pretendido pelo agravante, antecipando, em caráter provisório, os efeitos da decisão de provimento do agravo".*

Diante destas breves anotações, resta evidenciado que o relator do agravo de instrumento foi autorizado por lei a exercer relevantes atribuições. Como visto, no con-

---

29 *Parágrafo único. A eficácia da decisão recorrida poderá ser suspensa por decisão do relator, se da imediata produção de seus efeitos houver risco de dano grave, de difícil ou impossível reparação, e ficar demonstrada a probabilidade de provimento do recurso.*

30 CRUZ E TUCCI, José Rogério. *Lineamentos da nova reforma do CPC.* São Paulo: RT, 2 ª ed. 2002, p. 118.

31 FREITAS CÂMARA, Alexandre. *Lições de Direito Processual Civil.* 15ª ed. Rio de Janeiro: Lumen Juris, 2008, v. II, p. 96.

texto decisório, poderá, a requerimento do agravante, suspender a eficácia da decisão interlocutória impugnada ou mesmo deferir, em antecipação da tutela, a pretensão manifestada no recurso.

Em outras palavras, se o juiz de primeiro grau concedeu tutela antecipada ao autor, o réu poderá agravar de instrumento,[32] pedindo a suspensão da decisão (**suspensivo**); e na hipótese do juiz de primeiro grau indeferir o pedido de tutela antecipada, o autor poderá pedir ao relator que conceda a medida (**efeito ativo**).[33]

> **4. inciso II** – *ordenará a intimação do agravado pessoalmente e por carta com aviso de recebimento, quando não tiver procurador constituído, ou, pelo Diário da Justiça ou por carta dirigida ao seu advogado, com aviso de recebimento, para que responda no prazo de quinze dias, facultando-lhe juntar a documentação que entender necessária ao julgamento do recurso;*

Sem maiores complicações, o inciso indica que o relator determinará a intimação do agravado, para que apresente sua contraminuta no prazo de 15 dias.

Essa intimação será feita, *em regra, por publicação no Diário da Justiça.* No entanto, se o agravado não tiver procurador constituído, será ele intimado pessoalmente, mediante carta com aviso de recebimento.

No nosso entendimento, ante a ausência de previsão sobre o meio de envio das contrarrazões, deve-se lançar mão da integração da norma por analogia. Assim, a resposta do agravado poderá ser enviada pelos mesmos meios que o agravante pudera se valer para interpor o agravo de instrumento previstos no art. 1.017, §2º/NCPC.[34]

> **5. inciso III** – *determinará a intimação do Ministério Público, preferencialmente por meio eletrônico, quando for caso de sua intervenção, para que se manifeste no prazo de quinze dias.*

Se for caso de participação obrigatória do Ministério Público (art. 178/NCPC),[35] o relator mandará intimá-lo para que se pronuncie acerca do recurso no prazo de quinze dias.

---

32 Art. 1.015, I NCPC

33 Cf. Lopes, João Batista. *Curso de direito processual civil.* v.2. São Paulo: Atlas, 2006. p. 188.

34 *§ 2º No prazo do recurso, o agravo será interposto por:*
I – protocolo realizado diretamente no tribunal competente para julgá-lo;
II – protocolo realizado na própria comarca, seção ou subseção judiciárias;
III – postagem, sob registro com aviso de recebimento;
IV – transmissão de dados tipo fac-símile nos termos da lei;
V – por outra forma prevista na lei.

35 *Art. 178/NCPC – "Ministério Público será intimado para, no prazo de trinta dias, intervir como fiscal da ordem jurídica: I – nas causas que envolvam interesse público ou social; II – nas causas que envolvam interesse de incapaz; III – nas causas que envolvam litígios coletivos pela posse de terra rural ou urbana; IV – nas demais hipóteses previstas em lei ou na Constituição Federal."*

Somente é aplicável este inciso quando o MP atua como *custos legis*, uma vez que, se for parte, ou terá se manifestado agravando, ou manifestar-se-á como *agravado*.

Ultimadas todas as providências do *script* acima exposto, o relator pedirá data para julgamento do agravo de instrumento, o qual será realizado por um colegiado composto de três juízes (art. 941, §2º/NCPC), o relator e outros dois juízes de segunda instância, julgamento esse que, de acordo com o art. 1.020/NCPC, deverá realizar-se no prazo de um mês, a contar da intimação do agravado.

Por fim, havendo agravo de instrumento e apelação para serem julgados na mesma sessão, o agravo deverá ser julgado em primeiro lugar, em atenção ao art. 946, parágrafo único.

7.1. Da recorribilidade das decisões do Relator

Após minuciosa análise dos poderes do relator, salienta-se que, na forma do art. 1.021/NCPC, contra decisão monocrática de relator em tribunal, caberá "agravo interno":

> *Art. 1.021. Contra decisão proferida pelo relator caberá agravo interno para o respectivo órgão colegiado, observadas, quanto ao processamento, as regras do regimento interno do tribunal.*

O Código de Processo Civil de 1973 era criticado pela irrecorribilidade da decisão do relator que convertesse o Agravo de Instrumento em retido ou que lhe concedesse a antecipação da tutela recursal ou o efeito suspensivo (art. 527, parágrafo único – CPC/73), motivo pelo qual era pacífica a aceitação da impetração de mandado de segurança, por flagrante inconstitucionalidade desta irrecorribilidade, tanto pela doutrina[36] como pela jurisprudência[37].

Assim, pondo fim às incessantes discussões acerca do tema, digna de aplausos é a supressão dessa restrição no Novo Código de Processo Civil, passando o agravo interno o recurso adequado contra decisão monocrática de relator, indistintamente.

8. SUPERVENIÊNCIA DE SENTENÇA ENQUANTO PENDENTE AGRAVO DE INSTRUMENTO

Independentemente da nova disciplina, resta a questão: Pendendo agravo de instrumento, caso sobrevenha sentença, restará prejudicado o agravo?

36 DIDIER JR., FREDIE; CUNHA, Leonardo José Carneiro da. *Curso de direito processual civil*: meios de impugnação às decisões judiciais. 5ª.ed. Salvador: JusPodivm, 2008. p. 155; MEDINA, José Miguel Garcia, WAMBIER, Teresa Arruda Alvim. *Recursos e ações autônomas de impugnação*. São Paulo: Editora Revista dos Tribunais, 2008. p. 173.

37 STJ, RMS 25.934/PR, Corte Especial, j. 27.11.2008, rel. Min. Nancy Andrighi, *DJ* 09.02.2009; STJ, RMS 29.308/MA, 2ª T, j. 16.06.2009, rel. Min. Castro Meira, *DJ* 29.06.2009; STJ, RMS 22.847/MT, 3ª T, j. 01.03.2007, rel. Min. Nancy Andrighi, , *DJ* 26.03.2007, p. 230; STJ, RMS 26.002/SP, 4ª T, j. 18.09.2008, rel. Min. João Otávio de Noronha, *DJ* 01.12.2008.

Preliminarmente à análise da referida questão, faz-se necessário o esclarecimento de dois critérios que servirão de base à sua solução:

a) ***critério da hierarquia*** – Por este critério, a decisão da instância superior prevalece sobre aquela da instância inferior. Assim, justamente pela possibilidade existente de as decisões serem incompatíveis (acórdão do agravo e sentença), o agravo de instrumento não ficaria prejudicado em sobrevindo a sentença. *"Os efeitos desta decisão final, portanto, ficariam condicionados ao desprovimento do agravo – isto é, à confirmação da decisão interlocutória";*[38]

b) ***critério da cognição*** – Pelo fato de a sentença fundar-se em cognição *exauriente*, esta englobaria a decisão interlocutória, que fora proferida em cognição sumária. Se aplicado *cegamente* este critério, o agravo de instrumento perderia seu objeto, o que, em nossa opinião, não deve ser feito, conforme se verá adiante.

Expostos os critérios acima, passa-se à análise da questão *in specie*:

A decisão interlocutória é aquela proferida no decorrer do processo, quando surge questão que há de ser decidida naquele mesmo momento, a fim de afastar o óbice que impede o processo de seguir adiante. Destarte, tem-se que a decisão interlocutória *indica um rumo a ser seguido pelo processo*, de tal modo que a "cognição exauriente" da sentença, inevitavelmente, fora *dependente* do rumo dado por aquele decisório incidental ao processo.

Na hipótese de eventual *reforma* da decisão interlocutória, *outro rumo será dado ao processo*; assim, é *questão prejudicial*, havendo de outra sentença ser proferida.[39]

Por essas razões, não obstante controvérsia doutrinária e jurisprudencial sobre o tema, adota-se o entendimento de que, sobrevindo sentença, *não deve ser tido o agravo de instrumento, automaticamente, por prejudicado, mas sim analisado o caso concreto para aferir a prejudicialidade da decisão interlocutória em relação à sentença antes de tal providência.*[40]

---

38 DIDIER JR., Fredie; CUNHA, Leonardo José Carneiro da. *Curso de direito processual civil*: meios de impugnação às decisões judiciais. 5ª.ed. Salvador: JusPodivm, 2008. p. 171.

39 "Recurso. Agravo de instrumento. Provimento. Efeitos sobre os atos processuais praticados depois de sua interposição. Anulação automática deles, quando incompatíveis com o teor do provimento. Apelação contra sentença subsequente, não conhecida. Todos os atos processuais praticados depois da interposição de agravo de instrumento e incompatíveis com o teor do provimento dele, inclusive eventual sentença, ainda que de partlha ou de adjudicação, ficam nulos e sem efeito" (TJSP, ApCiv 279.311-1/SP, 2ª Câm. Dir. Priv., j. 16.04.1996, rel. Cezar Peluso (Ex-Ministro do STF), *RePro* 95/253)

40 "Em suma, a questão deve ser analisada sob a ótica do interesse recursal do agravante: se, a despeito da sentença superveniente, ainda lhe for útil, de algum modo, o julgamento do agravo – é dizer, se a sua posição no processo puder ser, de alguma forma, melhorada com aquele julgamento – não se pode ter por prejudicado aquele recurso; se, ao contrário, a partir da prolação da sentença, o provimento ou desprovimento do agravo não tiver o condão de influenciar em sua situação processual, outro caminho não restará senão o de tê-lo por prejudicado" (DIDIER JR, Fredie; CUNHA, Leonardo José Carneiro da. *Curso de direito processual civil*: meios de impugnação às decisões judiciais. 5ª ed. Salvador: JusPodivm, 2008. p. 175).

Questiona-se, ainda, na hipótese de não houver sido interposta apelação contra a sentença superveniente, se ela não terá transitado em julgado, não podendo, consequentemente, ser derrubada sequer pelo acórdão que reformou a decisão interlocutória.

Entendemos que, nesse caso, deve ser aplicado, por analogia, o mesmo que se aplica à teoria dos capítulos da sentença prejudiciais entre si: *à sentença não devem ser atribuídos os efeitos de coisa julgada material enquanto pendente o agravo de instrumento, tão só pela prejudicialidade de que este se reveste em relação àquela.*

Na esteira do que se afirmou, aduz Nery Jr. que: *"Na hipótese de haver apelação contra a sentença proferida em processo no qual exista agravo pendente de julgamento, a apreciação deste será feita no tribunal antes da apelação (art. 559 e parágrafo único, CPC).*[41] *Não havendo apelação da sentença, ocorre preclusão, mas não coisa julgada. Com relação à questão incidente, sua preclusão foi obstada pela interposição do agravo. Assim, pelo efeito devolutivo do agravo já interposto, aquela matéria não foi alcançada pela preclusão da sentença. A decorrência natural disto é que a eficácia da sentença fica condicionada ao desprovimento do recurso de agravo. Se este for provido, todos os atos posteriores praticados no processo terão sido anulados e outra sentença deverá ser proferida em lugar daquela sobre a qual se operou a preclusão."*[42]

Por fim, destaca-se que o caso em estudo *não se confunde com aquele em que, sendo interposto agravo contra decisão que concede ou indefere liminar (ainda não julgado), ocorre a prolação de sentença.* Para este último, a prolação da sentença *torna prejudicado o agravo interposto.* É que, aqui, a decisão interlocutória não trata de questão prejudicial, mas sim *do próprio mérito* (ou parte dele) em cognição *sumária.*

Prevalecerá, *in casu, o critério da cognição*: sendo o mesmo objeto, *cognição exauriente (sentença) prevalece sobre cognição sumária (decisão interlocutória ou eventual acórdão que reexaminasse a decisão interlocutória).* Ex. decisão interlocutória que indeferiu tutela provisória de urgência (art. 300/NCPC). O vencido agrava por instrumento. Enquanto pendente julgamento deste, o juiz sentencia pela improcedência do pedido.

9. CONCLUSÃO

Como se demonstrou, na Lei nº 13.105/15 (NCPC), as hipóteses de cabimento do agravo de instrumento são pré-definidas pelo texto legal.

Pretendeu este artigo demonstrar o novo procedimento do agravo, sua aplicação e abrangência, através das hipóteses de cabimento e requisitos formais.

Assim, como fecho do que exposto, vale ressaltar alguns pontos periféricos ao que se discutiu, servindo esta última parte para expressar a opinião do autor, nos limites do que até esse momento se pôde depreender da nova legislação.

---

41 Art. 946, parágrafo único, NCPC.

42 NERY JR., Nélson. *Princípios fundamentais: teoria geral dos recursos*. 5ª ed. São Paulo: RT, 2000. p. 373.

Conforme exposto no início, desde 1973 o Brasil, em aproximadamente 40 anos, editou 5 leis sobre o agravo, o que demonstra, estreme de dúvidas, que o legislador não tem conseguido dimensionar os limites e abrangência do referido instituto, e tem sofrido para harmonizar o sistema recursal, inclusive, em termos específicos do agravo, por mais paradoxal e cíclico que pareça, voltando ao sistema das limitações do Código de 1939, ou seja, de mais de setenta anos.

Sob nossa ótica, a nova disciplina, objeto do Novo CPC, em que pese não termos ainda parametrização de sua aplicação nos processos atuais, longe está de resolver o problema, por vários motivos, entre os quais se destacam:

a) o elevado número de agravos existentes atualmente, que se referem às decisões liminares ou antecipatórias, possibilidade mantida no novo regramento, no âmbito das tutelas provisórias;

b) a impossibilidade da interposição do agravo de instrumento contra o indeferimento de provas, tão comum no cotidiano forense, o que poderá acarretar grande número de pedidos de reforma em sede de apelação ou contrarrazões, nas preliminares, e por de consequência, pela via da prejudicialidade, a possível anulação de sentenças, com a perda de tempo e custas para as partes litigantes;

c) por mais paradoxal que pareça, a limitação imposta pela lei às situações agraváveis no processo, através de rol exaustivo inserido no novo CPC, contemplam mais de 10 hipóteses, o que parte da doutrina, mesmo ainda sem os efeitos da aplicação prática, considera como um exagero, capaz de manter o agravo como grande entrave nos tribunais em relação ao número exagerado de recursos existentes, o que, para o escopo do novo código, celeridade ou duração razoável do processo, em nada vai ajudar;

d) de outra banda, existem vozes já ecoando nas mais diversas publicações jurídicas que o rol taxativo, embora extenso, corre o risco de deixar situações emergenciais de fora do contexto do agravo por instrumento, o que poderia acarretar a utilização da via do mandado de segurança contra ato judicial, também tão prejudicial ao andamento do processo.

Somente o tempo dirá se houve o tão necessário acerto no regramento do agravo de instrumento, para os fins de sua mudança – celeridade e economia processual – e torcemos por isso, mas uma coisa é certa: enquanto não houver pesado investimento na estrutura do Poder Judiciário, no aspecto humano e material, tudo o que se fizer em termos de atualização legislativa é estéril, circunstancial e infrutuosa.

BIBLIOGRAFIA

BUENO, Cassio Scarpinella. Curso sistematizado de direito processual civil. v. 5. recursos, processos e incidentes nos tribunais, sucedâneos recursais: técnicas de controle das decisões jurisdicionais. São Paulo: Saraiva, 2008.

COSTA MACHADO, Antônio Cláudio da. Querem a ditadura do judiciário. Revista Veja. Ed. 2245. Ano 44. São Paulo: Abril, novembro/2011.

CRUZ E TUCCI, José Rogério. Lineamentos da nova reforma do CPC. São Paulo: RT, 2ª ed. 2002.

DIDIER JR., Fredie; CUNHA, Leonardo José Carneiro da. Curso de direito processual civil: meios de impugnação às decisões judiciais. 5ª ed. Salvador: JusPodivm, 2008.

FREITAS CÂMARA, Alexandre. Lições de Direito Processual Civil. 15ª ed. Rio de Janeiro: Lumen Juris, 2008.

LOPES, João Batista. Curso de direito processual civil. v. 2. São Paulo: Atlas, 2006.

MARINONI, Luiz Guilherme. MITIDIEIRO, Daniel. O projeto do CPC: críticas e propostas – São Paulo: Revista dos Tribunais, 2010.

MONTENEGRO FILHO, Misael. Projeto do novo código de processo civil: confronto entre o CPC atual e o projeto do novo CPC: com comentários às modificações substanciais. São Paulo: Atlas, 2011.

NERY JR., Nélson. Princípios fundamentais: teoria geral dos recursos. 5ª ed. São Paulo: RT, 2000.

RIBEIRO, DANTAS, Marcelo Navarro. Instrumentos do agravo insuficientemente instruídos e o problema da decisão do STJ no REsp 1.102.467/RJ. Revista de Processo. Ano 38. Set/13. V. 223, São Paulo: Editora Revista dos Tribunais, 2013.

SANTOS, Ernane Fidélis. Manual de direito processo civil: v. 1: processo de conhecimento. 11ª ed. ver. e atual. São Paulo: Saraiva, 2006.

WAMBIER, Teresa Arruda Alvim. Recursos e rendimento do processo – problemas de hoje e soluções par o amanhã. Revista de Informação Legislativa / Senado Federal – Ano 48, nº 190, t.1 – Brasília: Senado Federal, Subsecretaria de Edições Técnicas, Abril/Junho, 2011.

COISA JULGADA, RESCINDIBILIDADE, INEXIGIBILIDADE E ALTERABILIDADE

Fábio Pallaretti Calcini

SUMARIO: 1. Introdução. **2.** Coisa julgada. **2.1.** Prévias considerações: direito fundamental. **2.2.** Noção e espécies: coisa julgada formal e material. **2.3.** Limites objetivos e subjetivos. **2.3.1.** Objetivos. **2.3.2.** Subjetivos. **2.3.3.** Relação jurídica continuativa ou de trato continuado. **2.3.3.1.** Decisão do Supremo Tribunal Federal pode gerar mudança no estado de direito? **3.** Ação Rescisória. **3.1.** Aspectos gerais. **3.2.** Ação rescisória e violação à norma jurídica (Sumula 343 do STF). **4.** Execução de sentença judicial transitada em julgado: inexigibilidade do título por decisão do STF.

1. INTRODUÇÃO

Neste estudo temos a pretensão de assinalar as inovações trazidas pelo Novo Código de Processo Civil (Lei nº 13.015/2015) quanto à coisa julgada, ação rescisória e execução de sentença, levando em consideração duas questões pragmáticas atuais e relevantes: (i) – coisa julgada, relações jurídicas de trato continuado e a decisão do Supremo Tribunal Federal; (ii) – coisa julgada e a inexigibilidade do título executivo judicial em razão de decisão do Supremo Tribunal Federal.

2. COISA JULGADA

2.1 Prévias considerações: direito fundamental

A coisa julgada dentro do sistema jurídico brasileiro configura verdadeiro direito-garantia fundamental, previsto no art. 5º, inciso XXXVI, da Constituição Federal, enunciando que: "a lei não prejudicará o direito adquirido, o ato jurídico perfeito e a coisa julgada".

Portanto, uma limitação ao poder de reforma da Constituição (art. 60, § 4º, CF/88), de maneira que nem mesmo uma emenda à Constituição poderá realizar qualquer modificação tendente à sua abolição.

A proteção à coisa julgada, como reflexo do Estado de Direito e da segurança jurídica, sob a perspectiva da confiabilidade e estabilidade, impede que o legislador infraconstitucional estabeleça hipóteses que "prejudiquem", isto é, que a impeça de produzir os efeitos que lhe são inerentes, notadamente, a estabilização e imutabilidade das decisões judiciais de mérito pelo Poder Judiciário.

Daí por que caberá ao legislador infraconstitucional, bem como intérpretes e aplicadores levarem em consideração o fato de que a coisa julgada possui proteção constitucional e não deve ser restringida, salvo, de forma razoável e proporcional, por razões também constitucionais de significativa relevância.

2.2. Noção e espécies: coisa julgada formal e material

Como estabelece o art. 502, do Novo Código de Processo Civil, coisa julgada material é "a autoridade que torna imutável e indiscutível a decisão de mérito não mais sujeita a recurso".

A coisa julgada, portanto, teria o condão de tornar imutável decisão judicial exarada em processo judicial, impedindo que se busque rediscutir a causa deduzida em juízo, seja internamente nos mesmos autos (dentro do processo), ou fora dele.

Dentro desta perspectiva, a coisa julgada será: (i) – formal: indica a inalterabilidade e irrecorribilidade de decisão judicial, pois, em razão da ausência do cabimento de qualquer recurso (irrecorribilidade), aquela se torna imutável dentro do processo ("preclusão máxima" – estabilização interna); (ii) – material: imutabilidade da autoridade da decisão de mérito, tendo a qualidade de gerar efeitos extraprocessuais, impedindo que a discussão se renove.[1] Possível notar que a coisa julgada formal é pressuposto da material. Lembremos, ainda, da expressão "coisa soberanamente julgada", que decorre do fato de, após 02 anos da coisa julgada formal e material, inexistir a propositura de ação rescisória.

Pelo novo Código de Processo Civil, altera-se a redação anterior, permutando "eficácia" por "autoridade" e "sentença" por "decisão de mérito".

2.3. Limites objetivos e subjetivos

2.3.1. Objetivos

A imutabilidade da decisão de mérito, todavia, possui limites, de sorte que vincula em relação aquilo que foi decidido, na medida do que foi objeto da causa de pedir, pedido e respectiva decisão, como enuncia o art. 503 do Novo Código de Processo Civil "A decisão que julgar total ou parcialmente o mérito tem força de lei nos limites da questão principal expressamente decidida". Bem por isso, como regra, nota-se que a coisa julgada vincula e produz efeitos no tocante à parte dispositiva da decisão de mérito.

Sem embargo disso, o Novo Código de Processo Civil, no art. 503, §1º, de maneira inovadora em relação ao Código Anterior, impõe a autoridade da coisa julgada para a questão incidental, ao preceituar que: § 1 º O disposto no caput aplica-se à resolução de questão prejudicial, decidida expressa e incidentemente no processo, se: I – dessa resolução depender o julgamento do mérito; II – a seu respeito tiver havido contraditório prévio e efetivo, não se aplicando no caso de revelia; III – o juízo tiver competência em razão da matéria e da pessoa para resolvê-la como questão principal. § 2º A hipótese do

---

1 "NCPC - Art. 505. Nenhum juiz decidirá novamente as questões já decididas relativas à mesma lide..."

§ 1º não se aplica se no processo houver restrições probatórias ou limitações à cognição que impeçam o aprofundamento da análise da questão prejudicial.".

Ademais, o Novo Código de Processo Civil, no art. 505, seguindo a tradição do anterior, repele por meio da coisa julgada material o deduzido e deduzível, rejeitando as questões implicitamente decididas, ao pontificar "Transitada em julgado a decisão de mérito, considerar-se-ão deduzidas e repelidas todas as alegações e as defesas que a parte poderia opor assim ao acolhimento como à rejeição do pedido."

Em contrapartida, conforme art. 504 do Novo Código de Processo Civil "Não fazem coisa julgada: "I – os motivos, ainda que importantes para determinar o alcance da parte dispositiva da sentença; II – a verdade dos fatos, estabelecida como fundamento da sentença."

2.3.2. Subjetivos

Em regra, a decisão judicial de mérito impõe sua autoridade da imutabilidade às partes envolvidas na relação processual, ou seja, "res inter alios judicata aliss non praejucare".

Neste sentido, o art. 506 do Novo Código de Processo Civil dispõe: "A sentença faz coisa julgada às partes entre as quais é dada, não prejudicando terceiros.".

Ao contrário da legislação anterior, este novo dispositivo suprime a expressão "não beneficiando", de maneira que é possível notar a "proposta que consagra, mesmo nos processos individuais', o transporte 'in utilibus' da coisa julgada'".[2]

2.3.3. Relação jurídica continuativa ou de trato continuado

Como vimos, em razão da autoridade da coisa julgada, inexiste a possibilidade de se renovar a discussões já decididas.

Todavia, de maneira excepcional, permite o art. 502 do Novo Código de Processo Civil, o pedido de revisão da coisa julgada, pois enuncia: "Nenhum juiz decidirá novamente as questões já decididas relativas à mesma lide, salvo: I – se, tratando-se de relação jurídica de trato continuado, sobreveio modificação no estado de fato ou de direito; caso em que poderá a parte pedir a revisão do que foi estatuído na sentença; II – nos demais casos prescritos em lei.".

Portanto, quando temos duas hipóteses estabelecidas em lei que permitem a revisão, para o futuro, dos efeitos da coisa julgada: (i) – relação jurídica de trato continuado, quando sobrevier alteração no estado de fato ou de direito, permitindo o pedido de revisão do que foi decidido; ou (ii) – outras hipóteses expressamente previstas em lei.

Como se pode notar, existem relações jurídicas que se renovam ou se replicam continuamente, sem, todavia, alterações no estado de fato e de direito. Nesta hipótese, a

---

2 BUENO, Cássio Scarpinella. Projetos de Novo Código de Processo Civil: comparados e anotados. São Paulo: Saraiva, 2014. p. 260.

decisão judicial de mérito transitada em julgada (coisa julgada) continua a ser aplicável e mantém sua autoridade produzindo efeitos de vinculação.

Ademais, vale lembrar a Súmula 239 do Supremo Tribunal Federal, onde enuncia: "Decisão que declara indevida a cobrança do imposto em determinado exercício não faz coisa julgada em relação aos posteriores". A interpretação deste referido enunciado há de ser conforme a causa de pedir, pedido e decisão judicial, uma vez que em relações continuativas, até que não se configure uma modificação posterior situação de fato ou de direito, como veremos, a coisa julgada produzirá autoridade e efeitos para as relações posteriores.

Existe a possibilidade, no entanto, daquele estado de fato ou de direito se modificar posteriormente. Por exemplo, a lei que garantia o gozo de uma isenção fiscal por meio da decisão judicial é revogada ou, ainda, a pessoa não possui mais os atributos ou condições para seu gozo em razão da disciplina legal exigir que seja uma pessoa jurídica no lucro real e, em determinado ano, opta-se pelo chamado lucro presumido. Bem por isso, face à mutação do estado de fato ou de direito, permite a legislação que se busque um pedido de revisão da coisa julgada.

Trata-se de um fenômeno processual que pode ser denominado de sentenças com a cláusula "rebus sic estantibus" e ou também "decisões instáveis".[3]

Quando surge a modificação do estado de fato ou de direito, conforme art. 505, I, do Novo Código de Processo Civil, postular a revisão do julgado por meio da ação de modificação. Neste caso, como se trata de uma modificação posterior em circunstâncias que o legislador entendeu possuir relevância no sentido de alterar a coisa julgada, os efeitos desta medida judicial, a fim de que se resguarde por essência a segurança jurídica, somente produz efeitos para o futuro, não retroagindo.

2.3.3.1. Decisão do Supremo Tribunal Federal pode gerar mudança no estado de direito?

Como visto, segundo estabelece o art. 505 do Novo Código de Processo Civil, é possível se decidir novamente uma mesma lide quando se tratar de relações jurídicas de trato continuado e sobrevier modificação posterior no estado de fato ou de direito, permitindo, assim, o pedido de revisão do determinado em decisão judicial transitada em julgado.

Diante disso, surge a indagação no sentido de se avaliar se a decisão do Supremo Tribunal Federal geraria um fato posterior modificativo do estado de direito. De um lado, é possível sustentar que as decisões do Supremo Tribunal Federal não geraria referida alteração, exigindo-se para isso um veiculo normativo formal como a lei,[4] Por

3 MARQUES, José Frederico. Instituições de Direito Processual Civil. 1ª Ed. Atualizada e complementada por Ovídio Rocha Barros Sandoval. Campinas: Millenium, 2000. p. 383. T. IV.

4 Neste sentido: STJ, Resp. 1.118.893/MG, j. 23/03/2011; CARF, 1ª Seção, Ac. 1301-001.083 – 3ª Câmara – 1ª TO, j. 06/11/2012.

outra parte, em razão da autoridade do Supremo Tribunal Federal como guardião da Constituição e efeito vinculante e "erga omnes", daí seria possível reconhecer uma alteração no estado de direito, sobretudo, com o objetivo de resguardar a igualdade na interpretação e aplicação do texto constitucional.

Para a corrente que sustentar ser possível a modificação no estado de direito em razão de decisão posterior do Supremo Tribunal Federal, seja no controle concentrado ou difuso,[5] acreditamos que o novo Código de Processo Civil nos arts. 525 e 535 acabam por reforçar este posicionamento ao permitir expressamente o cabimento de ação rescisória na hipótese de decisão posterior do Supremo Tribunal Federal em matéria constitucional.

Mesmo que se entenda pela viabilidade deste entendimento, é importante, todavia, esclarecer que esta modificação do estado de direito não deve ser reconhecida como automática, uma vez que a legislação (no caso, o novo Código de Processo Civil) permitir duas formas de se impedir os efeitos da decisão transitada em julgado, quando houver decisão posterior do STF: ação de modificação e ação rescisória. De outra parte, a ação de modificação, por força de decisão posterior do STF modificando o estado de direito, produz efeitos "ex nunc" não tendo o condão de rescindir a coisa julgada, muito menos afetar as situações já ocorridas, o que somente pode ser feito mediante a ação rescisória segundo o novo Código de Processo Civil, sujeitando-se, ainda, em razão da segurança jurídica, à possibilidade de modulação dos efeitos.[6]

3. AÇÃO RESCISÓRIA

3.1. Aspectos gerais

A coisa julgada, ainda, pode ser rescindida por meio de ação judicial autônoma denominada de ação rescisória.

Daí por que, permite o legislador nas hipóteses taxativamente previstas no art. 966 do Novo Código de Processo Civil, no caso de decisão de mérito transitada em julgado, quando:

> "I – se verificar que foi proferida por força de prevaricação, concussão ou corrupção do juiz;
> II – proferida por juiz impedido ou por juízo absolutamente incompetente;

5 No controle difuso acreditamos que esta modificação se legitima a partir da Resolução do Senado, decisão de recurso extraordinário em repercussão geral ou edição de súmula vinculante. Todavia, o STF já reconheceu a desnecessidade de resolução em decisão do Pleno em controle difuso (STF, Rcl 4335/AC, Rel. Min. Gilmar Mendes, j. 20/03/2014).

6 Neste aspecto, discordamos de Parecer PGFN 492/2011 ao enunciar que: "A cessação da eficácia vinculante da decisão tributária transitada em julgado opera-se automaticamente, de modo que: (i) – quando se der a favor do Fisco, este pode voltar a cobrar o tributo, tido por inconstitucional na anterior decisão, em relação aos fatos geradores praticados dali para frente, sem que necessite de prévia autorização judicial nesse sentido; (ii) quando se der a favor do contribuinte-autor, este pode deixar de recolher o tributo, tido por constitucional na decisão anterior, em relação aos fatos geradores praticados dali para frente, sem que necessite de prévia autorização judicial nesse sentido".

> III – resultar de dolo ou coação da parte vencedora em detrimento da parte vencida ou, ainda, de simulação ou colusão entre as partes, a fim de fraudar a lei;
> IV – ofender a coisa julgada;
> V – violar manifestamente norma jurídica;
> VI – se fundar em prova cuja falsidade tenha sido apurada em processo criminal, ou venha a ser demonstrada na própria ação rescisória;
> VII – o autor, posteriormente ao trânsito em julgado, obtiver prova nova, cuja existência ignorava ou de que não pôde fazer uso, capaz, por si só, de lhe assegurar pronunciamento favorável;
> VIII – fundada em erro de fato verificável do exame dos autos."[7]

Ademais, conforme art. 966: (i) – nas hipóteses previstas no caput, será rescindível a decisão transitada em julgado que, embora não seja de mérito, não permita a repropositura da demanda ou impeça o reexame do mérito; (ii) – poderá ter por objeto um único capítulo da decisão; (iii) – é rescindível quando em procedimento de jurisdição voluntária.

O prazo para o ajuizamento da ação rescisória é de 02 anos, contados da última decisão proferida no processo[8]-[9], todavia, de forma inovadora, o art. 975, do Novo Código de Processo Civil, de forma excepcional estabelece: (i) – prorrogação do prazo: até o primeiro dia útil imediatamente subsequente o prazo a que se refere o *caput*, quando expirar durante férias forenses, recesso, feriados ou em dia em que não houver expediente forense (art. 975, § 1º); (ii) – prova nova: o termo inicial do prazo será a data de descoberta da prova nova, observado o prazo máximo de cinco anos, contados do trânsito em julgado da última decisão proferida no processo. (art. 975, § 2º); (iii) – simulação e conluio: começa a contar para o terceiro prejudicado e para o Ministério Público, que não interveio no processo, a partir do momento em que têm ciência da simulação ou da colusão (art. 952, § 3º).

Portanto, a ação rescisória terá por objeto decisão transitada em julgado (em sua totalidade ou mesmo capítulos): (i) – de mérito; (ii) – embora não seja de mérito, não permita a repropositura da demanda ou impeça o reexame do mérito; ou (iii) – ou em procedimento de jurisdição voluntária.

Entre os aspectos peculiares da ação rescisória temos a necessidade de que se elabore, se for o caso, pedido cumulado de rescisão e de novo julgamento da causa, além

---

7 "Há erro de fato quando a decisão rescindenda admitir um fato inexistente ou quando considerar inexistente um fato efetivamente ocorrido, sendo indispensável, num como noutro caso, que o fato não represente ponto controvertido sobre o qual o juiz deveria ter se pronunciado" (art. 963, § 1º).

8 Neste ponto, o Novo Código de Processo Civil mantém o posicionamento já existente na Súmula 401 do Superior Tribunal de Justiça: "O prazo decadencial da ação rescisória só se inicia quando não for cabível qualquer recurso do último pronunciamento judicial.".

9 Convém, todavia, atentar-se ao posicionamento do Supremo Tribunal Federal no sentido de que "Conta-se o prazo decadencial de ação rescisória, nos casos de existência de capítulos autônomos, do trânsito em julgado de cada decisão" (STF, RE 666.589/DF, Rel. Min. Marco Aurélio, j. 25/03/2014).

de realizar, como condição de admissibilidade desta medida, o depósito de 5% (cinco por cento) sobre o valor da causa,[10] a título de multa, caso seja, por unanimidade de votos, declarada inadmissível ou improcedente (art. 968 do Novo Código de Processo Civil).[11]

A legitimidade ativa para a propositura da ação rescisória, segundo art. 967 do Novo Código de Processo Civil, será: (i) – de quem foi parte no processo ou o seu sucessor a título universal ou singular; (ii) – do terceiro juridicamente interessado;(iii) – o Ministério Público: a) se não foi ouvido no processo em que lhe era obrigatória a intervenção; b) quando a decisão rescindenda é o efeito de simulação ou de colusão das partes, a fim de fraudar a lei; c) em outros casos em que se imponha sua atuação; (iv) – daquele que não foi ouvido no processo em que lhe era obrigatória a intervenção.

Quanto aos procedimentos: (i) – não possui efeito suspensivo da decisão rescindenda, embora seja possível postular tutela provisória (art. 969, Novo CPC); (ii) – será proposta perante o Tribunal, cabendo ao relator ordenar a citação do réu, com prazo para resposta não inferior a 15 ou superior a 30 dias; (iii) – observará no que couber o procedimento comum; (iv) – se houver necessidade de provas, delegar a competência ao órgão que proferiu a decisão rescindenda, fixando prazo de um a três meses para a devolução dos autos; (v) – finalizada a instrução, será aberta vista ao autor e ao réu para razões finais, sucessivamente, pelo prazo de dez dias, e, posteriormente, os autos serão conclusos ao relator, procedendo-se ao julgamento pelo órgão competente; (vi) – com o julgamento de procedência do pedido, o tribunal rescindirá a decisão, proferirá, se for o caso, novo julgamento e determinará a restituição do depósito de 5%; (vii) – considerando, por unanimidade, inadmissível ou improcedente o pedido, o tribunal determinará a reversão, em favor do réu, da importância do depósito de 5%.

3.2. Ação rescisória e violação à norma jurídica (Sumula 343 do STF)

Entre as hipóteses de cabimento da ação rescisória no novo Código de Processo Civil, temos o art. 966, V, que dispõe: "violar manifestamente norma jurídica". Altera-se a redação do Código de Processo Civil anterior, no art. 485, V, no sentido de violar disposição literal de lei.

Vale lembrar que o Supremo Tribunal Federal possui a Sumula 343, que enuncia: "Não cabe ação rescisória por ofensa a literal disposição de lei, quando a decisão rescindenda se tiver baseado em texto legal de interpretação controvertida nos tribunais".

Portanto, no Código de Processo Civil de 1973, o permissivo legal que permitia o ajuizamento de ação rescisória exigia que a decisão rescindenda deveria ter praticado

10 Como inovação, o Novo Código de Processo Civil estabelece um limite no valor do depósito: "§ 2º O depósito previsto no inciso II não será superior a mil salários mínimos." (art. 968).

11 Não se aplica o disposto no inciso II à União, aos Estados, ao Distrito Federal, aos Município, suas respectivas autarquias e fundações de direito público, ao Ministério Público, à Defensoria Pública e aos que tenham obtido o benefício da gratuidade de justiça. (art. 968).

um ato que violasse a lei de forma direta e qualificada num sentido inequívoco da legislação, a fim de que esta medida judicial não se tornasse um recurso de prazo dilatado ou mesmo incidente de uniformização de jurisprudência. Daí a razão da edição da Sumula 343 do STF visando impedir ação rescisória em casos onde era possível mais de uma interpretação razoável ao texto legal.

Na redação anterior, a jurisprudência do Supremo Tribunal Federal,[12] contudo, reconheceu a possibilidade de ação rescisória no caso de violação ao texto constitucional, deixando de aplicar nestas hipóteses referida Súmula, sobretudo, em razão da gravidade do vício de inconstitucionalidade e a supremacia da Constituição, bem como a necessidade de legitimar a autoridade das decisões do Supremo Tribunal Federal como guardião do texto constitucional e a importância do tratamento igualitário.[13] Apesar desta orientação jurisprudencial, é importante esclarecer que o Supremo Tribunal Federal, em atenção à Súmula 343, não admitiu a propositura de ação rescisória em razão de alteração superveniente de sua interpretação a respeito do texto constitucional, sobretudo, em respeito à coisa julgada e segurança jurídica.[14]

Com a nova redação do novo Código de Processo Civil estabelecida no art. 966, V, entendemos que: (i) – tem-se a consolidação de que a violação que leva à propositura de ação rescisória não é somente de lei, mas, de norma jurídica, de maneira que o texto constitucional é uma das hipóteses de cabimento; (ii) – a Súmula 343 do STF continua a ser instrumento no sentido de impedir o emprego da ação rescisória como um recurso ordinário de prazo alargado ou incidente de uniformização de jurisprudência, eis que impõe o novo texto a violação "manifesta" da norma jurídica, de sorte que a "interpretação controvertida dos tribunais" ou mesmo "a mudança superveniente de jurisprudência" não pode ser caracterizada como violar "manifestamente" a norma jurídica; (iii) – de outro lado, em relação à matéria constitucional, acreditamos que a exigência de violação manifesta à norma jurídica há de ser avaliada com restrições

---

12 "Agravo regimental no agravo de instrumento. Súmula nº 343/STF. Inaplicabilidade. Precedentes. 1. A jurisprudência desta Corte está consolidada no sentido da inaplicabilidade da Súmula nº 343 quando a matéria versada nos autos for de cunho constitucional, mesmo que a decisão objeto da rescisória tenha sido fundamentada em interpretação controvertida ou anterior à orientação fixada pelo Supremo Tribunal Federal. 2. Agravo regimental não provido." (STF, AI 703485 AgR, Rel: Min. DIAS TOFFOLI, 1T, j. 11/12/2012).

13 ZAVASCKI, Teori Albino. Eficácia das sentenças na jurisdição constitucional. 2 ed. São Paulo: RT, 2012. pp. 162-167.

14 "AÇÃO RESCISÓRIA VERSUS UNIFORMIZAÇÃO DA JURISPRUDÊNCIA. O Direito possui princípios, institutos, expressões e vocábulos com sentido próprio, não cabendo colar a sinonímia às expressões "ação rescisória" e "uniformização da jurisprudência". AÇÃO RESCISÓRIA – VERBETE Nº 343 DA SÚMULA DO SUPREMO. O Verbete nº 343 da Súmula do Supremo deve de ser observado em situação jurídica na qual, inexistente controle concentrado de constitucionalidade, haja entendimentos diversos sobre o alcance da norma, mormente quando o Supremo tenha sinalizado, num primeiro passo, óptica coincidente com a revelada na decisão rescindenda." (STF, RE 590809, Relator(a): Min. MARCO AURÉLIO, Tribunal Pleno, julgado em 22/10/2014, ACÓRDÃO ELETRÔNICO DJe-230 DIVULG 21-11-2014 PUBLIC 24-11-2014)

diante de decisões do Supremo Tribunal Federal, nos moldes da jurisprudência atual, permitindo o ajuizamento de ação rescisória quando já houver precedente julgado ou até mesmo reconhecimento de repercussão geral aguardando julgamento de mérito de recurso extraordinário ou ajuizamento de Ação no controle concentrado.

4. EXECUÇÃO DE SENTENÇA JUDICIAL TRANSITADA EM JULGADO: INEXIGIBILIDADE DO TÍTULO POR DECISÃO DO STF

A execução de sentença que reconhece obrigação de pagar quantia certa em geral (art. 523 a 533 do Novo CPC), ou pela Fazenda Pública (arts. 534 a 535 do Novo CPC), permite entre os argumentos para impugnar a cobrança a alegação de inexigibilidade do título judicial (art. 523, III; art. 534, III, Novo CPC), quando estiver fundado em (arts. 523, § 10; 535, § 5): (i) – lei ou ato normativo considerados inconstitucionais pelo Supremo Tribunal Federal em controle concentrado; (ii) – aplicação ou interpretação da lei ou ato normativo tidas pelo Supremo Tribunal Federal como incompatíveis com a Constituição da República, em controle de constitucionalidade concentrado ou difuso de constitucionalidade.

Tais dispositivos legais permitem relativizar a coisa julgada, no momento da execução, em virtude de decisão do Supremo Tribunal Federal.

Há verdadeira controvérsia a respeito da constitucionalidade no tocante à relativização da coisa julgada ("coisa julgada inconstitucional"),[15] aguardando o tema decisão em repercussão geral pelo Supremo Tribunal Federal,[16] embora já exista julgado reconhecendo a inconstitucionalidade.[17]

---

15 A respeito dos posicionamentos pela inconstitucionalidade e constitucionalidade: ABBOUD, Georges. Jurisdição Constitucional e Direitos Fundamentais. São Paulo: RT, 2011, pp. 303-325.

16 "Processo Civil. Execução. Inexigibilidade do título executivo judicial (artigo 741, parágrafo único do CPC). Aplicabilidade no âmbito dos juizados especiais. Pensão por morte (Lei nº 9.032/1995). Decisão do Supremo Tribunal Federal. Extensão do precedente aos casos com trânsito em julgado. Coisa julgada (artigo 5º, XXXVI, da Constituição Federal). Existência de repercussão geral, dada a relevância da questão versada." (STF, RE 586068 RG, Relator(a): Min. ELLEN GRACIE, julgado em 02/08/2008, DJe-157 DIVULG 21-08-2008 PUBLIC 22-08-2008 EMENT VOL-02329-04 PP-00687).

17 "RECURSO EXTRAORDINÁRIO - COISA JULGADA EM SENTIDO MATERIAL - INDISCUTIBILIDADE, IMUTABILIDADE E COERCIBILIDADE: ATRIBUTOS ESPECIAIS QUE QUALIFICAM OS EFEITOS RESULTANTES DO COMANDO SENTENCIAL - PROTEÇÃO CONSTITUCIONAL QUE AMPARA E PRESERVA A AUTORIDADE DA COISA JULGADA - EXIGÊNCIA DE CERTEZA E DE SEGURANÇA JURÍDICAS - VALORES FUNDAMENTAIS INERENTES AO ESTADO DEMOCRÁTICO DE DIREITO - EFICÁCIA PRECLUSIVA DA "RES JUDICATA" - "TANTUM JUDICATUM QUANTUM DISPUTATUM VEL DISPUTARI DEBEBAT" - CONSEQUENTE IMPOSSIBILIDADE DE REDISCUSSÃO DE CONTROVÉRSIA JÁ APRECIADA EM DECISÃO TRANSITADA EM JULGADO, AINDA QUE PROFERIDA EM CONFRONTO COM A JURISPRUDÊNCIA PREDOMINANTE NO SUPREMO TRIBUNAL FEDERAL - A QUESTÃO DO ALCANCE DO PARÁGRAFO ÚNICO DO ART. 741 DO CPC - MAGISTÉRIO DA DOUTRINA - RECURSO DE AGRAVO

Entendemos que, em regra, por força do princípio (ou sobreprincípio) da segurança jurídica e a proteção constitucional existente à coisa julgada, o texto legal que impede a execução de decisão judicial transitada em julgado há de ser interpretado e aplicado com cautela, dentro das seguintes premissas: (i) – Decisão do Supremo Tribunal Federal em controle concentrado, resolução do Senado, Recurso extraordinário em sede de repetitivo ou edição de súmula vinculante antes do transito em julgado: cabimento de ação rescisória no prazo de 02 anos, havendo após isso coisa soberanamente julgada, sendo inaplicáveis os dispositivos que visam impedir a execução de sentença; (ii) – Decisão do Supremo Tribunal Federal após o trânsito em julgado, em controle concentrado, resolução do Senado, Recurso extraordinário em sede de repetitivo ou edição de súmula vinculante: a. no período de 02 anos do trânsito em julgado: cabível a propositura de ação rescisória, bem como a impugnação de execução de sentença com fundamento na decisão do Supremo Tribunal Federal; b. após os 02 anos do trânsito em julgado, somente é cabível a alegação de inexigibilidade do título por decisão do Supremo Tribunal Federal se esta sobrevier até a citação e prazo para impugnação da execução de sentença judicial.[18]

A respeito deste tema, convém esclarecer que o novo Código de Processo Civil inovou – ou explicitou – que as decisões do Supremo Tribunal Federal que permitem a inexigibilidade do título judicial são aquelas decorrentes de "controle de constitucionalidade concentrado ou difuso", pois a redação legal anterior não previa expressamente.

Neste ponto, entendemos que no tocante às decisões em sede de controle difuso, somente seriam aquelas resultantes de: (i) – recurso extraordinário com posterior edi-

IMPROVIDO" (STF, AG. REG. RE 592.912/RS, 2T, rel. Celso de Mello, j. 03/04/2012). Sobre o tema ainda: Ementa: CONSTITUCIONAL. RECURSO EXTRAORDINÁRIO. HONORÁRIOS ADVOCATÍCIOS NEGADOS COM FUNDAMENTO EM LEI POSTERIORMENTE DECLARADA INCONSTITUCIONAL PELO STF. EFICÁCIA TEMPORAL DA SENTENÇA. REPERCUSSÃO GERAL CONFIGURADA. 1. Possui repercussão geral a questão relativa à eficácia temporal de sentença transitada em julgado fundada em norma supervenientemente declarada inconstitucional pelo Supremo Tribunal Federal em sede de controle concentrado. 2. Repercussão geral reconhecida." (STF, (RE 730462 RG, Relator(a): Min. TEORI ZAVASCKI, julgado em 29/05/2014, ACÓRDÃO ELETRÔNICO DJe-123 DIVULG 24-06-2014 PUBLIC 25-06-2014). Em julgamento recente não publicado deste caso em repercussão geral decidiu o Supremo Tribunal Federal ": O Tribunal, por unanimidade e nos termos do voto do Relator, apreciando o tema 733 da Repercussão Geral, negou provimento ao recurso extraordinário. Fixada a tese com o seguinte teor: A decisão do Supremo Tribunal Federal declarando a constitucionalidade ou a inconstitucionalidade de preceito normativo não produz a automática reforma ou rescisão das decisões anteriores que tenham adotado entendimento diferente. Para que tal ocorra, será indispensável a interposição de recurso próprio ou, se for o caso, a propositura de ação rescisória própria, nos termos do art. 485 do CPC, observado o respectivo prazo decadencial (art. 495). Presidiu o julgamento o Ministro Ricardo Lewandowski. Plenário, 28.05.2015.".

18 Neste sentido: ABBOUD, Georges. Jurisdição Constitucional e Direitos Fundamentais. São Paulo: RT, 2011, pp. 303-325. STRECK, Lenio Luiz. Jurisdição Constitucional e decisão jurídica. 3 Ed. São Paulo: RT, 2013. pp. 561-565.

ção de resolução do Senado Federal (art. 52, X); (ii) – recurso extraordinário julgado em repercussão geral; (iii) – decisões reiteradas em controle difuso que levem à edição de súmula vinculante. Portanto, entendemos que a decisão do pleno do Supremo Tribunal Federal, por si só, embora possa resultar em fundamento, por exemplo, para ação rescisória, não permitiria a inexequibilidade de sentença transitada em julgado, pois, não há previsão no texto constitucional e legal para no sentido de conceder efeitos vinculantes e "erga omnes".[19]

Ademais, inseriu o novo Código de Processo Civil a possibilidade de se modular no tempo a execução de sentença quanto aos efeitos da decisão do Supremo Tribunal Federal em atenção à segurança jurídica (art. 525 § 13; art. 535, § 6º).[20]

Em um primeiro aspecto, acreditamos que este dispositivo deve sempre se atentar à própria decisão do Supremo Tribunal Federal e eventual modulação realizada por aquele Tribunal Superior, não podendo existir qualquer manipulação dos efeitos de forma contrária àquela decisão. Deverá seguir, portanto, os efeitos no tempo já estabelecidos pelo Supremo Tribunal Federal.

A mais disso, este dispositivo em verdade permite concretizar uma "interpretação conforme" à Constituição acima já apresentada à luz da realidade do antigo Código de Processo Civil, todavia, mais aperfeiçoada.

Isto porque, enunciam os § 15 do art. 525 e 8º do art. 535 do Código de Processo Civil que "Se a decisão referida no § 5º for proferida após o trânsito em julgado da decisão exequenda, caberá ação rescisória, cujo prazo será contado do trânsito em julgado da decisão proferida pelo Supremo Tribunal Federal."

Bem por isso, segundo o novo código de processo civil: (i) – Decisão do Supremo Tribunal Federal em controle concentrado e difuso antes do transito em julgado: a. cabimento de ação rescisória no prazo de 02 anos; b. possibilidade de impugnar a execução de sentença, reconhecendo a inexigibilidade do título judicial; c. para os casos de impugnação de sentença poderá o juiz, de forma motivada e conforme as circunstâncias do caso concreto, em atenção à segurança jurídica, modular os efeitos no tempo da decisão exeqüenda; d. a alegação de inexequibilidade do título em razão de decisão judicial antes do trânsito em julgado deve ser apresentada em impugnação no prazo legal, sob pena de preclusão; (ii) – Decisão do Supremo Tribunal Federal após o trânsito em julgado, em controle concentrado ou difuso: a. caberá ação rescisória no prazo de 02 anos, contados do trânsito em julgado da decisão do Supremo Tribunal Federal; b. por conseguinte, não será possível a alegação de inexigibilidade do título em sede de impugnação à execução de sentença, pois a medida cabível será a ação rescisória; c. entendemos que a modulação no tempo dos efeitos da decisão, em atenção à seguran-

19 É preciso esclarecer, todavia, que o Supremo Tribunal Federal em recente decisão reconheceu a desnecessidade de edição de Resolução do Senado para produção de efeitos "erga omnes" e vinculante às decisões do Plenário de seu Tribunal, permitindo reclamação constitucional (STF, Rcl 4335/AC, Rel. Min. Gilmar Mendes, j. 20/03/2014).

20 "...os efeitos da decisão do Supremo Tribunal Federal poderão ser modulados no tempo, em atenção à segurança jurídica".

ça jurídica e o respeito à coisa julgada, será fundamental em tais casos, já que entre a execução de sentença, propositura da ação rescisória e respectivo julgamento[21] poderá existir um tempo razoável que a decisão judicial transitada em julgado produzirá com autoridade e legitimidade efeitos jurídicos, que merecem proteção.

21 Em regra, ação rescisória não possui efeito suspensivo.

AINDA SOBRE A DESCONSIDERAÇÃO DA PERSONALIDADE JURÍDICA: RESPONSABILIDADE PATRIMONIAL PRIMÁRIA OU SECUNDÁRIA?

Daniel Colnago Rodrigues

João Pereira Monteiro Neto

SUMÁRIO: 1. A título de introdução: autonomia e responsabilidade patrimonial. **2.** Obrigação vs. responsabilidade: implicações na definição da responsabilidade executiva patrimonial. **3.** Alguns aspectos processuais da disregard. **4.** Qualidade do sócio como responsável executivo primário e suas consequências na desconsideração da personalidade jurídica. **5.** Considerações finais e o tratamento do instituto no novo Código de Processo Civil. Bibliografia.

1. A TÍTULO DE INTRODUÇÃO: AUTONOMIA E RESPONSABILIDADE PATRIMONIAL

O princípio garantidor da *autonomia patrimonial* das sociedades, a par de fomentar a atividade econômica, tem facilitado, no cenário atual, a fraude contra credores e o abuso de direito, perpetrados para atendimento de interesses diversos aos da função social da pessoa jurídica. A norma torna-se um escudo para aqueles que praticam atos espúrios no desenvolvimento da atividade social, responsáveis pela submissão da sociedade a um estado de insolvência. Na medida em que é a sociedade o sujeito titular das posições jurídicas, e não os seus sócios, por vezes os interesses dos credores ou terceiros são indevidamente frustrados por manipulações no âmbito das pessoas jurídicas.[1]

A sociedade empresária, igualmente, uma vez submetida às exigências legais, passa a ser vista como unidade jurídica distinta das pessoas físicas dos respectivos sócios, tornando-se, em princípio, responsável por suas próprias obrigações.[2] Tendo sua própria personalidade jurídica (*autonomia*), a sociedade passa a ser titular do seu patrimônio e responsável por suas obrigações (*responsabilidade*).

Com o advento da teoria da desconsideração da personalidade jurídica, oriunda da segunda metade do século XX, como aponta a obra *Forma e realidade da pessoa jurídica*, de Rolf Serick (um dos trabalhos pioneiros sobre o tema), buscou-se definir critérios que permitam ao juiz ignorar a autonomia patrimonial da pessoa jurídica, em

---

1 Neste sentido, por todos: Coelho, Fábio Ulhoa. *Curso de Direito Comercial*, v. 2. 15ª ed. São Paulo: Saraiva, 2011, p. 52.

2 Cf. Paes de Almeida, Amador. *Execução de bens de sócios*. 3ª ed. São Paulo: Saraiva, 2000, p. 5.

relação às pessoas que a compõem, sempre que ela for utilizada como mecanismo de fraudes ou de abuso de direitos.[3] Vale destacar que a teoria estudada originou-se de construção jurisprudencial e foi posteriormente desenvolvida pela doutrina, sendo então encampada pelos ordenamentos jurídicos mundo afora, inclusive o brasileiro (art. 50 do Código Civil de 2002 e art. 28 do Código de Defesa do Consumidor).[4]

E as razões para a sua aplicação, sintetizadas por FÁBIO KONDER COMPARATO, provêm "de um desvio de função, ou disfunção, resultante sem dúvida, as mais das vezes, de abuso ou fraude, mas que nem sempre constitui um ato ilícito. Daí porque não se deve cogitar da sanção de invalidade, pela inadequação de sua excessiva amplitude, e sim da ineficiência relativa",[5] Como se vê, a desconsideração da personalidade jurídica não objetiva prejudicar a autonomia da sociedade; objetiva torná-la ineficaz, em dadas situações, em relação aos membros que a compõem. Assim, a pessoa jurídica permanecerá intacta, pois os efeitos decorrentes da aplicação do instituto recairão apenas sobre o caso específico.

Com amparo nas regras dos artigos 592, II, e 596 do Código de Processo Civil de 1973,[6] é comumente afirmada, nos casos em que a desconsideração da personalidade jurídica é efetivada, a *responsabilidade patrimonial secundária* do sócio. Disposta consequência decorre do entendimento de que os bens afetados pelo instituto da *disregard of legal entity* ficam sujeitos à execução, sem que haja, porém, qualquer vínculo jurídico obrigacional entre o sócio e o credor. No caso, a pessoa jurídica mantém-se como devedora, enquanto a desconsideração apenas estabelece ao sócio a *responsabilidade patrimonial por dívida de terceiro,*[7] também denominada pela doutrina como *responsabilidade executiva secundária.*[8]

---

3 SERICK, Rolf. *Forma e realtà della persona giuridica*. Tradução de Marco Vitale. Milão: Giuffrè, 1966. Indispensável, ainda, VERRUCOLI, Piero. *Il superamento della personalità giuridica delle società de capitali nella commom law e nella civil law*. Milão: Giuffrè, 1964.

4 Art. 50. Em caso de abuso da personalidade jurídica, caracterizado pelo desvio de finalidade, ou pela confusão patrimonial, pode o juiz decidir, a requerimento da parte, ou do Ministério Público quando lhe couber intervir no processo, que os efeitos de certas e determinadas relações de obrigações sejam estendidos aos bens particulares dos administradores ou sócios da pessoa jurídica.

5 COMPARATO, Fábio Konder. *O poder de controle na sociedade anônima*. 3ª ed. Rio de Janeiro: Forense, 1983, p. 286.

6 Art. 592. Ficam sujeitos à execução os bens: – II – do sócio, nos termos da lei. Art. 596. Os bens particulares dos sócios não respondem pelas dívidas da sociedade senão nos casos previstos em lei; o sócio, demandado pelo pagamento da dívida, tem direito a exigir que sejam primeiro excutidos os bens da sociedade.

7 Neste sentido: BIANQUI, Pedro Henrique Torres. *Desconsideração da personalidade jurídica no processo civil*. São Paulo: Saraiva, 2011, p. 169.

8 Sobre a responsabilidade executiva, Cf. MELLO, Rogério Licastro Torres de. *O responsável executivo secundário*. São Paulo: Quartier Latin, 2006, p. 286.

A responsabilidade executiva secundária atribuída ao sócio não o leva a assumir posição de devedor originário na execução, há apenas o estabelecimento de um estado de *sujeição*, que permite o atingimento de seus bens particulares.[9]

Em contrariedade aos fundamentos delimitadores das consequências executórias apontadas acima (embora sedimentados pelo entendimento majoritário da doutrina), verificaremos que aquele que se submete aos efeitos da desconsideração da personalidade jurídica pode responder com seu patrimônio como verdadeiro devedor e responsável pela obrigação.

A intenção é demonstrar que a responsabilidade executiva do sócio pode ser primária, o que implica diversas consequências de considerável impacto no contexto da desconsideração, a par da inaplicabilidade do inciso II do artigo 592 do Código de Processo Civil de 1973. Para tanto, avaliaremos a evolução teórica da discussão sobre os elementos da obrigação, sua influência na definição da responsabilidade executiva do sócio (primária ou secundária) e, por fim, as consequências advindas da conclusão aqui sustentada.

2. OBRIGAÇÃO *VS.* RESPONSABILIDADE: IMPLICAÇÕES NA DEFINIÇÃO DA RESPONSABILIDADE EXECUTIVA PATRIMONIAL

De início, convém ponderar as significativas nuances entre *responsabilidade patrimonial*, *responsabilidade* e *obrigação*, pois a vinculação do sócio às consequências advindas da pessoa jurídica que teve sua personalidade desconsiderada, a depender do parâmetro que se adote, desencadeia efeitos e consequências peculiares no caso concreto. Vejamos, dessa forma, as premissas essenciais de cada instituto.

Nos dizeres de Washington de Barros Monteiro, obrigação é "a relação jurídica, de caráter transitório, estabelecida entre devedor e credor e cujo objeto consiste numa prestação pessoal econômica, positiva ou negativa, devida pelo primeiro ao segundo, garantindo-lhe o adimplemento através de seu patrimônio".[10] Trata-se, na verdade, de um vínculo jurídico ou de equidade, de natureza econômica, que compromete o devedor com o cumprimento, espontâneo ou coativo, de uma prestação patrimonial perante o credor.

O objeto imediato da obrigação é a prestação, que pode ser *positiva* ou *negativa,*[11] enquanto o objeto mediato pode ser uma coisa ou uma tarefa a ser desenvolvida, tam-

9 Cf. Humberto Theodoro Jr., *Processo de execução.* 18ª ed. São Paulo: LEUD, 1997, p. 200.

10 MONTEIRO, Washington de Barros. *Curso de direito civil brasileiro,* v. IV. São Paulo: Saraiva, 1979, p. 8. Tal conceito, aliás, é seguido por diversos outros autores, como Maria Helena Diniz (*Curso de direito civil brasileiro: teoria geral das obrigações*, v. 2. 24ª ed. São Paulo: Saraiva, 2009, p. 29).

11 Segundo Flávio TARTUCE, "sendo a obrigação positiva, ela terá como conteúdo o dever de entregar coisa certa ou incerta (obrigação de dar) ou o dever de cumprir determinada tarefa (obrigação de fazer). Sendo a obrigação negativa, o conteúdo é uma abstenção (obrigação de não fazer)" – *Manual de direito civil.* 2ª ed. São Paulo: Método, 2012, p. 286.

bém de forma *positiva* ou *negativa*.[12] O beneficiário da obrigação, identificado em uma pessoa natural ou jurídica, ou mesmo em um ente despersonalizado, é denominado credor: possui o direito de exigir o adimplemento da obrigação; por sua vez, aquele que se incumbe do adimplemento é denominado devedor: está obrigado à satisfação do direito do credor.

Já o elemento imaterial, também conhecido como *virtual* ou *espiritual* da obrigação, refere-se ao vínculo jurídico: representa o elo entre o devedor, vinculado a determinada prestação, e o credor da obrigação; corresponde, assim, ao liame legal.[13]

A *teoria monista* ou *unitária da obrigação*, apoiada sobre o elemento imaterial apontado, estabelece que o vínculo jurídico, responsável por unir a prestação e os elementos subjetivos do instituto, seria suficiente para a consubstanciação da obrigação. Fundamenta que não há distinção entre obrigação e responsabilidade, de modo que ambas compõem a mesma relação, atribuindo à responsabilidade o caráter de sanção ao descumprimento da obrigação; impossibilita, dessa forma, discussão sobre os aspectos material e processual da responsabilidade, que, afinal, são fenômenos essenciais ao vínculo obrigacional.[14]

Das implicações decorrentes da *teoria monista*, procura-se interpretar, consoante corrente adotada por Antunês Varela,[15] pela impossibilidade de existir obrigação sem responsabilidade, pois, de forma diversa, implicaria a desvirtuação da obrigação natural, que, em sua gênese, não representa um débito passível de execução; porém, assim se admitindo, haveria uma conversão em obrigação jurídica, o que não se coaduna com os propósitos do instituto. Com o estabelecimento da relação obrigacional, surge para a parte passiva o dever de adimplir e surge para a parte credora o direito de exigir o seu adimplemento; o dever de agir é correlato ao dever de prestar (configuração de um binômio).

Ocorre que, no exame do conteúdo da obrigação, passou-se a destacar a existência de dois elementos fundamentais, a saber: a *dívida* e a *responsabilidade*; referida discus-

---

12 Acrescenta TARTUCE: "como exemplo de objeto mediato da obrigação, pode ser citado um automóvel ou uma casa em relação a um contrato de compra e venda. Esse também é o objeto imediato da prestação. Alguns doutrinadores apontam que o objeto mediato da obrigação ou objeto imediato da prestação é o bem jurídico tutelado, entendimento esse que também é bastante plausível" (*Manual de direito civil*, p. 286).

13 Ensina SILVIO RODRIGUES que "este vínculo se diz jurídico porque, sendo disciplinado pela lei, vem acompanhado de sanção. Com efeito, se o devedor que legalmente se obrigou deixar de efetuar o pagamento, a lei abre as portas dos pretórios ao credor, para que este, através da execução patrimonial do inadimplente, obtenha a satisfação do seu crédito" (Rodrigues, Silvio. *Direito Civil*. São Paulo: Saraiva, 1999, p. 4).

14 Em contraposição aos entendimentos de DINAMARCO, que sustenta existir dinamicidade entre a obrigação e a responsabilidade (DINAMARCO, Cândido Rangel. *Instituições de Processo Civil*, v. 4. São Paulo: Malheiros, 2005, p. 325).

15 ANTUNES VARELA, João de Matos. *Das obrigações em geral*, v. 1. 10ª ed. Coimbra: Almedina, 2003, pp. 131 ss.

são proveio do direito alemão, causando larga repercussão alhures. Trata-se da teoria *dualista* ou *binária*.[16]

Segundo a doutrina de Silvio Rodrigues, "o elemento 'dívida' (*Schuld*) consiste no dever que incumbe ao sujeito passivo de prestar aquilo a que se comprometeu. O elemento 'responsabilidade' (*Haftung*) é representado pela prerrogativa conferida ao credor, ocorrendo inadimplência, de proceder à execução do patrimônio do devedor, para obter a satisfação do seu crédito. De maneira que o devedor se obriga, seu patrimônio responde".[17]

O que se observa, segundo as diretrizes da *teoria dualista da obrigação*, é que o elemento "dívida" supõe a atividade espontânea do devedor, que a pode descumprir, mas ele não pode esquivar-se da "responsabilidade".[18] Processualistas fundados nessa distinção têm procurado sustentar que "o elemento 'dívida' (*Schuld*) é de direito privado, e o elemento 'responsabilidade' (*Haftung*), instituto de direito processual".[19]

Por essas razões e em contra-argumento à *teoria monis*ta, advém a possibilidade de verificar uma situação em que exista *Schuld* sem *Haftung*, qual seja, "na obrigação natural, que mesmo existente não pode ser exigida, pois é uma obrigação incompleta. Cite-se, a título de exemplo, a dívida prescrita, que pode ser paga – por existir –, mas não pode ser exigida. Tanto isso é verdade que, paga uma dívida prescrita, não caberá ação de repetição de indébito (art. 882 do CC)".[20]

Mesmo contemplando a inversão entre os elementos, também se afirma a ocorrência de *Haftung* sem *Schuld*, aferível, por exemplo, no instituto da fiança, consistente na garantia pessoal prestada pelo fiador perante um determinado credor; neste caso, o fiador responsabiliza-se, embora a dívida não seja sua. Por essa razão, o contrato de fiança pode ser estabelecido substancialmente entre credor e fiador, sem a anuência do devedor ou até mesmo contra a sua vontade.

Não se discute o fato de que a teoria *dualista* ou *binária* propicia uma visão mais completa e adequada para explicar o fenômeno contemporâneo obrigacional, e, por essa razão, parte da doutrina estabelece que a teoria *monista* ou *unitária* está superada.

---

16 Cf. TARTUCE, Flávio. *Manual de direito civil*, p. 289. Aduz o autor: "prevalece atualmente na doutrina contemporânea a teoria dualista ou binária, de origem alemã, pela qual a obrigação é concebida por uma relação débito/crédito. A teoria é atribuída, no Direito Alemão e entre outros, a Alois Brinz, tendo sido desenvolvida no final do século XIX".

17 Buzaid, Alfredo. *Do concurso de credores no processo de execução*. São Paulo: Saraiva, 1952, p. 16.

18 Nesse sentido, Sylvio Marcondes MACHADO, com apoio em CARNELUTTI, diz: "enquanto a responsabilidade consiste num estado de sujeição a que o devedor não pode esquivar-se, pois se realiza mesmo contra a sua vontade, a obrigação pressupõe a livre manifestação da vontade. O devedor satisfaz espontaneamente a obrigação, ao passo que suporta a responsabilidade, sem poder afastá-la. A responsabilidade exclui a liberdade, enquanto a obrigação a supõe" (*Limitação da responsabilidade de comerciante individual*. São Paulo: Max Limonad, 1956, pp. 281 e ss.).

19 Cf. Alfredo BUZAID, *Do concurso de credores*... p. 19.

20 Cf. TARTUCE. *Manual de direito civil*, p. 289.

A propósito, no campo teórico da desconsideração da personalidade jurídica, a *teoria dualista* tem estabelecido significativa influência, ao determinar as diretrizes obrigacionais perante a figura do sócio, instituindo uma forma de responsabilidade patrimonial por dívida de terceiro, denominada doutrinariamente como *responsabilidade executiva secundária.*[21]

Assim, convém observar que a *responsabilidade patrimonial*, propulsora da divisão metódica denominada *responsabilidade executiva secundária*, é estabelecida no artigo 591 do Código de Processo Civil de 1973, que se perfaz como regra fundamental, por contemplar diversas proposições normativas autônomas; decorre da sistemática pela qual o devedor, para o cumprimento da obrigação, responde com seu patrimônio, ainda que não seja parte originária da demanda.[22]

É muito contemplada a lição de que, no direito processual civil, que percorre os mesmos passos do direito material, foi distinguida, com transparência, as noções de "débito" e de "responsabilidade": o *devedor* de uma obrigação não corresponde necessariamente ao *responsável* pelo seu adimplemento. Já o direito material se ocupa de observar em que condições pode existir a diferença entre o débito e a responsabilidade, já que na proporção em que esta dicotomia for remanejada para o plano processual, a tutela executiva será estabelecida em face de um ou de ambos, a depender do pedido especificamente formulado.

Nessa linha de raciocínio, decorrente da segmentação do princípio da *responsabilidade patrimonial*, sobreveio a chamada *responsabilidade executiva primária.* Rogério Licastro Torres de Mello preleciona que "a legitimação processual executiva passiva comporta classificação de acordo com dois critérios distintos: (i) conforme o tempo de surgimento da responsabilidade patrimonial executiva (critério temporal) e (ii) conforme a vinculação desta responsabilidade executiva com o direito material afirmado, *in stato assertionis* (critério material). Nesta escala de critério, o temporal nos

---

21 Com a desconsideração da personalidade jurídica, afirma Bianqui, "os bens daquele por ela afetados ficam sujeitos à execução e não há criação de qualquer vínculo jurídico entre credor e sócio, já que este jamais esteve adstrito a satisfazer uma prestação. Nem mesmo obrigação de pagar, porque o devedor é a pessoa jurídica. A desconsideração nada mais é que uma forma de instituição de responsabilidade patrimonial por dívida de terceiro. Ou, como se diz na doutrina, responsabilidade executiva secundária" (Bianqui, Pedro Henrique Torres. *Desconsideração da personalidade jurídica no processo civil.* São Paulo: Saraiva, 2011, pp. 168-169). Igualmente, Ricardo Licastro de Mello, *O responsável executivo secundário*, p. 286.

22 Destacam-se os ensinamentos de Cassio Scarpinella Bueno: "por força do princípio da patrimonialidade, é sobre o patrimônio do executado que são praticados os atos executivos. Mesmo que a lei processual civil admita algumas situações em que o executado pode ser compelido a um determinado comportamento – assim de forma bastante intensa quando a hipótese é de fazer, não fazer e de entregar de coisa, casos em que a satisfação do exequente recai sobre um específico comportamento ou sobre uma específica coisa –, pode acontecer que aquelas determinações não sejam acatadas e, malogradas quaisquer tentativas, em busca da obtenção da tutela específica, resta ao exequente contentar-se com a tutela genérica, o equivalente monetário da obrigação inadimplida" (*Curso sistematizado de direito processo civil*, v. 3. 7ª ed. São Paulo: Saraiva, 2014, p. 22).

permite enxergar (i) o sujeito passivo executivo originário, porque esta sua condição de responsável surge juntamente com o advento da relação obrigacional, sendo devedor e responsável um único indivíduo, funcionando o título executivo como origem das condições de devedor e de executado (legitimação passiva secundária)".[23]

No caso de inadimplência da obrigação, a responsabilidade patrimonial torna-se o fator definitivo para a assunção da legitimação executiva passiva processual. Nesta toada, a responsabilidade primária concentra-se na pessoa do devedor originário, embora não seja uma regra absoluta, pois pode ser transferida para outrem, situação em que o sujeito deterá a responsabilidade sem a dívida, amoldando-se na figura do *responsável executivo secundário.*

LIEBMAN, ao tratar da *responsabilidade executiva secundária,* ensina que "casos há em que, pelas relações existentes entre as partes e outras pessoas, estas respondem com seus bens para aquela finalidade. Acontece então que a responsabilidade se separa da obrigação e vai alcançar terceiro não devedor".[24]

Por ser a atuação da sanção o objetivo fundamental do processo executivo e considerando que a maioria das execuções judiciais possui cunho patrimonial, é inegável que o responsável secundário assume uma condição passiva na execução. Entretanto, não é demais ressaltar que muitos processualistas não atribuem à referida figura a condição de parte processual. Inclusive, o responsável executivo secundário acaba sendo referido, em muitas doutrinas processualistas, como terceiro.[25]-[26]

E assim complementa ROGÉRIO DE CASTRO TORRES DE MELLO: "no tocante aos responsáveis executivos secundários, diferentemente do que ocorre com os responsáveis patrimoniais solidários, sua responsabilização patrimonial por débito alheio se dá diretamente *in executivis*, configurando-se sua responsabilização patrimonial mediante possibilidade de excussão de seus bens por dívida de outrem na seara executiva sem que se faça particular da formação do vínculo jurídico de direito material prévio (o título executivo) cuja inadimplência deflagrará a ação executiva. A responsabilidade executiva secundária o é pelo fato de bens de pessoa distinta da figura do devedor res-

---

23 E conclui: "ou, ao contrário, (ii) a sujeição executiva passiva pode derivar de alguma transmudação dos atores da relação de direito material, quando o executado for de alguma forma sucessor do devedor originário, por sub-rogação, por exemplo (legitimação executiva passiva derivada)" (*O Responsável executivo secundário*. São Paulo: Quartier Latin, 2006, p. 165).

24 LIEBMAN, Enrico Tullio. *Processo de execução*. São Paulo: Saraiva, 1980, pp. 95-96.

25 A exemplo de LIEBMAN, que acrescenta: "terceiros que não podem ser executados pessoalmente, mas respondem com algum ou com todos seus bens, no sentido que estes podem ser abrangidos pela execução que está sendo processada contra o devedor. Estes terceiros não são partes da execução; apesar disto suportam suas consequências, não podendo subtrair seus bens ao destino que os aguarda" (LIEBMAN, Enrico Tullio. *Processo de execução*. São Paulo: Saraiva, 1980, p. 96).

26 Em sentido diverso, Rogério Licastro MELLO dispõe: "quando em verdade tal referência é procedente apenas no âmbito do direito civil (em que o responsável executivo secundário efetivamente mantém-se como terceiro relativamente à relação de direito material), não se mostrando, contudo, processualmente correta" (*O responsável executivo secundário*. São Paulo: Quartier Latin, 2006, p. 169).

ponderem, independentemente de participação na constituição da dívida, por descumprimento da obrigação do devedor".[27]

Os temas abordados neste tópico desencadeiam uma análise dinâmica, embora sintetizada, sobre a evolução da teoria da obrigação e sobre sua relevante influência perante o estabelecimento da responsabilidade executiva do devedor. No campo da desconsideração da personalidade jurídica, a definição pela responsabilidade executiva primária ou secundária do sócio, além de propiciar ao credor caminhos diversos na perseguição do adimplemento da obrigação, influi no desenvolvimento dos institutos processuais observáveis.

E pela relevância verificada, passemos a expor, mais detidamente, sobre os aspectos processuais incidentes na desconsideração da personalidade jurídica.

3. ALGUNS ASPECTOS PROCESSUAIS DA *DISREGARD*

Com a desconsideração da personalidade jurídica, surge relevante questionamento: aquele que suporta os efeitos da sua aplicação é considerado *parte* ou *terceiro*? A depender do entendimento estabelecido, significativas consequências incidirão na análise dos demais aspectos processuais da *disregard of legal entity*.

Segundo André Pagani de Souza, "se aquele que sofre os efeitos da desconsideração da personalidade jurídica for considerado parte no processo, além de participar ativamente do contraditório, será sujeito de direitos, deveres, faculdades, ônus e obrigações no plano processual, inerentes àquele que detém a qualidade de parte. Caso contrário, ele será apenas um terceiro, que também será sujeito de direitos, deveres, faculdades, ônus e obrigações no plano processual, mas diferentes daqueles que são inerentes às partes".[28]

No plano material, o instituto da desconsideração da personalidade jurídica enfrenta a dificuldade de se ignorar a autonomia de alguém que é formalmente considerado parte na relação jurídica de direito material (sociedade) para atingir a verdadeira parte na relação substancial (sócio). No plano processual, essa dificuldade também se apresenta quando a *disregard of legal entity* é aplicada em caráter incidental ao processo. Alguém que é formalmente considerado parte no processo (sociedade) passa a figurar ao lado de alguém que não o é (sócio), ao menos formalmente.[29]

A aplicação da teoria da desconsideração da personalidade jurídica pode ser postulada tanto no início do processo quanto em caráter incidental. Independente da hipótese

---

27 *O responsável executivo secundário*. São Paulo: Quartier Latin, 2006, pp. 181-182.

28 SOUZA, André Pagani de. *Desconsideração da personalidade jurídica: aspectos processuais*. 2ª ed. São Paulo: Saraiva, 2011, pp. 105-106.

29 Nesse sentido, André Pagani de Souza. *Desconsideração da personalidade jurídica: aspectos processuais*. 2ª ed. São Paulo: Saraiva, 2011, pp. 119-120.

que se adote, vislumbra-se a formação do fenômeno da pluralidade de partes, identificado pelo litisconsórcio que se estabelece entre a pessoa jurídica e os seus sócios.

A incidência da desconsideração requerida na instauração da fase de conhecimento importa em um cúmulo de demandas desta espécie, mediante pedido sucessivo: (i) procedência da exigibilidade do crédito, e a (ii) imputação da responsabilidade patrimonial do sócio, ante a necessária caracterização das hipóteses autorizadoras (insolvência e abuso).

Entretanto, muito se discute na doutrina sobre a pertinência ou não do ajuizamento de demanda própria para a instituição da *disregard of legal entity*. ADA PELEGRINI GRINOVER,[30] LAURO LIMBORÇO[31] e FÁBIO ULHO COELHO[32] entendem que somente nessa hipótese haveria o integral respeito ao *due process of law*, propiciando uma cognição exauriente para identificar o fundamento que motiva a desconsideração da personalidade jurídica.[33]

Enquanto não estabelecido no processo os efeitos da *disregard doctrine*, o integrante da pessoa jurídica (sócio) ostenta a qualidade de *terceiro*, e por essa razão nenhum pedido é imputado contra ele, que também não persegue uma tutela jurisdicional específica. É possível, todavia, que o sócio, buscando evitar que o seu patrimônio seja afetado pelo instituto da desconsideração da personalidade jurídica, intervenha na demanda pendente em razão da regra estabelecida no inciso IV do artigo 46 do Código de Processo Civil de 1973.[34] A afetação potencial de seu patrimônio possibilita sua intervenção como terceiro juridicamente interessado já na fase cognitiva, em assistência simples.

Adotado o entendimento de que, após a desconsideração da personalidade jurídica, o sócio passa a figurar como *parte* no processo, ele poderá a partir de então defender-se por intermédio dos expedientes processuais cabíveis, como os *embargos à execução* (no processo de execução *stricto sensu*) e a impugnação (na fase de cumprimento de sentença), em que pese exista dúvida acerca da oposição das medidas mencionadas, pois, em situações de urgência, a constrição do patrimônio pode ser efetivada previamente à citação, postergando o exercício do contraditório e da ampla defesa;

---

30 Da desconsideração da personalidade jurídica (aspectos de direito material e processual), in *Revista Forense*, n. 371, pp. 14-15.

31 Disregard of legal entity, in *Revista dos Tribunais*, nº 579, p. 24.

32 *Curso de direito comercial*, II, nº 6, pp. 54-56.

33 BIANQUI faz elegante objeção, argumentando que "essa ideia de existência de contraditório somente na fase cognitiva advém do irracional preconceito de que na execução não haja mérito. A impugnação e os embargos são processos autônomos (CPC/73, arts. 475-L e 745) e nos dois casos está o executado a mover uma ação, e portanto aquele que sofreu os efeitos executivos poderá trazer questões relacionadas ao mérito da execução, julgados nos embargos ou impugnação de mérito (CPC/73, arts. 475-L, VI e 745, V)" (*Desconsideração da personalidade jurídica no processo civil*, pp. 119-120).

34 Art. 46. Duas ou mais pessoas podem litigar, no mesmo processo, em conjunto, ativa ou passivamente, quando: – IV – ocorrer afinidade de questões por um ponto comum de fato ou de direito.

aponta a doutrina, como solução, a oposição dos embargos de terceiro (CPC/73, artigo 1.046).[35]-[36]

A decisão que estabelece a *disregard doctrine* não possui o condão de declarar nulos ou de anular os atos constitutivos da pessoa jurídica, mas apenas o de declará-los ineficazes, estendendo os efeitos das obrigações reconhecidas aos bens do sócio atingido. Sobre o assunto, João Batista Lopes dispõe que "a figura da desconsideração não se confunde com a da dissolução da sociedade, nem com a anulação de seus atos. As ações de anulação têm natureza constitutiva negativa, porquanto implicam alteração na relação jurídica original. Na desconsideração, não se altera a estrutura nem a constituição da pessoa jurídica: apenas se impede que atos abusivos ou ilegais praticados por sócios prevaleçam sobre os objetivos daquela".[37]

Ademais, pelo art. 50 do Código Civil, consumada uma hipótese de desconsideração, o juiz poderá aplicá-la a requerimento da parte ou do Ministério Público, quando lhe couber intervir no processo. Por essa razão, indaga-se sobre a possibilidade de a desconsideração da personalidade jurídica ser decretada de ofício pelo juiz. A reposta é negativa, devendo a aplicação do instituto ficar vinculada ao requerimento do interessado; inexiste razão para que se rompa o princípio dispositivo que, embora com algumas atenuações, ainda é basilar para o nosso sistema processual civil (CPC/73, arts. 2º, 128, 262 e 460). Aliás, "admitir que o juiz possa, de ofício, determinar o ingresso de um litisconsorte facultativo seria o mesmo que autorizar ao juiz que ele possa, sem provocação específica, acionar alguém".[38]

---

35 Art. 1.046. Quem, não sendo parte no processo, sofrer turbação ou esbulho na posse de seus bens por ato de apreensão judicial, em casos como o de penhora, depósito, arresto, sequestro, alienação judicial, arrecadação, arrolamento, inventário, partilha, poderá requerer lhe sejam manutenidos ou restituídos por meio de embargos.

36 Em hipóteses como a descrita, em que se constata mais de uma solução para o deslinde do impasse, vislumbra-se o fenômeno criado pela doutrina denominado "zonas de penumbra". Na visão de Teresa arruda Alvim Wambier, "se manifestam quando se admitem no sistema dois ou mais caminhos para se chegar a um mesmo lugar" (O princípio da fungibilidade sob a ótica da função instrumental do processo. In: Wambier, Teresa Arruda Alvim, NERY JR., Nelson [coord.]. *Aspectos polêmicos e atuais dos recursos cíveis e de outros meios de impugnação às decisões judiciais*. São Paulo: RT, 2005. p. 740).

37 LOPES, João Batista. Desconsideração da personalidade jurídica no novo Código Civil. In: *Revista dos Tribunais*, v. 818. São Paulo: RT, dez./2003, p. 38.

38 BUENO, Cassio Scarpinella. *Partes e terceiros no processo civil brasileiro*. São Paulo: Saraiva, 2003, pp. 106-107. Em sentido diverso: Genacéia da Silva ALBERTON, para quem "tal postura não irá colidir com o princípio da iniciativa da parte, pois essa se refere à propositura da demanda. Por outro lado, estará preservando o princípio da congruência porque a tutela jurisdicional será prestada no âmbito do pedido" (Alberton, Genacéia da Silva. A desconsideração da personalidade jurídica no Código do Consumidor: aspectos processuais. in *Revista Ajuris*, nº 54, v. 19, Porto Alegre: maio 1992, p. 173).

Por fim, não é demais lembrar que a aplicação da teoria da *disregard doctrine* não afronta o artigo 472 do Código de Processo Civil de 1973,[39] por estabelecer que "a sentença faz coisa julgada às partes entre as quais é dada, não beneficiando, nem prejudicando terceiros".

O fato de a pessoa jurídica (que compõe a relação de direito material) conviver com o sócio no polo passivo do processo não implica prejuízo. Conforme explicado, disposta inclusão deve dar-se por meio de citação; logo, se todos os envolvidos na desconsideração da personalidade jurídica foram *citados*, eles deixam de ser terceiros em relação ao processo, gerando, portanto, plena compatibilidade entre o disposto no art. 472 do CPC/73 e a aplicação da *disregard doctrine.*[40]

4. QUALIDADE DO SÓCIO COMO RESPONSÁVEL EXECUTIVO PRIMÁRIO E SUAS CONSEQUÊNCIAS NA DESCONSIDERAÇÃO DA PERSONALIDADE JURÍDICA

A atribuição de personalidade jurídica a uma entidade, tornando-a suscetível de direitos e obrigações, estabelece como fundamental consequência, decorrente do *princípio da autonomia patrimonial*, a separação entre a pessoa jurídica e os membros que a compõem. Dessa forma, além de os sócios não serem considerados, num primeiro momento, titulares de direitos ou responsáveis pelos deveres advindos do exercício da atividade econômica desenvolvida pela empresa, seus patrimônios não se confundem com os da pessoa jurídica.

Com o mau uso da sociedade, seja para a prática de fraudes, abuso de direito, ou para finalidades diversas daquelas para a qual foi concebida, caberá a aplicação da *disregard doctrine*; a partir de então, o *princípio da autonomia patrimonial* será desconsiderado,[41] havendo o comprometimento do patrimônio pessoal dos sócios em razão de obrigações contraídas pela pessoa jurídica.[42]

---

39 Art. 472. A sentença faz coisa julgada às partes entre as quais é dada, não beneficiando, nem prejudicando terceiros. Nas causas relativas ao estado de pessoa, se houverem sido citados no processo, em litisconsórcio necessário, todos os interessados, a sentença produz coisa julgada em relação a terceiros.

40 Nesse sentido: Souza, André Pagani de. *Desconsideração da personalidade jurídica: aspectos processuais.* 2ª ed. São Paulo: Saraiva, 2011, pp. 188-189.

41 Conforme Ulhoa Coelho, "deve-se ressaltar, contudo, que a solução para evitar manipulações como estas não é abolir a autonomia da pessoa jurídica, como regra. O problema não está no perfil básico do instituto, mas no seu mau uso. O objetivo da teoria da desconsideração da personalidade jurídica (*disregard doctrine* ou *piercing the veil*) é exatamente possibilitar a coibição de fraude, sem comprometer o próprio instituto da pessoa jurídica, isto é, sem questionar a regra da separação de sua personalidade e patrimônio em relação aos de seus membros. Em outros termos, a teoria tem o intuito de preservar a pessoa jurídica e sua autonomia, enquanto instrumentos jurídicos indispensáveis à organização da atividade econômica, sem deixar ao desabrigo terceiros vítima de fraudes" (*Curso de direito comercial*, v. 2, pp. 34-35).

42 Importante esclarecer que a desconsideração da personalidade jurídica somente deve ser estabelecida se a autonomia da pessoa jurídica demonstrar-se um obstáculo à coibição do abuso de direito e de

Há importante embate doutrinário que objetiva identificar se a responsabilidade do sócio, depois de decretada a *disregard of legal entity*, será determinada como *primária* ou como *secundária*. Vale dizer, se haverá concentração de dívida e responsabilidade na pessoa do sócio, ou se este assumirá apenas a responsabilidade patrimonial executiva advinda do débito, subsistindo a pessoa jurídica como a responsável pela dívida.

O entendimento majoritário, que atribui ao sócio a responsabilidade executiva secundária, nos termos dos artigos 592, inc. II, e 596, ambos do CPC/73, apoia-se nos fundamentos de que, com a desconsideração da personalidade jurídica, os bens dos sócios afetados ficam propensos à execução, inexistindo qualquer vínculo jurídico entre credor e o integrante da sociedade, já que este nunca esteve adstrito a adimplir uma prestação, nem mesmo a uma obrigação de pagar, em razão do fato de o devedor ser pessoa jurídica. Com isso, a *disregard of legal entity* estabelece uma forma de instituição de responsabilidade patrimonial por dívida de terceiro, também conhecida como responsabilidade executiva secundária.[43]

Nesse sentido, a responsabilização secundária do sócio, seja por ofensa ao estatuto social, seja por atuação ilegal, decorreria da subversão da incomunicabilidade patrimonial entre integrante da pessoa jurídica e a sociedade, consubstanciando a afirmativa de que a relação material de débito permanece entre o devedor originário e a sociedade. Daí então se afirmar que enquanto a obrigação é estática, a responsabilidade propicia dinamicidade, operacionalizando a tutela jurisdicional.[44]

---

fraudes. Existindo normas que atribuam responsabilidades ao sócio, acionista, administrador ou à sociedade, não há que se falar em aplicação da *disregard doctrine*. Dentre as normas cuja incidência não motiva a aplicação da desconsideração da personalidade jurídica, destacam-se os artigos 1.010, §3º, e 1.013, §2º, do Código Civil; artigo 115, §§3º e 4º, artigo 117, *caput* e §2º, artigo 155, §3º, artigo 158, *caput* e incisos I e II, e §§ 1º, 2º, 3º, 4º e 5º da Lei das Sociedades por Ações; artigo 2º, §2º, da Consolidação das Leis Trabalhistas; artigo 13, *caput* e parágrafo único da Lei nº 8.620/93; artigos 134, *caput* e incisos III e VII, e 135, *caput* e incisos I, II e III do Código Tributário Nacional.

---

43 Nesse sentido, BIANQUI, *Desconsideração da personalidade jurídica no processo civil*. São Paulo: Saraiva, 2011, pp. 168-169.

44 Referência seja feita aos ensinamentos de DINAMARCO: "em sua pureza, conforme foi formulada originalmente, a teoria do *Shuld und Haftung* propunha o exame da estática das dívidas e da dinâmica da responsabilidade no plano exclusivo do direito privado, sem transbordar ao processual. Esse era um natural reflexo da visão plana do ordenamento jurídico, inerente ao período sincrético da história do direito processual, quando não havia a consciência da autonomia deste nem da estrutura do ordenamento jurídico em dois planos distintos, o substancial e o processual: a obra de Brinz data do ano de 1879, quando a teoria inovadora de Von Bulow era uma novidade ainda não propagada no universo da cultura jurídica e, portanto, a ação, o processo e todos os institutos inerentes a estes eram simplesmente encarados como categorias do direito privado e predispostas ao exercício dos direitos. A retificação da doutrina do *Shuld und Haftung* segundo as conquistas e os ditames da ciência moderna, é obra de Francesco Carnelutti, que Liebman desenvolveu e que se incorporou ao pensamento brasileiro a partir da posição assumida por Alfredo Buzaid. Mas, por ser intimamente ligado à efetividade da garantia constitucional do acesso à justiça, o tema da responsabilidade patrimonial não se confina ao campo exclusivamente técnico do direito processual formal, sendo

O que há, na realidade, segundo o entendimento acima reproduzido, é a impossibilidade de se imputar a responsabilidade executiva primária ao sócio, já que este apenas responderia patrimonialmente por ato próprio.[45] E, por esses fundamentos, estabelece-se aos casos de desconsideração da personalidade jurídica a aplicação do disposto nos artigos 592, inc. II, e 596, do Código de Processo Civil de 1973.

Contudo, em contrapartida à visão majoritária da doutrina, parece-nos que o integrante da pessoa jurídica, quando da aplicação da *disregard of legal entity*, responde por dívida própria, perfazendo a chamada responsabilidade executiva primária. Por mais que este entendimento desencadeie subversão daqueles que se posicionam de forma diversa, não é concebível admitir, principalmente quando se avalia as consequências práticas, que o sócio perpetrador de fraudes seja atingido pelos efeitos da responsabilidade executiva secundária.

Por essas razões, não cabe ao sócio suportar apenas a responsabilidade patrimonial, mas também vincular-se à dívida.

A responsabilidade proveniente da aplicação da teoria da desconsideração da personalidade jurídica não pode seguir as linhas fundamentadoras da teoria "dualista da obrigação",[46] dada sua pouca utilidade para a efetivação dos reais propósitos da *disregard of legal entity*. É que, com a aplicação da teoria dualista, não ocorreria o que de fato deve ser estabelecido ao se efetivar a desconsideração da personalidade jurídica, já que considerar a sociedade como devedora e o seu integrante como o responsável pela dívida significaria dizer que a personalidade da pessoa jurídica não é desconsiderada, mas apenas relativizada, a fim de que em face dela seja estabelecida apenas a condição vinculativa com a obrigação originária.

São nesse sentido as lições de André Pagani de Souza, para quem "se assim fosse, haveria uma verdadeira contradição na aplicação da *disregard doctrine*: ao mesmo tempo que se afirmaria *desconsiderar* a personalidade jurídica, ela seria considerada para se entender que uma *pessoa* seria responsável e a outra *pessoa* seria a devedora. Na verdade, decorre da aplicação da *disregard doctrine* que a pessoa jurídica e seu integrante,

---

imperioso sua colocação entre as categorias do direito processual material" (*Instituições de direito processual civil*, v. IV, p. 353).

---

45 Exemplifica Rogério Licastro de Mello que "o fiador, o avalista ou o dador de bem em hipoteca por débito alheio igualmente respondem por ato próprio, consumado em negócio jurídico (a fiança o aval, a hipoteca lavrada em favor de terceiro), porém não é este o negócio jurídico que foi conduzido à via executiva para fins de conclamação da responsabilidade patrimonial destas figuras, porém é negócio jurídico alheio (ou sentença proferida contra outrem), o que importa dizer que a responsabilidade patrimonial, origine-se de avença ou de lei (como é o caso da *disregard doctrine*), se apresentará adstrita ao débito exequendo, mostrando-se, por sua solidão relativamente ao direito material inobservado, executivamente secundária" (*O responsável executivo secundário*. São Paulo: Quartier Latin, 2006, p. 286).

46 É nesse sentido a doutrina de Salomão Filho: "a desconsideração entendida como método não pode ser confundida com uma aplicação da teoria dualista da obrigação, ou seja, da imputação da responsabilidade a pessoa diferente do devedor" (*O novo direito societário*, p. 202).

sociedade e sócio, são na realidade uma só pessoa, ambos devedores e responsáveis pelo adimplemento da mesma dívida".[47]

Os atos estabelecidos pela pessoa jurídica, regulares ou não, decorrem de participações substanciais dos seus integrantes, que, exercendo cada qual os poderes e atribuições que lhes são conferidos, exteriorizam as ações da sociedade, permitindo a celebração de relações jurídicas perante terceiros.

É sabido, todavia, que o ordenamento jurídico contempla diversas previsões legais que atribuem aos administradores e sócios de empresas a responsabilidade solidária ou subsidiária pelos atos próprios, quando agirem com dolo ou culpa, ou também quando violarem a lei ou o contrato social; porém, citadas hipóteses não se confundem com a aplicação da desconsideração da personalidade jurídica, que se desencadeia basicamente da utilização da sociedade como instrumento para a realização de fraude contra credores ou abuso de direito.

Não há como negar que a utilização da sociedade pelo sócio, com o pretexto de cometer abusos de personalidade, obtendo benefício às custas de terceiros, acarreta a configuração de uma obrigação e de uma responsabilidade por ato próprio; se o mau uso da personalidade foi desencadeado pelo sócio, este deverá se responsabilizar não apenas secundariamente, mas também pela dívida contraída. De fato, o integrante da pessoa jurídica, nos casos de aplicação da *disregard doctrine*, não possui a responsabilidade secundária, mas sim primária.

Portanto, a responsabilidade patrimonial regulada pelo artigo 592, inc. II, do CPC/73, não pode ser admitida perante os casos em que se aplicam a teoria da desconsideração, já que a sua aplicação vincula-se às hipóteses em que a lei, ao fixar o regime jurídico do tipo societário, atribui ao sócio a responsabilidade pelas dívidas contraídas pela pessoa jurídica.

Como bem relata Teori Albino Zavascki, ao avaliar a regra do artigo 592, inc. II, do CPC/73, há "duas situações em que esta responsabilidade é primária, e não secundária: a das obrigações das sociedades irregulares e a da utilização abusiva da personalidade social. No primeiro caso, os sócios de fato respondem pelas obrigações assumidas em nome da pretensa sociedade (que juridicamente não existe). E, na segunda situação, enseja-se a possibilidade de invocar a teoria da desconsideração da personalidade jurídica (*disregard theory*). Em quaisquer dos casos, não há falar-se em responsabilidade subsidiária, nem em benefício de ordem".[48]

E por essas razões, entende-se que o sócio não poderá se valer da regra do artigo 596, *caput* e §1º do Código de Processo Civil de 1973,[49] exigindo que sejam primeiro

47 SOUZA, André Pagani de. *Desconsideração da personalidade jurídica: aspectos processuais*. 2ª ed. São Paulo: Saraiva, 2011, p. 90.

48 ZAVASCKI, Teori Albino. *Processo de execução: parte geral*. 3ª ed. São Paulo: RT, 2004, p. 236.

49 O artigo 596 do Código de Processo Civil de 1973, a exemplo do artigo 1.024 do mesmo diploma legal, foi estabelecido para as hipóteses em que o sócio se responsabiliza secundariamente pelos débitos da sociedade, permanecendo a pessoa jurídica com a titularidade obrigacional perante a dívida.

excutidos os bens da sociedade para após serem executados os dele, pois, caso contrário, haveria contradição, já que o integrante da sociedade se constitui responsável primário pela prática de ato que prejudicou não apenas terceiros, mas a própria pessoa jurídica.

Partindo da mesma premissa, observa-se a inexistência de direito que ampare o sócio a regressar contra a sociedade para o ressarcimento dos prejuízos advindos do adimplemento por ele provocado. Como bem observa André Pagani de Souza, "se o sócio se beneficiou de uma fraude na qual utilizou a sociedade para tentar não ser sancionado pela sua conduta, não se admite qualquer direito de ressarcimento perante ela caso sua estratégia fraudulenta seja desvendada. Assim, não se pode admitir a existência de direito de regresso do sócio em relação à sociedade, caso seja aplicada a teoria da desconsideração da personalidade jurídica".[50]

Como observado, diversas implicações processuais advêm da fixação da responsabilidade executiva primária ao sócio atingido pela *disregard theory*; entretanto, em que pese não se objetive neste trabalho exaurir as consequências decorrentes, uma consequência merece destaque especial, qual seja, a amplitude de matérias de defesa que podem ser utilizadas pelo membro da pessoa jurídica, caso a ele seja estabelecida a responsabilidade primária em decorrência da desconsideração da personalidade jurídica.

Independente da discussão de ser o sócio *terceiro* ou *parte* ao ingressar no litígio judicial proveniente da *disregard of legal entity*, mostra-se claro que, atribuindo a ele a responsabilidade executiva secundária, as matérias de defesa serão limitadas. Visualiza-se, por exemplo, a possibilidade de: a) alegar não estarem presentes os pressupostos para o acatamento do pedido de desconsideração; b) proteger os bens propensos à excussão pela aplicação da *ordem de preferência* prevista na regra do artigo 596 do Código de Processo Civil de 1973; ou também, c) sustentar fundamentos diversos para desvincular o patrimônio pessoal da constrição, no sentido de "não ter participado da administração da empresa, figurando apenas do quadro societário"; e ainda "que não mais fazia parte da sociedade ao tempo em que fora praticado o ato ou fato que ensejou a aplicação da despersonificação da executada".[51]

---

50 SOUZA, André Pagani de. *Desconsideração da personalidade* jurídica: aspectos processuais. 2ª ed. São Paulo: Saraiva, 2011, p. 183. Para Bianqui, que entende pela responsabilidade executiva secundária do sócio, "o art. 596 [CPC/73] tem aplicação parcial no caso de desconsideração da personalidade jurídica. O seu §2º importa a regra do artigo antecedente do *direito ao regresso*. Ou seja, uma leitura superficial traria a ideia de que o sócio-controlador atingido por desconsideração da personalidade jurídica teria direito de reaver a parcela do seu patrimônio atingida. Mas como já visto, em se tratando de desconsideração, não há que se falar em direito de regresso, pois isso geraria um enriquecimento ilícito por parte desse sócio-controlador. Essa regra do direito ao regresso serve para as hipóteses de responsabilidade solidária ou subsidiária do sócio em situações que não envolva desconsideração da personalidade jurídica. Por isso, a aplicação parcial do art. 596 do Código de Processo Civil/1973" (*Desconsideração da personalidade jurídica no processo civil.* São Paulo: Saraiva, 2011, pp. 171-172).

51 Nesse sentido, BRUSCHI. *Desconsideração da personalidade jurídica: aspectos processuais*. 2ª ed. São Paulo: Saraiva, 2009, p. 102.

Nota-se que a origem da obrigação (subentende-se a *dívida*), ao menos pelo que se tem observado, não pode ser objeto de impugnação pelo sócio se a ele for atribuída a responsabilidade executiva secundária. Diferente situação ocorreria com o estabelecimento da responsabilidade primária, pois, além de pacificar o entendimento de que o integrante da sociedade ingressaria no processo judicial como *parte*, a ele seria propiciada amplitude de matérias de defesa, atingindo inclusive a discussão sobre a relação originária desencadeadora da *dívida*.

Outra questão de importante relevância, mas que segue direcionamento diverso do proposto neste trabalho, é a consequência obrigacional proveniente da desconsideração inversa da personalidade jurídica, que "normalmente é invocada em caso de desvios de bens, quando o devedor transfere seus bens para uma pessoa jurídica sobre a qual detém o controle; no caso, ele continua a usufruir de tais bens, apesar de não serem formalmente de sua propriedade, mas sim da pessoa jurídica controlada".[52]

Denota-se que, na desconsideração inversa da personalidade jurídica, o intuito ilícito ou prejudicador do direito de terceiros é ocasionado unicamente pela pessoa física do sócio, e em relação obrigacional própria; a pessoa jurídica é mero subterfúgio para a consumação dos propósitos espúrios perseguidos pelo seu membro. Nesta hipótese, não podemos sequer admitir que a sociedade atingida pela desconsideração tivesse meios para participar do pretexto motivador da *dívida* estabelecida pelo sócio.

Por essa via, com a determinação da desconsideração inversa da personalidade, a obrigação da pessoa jurídica deverá seguir o que já é estabelecido pelo entendimento doutrinário majoritário, ou seja, submeter-se à responsabilidade executiva secundária, já que a desconsideração, neste caso, visará somente a tornar sem efeito a transferência indevida do patrimônio do sócio para a sociedade.

As considerações lançadas neste ensaio não pretendem exaurir, tampouco definir precisamente, as repercussões decorrentes da atribuição de responsabilidade patrimonial primário ao sócio que teve seus bens atingidos pela desconsideração, mas apenas trazer elementos que possibilitem ao leitor refletir sobre a possibilidade e a conveniência de se efetivar tal vinculação.

5. CONSIDERAÇÕES FINAIS E O TRATAMENTO DO INSTITUTO NO NOVO CÓDIGO DE PROCESSO CIVIL

Com a evolução da teoria da obrigação, como se viu, consequências foram atribuídas à figura do inadimplente, principalmente em decorrência da teoria *dualista ou binária*, que passou a destacar como elementos fundamentais da obrigação, a *dívida* e a *responsabilidade*. Por isso, importante influência desencadeada quanto ao instituto da desconsideração da personalidade jurídica, como se observa no atual cenário jurídico,

---

52 É o que pensa ANDRÉ PAGANI DE SOUZA. *Desconsideração da personalidade jurídica: aspectos processuais*. 2ª ed. São Paulo: Saraiva, 2011, p. 94.

corresponde à responsabilidade executiva atribuída ao sócio como *secundária*, proveniente da aplicação do artigo 592, inc. II, do Código de Processo Civil de 1973.

Superadas as considerações sobre os aspetos processuais da *disregard doctrine*, adentrou-se na avaliação da fixação da *responsabilidade executiva primária* do sócio, pois ao afastar as linhas fundamentadoras da teoria "dualista da obrigação", teria havido o prejuízo da observância ao artigo 592, II, do Código de Processo Civil de 1973, e às demais consequências processuais correlatas ao dispositivo e ao instituto da desconsideração da personalidade jurídica – como exemplo, a *ordem de preferência* e o *direito de regresso*. Implicações favoráveis ao credor também foram argumentadas.

O novo Código de Processo Civil (NCPC) faz previsões pontuais sobre o instituto da desconsideração da personalidade jurídica. Dentre as regulamentações ligadas ao tema, é possível aferir, nos artigos 789, 790, inciso II, e 795 e parágrafos,[53] que a modalidade da responsabilidade executiva atribuída ao sócio é a *secundária*.

Na realidade, o novo CPC adere ao que já é estabelecido pelo entendimento majoritário da doutrina ao interpretar o Código de Processo Civil de 1973, pois enquadra de forma específica a incidência da desconsideração da personalidade jurídica no artigo 795, que dispõe sobre as diretrizes da responsabilidade patrimonial do sócio quando responsável pelo pagamento da dívida da sociedade.

Apesar de não se filiar à proposta defendida no presente trabalho, o tratamento do instituto da *desconsideração da personalidade jurídica* constitui um dos méritos do NCPC (artigos 133 a 137). O tema, apesar de possuir eminentes efeitos processuais, era tratado quase que exclusivamente pelo Código de Defesa do Consumidor (art. 28) e pelo Código Civil (art. 50). Os pressupostos para a *desconsideração* continuam previstos naqueles dispositivos da lei material e devem estar expressamente apresentados na petição que a requerer (§ 1º do art. 133 e § 4º do art. 134 do NCPC).

Além de garantir ao sócio o direito de exigir que primeiro sejam excutidos os bens da sociedade, e além de inovar ao permitir o ressarcimento pelo pagamento da dívida, executando a sociedade nos autos do mesmo processo, o novo CPC determina, nos artigos 133 e seguintes, a instauração de incidente para a efetivação da *disregard theory*, caso o pedido não seja elaborado na petição inicial.[54]

---

53 Art. 789. O devedor responde com todos seus bens presentes e futuros para o cumprimento de suas obrigações, salvo as restrições estabelecidas em lei. Art. 790. Ficam sujeitos à execução os bens: II – do sócio, nos termos da lei. Art. 795. Os bens particulares dos sócios não respondem pelas dívidas da sociedade, se não nos casos previstos em lei. – §1º. O sócio réu, quando responsável pelo pagamento da dívida da sociedade, tem o direito de exigir que primeiro sejam excutidos os bens da sociedade; §2º. Incumbe ao sócio que alegar o benefício do §1º nomear quantos bens da sociedade situados na mesma comarca, livres e desembargados, bastem para pagar o débito; §3º. O sócio que pagar a dívida poderá executar a sociedade nos autos do mesmo processo; §4º. Para a desconsideração da personalidade jurídica é obrigatória a observância do incidente previsto neste Código.

54 Art. 133. O incidente de desconsideração da personalidade jurídica será instaurado a pedido da parte ou do Ministério Público, quando lhe couber intervir no processo. Art. 134, §2º. Dispensa-se a instauração do incidente se a desconsideração da personalidade jurídica for requerida na petição inicial, hipótese em que será citado o sócio ou a pessoa jurídica.

No NCPC, assim, o instituto é trazido ao processo por intermédio de um *incidente,* autuado em apartado (§ 1º do art. 134), que suspende o feito principal (§ 3º do art. 134 do NCPC). Pode, contudo, vir no bojo dos autos, na própria petição inicial, pois, nesse caso, será citado diretamente o próprio sócio ou a pessoa jurídica (na *desconsideração* inversa), como estipula o § 2º do art. 134. Jamais será possível a desconsideração da personalidade jurídica fora dessas duas hipóteses (§ 4º do art. 795 do NCPC).

É importante observar que o NCPC autoriza expressamente a possibilidade de incidência da *desconsideração* nos juizados especiais (art. 1.062 do NCPC).

O NCPC também abarca a hipótese de desconsideração da personalidade jurídica *inversa* (é o sócio quem, para esquivar-se de obrigação como pessoa física, opera confusão patrimonial com a pessoa jurídica para burlar interesses de credores), a fim de consolidar tese majoritária na doutrina e já prestigiada pela jurisprudência dos tribunais superiores (2º do art. 133 do NCPC).

Quando instaurado o incidente de desconsideração da personalidade jurídica, o sócio ou a pessoa jurídica será citado para manifestar-se e para requerer provas em quinze dias (art. 135 do NCPC). Concluída a instrução, sobrevirá decisão, que comportará agravo de instrumento (*caput* do art. 136) ou agravo interno, quando a decisão for proferida pelo relator (parágrafo único do art. 136).

A ocorrência mais frequente do instituto, exatamente por corresponder a uma persecução subsidiária, conforme a tese abarcada pelo NCPC, é no processo de execução *stricto sensu* ou na fase satisfativa *lato sensu* (como no cumprimento de sentença), momento em que fica melhor evidenciada a crise de adimplemento da pessoa jurídica. Contudo, pode ocorrer de o credor antever já na demanda cognitiva a insolvência (real ou iminente), caso em que o sócio figurará cumulativamente no futuro título executivo. Por isso, em quaisquer fases o instituto será admitido no processo (*caput* do art. 134 do NCPC).

O sócio não sucede a pessoa jurídica no polo passivo. Há uma cumulação subjetiva, quando a questão for suscitada na fase de conhecimento: a sociedade, na qualidade de obrigada (parte na demanda), e o sócio, na qualidade de responsável (parte superveniente do processo), mediante a formação de um litisconsórcio *original* (citação do sócio requerida na petição inicial) ou *ulterior* (quando já não inserido o sócio na própria petição inicial, hipótese em que há um natural abrandamento das implicações processuais problemáticas). Trata-se de litisconsórcio facultativo comum passivo e, ainda, sucessivo (a desconsideração depende da procedência do primeiro pedido).

A desconsideração pode, ademais, incidir em tutelas de urgência cautelares (como em arrestos e em sequestros) e na arbitragem (preservadas as garantias constitucionais do *devido processo* e da *ampla defesa*).

Na desconsideração, há uma *sujeitabilidade* patrimonial determinada pela norma material (desconsideração), instrumentalizada pela norma processual. O processo, nesse ponto, deve zelar pela ampla penetração das normas constitucionais (tutela constitucional do processo), garantindo ao sócio (responsável patrimonial) o *due process of law*, com as garantias a ele inerentes, como o contraditório e a ampla defesa (em regra, haverá a oitiva prévia do sócio, como estabelecido pelo art. 135 do NCPC).

Em que pese o novo Código Processual Civil ter adotado vertente diversa daquela defendida no presente trabalho, as previsões estabelecidas aperfeiçoam as consequências advindas da responsabilidade executiva secundária do sócio.

Pena que com o advento do novo Código Processual Civil, nos moldes em que hoje se encontra, o membro da pessoa jurídica se armará de "escudo legal" que impede a associação da *dívida* à sua responsabilidade.

Dessa forma, valendo-se da *autonomia patrimonial* proveniente da personalidade da pessoa jurídica, aquele que fez o mau uso da sociedade saberá que, mesmo após a aplicação da *disregard of legal entity*, não será vinculado à *dívida*; poderá, como alternativa eficiente para a frustração do adimplemento do débito, desviar bens patrimoniais para terceiros totalmente desvinculados da obrigação, que não serão alcançados pelos atos executórios do credor.

BIBLIOGRAFIA

ALBERTON, Genacéia da Silva. A desconsideração da personalidade jurídica no Código do Consumidor: aspectos processuais. *Revista Ajuris*, nº 54, v. 19, Porto Alegre: maio 1992.

ANTUNES VARELA, João de Matos. *Das obrigações em geral*, v. 1. 10ª ed. Coimbra: Almedina, 2003.

BIANQUI, Pedro Henrique Torres. *Desconsideração da personalidade jurídica no processo civil*. São Paulo: Saraiva, 2011.

BRUSCHI. Gilberto Gomes. *Desconsideração da personalidade jurídica: aspectos processuais*. 2ª ed. São Paulo: Saraiva, 2009.

BUENO, Cassio Scarpinella. *Partes e terceiros no processo civil brasileiro*. São Paulo: Saraiva, 2003.

______. *Curso sistematizado de direito processo civil: tutela jurisdicional executiva*, v. 3. 7ª ed. São Paulo: Saraiva, 2014.

BUZAID, Alfredo. *Do concurso de credores no processo de execução*. São Paulo: Saraiva, 1952.

COELHO, Fábio Ulhoa. *Curso de direito comercial*: *direito de empresa*, v. 2. 15ª ed. São Paulo: Saraiva, 2011.

COMPARATO, Fábio Konder. *O poder de controle na sociedade anônima*. 3ª ed. Rio de Janeiro: Forense, 1983.

DINAMARCO, Cândido Rangel. *Instituições de Processo Civil*, v. IV. São Paulo: Malheiros, 2005.

DINIZ, Maria Helena. *Curso de direito civil brasileiro: teoria geral das obrigações*. 24ª ed. São Paulo: Saraiva, 2009.

THEODORO JR. Humberto. *Processo de execução*. 18ª ed. São Paulo: LEUD, 1997.

LIEBMAN, Enrico Tullio. *Processo de execução*. São Paulo: Saraiva, 1980.

LOPES, João Batista. Desconsideração da personalidade jurídica no novo Código Civil. in *Revista dos Tribunais*, v. 818. São Paulo: RT, dez./2003.

MACHADO, Sylvio Marcondes. *Limitação da responsabilidade de comerciante individual*. São Paulo: Max Limonad, 1956.

MELLO, Rogério Licastro Torres de. *O responsável executivo secundário*. São Paulo: Quartier Latin, 2006.

MONTEIRO, Washington de Barros. *Curso de direito civil brasileiro*, v. IV. São Paulo: Saraiva, 1979.

PAES DE ALMEIDA, Amador. *Execução de bens de sócios*. 3ª ed. São Paulo: Saraiva, 2000.

RODRIGUES, Silvio. *Direito Civil*. São Paulo: Saraiva, 1999.

SERICK, Rolf. *Forma e realtà della persona giuridica*. Tradução de Marco Vitale. Milão: Giuffrè, 1966.

SALOMÃO FILHO, Calixto. *O novo direito societário*. São Paulo: Malheiros, 2006.

SOUZA, André Pagani de. *Desconsideração da personalidade jurídica: aspectos processuais*. 2ª ed. São Paulo: Saraiva, 2011.

TARTUCE, Flávio. *Manual de direito civil*. 2ª ed. São Paulo: Método, 2012.

VERRUCOLI, Piero. *Il superamento della personalità giuridica delle società de capitali nella commom law e nella civil law*. Milão: Giuffrè, 1964.

WAMBIER, Teresa Arruda Alvim. O princípio da fungibilidade sob a ótica da função instrumental do processo. in WAMBIER, Teresa Arruda Alvim; NERY JR., Nelson (coord.). *Aspectos polêmicos e atuais dos recursos cíveis e de outros meios de impugnação às decisões judiciais*. São Paulo: RT, 2005.

ZAVASCKI, Teori Albino. *Processo de execução: parte geral*. 3ª ed. São Paulo: RT, 2004.

NORMAS FUNDAMENTAIS DO PROCESSO CIVIL – ENFOQUE NA SEGURANÇA JURÍDICA E NOS PRECEDENTES JUDICIAIS

Daniel Marques de Camargo
Levi Rosa Tomé

SUMÁRIO: Introdução; **1.** Normas fundamentais. **1.1.** Artigo 1º. **1.2.** Artigo 2º. **1.3.** Artigo 3º. **1.4.** Artigo 4º. **1.5.** Artigo 5º. **1.6.** Artigo 6º. **1.7.** Artigo 7º. **1.8.** Artigo 8º. **1.9.** Artigo 9º. **1.10.** Artigo 10. **1.11.** Artigo 11. **1.12.** Artigo 12. **2.** Constituição normativa e prestação jurisdicional. **3.** Constituição normativa e segurança jurídica. **4.** Precedente judicial e segurança jurídica. **5.** Precedentes judiciais e o novo CPC. **6.** Conclusões. Bibliografia.

INTRODUÇÃO

Há quem critique o surgimento de um novo CPC, ao entendimento de que uma nova codificação somente se faz oportuna quando se verifica verdadeira renovação metodológica, quando se rompe com a tradição e se busca um novo ordenamento, uma nova sistematização dos institutos jurídicos, o que não estaria presente na atual conjuntura, daí a necessidade não de um novo Código, mas de uma consolidação das normas processuais já existentes. Para essa corrente doutrinária, não há agora aquele ambiente de ruptura que se verificou quando da aprovação do CPC de 1973, que guardava diferença abissal em relação ao seu predecessor, o CPC de 1939.[1]

E há os que entendem necessária a nova codificação, em face das infindáveis reformas a que se submeteu o CPC de 1973, tornado-se verdadeiro "mosaico de sobrevivência", cuja sistematização se faz inevitável.[2]

De nossa parte, não parece haver dúvidas de que um novo marco regulatório do processo civil se haveria de implementar. Ainda que para muitos não se possa mais falar na existência de um "Código" no sentido ideológico ou político com que era concebido no Século passado, em função até mesmo dessa invasão constitucional que

---

1 MARINONI, Luiz Guilherme; MITIDIERO, Daniel. **O Projeto do CPC**: Crítica e propostas. São Paulo: Editora Revista dos Tribunais, 2010, p. 56

2 ANDRADE, Érico. As Novas Perspectivas do Gerenciamento e da "Contratualização" do Processo. **Revista de Processo**, São Paulo, nº 193, pp. 167-200, 2011

se detecta em todos os quadrantes do direito,[3] o fato é que, a despeito dessa nova feição normativa ostentada pelo ordenamento jurídico, agora muito mais principiológica, muito mais heurística, há que existir um "fio condutor" capaz de guiar, de modo seguro, o próprio desenvolvimento do processo. O "discurso jurídico", dizem os especialistas, não pode ser substituído pelo chamado "discurso prático geral".[4]

Nesse contexto, dentre os muitos aspectos sobre os quais poderia recair a presente abordagem, dois temas mereceram especial atenção. Em primeiro lugar a própria sistematização principiológica do novo CPC, que nos seus primeiros artigos procura aflorar as normas fundamentais do processo civil, essenciais ao desenvolvimento profícuo da relação processual, com destaque para a sua imbricação com princípios constitucionais. Em segundo lugar, e até por consequência da primeira abordagem, o tema da insegurança jurídica gerada por um sistema aberto de normas, e em especial modo a solução alvitrada no novo CPC para essa questão, ou seja, a adoção da sistemática dos precedentes judiciais.

1. NORMAS FUNDAMENTAIS

Normas fundamentais devem ser entendidas como as regras e princípios fundantes e essenciais a uma determinada disciplina jurídica. No caso do processo civil, o novo CPC cuidou de estabelecer do artigo 1º ao 12 parâmetros normativos essenciais à regular instauração, ao bom desenvolvimento e à eficiente, justa e legal solução das questões processuais civis.

Nos referidos artigos, há regras mais diretas e objetivas, assim como existem diretrizes principiológicas mais abertas e suscetíveis a maior margem interpretativa.

As regras, preponderantes em sistemas jurídicos de base romano-germânica como o brasileiro, são normas mais determinadas, concretas e reguladoras de situações em que a literalidade prepondera. Regras jurídicas trazem segurança e certeza jurídica ao sistema processual, aos trabalhadores jurídicos e aos jurisdicionados.

Os princípios, mais dinâmicos, abstratos, indeterminados e próximos da ideia de direito (justiça), possibilitam maior abertura interpretativa e fixam os vetores hermenêuticos preponderantes de um universo jurídico. Princípios jurídicos funcionam como *standards* e (também!) são suficientes, por si sós, à resolução de questões jurídico-processuais.

O novo CPC não estabelece propriamente grandes novidades ao tratar das normas fundamentais do processo civil, mas sistematiza, organiza e tem sentido didático-pedagógico. Não se trata de normas programáticas, mas de normas de eficácia plena e que

---

3 BUENO, Cassio Scarpinella. **Curso Sistematizado de Direito Processual Civil**: Teoria geral do direito processual civil. 8ª ed. v. 1. São Paulo: Saraiva, 2014, pp. 98-99

4 ALEXY, Robert. **Teoria da Argumentação Jurídica**: A Teoria do Discurso Racional como Teoria da Fundamentação Jurídica. 3ª ed. Tradução de Zilda Hutchinson Schild Silva. Rio de Janeiro: Forense, 2011, p. 279

devem irradiar os seus efeitos práticos com a maior intensidade possível, a observar um processo civil de modelo constitucional e instrumental.

Indigitadas normas devem ser compreendidas pelos profissionais do direito exatamente como a própria terminologia está a indicar, isto é, como normas essenciais, básicas, indispensáveis, necessárias, principais da disciplina processual civil.

1.1. Artigo 1º

Estabelece o artigo 1º que **"O processo civil será ordenado, disciplinado e interpretado conforme os valores e as normas fundamentais estabelecidos na Constituição da República Federativa do Brasil, observando-se as disposições deste Código".**

Não obstante tal imbricação/harmonização seja indispensável, relevante que tenha constado menção explícita à Constituição, de tal modo a fixar o modelo constitucionalizado que se pretende fortalecer no Brasil, desde as ondas renovatórias da fase instrumentalista do direito processual, com prestígio às tutelas coletivas, à assistência jurídica integral e gratuita, ao acesso facilitado à Justiça e também às melhorias diversas no modo de ser do processo, com impulso à melhor utilização da tecnologia (a exemplo do processo eletrônico), à conciliação e à racionalização dos serviços forenses (rol meramente exemplificativo), até o Neoconstitucionalismo ou Pós-Positivismo. Parece de meridiana clareza que a legislação processual civil deva se conformar às normas constitucionais, mas ainda há operadores jurídicos que não apreenderam referida adequação.

A referência a "valores" é criticada por Teresa Arruda Alvim Wambier, Maria Lúcia Lins Conceição, Leonardo Ferres da Silva Ribeiro e Rogerio Licastro Torres de Mello, com o argumento de que "dizer normas fundamentais da Constituição Federal, termo que é normalmente empregado como gênero, de que são espécies de regras propriamente ditas e princípios, já é dizer *valores*, pois os valores têm de ter sidos encampados pelos princípios"[5]

1.2. Artigo 2º

Consta que **"O processo começa por iniciativa da parte e se desenvolve por impulso oficial, salvo as exceções previstas em lei"**, e não constitui novidade, vez que tais premissas já regulam o direito adjetivo civil.

Pelo princípio dispositivo (ou da demanda) e como regra, é o interessado ou supostamente prejudicado que deve pleitear a tutela jurisdicional, à exceção daquelas hipóteses em que possível ao Estado-Juiz agir *ex officio,* a exemplo de situações como inventário, execução trabalhista, juros legais e prestações sucessivas. Também se vin-

5 WAMBIER, Teresa Arruda Alvim [et al]. **Primeiros Comentários ao Novo Código de Processo Civil – artigo por artigo.** São Paulo: Editora Revista dos Tribunais, 2015, p. 56

cula ao princípio dispositivo o fato de que cabe às partes as teses/alegações em seu favor e a indicação das provas pelas quais pretendem consolidar o seu direito (sem descarte da atuação pró-ativa e tecnicamente cuidadosa do Estado-Juiz, e do fato de que os magistrados não devem funcionar como meros expectadores passivos da batalha e/ou da composição processual).

Provocado o órgão jurisdicional, entra em cena o princípio do impulso oficial, a exigir que o órgão jurisdicional e os auxiliares da Justiça (máquina judiciária como um todo) promovam e encaminhem o procedimento de fase em fase, até o exaurimento da prestação jurisdicional, em respeito inclusive ao princípio constitucional da eficiência, ao qual também o Poder Judiciário se encontra vinculado.

Há novidade de grande relevo no artigo 190 do CPC/2015, o chamado "negócio jurídico processual", inclusive a flexibilizar o modelo do mero impulso oficial e das formas processuais legais estritas (e também a acentuar o aspecto colaborativo), sem importar em "privatização do processo", isto porque se o processo versar sobre direitos que admitam autocomposição, é permitido às partes plenamente capazes estabelecer modificações no procedimento, de modo a ajustá-lo às particularidades da causa, convencionando sobre seus ônus, poderes, faculdades e deveres processuais, antes ou durante o processo. Por óbvio que o denominado "negócio processual" passará pelo crivo judicial, para controle da validade das convenções, devendo ser recusada aplicação somente nos casos de nulidade ou de inserção abusiva em contrato de adesão, ou ainda quando uma das partes se encontrar em manifesta situação de vulnerabilidade.

Também há nova previsão no artigo 191, a prever que as partes e o juiz podem, de comum acordo, fixar calendário para a prática dos atos processuais, quando for o caso, sendo que o calendário vincula as partes e o juiz, e os prazos nele previstos somente serão modificados em casos excepcionais, devidamente justificados (artigo 191, § 1º).

Por fim, a esse respeito e também a fortalecer o princípio do tempo razoável do processo, a economia e a efetividade processuais, o § 2º estabelece que ficará dispensada a intimação das partes para a prática de ato processual ou a realização de audiência cujas datas tiverem sido designadas no calendário.

1.3. Artigo 3º

Preconiza o *caput* de tal artigo que **"Não se excluirá da apreciação jurisdicional ameaça ou lesão a direito"**, a mostrar a incidência de bem jusfundamental dos mais relevantes e caros a um Estado Democrático e Social de Direito, constituído pelo direito de acesso à Justiça, consubstanciado no artigo 5º, inciso XXXV da Constituição Federal de 1988, a prever que **"a lei não excluirá da apreciação do Poder Judiciário lesão ou ameaça a direito".**

No § 1º se encontra novidade, a se harmonizar com a Lei nº 9.307/1996, constando expressamente que é permitida a arbitragem, na forma da lei. Certo é que a arbitragem se trata de relevantíssima técnica alternativa de solução de conflitos de interesses, que realmente merece incentivo no Brasil, servindo àquelas hipóteses em que haja pessoas capazes e litígios relativos a direitos patrimoniais disponíveis, produzindo a decisão proferida, entre as partes e seus sucessores, os mesmos efeitos da sentença emanada dos órgãos jurisdicionais, e quando condenatória constituindo título executivo. Há corrente tendente à possibilidade (ainda discutida e discutível) de utilização da arbitragem para relações trabalhistas, de consumo e em contratos que envolvam empresas públicas ou de capital misto.

O § 2º, não obstante também não importe em novidade, estabelece previsão das mais relevantes, a exigir e informar que **"O Estado promoverá, sempre que possível, a solução consensual dos conflitos"**. Tal cultura conciliatória ainda caminha a passos lentos no Brasil, e deve ser incorporada e efetivada pelos protagonistas do Direito, que não podem nem devem funcionar como autômatos intérpretes e aplicadores da lei, presos a um dogmatismo e a uma liturgia procedimental atravancadora de melhores soluções processuais. A conciliação e a consequente solução consensual dos conflitos intersubjetivos de interesses devem ser buscadas de modo incisivo e incessantemente, quando cabíveis.

Ainda no artigo 3º existe o § 3º, a dar conta de que **"A conciliação, a mediação e outros métodos de solução consensual de conflitos deverão ser estimulados por juízes, advogados, defensores públicos e membros do Ministério Público, inclusive no curso do processo judicial"**, em previsão alvissareira, não somente no sentido didático, mas prático, a exemplo da previsão do artigo 334, *caput*, § 4º, I e § 8º do CPC/2015, a mostrar a obrigatoriedade, como regra, da audiência de conciliação ou de mediação no procedimento comum, bem como a fixar que o não comparecimento injustificado do autor ou do réu é considerado ato atentatório à dignidade da justiça, com multa de até dois por cento da vantagem econômica pretendida ou do valor da causa, revertida em favor da União ou do Estado.

1.4. Artigo 4º

Prescreve tal norma fundamental que **"As partes têm direito de obter em prazo razoável a solução integral do mérito, incluída a atividade satisfativa"**. A previsão em comento se harmoniza com aquela constitucionalmente esculpida no artigo 5º, inciso LXXVIII da Constituição Federal de 1988, com menção expressa não somente à atividade jurisdicional declaratória/constitutiva/condenatória/mandamental do direito, mas também à tutela jurisdicional executiva (satisfativa), em consonância com a ideia de processo sincrético, até porque na atividade cognitiva se transforma o fato em direito, e na atividade executiva o que se pretende é demudar o direito em fato, qual seja a realização/concretização do direito estampado no título exequível.

Fato é que o acesso à justiça deve englobar uma prestação jurisdicional em tempo hábil para garantir o gozo do direito pleiteado. O termo razoabilidade, não há dúvida, além de subjetivo, deixa margem a ampla apreciação e interpretação, mas isto não exclui a necessidade de que se organizem os meios que garantam a celeridade da tramitação dos processos.

1.5. Artigo 5º

Não se trata de novidade quando se aborda a necessidade de que todos os atuantes no processo atuem com lealdade, probidade e boa-fé. A previsão é no sentido de que **"Aquele que de qualquer forma participa do processo deve comportar-se de acordo com a boa-fé".**

Sendo o processo, por sua própria natureza e necessidade essencialmente dialético, é inadmissível (e punível) quando as partes dele se servem de modo a estampar a falta do dever de verdade, agindo deslealmente e empregando artifícios e ardis (ação ou omissão fraudulenta). O processo é um instrumento posto à disposição das partes não somente para a eliminação de seus conflitos e para obtenção de respaldo às suas pretensões diversas, mas também e principalmente para a pacificação social e melhor atuação do direito.

A propósito do tema, Teresa Arruda Alvim Wambier, Maria Lúcia Lins Conceição, Leonardo Ferres da Silva Ribeiro e Rogerio Licastro Torres de Mello pontuam que "Não se trata, aqui, de investigar intenções ocultas das partes e dos demais participantes do processo. Trata-se, isto sim, de verificar se a sua conduta está de acordo com o direito. A conduta é considerada a *exteriorização da boa ou da má fé* e é a análise da conduta que importa, não das intenções"[6]

De relevo consignar que tal premissa não se vincula apenas à atividade das partes, mas sim a todo aquele que de qualquer forma participa do processo, ou seja, intervenientes, juízes, advogados, defensores, representantes do Ministério Público e auxiliares da Justiça, todos devendo agir pautados por parâmetros de moralidade e probidade no processo.

1.6. Artigo 6º

Novidade inaugurada pelo novo CPC é o princípio da cooperação, a exigir conduta colaborativa de todos à solução das lides. A previsão consta com o seguinte texto: **"Todos os sujeitos do processo devem cooperar entre si para que se obtenha, em tempo razoável, decisão de mérito justa e efetiva".** Guarda tal princípio clara sintonia com a lealdade processual, mas compõe ideia de difícil aplicação/concretude, vez que as partes no processo objetivam a tutela do bem da vida almejado, e muitas vezes a qualquer custo. Como convencer todos os jurisdicionados de que a sua atuação no processo, antes de se vincular à realização/proteção de suas pretensões ou interesses, deve atender a um aspecto colaborativo/cooperativo, a fim de que a decisão judicial seja justa e efetiva?

De qualquer modo, vale como mais um elemento a indicar a relevância/imprescindibilidade da probidade processual, e quiçá a influenciar, gradativamente e positivamente, os profissionais do Direito (e como consequência as partes diretamente envolvidas nas lides).

---

6 WAMBIER, Teresa Arruda Alvim [et al]. **Primeiros Comentários ao Novo Código de Processo Civil – artigo por artigo.** São Paulo: Editora Revista dos Tribunais, 2015, p. 61.

Conforme Eduardo Talamini, "Trata-se de reconhecer que – em que pesem as posições antagônicas, contrapostas, das partes; em que pese a distinção entre a posição do juiz (autoridade estatal) e das partes (jurisdicionados, sujeitos àquela autoridade) – todos os sujeitos do processo estão inseridos dentro de uma mesma relação jurídica (ou de um complexo de relações) e devem colaborar entre si para que essa relação, que é dinâmica, desenvolva-se razoavelmente até a meta para a qual ela é preordenada (a resposta jurisdicional final)"[7]

No que concerne especificamente ao juiz, exsurge o dever de esclarecimento no que respeita às manifestações das partes, o dever de diálogo, a fim de que a dialeticidade seja plena e efetiva, o dever de auxílio, visando a superação de obstáculos que minimizem a concretização da tutela jurisdicional, e por fim o dever de prevenção, como se constata, exemplificativamente, nos artigos 321, 792, § 4º e 933 do CPC/2015.

Em arremate, para Cassio Scarpinella Bueno, "a cooperação entre todos os sujeitos do processo deve significar a colaboração na identificação das questões de fato e de direito e de abster-se de provocar incidentes desnecessários e procrastinatórios".[8]

1.7. Artigo 7º

Preconiza tal norma que **"É assegurada às partes paridade de tratamento em relação ao exercício de direitos e faculdades processuais, aos meios de defesa, aos ônus, aos deveres e à aplicação de sanções processuais, competindo ao juiz zelar pelo efetivo contraditório"**, a mostrar a incidência da igualdade processual e do devido processo legal, especificamente naquilo que respeita à ciência/informação para a possível reação, mas também no que concerne aos meios defensivos, ônus, deveres e sanções processuais.

A propósito da distinção entre ônus e dever, o primeiro envolve interesse próprio, enquanto que o segundo é o imperativo do interesse alheio.

A igualdade perante a lei é premissa para a afirmação da igualdade perante o juiz: da norma inscrita no artigo 5º, *caput*, da Constituição Federal de 1988, exsurge o princípio da igualdade no processo, com o objetivo de que todos recebam tratamento igualitário e as mesmas oportunidades de fazer valer em juízo as suas razões/pretensões.

Por óbvio que a igualdade deve respeitar a lógica de tratamento igual aos iguais, mas também de tratativa desigual aos diferentes, razão pela qual por vezes o tratamento desigual, com o suprimento das diferenças, faz atingir justamente a almejada (possível?) igualdade substancial.

É mesmo desejável que em dadas circunstâncias haja distinção entre as pessoas, a fim de (re)equilibrar as partes e permitir que litiguem em paridade de armas. Como

---

7 TALAMINI, Eduardo. **Cooperação no Novo CPC (primeira parte): os deveres do juiz.** Cadernos Jurídicos – Série Especial – Novo CPC. OAB/PR. Nº 58, Maio de 2015, p. 4.

8 BUENO, Cassio Scarpinella. **Novo Código de Processo Civil Anotado.** São Paulo: Saraiva, 2015, p. 45.

exemplo para o tema, é de absoluta legitimidade constitucional a lei (fator de discrímen) que manda dar prioridade às causas de interesse de pessoas com idade igual ou superior a 60 anos, que mais necessitam da tutela jurisdicional célere.

Quanto ao contraditório, sintetizado no binômio informação/ciência e reação, deve ser implementado justamente para que se respeite a bilateralidade dialética presente nos conflitos de interesses e no desenrolar processual.

Tese e antítese combinadas servirão ao órgão jurisdicional para a busca da melhor e mais justa (é de ética da legalidade que se está a tratar...) solução do conflito intersubjetivo de interesses.

1.8. Artigo 8º

Trata-se de previsão de grande importância teórica e prática, através da qual se constata que **"Ao aplicar o ordenamento jurídico, o juiz atenderá aos fins sociais e à exigências do bem comum, resguardando e promovendo a dignidade da pessoa humana e observando a proporcionalidade, a razoabilidade, a legalidade, a publicidade e a eficiência".**

É algo que já consta, em parte, na Lei de Introdução às Normas de Direito Brasileiro, que no artigo 5º estabelece: **"Na aplicação da lei, o juiz atenderá aos fins sociais a que ela se dirige e às exigências do bem comum".** A interpretação (porque aplicar exige interpretar, prévia ou concomitantemente) e a aplicação da norma devem levar em consideração a função social do direito, bem assim aquilo que busque efetivar o bem-estar de todos, respeitada a individualidade de cada qual.

Quanto à dignidade da pessoa humana, constante na Constituição Federal de 1988 como um dos fundamentos da República Federativa do Brasil (artigo 1º, inciso III), embora de grande abrangência e com enorme carga de subjetividade, trata-se da maior e mais relevante diretriz orientadora da interpretação e aplicação jurídicas, e resumidamente possível delineá-la como impedimento à coisificação do ser humano, e também ao respeito e efetivação de todos os direitos fundamentais e proteções destinadas a cada um e a todos.

O núcleo primacial da dignidade humana está ligado à autonomia e ao direito de autodeterminação de cada ser humano. Está relacionado, certamente, à possibilidade de uma existência que permita a integral fruição dos direitos fundamentais e o pleno desenvolvimento da personalidade.

O princípio da proporcionalidade indica a necessária proporção que deve existir entre os meios e os fins almejados, nas medidas legais ou administrativas. Também dele provém o da razoabilidade e adequação, a estabelecer que deve preponderar o bom senso e aptidão para que se atinjam os objetivos pretendidos.

Segundo o princípio da legalidade, ninguém será obrigado a fazer ou a deixar de fazer algo senão em virtude de lei. A esse respeito, inclusive, de relevo anotar que restrições a direitos fundamentais têm proteção legislativa positivada.

No que concerne à publicidade, a presença do público nas audiências e a possibilidade do exame dos autos por qualquer pessoa representam o mais seguro instrumento de fiscalização popular sobre a obra de todos os profissionais do direito.

O artigo X da Declaração Universal dos Direitos do Homem e do Cidadão, de 1948, assinala que **"Todo homem tem direito, em plena igualdade, a uma justa e pública audiência por parte de um tribunal independente e imparcial, para decidir de seus direitos e deveres ou do fundamento de qualquer acusação criminosa contra ele".**

Finalmente, não menos importante mencionar que, a partir de momento em que o Estado arrogou para si a prestação jurisdicional, deve tal função ser exercida com o máximo de eficiência, a destinar a cada um o que lhe é de direito, com o máximo de segurança jurídica, justiça, respeito ao devido processo legal e em tempo razoável.

1.9. Artigo 9º

Estabelece referido texto legal que **"Não se proferirá decisão contra uma das partes sem que esta seja previamente ouvida. Parágrafo único. O disposto no *caput* não se aplica: I – à tutela provisória de urgência; II – às hipóteses de tutela da evidência previstas no art. 311, incisos II e III; III – à decisão prevista no artigo 701".**

No *caput* se verifica aplicabilidade do devido processo legal não somente no sentido formal, mas especialmente no aspecto substancial, a fim de que a dialeticidade processual seja uma realidade, também para que haja um sentido participativo/calaborativo das partes, a facilitar a decisão judicial melhor e mais justa, e enfim para evitar as chamadas "decisões-surpresa".

Obviamente que há situações a exigir um contraditório/ampla defesa diferidos, postergados, situados em momento processual subsequente ou futuro. No que concerne à tutela provisória de urgência, pode ser requerida de modo antecedente ou incidentalmente, e quando em caráter incidental independe do pagamento de custas, conservando sua eficácia enquanto pendente o processo, observada a possibilidade de revogação ou modificação a qualquer tempo. Em prestígio necessário ao poder geral de cautela do magistrado, consta no artigo 295 que o juiz poderá determinar as medidas que julgar adequadas/pertinentes para a concretização da tutela provisória.

Referentemente à tutela de evidência, especificamente os incisos II e III do artigo 311, dar-se-á, independentemente de demonstração de perigo de dano ou de risco ao resultado útil do processo, em situações nas quais as alegações de fato puderem ser comprovadas apenas documentalmente e houver tese firmada em julgamento em casos repetitivos ou em súmula vinculante, ou ainda quando se tratar de pedido reipersecutório fundado em prova documental adequada do contrato de depósito, caso em que será decretada a ordem de entrega do objeto custodiado, sob cominação de multa, sendo que tais decisões podem ser proferidas liminarmente e postergado o contraditório, como afirmado alhures.

Quanto à decisão prevista no artigo 701, cuida tal norma da situação em que, **"Sendo evidente o direito do autor, o juiz deferirá a expedição de mandado de pagamento, de entrega de coisa ou para execução de obrigação de fazer ou de não fazer, concedendo ao réu prazo de quinze dias para o cumprimento e o pagamento de honorários advocatícios de cinco por cento do valor atribuído à causa".** De se destacar que o réu ficará isento do pagamento de custas processuais se houver cumprimento da ordem no prazo legal.

1.10. Artigo 10

Mais uma emanação do devido processo legal se encontra no artigo 10, a prever que **"O juiz não pode decidir, em grau algum de jurisdição, com base em fundamento a respeito do qual não se tenha dado às partes oportunidade de se manifestar, ainda que se trate de matéria sobre a qual deva decidir de ofício".**

Tal normativa poderá prestar mais efetividade ao processo, evitando-se as muitas alegações de nulidade (por vezes sem prova de qualquer prejuízo, em desrespeito à ideia do *pas de nullité sans grief*) e de cerceamento de defesa. É exigência de oportunização às partes para manifestação acerca dos motivos que sustentarão os provimentos jurisdicionais, a fim de se evitar também surpresas aos jurisdicionados como resultado dos comandos judiciais, como se o Estado-Juiz, em algumas hipóteses, houvesse guardado um trunfo apresentado às partes e trabalhadores jurídicos tardiamente.

O contraditório se relaciona a circunstâncias fáticas e jurídicas, e Teresa Arruda Alvim Wambier, Maria Lúcia Lins Conceição, Leonardo Ferres da Silva Ribeiro e Rogerio Licastro Torres de Mello exploram tal previsão consignando, além de outros aspectos, que "O juiz participa do contraditório fundamentando a sentença de acordo com o que consta do art. 489 do NCPC. Ou seja: o contraditório que terá havido entre as partes tem de estar refletido na sentença. O juiz deve manifestar-se necessariamente sobre direito e fatos – argumentos jurídicos e provas produzidas: ou seja, sobre o contraditório havido entre as partes, em sua plenitude", sem exclusão do "contraditório institucional ou com a própria sociedade: por meio da figura do *amicus curiae* ou pela realização de audiências públicas"[9]

A propósito do termo "fundamento" indicado em tal artigo do CPC/2015, segundo Cassio Scarpinella Bueno, "importa compreender 'fundamento' de forma ampla, a título de 'argumento' ou de 'razões' aptas para justificar a decisão a ser tomada pelo magistrado. É sobre esse argumento (ou essas razões) que as partes devem ser ouvidas. Após sua discussão específica, segue-se a decisão".[10]

1.11. Artigo 11

A tratar tanto da publicidade (já mencionada) e da motivação das decisões judiciais, premissas já consolidadas constitucionalmente, o artigo 11 estabelece que **"Todos os julgamentos dos órgãos do Poder Judiciário serão públicos, e fundamentadas todas as decisões, sob pena de nulidade".**

9 WAMBIER, Teresa Arruda Alvim [et al]. **Primeiros Comentários ao Novo Código de Processo Civil – artigo por artigo.** São Paulo: Editora Revista dos Tribunais, 2015, p. 68.

10 BUENO, Cassio Scarpinella. **Novo Código de Processo Civil Anotado.** São Paulo: Saraiva, 2015, p. 48.

Há que se cuidar da publicidade exacerbada (?) que se tem dado a alguns julgamentos (em especial do Supremo Tribunal Federal), a deixar aflorar suscetibilidades, vaidades e falta de serenidade dos julgadores e demais profissionais do direito, além de conduzir à distorção do próprio funcionamento da Justiça através de pressões impostas a todos os figurantes do drama judicial.

Quanto à motivação das decisões judiciais, liga-se ao controle popular sobre o exercício da função jurisdicional, com ênfase à fiscalização do princípio da legalidade (ou juridicidade, em parâmetro mais amplo), e também à função política da motivação das decisões judiciais, cujos destinatários não são apenas as partes e o magistrado competente para julgar eventual recurso, mas a coletividade, com a finalidade de se aferir em concreto a imparcialidade do juiz, a legalidade e justiça das decisões, além do devido processo legal em sentido substancial.

O parágrafo único repete previsão importante, de que nas hipóteses de segredo de justiça, pode ser autorizada somente a presença das partes, de seus advogados, de defensores públicos ou do Ministério Público.

1.12. Artigo 12

Em respeito ao tempo razoável do processo, à igualdade processual, à eficiência e à publicidade, o *caput* do artigo 12 apresenta novidade, no sentido de se criar condições aferíveis com maior objetividade para controle do tempo dos processos.

Consta que **"Os juízes e os tribunais deverão obedecer à ordem cronológica de conclusão para proferir sentença ou acórdão"**, e com o fito de possibilitar transparente e real controle por parte dos jurisdicionados e trabalhadores jurídicos, o § 1º estabelece que **"A lista de processos aptos a julgamento deverá estar permanentemente à disposição para consulta pública em cartório e na rede mundial de computadores"**.

A se pensar no controle da legalidade, da eficiência e da duração razoável do processo, tal aferição trará transparência e mais segurança, além de racionalização dos serviços judiciários, que estão a necessitar de gestão/administração mais qualitativa e profissionalizada, inclusive por pessoas formadas e treinadas para tanto, permitindo-se aos magistrados que se dediquem à sua principal, nobre e essencial função, qual seja a de estudar, instruir, compor e julgar processos, proferindo comandos jurisdicionais, sem preocupação excessiva com a gestão, que deve mesmo ser encaminhada e cuidada por auxiliares da Justiça capacitados a tal essencial e relevante atribuição.

O § 2º excepciona a regra do *caput* acerca da obediência à ordem cronológica de conclusão para que sejam proferidos os provimentos jurisdicionais finais, excluindo de tal imposição normativa as sentenças proferidas em audiência, homologatórias de acordo ou de improcedência liminar de pedido, que podem e devem ser proferidas, por óbvio, imediatamente, tanto quanto possível.

Também se exclui da indigitada cronologia o julgamento de processos em bloco para aplicação de tese jurídica firmada em julgamento de casos repetitivos, assim como o julgamento de recursos repetitivos ou de incidente de resolução de demandas repetitivas.

As decisões que não resolvem o mérito, nas mais diversas modalidades, e também aquelas em âmbito recursal previstas no artigo 930 do novo CPC, o julgamento dos embargos de declaração, o julgamento de agravo interno, as preferências legais, as metas estabelecidas pelo Conselho Nacional de Justiça, os processos penais, nos órgãos jurisdicionais que tenham tal competência e a causa que exija urgência no julgamento, assim reconhecida por decisão motivada, todas esta hipóteses também ficam excluídas da referida obediência à ordem cronológica.

A fim de evitar manobras que objetivem a fuga da cronologia, o § 4º do artigo 12 estabelece que **"Após a inclusão do processo na lista de que trata o § 1º, o requerimento formulado pela parte não altera a ordem cronológica para a decisão, exceto quando implicar a reabertura da instrução ou a conversão do julgamento em diligência"**, e o parágrafo subsequente arremata ao prever que **"Decidido o requerimento previsto no § 4º, o processo retornará à mesma posição em que anteriormente se encontrava na lista".**

Caberá, por conseguinte, ao chefe de secretaria ou escrivão a observação e cumprimento do preceito, facilitador do controle do público em geral e dos profissionais do direito.

2. CONSTITUIÇÃO NORMATIVA E PRESTAÇÃO JURISDICIONAL

Postas tais premissas fundantes do processo civil, cumpre observar (relembrar) que a normatividade constitucional é tema que vem ganhando corpo ao longo dos anos, na mesma intensidade que se tem verificado o desprestígio de outras fontes formais do direito, em especial modo a lei ordinária. Luís Roberto Barroso fala da ascensão científica e política do direito constitucional, inclusive no Brasil, pela compreensão de que as disposições contidas numa constituição têm caráter vinculativo e obrigatório, não se afigurando mais possível tratá-la como um mero "conjunto de aspirações políticas".[11]

O motivo dessa ascensão constitucional está na própria crise do sistema legislativo, na perda de substância da lei e de sua incapacidade para lidar com o pluralismo próprio das sociedades modernas. Gustavo Zagrebelsky fala da crise do princípio da legalidade, determinada pela própria perda de sentido da lei, de sua pulverização e de sua incoerência, o mesmo ocorrendo com outras fontes do direito,[12] o que não

---

11 BARROSO, Luís Roberto. Fundamentos Teóricos e Filosóficos do Novo Direito Constitucional Brasileiro: Pós-modernidade, teoria crítica e pós-positivismo. In: BARROSO, Luís Roberto (Org.). **A Nova Interpretação Constitucional**: Ponderação, Direitos Fundamentais e Relações Privadas. 3ª ed. rev. Rio de Janeiro: Renovar, 2008, p. 43

12 Según lo que se acaba de describir, hoy debe descartarse completamente la idea de que las leyes y las otras fuentes, consideradas en su conjunto, constituyan de por sí un ordenamiento – como podía suceder en el siglo pasado -. La crisis de la idea de código es la manifestación más clara de este cambio. En estas condiciones, la exigencia de una reconducción a unidad debe tener en cuenta la crisis del principio de legalidad, determinada por la acentuada pérdida de sentido, pulverización e

se apresenta para o mencionado autor como uma situação transitória, passageira, capaz de sanar-se sozinha, pois é fruto da própria situação estrutural das sociedades contemporâneas. Para Zagrebelsky, é pela Constituição, erguida ao patamar mais alto do ordenamento jurídico, que se apresenta possível conter os efeitos deletérios produzidos por um legislador que não lida bem com as pressões sociais que sobre ele se exercem.[13]

Nesse mesmo sentido, Luigi Ferrajoli faz menção ao "constitucionalismo" como o novo paradigma do direito, verdadeira revolução, referindo-se exatamente à tendência, nos ordenamentos jurídicos democráticos, de inserção de catálogos de direitos fundamentais em textos constitucionais rígidos, como forma de materializá-los e de protegê-los, inclusive em face do próprio legislador.[14]

Transportados esses parâmetros para o objeto deste trabalho, dentre os vários aspectos sobre os quais se poderia analisar o novo CPC, e respeitadas todas as diretrizes princpiológicas já vistas, ostenta importância emblemática o conteúdo do artigo 8º, que estabelecendo regra de interpretação jurídica, manda que o juiz atenda aos fins sociais e às exigências do bem comum e que com isso resguarde e promova a dignidade da pessoa humana, por intermédio de princípios muito caros não só à interpretação constitucional, mas ao próprio Estado Democrático de Direito, bem assim a proporcionalidade, a razoabilidade, a legalidade, a publicidade e a eficiência, conforme já consignado.[15]

---

incoherencia de la ley y de las otras fuentes del derecho. In, ZAGREBELSKY, Gustavo. **El derecho dúctil**: Ley, derechos, justicia. Tradução de Marina Gascón. 10ª ed. Madrid:Editorial Trotta, 2011, p. 39

---

13 Las Constituciones contemporáneas intentan poner remedio a estos efectos destructivos del orden jurídico mediante la previsión de un derecho más alto, dotado de fuerza obligatoria incluso para el legislador. El objetivo es condicionar y, por tanto, contener, orientándolos, los desarrollos contradictorios de la producción del derecho, generados por la heterogeneidad y ocasionalidad de las presiones sociales que se ejercen sobre el mismo. La premisa para que esta operación pueda tener éxito es el restablecimiento de una noción de derecho más profunda que aquélla a la que el positivismo legislativo lo ha reducido. (Ibidem)

14 "Il costituzionalismo, quale risulta dalla positivizzazione dei diritti fondamentali come limiti e vincoli sostanziali alla legislazione positiva, corrisponde a una seconda rivoluzione nella natura del diritto che si esprime in un'alterazione interna del paradigma positivistico classico. Se la prima rivoluzione si era espressa nell'affermazione dell'onnipotenza del legislatore, ossia del principio di mera legaliltà (o di legalità formale) quale norma di riconoscimento dell'esistenza delle norme, questa seconda rivoluzione si è realizzata con l'affermazione di quello che possiamo chiamare il principio di *stretta legalità* (o di *legalità sostanziale*): ossia con la sottomissione anche della legge ai vincoli no più solo formali ma sostanziali imposti dai principi e dai diritti fondamentali espressi dalle costituzioni." FERRAJOLI, Luigi. **Diritti fondamentali**: un dibattito teorico a cura di Ermanno Vitale. 3ª ed. Bari: Editori Laterza, 2008, pp. 33-34.

15 Art. 8º Ao aplicar o ordenamento jurídico, o juiz atenderá aos fins sociais e às exigências do bem comum, resguardando e promovendo a dignidade da pessoa humana e observando a proporcionalidade, a razoabilidade, a legalidade, a publicidade e a eficiência.

Com efeito, analisados os primeiros artigos do novo Código, já descritos em tópicos anteriores, e em especial modo o já mencionado artigo 8º, não há como desconectá-lo do que se contém na própria Constituição Federal, menos ainda da normatividade que dela se esplende. Como dito antes, a dignidade da pessoa humana é um dos princípios fundamentais da própria República Federativa do Brasil, como se colhe do inciso III do artigo 1º do Texto Maior. Além disso, os princípios ali descritos – proporcionalidade, razoabilidade, legalidade, publicidade, eficiência -, são todos de matiz constitucional, daí a inferência de que, também numa lei de cunho processual, portanto de natureza instrumental, se coletam preceitos que falam de perto à chamada "normatividade constitucional", senão para materializá-la completamente, ao menos para autorizá-la amplamente.

A isso, aliás, já teve ocasião de se referir o próprio Ministro Luiz Fux, presidente da Comissão de Juristas encarregada de elaborar o anteprojeto do novo Código, quando fala da principiologia que permeou os traços iniciais do Projeto, de sua tendência em seguir a "trilha exegética da Constituição Federal", e do estabelecimento de normas *in procedendo* sinalizadoras de que qualquer decisão judicial deve pautar-se pelos princípios plasmados no tecido constitucional; com isso proporcionando a aproximação da decisão técnica à questão ética e à própria legitimidade do julgamento.[16]

E esse prestígio à normatividade constitucional, esse aceno com o próprio "pós-positivismo", parece evidente no artigo 489, § 2º do novo Código, quando o legislador é categórico ao autorizar o juiz a utilizar-se do método da ponderação de normas.[17]

3. CONSTITUIÇÃO NORMATIVA E SEGURANÇA JURÍDICA

De outra parte, em que pese a reconhecida normatividade provinda do Texto Constitucional, e em que pesem as autorizações normativa e doutrinária para que assim se interprete o ordenamento jurídico vigente, não há como deixar de reconhecer um aspecto negativo decorrente desse complexo ambiente – onde prepondera o fortalecimento da constituição e o enfraquecimento da lei -, qual seja, a insegurança jurídica. Humberto Ávila atesta que "hoje, o nível de insegurança jurídica assumiu um grau nunca antes alcançado", diante da complexidade da sociedade moderna e da incapacidade do próprio sistema legislativo para bem ordená-la. Para este autor, o caráter instável, efêmero e aleatório do Direito é fato incontestável.[18]

---

16 FUX, Luiz (coord.). **O Novo Processo Civil Brasileiro**: direito em expectativa. Rio de Janeiro: Forense, 2011, p. 14

17 § 2º No caso de colisão entre normas, o juiz deve justificar o objeto e os critérios gerais da ponderação efetuada, enunciando as razões que autorizam a interferência na norma afastada e as premissas fáticas que fundamentam a conclusão.

18 ÁVILA, Humberto. **Segurança Jurídica**: Entre permanência, mudança e realização no Direito Tributário. 2ª ed. São Paulo: Malheiros, 2012, p. 45

E disso não escapam as decisões judiciais. Bem ao contrário, a prestação jurisdicional tende a refletir, exatamente, a perplexidade dos fatos da vida, ainda que se tenha como norte a própria Constituição Federal. Aliás, é ela, a Constituição, quem produz perplexidade, ainda que assim não almeje. Suas normas abertas, seu conteúdo heurístico, a sua vagueza de sentidos abre largo campo interpretativo, nem sempre utilizado com parcimônia e sensatez. Paulo Bonavides fala em "desorientação e perplexidade" que se contém nos novos métodos de interpretação constitucional, assim como na demasiada importância atribuída ao fator político, que empobrece a Constituição e a conduz a um estado de crise e carência.[19]

Com efeito, prestigiar a Constituição, como fonte produtora de direitos, aplicar diretamente preceitos constitucionais ao caso concreto, não só na falta de lei específica, mas também no caso de lei que, a despeito de regularmente formulada, se mostre inadequada para o caso concreto, pode produzir arbitrariedades que não se enastram com o próprio Estado Democrático de Direito.

Lenio Luiz Streck expressa as suas preocupações quanto à "discricionariedade judicial", segundo ele muito presente nos dias atuais, facilmente transformada em arbitrariedade judicial, no que se refere à interpretação das normas jurídicas. Para esse autor, "a 'vontade' e o 'conhecimento' do intérprete não constituem salvo-conduto para a atribuição arbitrária de sentidos e tampouco para uma atribuição de sentidos arbitrária".[20]

Por outro lado, a segurança jurídica é valor fundamental da humanidade e também contemplada como direito constitucional. A Constituição Federal, quando elege a "segurança" como garantia fundamental, no *caput* do artigo 5º, decerto que não exclui deste preceito a "segurança jurídica". Aliás, quando os institutos do direito adquirido, do ato jurídico perfeito e da coisa julgada são expressamente tutelados na Constituição (inciso XXXVI, do mesmo artigo 5º constitucional), tal constitui indisfarçável evidência da consagração da segurança jurídica no rol dos direitos fundamentais.

Gilmar Ferreira Mendes pontifica que "a segurança jurídica, como subprincípio do Estado de Direito, assume valor ímpar no sistema jurídico, cabendo-lhe papel diferenciado na realização da própria idéia de justiça material".[21] Hugo de Brito Machado, valendo-se das lições de Gustav Radbruch, considera que os únicos elementos do Direito que não se relativizam no tempo e no espaço são a justiça e a segurança.[22] Humberto

19 BONAVIDES, Paulo. **Curso de Direito Constitucional.** 26ª ed. São Paulo: Malheiros, 2011, p. 484

20 STRECK, Lenio Luiz. **Verdade e Consenso**: Constituição, hermenêutica e teorias discursivas. 4ª ed. São Paulo: Saraiva, 2011, p. 39

21 MENDES, Gilmar Ferreira; COELHO, Inocêncio Mártires; BRANCO, Paulo Gustavo Gonet. **Curso de Direito Constitucional**. 4ª ed. rev. atual. São Paulo: 2009, p. 533

22 MACHADO, Hugo de Brito. A Segurança Jurídica e a Questão da Hierarquia da Lei Complementar. In, CLÈVE, Clèmerson Merlin; BARROSO, Luís Roberto (org.). **Doutrinas Essenciais**: Direito Constitucional. v. IV. São Paulo: Revista dos Tribunais, 2013, p. 243

Ávila identifica a fundamentalidade do valor segurança jurídica até mesmo no preâmbulo da Constituição,[23] o que também se materializa em referências diretas e indiretas a esse preceito, como nos fundamentos do Estado Democrático de Direito (artigo 1º) e nos Direitos e Garantias Fundamentais (artigo 5º).[24]

Note-se que com estas constatações não se está negando a normatividade constitucional, menos ainda ignorando a possibilidade de aplicação dos preceitos constitucionais ao caso concreto; e muito menos refutando a necessidade de assim ocorrer, como forma de efetivação de direitos, especialmente os de estatura constitucional. Mas também não há como negar que uma tal sistemática pode produzir insegurança jurídica. O mesmo Lenio Luiz Streck, já citado antes, fala em "morte do método", no sentido da inexistência de um método a partir do qual se possa garantir a correção do processo interpretativo, quando o intérprete se inspire no chamado "pós-positivismo".[25]

Francisco Rosito fala de uma "irracionalidade do desenvolvimento da jurisprudência", que com seu comportamento errático tem produzido prejuízos de toda ordem, exatamente em função desse ambiente de insegurança, muitas vezes gerado pela súbita alteração de posicionamentos jurídicos já arraigados no seio da sociedade.[26]

É certo, como diz o mencionado autor, que o Judiciário não é o único culpado por esse estado de coisas. O Poder Legislativo produz leis inadequadas e desencontradas; o Poder Executivo atua em desacordo com seus deveres constitucionais; a própria sociedade massificada é naturalmente conflituosa[27]. Mas não se pode negar que em relação ao Poder Judiciário esse estado de insegurança jurídica assume proporções ainda mais graves, exatamente porque a ele, Judiciário, incumbe solucionar os conflitos advindos dessa crise jurídica.[28]

4. PRECEDENTE JUDICIAL E SEGURANÇA JURÍDICA

Do que foi dito até aqui, há que ficar retido o fato de que, em relação ao Poder Judiciário, o seu encargo na conservação da segurança jurídica, o seu papel na solução desse problema, reside na previsibilidade de suas decisões e na estabilidade de sua

---

23 Op. cit., p. 39

24 Op. cit., p. 40

25 Ibidem

26 ROSITO, Francisco. **Teoria dos Precedentes Judiciais**: Racionalidade da Tutela Jurisdicional. Curitiba: Juruá Editora, 2012, pp. 16-18

27 Ibidem, pp. 53-55

28 Nesse cenário, cada vez mais o Judiciário é provocado diante dos incessantes conflitos existentes, que se somam de forma assustadora, ainda mais quando há uma grande aceleração das mudanças econômicas e sociais, que se verificam na sociedade contemporânea, sem contar as sucessivas crises do próprio Estado. Na mesma proporção, cada vez mais se espera do Judiciário as respostas adequadas aos conflitos a ele submetidos. (ROSITO, op. cit., p. 56)

jurisprudência, como fator de equilíbrio social. Previsibilidade no sentido de o jurisdicionado ter consciência de como são interpretadas as leis perante os tribunais e a partir disso organizar a sua vida; estabilidade no sentido de aos tribunais tocar a produção de uma jurisprudência contínua e prolongada, sem sobressaltos.[29]

Segundo Humberto Ávila, a jurisdição ostenta problemas de cognoscibilidade, pela falta de fundamentação das decisões e pela divergência de decisões sobre um mesmo tema; de confiabilidade, pela modificação jurisprudencial de entendimentos já consolidados, inclusive com eficácia retroativa; e de calculabilidade, pela falta de "suavidade" nas alterações de entendimento e pela ausência de coerência na interpretação jurídica.[30]

A questão dos precedentes judiciais insere-se, exatamente, nesse especial quadrante. Segundo José Rogério Cruz e Tucci, "realmente, ao assegurar certa estabilidade, a observância do *precedente*, em análogo caso posterior, contribui a um só tempo para a certeza jurídica e para a proteção da credibilidade na tomada de decisão judicial".[31]

O uso dos precedentes judiciais, assevera Robert Alexy, é parte essencial numa teoria da argumentação jurídica. Para esse pesquisador, mesmo no direito europeu-continental é inegável a importância dos precedentes judiciais, sendo passível de discussão tão-somente a configuração que tais precedentes possam ostentar, se fonte de direito ou não.[32] O mesmo autor fala de uma "pretensão de correção" que se insere nos discursos jurídicos, no sentido de o enunciado jurídico veiculado na sentença não ser apenas racional, "mas também que no contexto de um ordenamento jurídico vigente possa ser racionalmente fundamentado",[33] o que parece fazer avultar a importância do precedente judicial.

Chaïm Perelman e Lucie Olbrechts-Tyteca falam de uma "inércia psíquica e social", pela qual se presume, até prova em contrário, que a atitude adotada anteriormente, seja a opinião expressa, seja a conduta preferida, perdurará no futuro, ou pela coerência ou pela força do hábito,[34] o que parece aplicar-se, perfeitamente, ao próprio fluxo jurisprudencial. Esses mesmos autores, aliás, citando Aristóteles, fazem expressa referência à questão dos precedentes judiciais, especialmente a respeito de sua gravidade, de sua seriedade, a ponto de identificar-se até mesmo certo "receio" na criação de um precedente, tal é a força que terá ele em relação a casos vindouros. Confira-se:

---

29 LIMA, Tiago Asfor Rocha. **Precedentes Judiciais Civis no Brasil.** São Paulo: Saraiva, 2013, pp. 164 e 167

30 ÁVILA, op. cit., p. 166

31 CRUZ E TUCCI, José Rogério. **Precedente Judicial como Fonte do Direito.** São Paulo: Revista dos Tribunais, 2004, p. 17

32 ALEXY, op. cit., p. 267

33 ALEXY, op. cit., p. 212

34 PERELMAN, Chaïm; OLBRECHTS-TYTECA, Lucie. **Tratado da Argumentação**: a nova retórica. Tradução de Maria Ermantina de Almeida Prado Galvão. São Paulo: Martins Fontes, 2005, p. 119

> Nos países tradicionalistas, o precedente se torna, assim, parte integrante do sistema jurídico, um modelo do qual podemos nos prevalecer, contanto que mostremos que o caso novo se parece suficientemente com o antigo. Daí o receio de criar um precedente que intervém em grande número de decisões: 'Ides decidir, não a respeito de Isócrates, mas a respeito de uma regra de vida, se é mister filosofar'. Com efeito, o fato de praticar certos atos, trate-se de apreciações ou de decisões, é considerado um consentimento implícito para a utilização deles a título de precedentes, como uma espécie de compromisso de comportar-se da mesma maneira em situações análogas."[35]

De outra parte, mesmo nos países da *civil law* os precedentes judiciais devem ser considerados como fonte do direito. José Rogério Cruz e Tucci explica que no referente à eficácia do precedente judicial, ou seja, quanto à intensidade da influência que ele exerce sobre casos futuros, o precedente judicial é "ponto de referência normativo" no âmbito da *common law*, enquanto que no regime da *civil law* o precedente arma-se de força persuasiva, considerado por isso como fonte secundária do direito.[36]

O fato de os precedentes judiciais revestirem-se de força persuasiva e não de força normativa, não tem o condão de deslustrá-los, mesmo no sistema codificado. Como assevera Cruz e Tucci, citando Martin Kriele, "na realidade jurídica, os precedentes gozam, para os juízes dos sistemas de tradição romanística, da mesma importância que ostentam aos juízes da *common law*."[37] No mesmo sentido é a manifestação de Francisco Rosito, que destaca a inquestionável aproximação entre esses dois sistemas, principalmente se considerada a técnica da argumentação jurídica, e tidos os precedentes judiciais como argumentos ou razões.[38]

O que importa considerar, neste ponto de nossas argumentações, é o fato de o precedente judicial, tenha ele feição normativa, ostente ele caráter persuasivo, poder contribuir para a previsibilidade e para a estabilidade jurisprudencial, e com isso para a própria segurança jurídica das decisões judiciais.

5. PRECEDENTES JUDICIAIS E O NOVO CPC

Na esteira do que se vem sustentando, especialmente a respeito da importância do precedente judicial como mecanismo propiciador de segurança jurídica, em especial modo no que toca às decisões judiciais, o novo CPC contemplou, expressamente, essa sistemática. É certo que a última versão do projeto, aprovada perante o Senado Federal, não foi tão enfática como o era o texto que veio da Câmara dos Deputados. Nesta casa legislativa concebeu-se detalhada estrutura normativa disciplinando a aplicação dos precedentes em seus diversos aspectos, como se verificava dos artigos 520 a 522 do substitutivo votado na Câmara – o que não se manteve quando do retorno do projeto ao

---

35 Ibidem, pp. 122-123

36 CRUZ E TUCCI, op. cit., p. 185

37 Ibidem, p. 23

38 ROSITO, op. cit., p. 188

Senado. A despeito disso, e como se verá adiante, remanesceram dispositivos insertos no novo CPC, na sua última redação, garantidores do sistema de precedentes judiciais.

Nesse sentido, o artigo 926 do novo CPC estabelece que **"Os tribunais devem uniformizar sua jurisprudência e mantê-la estável, íntegra e coerente"**, no que demonstrada a clara intenção do legislador de dotar os tribunais de mecanismos capazes de empreender essa almejada estabilização jurisprudencial, ponto de partida da própria segurança jurídica. Aliás, o parágrafo 1° desse mesmo dispositivo legal, impõe obrigação de os tribunais editarem enunciados de súmula correspondentes à sua jurisprudência dominante.[39]

Desde logo, entretanto, aflora-se uma preocupação: como pondera Lenio Luiz Streck, "súmula não é precedente", na medida em que este é um caso anteriormente julgado, com todas as suas especificidades;[40] ao passo que súmula é mera cristalização de palavras, cujas vagueza e ambiguidade seriam, simplesmente, transportadas do texto da lei para o texto da súmula.[41]

O precedente judicial diz respeito a uma decisão judicial que contém elementos suficientemente similares a de outras situações futuras, que por isso mesmo exerce persuasão sobre o julgador[42]. Segundo José Rogério Cruz e Tucci, todo precedente compõe-se de duas partes distintas: as circunstâncias fáticas que embasam a controvérsia e a tese ou o princípio jurídico aflorado na motivação do provimento decisório *(ratio decidendi*). As súmulas a serem consideradas como precedentes judiciais, decerto que deverão observar esses importantes requisitos, sob pena de se reproduzirem, quanto à interpretação das súmulas, as mesmas dificuldades que se esplendem da interpretação do texto da lei. Decerto que é essa a intenção do parágrafo 2° do mesmo dispositivo legal, ao preconizar que **"Ao editar enunciados de súmula, os tribunais devem ater-se às circunstâncias fáticas dos precedentes que motivaram a sua criação".**

Por outro lado, a parte verdadeiramente estruturante da teoria dos precedentes judiciais, tal como contemplada no novo Código, está prevista no seu artigo 927, cujo *caput* estabelece o *efeito vinculante dos precedentes em relação aos órgãos julgadores*, na medida em que determina que juízes e tribunais "observarão" **"as decisões do Supremo Tribunal Federal em controle concentrado de constitucionalidade"** (inciso I), **"os enunciados de súmula vinculante"** (inciso II), **"os acórdãos em incidente de assunção de competência ou de resolução de demandas repetitivas e em julgamento de recursos extraordinário e especial repetitivos"** (inciso III), **"os enunciados das súmulas do Supremo Tribunal Federal em matéria constitucional e do Superior Tribunal de Justiça em matéria infraconstitucional"** (inciso IV) e a **"orientação do plenário ou do órgão especial aos quais estiverem vinculados"** (inciso V).

---

39 § 1º Na forma e segundo os pressupostos fixados no regimento interno, os tribunais editarão enunciados de súmula correspondentes a sua jurisprudência dominante.

40 STRECK, op. cit., p. 395

41 Ibidem

42 LIMA, op. cit., p. 197

É da doutrina mais abalizada que se extrai a lição de que, prevalentemente, os precedentes judiciais têm força vinculante nos sistemas de *common law*, enquanto que na órbita do direito codificado predomina a orientação de que precedentes judiciais esplendem eficácia apenas persuasiva.[43] Essa não é uma premissa absoluta, é verdade, sendo possível detectar em sistemas de *civil law* a existência de precedentes vinculantes.[44]

Nesse contexto, os precedentes vinculantes podem ser verticais, quando provêm de corte superior em relação aos tribunais inferiores, no que se distinguem dos precedentes horizontais, emanados de órgão judicial de mesma hierarquia.[45]

A atenta leitura do artigo 927 do novo diploma processual faz inferir que o sistema processual brasileiro, a partir do novo CPC, contempla, de modo explícito, o precedente judicial vinculante vertical, na medida em que obriga juízes e tribunais a seguir precedentes, súmulas e acórdãos proferidos pelas Cortes Superiores e pelos tribunais intermediários. Esse é o único entendimento extraível da alocução "observarão" contida no texto legal.

Trata-se de inovação impactante, inclusive culturalmente. Ainda que o sistema brasileiro já conheça precedentes judiciais vinculantes, bem assim os mecanismos de controle de constitucionalidade previstos no parágrafo 2º do artigo 102 da Constituição, as súmulas vinculantes estabelecidas no artigo 103-A do Texto Maior, a repercussão geral preconizada nos artigos 543-A e seguintes do CPC/1973, o que se tem a partir de agora é muito mais intenso.

Luiz Guilherme Marinoni e Daniel Mitidiero, em comentário ao projeto do CPC, quando este ainda tramitava perante o Sendo Federal, antes de sua remessa à Câmara dos Deputados, lamentavam o fato de, naquele momento do processo legislativo, não se verificar previsão expressa quanto à força vinculante que se deveria estabelecer em relação aos fundamentos determinantes das decisões judiciais. Para esses autores, perdia-se, naquele momento, a oportunidade de explicitar a necessidade do respeito aos precedentes judiciais, o que se apresenta imperioso nessa quadra da história, na qual se anseia por segurança, confiança e coerência jurídicas. Na visão desses autores, não há mais aquela ferrenha dicotomia entre *civil law* e *common law*, senão que um ideal de "reconstrução da ordem jurídica", pela "promoção do império do Direito" – em função do que se faz necessária a "vinculação do Estado ao Direito em todas as suas manifestações", e do que seria o maior exemplo a questão das decisões judiciais.[46]

O Novo CPC, na sua versão definitiva, contempla, exatamente, a ideia preconizada pelos referidos autores, muito mais avançada do que a contida no artigo 847 do anteprojeto elaborado pela Comissão de Juristas, que não era taxativa quanto à vinculação dos órgãos jurisdicionais aos precedentes editados pelas Cortes Superiores.

---

43 CRUZ E TUCCI, op. cit., pp. 12-13

44 Ibidem, p. 23

45 Ibidem, p. 16

46 MARINONI, Luiz Guilherme; MITIDIERO, Daniel. **O Projeto do CPC**: crítica e propostas. São Paulo: Revisa dos Tribunais, 2010, p. 164

Note-se que o parágrafo 1º, do aludido artigo 927, faz expressa referência ao artigo 489, § 1º, do mesmo diploma legal, que por sua vez traça regramentos relacionados à fundamentação das decisões judiciais, considerando sem fundamentação a decisão que **"deixar de seguir enunciado de súmula, jurisprudência ou precedente invocado pela parte, sem demonstrar a existência de distinção no caso em julgamento ou a superação do entendimento"** (inciso VI).

Aliás, o aludido parágrafo 1º do artigo 489 estabelece parâmetros relacionados à fundamentação das decisões judiciais, que em verdade também funcionam como mecanismo de aplicação dos próprios precedentes judiciais. Tanto assim que a sentença, além da hipótese indicada no inciso VI acima transcrito, também será considerada desprovida de fundamento quando **"se limitar à indicação, à reprodução ou à paráfrase de ato normativo, sem explicar sua relação com a causa ou a questão decidida"** (inciso I), quando **"empregar conceitos jurídicos indeterminados, sem explicar o motivo concreto de sua incidência no caso"** (inciso II), quando **"invocar motivos que se prestariam a justificar qualquer outra decisão"** (inciso III), quando **"não enfrentar todos os argumentos deduzidos no processo capazes de, em tese, infirmar a conclusão adotada pelo julgador"** (inciso IV) e quando **"se limitar a invocar precedente ou enunciado de súmula, sem identificar seus fundamentos determinantes nem demonstrar que o caso sob julgamento se ajusta àqueles fundamentos"** (inciso V).

E não poderia ser diferente. Afinal, considerada a argumentação jurídica como técnica decisória, a aplicação dos precedentes enseja a obrigação de justificar racionalmente, ou seja, de "apresentar razões materiais que justifiquem a sua referência e a sua adequação, especialmente nos casos de modificação e abandono dos precedentes".[47]

Na verdade, os dispositivos acima mencionados contemplam aquilo que nos ordenamentos jurídicos inspirados na *common law* se denomina de *ratio decidendi*, que segundo explica José Rogério Cruz e Tucci "constitui a essência da tese jurídica suficiente para decidir o caso concreto". Trata-se de uma escolha, uma opção hermenêutica de cunho universal, capaz de repercutir sobre todos os casos futuros, com os quais guarde pertinência.[48]

Aliás, *ratio decidendi* que não se confunde com *obiter dictum*, que como explica o mesmo Cruz e Tucci, trata-se de "passagem da motivação do julgamento que contém argumentação marginal ou simples opinião, prescindível para o deslinde da controvérsia". Segundo esse mesmo autor, o *obiter dictum*, exatamente em função de seu caráter secundário, não se presta como precedente vinculante, embora possa servir de elemento persuasivo.[49]

Como se vê, na teoria dos precedentes judiciais, a sua eficácia vinculante decorre da absoluta pertinência substancial entre a *ratio decidendi* e o caso sucessivo. A interpretação dos precedentes judiciais vale-se, inclusive, de método de confronto, denomi-

---

47 ROSITO, op. cit., p. 316

48 CRUZ E TUCCI, op. cit., pp. 175-176

49 CRUZ E TUCCI, op. cit., p. 177

nado *distinguishing*, pelo qual o julgador afere se o caso em julgamento pode ou não ser considerado análogo ao paradigma[50] – do que também decorre a vinculação ou não do órgão julgador ao precedente anteriormente estabelecido. E é disso que tratam os dispositivos transcritos acima, quando autorizam o juiz a superar o precedente se houver "distinção" em relação ao caso em julgamento (inciso VI), quando obrigam o juiz a explicar a relação existente entre o precedente e a questão decidida (inciso I) ou vedam ao juiz apenas invocar o precedente sem identificar seus fundamentos ou relacioná-los com o caso concreto (inciso V).

Meritoriamente, a modificação do precedente pode basear-se na revogação ou modificação de norma em que se fundou a tese cristalizada, ou em alterações econômicas, políticas ou sociais alusivas à matéria decidida. O direito anglo-saxão conhece a *overruling*, como técnica de superação ou revogação de precedentes,[51] e a tradição da *civil law* fala em *revirement,*[52] o que parece contemplado no aludido dispositivo.

O parágrafo 2º do mesmo artigo 927 dispõe que **"A alteração de tese jurídica adotada em enunciado de súmula ou em julgamento de casos repetitivos poderá ser precedida de audiências públicas e da participação de pessoas, órgãos ou entidades que possam contribuir para a rediscussão da tese"**, enquanto que o parágrafo 4º do mesmo artigo dispõe que **"a modificação de enunciado de súmula, de jurisprudência pacificada ou de tese adotada em julgamento de casos repetitivos observará a necessidade de fundamentação adequada e específica, considerando os princípios da segurança jurídica, da proteção da confiança e da isonomia."**

Tais dispositivos são a mostra inconfundível do valor "segurança jurídica" que permeia a própria ideia de precedente judicial. Como já se disse antes, com Humberto Ávila, a jurisdição ostenta aspectos de "confiabilidade" e de "calculabilidade", repelindo a ideia de alterações abruptas e retroativas, capazes de atingir situações jurídicas sedimentadas ao longo do tempo. O que se pretende com este dispositivo legal é exatamente evitar movimentos jurisprudenciais bruscos, primando pela legitimidade das modificações jurisprudenciais e pela "suavidade" dessas alterações. Como assevera Francisco Rosito, "as inovações devem causar o menor trauma possível às relações jurídicas passadas que se prolongaram no tempo ou que dependem da superveniência de eventos futuros previstos".[53]

O parágrafo 3º do artigo aqui comentado estabelece que **"Na hipótese de alteração de jurisprudência dominante do Supremo Tribunal Federal e dos tribunais superiores ou daquela oriunda de julgamento de casos repetitivos, pode haver modulação dos efeitos da alteração no interesse social e no da segurança jurídica".**

José Rogério Cruz e Tucci fala em *retrospective overruling*, quando a revogação do precedente opera efeitos *ex tunc*, e também em "*prospective overruling*", quando o

50 Ibidem, p. 174

51 LIMA, op. cit., p. 205

52 CRUZ E TUCCI, op. cit., p. 16

53 ROSITO, op. cit. p. 291

precedente é revogado com eficácia *ex nunc*, ou seja, apenas para casos subsequentes, apresentando-se válida a anterior *ratio decidendi* para os fatos pretéritos.[54] Caminha-se aqui na mesma trilha da segurança jurídica, na exata medida em que a modulação dos efeitos da superação de um precedente judicial tem por finalidade não atingir, ou atingir da forma menos prejudicial possível, aquele que confiou no entendimento jurisprudencial e organizou a sua vida em função disso.

A regra da fundamentação das decisões judiciais ostenta feição constitucional (artigo 93, IX, da Constituição), que se liga à própria legitimidade da decisão. Como assevera Gilmar Ferreira Mendes, "mais do que uma obrigação do magistrado ou do Tribunal, trata-se de um direito fundamental do cidadão".[55] A teoria dos precedentes judiciais, estruturada em função da *ratio decidendi*, decerto que não poderá dispensar, quando da revogação ou da superação pontual de um precedente judicial, a adequada e específica fundamentação para tanto.

6. CONCLUSÕES

São muitos os aspectos inovadores verificados no novo CPC, sendo certo que neste reduzido espaço, ocupou-se apenas de dois temas trazidos pela nova regulação processual: a importância da sistematização das normas fundamentais do processo civil e a implementação do precedente judicial como mecanismo propiciador de segurança jurídica.

Há muitos outros temas a serem abordados, referentes à criação de novos institutos processuais ou à modificação daqueles já existentes.

Existe, de fato, uma atmosfera de mudança, de revigoramento, de renovação. A ideia da instrumentalidade do processo reacende no novo Código. Tecnicismos desnecessários foram extirpados, formalidades supérfluas foram suplantadas. Tudo parece convergir para que o processo seja, de fato, instrumento de pacificação social.

Mas aqui há de se pôr um grão de sal: tudo isso só se implementará com sucesso, tudo isso só fará sentido, se o operador do direito processual também se renovar, também se revigorar.

Mecanismos modernos de solução de demandas, novos procedimentos e novos remédios processuais, parecerão velharias inúteis se quem os manejar não tiver a consciência do novo.

BIBLIOGRAFIA

ALEXY, Robert. **Teoria da Argumentação Jurídica**: A Teoria do Discurso Racional como Teoria da Fundamentação Jurídica. 3ª ed. Tradução de Zilda Hutchinson Schild Silva. Rio de Janeiro: Forense, 2011.

---

54 CRUZ E TUCCI, op. cit. pp. 179-180

55 CANOTILHO, J.J. Gomes; MENDES, Gilmar Ferreira et al. (Coord.). **Comentários à Constituição do Brasil**. São Paulo: Saraiva/Almedina, 2014, p. 1325

ANDRADE, Érico. As Novas Perspectivas do Gerenciamento e da "Contratualização" do Processo. **Revista de Processo**, São Paulo, nº 193.

ÁVILA, Humberto. **Segurança Jurídica**: Entre permanência, mudança e realização no Direito Tributário. 2ª ed. São Paulo: Malheiros, 2012.

BARROSO, Luís Roberto (Org.). **A Nova Interpretação Constitucional**: Ponderação, Direitos Fundamentais e Relações Privadas. 3ª ed. rev. Rio de Janeiro: Renovar, 2008.

BONAVIDES, Paulo. **Curso de Direito Constitucional.** 26ª ed. São Paulo: Malheiros, 2011.

BUENO, Cassio Scarpinella. **Curso Sistematizado de Direito Processual Civil**: Teoria geral do direito processual civil. 8ª ed. v. 1. São Paulo: Saraiva, 2014.

______ **Novo Código de Processo Civil Anotado.** São Paulo: Saraiva, 2015.

_____**Projetos de Novo Código de Processo Civil – comparados e anotados – Senado Federal PLS nº 166/2010 e Câmara dos Deputados PL nº 8.046/2010.** São Paulo: Saraiva, 2014.

CANOTILHO, J.J. Gomes; MENDES, Gilmar Ferreira et al. (Coord.). **Comentários à Constituição do Brasil**. São Paulo: Saraiva/Almedina, 2014.

CRUZ E TUCCI, José Rogério. **Precedente Judicial como Fonte do Direito.** São Paulo: Revista dos Tribunais, 2004.

FERRAJOLI, Luigi. **Diritti fondamentali**: un dibattito teorico a cura di Ermanno Vitale. 3ª ed. Bari: Editori Laterza, 2008.

FUX, Luiz (coord.). **O Novo Processo Civil Brasileiro**: direito em expectativa. Rio de Janeiro: Forense, 2011.

LIMA, Tiago Asfor Rocha. **Precedentes Judiciais Civis no Brasil.** São Paulo: Saraiva, 2013.

CLÈVE, Clèmerson Merlin; BARROSO, Luís Roberto (org.). **Doutrinas Essenciais**: Direito Constitucional. v. IV. São Paulo: Revista dos Tribunais, 2013.

MARINONI, Luiz Guilherme; MITIDIERO, Daniel. **O Projeto do CPC**: Crítica e propostas. São Paulo: Editora Revista dos Tribunais, 2010.

MENDES, Gilmar Ferreira; COELHO, Inocêncio Mártires; BRANCO, Paulo Gustavo Gonet. **Curso de Direito Constitucional**. 4ª ed. rev. atual. São Paulo: 2009.

PERELMAN, Chaïm; OLBRECHTS-TYTECA, Lucie. **Tratado da Argumentação**: a nova retórica. Tradução de Maria Ermantina de Almeida Prado Galvão. São Paulo: Martins Fontes, 2005.

ROSITO, Francisco. **Teoria dos Precedentes Judiciais**: Racionalidade da Tutela Jurisdicional. Curitiba: Juruá Editora, 2012.

STRECK, Lenio Luiz. **Verdade e Consenso**: Constituição, hermenêutica e teorias discursivas. 4ª ed. São Paulo: Saraiva, 2011.

TALAMINI, Eduardo. **Cooperação no Novo CPC (primeira parte): os deveres do juiz.** Cadernos Jurídicos – Série Especial – Novo CPC. OAB/PR. Nº 58, Maio de 2015.

WAMBIER, Teresa Arruda Alvim [et al]. **Primeiros comentários ao novo código de processo civil.** São Paulo: Editora Revista dos Tribunais, 2015.

ZAGREBELSKY, Gustavo. **El derecho dúctil**: Ley, derechos, justicia. Tradução de Marina Gascón. 10ª ed. Madrid:Editorial Trotta, 2011.

JURISPRUDÊNCIA DEFENSIVA E INSEGURANÇA JURÍDICA

Emmanuel Gustavo Haddad

SUMÁRIO. Introdução. **1.** O princípio constitucional do acesso à justiça e a efetividade do processo. **2.** A jurisprudência defensiva. **3.** A quebra dos entraves e pretextos previstos na jurisprudência defensiva. **4.** Código de Processo Civil em consonância com os princípios da razoabilidade e proporcionalidade. 5. Consagração do princípio da cooperação no Código de Processo Civil aprovado. **6.** Conclusão. Bibliografia.

INTRODUÇÃO

De origem inglesa, a jurisprudência nasceu com o *commom law,* o qual foi desenvolvido para ir contra os costumes locais que não eram comuns.

Há diversas acepções da palavra jurisprudência. Entre os dicionaristas encontramos seu significado como "método de interpretar leis", "método de aconselhar matérias de direito", "ciência do direito e das leis", "conjunto de princípios", (SANCHES, 1975, pp. 1-2) entre muitos outros.

No Direito Romano, por sua vez, o termo pode significar direito pretoriano como repositórios.

Todavia, etimologicamente, a Jurisprudência vem do latim *jus* "justo" somando com *prudentia* "prudência", conceituando-se assim como o termo jurídico que designa o conjunto de decisões sobre interpretações das leis, feitas pelos tribunais de uma determinada jurisdição.

Do justo nasce a justiça, que pertence à ordem das coisas que se devem fazer justamente porque não existem. Da prudência uma virtude a serviço do bem ou relativamente a valores.

Assim, a justiça se diz em dois sentidos: como conformidade ao direito (*jus,* em latim) e como igualdade ou proporção, situando-se inteiramente na legalidade e na igualdade entre os indivíduos.

O presente estudo visa analisar se a aplicação da jurisprudência defensiva prevista em alguns dispositivos no Código de Processo Civil aprovado fere a segurança jurídica, elemento imprescindível para a consecução das finalidades do Estado Democrático de Direito.

1. O PRINCÍPIO CONSTITUCIONAL DE ACESSO À JUSTIÇA E A EFETIVIDADE DO PROCESSO

O princípio constitucional de acesso à justiça é amplamente conhecido na esfera jurídica, estando insculpido na Constituição Federal de 1988, no inciso XXXV do art. 5º.

Atualmente sabemos que o Judiciário tem se tornado o único remédio para a tentativa de solução de problemas econômicos, sociais, religiosos, dentre outros. Com esse viés o CPC aprovado prevê o afastamento do juiz de mero representante do órgão do Judiciário, flexibilizando os procedimentos e as decisões, ou seja, possibilitando um maior acesso à ordem jurídica, para que o jurisdicionado possa receber a tutela jurisdicional de modo mais eficaz.

É o acesso à justiça um direito fundamental, pelo qual se consegue exercer os demais direitos fundamentais; é por meio dele que se busca a concretização dos demais direitos pelo Poder Judiciário.

Kazuo Watanabe destaca que o acesso à justiça significa o acesso justo a uma ordem de valores e direitos fundamentais do homem:

> A problemática do acesso à justiça não pode ser estudada nos acanhados limites do acesso aos órgãos judiciais já existentes. Não se trata apenas de possibilitar o acesso à Justiça, enquanto instituição estatal, e sim de viabilizar o acesso à ordem jurídica justa. Uma empreitada assim ambiciosa requer, antes de mais nada, uma nova postura mental. Deve-se pensar na ordem jurídica e nas respectivas instituições, pela perspectiva do consumidor, ou seja, do destinatário das normas jurídicas, que é o povo, de sorte que o acesso à Justiça traz à tona não apenas um programa de reforma como também um método de pensamento, como com acerto acentua Mauro Cappelletti. (...) São seus elementos constitutivos: a) o direito de acesso à Justiça é, fundamentalmente, direito de acesso à ordem jurídica justa; b) são dados elementares desse direito: (1) o direito à informação e perfeito conhecimento do direito substancial e à organização de pesquisa permanente a cargo de especialistas e ostentada à aferição constante da adequação entre a ordem jurídica e a realidade sócio-econômica do país; (2) direito de acesso à justiça adequadamente organizada e formada por juízes inseridos na realidade social e comprometidos com o objetivo de realização da ordem jurídica justa; (3) direito à preordenação dos instrumentos processuais capazes de promover a efetiva tutela de direitos; (4) direito à remoção de todos os obstáculos que se anteponham ao acesso efetivo à Justiça com tais características. (WATANABE, 1998, p. 128)

Esposa o mesmo entendimento Ada Pellegrini Grinover ao dizer que o acesso à justiça é um direito amplo, com o intuito de resolver de forma justa o conflito de interesses resistidos, através de uma decisão justa e capaz de produzir seus efeitos, consoante à ordem de valores identificada no ordenamento jurídico.

> A expressão "acesso à justiça" é reconhecidamente de difícil definição, mas serve para determinar duas finalidades básicas do sistema jurídico – o sistema pelo qual as pessoas podem reivindicar seus direitos e/ou resolver seus litígios sob os auspícios do Estado. Primeiro, o sistema deve ser igualmente acessível a todos; segundo, ele deve produzir resultados que sejam individuais e socialmente justos. (CAPPELLETTI, GARTY, 1988)

A garantia de acesso à justiça está intrinsecamente ligada à efetividade processual, que se traduz em um processo célere e eficaz, sob pena de ferir os princípios constitucionais, que constituem os fundamentos do sistema processual.

> Efetividade da tutela jurisdicional significa a maior identidade possível entre o resultado do processo e o cumprimento espontâneo das regras de direito material. Ou seja, a parte somen-

> te necessita pedir a intervenção estatal se não houver satisfação voluntária do direito. (...) Ineficácia ou inefetividade da tutela jurisdicional representa verdadeira denegação dessa mesma tutela, pois não confere ao titular do direito a proteção a que se propôs o Estado, ao estabelecer o monopólio da jurisdição. Direito à tutela jurisdicional, como garantia constitucional (CF, art. 5º, inciso XXXV), significa direito à tutela efetiva, o que somente se torna possível se houver instrumentos adequados para alcançar esse resultado. (BEDAQUE, 2009, p. 25)

Assim, se o Estado-Juiz, através da tutela jurisdicional, acolhe a pretensão formulada, deve também efetivá-la com instrumentos suficientes à sua satisfação, por isso os conceitos de acesso à justiça e efetividade do processo se entrelaçam.

2. A JURISPRUDÊNCIA DEFENSIVA

O relevante encargo dos Tribunais Superiores de uniformizar a jurisprudência e de proteger o direito objetivo dos litigantes tem encontrado óbice, haja vista previsão do sistema recursal insculpido no Código de Processo Civil.

Dessa forma, devido à exorbitante quantidade de processos represados, os Tribunais Superiores têm buscado reduzir o excessivo número de feitos, os quais aguardam julgamento, utilizando-se da criação de entraves e empecilhos para impedir a admissibilidade dos recursos, que resulta na chamada jurisprudência defensiva.

Esse rigor processual e procedimental se cria e se desenvolve dentro da margem interpretativa dos Tribunais Superiores, os quais se utilizam, indiscriminadamente, de posições jurisprudenciais sumuladas ou não, portanto, sem previsão legal de restrição recursal, impeditivas ao conhecimento do recurso, contrariando assim as tendências da moderna doutrina processual.

As considerações de José Miguel Medina mostram que:

> Os tribunais superiores têm a grande função de apontar o rumo correto a ser seguido na interpretação e aplicação da Constituição e da lei federal. Devem, pois, ser tomados como exemplos do cuidado com que a norma jurídica deve ser interpretada e aplicada. A criação de requisitos recursais à margem da lei definitivamente não corresponde ao papel que deve ser desempenhado pelos tribunais. Esse, a meu ver, é o maior problema da jurisprudência defensiva. Os tribunais – e, no que respeita ao tema, especialmente os tribunais superiores – devem atuar com retidão, ao aplicar a lei. A criação de "entraves e pretextos" não previstos na norma jurídica "para impedir a chegada e o conhecimento de recursos" mancha a imagem daqueles tribunais que deveriam servir de guias na interpretação da própria lei. (MEDINA, 2013).

Muito embora o Poder Judiciário exerça relevante papel operacional do direito, as decisões judiciais deverão ter como lastro o ordenamento jurídico, não podendo o juiz decidir à margem interna do direito.

Nesse sentido, o ensinamento de Luhmann traz que:

> Para outra instituição, o papel do juiz tem que ser diferenciado. Ele tem, por outras palavras, de ser eximido da consideração dos outros papéis que o podem motivar para decisões definidas como membro duma determinada família ou camada social, duma igreja ou seita, dum partido, dum clube, dum bairro. Se esta isenção for institucionalizada como obrigação

> para um parecer objetivo e imparcial, com o tratamento de todos os assuntos com igualdade e apartidarismo, então neutralizam-se as relações particulares para a pessoa do decisor. (LUHMANN, 1980, p. 57)

Nessa dicotomia, a criação e a aplicação do direito se tornam locais de interesses particularistas à margem dos procedimentos e desvirtuamento da função constitucional, as quais são atribuídas aos Tribunais Superiores.

Ao adotar uma jurisprudência defensiva, que tem a função impeditiva de recursos – considerados óbices jurisprudenciais –, os tribunais abstêm-se da competência institucional e impedem a operacionalização da Constituição Federal, porque não oferecem a prestação jurisdicional, por uma solução condicionada por suas consequências administrativas.

3. A QUEBRA DOS ENTRAVES E PRETEXTOS PREVISTOS NA JURISPRUDÊNCIA DEFENSIVA

Com o intuito de combater o entendimento arbitrário das cortes superiores com base em uma opção jurisprudencial defensiva, que trata mera irregularidade como um ato inexistente, cuja postura dá a ideia de que tais recursos não teriam compromisso algum com o valor do justo, servindo somente à preservação da ordem jurídico-positiva do País – e não como instrumento à disposição das partes para a busca do acesso à justiça (DINAMARCO, 2010, p. 1052), o texto da Lei nº 13.105 de 16 de março de 2015, que instituiu o Código de Processo Civil, com vistas a uma aplicação com qualidade da prestação jurisdicional justa e equitativa, trouxe expressa previsão legal ao possibilitar o afastamento de vícios e irregularidades que obstariam o conhecimento do recurso, admitindo seu conhecimento, conforme descreve o artigo 1029, em seu parágrafo 3º: "O Supremo Tribunal Federal ou o Superior Tribunal de Justiça poderá desconsiderar vício formal de recurso tempestivo ou determinar sua correção, desde que não o repute grave".

Dessa maneira a não admissão dos recursos com base em recurso não assinado, na ausência da certidão que ateste a tempestividade; na ausência de comprovação do feriado local ou de suspensão do prazo na origem; por recurso interposto por advogado irregularmente constituído; por incorreção no preenchimento da guia de custas; ausência de ratificação de recurso interposto antes do termo inicial; na impossibilidade de conversão de Recurso Especial em Extraordinário e vice-versa, quando o julgamento do recurso não for da competência da corte ao qual foi dirigido; na ausência de prequestionamento expresso do dispositivo violado; na utilização do protocolo integrado; na ausência de peça reputada essencial ao julgamento do agravo, não irão mais gerar o não conhecimento do recurso e sustentar a jurisprudência defensiva, mas sim irão preservar e unificar a ordem jurídica nacional.

A queda da jurisprudência defensiva conduz a uma maior flexibilização à admissão dos recursos com o intuito de uniformizar a interpretação da legislação federal e da Constituição Federal.

De outro lado, o Código de Processo Civil aprovado, para uniformizar a interpretação da legislação, prevê um fortalecimento da jurisprudência dos tribunais e dos institutos de resolução de demandas repetitivas, ampliando as técnicas de julgamento por amostragem, os quais são suscitados perante o tribunal de justiça ou no tribunal regional do trabalho, o que está expresso no artigo 926, incisos I e II.

No parágrafo 2º do artigo 985, busca o NCPC estimular a relativa prestação de serviço concedido, permitido ou autorizado, o resultado do julgamento do incidente ao órgão, ao ente ou à agência reguladora, competente para fiscalização da efetiva aplicação dos entes sujeito a regulação assegurando o cumprimento da decisão, da tese adotada.

Cabe pontuar os dispositivos previstos no Código de Processo Civil, que de forma clara eliminam a jurisprudência defensiva do ordenamento jurídico.

– Os incisos I e II, do parágrafo 2º do artigo 76, mostram claramente que a norma do artigo 16 se aplica a todos os tribunais superiores, de forma que o relator poderá, no caso de verificada incapacidade processual ou irregularidade de representação da parte, possibilitar prazo razoável para a correção do vício, antes que não conheça do recurso ou determine o desentranhamento das contrarrazões;

– O parágrafo 4º do artigo 218 considera tempestivo o ato praticado antes do termo inicial do prazo, no caso, a interposição do recurso;

– O artigo 317 visa a resolução do mérito processual, excluindo o excessivo formalismo e estimulando a busca da verdade material, ao prever que o magistrado, antes de proferir decisão sem resolução do mérito, deverá conceder à parte oportunidade para sanar o equívoco, com o intuito de que a questão de mérito seja analisada;

– O parágrafo único do artigo 932 possui o escopo de aumentar o alcance da decisão de mérito do recurso interposto, visando uma tutela jurisdicional justa, ao possibilitar prazo de cinco dias para que o recorrente sane o vício ou complemente a documentação exigível;

– O artigo 938 e seus parágrafos consolidam o princípio da cooperação, possibilitando a realização de atos processuais, diligências e atos probatórios praticados pelo Tribunal ou em primeira instância, com o fim de sanar vícios que obstaculizem a análise do mérito recursal, desde que não seja incompatível com a decisão;

– O parágrafo 7º do artigo 1007 determina que o equívoco no preenchimento da guia de custa não tornará o recurso deserto, devendo o relator, em caso de dúvida quanto ao recolhimento, intimar o recorrente para sanar o vício no prazo de cinco dias;

– O parágrafo 3º do artigo 1014 dispõe que, na falta de cópia de qualquer peça ou no caso de algum outro vício que comprometa a admissibilidade do agravo de instrumento, deve o relator aplicar o disposto no art. 932, parágrafo único, isto é, conceder prazo de cinco dias ao recorrente para sanar o vício ou complementar a documentação exigível antes de não admitir o recurso;

– O parágrafo 4º do artigo 1024 atesta o julgamento do recurso ante a ausência de ratificação do recurso interposto pela parte adversa, se os embargos de declaração forem rejeitados e não modificarem o julgamento da decisão embargada, pelo que restará prejudicada a questionável Súmula 418 do STJ;

– O artigo 1025, em consonância com a Súmula 356 do STF, não adotada pelo STJ que se afasta do mesmo entendimento através da Súmula 211 do STJ, considera o prequestionamento implícito ou virtual no acórdão recorrido os elementos que o embargante pleiteou, para fins de prequestionamento, ainda que os embargos de declaração sejam inadmitidos ou rejeitados, caso o tribunal superior considere existente erro, omissão, contradição ou obscuridade;

– O parágrafo 3º do artigo 1028 valoriza o devido processo legal substantivo, privilegiando o conteúdo em detrimento da forma, ao motivar o conhecimento do recurso nos Tribunais Superiores, no sentido de se desconsiderar vício formal, ou seja, a consunção processual, de recurso tempestivo ou determinar sua correção, desde que repute grave;

– O artigo 1032 permite que se o Recurso Especial versar sobre questão constitucional e desde que o recorrente demonstre a existência da repercussão geral, no prazo de quinze dias, a sua conversão em Recurso Extraordinário;

– O artigo 1033 permite que se o objeto do Recurso Extraordinário for considerado como reflexa ofensa à Constituição, por pressupor a revisão da interpretação da lei federal ou de tratado, a sua conversão em Recurso Especial;

Tanto o dispositivo do artigo 1032 como do artigo 1033 homenageiam o princípio da fungibilidade entre os recursos especial e extraordinário ao tratarem das hipóteses de aproveitamento de recurso.

– O parágrafo 2º do artigo 1041 trata de norma que dispensa a ratificação recursal, se os embargos de divergência forem desprovidos ou não alterarem a conclusão do julgamento anterior, no recurso extraordinário interposto pela outra parte antes da publicação do julgamento dos embargos de divergências, que será processado e julgado independente de ratificação;

Apesar de muitos avanços, todavia, há alguns retrocessos. Um deles tem previsão no artigo 1011, que dizem respeito ao efeito suspensivo automático e o outro, no parágrafo 6º, do artigo 1003, que acarreta a prorrogação do prazo recursal no caso de feriado local, desde que comprovado, contrariando, assim a jurisprudência do STF e o STJ, que admite a comprovação após a interposição do recurso.

É de fácil visualização que o texto consolidado do Código de Processo Civil aprovado fundamenta-se em um processo cooperativo, baseado na boa-fé e na lealdade processual, ao rechaçar a jurisprudência defensiva dos tribunais superiores.

4. CÓDIGO DE PROCESSO CIVIL APROVADO EM CONSONÂNCIA COM O PRINCÍPIO DA RAZOABILIDADE E DA PROPORCIONALIDADE

É sabido que os princípios da razoabilidade e da proporcionalidade são corolários do princípio do devido processo legal, que é o postulado fundamental do ordenamento jurídico, pois tutela a vida, a liberdade e o patrimônio.

José Rogério Cruz e Tucci assevera que o devido processo legal se desdobra nas seguintes garantias:

> a) de acesso à justiça; b) do juiz natural ou pré-constituído; c) de tratamento paritário dos sujeitos parciais do processo; d) da plenitude de defesa, com todos os meios e recursos a ela inerentes; e) da publicidade dos atos processuais e da motivação das decisões jurisdicionais; e) da tutela jurisdicional dentro de um lapso de tempo razoável" (1999, pp. 259-260).

Nelson Nery Jr. diz que a Constituição Federal não necessita da infinidade de princípios que compõem o seu texto, sendo suficiente a previsão do princípio do devido processo legal, para que daí sobreviessem as consequências e garantias processuais obrigatória no Estado Democrático. Trata-se de expressão que traduz o mais amplo acesso da parte à justiça "deduzindo pretensão e defendendo-se de modo mais amplo possível" (NERY JR., 2009, p. 85).

Dessa maneira, tem-se que o princípio da razoabilidade e da proporcionalidade relaciona-se com a solução do caso concreto, flexibilizando a rigidez das disposições normativas abstratas, bem como, concretizando o devido processo legal.

Dimensionando tais princípios tem-se que a proporcionalidade seria o princípio dos princípios, assentando-se nos seguintes elementos: adequação, necessidade e proporcionalidade em sentido estrito, enquanto que a razoabilidade se materializaria e se esgotaria num mero princípio.

> [...] Na verdade, a ideia central dos princípios da proporcionalidade/razoabilidade – cujos sentidos são convergentes – é, em suma, a proibição dos excessos no exercício do Poder Estatal. Os atos estatais devem ser: *i) substancialmente adequados* para alcançar o resultado pretendido, considerando-se que os meios escolhidos devem ser aptos a conduzir o fim almejado; *ii) realmente necessários* para obter tal fim, aferindo-se se não haveria outros meios menos gravosos para o cidadão; iii) e enfim, estritamente proporcionais, ou seja, ponderados os valores em jogo, não se pode malferir aquele de maior valia; as vantagens com a prática do ato estatal devem superar as desvantagens. (grifos do original) (BRAGA 2008, p. 192)

O Código de Processo Civil aprovado buscou dar ênfase ao princípio do devido processo legal, especialmente nos seus corolários – proporcionalidade e razoabilidade – ao impingir dispositivos que afastam decisões desproporcionais, arbitrárias, irrazoáveis, garantindo a aplicação de uma tutela jurisdicional justa de forma racional e adequada entre os fins e os meios.

5. CONSAGRAÇÃO DO PRINCÍPIO DA COOPERAÇÃO NO CÓDIGO DE PROCESSO CIVIL

O Código de Processo Civil aprovado busca o dever de cooperação entre os sujeitos processuais, por imposição da lealdade e boa-fé processual, expresso em seu artigo 6º ao afirmar que "*todos os sujeitos do processo devem cooperar entre si para que se obtenha em tempo razoável, decisão de mérito justa e efetiva*".

Logo, para haver um processo justo e em conformidade com o direito, deve ser conduzido em cooperação. Trata-se do mandamento constitucional implícito extraído da cláusula geral do devido processo legal.

O Código de Processo Civil aprovado gere como se deve distribuir corretamente a condução de um processo, no sentido de produção de provas, interposição de recursos, julgamentos, contestação etc. Aqui se destaca a doutrina processual que costuma identificar a existência de dois grandes modelos clássicos de processo:

a) modelo/princípio dispositivo (liberal, adversarial, acusatório):

– O juiz é mero espectador do processo, porque as partes protagonizam o processo, conduzindo-o, cabendo ao Estado-Juiz apenas a tarefa de decidir, não intervindo. É o modelo processual liberal, que se relaciona com o garantismo processual;

b) modelo/princípio inquisitivo (inquisitorial):

– diferentemente do anterior, o Estado-Juiz é que tem o poder de conduzir, gerir e decidir o processo. É o modelo chamado de ativismo judicial processual.

Tais modelos não mais se adequam à expectativa da sociedade para o processo civil.

O atual CPC mescla os estereótipos, por não existir um modelo puro de processo, com maior predominância de um ou outro.

Há traços do modelo inquisitivo quando o juiz agir e produzir prova de ofício, e há a presença do modelo dispositivo no qual o processo só começa pela iniciativa das partes e o juiz fica adstrito ao que foi pedido.

Hoje se almeja um sistema processual no qual o magistrado não seja um simples espectador de conflitos entre as partes, mas que contribua para o resultado processual justo e tempestivo, que é o modelo baseado no princípio cooperativo do processo. Veja-se:

c) modelo/princípio cooperativo do processo:

Neste caso, estaríamos frente a um terceiro modelo, nem dispositivo e nem inquisitivo, pois o processo seria cooperativo, não existindo protagonistas na condução e desenvolvimento do processo.

Não há protagonistas, mas sim harmonia e simetria dotada de equilíbrio na condução do processo pelas partes processuais. O processo é conduzido em diálogo e cooperação entre os sujeitos do processo. O juiz fica ao lado das partes e, com elas, conduz o processo.

Deve se lembrar que, apesar de permanecer a distinção entre o Estado, a sociedade e o indivíduo, a organização é no sentido de ter "*um juiz isonômico na condução do processo e assimétrico quando da decisão das questões processuais e materiais da causa*". (GRASSO, p. 587)

Daí surge o novo princípio do processo – o da cooperação -, derivado diretamente do princípio da lealdade ou da boa-fé processual, que atualmente merece realce como um princípio implícito autônomo, visto a observância intensa de um contraditório redimensionado, o qual passa a ser um elemento, que permite o seu efetivo aprimoramento.

Esse aprimoramento aproxima os sujeitos do processo, incluindo o juiz, porque determina que a conduta das partes processuais, realize-se com lealdade, somando-se à boa-fé subjetiva a sua vertente objetiva.

Nesse terceiro modelo, o processo não estaria regido pelo princípio dispositivo ou pelo princípio inquisitivo, mas sim pelo princípio da cooperação. Das lições de direito civil, a boa-fé gera o dever de cooperação nas relações obrigacionais. Se é assim no direito civil, no direito processual gera-se o dever de cooperação dos sujeitos no processo.

Reforça-se que um processo dirigido em cooperação é um processo sem protagonistas na condução, em que se respeita a lealdade e a confiança, o que se garante o contraditório participativo, tendo em contrapartida o direito de participação das partes. (RAATZ, pp. 23-36)

A cooperação, intrinsicamente, relaciona-se com ética e ausência de protagonismo. Diversas são as críticas existentes em relação ao modelo cooperativo, mas já é aplicado e vem expresso em muitos dispositivos do Código de Processo Civil aprovado. Esse estereótipo se dá pela presença de três elementos. Vejamos:

– Primeiro, pelo princípio democrático;

– Segundo, pelo devido processo legal; e,

– Terceiro, pelo princípio da boa-fé, que se manifesta através dos subprincípios da proteção da confiança (protege a ideia que o sujeito possuía sobre determinada coisa) e da prevalência da materialidade subjacente (regra jurídica aplicada de acordo com as circunstâncias que envolvam o contexto fático), do qual resultam os deveres de cooperação.

O tema deve ser delimitado, pois, do ponto de vista processual, cooperar não significa um ajudar o outro, mas obstaculizar condutas que prejudiquem o andamento do processo, sem criar embaraços, respeitando a boa-fé e a lealdade, diante de direitos antagônicos. Aqui se vê que esse modelo consagra a boa-fé como direito fundamental através do devido processo legal e diretamente através do princípio da cooperação.

No princípio cooperativo o juiz fica ao lado das partes, tendo o dever de esclarecer os seus pronunciamentos, apontando as falhas processuais e dizer como corrigi-la.

Como dito acima, o modelo cooperativo atualmente já tem aplicabilidade no ordenamento jurídico brasileiro e o STJ vem consagrando-o ao reconhecer que o juiz não pode indeferir de plano uma petição inicial, sem dar a chance ao autor emendá-la, sem, contudo, dizer qual o defeito. Assim, o dever de consulta proíbe que o juiz decida com base em questão de fato ou de direito, sem dar a oportunidade das partes se manifestarem sobre ela.

Previsão expressa do dever de consulta vem descrita no Código de Processo Civil Aprovado, em seu artigo 10 que traz: *"O juiz não pode decidir, em grau algum de jurisdição, com base em fundamento a respeito do qual não se tenha dado às partes oportunidade de se manifestar, ainda que se trate de matéria sobre a qual deva decidir de ofício"*.

Dessa forma, a decisão de terceira via, como tem sido chamada pela doutrina moderna, que é uma decisão tomada diretamente pelo juízo sem que houvesse sido postulada, ausente da manifestação das partes e de submissão ao contraditório, feriria o princípio da cooperação e violentaria as normas processuais.

Diferentemente da decisão de terceira via e à luz do princípio da cooperação e do dever de consulta, é possível falar em uma interpretação conformada do brocardo *iura novit curia*, o qual confere ao juiz a liberdade de, a partir do contexto fático exposto nos autos pelas partes, eleger a norma jurídica a ser aplicada ao caso concreto, independente de tal conclusão jurídica ter sido abordada pelas partes.

O princípio da cooperação busca estabelecer um equilíbrio na atuação dos sujeitos processuais, de tal forma que, se por um lado irá fortalecer os poderes das partes, de forma a garantir a elas uma participação e influência efetiva na formação do convencimento do magistrado, por outro lado também o juiz deverá adotar uma postura mais ativa, embora que com cautela para não acabar sendo arbitrário ou parcial.

Por isso Carlos Alberto de Oliveira ensina que o princípio da cooperação:

> [...] vincula-se ao próprio respeito à dignidade humana e aos valores intrínsecos da democracia, adquirindo sua melhor expressão e referencial, no âmbito processual, no princípio do contraditório, compreendido de maneira renovada, e cuja efetividade não significa apenas debate das questões entre as partes, mas concreto exercício do direito de defesa para fins de formação do convencimento do juiz, atuando, assim, como anteparo à lacunosidade ou insuficiência da sua cognição.

Importante que a liberdade da norma jurídica a ser aplicada não retira do magistrado o seu "poder-dever", mas estabelece que antes de ele ser exercido, deve conceder às partes a oportunidade de se manifestarem sobre as conclusões jurídicas extraídas pelo juiz dos autos.

Por esse prisma, o dever de auxílio impõe ao juiz o dever de contribuir para que as partes superem as eventuais dificuldades que impeçam o exercício de direitos ou faculdades, ou o cumprimento de ônus ou deveres processuais, removendo o obstáculo impeditivo. (CARNEIRO, p. 67)

O artigo 5º do CPC aprovado diz que "Aquele que de qualquer forma participa do processo deve comportar-se de acordo com a boa-fé"; o artigo 8º traz "Ao aplicar o ordenamento jurídico, o juiz atenderá aos fins sociais e as exigências do bem comum, resguardando e promovendo a dignidade da pessoa humana e observando a proporcionalidade, a razoabilidade, a legalidade a publicidade e a eficiência.

Com isso temos, no artigo 5º, a aplicação do princípio da boa-fé, que passa a compor o capítulo relativo aos princípios e garantias fundamentais do processo civil, impondo a sua observância em todo o procedimento.

A olhos nus vislumbra-se no artigo 5º um dever de cooperação e no artigo 8º um dever de colaboração, e com isso a adoção do modelo cooperativo para o processo civil brasileiro, representado não só de um dever, mas de uma cláusula geral expressa de cooperação.

6. CONCLUSÃO

Num modelo de Justiça adequado à contemporaneidade, com o fito de assegurar a segurança jurídica no ordenamento, busca-se uma efetiva participação dos envolvidos na realização dos fins estatais para a pacificação dos conflitos, onde o juiz adota uma postura de intermediação, no sentido de facilitar a comunicação, o diálogo entre as partes, as quais, por sua vez, devem se utilizar do processo para interagir e buscar conjuntamente, uma solução justa para a pretensão resistida.

Adota-se neste modelo um "procedimento argumentativo da busca cooperativa da verdade" (HABERMAS, p. 283), em que o juiz possui o dever de equilibrar a relação processual, utilizando da razoável duração do processo e sua função social, como condição de desenvolvimento de um procedimento de bases racional, discursiva e valorativa de determinação da Justiça no caso concreto.

Assim, a não observância dos deveres do processo cooperativo tem como consequência a "inconstitucionalidade por afronta ao direito fundamental do processo justo, possibilidade de responsabilização judicial e, especificamente no caso do dever de auxílio, possibilidade de multa punitiva à parte que, indiretamente, frustra a possibilidade de colaboração do juiz para com a parte contrária. (MITIDIERO, p. 64)

Nessa esteira busca-se uma tutela jurídica efetiva, através de um modelo processual cooperativo, por meio do princípio da boa-fé, exigindo que as partes e o magistrado reavaliem muitas de suas posturas no processo, como também, obstaculiza a jurisprudência defensiva, desobstruindo os caminhos jurídicos, garantindo a plena operacionalização da Constituição Federal na prestação jurisdicional, mesmo que ausentes os elementos internos da dinâmica do direito.

BIBLIOGRAFIA

ALVARO DE OLIVEIRA. Carlos Alberto. Garantia do contraditório. *In* **Garantias constitucionais do processo civil**. São Paulo: Revista dos Tribunais, 1999.

ALVIM, Arruda. **Manual de Direito Processual Civil, v. 1, Parte Geral**. 10ª ed. São Paulo: Revista dos Tribunais, 2006.

ANDREWS, Neil. Relações entre a corte e as partes na era do *case management*. **Revista de Processo**. São Paulo: Revista dos Tribunais, v. 217, pp. 181-195, mar. 2013.

BARBI, Celso Agrícola. **Comentários ao Código de Processo Civil**. 10ª ed. Rio de Janeiro: Forense, 1998, v. I.

BARBOSA MOREIRA, José Carlos. Restrições ilegítimas ao conhecimento de recursos. In: **Temas de direito processual (nona série)**. São Paulo: Saraiva, 2007.

BASTOS, Celso Ribeiro; MARTINS, Ives Gandra. **Comentários à Constituição do Brasil: promulgada em 5 de outubro de 1988.** v. 2. São Paulo: Saraiva, 1989.

BEDAQUE, José Roberto dos Santos. **Tutela cautelar e tutela antecipada: tutelas sumárias e de urgência (tentativa de sistematização).** 5ª ed. São Paulo: Malheiros, 2009.

BUENO, Cassio Scarpinella. **Curso sistematizado de direito processual civil.** São Paulo: Saraiva, 2008.

BULOS, Uadi Lammêgo. **Constituição Federal anotada.** São Paulo: Saraiva, 2007.

CÂMARA, Marcela Regina Pereira. **Os Limites da Defesa Incompatível à luz da Eventualidade**, Tese de Doutoramento apresentada na Faculdade de Direito da UERJ, no dia 17 de setembro de 2013.

CAPPELLETTI, Mauro; GARTH, Bryant. **Acesso à Justiça.** Tradução de Ellen Gracie Northfleet. Porto Alegre: Fabris, 1988.

CAPPELLETTI, Mauro; GARTH, Bryant. **Acesso à Justiça.** Tradução: Ellen Gracie Northfleet. Porto Alegre: Sérgio Antonio Fabris, 1988.

CARNEIRO, Paulo Cezar Pinheiro. **Acesso à justiça: juizados especiais cíveis e ação civil pública**: Uma Nova Sistematização da Teoria Geral do Processo. 2ª ed. Rio de Janeiro: Forense, 2007.

CÍCERO, Marco Túlio. **Os Deveres.** Tradução de Luiz Feracini. São Paulo: Escala, 2008.

CÔRTES, Osmar Mendes Paixão; MAGALHÃES, Ana Luiza de Carvalho M. O acesso à justiça e a efetividade da prestação jurisdicional – o inciso LXXVIII do art. 5º da Constituição Federal inserido pela EC 45/2004. **Revista de Processo**. São Paulo, ano 31, nº 138, pp. 79 a 91, ago. 2008.

DIDIER JR., Fredie. **Fundamentos do Princípio da Cooperação no Direito Processual Civil Português.** Coimbra: Coimbra Editora, 2010.

DINAMARCO, Cândido Rangel. **Fundamentos do processo civil moderno. v. II**. São Paulo: Malheiros, 2010.

___________. **Instituições de Direito Processual Civil. v. I. 3ª ed.** São Paulo: Malheiros, 2003.

FARINA, Fernanda Mercier Querido. Jurisprudência defensiva e as funções dos Tribunais Superiores. In: **Repro** n. 209. São Paulo: RT, 2012.

GARGARELLA, Roberto. **As teorias da justiça depois de Rawls: um breve manual de filosofia política.** Tradução de Alonso Reis Freire. São Paulo: Martins Fontes, 2008.

GRECO, Leonardo. **Instituições de Processo Civil. v. I**. Rio de Janeiro: Forense, 2011.

GREGER, Reinhard. Cooperação como princípio processual. **Revista dos Tribunais on line**. V. 206/2012, abr. 2012.

GRINOVER, Ada Pelegrine. **O processo em Evolução.** 2ª ed. São Paulo: Forense Universitária, 1998.

JORGE, Flávio Cheim. Requisitos de admissibilidade dos recursos: entre a relativização e as restrições indevidas (jurisprudência defensiva). In: **Repro** n º 217. São Paulo: RT, 2013.

LAMY, Eduardo de Avelar. Condições da ação na perspectiva dos direitos fundamentais. **Revista de Processo**. São Paulo, ano 34, nº 173, pp. 95 a 128, jul. 2009.

LUHMANN, Niklas. **A restituição do décimo segundo carneiro: do sentido de uma análise sociológica do direito.** In ARNAUD, André- Jean. LOPRES JR. Dalmir (org.). Niklas Luhmann: do sistema à sociologia jurídica. Tradução de Dalmir Lopes Jr. Daniele Andrea da Silva Manão e Flávio Elias Riche. Rio de Janeiro: Lumen Juris, 2004. pp. 33-107.

MARINONI, Luiz Guilherme. **Curso de Processo Civil, v. 1. Teoria Geral do Processo.** 3ª ed. São Paulo: Revista dos Tribunais, 2008.

MARINONI, Luiz Guilherme; MITIDIERO, Daniel. **O Projeto do CPC: críticas e propostas.** 1ª ed. 2ª tiragem. São Paulo: Revista dos Tribunais, 2010.

MARTINS-COSTA, Judith. **A boa-fé no direito privado: sistema e tópica no processo obrigacional.** São Paulo: Ed. Revista dos Tribunais, 2000.

MEDINA, José Miguel Garcia. **Pelo fim da jurisprudência defensiva: uma utopia?** Disponível em: <http://www. http://www.conjur.com.br/2013-jul-29/processo-fim-jurisprudencia-defensiva-utopia>. Acesso em: 15 jan. 2015.

MENDES, Gilmar Ferreira. **Curso de direito constitucional.** 8 ª ed. São Paulo: Saraiva, 2013. MULGAN, Tim. **Utilitarismo.** Tradução de Fábio Creder. Petrópolis: Vozes, 2012.

MILMAN, Fabio. **Improbidade processual.** 2ª ed. Rio de Janeiro: Forense, 2009.

MITIDIERO, Daniel. **Bases para a construção de um processo civil cooperativo: o direito processual civil no marco teórico do formalismo-valorativo.** 2007. 147 f. Trabalho monográfico (Pós-graduação em Direito) – Universidade Federal do Rio Grande do Sul, Porto Alegre, 2007.

NERY JÚNIOR, Nelson. **Constituição Federal comentada e legislação constitucional.** São Paulo: Editora Revista dos Tribunais, 2013.

OLIVEIRA, Pedro Miranda de. Concepções sobre Acesso à Justiça. **Revista Dialética de Direito Processual,** São Paulo, nº 82, pp. 43 a 53, jan. 2010.

PAROSKI, Mauro Vasni. **A Constituição e os Direitos Fundamentais: do Acesso à Justiça e suas Limitações no Brasil.** Dissertação, Mestrado em Direito, Universidade Estadual de Londrina, Londrina-PR, 2006.

PINHEIRO CARNEIRO, Paulo César. **Acesso à justiça: juizados especiais cíveis e ação civil pública.** 2ª ed. Rio de Janeiro: Forense, 2003.

RAATZ, Igor. **Colaboração no processo civil e o projeto do novo código de processo civil.** Revista da SJRJ, Rio de Janeiro, v. 18, nº 31, pp. 23-36, ago 2011. Disponível em: <http://www4.jfrj.jus.br/seer/index.php/revista_sjrj/article/view/274> Acessado em: 09 jan. 2015

SANDEL, Michael J. **Justiça – o que é fazer a coisa certa.** Tradução de Heloisa Matias e Maria Alice Máximo. 9ª ed. Rio de Janeiro: Civilização Brasileira, 2012.

SANTOS, Ernane Fidélis dos. **Manual de Direito Processual Civil, v. 1. 11ª** ed. São Paulo: Saraiva, 2006.

SANTOS, Moacyr Amaral. **Primeiras linhas de direito processual civil, v. 1, Processo de Conhecimento.** 25ª ed. São Paulo: Saraiva, 2007.

SILVA, Fernando Moreira Freitas da. **STF e STJ: A controvérsia sobre o Protocolo Integrado e o discurso de acesso à Justiça.** In: Âmbito Jurídico, Rio Grande, IX, nº 35, dez 2006. Disponível em: <http://www.ambito-juridico.com.br>. Acesso em: 15 jan. 2015.

SILVA, José Afonso da. **Curso de direito constitucional positivo.** São Paulo: Malheiros, 2012.

THEODORO JÚNIOR, Humberto. **Curso de direito processual civil.** v. I. Rio de Janeiro: Forense, 2012.

WAMBIER, Luiz Rodrigues. **Breves comentários à nova sistemática processual civil.** São Paulo: Editora Revista dos Tribunais, 2005.

WATANABE, Kazuo. Acesso à justiça e sociedade moderna. Participação e processo. São Paulo: Revista dos Tribunais, 1988.

AS POLÊMICAS ATRELADAS A PRISÃO CIVIL DECORRENTE DA INADIMPLÊNCIA DE PRESTAÇAO ALIMENTAR NO NOVO CÓDIGO DE PROCESSO CIVIL

Ana Claudia dos Santos Rocha
Hygor Grecco de Almeida

SUMÁRIO: Introdução. **I.** Considerações preliminares. **I.1.** Os alimentos. **I.2.** A prisão civil por débito alimentar. **II.** A discussão sobre a eficácia da prisão civil por débito alimentar como instrumento garantidor do pagamento da pensão alimentícia. **III.** Uma análise da redação do Novo Código de Processo Civil e suas implicações. Conclusão. Bibliografia.

RESUMO: O objeto deste trabalho é demonstrar o paradoxo instalado quanto à manutenção ou não da prisão civil por dívida decorrente de inadimplemento de obrigação alimentar, levando em consideração a dignidade humana, axioma maior do Direito, e o direito fundamental à liberdade e em contraposição o respeito e garantia do piso vital mínimo aos filhos menores e/ou incapazes, idosos e ex-cônjuges ou companheiros. Para tanto, utilizamos o método dialético, com a análise da linguagem doutrinária do Direito e da pesquisa bibliográfica. O objetivo especifico é demonstrar as alterações da prisão civil por dívida alimentar no Novo Código de Processo Civil.

PALAVRAS-CHAVE: Prisão Civil, Débito Alimentar, Novo Código de Processo Civil.

INTRODUÇÃO

No presente artigo será abordada a discussão que se acendeu no cenário nacional com a votação do Projeto de Lei referente ao Novo Código de Processo Civil que culminou na Lei Ordinária n. 13.105, de 16 de março de 2015, acerca da manutenção do instituto da prisão civil decorrente de dívida de prestação alimentícia.

Inicialmente serão abordados conceitos preliminares do tema, tais como conceito de alimentos, indicação dos que fazem jus ao seu recebimento e dos que podem ser compelidos ao seu pagamento. Ademais, serão apontados os textos normativos existentes regulamentando o assunto.

Ainda, será analisado o instituto da prisão civil, previsão legal, hipóteses em que pode ser decretada, o período ou prazo da decretação, entre outros assuntos correlatos.

Na sequência, o debate se estenderá a eficácia do instituo da prisão civil em decorrência de dívida por pensão alimentícia e por derradeiro, as mudanças e implicações da redação do Novo Código de Processo Civil.

Ressalte-se que o presente estudo não almeja indicar uma solução ao tema, mas, sobretudo, trazer à baila argumentos favoráveis e contrários à manutenção do instituto no ordenamento pátrio e ensejar o debate.

I. CONSIDERAÇÕES PRELIMINARES

Antes de adentrar na discussão do acerto ou equívoco da manutenção da prisão civil decorrente de débito alimentar adotada pelo Novo Código de Processo Civil, inicialmente cumpre destacar alguns conceitos básicos acerca do tema.

Destarte, primeiramente será abordado o conceito de alimentos e sua relevância enquanto instituto jurídico e, na sequência será feita uma análise da prisão civil por débito alimentar e seu fundamento.

I.1. Os alimentos

No que tange aos alimentos mister salientar que o direito à prestação alimentar não se restringe apenas à alimentação no sentido nutricional, sendo seu sentido muito mais amplo, abarcando os elementos constituidores do que se denomina piso vital mínimo, preceituado no art. 6º da Constituição Federal. Assim, alimentos engloba a ideia de alimentação, vestuário, moradia, saúde, educação, lazer, enfim, os alimentos devem garantir a manutenção de uma vida digna para o individuo que o recebe e/ou pleiteia.

Neste sentido têm discorrido os doutrinadores da seara cível sobre o tema:

> *Há diversidade entre a conceituação e a noção vulgar de 'alimentos'. Compreendendo-os em sentido amplo, o direito insere no valor semântico do vocábulo uma abrangência maior, para estendê-lo, além da acepção fisiológica, a tudo mais necessário à manutenção individual: sustento, habitação, vestuário, tratamento. (PEREIRA, 2006, p. 495)*

Ainda, segundo Silvio Rodrigues:

> *A prestação de alimentos ocorrerá em dinheiro ou espécie fornecida a uma pessoa para que possa atender as necessidades básicas de sua vida. Não se trata só de sustento, mas, também de atender as necessidades de vestuário, habitação, assistência médica em caso de doenças, ou seja, todos os itens necessários para se manter uma vida digna. (RODRIGUES, p. 374)*

Por derradeiro, sobre o conceito doutrinário de alimentos, urge destacar que segundo Madaleno (1999, p. 341) *a vida é o mais importante de todos os direitos e a questão dos alimentos está ligada diretamente à própria sobrevivência do alimentado, que sempre se vê obrigado a esperar pela sua prestação.*

Neste diapasão quando se discute sobre a questão alimentar, *lato sensu*, se discute sobre a sobrevivência daquele que recebe a prestação, motivo pelo qual a análise do instituto – os meios de execução e a possibilidade de prisão civil até então permitida por lei – deve ser feita com cautela e ponderando os direitos fundamentais à vida e à liberdade, o princípio da dignidade da pessoa humana e os direitos de terceira geração, atrelados a solidariedade e a fraternidade.

Ademais, cumpre destacar que o direito a prestação alimentícia decorre de preceitos dispostos na Constituição Federal, no Código Civil e em legislações esparsas tais como Lei de Alimentos (Lei nº 5.478/68), Estatuto da Criança e do Adolescente (Lei nº 8.069/90) e Estatuto do Idoso (Lei nº 10.741/2003).

A Constituição Federal em seu Capítulo VII – Da família, da criança, do adolescente, do jovem e do idoso, trata da questão alimentar, atinente as relações familiares, garantindo à criança, ao adolescente e ao jovem, no *caput do art. 227, o direito à vida, à saúde, à alimentação, à educação, ao lazer* entre outros direitos, preceituando ainda, no art. 229 que *os pais têm o dever de assistir, criar e educar os filhos menores, e os filhos maiores têm o dever de ajudar e amparar os pais na velhice, carência ou enfermidade.*

O Código Civil (Lei nº 10.406/2002) trata da questão dos alimentos em seus artigos 1.694 a 1.710, ficando clara da leitura dos mencionados dispositivos que os alimentos são devidos em virtude da relação de parentesco e entre cônjuges ou companheiros, levando-se em consideração para sua fixação o binômio necessidade de quem o pleiteia e possibilidade de quem é obrigado a prestá-lo.

O Estatuto da Criança e do Adolescente (ECA) em seu art. 148, parágrafo único, "g" prevê a competência da Justiça da Infância e Juventude – nos casos em que se tratar de crianças e adolescentes que se enquadrarem nas hipóteses doo art. 98 – para conhecer ações de alimentos e atribui ao Ministério Público, no art. 201, III a competência para *promover e acompanhar as ações de alimentos* entre outras competências.

Insta mencionar que o Estatuto do Idoso, disciplina a questão alimentar em seus artigos 11 a 14, sendo ainda salutar destacar o artigo 3º, tais dispositivos, em suma garante ao idoso a possibilidade de pleitear alimentos, sendo tal obrigação da família e na insuficiência de recursos desta, pelo Poder Público. Destaque-se ainda, que em conformidade com o artigo 12 do Estatuto do Idoso, a obrigação alimentar é solidária, diferentemente do que ocorre nas prestações alimentícias decorrentes de outros laços de parentesco, tais como pais e filhos, avos e netos, ou da obrigação alimentar entre cônjuges ou companheiros, em todas essas hipóteses a obrigação não é solidaria, mas sim subsidiária.

I.2. A prisão civil por débito alimentar

No ordenamento pátrio a prisão civil é excepcional, sendo permitida apenas nas hipóteses aludidas no art. 5º, LXVII da Constituição Federal *in verbis: não haverá prisão civil por dívida, salvo a do responsável pelo inadimplemento voluntário e inescusável de obrigação alimentícia e a do depositário infiel.*

Ademais, a prisão civil por débito alimentar também encontra arrimo no artigo 733 e seguintes do Código de Processo Civil de 1973 e nos artigos 18 e 19 da Lei de Alimentos n° 5.478/68.

Convém esclarecer que a prisão mais comum em nosso ordenamento jurídico é a punitiva, decorrente da privação da liberdade por condenação decorrente da prática de fato tipificado como crime pela legislação penal.

A prisão civil, por sua vez, não tem sido permitida em nosso ordenamento jurídico, salvo nas situações excepcionais alhures apontadas, tendo em vista que o Brasil é signatário da Convenção Americana de Direitos Humanos, também conhecida como

Pacto de San José da Costa Rica, tratado internacional firmado em 22 de novembro de 1.969, da Organização dos Estados Americanos (OEA), aprovada no Brasil pelo Decreto Legislativo nº 27, de 26 de maio de 1992 e posta em vigor por meio do Decreto nº 678/1992.

Ocorre, todavia, que até mesmo a mencionada Convenção traz a proibição da prisão civil, excepcionando-a apenas no caso de dívida decorrente de pensão alimentícia. Neste sentido dispõe o artigo 7, item 7: *Ninguém deve ser detido por dívidas. Este princípio não limita os mandatos de autoridade judiciária competente expedidos em virtude de inadimplemento de obrigação alimentar.*

Percebe-se, claramente a legalidade e possibilidade jurídica da prisão civil por débito alimentar, neste ponto insta salientar que em tais casos a prisão do devedor não tem a função punitiva presente na esfera criminal, mas sim funciona como elemento de coerção apto a obrigar o devedor a pagar o que deve e garantir a dignidade e sobrevivência do alimentando.

Neste sentido Celso Ribeiro Bastos (1988, p. 310), esclarece que *é uma prisão sem caráter apenatório mas tão somente disuasário.*

No mesmo sentido CAHALI (1998, p. 170), salienta que o juiz *decreta a prisão civil não como pena, não com o fim de punir o executado pelo fato de não ter pago pensão alimentícia, mas sim com o fim, muito diverso, de coagi-lo a pagar.*

Impende esclarecer ademais que a prisão civil por débito alimentar permitida em lei é apenas aquela em que decorre do parentesco, assim, os alimentos indenizatórios e voluntários seguem o rito da execução por quantia certa contra devedor solvente.

Neste diapasão, quanto à causa jurídica, os alimentos podem ser classificados em legítimos; voluntários ou indenizatórios. Os alimentos legítimos decorrem da relação de parentesco e são devidos por determinação da lei, aos parentes e ao cônjuge ou companheiro, para garantir-lhe a subsistência. Os alimentos voluntários, por seu turno, decorrem de negócios jurídico *inter vivos* ou *causas mortis* e os alimentos indenizatórios, decorrem de atos ilícitos e estão disciplinados nos artigos 948, inciso II e 950 do Código Civil de 2002.

Assim, conclui Álvaro Villaça Azevedo: *só o descumprimento do dever alimentar entre consangüíneos (sic) é que pode levar ao decreto da prisão civil, no meu entender, ainda com o advento do novo Código.* (AZEVEDO, 2002, p. 233)

No caso dos alimentos legítimos, é plausível a prisão civil, pois em conflito com a liberdade do inadimplente temos a vida e a dignidade da pessoa humana do alimentando, que precisa dos alimentos para sua subsistência, tal não ocorre com os alimentos voluntários e os indenizatórios.

Conforme se constata, é possível a prisão do devedor de pensão alimentícia, todavia, o entendimento majoritário da doutrina é no sentido de que tal prisão seja possível apenas no que se referem as três últimas parcelas. Neste sentido Marcus Vinicius Rios Gonçalves leciona que *somente as três últimas parcelas devidas e as que venceram no curso do processo podem ser cobradas pelo rito processual da prisão. O débito alimentar acumulado por período superior a três meses, perde o seu caráter alimentar.* (GONÇALVES, 2008, p. 230).

No mesmo sentido tem se posicionado nossos tribunais, tendo inclusive o assunto sido sumulado pelo Superior Tribunal de Justiça. Vide Súmula 309, *in verbis*:

> *STJ Súmula nº. 309 - Débito Alimentar - Prisão Civil - Prestações Anteriores ao Ajuizamento da Execução e no Curso do Processo. O débito alimentar que autoriza a prisão civil do alimentante é o que compreende as três prestações anteriores ao ajuizamento da execução e as que se vencerem no curso do processo.*

O Novo Código de Processo Civil não ficou omisso quanto a questão e disciplinou expressamente a questão no § 7º do art. 528, estabelecendo que a prisão civil somente será possível em relação até as 3(três) últimas prestações antes do ajuizamento da ação e as que vencerem no curso do processo, normatizando, assim, o posicionamento majoritário dos tribunais e da doutrina.

Por fim, no que tange ao instituto da prisão civil por débito alimentar urge destacar ainda duas problemáticas: se existe uma ordem de preferência de meios hábeis ao cumprimento da obrigação alimentar a serem efetivados antes da prisão civil e qual o prazo da prisão nestes casos.

Sobre a primeira problemática, há divergência na doutrina, entendo alguns que a prisão civil do devedor inadimplente de prestação alimentar pode ser decretada se o mesmo não demonstrou ou pagamento ou não justificou a impossibilidade. Nesta esteira podemos mencionar Câmara (2009, p.320) e Theodoro Junior (2007, p. 421) que são favoráveis a decretação da prisão sem a necessidade de esgotar os meios de obtenção da satisfação do crédito.

Neste sentido Montenegro (2007, p. 441) assevera que a utilização da prerrogativa de execução do artigo 732 ou 733 do CPC é opção do credor, porém para que a prisão seja imposta, é necessário que haja pedido expresso deste na petição inicial, não podendo o magistrado deferir pretensão aquém ou além do que foi pedido.

Em sentido oposto podemos mencionar os doutrinadores Arakem de Assis e Fredie Didier Jr, que entendem haver uma gradação entre os meios de execução do débito alimentar, ou seja, primeiramente esgotam-se os meios expropriatórios de bens e por derradeiro, não sendo frutífera a expropriação decreta-se a prisão civil, discorrendo:

> *Mostra-se evidente, assim, o intuito dos artigos 16 a 18 da Lei nº 5.478/68, de estabelecer certa ordem no uso dos meios executórios. Das cláusulas cuidadosamente dispostas nos textos legislativos resulta a seguinte gradação: primeiro, o desconto em folha; em seguida, a expropriação (de aluguéis ou de outros rendimentos); por último, indiferentemente, a expropriação (de quaisquer bens) e a coação pessoal. (ASSIS, 2007, p. 905)*
>
> *Não havendo rendas a serem alcançadas, procede-se a expropriação de bens suficientes à satisfação do crédito. Se, ainda assim, não for possível obter a satisfação da obrigação, restará a determinação da prisão civil como medida coercitiva, destinada a forçar o pagamento. (DIDIER, 2009, p. 692)*

Nesse sentido, o novo Código de Processo Civil ficou estabelecido que o executado não comprovando o pagamento ou justificando a impossibilidade absoluta de fazê-la o juiz mandará protestar o pronunciamento judicial e decretará a prisão civil.

Sendo assim, entendemos que na nova legislação confirmou o primeiro posicionamento estabelecendo que não exista uma ordem de preferência de meios hábeis ao cumprimento da obrigação alimentar a serem efetivados antes da prisão civil.

A segunda problemática suscitada refere-se ao prazo da decretação da prisão civil do inadimplente, ou seja, 60 (sessenta dias) conforme disposto na Lei de Alimentos ou 01(um) a 3(três) meses preceituado no art. 733, § 1º do Código de Processo Civil.

Percebe-se claramente uma divergência de prazos para a manutenção da prisão civil por dívida alimentar nos mencionados dispositivos de lei, havendo, inclusive, divergência na doutrina sobre qual destes deva prevalecer.

No entendimento do doutrinador Sérgio Gischkow Pereira (1983, p. 60) o prazo adotado deve ser o estabelecido na Lei de Alimentos. Neste sentido também se posiciona Alexandre Câmara, vejamos:

> *Parece-nos fora de dúvida que está em vigor o art. 19 da Lei de Alimentos, revogado (ainda que tacitamente) o § 1º do art. 733 do CPC. É certo que o Código de Processo Civil é lei posterior à Lei de Alimentos (que, repita-se, é de 1968). Ocorre, porém, que o art. 19 deste diploma legal foi mantido em vigor por lei posterior ao Código, qual seja, a Lei nº 6.014/73. (....) Assim sendo, parece-nos fora de dúvida de que a prisão civil do devedor de alimentos jamais poderá exceder de sessenta dias, pouco importando se os alimentos devidos são provisionais ou definitivos" (CÂMARA, 2009, p. 366)*

Em sentido oposto, Nelson Nery (2006. p. 902) e Humberto Theodoro Júnior (2008, p. 418) entendem que deve prevalecer o prazo do Código de Processo Civil no que tange aos alimentos provisionais e o prazo da Lei de Alimentos quando se tratar de alimentos definitivos ou provisórios. Sobre a distinção sugerida pelos ilustres doutrinadores discorre Alexandre Câmara:

> *O ordenamento jurídico é um sistema lógico, sem contradições, o que nos leva à necessidade de interpretação pelo método lógico-sistemático de hermeneuta. É de se afastar, desde logo, a interpretação segundo a qual há prazos diferenciados para a prisão do executado por alimentos provisionais e definitivos. Esta distinção esbarra no absurdo de considerar que o prazo de prisão a que está sujeito o devedor de alimentos definitivos é inferior ao prazo a que se sujeita o devedor de alimentos provisionais. O prazo será sempre um só, e deve-se descobrir qual a norma em vigor se a do CPC ou se a da Lei de Alimentos. (CÂMARA, 2009, p. 319).*

Há ainda aqueles que e sustentam a tese de que o prazo a ser adotada para a prisão civil por débito alimentar deve ser o previsto no Código de Processo Civil, neste sentido José Carlos Barbosa Moreira (2005. p. 261), que entende que o art. 19 da Lei de Alimentos foi derrogado pelo Código de Processo Civil.

Ante esta celeuma o novo Código de Processo Civil colocou uma "pá de cal" neste ponto estabelecendo expressamente no § 3º do art. 528 que o juiz decretará a prisão pelo prazo de 1(um) a 3(três) meses.

Superadas as questões introdutórias atinentes aos alimentos e a prisão civil em caso de inadimplemento do débito alimentar, exsurge a necessidade de refletirmos sobre a eficácia da tal prisão para o adimplemento da dívida.

II. A DISCUSSÃO SOBRE A EFICÁCIA DA PRISÃO CIVIL POR DÉBITO ALIMENTAR COMO INSTRUMENTO GARANTIDOR DO PAGAMENTO DA PENSÃO ALIMENTÍCIA

Muito já se discutiu sobre a eficácia da prisão civil por débito alimentar e recentemente o debate se inflamou ante a proposta de alteração do instituto no Novo Código de Processo Civil.

Há argumentos favoráveis e contrários a manutenção do instituto, sendo neste ponto interessante analisar tais posicionamentos.

Os contrários a prisão civil por dívida alimentar questionam a eficácia do instituto indicando que em muitos casos a efetivação da prisão não resulta no pagamento do débito alimentar, ocorrendo hipóteses em que mesmo após cumprir o período de prisão o devedor continua inadimplente, motivo pelo qual entendem serem necessárias adoção de outras medidas com o escopo de forçar o pagamento da prestação alimentar.

Ademais, há ainda, no que tange a prisão civil por dívida alimentar, argumentos no sentido de sua exclusão do sistema normativo ante a ofensa da dignidade da pessoa humana e ao direito fundamental a liberdade. Todavia, é flagrante que tanto o texto constitucional quanto o Pacto de São José de Costa Rica, permitem tal prisão.

Neste diapasão o que se discute, no caso da prisão civil é, qual dos direitos fundamentais deve prevalecer: o direito à vida daquele que aguarda o recebimento da pensão alimentícia ou o direito à liberdade daquele que deve pagar a pensão alimentícia a outrem.

Sobre a celeuma, Luiz Flávio Gomes discorre que *nosso legislador constituinte, optou pela sobrevivência à liberdade do indivíduo.* (GOMES, 1984, pp. 9-14)

Há ainda posicionamentos que não se atrelam a extinção do instituto, mas que assim como ocorre no Direito Penal, seja a prisão civil por dívida a *ultima ratio*, portanto, só aplicável depois de esgotadas uma série de medidas para tentar forçar a efetivação do pagamento.

Segundo Álvaro Villaça Azevedo (1993, pp. 19/20) a prisão civil, ainda que por dívida alimentar, foi abolida dos ordenamentos jurídicos da Itália, da Inglaterra e da França, destacando o autor que neste último país, tenta-se pelos meios expropriatórios a quitação do débito alimentar, mas que além da esfera cível o tema também é abordado pela esfera criminal, que tipifica a inadimplência alimentar por mais de dois meses, configurando como crime de abandono de família, este sim passível de decretação de prisão e inclusive, destituição do poder familiar.

Há ainda os que questionam o fato da prisão civil não gozar dos mesmos benefícios propiciados aquele que se sujeita a um decreto prisional de ordem criminal, ou seja, não há nada na legislação cível que preveja ou regulamente hipóteses de prisão domiciliar, de suspensão do processo, ou outras penas alternativas.

Todavia, cogita-se que a prisão domiciliar retiraria o poder coercitivo e intimidativo da prisão civil, neste sentido salienta Arakem de Assis que *é preciso deixar bem claro ao alimentante relapso, a quem se assegurou, previamente, oportunidade para defesa, que, inadimplidos os alimentos, a pena concretizar-se-á da pior maneira, através de seu confinamento em presídio comum.* (ASSIS, 1998, p. 32).

Existem, ainda, argumentos no sentido de que a prisão do devedor não só não propiciaria a efetivação do pagamento, como também inviabilizaria o inadimplente de obter recursos para a quitação, vez que privado de sua liberdade não teria meios para tanto.

Por sua vez, os favoráveis à prisão civil por dívida alimentar sustentam a eficácia do instituto da prisão civil por dívida alimentar, como instrumento hábil de coerção do inadimplente a cumprir sua obrigação.

A eficácia do instituto tem sido apontada por muitos operadores do direito, a título ilustrativo pode ser citado o voto do desembargador da 8ª Câmara Cível do Tribunal de Justiça do Rio Grande do Sul, Sérgio Gischkow Pereira, que em seu voto expôs que *em regra, a simples ameaça de prisão faz aparecer o dinheiro, o que é excelente, pois nada há de bom em ordenar a prisão de alguém. Todos devem querer que um dia a humanidade não mais precise de prisões.* (TJRS, Ac. 8ª Câm. Cív., AgInstr. 595.166.810, Rel. Des. Sérgio Gischkow Pereira, j. 23.5.96, v.u.)

Neste sentido Farias e Rosenvald (2013) salientam que:

> (...) não se pode negar as vantagens e os benefícios propiciados pela medida segregatória como mecanismo coercitivo para o adimplemento alimentício. Os dados estatísticos do cotidiano forense não escondem que a prisão civil do devedor de alimentos cumpre, em larga medida, a sua finalidade: fazer com que o alimentante pague a dívida alimentar." (2013, p. 905)

Discute-se, ainda, o papel dos alimentos na vida daquele que o pleiteia e aguarda seu recebimento, a essencialidade do mesmo para manutenção da vida digna e do acesso aos bens necessários a sua subsistência, sendo neste tópico salutar relembrar os ensinamentos de Yussef Said Cahali ao dispor que os *alimentos têm, indiscutivelmente, objetivos sociais e de ordem pública e colima, em sua essência, proteger a família.* (CAHALI, 1998, p. 98).

Ademais, conforme ressalta Carlos Roberto Gonçalves, *os alimentos são prestações para satisfação das necessidades vitais de quem não pode provê-las por si.* (GONÇALVES, 2007, p. 157)

Impende notar a relevância da questão atrelada ao cumprimento da obrigação alimentar, sendo que do seu descumprimento surge risco da manutenção das necessidades básicas da vida daquele que espera seu recebimento, colocando tal pessoa em situação de vulnerabilidade e risco, afetando sua saúde e até mesmo sua dignidade.

Ante a importância do tema, muitos ainda defendem a aplicação da medida drástica da prisão civil ao inadimplente que não cumpre sua obrigação alimentar inescusável e voluntariamente, expondo a risco a vida de outra pessoa que dele depende. Neste sentido, destaca Francisco de Assis Figueiredo (1999, p.573) que a *inadimplência da obrigação de prestar alimentos é muito grave e, como tal, o legislador criou o antídoto correspondente – a prisão – se tal impontualidade não for devidamente justificada a tempo e modo próprios.*

Em contraposição aos argumentos contrários à prisão civil, aqueles que pregam sua manutenção no ordenamento jurídico pátrio ressaltam que, tal prisão não decorre meramente do inadimplemento, mas sim do fato de que aquele que tinha a obrigação de alimentar não a cumpriu, tampouco justificou a impossibilidade de fazê-lo, pautando-se, portanto, a prisão civil em dois elementos, um de natureza objetiva (voluntariedade) e outro de natureza subjetiva (inescusabilidade).(AZEVEDO, 1993,p.136). Logo, a prisão só ocorre pela recusa ao pagamento sem qualquer justificativa plausível do inadimplente.

Percebe-se, claramente por este víeis que a prisão civil é medida drástica aplicada apenas em casos de voluntariedade e inescusabilidade do débito alimentar, acrescentando MARINONI (2007, p.380) que *sua adoção somente é possível quando não existem meios idôneos à tutela do direito. Isto pelo simples motivo de que os meios de execução se subordinam às regras do meio idôneo e da menor restrição possível.*

Mister destacar que no caso da prisão civil, nos moldes do art. 733 do Código de Processo Civil de 1973 e do novo Código de Processo Civil, em seu art. 528 *caput,* permite antes de sua decretação, o contraditório e a ampla defesa do inadimplente, garantindo a este como meios de defesa efetuar o pagamento no prazo de 3(três) dias, comprovar que não existe o débito, ou seja, que o pagamento já fora efetivado ou justificar a impossibilidade de fazê-lo. Nestes moldes a prisão atualmente só ocorre se o executado não demonstrar nenhuma dessas defesas, ou seja, não pagar, não demonstrar que pagou ou não justificar a impossibilidade.

Destarte, mesmo para os defensores da manutenção da prisão civil do devedor de prestação alimentar nos moldes vigentes, a decretação da prisão é medida extrema que só se aplica esgotados os meios de defesa.

Ademais, destaca Gagliano e Pamplona Filho que a prisão civil é medida excepcional que serve como meio coercitivo para forçar o cumprimento da prestação alimentar é, portanto, segundo os autores, uma medida de força, aplicando uma restrição à liberdade do inadimplente, não como um castigo, mas como meio executório, salientando que têm sido constatado que muitos inadimplentes do debito alimentar só efetivam a quitação quando sentem a ameaça da prisão. (GAGLIANO e PAMPLONA FILHO, 2006. p. 308)

Os favoráveis a manutenção da prisão civil, fundada na sua eficácia, pautam-se principalmente na dignidade da pessoa humana de quem depende do recebimento da prestação alimentícia para subsistir, enquanto os contrários a manutenção do instituto no ordenamento pátrio se pautam exatamente no mesmo princípio, todavia, sob o enfoque o devedor, questionando a violação a sua dignidade ante o cerceamento de sua liberdade em decorrência de uma dívida.

Neste diapasão, constata-se que embora aplicável já há algum tempo pelo Poder Judiciário, o instituto da prisão civil por dívida alimentar não apresenta contornos pacíficos, havendo muitos questionamentos na doutrina acerca de sua eficácia e função, do prazo da manutenção do encarceramento, da ofensa ao direito a liberdade e da dignidade da pessoa humana do alimentante inadimplente em conjunto com a análise do direito à vida, ao piso vital mínimo e a dignidade da pessoa humana do alimentado.

Todas essas celeumas se reacenderam no cenário nacional com a discussão acerca do projeto de lei do Novo Código de Processo Civil e agora de sua aprovação.

III. UMA ANÁLISE DA REDAÇÃO DO NOVO CÓDIGO DE PROCESSO CIVIL E SUAS IMPLICAÇÕES

O Código de Processo Civil (Lei nº 5.869/73) foi publicado em 11 de janeiro de 1973 e entrou em vigor em 1º de janeiro de 1974, conforme disposto em seu art. 1.220. Todavia, em virtude de inúmeras alterações sociais, econômicas, culturais entre outras, bem como com o escopo de dar maior celeridade aos processos, surgiu à necessidade de discutir a redação de um novo Código de Processo Civil, o que motivou a elaboração do Projeto de Lei original (Projeto de Lei nº 8.046/10) que culminou na Lei Ordinária nº 13.105/2015.

Como exige o processo democrático o Projeto de Lei (PL) original foi analisado e estudado pelos parlamentares que apresentaram propostas de alterações, dentre elas uma das mais polêmicas foi referente a alteração dos artigos 514 a 518 do Projeto de Lei original, que mantinha à prisão do devedor de alimentos, em regime fechado, nos moldes do Código de Processo Civil de 1.973, sugerindo o Deputado Paulo Teixeira, que a prisão civil fosse em regime semiaberto.

A sugestão de alteração acendeu os debates acerca do tema, dispondo que, caso seja intimado o executado e este não pague ou justifique a impossibilidade, será decretada a prisão (art. 542, *caput,* PL) acrescentando a inovação do cumprimento da prisão em regime semiaberto (art. 542, § 3º- PL), ressalvando o direito do inadimplente preso de ficar separado dos presos comuns e na impossibilidade da separação a decretação de prisão domiciliar.

Urge destacar que a posição adotada pelo parlamentar encontra arrimo em algumas vozes da doutrina brasileira que há tempos têm questionado a eficácia da prisão civil e seus efeitos, motivo pelo qual justificou a proposta de alteração discorrendo que *a prisão civil do devedor de alimentos deve ser decretada, primeiramente, pelo regime semiaberto, de modo a viabilizar que o devedor preso saia do estabelecimento a que tenha sido recolhido a fim de trabalhar e obter os meios necessários para efetuar o pagamento.* Salientando o Deputado que *apenas no caso de persistência do inadimplemento é que se poderá cogitar de prisão pelo regime fechado.*

Ademais, cumpre destacar que se questionou, inclusive, a adoção da expressão regime semiaberto, contida na proposta do Deputado, que para alguns pareceu equivocada, tendo em vista que em conformidade com o disposto no Código Penal, art. 33, § 1º, "a", o regime semiaberto deve ser cumprido em colônia agrícola, industrial ou estabelecimento similar. Todavia, o que se constata da leitura da justificativa apresentada, é que a intenção da alteração no projeto de lei, seria permitir ao inadimplente que trabalhe durante o dia para amealhar fundos para quitação do débito, assim, o mais adequado seria a adoção do regime aberto, que conforme art. 36, §1º do Código Penal, permite o trabalho durante o dia e o recolhimento em estabelecimento penal à noite. Merece ainda ser ponderado que, hodiernamente há no Brasil uma carência de instituições adequadas para o cumprimento de penas em regime semiaberto.

Todavia, apesar do equívoco na adoção de vernáculos técnicos, tal proposta remete a algumas reflexões acerca do instituto da prisão civil, há muito consolidado na prática dos tribunais e no ideário popular, contudo, questionado no que tange a sua eficácia e até mesmo a ofensa ao princípio da dignidade da pessoa humana e ao direito fundamental à liberdade.

Convém relembrar, conforme dito alhures, que a redação da lei processualista civil nunca regulamentou diferentes formas de fixação da prisão, que *a priori,* na sistemática vigente é sempre no regime fechado, ao contrário do que ocorre no direito processual penal.

Destaca Luiz Vicente Cernichiaro (*apud* WELTER, 2004, p. 347) ser equivocada a fixação de sanção civil mais severa que a sanção penal, discorrendo neste sentido que a fixação da prisão civil sempre em regime fechado se demonstra mais rigorosa que a sistemática penal que permite o regime aberto, semiaberto e o fechado, possibilitando ainda, transação e suspensão.

Embora salutar o debate e apresentação da proposta de alteração do texto, o mesmo não foi acolhido, tendo sido mantida a prisão civil em regime fechado em decorrência de dívida alimentar pelo Novo Código de Processo Civil no § 4º do art. 528; medida que aparentemente atendeu a opinião pública acerca do tema, bem como o entendimento de parte da doutrina pátria e operadores do direito.

Contrário a adoção de regime aberto ou semiaberto, no que se refere à prisão civil por dívida alimentar, firmando o posicionamento adotado pela nova legislação, Belmiro Pedro Welter argumenta que o abrandamento do regime, retiraria o poder coercitivo da prisão civil, salientando, que nesta modalidade de prisão o que se tutela é a dignidade dos alimentandos ante a irresponsabilidade do alimentante. (WELTER, 2004, p. 350).

No mesmo sentido:

> *(...)A aplicação dos regramentos da execução penal, como forma de abrandar a prisão civil, poderá causar o desvirtuamento do instituto, já que afetará, de modo negativo, sua finalidade coercitiva, esvaziando, por completo, a medida de execução indireta da dívida alimentar, em detrimento do direito fundamental dos alimentandos à uma sobrevivência digna" .(STJ. HC 181231/ RO, Habeas Corpus, 2010/0143236-8, relator Vasco Della Giustina, j. 05.04.2011.)*

Impende frisar que, nos debates acerca da eficácia ou não da prisão civil do devedor de pensão alimentícia, muito têm se cogitado sobre alternativas para garantir o cumprimento da obrigação, soluções menos drásticas e traumáticas, lecionando Waldyr Grisard Filho:

> *Não se advoga nesse estudo a extinção pura e simples dessa ferramenta processual, de uso extremo e em excepcionais situações de vidam cujo efeito dissuasivo da ameaça penal pode induzir ao cumprimento da obrigação. Propõe-se o reconhecimento de novos mecanismos, menos gravosos que a prisão, mas também impactantes, que, no plano concreto, conferirão efetividade ao cumprimento do dever alimentar, evitando a paralisação da atividade do alimentante e ressalvando o adimplemento futuro sem atentar contra a dignidade humana". (GRISARD FILHO, 2006, p. 907)*

Vale citar que, em busca de novos caminhos para esta questão tão relevante, ideias interessantes foram apresentadas pelos estudiosos do direito, uma sugestão do que poderia ter sido incluído no projeto para discussão, é a penhora de bens móveis ou imóveis seguida da alienação por iniciativa particular, assim ao invés de irem para hasta pública, seria o bem vendido, por exemplo, por um profissional do ramo – um corretor credenciado junto ao Poder Judiciário – e uma vez vendido, seria com o valor auferido quitado o débito e o restante devolvido ao executado, neste sentido, CÂMARA (2009, p. 320) já reconhece ser o expediente da alienação por iniciativa particular muito mais ágil que o da hasta pública.

Diversos estudos apontam também, como solução eficaz para a execução da pensão alimentícia sem a decretação da prisão civil, a fixação de *astreintes*, ou seja, uma alta multa diária pelo atraso da pensão.

Neste sentido já se posicionou o Desembargador do Tribunal de Justiça do Estado de São Paulo:

> *ALIMENTOS – ATRASO NO PAGAMENTO – MULTA –ADMISSIBILIDADE. É permitido, tal como ocorre com a cláusula penal, de caráter contratual, que o Estado-juiz estabeleça, como mecanismo de conscientização para a razoável execução do título judicial, a imposição de multa (astreinte), um fator de inegável utilidade para a persuassão do provedor de alimentos a cumprir no prazo, o dever de depositar a prestação. Admissibilidade. Estipulação em percentual razoável (15%). Não-provimento. (TJSP, Ac. 241.020-4/4 – 3ªCDPriv., rel. Des. Ênio Santarelli Zuliani. Revista Brasileira de Direito de Família, a. 5, nº 18, pp. 124-126)*

Ainda, através do Direito Comparado, podem ser apreciadas outras soluções para garantir o pagamento da pensão alimentícia, sem a aplicação do instituto da prisão civil, tais como as indicadas por Rosana Amara Girardi Fachin (2005, pp. 155/156) a criação de um Registro de Devedores Alimentários Morosos, tal qual ocorre na Argentina, onde os inadimplentes ingressam numa lista de restrições que afetam suas atividades comerciais, bancárias e até pessoais, tais como obtenção de crédito, abertura de conta corrente, cartões de crédito, ainda, obtenção ou renovação de licença para dirigir, restrição para ocupar cargos públicos ou postular cargo eletivo, entre outras restrições.

A autora menciona ainda, recente lei espanhola, (Lei nº 15/2005, de 08 de julho de 2005) que preceitua a criação de fundo de garantia para cobertura de pensões devidas a filhos menores, tal como ocorre na legislação portuguesa (Lei nº 75, de 19 de novembro de 1998, regulamentada pelo Decreto-Lei nº 164, de 13 de maio de 1999). Através deste fundo, o Estado efetiva o pagamento da pensão alimentícia ao alimentado e depois regressa contra o inadimplente alimentante. Leciona:

> *(...) o Estado substitui-se ao devedor a fim de garantir ao menor as condições de subsistência mínimas para o seu desenvolvimento e para uma vida digna. No entanto, o Estado não se substitui completamente ao devedor, o qual continua obrigado perante o Estado no montante por esse pago ao alimentando ou à pessoa a cuja guarda se encontre (art. 5º e seguintes do DLn. 164/99) e perante o alimentando, no caso de a prestação social não ser suficiente para satisfazer as necessidades deste, mantendo-se, assim, a responsabilidade familiar do devedor. (SOTOMAYOR Apud FACHIN, 2005, p. 155).*

Embora as sugestões sejam inquestionavelmente interessantes, há de se destacar que não necessariamente sejam passíveis de serem aplicadas e surtirem efeito no Brasil.

A eficácia da prisão civil ainda é bem aceita por parte dos operadores direito, tanto que segundo Yussef Said Cahali a prisão civil por dívida *é o único meio eficaz em condições de remover a recalcitrância de grande número de devedores inadimplentes* (CAHALI, 1998, p. 1004). No mesmo sentido afirma Maria Berenice Dias (2007, p. 512) que a prisão domiciliar retira o caráter intimidativo da prisão civil por dívida alimentar.

Após debates acalorados acerca do tema, o que temos é a manutenção da prisão civil por dívida alimentar, todavia, deverá o inadimplente ficar preso separadamente dos presos comuns. Vejamos como ficou a redação final:

> *CAPÍTULO IV*
> *DO CUMPRIMENTO DE SENTENÇA QUE RECONHEÇA A EXIGIBILIDADE DE OBRIGAÇÃO DE PRESTAR ALIMENTOS*
>
> *Art. 528. No cumprimento de sentença que condene ao pagamento de prestação alimentícia ou de decisão interlocutória que fixe alimentos, o juiz, a requerimento do exequente, mandará intimar o executado pessoalmente para, em 3 (três) dias, pagar o débito, provar que o fez ou justificar a impossibilidade de efetuá-lo.*
> *§ 1º Caso o executado, no prazo referido no caput, não efetue o pagamento, não prove que o efetuou ou não apresente justificativa da impossibilidade de efetuá-lo, o juiz mandará protestar o pronunciamento judicial, aplicando-se, no que couber, o disposto no art. 517.*
> *§ 2º Somente a comprovação de fato que gere a impossibilidade absoluta de pagar justificará o inadimplemento.*
> *§ 3º Se o executado não pagar ou se a justificativa apresentada não for aceita, o juiz, além de mandar protestar o pronunciamento judicial na forma do § 1º, decretar-lhe-á a prisão pelo prazo de 1 (um) a 3 (três) meses.*
> *§ 4º A prisão será cumprida em regime fechado, devendo o preso ficar separado dos presos comuns.*
> *§ 5º O cumprimento da pena não exime o executado do pagamento das prestações vencidas e vincendas.*
> *§ 6º Paga a prestação alimentícia, o juiz suspenderá o cumprimento da ordem de prisão.*
> *§ 7º O débito alimentar que autoriza a prisão civil do alimentante é o que compreende até as 3 (três) prestações anteriores ao ajuizamento da execução e as que se vencerem no curso do processo.*
> *§ 8º O exequente pode optar por promover o cumprimento da sentença ou decisão desde logo, nos termos do disposto neste Livro, Título II, Capítulo III, caso em que não será admissível a prisão do executado, e, recaindo a penhora em dinheiro, a concessão de efeito suspensivo à impugnação não obsta a que o exequente levante mensalmente a importância da prestação.*
> *§ 9º Além das opções previstas no art. 516, parágrafo único, o exequente pode promover o cumprimento da sentença ou decisão que condena ao pagamento de prestação alimentícia no juízo de seu domicílio.*
> *Art. 529. Quando o executado for funcionário público, militar, diretor ou gerente de empresa ou empregado sujeito à legislação do trabalho, o exequente poderá requerer o desconto em folha de pagamento da importância da prestação alimentícia.*
> *§ 1º Ao proferir a decisão, o juiz oficiará à autoridade, à empresa ou ao empregador, determinando, sob pena de crime de desobediência, o desconto a partir da primeira remuneração posterior do executado, a contar do protocolo do ofício.*
> *§ 2º O ofício conterá o nome e o número de inscrição no Cadastro de Pessoas Físicas do exequente e do executado, a importância a ser descontada mensalmente, o tempo de sua duração e a conta na qual deve ser feito o depósito.*

§ 3º Sem prejuízo do pagamento dos alimentos vincendos, o débito objeto de execução pode ser descontado dos rendimentos ou rendas do executado, de forma parcelada, nos termos do caput deste artigo, contanto que, somado à parcela devida, não ultrapasse cinquenta por cento de seus ganhos líquidos.
Art. 530. Não cumprida a obrigação, observar-se-á o disposto nos arts. 831 e seguintes.
Art. 531. O disposto neste Capítulo aplica-se aos alimentos definitivos ou provisórios.
§ 1º A execução dos alimentos provisórios, bem como a dos alimentos fixados em sentença ainda não transitada em julgado, se processa em autos apartados.
§ 2º O cumprimento definitivo da obrigação de prestar alimentos será processado nos mesmos autos em que tenha sido proferida a sentença.
Art. 532. Verificada a conduta procrastinatória do executado, o juiz deverá, se for o caso, dar ciência ao Ministério Público dos indícios da prática do crime de abandono material.
Art. 533. Quando a indenização por ato ilícito incluir prestação de alimentos, caberá ao executado, a requerimento do exequente, constituir capital cuja renda assegure o pagamento do valor mensal da pensão.
§ 1º O capital a que se refere o caput, representado por imóveis ou por direitos reais sobre imóveis suscetíveis de alienação, títulos da dívida pública ou aplicações financeiras em banco oficial, será inalienável e impenhorável enquanto durar a obrigação do executado, além de constituir-se em patrimônio de afetação.
§ 2º O juiz poderá substituir a constituição do capital pela inclusão do exequente em folha de pagamento de pessoa jurídica de notória capacidade econômica ou, a requerimento do executado, por fiança bancária ou garantia real, em valor a ser arbitrado de imediato pelo juiz.
§ 3º Se sobrevier modificação nas condições econômicas, poderá a parte requerer, conforme as circunstâncias, redução ou aumento da prestação.
§ 4º A prestação alimentícia poderá ser fixada tomando por base o salário-mínimo.
§ 5º Finda a obrigação de prestar alimentos, o juiz mandará liberar o capital, cessar o desconto em folha ou cancelar as garantias prestadas.

CAPÍTULO VI
DA EXECUÇÃO DE ALIMENTOS
Art. 911. Na execução fundada em título executivo extrajudicial que contenha obrigação alimentar, o juiz mandará citar o executado para, em 3 (três) dias, efetuar o pagamento das parcelas anteriores ao início da execução e das que se vencerem no seu curso, provar que o fez ou justificar a impossibilidade de fazê-lo.
Parágrafo único. Aplicam-se, no que couber, os §§ 2º a 7º do art. 528.
Art. 912. Quando o executado for funcionário público, militar, diretor ou gerente de empresa, bem como empregado sujeito à legislação do trabalho, o exequente poderá requerer o desconto em folha de pagamento de pessoal da importância da prestação alimentícia.
§ 1º Ao despachar a inicial, o juiz oficiará à autoridade, à empresa ou ao empregador, determinando, sob pena de crime de desobediência, o desconto a partir da primeira remuneração posterior do executado, a contar do protocolo do ofício.
§ 2º O ofício conterá os nomes e o número de inscrição no Cadastro de Pessoas Físicas do exequente e do executado, a importância a ser descontada mensalmente, a conta na qual deve ser feito o depósito e, se for o caso, o tempo de sua duração.
Art. 913. Não requerida a execução nos termos deste Capítulo, observar-se-á o disposto no art. 824 e seguintes, com a ressalva de que, recaindo a penhora em dinheiro, a concessão de efeito suspensivo aos embargos à execução não obsta a que o exequente levante mensalmente a importância da prestação.

CONCLUSÃO

A solução da problemática atinente a inadimplência da pensão alimentícia no Brasil há tempos têm acalorado os debates jurídicos, havendo aqueles que rechaçam o instituto da prisão civil com fulcro no princípio da dignidade da pessoa humana e na ofensa ao direito fundamental à liberdade; bem como os que defendem a manutenção do instituto ante seu alto poder coercitivo e a relevância de se garantir a quitação das prestações em atraso tão essenciais a vida do alimentando.

A questão dos alimentos é de suma importância, pois implica em caminhos necessários a garantir a subsistência da pessoa que demanda alimentos, não apenas no sentido fisiológico, mas acima de tudo, de forma a garantir a dignidade da pessoa humana.

O direito de pleitear alimentos e a obrigação de pagá-los se pauta, ainda, no princípio da solidariedade e promove a manutenção dos laços familiares, a preocupação com o outro, o cuidar.

Infelizmente, embora pareça ser bizarro que tantos idosos e crianças precisem promover constantes demandas para exigir daqueles que, não apenas por obrigação legal, mas também moral, deveria se incumbir de cria-los, cuida-los, assisti-los, enfim, alimentá-los, é a realidade que se depara nos fóruns brasileiros hodiernamente.

Ademais, o que se constata na prática forense é a necessidade de trimestralmente serem interpostas execuções, aquilo que deveria se o óbvio – pagamento – torna-se um caminho tortuoso e cansativo, envolvendo demandas judiciais.

Embora, possa parecer drástica e até draconiana a prisão civil por dívida alimentar, os estudos apontam grande poder coercitivo da medida e sua eficácia, motivo pelo qual embora, muitos sejam os caminhos adotados por estudiosos do direito e pelo direito comparado, para solucionar o problema da inadimplência da pensão alimentar, a prisão civil foi mantida no nosso ordenamento jurídico, sem grandes alterações.

Todavia, o direito como se sabe não é algo estático e imutável, estudos e debates sobre o tema ainda são importantes, para que um dia, quem sabe, possa ser extinto do sistema normativo brasileiro tal instituto, por existirem medidas menos agressivas e mais eficazes. É o que se espera.

BIBLIOGRAFIA

ASSIS, Arakem de. *Manual do Processo de Execução.* 8ª ed. São Paulo: Editora Revista dos Tribunais, 2007.

____________. *Execução de alimentos. In*: ADV Seleções Jurídicas. São Paulo: COAD, 1998.

AZEVEDO, Álvaro Villaça. *Prisão Civil Por Dívida.* 1ª Edição. São Paulo: Revista dos Tribunais, 1993.

____________. Prisão Civil por Dívida de Alimentos. *In*: *Família e cidadania. O novo CCB e a vacatio legis.* Anais do III Congresso Brasileiro de Direito de Família. Belo Horizonte: IBDFAM/Del Rey, 2002.

BASTOS, Celso Ribeiro. *Comentários à Constituição do Brasil de 1988*. 1ª ed. São Paulo: Saraiva. 1988

CAHALI, Yussef Said. *Dos alimentos*. 3. ed. São Paulo: Revista dos Tribunais, 1998.

CÂMARA, Alexandre. *Lições de Direito Processual Civil.* 17ª ed. Rio de janeiro: Editora Lúmen Júris, 2009.

DIAS, Maria Berenice. *Manual de Direito de Família*. 4ª ed. ver. ampl.São Paulo: Revista dos Tribunais, 2007.

DIDIER JR, Fredie, *et al. Curso de Direito Processual Civil*. 2º ed. Bahia: Editora Juspodivm, 2010.

FACHIN, Rosana Amara Girardi. *Dever alimentar para um novo direito de família*. Rio de Janeiro: Renovar, 2005

FARIAS, Cristiano Chaves de; ROSENVALD, Nelson. *Curso de Direito Civil: Famílias*. 5ª Ed. Rev., ampl. E atual. Salvador: Juspodivm, 2013. V. 6.

FIGUEIREDO, Francisco de Assis. *As execuções em direito de família: alimentos e prisão, guarda e visitas*. *In:* PEREIRA, Rodrigo da Cunha (Coord.) Anais do I Congresso Brasileiro de Direito de Família. Repensando o Direito de Família. Belo Horizonte: Del Rey, 1999.

GAGLIANO Pablo Stolze; PAMPLONA FILHO Rodolfo. *Novo curso de direito civil- Obrigações*- vol II. 7ª ed. São Paulo: Saraiva. 2006.

GOMES, Luiz Flávio. *Prisão civil por dívida alimentar*. São Paulo: Revista dos Tribunais, a. 73, abr. 1984, v. 582.

GONÇALVES, Carlos Roberto. *Direito de Família*, 12ª ed. rev. e atual. São Paulo: Saraiva, 2007, v. 2 (Coleção sinopses jurídicas).

GONÇALVES, Marcus Vinicius Rios. *Novo Curso de Direito Processual Civil*. Volume 3. São Paulo: Editora Saraiva, 2008.

GRISARD FILHO, Waldyr. *O futuro da prisão civil do devedor de alimentos: caminhos e alternativas, in Família e dignidade humana*. V Congresso Brasileiro de Direito de Família; Rodrigo da Cunha Pereira (coord). São Paulo: IOB Thompson, 2006.

MADALENO, Rolf. *A disregard nos alimentos*. *In*: Teresa Arruda Alvim Wambier, Eduardo de Oliveira Leite (Coord.) *Repertório de Doutrina Sobre Direito de Família. Aspectos Constitucionais, Civis e Processuais*. v. 4, São Paulo: Revista dos Tribunais, 1999.

MARINONI, Luiz Guilherme e ARENHART, Sérgio Cruz. *Curso de Processo Civil – Execução*. Volume 3. São Paulo: Editora Revista dos Tribunais, 2007.

MONTENEGRO FILHO, Misael. Curso de Direito Processual Civil. 5ª ed. Volume 2. São Paulo: Editora Atlas, 2009.

MOREIRA, José Carlos Barbosa. *O novo processo civil brasileiro*. 23. ed. rev. e atual. Rio de Janeiro: Forense, 2005.

NERY JÚNIOR, Nelson. NERY, Rosa Maria de Andrade. *Código de processo civil comentado e legislação extravagante*. 9ª ed. rev. atual e ampl. São Paulo: Revista dos tribunais, 2006.

PEREIRA, Caio Mário da Silva. *Instituições de Direito Civil - Direito de Família*. 16ª ed. Rio de Janeiro: Forense, 2006.

PEREIRA, Sérgio Gischkow. Ação de alimentos. 3ª ed. Porto Alegre: SAFE, 1983.

RODRIGUES, Silvio. *Direito Civil – Direito de Família*. v. 6, 24ª ed.,São Paulo: Saraiva, 1999.

THEODORO JUNIOR, Humberto. *Curso de Direito Processual Civil*. 42ª ed. Rio de Janeiro: Editora Forense, 2008.

WELTER, Belmiro Pedro. *Alimentos no Código Civil*. 2ª ed. SP: IOB-Thompson, 2004.

NOVA AÇÃO MONITÓRIA

CPC DE 2015

José Wilson Gonçalves

SUMÁRIO: 1. Introdução. **2.** Operatividade procedimental. **3.** Prova escrita sem eficácia de título executivo. **4.** Mandado de pagamento e citação. **5.** Devedor capaz. **6.** Competência. **7.** Honorários advocatícios. **8.** Constituição de pleno direito do título executivo judicial se não for cumprida a ordem judicial nem forem opostos embargos, no prazo de quinze dias, independentemente de qualquer formalidade. **9.** Embargos monitórios. **10.** Resposta aos embargos. **11.** Reconvenção. **12.** Ação rescisória e meios de impugnação. **13.** Litigância de má-fé. **14.** Benefício do pagamento parcelado do débito. **15.** Tutela provisória. **16.** Conclusão. Bibliografia.

1. INTRODUÇÃO

A nova ação monitória prevista entre os arts. 700 e 702 vem com inovações altamente favoráveis à celeridade processual, indo ao encontro da exigência constitucional de processo em tempo razoável, incluída a atividade satisfativa, com a adoção de técnicas visando à tramitação célere.

Nos termos do art. 5º, inc. LXXVIII da Constituição Federal, "a todos, no âmbito judicial e administrativo, são assegurados a razoável duração do processo e os meios que garantam a celeridade de sua tramitação".[1]-[2]

Esse novo ritual constitui sumarização elogiável, a serviço da Constituição Federal e, ademais, essas novas disposições dão maior largueza ao campo de atuação da ação monitória, quer em relação à natureza do direito ou relativamente à prova, apesar da restrição (inovação legal) no que diz respeito ao polo passivo, eis que agora será necessário que o devedor seja capaz, e da diminuição do estímulo à pronta satisfação da obrigação, na medida em que a isenção será limitada às custas processuais (não mais compreende a verba honorária).

---

1 Veja também Pacto de San José, Costa Rica, art. 8º nº 1; CF, art. 5º, § 2º; Dec. nº 678/92.

2 Esse comando, no primeiro plano, volta-se ao legislativo, impondo-lhe o dever de dotar o judiciário de ferramenta legislativa apta à realização eficiente do direito; no segundo plano, à administração, cuja função estatal implica o dever de bem estruturar o judiciário, em termos de recursos humanos e em termos de recursos materiais, compreendidos os instrumentos tecnológicos de ponta adequados; por último, se o legislativo falhar, ou se a administração falhar, volta-se ao próprio judiciário, competindo, pois, concretamente ao juiz um comportamento proativo, apto a superar a falha legislativa ou a falha administrativa, com vistas a propiciar, enfim, na prática a realização desse direito.

Cuidando-se de procedimento especial, de início é possível afirmar-se que a "obrigatoriedade" de audiência de conciliação ou mediação prévia está afastada, justamente porque desde logo, se a petição inicial estiver em termos, o juiz ordenará o cumprimento da obrigação, não se cogitando daquela fase prevista para o procedimento comum.[3]

Ademais, os embargos monitórios continuam com efeito suspensivo automático, mas, por esse novo tratamento, somente até à sentença, implicando dizer que, rejeitados, a ordem monitória consectariamente se restabelece, ainda que o embargante venha a apelar.

Por outros termos, a apelação neste caso não terá o efeito suspensivo, embora não cuide o legislador desse ponto ao prever as hipóteses em que a apelação não suspende automaticamente a eficácia da sentença[4] (exceção à regra atinente ao efeito suspensivo automático da apelação) nem mencione nada na previsão específica no sentido de a sentença que acolher ou rejeitar os embargos estar sujeita ao recurso de apelação.[5]

Aliás, essa disposição é desnecessária, porquanto de sentença, por determinação em nível geral, cabe apelação[6] e sempre foi tranquilo que a decisão que julga procedentes os embargos monitórios ou improcedentes trata-se de sentença.

Na prática, rejeitados os embargos, o credor poderá dar início imediatamente à fase executiva, por regime de execução provisória, até que a sentença transite em julgado;[7] depois, evidentemente, por disciplina de execução definitiva.

Com relação ao campo de atuação, visando a dar maior abrangência à técnica, atendendo funcionalmente à pessoa com uma boa prova da obrigação, mas formalmente desprovida de executoriedade, estende-se-a a todas as modalidades de obrigação, a saber: de pagamento de quantia em dinheiro; de entrega de coisa fungível ou infungível ou de bem móvel ou imóvel; de fazer ou de não fazer.[8]

Pela disciplina do CPC de 1973, admite-se a ação monitória apenas relativamente a obrigação de pagamento de soma em dinheiro ou de entrega de coisa fungível ou de determinado bem móvel.[9]

---

3 CPC de 2015, art. 334.

4 CPC de 2015, art. 1.012, § 1º.

5 CPC de 2015, art. 702, § 9º: "Cabe apelação contra a sentença que acolhe ou rejeita os embargos."

6 CPC de 2015, art. 1009: "Da sentença cabe apelação."

7 CPC de 2015, arts. 513 e seguintes. Sobre o cumprimento provisório de sentença que reconhece a exigibilidade de obrigação de pagar quantia em dinheiro, veja arts. 520 e seguintes.

8 CPC de 2015, art. 700: "A ação monitória pode ser proposta por aquele que afirmar, com base em prova escrita sem eficácia de título executivo, ter direito de exigir do devedor capaz: I – o pagamento de quantia em dinheiro; II – a entrega de coisa fungível ou infungível ou de bem móvel ou imóvel; III – o adimplemento de obrigação de fazer ou de não fazer."

9 CPC de 1973, art. 1.102a: "A ação monitória compete a quem pretender, com base em prova escrita sem eficácia de título executivo, pagamento de soma em dinheiro, entrega de coisa fungível ou de determinado bem móvel."

Por sua parte, a prova escrita sem eficácia executiva pode consistir em prova oral, produzida em procedimento de produção antecipada de prova.[10]

Há previsão legal, além disso, de monitória contra a Fazenda Pública, observando-se as disposições sobre remessa necessária;[11] de citação por qualquer meio previsto para o procedimento comum;[12] de ônus, em caso de alegação de excesso, de indicação precisa desde logo da importância correta, sob pena de rejeição liminar ou não conhecimento da alegação de excesso;[13] de constituição parcial do título executivo, em caso de embargos parciais;[14] de reconvenção, não sendo admitida reconvenção à reconvenção;[15] de rescisória contra a decisão que ordena o cumprimento da obrigação desde logo, caso não sejam opostos embargos nem tenha sido cumprida a ordem;[16] de constituição de pleno direito do título executivo judicial, independentemente de qualquer formalida-

---

10 CPC de 2015, arts. 700, § 1º e 381. Art. 381: "A produção antecipada da prova será admitida nos casos em que: I – haja fundado receio de que venha a tornar-se impossível ou muito difícil a verificação de certos fatos na pendência da ação; I – haja fundado receio de que venha a tornar-se impossível ou muito difícil a verificação de certos fatos na pendência da ação; III – o prévio conhecimento dos fatos possa justificar ou evitar o ajuizamento de ação."

11 CPC de 2015, art. 700, § 6º: "É admissível ação monitória em face da Fazenda Pública."; art. 701, § 4º: " Sendo a ré Fazenda Pública, não apresentados os embargos previstos no art. 701, aplicar-se-á o disposto no art. 496, observando-se, a seguir, no que couber, o Título II do Livro I da Parte Especial.". A respeito, ademais, a partir do CPC de 1973, veja a súm. 339 do STJ ("É cabível ação monitória contra a Fazenda Pública").

12 CPC de 2015, art. 700, § 7º: "Na ação monitória admite-se citação por qualquer dos meios permitidos para o procedimento comum". Remete-se, ainda, no regime do CPC de 1973, ao entendimento do STJ, permitindo a citação por edital (súm. 282) ou com hora certa (REsp 211.146). Em caso de revelia, se a citação for por edital ou com hora certa, exige-se a nomeação de curador especial ao devedor, nos termos do art. 9º, II (o réu dará curador especial "ao réu preso, bem como ao revel citado por edital ou com hora certa") (CPC de 2015, art. 72: "O juiz nomeará curador especial ao: I – incapaz, se não tiver representante legal ou se os interesses deste colidirem com os daquele, enquanto durar a incapacidade; II – réu preso revel, bem como ao réu revel citado por edital ou com hora certa, enquanto não for constituído advogado. Parágrafo único. A curatela especial será exercida pela Defensoria Pública, nos termos da lei".

13 CPC de 2015, art. 702, § 2º "Quando o réu alegar que o autor pleiteia quantia superior à devida, cumprir-lhe-á declarar de imediato o valor que entende correto, apresentando demonstrativo discriminado e atualizado da dívida."; § 3º "Não apontado o valor correto ou não apresentado o demonstrativo, os embargos serão liminarmente rejeitados, se esse for o seu único fundamento; se houver outro fundamento, os embargos serão processados, mas o juiz deixará de examinar a alegação de excesso."

14 CPC de 2015, art. 702, § 7º: "A critério do juiz, os embargos serão autuados em apartado, se parciais, constituindo-se de pleno direito o título executivo judicial em relação à parcela não embargada". O STJ, na disciplina do CPC de 1973, adotou essa orientação (REsp 1.130.369).

15 CPC de 2015, art. 702, § 6º: "Na ação monitória admite-se a reconvenção, sendo vedado o oferecimento de reconvenção à reconvenção".

16 CPC de 2015, art. 701, § 3º: "É cabível ação rescisória da decisão prevista no caput quando ocorrer a hipótese do § 2º."

de, se não for realizado o pagamento nem forem apresentados os embargos;[17] de não isenção de honorários advocatícios em caso de pronto pagamento;[18] de possibilidade de pagamento parcelado do débito, conforme ocorre na execução fundada em título extrajudicial.[19]

Por seu turno, conforme dito acima, a ação monitória passa a ser cabível unicamente contra devedor capaz, de conformidade com o art. 700 *caput*, assim redigido: "A ação monitória pode ser proposta por aquele que afirmar, com base em prova escrita sem eficácia de título executivo, ter direito de exigir do devedor capaz".

A reconvenção, à míngua de regramento específico, será oferecida na própria petição de embargos, consoante se faz no procedimento comum[20] ou, se intentada pelo embargado, na petição de resposta aos embargos, afinal a lei somente proíbe a reconvenção à reconvenção. Ou seja, o embargado, em face dos termos dos embargos, poderá reconvir, se o embargante não o tiver feito.

Com a oposição dos embargos monitórios o procedimento volta ao comum, com a particularidade de os embargos, que "podem se fundar em matéria passível de alegação como defesa no procedimento comum",[21] inverterem, nesse passo, a polaridade processual, passando o autor a figurar, assim, no polo passivo dos embargos e, com isso, podendo reconvir, caso o embargante, enfim, não tenha oferecido reconvenção. Essa

---

17 CPC de 2015, art. 701, § 2º: "Constituir-se-á de pleno direito o título executivo judicial, independentemente de qualquer formalidade, se não realizado o pagamento e não apresentados os embargos previstos no art. 702, observando-se, no que couber, o Título II do Livro I da Parte Especial."

18 CPC de 2015, art. 701, § 1º: "O réu será isento do pagamento das custas processuais se cumprir o mandado no prazo." O CPC de 1973 nesse particular preceitua (art. 1.102-C, § 1º): "Cumprindo o réu o mandado, ficará isento de custas e honorários advocatícios." Ademais, os honorários advocatícios nessa etapa procedimental estão arbitrados pela própria lei, não competindo ao juiz tal arbitramento (art. 701, *caput*).

19 CPC de 2015, art. 701 § 5º: "Aplica-se à ação monitória, no que couber, o art. 916." Art. 916: "No prazo para embargos, reconhecendo o crédito do exequente e comprovando o depósito de trinta por cento do valor em execução, mais custas e honorários de advogado, o executado poderá requerer seja admitido a pagar o restante em até seis parcelas mensais, acrescidas de correção monetária e juros de um por cento ao mês. § 1º O exequente será intimado para manifestar-se sobre o preenchimento dos pressupostos do caput. O juiz decidirá o requerimento em cinco dias. § 2º Enquanto não apreciado o requerimento, o executado terá de depositar as parcelas vincendas, facultado ao exequente seu levantamento. § 3º Deferida a proposta, o exequente levantará a quantia depositada e serão suspensos os atos executivos; caso seja indeferida, seguir-se-ão os atos executivos, mantido o depósito, que será convertido em penhora. § 4º O não pagamento de qualquer das prestações acarretará cumulativamente: I – o vencimento das prestações subsequentes e o prosseguimento do processo, com o imediato início dos atos executivos; II – a imposição ao executado de multa de dez por cento sobre o valor das prestações não pagas. § 5º A opção pelo parcelamento de que trata este artigo importa renúncia ao direito de opor embargos. § 6º O disposto neste artigo não se aplica ao cumprimento da sentença."

20 CPC de 2015, art. 343.

21 CPC de 2015, art. 702, § 1º.

reconvenção do embargado será apresentada na resposta aos embargos, equivalendo essa resposta, para tal finalidade, à contestação no procedimento comum.

Ante essa particularidade procedimental, a reconvenção em um primeiro estágio poderá ser intentada pelo embargante, réu com relação à ação monitória; se ele lha apresentar, como a lei veda reconvenção sucessiva, o embargado deverá limitar-se a responder os embargos e a reconvenção, não podendo, com efeito, reconvir também. Se, entretanto, o embargante limitar-se a embargar, o embargado poderá responder os embargos e oferecer reconvenção, hipótese que exige a oportunização de resposta à reconvenção pelo embargante-reconvindo.

Relativamente à previsão de ação rescisória,[22] implica conferir à decisão que ordena o cumprimento da obrigação, quando não ocorrer o cumprimento nem forem opostos embargos, a natureza jurídica de decisão de mérito, com estabilização própria da coisa julgada material.[23]-[24]

Ademais, em reforço ao dever geral de boa-fé, consta que autor e réu que procederem de má-fé deverão ser punidos em dez por cento do valor da causa,[25] que, por sua parte, igualmente vem regulado, correspondendo à vantagem patrimonial em proveito da qual o serviço judiciário será prestado.[26]

Finalizando, aplica-se a disposição atinente à execução de título extrajudicial, conferindo-se ao devedor o direito de quitar o débito em parcelas.[27]

2. OPERATIVIDADE PROCEDIMENTAL

Infere-se claramente dessas disposições a intenção de tornar a técnica operativa, conferindo-lhe plena funcionalidade, como deve ocorrer notadamente com qualquer

---

22 CPC de 2015, art. 701, § 3º: "É cabível ação rescisória da decisão prevista no caput quando ocorrer a hipótese do § 2º".

23 CPC de 2015, art. 502: "Denomina-se coisa julgada material a autoridade que torna imutável e indiscutível a decisão de mérito não mais sujeita a recurso". Ou seja: "decisão de mérito". CPC de 1973, art. 467: "Denomina-se coisa julgada material a eficácia, que torna imutável e indiscutível a sentença, não mais sujeita a recurso ordinário ou extraordinário".

24 CPC de 2015, art. 966: "A decisão de mérito, transitada em julgado, pode ser rescindida quando:". Portanto, não mais se fala em "sentença de mérito", mas sim em "decisão de mérito". CPC de 1973, art. 485: A sentença de mérito, transitada em julgado, pode ser rescindida quando: ".

25 CPC de 2015, art. 702, § 10: "O juiz condenará o autor de ação monitória proposta indevidamente e de má-fé ao pagamento, em favor do réu, de multa de até dez por cento sobre o valor da causa.": § 11: "O juiz condenará o réu que, de má-fé, opuser embargos à ação monitória ao pagamento de multa de até dez por cento sobre o valor atribuído à causa, em favor do autor."

26 CPC de 2015, art. 700, § 3º: "O valor de causa deverá corresponder à importância prevista no § 2º, incisos I a III."; § 2º: "Na petição inicial, incumbe ao autor explicitar, conforme o caso: I – a importância devida, instruindo-a com memória de cálculo; II – o valor atual da coisa reclamada; III – o conteúdo patrimonial em discussão ou o proveito econômico perseguido pelo autor."

27 CPC de 2015, art. 916; CPC de 1973, art. 745-A.

norma processual ou procedimental, conquanto haja essa restrição atinente ao descabimento em face de devedor incapaz.

No primeiro plano, alarga-se a esfera de incidência no que atina à natureza do direito material, na medida em que a limitação atual não faz sentido realmente, sendo fruto de reforma acanhada realizada há quase vinte anos.[28] Ou seja, apenas a prova escrita de obrigação de pagamento de soma em dinheiro, de entrega de coisa fungível ou de entrega de determinado bem móvel pelo regime vigente tem força monitória.

Elogiável o avanço trazido pelo Novo CPC, ampliando a força monitória à prova escrita de qualquer obrigação e admitindo expressamente a prova oral pré-constituída, embora a limite à produção antecipada de provas[29], deixando de fora a justificação, a ata notarial[30] e outras formas de documentação desse meio de prova, como o depoimento colhido pelo próprio advogado, ante a função democrática desempenhada por ele, constitucionalmente considerado indispensável à administração da justiça.[31]

Por certo, o filtro legal em comentário está respaldado no contraditório, conferindo-se força monitória apenas à prova oral produzida sob seu crivo, chamando-se o interessado à participação. Todavia, impende ressaltar que a prova documental, segundo orientação do Superior Tribunal de Justiça, pode ter sido produzida sem a participação do devedor, conforme será visto adiante. E a justificação observa o contraditório.[32]

Por outro lado, na linha operativa, admite-se a separação do joio do trigo, propiciando que o credor desfrute do trigo com brevidade enquanto se depura o joio, cabendo, demais disso, ao devedor que alegar excesso a sua demonstração desde logo, com a indicação do débito que entende devido e com a planilha justificativa.

Visando a essa operatividade necessária, em outras palavras, os embargos suspendem tão somente a parte controvertida e, caso a controvérsia refira-se ao montante da obrigação, cumpre ao devedor precisar o excesso, declarando de imediato o que entende correto e apresentando demonstrativo discriminado e atualizado da obrigação.

De acordo, enfim, com o art. 702, § 7º, quando os embargos forem parciais, constituir-se-á de pleno direito o título executivo judicial em relação à parcela não embargada, sendo possível, além disso, a improcedência liminar dos embargos[33] e o julgamento antecipado parcial do mérito.[34]

---

28 Lei n º 9.097, de 14.7.1995.

29 CPC de 2015, arts. 381 a 383.

30 CPC de 2015, art. 384.

31 CF, art. 133: "O advogado é indispensável à administração da justiça, sendo inviolável por seus atos e manifestações no exercício da profissão, nos limites da lei".

32 CPC de 2015, art. 381, § 5º: "Aplica-se o disposto nesta Seção àquele que pretender justificar a existência de algum fato ou relação jurídica, para simples documento e sem caráter contencioso, que exporá, em petição circunstanciada, a sua intenção."

33 CPC de 2015, art. 332.

34 CPC de 2015, art. 355.

Em fecho, cumprindo-se a exigência de funcionalidade, a suspensão do processo monitório no que atina à parcela embargada, automaticamente por força dos embargos, vai somente até à sentença, de tal sorte que a apelação interposta em caso de rejeição total ou parcial dos embargos não impede a execução da obrigação imediatamente.

3. PROVA ESCRITA SEM EFICÁCIA DE TÍTULO EXECUTIVO

Esse requisito objetivo não sofreu modificação, estando nesses exatos termos em ambos os artigos.[35] Por isso, com o advento do Novo CPC, tende-se a considerar as orientações firmadas até hoje sobre os variados temas. Por hipótese, aquela que vê na ação monitória uma mera faculdade do credor, que, assim, poderá optar pelo procedimento comum; e aquela que, justamente por esse fundamento, mas no concernente à execução, admite que o credor, com título executivo, prefira a ação monitória ou a de procedimento comum à ação de execução.

Nessa toada, veja-se o Jurisprudência em teses do Superior Tribunal de Justiça, contendo vários enunciados:[36] "Considera-se como prova escrita apta à instrução da ação monitória todo e qualquer documento que sinalize o direito à cobrança e que seja hábil a convencer o juiz da pertinência da dívida, independentemente de modelo predefinido"; "A prova escrita hábil a instruir a ação monitória não precisa ter sido emitida pelo devedor ou nela constar sua assinatura"; "A duplicata ou a triplicata sem aceite são documentos idôneos para instruir a ação monitória"; "A nota fiscal, acompanhada da prova do recebimento da mercadoria ou da prestação do serviço, pode instruir a ação monitória"; "Não há impedimento legal para que o credor, possuidor de título executivo extrajudicial, utilize o processo de conhecimento ou a ação monitória para a cobrança"; "É admissível a ação monitória fundada em cheque prescrito" (súm. 299); "Em ação monitória fundada em cheque prescrito, ajuizada em face do emitente, é dispensável menção ao negócio jurídico subjacente à emissão da cártula"; "É cabível a cobrança de despesas de condomínio por ação monitória, ainda que seja possível o ajuizamento de ação pelo rito sumário"; "Cabe ação monitória para haver saldo remanescente oriundo de venda extrajudicial de bem alienado fiduciariamente em garantia" (súm. 384); "O contrato de abertura de crédito em conta-corrente, acompanhado do demonstrativo de débito, constitui documento hábil para o ajuizamento de ação monitória" (súm. 247).

Outras hipóteses, como operação de cartão de crédito, contrato de prestação de serviços com início de prova da execução dos serviços, contrato de ensino igualmente com início de prova da relação jurídica, têm sido admitidas em âmbito de ação monitória.

---

35 CPC de 1973, art. 1.102ª; CPC de 2015, art. 700.

36 Conforme site do STJ, Jurisprudência, Jurisprudência em teses, "Ação monitória I" e "Ação monitória II".

4. MANDADO DE PAGAMENTO E CITAÇÃO

Na finalidade de obviar qualquer dúvida com relação ao chamamento do réu ao processo monitório, o art. 700, § 7º, prescreve que "Na ação monitória admite-se citação por qualquer dos meios permitidos para o procedimento comum".

Realmente, mandado de pagamento não tem a ver necessariamente com oficial de justiça, mas sim com ordem judicial, podendo ser transmitido ao réu por qualquer dos meios admitidos, como pelo correio e por edital, se for necessário.

Aliás, relativamente à citação por edital, o Superior Tribunal de Justiça editou a súmula 282, com o seguinte teor: "Cabe a citação por edital em ação monitória". Ademais, tem-se posicionado no sentido de ser possível a citação com hora certa.

Por sua parte, sempre que ocorrer hipótese do art. 9º do CPC de 1973 existe a obrigatoriedade de nomeação de curador especial, que poderá opor embargos.

No regime do CPC de 2015, a figura do curador especial está prevista no art. 72,[37] trazendo uma modificação essencial no que respeita ao réu preso, pois agora a exigência de nomeação de curador especial a ele se dá somente se ele for revel, ao contrário do disposto no art. 9º do CPC de 1973, que exige a nomeação ao réu preso, quer seja revel quer não.

Vale a nota, ainda, no sentido de que agora não será possível ação monitória contra devedor incapaz, de tal modo a não se cogitar de dação de curador especial a réu incapaz, segundo dispõe o art. 72, inc. I. A ação, todavia, pode ser intentada por incapaz, razão por que pode ocorrer de o juiz ter que dar ao autor curador especial, se não tiver representante ou se o seu interesse colidir com o do representante, enquanto durar a incapacidade.

5. DEVEDOR CAPAZ

Consoante redação clara do art. 700 do CPC de 2015, "A ação monitória pode ser proposta por aquele que afirmar, com base em prova escrita sem eficácia de título executivo, ter direito de exigir do devedor capaz".

Daí inferir-se que aquele que portar prova escrita sem eficácia de título executivo – prova com força monitória – em que o devedor seja incapaz, não poderá manejar a técnica monitória. Essa incapacidade pode ser absoluta ou relativa, eis que o preceito faz referência apenas a devedor capaz.

Curioso que para a execução fundada em título extrajudicial não existe essa limitação quanto à capacidade do devedor, limitando-se o legislador à figura do devedor. Por isso, conquanto a execução forçada seja qualitativamente mais gravosa ao devedor do que a ação monitória, o credor pode intentá-la contra qualquer devedor, seja capaz ou incapaz.

---

37 Art. 72. O juiz nomeará curador especial ao: I – incapaz, se não tiver representante legal ou se os interesses deste colidirem com os daquele, enquanto durar a incapacidade; II – réu preso revel, bem como ao réu revel citado por edital ou com hora certa, enquanto não for constituído advogado. Parágrafo único. A curatela especial será exercida pela Defensoria Pública, nos termos da lei.

A propósito, prescreve o art. 779, inc. I do CPC de 2015 que a execução pode ser promovida contra "o devedor, reconhecido como tal no título executivo".

Essa redução de abrangência da ação monitória poderá acarretar sérios transtornos procedimentais, principalmente porque o credor pode desconhecer a incapacidade do devedor, como geralmente se dá na interdição, vindo a ser alegada e provada no processo.

No regime do CPC de 1973 essa situação é solucionável em âmbito de pressuposto processual, admitindo-se a defesa do interdito, mediante a representação por curador e a intervenção do Ministério Público, prosseguindo-se, desse modo, com os atos procedimentais.

Já, pelo CPC de 2015, competirá ao juiz a extinção do processo por inadequação do meio escolhido (falta de interesse processual) ou, em face da exigência constitucional de processo em tempo razoável e, para isso, de adoção de meios que garantam a celeridade, valendo-se da técnica de flexibilização ou adaptabilidade, autorizar a conversibilidade (transformação da ação monitória em ação de cobrança pelo procedimento comum, em lugar de extinguir o processo monitório), podendo gerar recurso.

6. COMPETÊNCIA

O CPC de 2015, assim como se dá com o CPC de 1973, não cuida de competência em âmbito de ação monitória. Consectariamente incidem as disposições gerais a tal respeito, devendo a ação ser proposta no foro do devedor, mas pode igualmente cogitar de foro de eleição ou de praça de pagamento.

Haja vista, a propósito, os seguintes julgados do Superior Tribunal de Justiça: "A ação monitória deve ser processada e julgada no foro do domicílio do devedor (art. 94, *caput*, do CPC)"[38]; "É competente para julgar ação monitória, lastreada em cheques prescritos, o foro do lugar do pagamento das cambiais, ainda que tenham perdido a força executiva, em face da regra do art. 100, IV, *d*, do CPC"[39].

Se a prova escrita consistir em contrato e houver eleição de foro, esse foro prevalece em tese; se não houver eleição de foro, pode configurar a competência do lugar onde a obrigação deva ser satisfeita, consoante art. 100, inc. IV, letra "d", do CPC de 1973[40].

Em resumo, aplicam-se as disposições gerais sobre competência em nível de ação monitória. Com isso, a ação em princípio será ajuizada no foro do devedor; havendo foro de eleição, neste foro; ou, ainda, no foro onde a obrigação deva ser satisfeita.

---

38 REsp 287.724 (o art. 94 mencionado nesse julgado refere-se ao art. 46 do CPC de 2015).

39 RT 782/286.

40 CPC de 2015, art. 53, III, *d*.

7. HONORÁRIOS ADVOCATÍCIOS

Diferentemente do que se dá no CPC de 1973, o cumprimento da ordem judicial pelo devedor no regime do CPC de 2015 não o isenta da verba honorária, que, por sua vez, é fixada pela lei. Isto é, o art. 701, *caput*, estabelece que o prazo para o cumprimento da obrigação é de quinze dias e que haverá o devedor de quitar os honorários advocatícios de cinco por cento sobre o valor da causa.

Se, preceitua o § 1º, o devedor cumprir o mandado no prazo, será isento do pagamento das custas processuais. Ou seja, a isenção diz respeito somente às custas processuais, não compreendendo os honorários advocatícios fixados pelo próprio *caput* à ordem de cinco por cento do valor atribuído à causa.

Nesse aspecto, o incentivo ao cumprimento da ordem judicial enfraquece, na medida em que a isenção, enfim, concerne unicamente às custas processuais.

Se, por seu turno, os embargos forem rejeitados, haverá condenação nos encargos de sucumbência, com a fixação de honorários advocatícios em substituição aos tais cinco por cento que a lei arbitra para a hipótese de cumprimento da ordem inicial.

Se, por outro lado, os embargos forem acolhidos, essa fixação legal logicamente cai por terra, devendo o embargado ser condenado equidosamente ao pagamento de iguais encargos.

Na hipótese de embargos parciais, a condenação levará em consideração a parcela que os compõe e na hipótese de acolhimento parcial dos embargos, incide o regramento acerca da sucumbência parcial[41].

8. CONSTITUIÇÃO DE PLENO DIREITO DO TÍTULO EXECUTIVO JUDICIAL SE NÃO FOR CUMPRIDA A ORDEM JUDICIAL NEM FOREM OPOSTOS EMBARGOS, NO PRAZO DE QUINZE DIAS, INDEPENDENTEMENTE DE QUALQUER FORMALIDADE

O art. 1.102c do CPC de 1973 limita-se a dizer que se não forem opostos embargos, "constituir-se-á de pleno direito, o título executivo judicial". Embora pareça que essa constituição se opere automaticamente, quando muito se cogitando de decisão meramente declaratória, o tema foi polemizado, chegando-se a afirmar que se realiza na hipótese, por força da decisão, a conversão do mandado monitório em título executivo, para uns tendo essa decisão natureza de sentença, para outros de decisão interlocutória.

Seja como for, agora, pelo texto do art. 701, § 2º, a constituição se operará independentemente de qualquer formalidade. Veja o seu teor: "Constituir-se-á de pleno direito o título executivo judicial, independentemente de qualquer formalidade, se não realizado o pagamento e não apresentados os embargos previstos no art. 702, observando-se, no que couber, o Título II do Livro I da Parte Especial".

---

41 CPC de 2015, art. 86; CPC de 1973, art. 21.

Fulmina-se, desse modo, qualquer dúvida nesse particular, bastando na prática a documentação do não pagamento ou do não oferecimento de embargos, para viabilizar o início da execução pelo credor ou pelo devedor. E essa documentação será realizada por mero termo de certidão do cartório. Assim, igualmente nesse ponto, desembaraçou-se o procedimento, tornando-o francamente operativo.

Concernentemente à execução, deverão ser observadas as disposições dos arts. 513 a 527 do CPC de 2015[42] ou as disposições concernentes à Fazenda, quando for o caso de ação monitória contra a Fazenda Pública.

9. EMBARGOS MONITÓRIOS

Continua a não ser necessária a segurança do juízo e o prazo continua a ser o de quinze dias[43]. Esse prazo, conforme orientação pacífica pelo regime do CPC de 1973, deve ser contado de conformidade com o art. 241.[44]

Por sua parte, "os embargos podem se fundar em matéria passível de alegação como defesa no procedimento comum".[45] Para o CPC de 1973,[46] "os embargos independem de prévia segurança do juízo e serão processados nos próprios autos, pelo procedimento ordinário".

Todavia, apesar de esse preceito referir unicamente procedimento ordinário, admite-se discussão ampla, com apresentação de qualquer matéria digna de defesa em procedimento comum. A diferença é que o Novo CPC traz expressa essa possibilidade.

Ademais, a sumarização diz respeito à fase inicial. Com a oposição dos embargos, a cognição passa de limitada e sumária a plena e exauriente,[47] podendo, além disso, produzir-se prova amplamente.

Por outro lado, "a oposição dos embargos suspende o curso do processo até o julgamento em primeiro grau".[48] Para o CPC de 1973 a oposição dos embargos suspende "a eficácia do mandado inicial".[49] Como se trata de inversão da iniciativa do

---

42 CPC de 1973, arts. 475-I e seguintes.

43 CPC de 2015, art. 702: "Independentemente de prévia segurança do juízo, no prazo previsto no art. 699, poderá o réu opor, nos próprios autos, embargos à ação monitória"; art. 699: "Sendo evidente o direito do autor, o juiz deferirá a expedição de mandado de pagamento, de entrega de coisa ou para execução de obrigação de fazer ou de não fazer, concedendo ao réu prazo de quinze dias para o cumprimento e o pagamento de honorários advocatícios de cinco por cento do valor atribuído à causa".

44 CPC de 2015, art. 231.

45 CPC de 2015, art. 702, § 1º.

46 Art. 1.102c, § 2º.

47 Veja a respeito de cognição principalmente: WATANABE, Kazuo. *Cognição no Processo Civil*. São Paulo: Saraiva, 4ª ed., 2012.

48 CPC de 2015, art. 702, § 4º.

49 CPC de 1973, art. 1.102-C: "No prazo previsto no art. 1.102-B, poderá o réu oferecer embargos, que suspenderão a eficácia do mandado inicial. Se os embargos não forem opostos, constituir-se-á, de

contraditório, incumbe ao embargante infirmar, com suas razões e pela prova produzida ou que haveria de ser produzida,[50] a afirmação do credor com base na prova escrita de obrigação, enfim, de pagar importância em dinheiro, de entregar coisa ou de fazer ou não fazer. Se não obtiver êxito, os embargos serão rejeitados, restaurando-se incontinentemente a eficácia da ordem inicial.

Todavia, pelo regime do CPC de 1973 prevalece a orientação de a apelação ter efeito suspensivo automático, porque se sujeita à disciplina geral, à míngua de constar do rol de exceções.[51] Agora, com essa redação do Novo CPC, considerando que o procedimento é especial e claramente visa à funcionalidade procedimental, conquanto continue a não constar do rol de exceções,[52] em caso de sentença de improcedência dos embargos, liminar ou final, a apelação não terá o efeito suspensivo automático.

Isto porque, enfim, a suspensão do processo, precisamente da ordem de cumprimento da obrigação, vai somente até à sentença, perfeitamente condizente com o propósito da ação monitória.

Ademais, a decisão que liminarmente não admite o processamento dos embargos, por hipótese, por intempestividade, implica sua rejeição liminar e, pois, a constituição de pleno direito do título executivo judicial, tendo a natureza de sentença. Por isso, desafia o recurso de apelação, que, justamente pela razão acima declarada, não terá efeito suspensivo automático.

Seja como for, cabia ao legislador, por princípio de eficiência, maior clareza, explicitando que a apelação da sentença de rejeição liminar ou de improcedência dos embargos monitórios não se processa automaticamente com o efeito suspensivo, fulminando-se, com isso, possível polêmica sobre esse ponto e contribuindo-se, consectariamente, para que o processo monitório cumpra efetivamente seus objetivos.

Impende ressaltar, todavia, que no regime do CPC de 1973 o entendimento predominante confere o duplo efeito à apelação nesses casos, conquanto haja voz no sentido de a ação monitória perder a razão de ser com o processamento da apelação em ambos os efeitos.[53]

---

pleno direito, o título executivo judicial, convertendo-se o mandado inicial em mandado executivo e prosseguindo-se na forma do Livro I, Título VIII, Capítulo X, desta Lei".

50 Se a prova escrita apresentada pelo credor consiste, por hipótese, em duplicata sem aceite de compra e venda mercantil, e o devedor, pelos embargos monitórios, nega que tenha realizado a compra ou que tenha recebido a mercadoria, necessariamente a prova da higidez da operação é daquele que emitiu a duplicata; e a higidez da operação depende, segundo a Lei n. 5.474/68, da produção da prova pelo emitente da duplicata da existência do contrato e da efetiva entrega da mercadoria ao sacado. Por isso, no que atina ao ônus da prova, sempre vai depender da natureza do direito, sem prejuízo da incidência da teoria da distribuição dinâmica desse ônus ou da sua inversão pelo juiz.

51 CPC de 1973, art. 520, segunda parte.

52 CPC de 2015, art. 1.012, § 1º.

53 RT 756/256 e 757/208.

Realmente, o entendimento prevalente tirou todo o sentido lógico dessa ferramenta procedimental, tornando-a quase em desuso ou bem pouco utilizada.

Os embargos, sob a perspectiva da decisão por vir, podem ser: rejeitados liminarmente, por qualquer defeito que impeça a admissibilidade (por ex.: intempestividade, inépcia da petição, falta de capacidade postulatória; ilegitimidade ativa); julgados liminarmente pelo mérito (improcedência liminar do pedido (art. 332 do NCPC)); julgados liminarmente pelo mérito, porém só em parte (improcedência parcial liminar do pedido (arts. 332 e 356 do NCPC)); julgados antecipadamente, procedentes, procedentes em parte ou improcedentes (julgamento antecipado do mérito (art. 355 do NCPC)); julgados antecipadamente, porém só em parte (julgamento antecipado parcial do mérito (art. 356 do NCPC)); julgados, procedentes, procedentes em parte ou improcedentes, depois de instrução (produção de prova documental, pericial e oral, eis que, enfim, admite-se ampla produção de prova).

10. RESPOSTA AOS EMBARGOS

Diferentemente ao que se dá com a redação do CPC de 1973,[54] o Novo CPC menciona o prazo para o embargado oferecer a resposta, nestes termos: "O autor será intimado para responder os embargos no prazo de quinze dias",[55] devendo essa intimação ser realizada na pessoa do advogado do autor-embargado.

Pelo regime do CPC de 1973 entende-se que a não apresentação de resposta não implica o efeito da revelia, porque o autor-embargado é amparado pela presunção decorrente da afirmação com base na prova escrita oferecida. Como o novo texto não traz alteração nesse particular, inevitavelmente o entendimento será justamente esse.

De todo modo, se a prova couber ao embargado, quer tenha ofertado resposta quer não, cumprir-lhe-á o desempenho do ônus, porque, se não se desincumbir dele, poderá sucumbir, se o juiz tiver que julgar a partir do ônus da prova.

11. RECONVENÇÃO

De acordo com o que já consta da apresentação (introdução), a reconvenção, à míngua de regramento específico, será oferecida na própria petição de embargos, consoante se faz no procedimento comum[56] ou, se intentada pelo embargado, na petição de resposta aos embargos, afinal a lei somente proíbe a reconvenção à reconvenção. Ou seja, o embargado, em face dos termos dos embargos, poderá reconvir, se o embargante não o tiver feito.

---

54 CPC de 1973, art. 1.102c. Por isonomia, predominou o entendimento de o prazo ser de quinze dias, igual ao que o embargante tem para opor os embargos.

55 CPC de 2015, art. 702, § 5º.

56 CPC de 2015, art. 343.

Com a oposição dos embargos monitórios o procedimento volta ao comum, com a particularidade de os embargos, que "podem se fundar em matéria passível de alegação como defesa no procedimento comum"[57], inverterem, nesse passo, a polaridade processual, passando o autor a figurar, assim, no polo passivo dos embargos e, com isso, podendo reconvir, caso o embargante, enfim, não tenha oferecido reconvenção. Essa reconvenção do embargado será apresentada na resposta aos embargos, equivalendo essa resposta, para tal finalidade, à contestação no procedimento comum.

Ante essa particularidade procedimental, a reconvenção em um primeiro estágio poderá ser intentada pelo embargante, réu com relação à ação monitória; se ele lha apresentar, como a lei veda reconvenção sucessiva, o embargado deverá limitar-se a responder os embargos e a reconvenção, não podendo, com efeito, reconvir também. Se, entretanto, o embargante limitar-se a embargar, o embargado poderá responder os embargos e oferecer reconvenção, hipótese que exige a oportunização de resposta à reconvenção pelo embargante-reconvindo.

Parece que a proibição de reconvenção à reconvenção não se reduz, para o credor, à causa de pedir fundada no capítulo específico da reconvenção intentada pelo devedor, antes, estende-se ao capítulo propriamente dos embargos (da defesa), porquanto a ideia é limitar a reconvenção a somente uma, para, por arbitramento legislativo, impedir, enfim, um sem-fim de reconvenções, inviabilizando o procedimento.

O art. 343 do CPC de 2015, que versa sobre a reconvenção, igualmente é altamente inovador, seja com relação à forma ou com relação aos sujeitos parciais.

Prescreve, pois, o art. 343 do Novo CPC: "Na contestação, é lícito ao réu propor reconvenção para manifestar pretensão própria,[58] conexa com a ação principal ou com o fundamento da defesa".

A diferença aí é só de forma, porquanto o art. 299 do CPC de 1973 que "a contestação e a reconvenção serão oferecidas simultaneamente, em peças autônomas", ao passo que o art. 315 estabelece que "o réu pode reconvir ao autor no mesmo processo, toda vez que a reconvenção seja conexa com a ação principal ou com o fundamento da defesa".

Ademais, proposta a reconvenção, evidentemente haverá de ser oportunizada a resposta, em obediência ao contraditório, prevendo ambos os códigos que a intimação se faz na pessoa do advogado do reconvindo e que o prazo será o de quinze dias.

Vale a nota no sentido de o CPC de 1973 falar em intimação do reconvindo para contestar[59] e o CPC de 2015 falar acertadamente em intimação do reconvindo para responder.[60]

57 CPC de 2015, art. 702, § 1º.

58 CPC de 2015, art. 18: "Ninguém poderá pleitear direito alheio em nome próprio, salvo quando autorizado pelo ordenamento jurídico. Parágrafo único. Havendo substituição processual, o substituído poderá intervir como assistente litisconsorcial."; CPC de 1973, art. 6º: "Ninguém poderá pleitear, em nome próprio, direito alheio, salvo quando autorizado por lei."

59 Art. 316: "Oferecida a reconvenção, o autor reconvindo será intimado, na pessoa do seu procurador, para contestá-la no prazo de 15 (quinze) dias."

60 Art. 343, § 1º: "Proposta a reconvenção, o autor será intimado, na pessoa de seu advogado, para apresentar resposta no prazo de quinze dias."

Se o reconvindo não apresentar contestação, dá-se a revelia, com a presunção de veracidade dos fatos afirmados pelo reconvinte. Essa presunção de veracidade, no entanto, vale sempre lembrar, refere-se unicamente à matéria fática e, além disso, não é absoluta, é relativa, competindo ao juiz levar em conta todo o contexto procedimental.

Se, por exemplo, em que pese à falta de contestação à reconvenção apresentada pelo devedor, o credor oferece resposta aos embargos, detidamente, e essa resposta no contexto infirma por si a matéria fática que justifica a reconvenção, o juiz a considerará, para desacolher, enfim, a reconvenção.

Por sua parte, prevê o art. 343, § 2º: "A desistência da ação ou a ocorrência de causa extintiva que impeça o exame de seu mérito não obsta ao prosseguimento do processo quanto à reconvenção", essencialmente reproduzindo a disposição do 317 do CPC de 1973, a saber: "A desistência da ação, ou a existência de qualquer causa que a extinga, não obsta ao prosseguimento da reconvenção".

Além disso, preceituam os §§ 3º a 6º do art. 343 do Novo CPC: "A reconvenção pode ser proposta contra o autor e terceiro"; "A reconvenção pode ser proposta pelo réu em litisconsórcio com terceiro"; "Se o autor for substituto processual, o reconvinte deverá afirmar ser titular de direito em face do substituído e a reconvenção deverá ser proposta em face do autor, também na qualidade de substituto processual"; "O réu pode propor reconvenção independentemente de oferecer contestação".

Os embargos não serão anotados no distribuidor, porque são considerados meio de defesa, apenas com a inversão da iniciativa do contraditório. Por isso, também não se cogita de custas iniciais. A reconvenção, entretanto, por constituir nova ação, do reconvinte contra o reconvindo, deverá ser anotada. A propósito, aliás, o art. 286, parágrafo único, do Novo CPC.[61] No que atina a custas iniciais, a depender de lei específica, a reconvenção estará sujeita, conforme ocorre no Estado de São Paulo.[62]

Por fim, consta do art. 318 do CPC de 1973: "Julgar-se-ão na mesma sentença a ação e a reconvenção". Esse dispositivo não foi reproduzido pelo CPC de 2015 porque será expressamente admitida a cisão do julgamento de mérito, a depender da decomposição logicamente possível. De todo modo, preferencialmente deve-se julgar na mesma sentença os embargos monitórios e a reconvenção.

12. AÇÃO RESCISÓRIA E OUTROS MEIOS DE IMPUGNAÇÃO

Quando houver a constituição de pleno direito do título executivo judicial, independentemente de qualquer formalidade, por não ter sido cumprida a obrigação nem opostos embargos, a decisão que desde logo ordenou o cumprimento se torna automa-

61 CPC de 1973, art. 253, parágrafo único.

62 Lei Estadual nº 11.608, de 29.12.2003, art. 4º, I.

ticamente definitiva, com estabilidade imanente à coisa julgada material,[63] por preceito expresso se sujeitando à ação rescisória.[64]-[65]

Essa decisão que ordenou o cumprimento de pronto da obrigação, nesse caso de convolação instantânea em definitiva, pode ser desconstituída, ademais, por impugnação[66] ou por ação declaratória.[67]

A sentença que acolhe ou rejeita os embargos, por sua vez, pode ser impugnada: por apelação; por impugnação ao seu cumprimento; por ação rescisória; por ação declaratória. Tudo a depender do estágio procedimental e da causa de pedir.

Conforme foi exposto anteriormente, na hipótese de improcedência dos embargos, a eficácia da ordem inicial será restaurada incontinentemente, porque a suspensão automática do processo monitório, por força dos embargos, vige tão apenas até à sentença.

Se a rejeição dos embargos for liminarmente, a suspensão sequer se inaugura ou, entendendo-se que a mera apresentação dos embargos a produz incontinentemente, sem que se fale em pronunciamento do juiz, o curso será automaticamente retomado com a publicação da sentença de rejeição liminar.

A decisão que indefere a petição inicial da ação monitória cuida-se de sentença, dando-se, em fecho, a extinção do processo, sujeitando-se, assim, à apelação; a decisão que rejeita liminarmente os embargos monitórios, constituindo-se, consectariamente, de pleno direito o título executivo judicial, é sentença, também desafiando, pois, o recurso de apelação; a decisão que julga liminarmente improcedentes os embargos monitórios (o pedido aí apresentado), igualmente é sentença, cabendo, desse modo, apelação; a decisão que julga os embargos, seja em técnica de julgamento antecipado do mérito ou depois de instrução, é sentença, dela podendo apelar-se.

Todavia, em caso de improcedência parcial liminar dos embargos (arts. 332 e 356 do NCPC) ou julgamento antecipado parcial do mérito (art. 356 do NCPC), embora a decisão seja de mérito, subordina-se ao recurso de agravo de instrumento, por opção legislativa, conforme consta do art. 356, § 5º do Novo CPC, enfim, não importando o quanto caracteriza (decisão interlocutória de mérito; sentença interlocutória; sentença parcial; sentença). Isto é, por opção legislativa a configuração será indiferente para esse fim.

Por sua parte, a decisão que inadmite reconvenção pela disciplina do CPC de 1973 é agravável, mas pela disciplina do Novo CPC será irrecorrível, eis que essa hipótese não consta do rol do art. 1.015 nem existe previsão expressa entre as disposições sobre reconvenção.

---

63 CPC de 2015, art. 499: "Denomina-se coisa julgada material a autoridade que torna imutável e indiscutível a decisão de mérito não mais sujeita a recurso".

64 CPC de 2015, art. 701, § 3º: "É cabível ação rescisória da decisão prevista no caput quando ocorrer a hipótese do § 2º".

65 CPC de 2015, arts. 966 a 975.

66 CPC de 2015, art. 525; CPC de 1973, art. 475-L.

67 CPC de 2015, art. 19; CPC de 1973, art. 4º.

13. LITIGÂNCIA DE MÁ-FÉ

O art. 702 §§ 10 e 11 dispõe: "O juiz condenará o autor de ação monitória proposta indevidamente e de má-fé ao pagamento, em favor do réu, de multa de até dez por cento sobre o valor da causa"; "O juiz condenará o réu que, de má-fé, opuser embargos à ação monitória ao pagamento de multa de até dez por cento sobre o valor atribuído à causa, em favor do autor".

A não ser pelo argumento de essa previsão ter a finalidade de pôr em destaque a importância da ação monitória, constando-se especificamente que o dolo processual de parte do credor ou do devedor aviará condenação nos moldes aí indicados, não faz sentido tal disposição, diante da previsão geral de condenação em multa e ao pagamento de indenização daquele de litigar de má-fé.

Isto mesmo, o art. 79 do Novo CPC diz: "Responde por perdas e danos aquele que litigar de má-fé como autor, réu ou interveniente", reproduzindo a regra do art. 16 do CPC de 1973.

Já o art. 80 do novo código, na linha do art. 17 do velho, prescreve: "Considera-se litigante de má-fé aquele que: I – deduzir pretensão ou defesa contra texto expresso de lei ou fato incontroverso; II – alterar a verdade dos fatos; III – usar do processo para conseguir objetivo ilegal; IV – opuser resistência injustificada ao andamento do processo; V – proceder de modo temerário em qualquer incidente ou ato do processo; VI – provocar incidente manifestamente infundado; VII – interpuser recurso com intuito manifestamente protelatório".

Enquanto do art. 81, com inovações em relação ao art. 18 do CPC de 1973,[68] consta: "De ofício ou a requerimento, o juiz condenará o litigante de má-fé a pagar multa, que deverá ser superior a um por cento e inferior a dez por cento do valor corrigido da causa, e a indenizar a parte contrária pelos prejuízos que esta sofreu, além de honorários advocatícios e de todas as despesas que efetuou. § 1º Quando forem dois ou mais os litigantes de má-fé, o juiz condenará cada um na proporção de seu respectivo interesse na causa ou solidariamente aqueles que se coligaram para lesar a parte contrária. § 2º Quando o valor da causa for irrisório ou inestimável, a multa poderá ser fixada em até dez vezes o valor do salário mínimo. § 3º O valor da indenização será fixado pelo juiz, ou, caso não seja possível mensurá-la, liquidado por arbitramento ou pelo procedimento comum, nos próprios autos".

Impende ressaltar que essa condenação de que trata o art. 702, §§ 10 e 11 do Novo CPC não dispensa a figura dolosa, antes, claramente faz referência à má-fé, seja quando se volta ao devedor ou quando visa ao credor.

---

68 CPC de 1973, art. 18: "O juiz ou tribunal, de ofício ou a requerimento, condenará o litigante de má-fé a pagar multa não excedente a um por cento sobre o valor da causa e a indenizar a parte contrária dos prejuízos que esta sofreu, mais os honorários advocatícios e todas as despesas que efetuou. § 1º Quando forem dois ou mais os litigantes de má-fé, o juiz condenará cada um na proporção do seu respectivo interesse na causa, ou solidariamente aqueles que se coligaram para lesar a parte contrária. § 2º O valor da indenização será desde logo fixado pelo juiz, em quantia não superior a 20% (vinte por cento) sobre o valor da causa, ou liquidado por arbitramento."

A diferença está na porcentagem da multa, na medida em que aí vem prevista multa de dez por cento sobre o valor da causa, estipulando-se, pois, porcentual fixo, ao passo que no regime geral fala-se em multa que "deverá ser superior a um por cento e inferior a dez por cento" (veja que detalhe totalmente desnecessário: não poderá ser um por cento, porque deve ser superior a esse percentual; não poderá ser dez por cento, porque deve ser inferior a esse valor).

Por sua vez, em sintonia com a finalidade visada[69] e sistematicamente, a imposição da multa de dez por cento, pelo art. 702, §§ 10 e 11, não afasta a indenização de que trata o art. 81 nem, se o valor da causa for irrisório ou inestimável, há impedimento a que o juiz, em lugar de aplicar os dez por cento, arbitre a multa em até dez salários mínimos, nos termos do § 2º do art. 81, acima transcrito, a saber, em reprodução: "Quando o valor da causa for irrisório ou inestimável, a multa poderá ser fixada em até dez vezes o valor do salário mínimo".

14. BENEFÍCIO DO PAGAMENTO PARCELADO DO DÉBITO

Diz o § 5º do art. 701: "Aplica-se à ação monitória, no que couber, o art. 916". No que couber porque, tratando esse art. 916 de pagamento parcelado do débito, restringe-se à obrigação de pagar quantia em dinheiro.

Ademais, esse dispositivo está redigido nos seguintes moldes: "No prazo para embargos, reconhecendo o crédito do exequente e comprovando o depósito de trinta por cento do valor em execução, mais custas e honorários de advogado, o executado poderá requerer seja admitido a pagar o restante em até seis parcelas mensais, acrescidas de correção monetária e juros de um por cento ao mês. § 1º O exequente será intimado para manifestar-se sobre o preenchimento dos pressupostos do caput. O juiz decidirá o requerimento em cinco dias. § 2º Enquanto não apreciado o requerimento, o executado terá de depositar as parcelas vincendas, facultado ao exequente seu levantamento. § 3º Deferida a proposta, o exequente levantará a quantia depositada e serão suspensos os atos executivos; caso seja indeferida, seguir-se-ão os atos executivos, mantido o depósito, que será convertido em penhora. § 4º O não pagamento de qualquer das prestações acarretará cumulativamente: I – o vencimento das prestações subsequentes e o prosseguimento do processo, com o imediato início dos atos executivos; II – a imposição ao executado de multa de dez por cento sobre o valor das prestações não pagas. § 5º A opção pelo parcelamento de que trata este artigo importa renúncia ao direito de opor embargos. § 6º O disposto neste artigo não se aplica ao cumprimento da sentença".

Portanto, o devedor, citado, pode: quitar o débito integralmente, com a isenção relativamente às custas processuais (não a honorários advocatícios, conforme já foi visto); valer-se desse art. 916, que lhe confere o direito ao pagamento parcelado do débito, justamente segundo consta acima, caso em que não poderá opor embargos,

69 Elemento teleológico de interpretação.

sujeitando-se, por sua vez, às consequências do descumprimento das condições do benefício; opor embargos.

Se o devedor não quitar o débito integralmente, ainda que se valha do referido benefício, ou se sair vencido nos embargos, com a constituição de pleno direito do título executivo judicial[70], na etapa de execução do título judicial que se constituiu não poderá, enfim, tirar proveito desse benefício, na medida em que não se lho aplica na execução de título judicial, de conformidade com o § 6º acima transcrito.

O título executivo judicial, com relação à obrigação de pagar quantia em dinheiro, será constituído de pleno direito, desse modo, nas seguintes hipóteses: se não houver o pagamento total do débito, apenas com a isenção das custas processuais, nem oposição de embargos, no prazo de quinze dias, contados nos termos do art. 231;[71] invocando-se o benefício do pagamento parcelado, de acordo com o art. 916, se não forem cumpridas as condições aí impostas; se os embargos forem rejeitados.

Ademais, no caso de embargos parciais, quanto à parcela não embargada desde logo constitui de pleno direito o título executivo judicial e, se os embargos forem acolhidos parcialmente, evidentemente no que toca à parte desacolhida implica igual consequência jurídica.

15. TUTELA PROVISÓRIA

Não existe minimamente incompatibilidade lógica entre tutela provisória e procedimento monitório, quer em âmbito inicial de sumarização, favorável ao credor, ou em âmbito de embargos monitórios, favoravelmente ao devedor-embargante, ou, ainda, no que concerne à reconvenção, a serviço do reconvinte.

Se o devedor, por hipótese, na petição de embargos, alegar e provar, por documento inequívoco, a quitação da dívida, e contra ele existir protesto cambial, diante da evidência poderá requerer, em nível de tutela antecipada, que o efeito desse protesto seja imediatamente sustado.

De antemão, pois, não se cogita de incompatibilidade, dependendo o exame da necessidade reclamada pelo direito material, da adequação concreta da técnica procedimental e da utilidade, enfim, do caso concreto, caso a caso.

Veja outra hipótese: se o credor não consegue realizar a citação do devedor e a intimação para o cumprimento da ordem inicial de pagamento emitida pelo juiz, comprovadamente devido à ocultação, sem prejuízo da citação com hora certa, poderá requerer, com fundamento no manifesto propósito protelatório do réu, a constrição antecipada de bens, indicando desde logo a constrição eletrônica em ativos bancários.

70 CPC de 2015, art. 702, § 8º: "Rejeitados os embargos, constituir-se-á de pleno direito o título executivo judicial, prosseguindo-se o processo em observância ao disposto no Título II do Livro I da Parte Especial, no que for cabível".

71 CPC de 2015.

16. CONCLUSÃO

A ampliação da força monitória também às demais modalidades de obrigação associada à limitação da suspensão da eficácia da ordem inicial de cumprimento somente até ao julgamento dos embargos em primeiro grau conferem maior funcionalidade à ação monitória, que, ademais, será servida pelas técnicas francamente operativas de cisão na constituição de pleno direito do título executivo judicial, de improcedência liminar dos embargos, de julgamento antecipado parcial dos embargos ou de julgamento antecipado dos embargos.

Por outro lado, as previsões expressas antes destacadas por certo darão maior segurança ao procedimento, eliminando dúvidas e discussões que lhe travam e produzem, consequentemente, desestímulo ao uso.

Não se olvida, de todo modo, que a disfunção constatada nessas duas décadas de existência local da ação monitória gerou resistência com relação ao seu uso. Notadamente o efeito suspensivo automático atribuído à apelação da sentença que rejeita os embargos, liminarmente ou ao final, compromete definitivamente a operatividade do procedimento, fulminando irremediavelmente seus objetivos e, assim, tornando-o pouco atraente.

Além disso, as técnicas de agilização e proteção rápida do direito lesado ou ameaçado concernentemente ao procedimento comum, que serve à tutela de qualquer modalidade de obrigação, passaram, por seu turno, a ser atraentes, sobretudo porque o capítulo da sentença que confirma a antecipação da tutela, cautelar ou satisfativa, ou que libera desde logo sua eficácia (antecipação de tutela na própria sentença), não está subordinado à apelação com efeito suspensivo automático. E o agravo de instrumento, para o caso de sua adequação concreta, não tem esse efeito suspensivo automático.

Por isso mesmo, é possível que a ação monitória continue meio esquecida, sob a perspectiva prática, talvez reduzida e, ainda assim, em pequena parcela, à obrigação de pagar quantia em dinheiro, eis que o advogado cujo cliente tenha um documento sem executoriedade, mas com força monitória, acerca de obrigação de entregar um imóvel, por certo preferirá valer-se do procedimento comum e suas técnicas, principalmente porque no procedimento comum se admite a cumulação objetiva (por ex.: ação visando à condenação à entrega do imóvel, com requerimento de tutela antecipada, c/c ação visando à condenação ao pagamento de indenização por danos materiais e/ou morais).

Aliás, no regime do CPC de 1973 as ações monitórias existentes versam sobre obrigação de pagar quantia em dinheiro, não se vendo ações monitórias sobre coisa fungível ou sobre determinado bem móvel.

Seja como for, e desde que seja confirmada a limitação da suspensão da eficácia da ordem inicial de cumprimento da obrigação, por força da oposição dos embargos, somente até à sentença (julgamento de primeiro grau), ainda que o embargante vencido apele, a expectativa em termos de eficiência procedimental é altamente confortante.

BIBLIOGRAFIA

ALEXY, Robert. *Teoria dos direitos fundamentais*. Tradução: Virgílio Afonso da Silva. São Paulo: Malheiros, 3ª ed., 2014.

AMARAL, José Amir do. *Algumas considerações sobre a ação monitória* (Ajuris 66/252).

ANDRIGHI, Fátima Nancy. *Da ação monitória: opção do autor* (RT 734/71).

APRIGLIANO, Ricardo de Carvalho. *Ordem pública e processo – o tratamento das questões de ordem pública no Direito Processual Civil*. São Paulo: Atlas, 2011.

ARAUJO, Luiz Alberto David; NUNES JR., Vidal Serrano. *Curso de Direito Constitucional*. São Paulo: Verbatim, 19ª ed., 2015.

ARAÚJO CINTRA, Antonio Carlos; GRINOVER, Ada Pellegrini; DINAMARCO, Cândido Rangel. *Teoria Geral do Processo*. São Paulo: Malheiros, 30ª ed., 2014.

ALVIM, Arruda; ASSIS, Araken de; ALVIM, Eduardo Arruda. *Comentários ao Código de Processo Civil*. São Paulo: RT, 2ª ed.

ALVIM, Arruda; ALVIM, Eduardo Arruda; BRUSCHI, Gilberto Gomes; CHECHI, Mara Larsen; COUTO, Mônica Bonetti. *Execução civil e temas afins – do CPC/1973 ao Novo CPC*. São Paulo: RT, 2014.

ALVIM, Eduardo Arruda. *Direito Processual Civil*. São Paulo: RT, 5ª ed., 2013.

ARRUDA ALVIM, José Manuel. *Manual de Direito Processual Civil*. São Paulo: RT, 16ª ed., 2013.

ÁVILA, Humberto. *Teoria dos princípios* (da definição à aplicação dos princípios jurídicos). São Paulo: Malheiros, 14ª ed., 2013.

BEDAQUE, José Roberto dos Santos. *Direito e processo – influência do direito material sobre o processo*. São Paulo: Malheiros, 6ª ed., 2011.

BEDAQUE, José Roberto dos Santos. *Poderes instrutórios do juiz*. São Paulo: RT, 7ª ed., 2013.

BERMUDES, Sergio. *Ação monitória: Primeiras impressões sobre a Lei nº 9.079, de 14.07.95. in Estudos de Direito Processual em memória de Luiz Machado Guimarães*, Forense.

BEZERRA, Paulo Cesar Santos. *Acesso à justiça – um problema ético-social no plano da realização do direito*. Rio de Janeiro: Renovar, 2ª ed., 2008.

BOBBIO, Norberto. *Teoria geral do direito*. Tradução: Denise Agostinetti. São Paulo: Martins Fontes, 2011.

BRÊTAS, Ronaldo. *Procedimento monitório – Implantação no CPC Brasileiro – Comentários à Lei nº 9.079/95* (RF 343/551).

BUENO, Cassio Scarpinella. *Curso Sistematizado de Direito Processual Civil*. São Paulo: Saraiva, 7ª ed., 2013 (vol. I).

BUENO, Cassio Scarpinella. *Curso Sistematizado de Direito Processual Civil*. São Paulo: Saraiva, 4ª ed., 2013 (vol. IV).

BUENO, Cassio Scarpinella. *Curso Sistematizado de Direito Processual Civil*. São Paulo: Saraiva, 4ª ed., 2013 (v. V).

CABRAL, Antonio do Passo; MITIDIERO, Daniel; COSTA, Eduardo José da Fonseca; DIDIER JR., Fredie; ZANETI JR., Hermes. *Reconstruindo a Teoria Geral do Processo*. Salvador: JusPODIVM, 2012.

CANOTILHO, J. J. Gomes. *Direito Constitucional e Teoria da Constituição*. Coimbra, Portugal: Almedina, 7ª ed., 2003.

CAPPELLETTI, Mauro; GARTH, Bryant. *Acesso à justiça*. Tradução de Ellen Gracie Northfleet. Porto Alegre: Sergio Antonio Fabris Editor, 2002.

CAPPELLETTI, Mauro. *Juízes legisladores?* Tradução de Carlos Alberto Álvaro de Oliveira. Porto Alegre: Sergio Antonio Fabris Editor, 1999.

CARNELUTTI, Francesco. *Como se faz um processo*. Tradução de Hebe Caletti Marenco. Sorocaba, SP: Editora Minelli, 4ª ed., 2006.

CASTRO, Carlos Roberto Siqueira. *O devido processo legal e os princípios da razoabilidade e da proporcionalidade*. Rio de Janeiro: Forense, 5ª ed., 2010.

CHAVES, Rogério Marinho Leite. *Ação monitória contra a Fazenda Pública* (RTRF-1ª Região 9/19).

COL, Helder Martinez Dal. *Ação monitória em face da Fazenda Pública* (RF 358/367).

CORREIA, Marcos Orione Gonçalves. *Teoria Geral do Processo*. São Paulo: Saraiva, 5ª ed., 2009.

COSTA, Daniel Carnio. *Tutelas de Urgência*. Curitiba: Juruá Editora, 2013.

COSTA, Eduardo José da Fonseca. *O direito vivo das liminares*. São Paulo: Saraiva, 2011.

CRUZ, José Raimundo Gomes da. *O procedimento monitório* (RF 356/101).

CUNHA, Leonardo José Carneiro da. *A Fazenda Pública e o procedimento monitório* (RP 124/53).

DIAS, Francisco Barros. *Ação monitória* (RTJE 150/17).

DIAS, Ronaldo Brêtas C. *Ação monitória – Do procedimento monitório* (RJ 229/19).

DIDIER JR, Fredie. *Pressupostos Processuais e Condições de Ação. O juízo de admissibilidade do processo*. São Paulo: Saraiva, 1ª ed., 2010.

DIDIER JR, Fredie; NOGUEIRA, Pedro Henrique Pedrosa. *Teoria dos Fatos Jurídicos Processuais*. Salvador: Editora Jus Podivm, 2ª ed., 2013.

DIDIER JR, Fredie. *Curso de Direito Processual Civil. Introdução ao Direito Processual Civil, Parte Geral e Processo de Conhecimento.* Salvador: JusPODIVM, 17ª ed., 2015, vol. I.

DIDIER JR, Fredie; BRAGA, Paula Sarno; OLIVEIRA, Rafael Alexandria de. *Curso de Direito Processual Civil. Teoria da Prova, Direito Probatório, Decisão, Precedente, Coisa Julgada e Tutela Provisória.* Salvador: JusPODIVM, 10ª ed., 2015, vol. II.

DIMOULIS, Dimitri; MARTINS, Leonardo. *Teoria Geral dos Direitos Fundamentais.* São Paulo: RT, 3ª ed., 2011.

DINAMARCO, Cândido Rangel. *Nova Era do Processo Civil.* São Paulo: Malheiros, 2ª ed., 2007.

FERREIRA, Marco Aurélio Gonçalves. *O devido processo legal: um estudo comparado.* Rio de Janeiro: Lumen, 2004.

FONTAINHA, Fernando de Castro. *Juízes empreendedores – um estudo a partir da informatização dos tribunais brasileiros.* Rio de Janeiro: Lumen, 2012.

FRIEDE, Roy Reis. *Da ação monitória* (RF 334/485, Ajuris 65/247, Just. 173/54).

GAJARDONI, Fernando da Fonseca. *Flexibilização procedimental – um novo enfoque para o estudo do procedimento em matéria processual.* São Paulo: Atlas, 2008.

GARCIA, Gustavo Filipe Barbosa. *Repercussões da Lei 10.444/2002 na ação monitória* (RT 815/101).

GOES, Gisele Santos Fernandes. *Princípio da proporcionalidade no processo civil.* São Paulo: Saraiva, 2004.

GONÇALVES, Marcus Vinícius Rios. *Novo Curso de Direito Processual Civil. Teoria Geral e Processo de Conhecimento.* São Paulo: Saraiva, 9ª ed., 2012 (v. I).

GONÇALVES, Marcus Vinícius Rios. *Novo Curso de Direito Processual Civil. Teoria Geral e Processo de Conhecimento.* São Paulo: Saraiva, 8ª ed., 2012 (v. II).

GRAU, Eros Roberto. *Por que tenho medo dos juízes (a interpretação/aplicação do direito e os princípios).* São Paulo: Malheiros, 6ª ed., 2014.

GRECO FILHO, Vicente. *Direito Processual Civil Brasileiro.* São Paulo: Saraiva, 22ª ed., 2013.

GRINOVER, Ada Pellegrini. *Ação Monitória* (RJ 1/24).

GUINCHARD, Serge; FERRAND, Frédérique; CHAINAIS, Cécile. *Procédure civile.* Paris: Dalloz, 3ª édition, 2013.

HOFFMAN, Paulo. *Monitória efetiva ou cobrança especial? Uma proposta para que o processo monitório atinja seus objetivos* (RP 117/176).

LENZI, Carlos Alberto Silveira. *Do procedimento monitório* (Ajuris 66/237).

LEONEL, Ricardo de Barros. *Tutela Jurisdicional Diferenciada.* São Paulo: RT, 2010.

LISBOA, Celso Anicet. *O mandado monitório objetivamente complexo como chave de alguns problemas da ação monitória* (RF 337/55).

LISBOA, Celso Anicet. *A utilidade da ação monitória.* Forense.

LOPES, João Batista. *Aspectos da ação monitória* (RT 732/74).

MACEDO, Elaine Harzheim. *Da ação monitória* (Ajuris 65/252).

MACIEL JUNIOR, João Bosco Maciel. *O processo monitório na nova 'Ley de Enjuiciamiento Civil' Espanhola* (RP 125/160 e RF 382/87).

MANCUSO, Rodolfo de Camargo. *Acesso à justiça – condicionantes legítimas e ilegítimas*. São Paulo: RT, 2012.

MARQUES, Wilson. *A ação monitória* (RF 348/205).

MARINONI, Luiz Guilherme. *Curso de Processo Civil. Teoria Geral do Processo.* São Paulo: RT, 6ª ed., 2012.

MARINONI, Luiz Guilherme. *Técnica processual e tutela dos direitos*. São Paulo: RT, 4ª ed., 2013.

MARINONI, Luiz Guilherme. *A reforma do CPC e a efetividade do processo (tutela antecipatória, tutela monitória e tutela das obrigações de fazer e de não fazer)* (RF 338/137).

MARINONI, Luiz Guilherme. *O Procedimento Monitório como Forma Processual Destinada a Propiciar uma Maior Efetividade a Tutela dos Direitos* (RT 88/11).

MARINONI, Luiz Guilherme; ARENHART, Sérgio Cruz; MITIDIERO, Daniel. *Curso de Processo Civil. Teoria do Processo Civil.* São Paulo; RT, 2015, vol. I.

MARINONI, Luiz Guilherme; ARENHART, Sérgio Cruz; MITIDIERO, Daniel. *Curso de Processo Civil. Tutela dos Direitos Mediante Procedimentos Diferenciados.* São Paulo; RT, 2015, vol. III.

MARTINS, Ives Gandra da Silva; MENDES, Gilmar Ferreira; NASCIMENTO, Carlos Valder do. *Tratado de Direito Constitucional.* São Paulo: Saraiva, 2ª ed., 2012.

MELLO, Celso Antônio Bandeira de. *O conteúdo jurídico do princípio da igualdade.* São Paulo: Malheiros, 3ª ed., 2013.

MENDES, Gilmar Ferreira; BRANCO, Paulo Gustavo Gonet. *Curso de Direito Constitucional.* São Paulo: Saraiva, 8ª ed., 2013.

MENDONÇA, Fabiano André de Souza. *Assentamentos à ação monitória* (RTJE 142/19 e Lex-JTA 166/6).

MENEZES, Cláudio Armando Couce de. *Ação, processo e procedimento monitório* (RF 337/389).

MEKKI, Soraya Amrani; STRICKLER, Yves. *Precédure civile.* Paris: Thémis droit – PUF, 2014.

MELO, Leila Corsi Diniz. *Ação monitória. Documento unilateral* (RJ 251/58).

MORAES, Alexandre de. *Direito Constitucional*. São Paulo: Atlas, 22ª ed., 2007.

MOREIRA, José Carlos Barbosa. *O novo processo civil brasileiro*. Rio de Janeiro: Forense, 25ª ed., 2007.

NERY JUNIOR, Nelson. *Princípios do Processo na Constituição Federal*. São Paulo: RT, 11ª ed., 2013.

NETO, Olavo de Oliveira; NETO, Elias Marques de Medeiros; OLIVEIRA, Patrícia Elias Cozzolino de. *Curso de Direito Processual Civil*. São Paulo: Verbatim, 2015 (v. 1 – parte geral).

NEVES, Frederico Ricardo de Almeida. *Ação monitória* (RJ 220/15).

NUNES, Gustavo Henrique Schneider. *Tempo do processo civil e direitos fundamentais*. São Paulo: Letras Jurídicas, 1ª ed., 2010.

OLIVEIRA, Guilherme Peres de. *Adaptabilidade judicial: a modificação do procedimento pelo juiz no processo civil*. São Paulo: Saraiva, 2013 (Coleção direito e processo. Coordenação Cassio Scarpinella Bueno).

PAULA, Jonatas Luiz Moreira de. *Ação monitória – Do procedimento monitório* (RJ 222/14).

PEREIRA, Ruitemberg Nunes. *O princípio do devido processo legal substantivo*. Rio de Janeiro> Renovar, 2005.

RABONEZE, Ricardo. *Ação monitória em face da Fazendo Pública* (RJ 252/8).

ROCHA, José Taumaturgo da. *Ela, a ação monitória, vista por nós, brasileiros* (RTJE 146/89).

RODRIGUES FILHO, Eulâmpio. *Ação monitória. Procedimento monitório* (RJ 217/38).

SHIMURA, Sérgio Seiji. *Ação Monitória* (Ajuris 66/261, Just. 173/54).

SILVA, José Afonso da. *Curso de Direito Constitucional Positivo*. São Paulo: Malheiros, 32ª ed., 2009.

SILVA, José Afonso da. *Aplicabilidade das normas constitucionais*. São Paulo: Malheiros, 8ª ed., 2012.

SILVA, Virgílio Afonso da. *A constitucionalização do direito - os direitos fundamentais nas relações entre particulares*. São Paulo: Malheiros, 1ª ed., 2014.

SILVEIRA, Paulo Fernando. *Devido processo legal*. Belo Horizonte: Del Rey, 3ª ed., 2001.

SOARES, Rogério Aguiar Munhoz. *Tutela jurisdicional diferenciada – tutelas de urgência e medidas liminares em geral*. São Paulo: Malheiros, 2000.

SANTOS, Ernane Fidélis dos. *Ação monitória: sistema brasileiro: evolução doutrinária e jurisprudencial*. Dey Rey.

SANTOS FILHO, Orlando Venâncio dos. *Da natureza executiva do procedimento monitório* (RJ 338/51, Ajuris 88/300 e RP 116/67).

SANTOS, Moacyr Amaral. *Primeiras linhas de Direito Processual Civil*. São Paulo: Saraiva, 29ª ed., 2012 (v. I) e 26ª ed., 2013 (vol. II).

TALAMINI, Eduardo. *Tutela monitória*. Coleção Estudos de Direito de Processo Enrico Tullio Lierman, v. 37, Revista dos Tribunais.

TARTUCE, Fernanda. *Igualdade e vulnerabilidade no processo civil*. Rio de Janeiro: Forense, 2012.

TEIXEIRA, Rodrigo Valente Giublin. *O documento eletrônico como prova no procedimento monitório* (RP 132/83).

TEMER, Michel. *Elementos de Direito Constitucional*. São Paulo: Malheiros, 11ª ed., 1995.

THEODORO JUNIOR, Humberto. *Curso de Direito Processual Civil*. Rio de Janeiro: Forense, 54ª ed., 2013 (vol. I).

THEODORO JUNIOR, Humberto. *Processo Cautelar*. Rio de Janeiro: Forense, 25ª ed., 2010.

THEODORO JUNIOR, Humberto. *Tutelas diferenciadas como meio de incrementar a efetividade da prestação jurisdicional*. Rio de Janeiro: Gz Editora.

THEODORO JUNIOR, Humberto. *O procedimento monitório e conveniência de sua introdução no processo civil brasileiro* (RF 271/71).

THEODORO JUNIOR, Humberto; NUNES, Dierle; BAHIA, Alexandre Melo Franco; PEDRON, Flávio Quinaud. *Novo CPC – fundamentos e sistematização*. Rio de Janeiro: Forense, 2015.

TUCCI, José Rogério Cruz e. *Ação monitória*. Revista dos Tribunais.

VUITTON, Xavier; VUITTON, Jacques. *Les référés – procédure civile; contentieux administratif; procédure pénale*. Paris: LexisNexis, 3ª édition, 2012.

WAMBIER, Teresa Arruda Alvim. *Nulidades do processo e da sentença*. São Paulo: RT, 7ª ed., 2013.

WAMBIER, Teresa Arruda Alvim; CONCEIÇÃO, Maria Lúcia Lins; RIBEIRO, Leonardo Ferres da Silva; MELLO, Rogerio Licastro Torres de. *Primeiros comentários ao novo Código de Processo Civil*. São Paulo: RT, 2015.

WAMBIER, Luiz Rodrigues; TALAMINI, Eduardo. *Curso Avançado de Processo Civil*. Teoria Geral do Processo e Processo de Conhecimento. São Paulo: RT, 15ª ed., 2015, vol. I.

WATANABE, Kazuo. *Cognição no Processo Civil*. São Paulo: Saraiva, 4ª ed., 2012.

YOHIKAWA, Eduardo Henrique de Oliveira. *Origem e evolução do devido processo legal substantivo - o controle da razoabilidade das leis do século XVII ao XXI*. São Paulo: Letras Jurídicas, 2007.

ASTREINTE – A FORMA DE INTIMAÇÃO DO OBRIGADO E A (IM)POSSIBILIDADE DE MODIFICAÇÃO DO VALOR FIXADO NO NOVO CPC

Lucas Rister de Sousa Lima
Natalia Vidigal Ferreira Cazerta

SUMÁRIO: 1. Introdução; **2.** Da forma de intimação do obrigado para fluência da astreinte; **2.1.** Do entendimento do STJ. **3.** O valor, a periodicidade e a (im)possibilidade de modificação da astreinte. **4.** Breve síntese das alterações quanto ao tema no novo CPC. Bibliografia.

1. INTRODUÇÃO

A aplicação da astreinte no direito pátrio é palco de inúmeras discussões e divergências, tanto doutrinárias quanto jurisprudenciais, e a ausência de disposição legal específica sobre diversos aspectos atinentes à sua aplicação é um dos principais motivos para os incontáveis debates envolvendo o tema na atualidade.

Dada a necessidade de sedimentar soluções para algumas controvérsias que permeiam o assunto, considerando não só a evolução do instituto no direito nacional como o atual cenário que envolve a edição de um novo Código de Processo Civil, sentiu-se a necessidade de que o indigitado *codex* (sancionado em março/2015) contemplasse em seu bojo respostas para vários aspectos polêmicos que envolvem o tema. Todavia, embora a redação final do novo CPC traga soluções para grande parte das questões atualmente em debate, infelizmente, ainda não foi capaz de albergar todas as respostas que se fazem prementes, como a seguir passar-se-á a demonstrar acerca de alguns aspectos relacionados ao tema.

2. DA FORMA DE INTIMAÇÃO DO OBRIGADO PARA FLUÊNCIA DA ASTREINTE

Para a exigibilidade desta medida coercitiva, é posicionamento majoritário na jurisprudência[1] (súmula 410 do STJ),[2] seguido por parte da doutrina,[3] que se faz necessá-

1 STJ, AgRg no REsp 1244093/SP, Rel. Ministro JOÃO OTÁVIO DE NORONHA, TERCEIRA TURMA, julgado em 22/04/2014, DJe 02/05/2014; STJ, AgRg no Ag 1312084/ES, Rel. Ministro RAUL ARAÚJO, QUARTA TURMA, julgado em 17/12/2013, DJe 03/02/2014

2 "A prévia intimação pessoal do devedor constitui condição necessária para a cobrança de multa pelo descumprimento de obrigação de fazer ou não fazer." (Súmula 410, SEGUNDA SEÇÃO, julgado em 25/11/2009, REPDJe 03/02/2010, DJe 16/12/2009)

3 GOMES JUNIOR, Luiz Manoel. Cumprimento de decisão judicial que fixou a multa. BRUSCHI, Gilberto Gomes. SHIMURA, Sérgio. (coords). *Execução Civil e Cumprimento da Sentença.* São Paulo:

ria a intimação pessoal do devedor em casos de condenação a obrigações de fazer e não fazer, sejam elas impostas por meio de decisão interlocutória ou de sentença, a partir de quando passará a fluir o prazo concedido para o cumprimento da obrigação estabelecida, incidindo a astreinte em caso de descumprimento da decisão.

Todavia, não obstante o texto da súmula e o argumento de que, por tratar-se de uma obrigação pessoal, a parte devedora teria o direito à "ciência pessoal" da condenação que lhe foi imposta (o que justificaria e respaldaria, no caso, a imprescindibilidade de sua intimação), vê-se que tal exigência destoa da lógica aplicada a todo o restante do CPC no que concerne aos demais atos processuais (inclusive no tocante à multa do art. 523, § 1º, do CPC/2015 – art. 475-J do CPC/1973), nos quais a intimação acontece (sempre) na pessoa do advogado constituído nos autos[4], consoante se depreende dos artigos 271, 272, 273 e 1.003 do CPC/2015 (correspondentes aos artigos 235, 236, 237 e 242 do CPC/1973), que não deixam dúvidas acerca do asseverado.

Foi sob esse mesmo viés que, após muito se discutir, o STJ[5] consolidou o entendimento no sentido de que em todos os outros casos (à exceção das hipóteses contempladas na súmula 410), até mesmo no tocante à multa prevista no art. 475-J do CPC/1973 (art. 523, § 1º, do CPC/2015), deve ser realizada a intimação via DOE, na pessoa do advogado constituído, orientação esta que restou sedimentada, inclusive, por meio do julgamento proferido pela Corte Especial no REsp nº 940.274/MS.[6]

Inexistem razões lógicas, contudo, que justifiquem tal diferença de regimes entre a multa prevista no artigo 523, § 1º do NCPC e a multa por descumprimento de obrigação de fazer, porquanto nenhum dos dois atos (pagar quantia certa ou cumprir uma obrigação de fazer) pode ser cumprido pelo advogado. É dizer: se para cumprir obrigação pecuniária sob pena de multa a parte pode ser intimada através de seu advogado, para cumprir obrigação específica, personalíssima (de fazer), também tem que poder, não havendo fundamento legal capaz de justificar tal dicotomia entre ambas as situações.

Dessa forma, ao que parece, salvo nas hipóteses de decisões liminares proferidas *inaudita altera pars*, em que a parte ré ainda não constituiu advogado (quando, aí sim, faz sentido em falar-se em necessidade de intimação pessoal),[7] não há embasamento jurídico assaz a fundamentar tal exigência quando a parte já possui nos autos seu representante legal, devidamente constituído, sendo que a exigência da intimação

Método, 2007, V. 1, p. 339; AMARAL, Guilherme Rizzo. *As astreintes e o processo civil brasileiro – Multa do art. 461 do CPC e outras*. 2ª Edição. Porto Alegre: Livraria do Advogado. 2010, p. 145.

4 OLIVEIRA, Evandro Carlos de. *Multa no Código de Processo Civil. Coleção Direito Processual e Técnicas de Direito Processual.* Coord. Cassio Scarpinella Bueno. São Paulo, Saraiva, 2011, p. 164.

5 STJ. AgRg no Ag 1368892 / RS, Rel. Ministro PAULO DE TARSO SANSEVERINO, Terceira Turma, julgado em 13/03/2012, DJe 19/03/2012; STJ. REsp 1265422 / RS, Rel. Ministro MAURO CAMPBELL MARQUES, Segunda Turma, julgado em 18/08/2011, DJe 25/08/2011.

6 STJ, REsp 940.274/MS, Rel. Ministro HUMBERTO GOMES DE BARROS, Corte Especial, DJe 31/05/2010

7 OLIVEIRA, Evandro Carlos de. *Multa... cit.*, p. 165.

pessoal somente tem servido, deveras, para ser usada de artimanha processual em prol dos obrigados, para ganharem tempo e protelar o cumprimento das suas obrigações. Aliás, entender que a intimação na pessoa do advogado não pressupõe a ciência da parte implica em ignorar o CPC e atenta contra a própria classe dos advogados, que passarão, com o tempo, a ser considerados figuras meramente decorativas no cenário jurídico-processual.

A corroborar com esse entendimento, verte o positivado nos artigos 116 e 679 do Código Civil, nos quais se estabelece que o mandante/representado responderá pelos atos que seu advogado praticar (ainda que em seu prejuízo) – e, consequentemente, pelas intimações decorrentes do processo que receber -, na modalidade de culpa *in vigilando* e *in eligendo*, possuindo o cliente pleno respaldo legal para, no futuro, ser ressarcido e indenizado de eventuais prejuízos que considere terem sido causados por seu advogado.[8] Endossando o acima asseverado, em certa medida, é o escólio de Cândido Rangel Dinamarco[9] e Ana Lúcia I. M. Oliveira,[10] entendendo ambos que a parte inexoravelmente deverá responder pelos atos praticados em juízo por seus representantes, nos casos de litigância de má-fé.

Foi assim, certamente influenciado pelas considerações acima exaradas, que, apesar da súmula supracitada, emergiu, dentro do próprio STJ, divergência sobre o assunto (a qual será pormenorizadamente analisada no próximo item). Mesmo porque, a insistência na necessidade da intimação pessoal do devedor vem criando situações esdruxulas na praxe forense, em que a parte pode, *v. g.*, recorrer da decisão proferida em seu desfavor, mas não pode, por outro lado, paradoxalmente, “cumpri-la”. Com respaldo no brocado latino “*No venire contra factum proprium*”, não se mostra correto que diante de atos processuais que demonstrem a inequívoca ciência da parte a respeito da decisão que lhe condenou ao pagamento da multa diária (por exemplo, a interposição de recurso contra a decisão que estabeleceu a multa), esta possa eximir-se de sua obrigação sob o argumento de que não teria sido devidamente intimada. Se com a publicação da decisão, por si só, já se afigura possível, por expressa determinação do NCPC (art. 1.003 – correspondente ao antigo art. 242 do CPC/1973), que a parte seja considerada intimada, o que se dirá, então, em hipóteses em que houve interposição de recurso (qualquer que seja ele) pela parte condenada.

A despeito do entendimento sumulado, no intento de mitigar situações como a supradescrita, quando outros atos processuais (tais como interposição de recursos, manifestações de impugnação, cumprimento parcial da ordem, etc) dão conta da ciência inequívoca da parte a respeito da obrigação em que foi condenada, tem então o TJSP buscado encontrar um meio-termo, a fim de evitar verdadeiras aberrações jurídicas, concluindo pela desnecessidade de intimação pessoal e admitindo a fluência

---

8 *Ibidem,* p. 165

9 DINAMARCO, Cândido Rangel. *A reforma da reforma.* 4ª ed., Malheiros, 2002, pp. 66-67.

10 OLIVEIRA, Ana Lúcia I. M. de. *Litigância de má-fé.* São Paulo: RT, 2000, pp. 70-71.

da multa a partir do ato capaz de demonstrar que a parte já tinha conhecimento da decisão.[11]

Embora a mencionada solução não se afigura a mais correta (sendo certo que, consoante ocorre com todas as demais decisões judiciais, deve ser igualmente admitida para a hipótese *sub examine* a intimação via diário oficial, quando a parte já possui advogado devidamente constituído), é digno de nota tal posicionamento do tribunal de justiça bandeirante, reiterado em alguns outros julgados posteriores,[12] o qual – ao menos – não ignora o contexto do caso concreto e a má-fé dos obrigados, tentando, de maneira razoável, conciliar todos os interesses envolvidos para a melhor resolução do litígio.

Finalmente, cumpre esclarecer que a intimação do causídico não é para que o mesmo cumpra o comando da decisão, mas sim para que dê ciência ao seu cliente/mandante acerca do teor daquela, do mesmo modo em que ocorre quando intimado nos termos do arts. 523, § 1º e 774, § único, do CPC/2015 (correspondente aos arts. 475-J, 600 e 601 do CPC/1973), e dos demais atos/decisões proferidas no curso do processo, em que o advogado é intimado para informar ao seu cliente, na condição de seu representante, sobre o andamento do processo e dos atos a serem por ele praticados. E, por conta de toda a argumentação supraexposta e das diretrizes que norteiam o ordenamento processual vigente, atentos aos objetivos que embasaram a evolução das técnicas de tutela jurisdicional, foi que os Ministros do STJ começaram a repensar a questão, consoante esclarece a Min. Nancy Andrighi,[13] em seu voto lavrado no acórdão que julgou embargos de divergência (que será melhor analisado a seguir) e instaurou salutar dissidência acerca do teor e a exata interpretação da súmula 410.

2.1. Do entendimento do STJ

O entendimento maciço do STJ, consequentemente seguido pela maioria dos Tribunais estaduais, veiculado por meio da Súmula 410 do STJ, era no sentido de que a intimação dos condenados a obrigação de fazer e não fazer, tidas como personalíssimas, deveria ocorrer diretamente na pessoa do obrigado, sob pena de considerar-se nula ou inválida a referida intimação. Contudo, não obstante a redação da referida súmula e os argumentos que a embasaram, considerando as reformas legislativas e os objetivos destas, em 02/02/2011, o Min. Herman Benjamin[14] acabou por divergir do teor daquele

---

11 TJSP, AG 990.10.132663-9, rel. José Carlos Ferreira Alves, 2ª Câmara de Direito Privado, DJ 07/12/2010 e TJSP, Agravo de Instrumento nº 990.09.365351, rel. Berenice Marcondes Cesar, DJ 29/06/10.

12 TJSP, 23ª Câmara de Direito Privado, Agravo de Instrumento n.º 0185730-07.2011.8.26.0000, Rel. Des. Rizzatto Nunes, DJ 18/01/2012 e Embargos de declaração nº 0185730-07.2011.8.26.0000/500000, DJ 17/04/2012.

13 STJ, EAg 857758, Rel. Min. Nancy Andrighi, Segunção Seção, DJe 25/08/2011

14 STJ, AgRg no AG n. 1.332.796, rel. Min. Herman Benjamin, DJE 02/02/2011.

verbete (fundamentando seu posicionamento no entendimento esposado em outras decisões anteriores, também do STJ),[15] concluindo em acórdão de sua relatoria pela desnecessidade de intimação pessoal da parte condenada à obrigação de fazer, com esteio no art. 461 do CPC/1973 (art. 497 do NCPC).

A partir de então, reacendeu-se a discussão da aludida matéria naquela Corte Superior, vindo à tona todos os argumentos (mencionados no tópico anterior) que levaram às reformas processuais havidas em 2005 e 2006 (mormente o sincretismo e a necessidade de uma prestação jurisdicional mais célere), os quais, reforçados pelo acórdão prolatado no REsp nº 940.274/MS (que sedimentou o posicionamento no sentido de que a intimação prevista no artigo 475-J do CPC/1973 poderia se dar na pessoa do advogado, via diário oficial), levaram o STJ, por meio dos embargos de divergência interpostos no agravo nº 857.758-RS (EAg 857758), a posicionar-se de maneira antagônica ao entendimento exarado na súmula 410 daquela casa de justiça, vindo a concluir que, nos casos do art. 461, §4º, do CPC/1973[16] (a partir da vigência da Lei 11.232/2005), a intimação do devedor para cumprir obrigação de fazer, a exemplo das demais (máxime a multa do art. 475-J do CPC/1973), também deve ser realizada via imprensa oficial, na pessoa do advogado.[17]

Ao que parece, tem mesmo de ser assim, aceitando-se a possibilidade de intimação via imprensa oficial, consoante tem decidido o STJ em outros julgados mais recentes,[18] ratificando o entendimento consolidado nos embargos de divergência acima

---

15 STJ, EDcl no REsp 1087606/RJ, Rel. Ministro Castro Meira, Segunda Turma, DJe 01/07/2009 e STJ, REsp. 663.774/PR, Rel. Ministra Nancy Andrighi, Terceira Turma, DJ 20/11/2006.

16 Art. 537 do CPC/2015.

17 "Destarte, a iniciativa que levou à inserção dos arts. 652, § 4º [art. 841, § 1º, do CPC/2015), e 659, § 5º [art. 841, § 3º, do CPC/2015], no CPC, de intimação do devedor, na pessoa de seu advogado, acerca de atos e ônus relacionados com a penhora (nomeação de bens e depósito), deve se propagar para outros dispositivos do Código, sobretudo aqueles relacionados ao cumprimento da sentença e à execução, como fez a Corte Especial no julgamento do REsp 940.274/MS. Aliás, o posicionamento do STJ sobre a possibilidade de intimação da parte via advogado deve ser visto como uma resposta à evolução escalonada que o legislador vislumbrou para processo civil. A compreensão total do âmbito das reformas exige tempo, para que a direção tomada pelas normas processuais fique mais clara e o espírito do intérprete se desprenda das concepções antigas. Diante disso, também a ciência acerca da imposição da multa prevista no art. 461, § 4º [art. 537 do CPC/2015], do CPC, deverá ser feita na pessoa do advogado, dispensando a intimação pessoal do devedor. Somente assim é que se estará efetivamente cumprindo o desígnio das reformas, mantendo o Código harmônico e coeso. (...)" (STJ, EAg nº 857.758-RS. 2010/0010160-5. Rel. Min. Nancy Andrighi, DJe: 25/08/2011).

18 "PROCESSUAL CIVIL. OFENSA AO ART. 535 DO CPC NÃO CONFIGURADA. CUMPRIMENTO DE SENTENÇA. CONDENAÇÃO A OBRIGAÇÃO DE FAZER COM COMINAÇÃO DE ASTREINTES. INTIMAÇÃO PESSOAL DO DEVEDOR. DESNECESSIDADE. 1. A solução integral da controvérsia, com fundamento suficiente, não caracteriza ofensa ao art. 535 do CPC.2. O STJ assentou entendimento pela desnecessidade, a partir da vigência da Lei nº 11.232/2005, de intimação pessoal do executado para cumprimento de sentença de obrigação de fazer, a fim de viabilizar a cominação da pena de multa diária. Precedente: AgRg nos EAREsp 260190/RS, Rel. Ministro Castro Meira, Corte Especial, DJe 19.8.2013. 3. Na hipótese dos autos, a sentença que se

referido, sob pena de, consoante já exposto, a parte somente aquiescer aos atos praticados e às intimações recebidas pelo patrono, em juízo, quando assim lhe convier ou for beneficiada. Há que se rememorar, como bem observou a min. Nancy Andrighi em seu voto proferido no citado embargos de divergência, que inexiste distinção ontológica entre o cumprimento de obrigação de fazer/não fazer e de pagar (dependendo ambas de iniciativa da parte), divergindo ambas apenas quanto ao prazo para cumprimento, uma vez que o prazo das obrigações de pagar é estabelecido pela lei (15 dias), enquanto o prazo das obrigações de fazer é fixado pelo juiz casuisticamente.

Destarte, se não há distinção entre pagar e fazer, pois ambas as obrigações dependem exclusivamente de ato da parte, não faz sentido admitir-se a diferenciação de situações absolutamente similares, máxime após o entendimento consolidado pela Corte Especial, quanto às obrigações de pagar, que tem tudo para permanecer hígido com a vigência do NCPC. Neste compasso, admitir entendimento diverso do apregoado com muita propriedade pela ministra, seria o mesmo que privilegiar a execução de obrigações de pagar em detrimento da execução das obrigações de fazer, favorecendo-se, inclusive, a ocultação do devedor nestas.[19]

De se notar, ademais, que a indigitada modificação de posicionamento vem respaldada na mudança legislativa que alterou substancialmente nosso processo de execução (nos idos de 2005 e 2006) e foi mantida, na sua essência, pelo NCPC. Portanto, o resultado dos embargos de divergência mencionado não possui o condão de infirmar o entendimento consubstanciado na súmula 410 do STJ antes de tal alteração legislativa, devendo tal verbete sumular ser aplicado apenas para as hipóteses de decisões

busca cumprir, a qual impôs à Cedae a obrigação de normalizar o fornecimento de água em favor do autor, sob pena de multa diária, foi proferida em 5.5.2010 (fl. 102, e-STJ). Portanto, no presente caso, é desnecessária a intimação pessoal do devedor para o cumprimento da obrigação, a fim de ensejar a incidência de astreintes. Agravo Regimental não provido." (STJ. AgRg no AREsp 405.565/RJ, Rel. Ministro HERMAN BENJAMIN, Segunda Turma, julgado em 03/12/2013, DJe 28/02/2014) Vide também: STJ, AgRg no AREsp102.561/RS, Rel. Ministro Nancy Andrighi, Terceira Turma, DJe 26/06/2012.

19 "Em que pese o fato de receberem tratamento legal diferenciado, não há distinção ontológica entre o ato de fazer ou de pagar, isto é, o pagar também implica um fazer, ambos dependendo da iniciativa pessoal da parte.(...) Portanto, sendo as obrigações iguais na sua essência, não há porque o devedor ser delas intimado de modo diferente, sobretudo na hipótese em que, com base no art. 461, § 4º, do CPC, o Juiz impõe multa para o descumprimento da obrigação de fazer, circunstância que ocorre automaticamente nas obrigações de pagar quantia certa, nos termos do art. 475-J do CPC. (...) Exigir a intimação pessoal do devedor no cumprimento de obrigações de fazer e de não fazer proporciona, ainda, o estímulo à sua ocultação, já que sem essa formalidade não haverá como lhe impor medidas coercitivas para o cumprimento específico da obrigação. Essa situação, de certa forma, privilegia a execução inespecífica das obrigações, tratada como exceção pelo próprio art. 461 do CPC. (...) A uniformização de procedimentos, tendente ao estabelecimento de regras aplicáveis a todas as situações análogas, simplifica a ação e evita o surgimento de verdadeiras "arapucas" processuais que confundem e dificultam a atuação em juízo, transformando-a em terreno incerto" (STJ, EAg nº 857.758-RS. 2010/0010160-5, Rel. Min. Nancy Andrighi, DJe 25/08/2011).

proferidas antes da lei nº 11.232/05, como se obtemperou em outro julgado da aludida Corte Superior, proferido em 20/04/12, posteriormente ao julgamento dos embargos de divergência.[20]

Desta forma, seguindo o clamor da sociedade e da doutrina, no anelo de se alcançar um processo mais célere, menos burocrático e capaz de assegurar de maneira mais efetiva e paritária o direito nele guerreado, a Corte Superior repensou seu posicionamento exarado por meio da súmula 410 do STJ, a qual, agora, conforme julgado supracitado, deverá ser aplicada apenas àqueles casos anteriores a edição da lei 11.232/2005. Todavia, longe de ter se pacificado a questão, o próprio STJ, mesmo após os acórdãos prolatados nos Embargos de Divergência em Agravo nº 857.758-RS e no Recurso Especial nº 1.121.457-PR, continua proferindo decisões ora aceitando a intimação do advogado,[21] ora exigindo a intimação pessoal da parte.[22]

Quanto ao tema, cumpre esclarecer que o novo CPC não traz nenhuma modificação em comparação com o código de 1973 e perde a chance de colocar um fim em tal celeuma, nada positivando a respeito de qual o meio adequado para que se realize a intimação do obrigado ao cumprimento da medida estabelecida na decisão judicial. Tal silêncio parece ratificar ainda mais o posicionamento aqui defendido, afinal, face a ausência de regra específica para tais hipóteses, de rigor que seja seguida a regra geral do código (com a intimação da parte através de seu advogado).

3. O VALOR, A PERIODICIDADE E A (IM)POSSIBILIDADE DE MODIFICAÇÃO DA ASTREINTE

Em vista de sua função, verifica-se que a multa não possui um valor inicial e nem um limite preestabelecido, devendo sempre levar em conta o caso concreto. Por não se poder correr o risco da astreinte não possuir carga coercitiva adequada para cumprir a sua função, mormente em casos envolvendo direitos não patrimoniais, é que a referida multa não possui (e nem pode possuir) um teto máximo, como sugerem alguns doutrinadores que, insistindo nas discussões existentes antes da reforma legislativa, defendem que tais multas deveriam ser limitadas ao valor da obrigação.[23]

Todavia, limitar o valor da astreinte ao valor da obrigação por vezes retiraria o seu caráter coercitivo e, na melhor das hipóteses, seria equivalente a admitir-se que o Estado somente resguarda ao jurisdicionado o direito de se ver ressarcido em perdas e danos, ou seja, de obter o seu equivalente pecuniário, o que levou o novo CPC a manter

20 STJ. Recurso Especial nº 1.121.457-PR. 2009/0020178-7. Terceira Turma. Rel. Min. Nancy Andrighi. DJe: 20/04/2012.

21 STJ, AgRg no AREsp 370.801/RJ, Rel. Ministro Humberto Martins, Segunda Turma, DJe 30/09/2013.

22 STJ, REsp 1349790/RJ, Rel. Ministra Maria Isabel Gallotti, Segunda Seção, DJe 27/02/2014.

23 OLIVEIRA, Evandro Carlos de. *Multa no Código de Processo Civil.* São Paulo, Saraiva, 2011, p. 159.

as mesmas disposições atuais, sem estabelecer nenhum teto máximo ou limite para a astreinte.[24] O estudo desta tutela inibitória faz concluir, então, que o montante arbitrado deve ser considerável e relevante, capaz de compelir o demandado ao cumprimento da obrigação,[25] ainda que sua soma, futuramente, venha a se tornar quantia vultosa, pois isso tão-somente irá ocorrer se o executado permanecer – injustificadamente – sem cumprir sua obrigação.[26]

No aspecto, em alguns julgados do STJ[27] tem-se entendido que a astreinte pode atingir valores elevados por conta da recalcitrância injustificada dos executados, que contam com a sua redução ou com a ineficácia do Poder Judiciário, e, por isso, deixam de cumprir as decisões dele emanadas propositadamente.

Considerando-se tais premissas, a dúvida que surge é a respeito dos efeitos dessa decisão que modifica a multa arbitrada, bem como de suas consequências, posto que a aplicação do § 1º do art. 537 do novo CPC (que permite a modificação do valor fixado a qualquer tempo), indistintamente, pode criar, além de uma série de contrassensos e incoerências dentro do próprio ordenamento jurídico (contrariando suas premissas mais basilares), notável insegurança jurídica, retirando do referido instituto sua característica mais importante (qual seja, seu poder coercitivo), por levar a crer que sempre que a indigitada sanção tornar-se vultosa haverá a possibilidade de sua redução. E, foi certamente por tais razões que o novo CPC previu em seu artigo 537, §1º, que a decisão que modifica o valor da astreinte *vincenda* (o que, a teor dos incisos I e II desse dispositivo apenas poderá ocorrer quando a mesma se tornar insuficiente, excessiva, ou quando o obrigado demonstrar cumprimento parcial superveniente da obrigação ou justa causa para o descumprimento) não possui efeito retroativo em nenhum caso, nem mesmo nas situações supraelencadas, tanto que no aludido dispositivo o legislador se valeu da expressão multa *vincenda* (e não vencida) quando se referiu às hipóteses em que tal multa poderia ser alterada.[28]

---

24 Não obstante tenha se tentado, na versão originária do anteprojeto, restringir o valor da multa ao montante equivalente ao da obrigação (quando esta fosse estimável), tal limitação caiu posteriormente e não foi mantida na versão final (e sancionada) do Código.

25 DIDIER JUNIOR, Fredie; CUNHA, Leonardo José Carneiro da; BRAGA, Paula Sarno; OLIVEIRA, Rafael. *Curso de Direito Processual Civil*. Salvador: Juspovm, 2009, v. 5, p. 409.

26 DINAMARCO, Cândido Rangel. *Instituições de Direito Processual Civil*. 3º Ed. São Paulo: Malheiros Editores, 2009, v. 4, p. 537.

27 STJ, REsp 681.294-PR, Terceira Turma, DJe 18/02/2009 e REsp 1.135.824-MG, ambos relatados pela Min. Nancy Andrighi, DJe 14/03/2011 (Informativo do STJ nº 0448, período: 20 a 24 de setembro de 2010).

28 Em sentido diverso ao posicionamento exarado no texto, foi o parecer do senador Vital do Rego, quando opinou pela exclusão da expressão 'sem eficácia retroativa' da redação do § 1º do art. 551 da versão da Câmara dos Deputados: "Ao contrário do proposto no § 1º do art. 551 do SCD, a modificação do montante de astreintes devem ser suscetíveis de alteração pelo juiz com eficácia retroativa quando o seu valor se tornou excessivo ou insuficiente ou, ainda, quando o devedor cumpriu parte da dívida. Caso contrário, a eficácia da multa cominatória poderá ser comprometida. A versão correspondente, o § 1º do art. 522 do PLS, deve prevalecer". Não obstante o novo CPC

Ora, a possibilidade de modificar-se o valor e a periodicidade da astreinte (contemplada no art. 537, § 1º do novo CPC), embora inegável, visa na verdade produzir efeitos futuros, e não modificar, com efeito *ex tunc*, algo que já havia ficado consolidado no tempo, trazendo insegurança jurídica e instabilidade ao sistema, como, infelizmente, vêm admitindo parte da doutrina e da jurisprudência na vigência do CPC/1973.[29] Nessa senda, verifica-se que a multa arbitrada pode, e continuará podendo, ser sempre modificada a qualquer momento, enquanto estiver em curso o processo de conhecimento, quando verificados os requisitos do art. 537, §1º, mas com efeito *ex nunc* (no tocante às prestações vincendas). Ou seja, seu valor e periodicidade podem ser majorados ou minorados a qualquer tempo, podendo ser até mesmo determinada a sua cessação em vista da perda de seu objeto.

Todavia, a discussão outrora existente, que travava-se no contexto da multa corrida (daquela que já incidiu, ou seja, que já foi aplicada), após o início da vigência do novo CPC deverá cessar, posto que a redação dos dispositivos que passarão a regular a astreinte conduzem ao entendimento defendido por parte da doutrina na vigência do CPC de 1973,[30] de que faz-se necessário diferenciar as prestações vencidas das vincendas, uma vez que a decisão que modifica o valor ou a periodicidade da multa diária deve possuir efeitos futuros, como acertadamente determina o novo CPC. Nessa linha, diante de prestações vencidas há que se observar e respeitar os princípios do direito adquirido e da segurança jurídica,[31] mormente se a pretensão de modificação da multa se der após o trânsito em julgado da decisão que a concedeu no curso do processo de conhecimento.

tenha sido aprovado sem a expressão referida acima ('sem eficácia retroativa'), nos termos do relatório do aludido senador, quer parecer que, ainda assim, deva-se aplicar o entendimento ora defendido, pelas razões sustentadas no curso do presente trabalho e, especialmente, em função da manutenção do vocábulo 'vincenda' na redação final do dispositivo, a indicar que apenas as multas *vincendas*, e não as vencidas, poderiam ser alteradas nas circunstâncias elencadas nos incisos I e II do art. 537, §1º.

29 Nesse sentido, entendendo pela possibilidade de modificação da multa a qualquer tempo: STJ AgRg no Ag 1.257.122/SP, Rel. Ministro Aldir Passarinho Junior, Quarta Turma, DJe de 17.9.2010 e STJ. REsp 1.085.633/PR, Rel. Ministro Massami Uyeda, Terceira Turma, DJe de 17.12.2010.

30 WAMBIER, Teresa Arruda Alvim. *Os agravos no CPC brasileiro*. 4ª Ed. São Paulo: Revista dos Tribunais, 2006, p. 526; SÁ, Fernando. Multa Cominatória. Montante ou multa diária, qual pode ter seu valor modificado para mais ou para menos? *RePro*, ano 36, nº 200 – Out/2011, p. 423 e ZAVASCKI, Teori Albino. *Comentários ao Código de Processo Civil*. São Paulo: Revista dos Tribunais, 2000, v. 8, p. 507.

31 CÂMARA, Alexandre Freitas. *Redução do valor da astreinte e efetividade do processo*. ASSIS, Arakende....[et al] (coords). Direito Civil e processo: Estudos em homenagem ao Professor Arruda Alvim, São Paulo, RT: 2008, p. 1.566.

Em resumo, o ato jurídico perfeito,[32] o direito adquirido[33] e a coisa julgada,[34] são os pilares que asseguram a segurança jurídica do ordenamento, os quais visam conferir às partes certeza jurídica sobre a situação em litígio, atribuindo estabilidade e credibilidade à decisão judicial e aos direitos por esta afirmados. Aproximando tais mandamentos da realidade ora estudada, nota-se que o *decisum* que fixa a astreinte não pode ser revisável a qualquer tempo, especialmente após o trânsito em julgado, permitindo-se a alteração de situações e atos que já se consolidaram no tempo, pois, assim sendo, o conteúdo de sua decisão seria sempre desacreditado, duvidoso e não confiável.

Desta forma, a decisão que fixa a astreinte deve ser respeitada, no mínimo, no tocante aos efeitos que já produziu no tempo, caso contrário, estar-se-á infringindo de maneira explícita e direta os artigos 505, 507 e 509, § 4º do CPC/2015 (arts 471, 473 e 475-G do CPC/1973), que estabelecem normas com objetivo de trazer estabilidade e imutabilidade às decisões já proferidas e consolidadas no tempo.

A única decisão que possui respaldo e fundamento jurídico para modificar (retroativamente) o valor da multa já corrida, além daquela oriunda do julgamento do recurso interposto contra a própria decisão que fixou a multa e com tal objetivo (que ainda se encontra *sub judice*), é aquela que reconhece a inexistência do direito material que se buscava resguardar, uma vez que, conforme mencionado, a decisão que fixa a astreinte é acessória e está vinculada à decisão principal, que resolve o mérito da discussão. Por corolário, as hipóteses juridicamente válidas em que a astreinte pode ser alterada retroativamente são em casos de provimento do recurso interposto contra a decisão que fixou a multa (quando, portanto, esta ainda encontra-se *sub judice*), bem como nos casos em que reste cabalmente comprovada a inexistência do direito material questionado ou que a tutela específica (ou seu equivalente) era de fato (ou se tornou) impossível de ser cumprida; do contrário, a decisão que determina a modificação da astreinte terá sempre efeito *ex nunc*.

No mais, outra situação em que também parece possível de se admitir a redução da astreinte de forma diversa da acima explanada, seria por meio da aplicação da *supressio* (perda de uma situação jurídica de vantagem), com base no direito alemão (*dutytomitigatetheloss)*, em situações nas quais se demonstre que a inércia e omissão do credor transpassou os limites do razoável, contribuindo de forma real e prática com a desobediência da decisão judicial pelo executado, com vistas a postergar propositadamente (e até mesmo, de certa forma, inviabilizar) o cumprimento da tutela específica,

---

32 DINIZ, Maria Helena. *Lei de Introdução ao Código Civil Brasileiro Interpretada.* 16ª Ed. São Paulo: Saraiva, 2011, p.208-209.

33 *Ibidem*, p. 213.

34 *Ibidem* pp. 217-218.

conforme defendem Fredie Didier e outros autores,[35] cujo instituto, todavia, não encontra previsão expressa no direito pátrio.

O fundamento no direito nacional, nestes casos, seria o princípio da boa-fé, defendendo-se que o direito não pode admitir e albergar condutas processuais abusivas e de má-fé, admitindo-se, assim, a diminuição parcial da astreinte, a partir do momento em que restou configurado o abuso de direito do credor (ou seja, a perda da finalidade da multa). Como exemplo de um desses casos de abuso do direito por parte do credor, pode-se mencionar o processo nº 0005003-77-2011.2.00.0000, no qual a magistrada vinculada ao TJBA – que deliberou durante o plantão judiciário sobre uma astreinte no valor equivalente a 13 milhões de reais (cuja multa chegou a este patamar após a parte credora permanecer com o processo com carga por aproximadamente 4 anos) -, foi punida com pena de disponibilidade, o que implica no afastamento das atividades funcionais (com manutenção do vínculo com o tribunal) e impede a mesma de atuar, por exemplo, no ramo da advocacia.[36]

4. BREVE SÍNTESE DAS ALTERAÇÕES QUANTO AO TEMA NO NCPC

No dia 16/03/2015 foi sancionado o novo Código de Processo Civil Brasileiro, após mais de cinco anos de tramitação (contados a partir da instituição da comissão de juristas para elaboração do anteprojeto, que ocorreu em 30/09/2009), e pode ser considerada – seguramente – a lei mais democrática já aprovada em nosso país. Dentre as inúmeras modificações ocorridas em relação ao tema em exame, algumas influenciam diretamente na aplicação da astreinte, delimitando de maneira mais concreta sua forma de atuação, atendendo em parte os anseios da doutrina.

---

35 "Ao não exercer a pretensão pecuniária em lapso de tempo razoável, deixando que o valor da multa aumente consideravelmente, o autor comporta-se abusivamente, violando o princípio da boa-fé. Esse ilícito processual implica a perda do direito ao valor da multa (supressio), respectivamente ao período de tempo considerado pelo órgão jurisdicional como determinante para a configuração do abuso de direito. Trata-se, pois, de mais um ilícito processual caducificante." (DIDIER JUNIOR, Fredie; CUNHA, Leonardo José Carneiro da; BRAGA, Paula Sarno; OLIVEIRA, Rafael. Curso de Direito Processual Civil. Salvador: Juspodivm, 2009. v. 5, pp. 457 e 460).

36 Como registrou o informativo Migalhas (em 12/04/2014), o CNJ puniu a magistrada que liberou multa de R$ 13.000.000,00, durante plantão. (Notícia: "Magistrada que liberou R$ 13 mi durante plantão é punida por CNJ." Acesso em 03/05/2014. http://www.migalhas.com.br/Quentes/17,MI192638,91041-Magistrada+que+liberou+R+13+mi+durante+plantao+e+punida+por+CNJ)

No Código de Processo Civil de 1973, a astreinte encontrava-se positivada no artigo 61, enquanto no novo texto aprovado a medida vem positivada nos artigos 497,[37] 499,[38] 500,[39] 536[40] e 537.[41]

---

37 Art. 497. Na ação que tenha por objeto a prestação de fazer ou de não fazer, o juiz, se procedente o pedido, concederá a tutela específica ou determinará providências que assegurem a obtenção de tutela pelo resultado prático equivalente.

Parágrafo único. Para a concessão da tutela específica destinada a inibir a prática, a reiteração ou a continuação de um ilícito, ou a sua remoção, é irrelevante a demonstração da ocorrência de dano ou da existência de culpa ou dolo.

38 Art. 499. A obrigação somente será convertida em perdas e danos se o autor o requerer ou se impossível a tutela específica ou a obtenção de tutela pelo resultado prático equivalente.

39 Art. 500. A indenização por perdas e danos dar-se-á sem prejuízo da multa fixada periodicamente para compelir o réu ao cumprimento específico da obrigação.

40 Art. 536. No cumprimento de sentença que reconheça a exigibilidade de obrigação de fazer ou de não fazer, o juiz poderá, de ofício ou a requerimento, para a efetivação da tutela específica ou a obtenção de tutela pelo resultado prático equivalente, determinar as medidas necessárias à satisfação do exequente.

§ 1º Para atender ao disposto no caput, o juiz poderá determinar, entre outras medidas, a imposição de multa, a busca e apreensão, a remoção de pessoas e coisas, o desfazimento de obras e o impedimento de atividade nociva, podendo, caso necessário, requisitar o auxílio de força policial.

§ 2º O mandado de busca e apreensão de pessoas e coisas será cumprido por 2 (dois) oficiais de justiça, observando-se o disposto no art. 846, §§ 1º a 4º, se houver necessidade de arrombamento.

§ 3º O executado incidirá nas penas de litigância de má-fé quando injustificadamente descumprir a ordem judicial, sem prejuízo de sua responsabilização por crime de desobediência.

§ 4º No cumprimento de sentença que reconheça a exigibilidade de obrigação de fazer ou de não fazer, aplica-se o art. 525, no que couber.

§ 5º O disposto neste artigo aplica-se, no que couber, ao cumprimento de sentença que reconheça deveres de fazer e de não fazer de natureza não obrigacional.

41 Art. 537. A multa independe de requerimento da parte e poderá ser aplicada na fase de conhecimento, em tutela provisória ou na sentença, ou na fase de execução, desde que seja suficiente e compatível com a obrigação e que se determine prazo razoável para cumprimento do preceito.

§ 1º O juiz poderá, de ofício ou a requerimento, modificar o valor ou a periodicidade da multa vincenda ou excluí-la, caso verifique que:

I – se tornou insuficiente ou excessiva;

II – o obrigado demonstrou cumprimento parcial superveniente da obrigação ou justa causa para o descumprimento.

§ 2º O valor da multa será devido ao exequente.

§ 3º A decisão que fixa a multa é passível de cumprimento provisório, devendo ser depositada em juízo, permitido o levantamento do valor após o trânsito em julgado da sentença favorável à parte ou na pendência do agravo fundado nos incisos II ou III do art. 1.042.

§ 4º A multa será devida desde o dia em que se configurar o descumprimento da decisão e incidirá enquanto não for cumprida a decisão que a tiver cominado.

§ 5º O disposto neste artigo aplica-se, no que couber, ao cumprimento de sentença que reconheça deveres de fazer e de não fazer de natureza não obrigacional.

Os três primeiros artigos acima referidos (arts. 497,[42] 499 e 500) e o *caput* do art. 536 do novo CPC, não obstante estejam melhor redigidos que os seus correspondentes no CPC/1973, dentro das novas diretrizes do código aprovado, na prática, pouco mudam em relação ao que era previsto no CPC revogado, sendo desnecessárias maiores considerações.

Uma das novidades, constante do § 1º do art. 537, foi a substituição da expressão "multa diária" apenas por "multa" – alterando o texto sugerido no Senado (em 2013) de se fazer uso da expressão "multa por período de atraso" -, a fim de colocar uma pá de cal na já superada discussão a respeito de se a referida multa poderia ser fixada por períodos inferiores ou superiores a um dia, com o que a doutrina majoritária já concordava há muito. Assim sendo, embora a redação atual tenha optado pela expressão genérica ("multa"), acredita-se que frente ao texto do §1º, do artigo 537 do novo CPC (que dispõe acerca da possibilidade de alteração do valor e periodicidade da multa cominatória) não haverá discussões, nem sequer espaço para dúvidas, no que concerne ao arbitramento de astreinte em qualquer periodicidade (seja por ato, dia, hora, semana, mês, etc), o que dependerá da necessidade do caso concreto.

No mais, quanto ao procedimento, o § 5º do artigo 536 e o mesmo parágrafo do art. 537 estabelecem que aplica-se – no que couber – ao cumprimento de sentença que reconheça deveres de fazer e de não de fazer de natureza não obrigacional os comandos e as benesses contidas em ambos os dispositivos. Em resumo, com isso, verifica-se que, conforme já defendido por parte da doutrina há algum tempo, agora constará textualmente positivado que a astreinte pode ser aplicada também (quando se fizer necessário) nas obrigações de fazer e não fazer de natureza não obrigacional.

Outras importantes mudanças a respeito da normatização da astreinte vêm positivadas no art. 537 do CPC/2015, o qual, em seu *caput,* esclarece que a medida poderá ser concedida na fase de conhecimento, em tutela antecipada, sentença, ou na execução, desde que seja suficiente e compatível com a obrigação e que se determine prazo razoável para o cumprimento do preceito, dirimindo, assim, eventuais dúvidas a respeito de qual seria o momento oportuno e adequado para a fixação da astreinte, a qual, como visto, deve observar o regime de execução provisória e se dar sempre que se fizer necessária a sua aplicação, podendo ser estabelecida de ofício ou a requerimento da parte.

Quanto ao valor da multa (que, consoante estabelece o § 2º deste dispositivo, será devida exclusivamente ao exequente, e não ao Estado, como sugeria parte da doutrina) e à sua periodicidade, o § 1º do aludido artigo deixa claro que poderá haver modificação a qualquer tempo, cujos efeitos, contudo, deverão ser sempre *ex nunc*, na esteira do aqui defendido, preservando a segurança jurídica e o bom direito, uma vez que o legislador faz uso da expressão: "multa *vincenda*". Com isso, diferentemente do que pretendeu o senador Vital do Rego, quando retirou da versão final (aprovada em 17/12/2014)

42 Quanto ao parágrafo único deste dispositivo, apesar de não existir correspondência a ele na codificação revogada, trata-se apenas de dispositivo que busca reforçar orientação doutrinária já consolidada na vigência do CPC1973.

do texto § 1º do art. 537 a expressão 'sem eficácia retroativa',[43] parece correto que se continue a abraçar o posicionamento ora defendido, no sentido de que a decisão que modifica a astreinte tem o condão de alterar apenas as prestações futuras, ainda não vencidas, e não possui eficácia para reduzir ou alterar a multa referente ao período já transcorrido, ou seja, não possuirá efeitos *ex tunc* (eficácia retroativa), sob pena de se ferir a segurança jurídica, o direito adquirido, a coisa julgada e o ato jurídico perfeito, desrespeitando inclusive a autoridade do próprio Poder Judiciário.

Na redação final do novo Código, a decisão que modifica a astreinte, além de não poder alterar a multa já vencida, precisa, para ser prolatada, preencher algum dos requisitos insertos nos incisos I e II do preceito legal, quais sejam: (1) deve ter se tornado insuficiente ou excessiva; (2) ter sido demonstrado que houve o cumprimento parcial superveniente da obrigação; (3) ou ter sido demonstrado justa causa para o seu descumprimento. Fora destas circunstâncias, não deve ser admitida a alteração da multa fixada.

Ademais, tem-se ainda que no § 3º do art. 537 restou consolidado que, embora o cumprimento definitivo da multa dependa do trânsito em julgado da sentença favorável à parte, a astreinte será devida desde o dia em que verificado o descumprimento da decisão judicial até quando for efetivamente cumprida, podendo executar-se o valor já vencido e aquele que irá vencer na medida em que isto for ocorrendo (§ 4º), e sua execução, nesse ínterim, pode (e deve) se dar por meio do cumprimento provisório da decisão que a fixar, o que lhe resguardará o seu caráter coercitivo através dos atos de expropriação, que a execução provisória permite sejam tomados contra o patrimônio do executado. No tocante à execução provisória, cabe mencionar que o novo Código dispõe em sua redação (art. 520, § 2º) que ao referido procedimento será aplicável a multa prevista no artigo 523, § 1º, do CPC/2015.

Por fim, uma última novidade digna de nota é a advertência constante no § 3º do art. 536, o qual permite a condenação do executado às penas de litigante de má-fé e crime de desobediência "quando injustificadamente descumprir a ordem judicial". Tal possibilidade, contudo, apesar de servir para reforçar o dever do obrigado em aquiescer às ordens emanadas do Poder Judiciário, não se trata, em rigor, de inovação. Afinal, tais penalidades já poderiam ser aplicadas sob a égide do CPC/1973, por intermédio de uma interpretação conjunta e teleológica dos arts. 14, inc. V, e 600, inc. III, ambos do CPC/1973, cujos artigos correspondentes no NCPC são, respectivamente, o 77, inc. IV, e o 774, inc. IV.

Verifica-se, pois, que, mesmo com as inovações aprovadas no novo CPC, as quais contribuem sobremaneira para solucionar muitas das divergências existentes sobre o tema, ainda restam alguns pontos que não foram albergados pela nova lei, como, por

43 Segundo constou do relatório apresentado para votação no Senado Federal pelo aludido senador, no item 2.3.2.156, quando sugeriu referida exclusão, "Ao contrário do proposto no § 1º do art. 551 do SCD, a modificação do montante de astreintes devem ser suscetíveis de alteração pelo juiz com eficácia retroativa quando o seu valor se tornou excessivo ou insuficiente ou, ainda, quando o devedor cumpriu parte da dívida. Caso contrário, a eficácia da multa cominatória poderá ser comprometida. A versão correspondente, o § 1º do art. 522 do PLS, deve prevalecer."

exemplo, a respeito da necessidade ou não de intimação pessoal do obrigado para que se dê início à fluência do prazo para cumprimento da obrigação específica, o qual é hoje, infelizmente, um dos principais argumentos utilizados pelos obrigados para se eximirem das obrigações advindas das decisões que fixam a astreinte, principalmente quando o obrigado se trata de pessoa jurídica; e a questão toma proporções ainda maiores por haver quem entenda que a intimação encaminhada à sede da empresa não é suficiente para dar ciência da obrigação, devendo haver a intimação pessoal de um de seus representantes legais.

BIBLIOGRAFIA

AMARAL, Guilherme Rizzo. *As astreintes e o processo civil brasileiro – Multa do art. 461 do CPC e outras*. 2ª Edição. Porto Alegre: Livraria do Advogado. 2010.

ASSIS, Araken de. *Manual da Execução*. 10º ed. São Paulo: Revista dos Tribunais, ano 2006.

BUENO, Cassio Scarpinella. *A Nova Etapa da Reforma do Código de Processo Civil*. São Paulo: Saraiva, v. 1, 2006.

BUENO, Cassio Scarpinella. *Curso Sistematizado de Direito Processual Civil. Tutela Antecipada. Tutela Cautelar. Procedimentos Cautelares específicos*. 3ª Ed. São Paulo: Saraiva, v. 4, 2011.

BUENO, Cassio Scarpinella. *Curso Sistematizado de Direito Processual Civil. Tutela Jurisdicional Executiva*. 5ª ed. São Paulo: Saraiva. v. 3. 2012.

CÂMARA, Alexandre Freitas. *Redução do valor da astreinte e efetividade do processo*. ASSIS, Araken de....[et al] (coords). Direito Civil e processo: Estudos em homenagem ao Professor Arruda Alvim, São Paulo, RT: 2008.

DIDIER JUNIOR, Fredie; CUNHA, Leonardo José Carneiro da; BRAGA, Paula Sarno; OLIVEIRA, Rafael. *Curso de Direito Processual Civil*. Salvador: Juspodivm, v. 5, 2009.

DINAMARCO, Cândido Rangel. *A reforma da reforma*. 4ª ed., Malheiros, 2002.

____________. *A reforma do CPC*. 2ª ed. São Paulo: Malheiros: 1995.

DINAMARCO, Cândido Rangel. *Instituições de Direito Processual Civil*. 3ª ed. São Paulo: Malheiros Editores, 2009, v. 4.

DINIZ, Maria Helena. *Lei de Introdução ao Código Civil Brasileiro Interpretada*. 16ª ed. São Paulo: Saraiva, 2011.

FERREIRA, William Santos. *Tutela Antecipada no âmbito recursal*. São Paulo: Revista dos Tribunais, 2000.

GOMES JUNIOR, Luiz Manoel. Cumprimento de decisão judicial que fixou a multa. BRUSCHI, Gilberto Gomes. SHIMURA, Sérgio. (coords). *Execução Civil e Cumprimento da Sentença*. São Paulo: Método, 2007, v. 1.

LACERDA, Galeno. *Despacho Saneador*. 3ª ed. Porto Alegre: Sérgio Antônio Fabris Editor, 1990.

MARINONI, Luiz Guilherme. *Técnica Processual e Tutela dos Direitos*. São Paulo: Revista dos Tribunais, 2004.

MARINONI, Luiz Guilherme. *Tutela Inibitória (Individual e Coletiva)*. 2ª ed. São Paulo: Revista dos Tribunais. 2000.

MEDINA, José Miguel Garcia, *Execução Civil*. São Paulo: RT, 2002.

OLIVEIRA, Ana Lúcia I. M. de. *Litigância de má-fé*. São Paulo: RT, 2000.

OLIVEIRA, Evandro Carlos de. *Multa no Código de Processo Civil*. São Paulo, Saraiva, 2011.

SÁ, Fernando. Multa Cominatória. Montante ou multa diária, qual pode ter seu valor modificado para mais ou para menos? *RePro*, ano 36, nº 200 – Out/2011.

TALAMINI, Eduardo. *Tutela relativa aos deveres de fazer e de não fazer. CPC, art. 461, CDC, art. 84*. São Paulo: Revista dos Tribunais, 2001.

WAMBIER, Luiz Rodrigues. WAMBIER, Teresa Arruda Alvim. MEDINA, José Miguel Garcia. *Breves Comentários à Nova Sistemática Processual Civil*. São Paulo: Revista dos Tribunais, 2006,v. 2.

WAMBIER, Teresa Arruda Alvim. *Os agravos no CPC brasileiro*. 4ª Ed. São Paulo: Revista dos Tribunais, 2006.

ZAVASCKI, Teori Albino. *Comentários ao Código de Processo Civil*. São Paulo: Revista dos Tribunais, 2000, v. 8.

A CHAMADA AÇÃO DE DISSOLUÇÃO PARCIAL DE SOCIEDADE NO NOVO CÓDIGO DE PROCESSO CIVIL.

Luciano Nogueira Lucas

INTRODUÇÃO

O art. 335 do Código Comercial determinava reputarem-se dissolvidas as sociedades quando expirado o prazo de sua duração ou, se a sociedade fosse por prazo indeterminado, por falência, dela ou de qualquer dos sócios, por distrato de todos os sócios, pela morte de um dos sócios – salvo convenção em contrário dos que sobreviverem – e por vontade unilateral de um deles.

Em todos esses casos deveria continuar a sociedade tão somente para se ultimarem as negociações pendentes, procedendo-se à liquidação das ultimadas. É dizer que o sistema jurídico não previa a possibilidade de continuidade da sociedade empresária nos casos citados.

O Decreto nº 3.708/19 veio possibilitar ao sócio cotista retirar-se da sociedade se divergisse de alteração do contrato social, garantindo-lhe o reembolso da quantia correspondente ao seu capital, na proporção do último balanço aprovado.

Ao lado deste panorama legal, formou-se construção jurisprudencial a atenuar a possibilidade de dissolução da sociedade por mera vontade unilateral de um deles, permitindo-se aos sócios remanescentes a continuidade dos negócios.

Essa corrente pretoriana, que encontrou eco doutrinário, acabou por denominar tal hipótese de dissolução parcial da sociedade comercial.

A denominação é algo imprópria, a rigor científico, como sustentou, dentre outros, o comercialista Hermani Estrella.[1] De fato, o que a jurisprudência passou a admitir, interpretando o art. 335, n. 5, do Código Comercial, foi a saída do sócio da sociedade e o recebimento de seus haveres, sem que isso implicasse na dissolução da sociedade, permitindo-se a composição de conflitos entre aquele que contrata sociedade sem prazo e se desinteressa pela atividade e a própria permanência da sociedade.

---

1 *Apuração dos haveres do sócio.* 3ª ed., atualizada por Roberto Pappini, Rio de Janeiro, 2001, Ed. Forense. Diz o saudoso jurista (p. 70): "a dissolução assinala, por assim dizer, o termo da vida normal da sociedade, a fase pré-agônica, que a levará afinal a completa extinção (...) opera-se a ruptura do vínculo societário, limitadamente, eis que se restringe ao membro que se desliga e só a este, continuando a subsistir em relação aos demais (...) inexato se nos afigura, pois, assemelhar qualquer desses casos de afastamento de sócio (*lato sensu*) à dissolução ainda que a esta se agregue o restritivo parcial." Neste sentido: RF 121/1526 e RSTJ 73/338.

Ensinava Waldemar Ferreira que "quem contrata sociedade sem determinar o prazo de sua vigência sabe bem o que ajusta: o direito que assiste a qualquer dos seus consócios de lhe pôr termo em qualquer momento".[2]

Esta possibilidade se confrontava, no rigor da redação do art. 335, do Código Comercial, com a própria continuidade da empresa.

Em outras palavras, ao invés de se deferir ao sócio a faculdade de extinguir a sociedade em virtude de sua simples manifestação de vontade, a jurisprudência passou a dar oportunidade ao sócio de deixar a sociedade, com o direito de ter o valor de seus haveres, sem implicar a extinção da empresa. Firmou-se, com isso, a possibilidade de resilição[3] do contrato sem resultar a dissolução da sociedade.

Logo se vê que a situação não cuida tecnicamente de dissolução da sociedade, ainda que parcial, porquanto tenha sobrevida a pessoa jurídica.

Malgrado isso, a nomenclatura se tornou corrente na doutrina e na jurisprudência, significando uma ruptura limitada do contrato social: ruptura limitada à resolução do vínculo contratual do inadimplente ou do dissidente, de modo que essa resolução não afete a busca do escopo da sociedade.

Esta construção encontrou espaço no procedimento que regulava a dissolução de sociedades, regulada, ainda hoje, nos arts. 655 a 674 do Código de Processo Civil de 1939, por conta do que dispõe o art. 1.218, VII, do CPC de 1973.

Entretanto, não havia ainda em matéria processual uma regulamentação que tratasse da resolução da sociedade face a um sócio, em dissintonia com as previsões do Código Civil que prestigiaram esse assunto. Por isso, o tema mereceu duas propostas, uma do Prof. Fabio Ulhôa Coelho e do Dr. Marcelo Guedes Nunes e outra do Instituto dos Advogados de Minas Gerais, ambas acolhidas no novo Código de Processo Civil.

O novo Código de Processo Civil acolheu o nomenclatura criticada pela doutrina, mas consagrada pelo uso, disciplinando a dissolução parcial nos artigos 599 e seguintes, como se verifica no seguinte quadro comparativo.

---

2 *Tratado de Direito Comercial*. São Paulo: Ed. Saraiva, 1961, 3.º volume, n. 446, p. 251.

3 Interessante notar que os arts. 1.403 e 1404 do Código Civil de 1916 cuidavam da mesma situação fática como renúncia.

Lei nº 13.105/15 **Novo Código de Processo Civil**	**Decreto-lei nº 1.608/39** **(CPC/39 – v. art. 1.218, VII, CPC/73).**
DA AÇÃO DE DISSOLUÇÃO PARCIAL DE SOCIEDADE	**TÍTULO XXXVIII** **Da dissolução e liquidação das sociedades**
Art. 599. A ação de dissolução parcial de sociedade pode ter por objeto: I – a resolução da sociedade empresária contratual ou simples em relação ao sócio falecido, excluído ou que exerceu o direito de retirada ou recesso; e II – a apuração dos haveres do sócio falecido, excluído ou que exerceu o direito de retirada; ou III – somente a resolução ou a apuração de haveres. § 1o A petição inicial será necessariamente instruída com o contrato social consolidado. § 2o A ação de dissolução parcial de sociedade pode ter também por objeto a sociedade anônima de capital fechado quando demonstrado, por acionista ou acionistas que representem cinco por cento ou mais do capital social, que não pode preencher o seu fim.	**Art. 655.** A dissolução de sociedade civil, ou mercantil, nos casos previstos em lei ou no contrato social, poderá ser declarada, a requerimento de qualquer interessado, para o fim de ser promovida a liquidação judicial.
Art. 600. A ação pode ser proposta: I – pelo espólio do sócio falecido, quando a totalidade dos sucessores não ingressar na sociedade; II – pelos sucessores, após concluída a partilha do sócio falecido; III – pelos sócios sobreviventes, se não admitirem o ingresso do espólio ou dos sucessores do falecido na sociedade, quando esse direito decorrer do contrato social; IV – pelo sócio que exerceu o direito de retirada ou recesso, se não tiver sido providenciada, pelos demais sócios, a alteração contratual formalizando o desligamento, depois de transcorridos dez dias do exercício do direito; V – pela sociedade, nos casos em que a lei não autoriza a exclusão extrajudicial; ou VI – pelo sócio excluído. Parágrafo único. O cônjuge ou companheiro do sócio cujo casamento, união estável ou convivência terminou poderá requerer a apuração de seus haveres na sociedade. Os haveres assim apurados serão pagos à conta da quota social titulada por este sócio.	**Art. 656.** A petição inicial será instruída com o contrato social ou com os estatutos. § 1º Nos casos de dissolução de pleno direito, o juiz ouvirá os interessados no prazo de quarenta e oito (48) horas e decidirá. § 2º Nos casos de dissolução contenciosa, apresentada a petição e ouvidos os interessados no prazo de cinco (5) dias, o juiz proferirá imediatamente a sentença, se julgar provadas as alegações do requerente. Se a prova não fôr suficiente, o juiz designará audiência para instrução e julgamento, e procederá de conformidade com o disposto nos arts. 267 a 272.

Art. 601. Os sócios e a sociedade serão citados para, no prazo de 15 (quinze) dias, concordar com o pedido ou apresentar contestação. Parágrafo único. A sociedade não será citada se todos os seus sócios o forem, mas ficará sujeita aos efeitos da decisão e à coisa julgada.	**Art. 658.** Nomeado, o liquidante assinará, dentro de quarenta e oito (48) horas, o respectivo termo; não comparecendo, ou recusando a nomeação, o juiz nomeará o imediato em votos, ou terceiro estranho, se por aquele também recusada a nomeação. **Art. 659.** Se houver fundado receio de rixa, crime, ou extravio, ou danificação de bens sociais, o juiz poderá, a requerimento do interessado, decretar o sequestro daqueles bens e nomear depositário idôneo para administrá-los, até nomeação do liquidante.
Art. 602. A sociedade poderá formular pedido de indenização compensável com o valor dos haveres a apurar.	**Art. 660.** O liquidante deverá: I – levantar o inventário dos bens e fazer o balanço da sociedade, nos quinze (15) dias seguintes à nomeação, prazo que o juiz poderá prorrogar por motivo justo; II – promover a cobrança das dívidas ativas e pagar as passivas, certas e exigíveis, reclamando dos sócios, na proporção de suas quotas na sociedade, os fundos necessários, quando insuficientes os da caixa; III – vender, com autorização do juiz, os bens de fácil deterioração, ou de guarda dispendiosa, e os indispensáveis para os encargos da liquidação, quando as recusarem os sócios a suprir os fundos necessários; IV – praticar os atos necessários para assegurar os direitos da sociedade, e representá-la ativa e passivamente nas ações que interessarem a liquidação, podendo contratar advogado e empregados com autorização do juiz e ouvidos os sócios; V – apresentar, mensalmente, ou sempre que o juiz o determinar, balancete da liquidação; VI – propor a forma da divisão, ou partilha, ou do pagamento dos sócios, quando ultimada a liquidação, apresentando relatório dos atos e operações que houver praticado; VII – prestar contas de sua gestão, quando terminados os trabalhos, ou destituído das funções.
Art. 603. Havendo manifestação expressa e unânime pela concordância da dissolução, o juiz a decretará, passando-se imediatamente à fase de liquidação. § 1º Na hipótese prevista no caput, não haverá condenação em honorários advocatícios de nenhuma das partes, e as custas serão rateadas segundo a participação das partes no capital social. § 2º Havendo contestação, observar-se-á o procedimento comum, mas a liquidação da sentença seguirá o disposto neste Capítulo.	

<table>
<tr>
<td>

Art. 604. Para apuração dos haveres, o juiz:
I – fixará a data da resolução da sociedade;
II – definirá o critério de apuração dos haveres à vista do disposto no contrato social; e
III – nomeará o perito.
§ 1o O juiz determinará à sociedade ou aos sócios que nela permanecerem que depositem em juízo a parte incontroversa dos haveres devidos.
§ 2o O depósito poderá ser, desde logo, levantando pelo ex-sócio, pelo espólio ou pelos sucessores.
§ 3o Se o contrato social estabelecer o pagamento dos haveres, será observado o que nele se dispôs no depósito judicial da parte incontroversa.

Art. 605. A data da resolução da sociedade será:
I – no caso de falecimento do sócio, a do óbito;
II – na retirada imotivada, o sexagésimo dia seguinte ao do recebimento, pela sociedade, da notificação do sócio retirante;
III – no recesso, o dia do recebimento, pela sociedade, da notificação do sócio dissidente;
IV – na retirada por justa causa de sociedade por prazo determinado e na exclusão judicial de sócio, a do trânsito em julgado da decisão que dissolver a sociedade; e
V – na exclusão extrajudicial, a data da assembleia ou da reunião de sócios que a tiver deliberado.

</td>
<td></td>
</tr>
<tr>
<td>

Art. 606. Em caso de omissão do contrato social, o juiz definirá, como critério de apuração de haveres, o valor patrimonial apurado em balanço de determinação, tomando-se por referência a data da resolução e avaliando-se bens e direitos do ativo, tangíveis e intangíveis, a preço de saída, além do passivo também a ser apurado de igual forma.
Parágrafo único. Em todos os casos em que seja necessária a realização de perícia, a nomeação do perito recairá preferencialmente sobre especialista em avaliação de sociedades.

</td>
<td>

Art. 661. Os liquidantes serão destituidos pelo juiz, ex-officio, ou a requerimento de qualquer interessado si faltarem ao cumprimento do dever, ou retardarem injustificadamente o andamento do processo, ou procederem com dolo ou má fé, ou tiverem interesse contrário ao da liquidação.

Art. 662. As reclamações contra a nomeação do liquidante e os pedidos de sua destituição serão processados e julgados na forma do Título XXVIII deste Livro.

Art. 663. Feito o inventário e levantado o balanço, os interessados serão ouvidos no prazo comum de cinco (5) dias, e o juiz decidirá as reclamações, si as comportar a natureza do processo, ou, em caso contrário, remeterá os reclamantes para as vias ordinárias.

Art. 664. Apresentado o plano de partilha, sobre ele dirão os interessados, em prazo comum de cinco (5) dias, que correrá em cartório; e, o liquidante, em seguida, dirá em igual prazo, sobre as reclamações.

</td>
</tr>
</table>

Art. 607. A data da resolução e o critério de apuração de haveres podem ser revistos pelo juiz, a pedido da parte, a qualquer tempo antes do início da perícia.	Art. 665. Vencidos os prazos do artigo antecedente e conclusos os autos, o juiz aprovará, ou não, o plano de partilha, homologando-a por sentença, ou mandando proceder ao respectivo cálculo, depois de decidir as dúvidas e reclamações.
Art. 608. Até a data da resolução, integram o valor devido ao ex-sócio, ao espólio ou aos sucessores a participação nos lucros ou os juros sobre o capital próprio declarados pela sociedade e, se for o caso, a remuneração como administrador. Parágrafo único. Após a data da resolução, o ex-sócio, o espólio ou os sucessores terão direito apenas à correção monetária dos valores apurados e aos juros contratuais ou legais. Art. 609. Uma vez apurados, os haveres do sócio retirante serão pagos conforme disciplinar o contrato social e, no silêncio deste, nos termos do § 2o do art. 1.031 da Lei no 10.406, de 10 de janeiro de 2002 (Código Civil).	Art. 666. Si a impugnação formulada pelos interessados exigir prova, o juiz designará dia e hora para a audiência de instrução e julgamento. Art. 667. Ao liquidante estranho o juiz arbitrará a comissão de um a cinco por cento (1 a 5 %) sobre o ativo líquido, atendendo à importância do acervo social e ao trabalho da liquidação. Art. 668. Si a morte de qualquer dos sócios não causar a dissolução da sociedade, serão apurados exclusivamente os haveres do falecido, e seus herdeiros ou sucessores serão pagos pelo modo estabelecido no contrato social, ou pelo proposto e aceito.

	Art. 670. A sociedade civil com personalidade jurídica, que promover atividade ilícita ou imoral, será dissolvida por ação direta, mediante denúncia de qualquer do povo, ou do órgão do Ministério Público. Art. 671. A divisão e a partilha dos bens sociais serão feitas de acôrdo com os princípios que regem a partilha dos bens da herança. Parágrafo único. Os bens que aparecerem depois de julgada a partilha serão sobrepartilhados pelo mesmo processo estabelecido para a partilha dos bens da herança. Art. 672. Não sendo mercantil a sociedade, as importancias em dinheiro pertencentes à liquidação serão recolhidas ao Banco do Brasil, ou, si não tiver agência dêsse Banco, a outro estabelecimento bancário acreditado, de onde só por alvará do juiz poderão ser retiradas. Art. 673. Não havendo contrato ou instrumento de constituição de sociedade, que regule os direitos e obrigações dos sócios, a dissolução judicial será requerida pela forma do processo ordinário e a liquidação far-se-á pelo modo estabelecido para a liquidação das sentenças.
	Art. 674. A dissolução das sociedades anônimas far-se-á na forma do processo ordinário. Si não fôr contestada, o juiz mandará que se proceda à liquidação, na forma estabelecida para a liquidação das sociedades civis ou mercantis.

No novo Código de Processo Civil a chamada ação de dissolução parcial de sociedade poderá ter por objeto a resolução da sociedade empresária contratual ou simples em relação ao sócio falecido, excluído ou que exerceu o direito de retirada ou recesso, e a apuração de haveres nestas mesmas hipóteses, ou ainda, tão somente, a resolução ou a apuração de haveres. É possível também se valer da dissolução parcial, no caso de sociedade anônima fechada, quando acionistas que representem cinco por cento ou mais do capital social demonstrar que a sociedade não pode atingir sua finalidade.

Logo se percebe que o âmbito da nova ação é mais amplo do que doutrinariamente se entende a ação de dissolução parcial hoje em dia. O novo direito se ocupa com maior amplitude de situações fáticas que ensejam a saída de sócio ou, tão somente, a apuração de haveres.

Nota-se, ainda, que a ação terá por objeto discussões envolvendo apenas sociedades empresárias contratuais e as sociedades simples, excluindo-se, pois as sociedades por ações abertas. Excepcionalmente admite-se a propositura da ação de dissolução parcial por acionistas de sociedade anônima fechada, quando acionistas que representem cinco por cento ou mais do capital social demonstrar que a sociedade não pode atingir sua finalidade.

Cumpre verificar, antes da análise do novo direito, como o direito material trata essas hipóteses.

1. HIPÓTESES DE DISSOLUÇÃO PARCIAL NO DIREITO MATERIAL

O desligamento de sócio de sociedade empresária pode ser classificado em duas categorias. A primeira que se dá de pleno direito, não dependendo de ação de dissolução parcial.

São exemplos dessa hipótese, a expiração do prazo contratual, o consenso unânime dos sócios (distrato), a morte de um dos sócios, a não recomposição da pluralidade de sócios em determinado período, a deliberação da maioria absoluta dos sócios nas sociedades por prazo determinado e a exclusão de sócio.

Apesar da resolução em relação a um sócio poder ocorrer de pleno direito, nada impede, no entanto, que a situação concreta ainda ceda espaço para a propositura da demanda, ainda que a pretensão se dirija tão somente à resolução, com ou sem pretensão condenatória aos haveres sociais, nos termos do art. 599, III, do novo Código de Processo Civil.

De outro lado, demandam a ação de dissolução de sociedade a anulação do negócio jurídico de constituição da sociedade, o exaurimento do fim social ou a verificação de sua inexequibilidade, a perda da affectio societatis, dentre outras hipóteses.

Sem a pretensão do exaurimento dessas hipóteses, vale examinar as seguintes situações, porquanto prestigiadas com tratamento expresso pelo direito.

1.1. Da morte do sócio e da incapacidade superveniente

O Código Civil alterando disposição do direito anterior, inspirada no Código de Comércio Francês de 1807, não imputou, como efeito da morte do sócio, a dissolução automática da sociedade.

Seria mesmo incoerente seja a personalidade da sociedade distinta da pessoa dos sócios e a morte de um resultar na dissolução da pessoa jurídica face a inegável importância da empresa como organismo produtor de riquezas. Por esse motivo, há doutrina que não admitia a dissolução da sociedade se a atividade desenvolvida pela empresa pudesse prosseguir.[4]

O Código Comercial, em seu art. 302, referia-se aos elementos que o contrato social deveria conter, aludindo aos "sócios", no plural, deixando claro que o contrato de sociedade deve conter necessariamente mais que um sócio . Também por tal razão o art. 355 previra a morte como forma de dissolução da sociedade, mas dissolução total do vínculo societário.

Como já se disse, a relevância da empresa fez com que a doutrina e a jurisprudência diminuíssem o alcance da lei, chegando o Supremo Tribunal Federal, em acórdão da lavra do Ministro Cordeiro Guerra, a autorizar a "dissolução parcial com a apuração exata dos haveres do sócio falecido, sem prejuízo da continuidade da empresa pelo sócio sobrevivente".

Todavia, na solução dada pelo Código Civil de 2002 foi alterada sensivelmente a orientação legislativa, acompanhando o desenvolvimento da doutrina e da jurisprudência, é dizer: no caso de falecimento de sócio da sociedade limitada, ela poderá ser parcialmente dissolvida, apurando-se o valor das quotas do sócio falecido à data do óbito, na forma do art. 1.028.

Caso haja previsão contratual, os herdeiros poderão, em querendo, ingressar na sociedade, substituindo o sucedido. Se os herdeiros não demonstrarem interesse em ingressar na sociedade terão o direito de receber o valor correspondente às quotas do falecido na data do óbito.

Há que se destacar que mesmo diante do silêncio do contrato podem os sócios remanescentes proceder à aceitação unânime dos sucessores na sociedade, em substituição ao falecido.

De outro lado, se não houver o interesse dos sócios remanescentes na admissão dos herdeiros do falecido, impõe-se a chamada dissolução parcial da sociedade e a apuração de haveres.

A par dessas consequências, pode-se imaginar que o prosseguimento da empresa seja prejudicado em razão da morte do sócio: seja porque a sociedade dependia de tal maneira da prestação do sócio falecido que, sem ele, ela não conseguirá atingir seu objetivo, seja em razão do montante a ser pago aos sucessores do falecido.

Em situações teria espaço a dissolução legal, por força do art. 1.034, II do Código Civil, que será total, implicando a liquidação da sociedade.

A respeito da perda da capacidade civil superveniente, ressalte-se que não abre hipótese de dissolução parcial compulsória, podendo o incapaz, representado ou assistido, continuar a empresa antes exercida por ele, por seus pais ou pelo autor da herança no caso de legado.Vale transcrever a disposição do art. 974 do Código Civil:

---

4 REQUIÃO, Rubens. Curso de direito comercial, v. II, 22ª ed., São Paulo, 2000, Ed. Saraiva, pp. 291 e ss.

Art. 974. Poderá o incapaz, por meio de representante ou devidamente assistido, continuar a empresa antes exercida por ele enquanto capaz, por seus pais ou pelo autor de herança.

§ 1º Nos casos deste artigo, precederá autorização judicial, após exame das circunstâncias e dos riscos da empresa, bem como da conveniência em continuá-la, podendo a autorização ser revogada pelo juiz, ouvidos os pais, tutores ou representantes legais do menor ou do interdito, sem prejuízo dos direitos adquiridos por terceiros.

§ 2º Não ficam sujeitos ao resultado da empresa os bens que o incapaz já possuía, ao tempo da sucessão ou da interdição, desde que estranhos ao acervo daquela, devendo tais fatos constar do alvará que conceder a autorização.

Portanto, a incapacidade superveniente do sócio não implica, necessariamente, a dissolução parcial da sociedade. Caso ela não seja do interesse do incapaz, ou não se logre autorização judicial, poderão os interessados se valerem da dissolução parcial da sociedade.

1.2. Do direito de recesso

Dispõe o art. 1.077 do Código Civil:

"Quando houver modificação do contrato, fusão da sociedade, incorporação de outra, ou dela por outra, terá o sócio que dissentiu o direito de retirar-se da sociedade, nos trinta dias subseqüentes à reunião, aplicando-se, no silêncio do contrato social antes vigente, o disposto no art. 1.031".

De plano se verifica que o art. 1.077 se diferencia do revogado art. 15 do Decreto nº 3.708/19, pois enquanto este tratava apenas do direito de retirada diante de divergência de alteração do contrato social, o Código Civil acrescentou ao suporte fático do recesso a fusão e a incorporação.

Fusão é a operação pela qual se unem duas ou mais sociedades, para formar sociedade nova que lhes sucederá em todos os direitos e obrigações. Incorporação, por sua vez, é o ato pelo qual uma ou mais sociedades são absorvidas por outra, que as sucederá em todos os direitos e obrigações.

A retirada, nas novas hipóteses veiculadas, mais do que um direito, trata-se de um direito potestativo, frente o qual os demais sócios e a própria sociedade não tem alternativa senão se sujeitar a vontade do sócio dissidente.[5]

Ademais, em razão da dicção legal, tem-se que o recesso é irrenunciável. Ou seja, não pode o contrato social prever sua abdicação ou renúncia. À evidência, poderá ou não o sócio que dissentir da alteração do contrato, de fusão ou de incorporação, exercer seu direito de recesso.

Entretanto, o não exercício importará a decadência do direito contra aquela situação específica, porquanto sobrevindo nova alteração e nova dissensão, poderá mais uma vez exercer seu direito de recesso.

---

5 BRASIL, Tribunal de Justiça do Rio de Janeiro, Ap. 2002.001.13812 – 2ª Câmara Cível, Rel. Des. Gustavo Kuhl Leite, j. 4-9-2002.

O direito de recesso, que se funda na necessidade de proteção aos sócios, especialmente dos minoritários, tem espaço quando houver divergência de qualquer alteração contratual, de fusão ou de incorporação.

Portanto, não especificou a lei qual alteração contratual ensejará o direito de recesso, de forma que não poderá o intérprete distinguir o que a lei não distinguiu.

De se notar que na legislação comparada o direito de recesso vem sendo regulado para limitar o direito do sócio dissidente, como bem anota PRISCILA M. P. CORRÊA DA FONSECA citando ALFREDO LAMY FILHO e JOSÉ LUIZ BULHÕES PEREIRA:

> *O direito de recesso, recebido como encômios universais, quando introduzido no direito italiano, está sendo repensado, e é objeto de críticas e restrições, que resultaram na redução das hipóteses em que é admitido, mas não levaram à sua abolição, nas várias legislações.* [6]

Como tem natureza de direito potestativo e sendo ato com eficácia dependente da mera recepção da vontade do sócio dissidente pelos demais, não pode o direito de recesso ter suas hipóteses ampliadas em contrato. Pressupõe: (a) alteração do contrato, fusão ou incorporação; (b) dissenso de um dos sócios e (c) o prejuízo causado pela alteração, fusão ou incorporação ao sócio dissidente. Visa, portanto, o direito de recesso subtrair o sócio dissidente dos efeitos que entende danosos da alteração do contrato social, fusão ou incorporação.

Sobre o recesso, cabe ainda ressaltar o art. 1.029 do Código Civil, inserido no capítulo da sociedade simples, está assim redigido:

> *Art. 1.029. Além dos casos previstos na lei ou no contrato, qualquer sócio pode retirar-se da sociedade; se de prazo indeterminado, mediante notificação aos demais sócios, com antecedência mínima de sessenta dias; se de prazo determinado, provando judicialmente justa causa.*
> *Parágrafo único. Nos trinta dias subseqüentes à notificação, podem os demais sócios optar pela dissolução da sociedade.*

Realmente o Capítulo IV, Subtítulo II, do Título II, do Livro II do Código Civil, que trata da sociedade limitada, não cuidou especificamente do direito de recesso.

Como o regramento da sociedade simples, por força do art. 1.053, caput, pode se fazer aplicar para a sociedade limitada como verdadeira parte geral, mais tecnicamente se aplicando subsidiariamente, no que forem omissas as disposições específicas (salvo se o contrato social da sociedade limitada não ressalvar a aplicação subsidiária da Lei das Sociedades Anônimas – nos termos do art. 1.053, parágrafo único, do Código Civil). Neste sentido, o posicionamento de FÁBIO ULHOA COELHO, que sustenta que nas sociedades constituídas por prazo indeterminado seria viável a aplicação do art. 1.029.[7]

---

6 Dissolução Parcial, Retirada e Exclusão de Sócio no Novo Código Civil, 2ª ed., São Paulo, 2003, Ed. Atlas, p. 29.

7 Curso de direito comercial,v. II, 6ª ed., São Paulo, 2003, Ed. Saraiva, pp. 436 e ss.

Isto é, não seria necessária a caracterização de dissidência e de alteração do contrato social, fusão ou incorporação, bastando ao sócio que notifique os demais sócios. Registre-se que tal solução só seria possível se a sociedade limitada fosse regida subsidiariamente pelas normas da sociedade simples, uma vez que a lei faculta que lhe seja aplicável a Lei de Sociedades Anônimas.

Assim, na ausência de disposição do contrato social, poderá o sócio retirar-se da sociedade apenas notificando os demais sócios com antecedência mínima de sessenta dias.

Mas, por outro lado, sendo a sociedade por prazo determinado – e não havendo ressalva de aplicação subsidiária da Lei de Sociedade Anônima, o sócio só poderá se despedir provando judicialmente justa causa, segundo a posição do ilustre professor.

Em face disso, há que se distinguir justa causa para denúncia da sociedade por prazo determinado das situações que dão ensejo ao direito de recesso do sócio, posto que nessas situações o sócio já tem a proteção do art. 1.077 e não demanda a utilização de ação judicial.[8]

Com efeito, se assim fosse, não teria razão para aplicação subsidiária do art. 1.029, uma vez que sua aplicação se faz tão somente subsidiariamente. Em outras palavras pressupõe a lacuna, que nas hipóteses do art. 1.077, não se verificará em razão de sua própria existência, o que retira o pressuposto de aplicação do art. 1.029, mesmo no caso de aplicação do caput do art. 1.053. [9]

Não se pode, pois, concluir que o art. 1.029, do Código Civil, tenha aplicação tão ampla para consagrar exceção de tal amplitude de molde a descaracterizar o art. 1.077, do Código Civil. Assim, temos que o art. 1.029 deve ser interpretado sistematicamente, para extremar as hipóteses de justa causa de modo a excluir a imbricação com o art. 1.077, do Código Civil.

Ademais, não se deve esquecer que o art. 1.029 só se fará incidir nas limitadas quando o contrato não pretender a aplicação da lei específica das anônimas.

Por fim, lembramos que o direito gizado no art. 1.029 não é tão amplo, de molde a não comportar sanções. Mesmo no caso da denúncia vazia, se o caso caracterizar abuso de direito, verificando-se que o denunciante pretende finalidade incompossível com a boa-fé, poderá a hipótese comportar impossibilidade da resilição parcial[10] além de direito à indenização aos sócios remanescentes, a teor do

---

8 CARVALHOSA, Modesto. Comentários ao código civil: parte especial: do direito de empresa, v. XIII, São Paulo, 2003, Ed. Saraiva, p. 356.

9 O art. 1029 do Código Civil não pode ser aplicado de modo a se tornar uma saída para os casos em que não se faça incidir o art. 1077 do Código Civil.

10 Nesse sentido a antiga lição de Clóvis Bevilaqua em comentários ao art. 1.405 do Código Civil de 1916, que considerava a renúncia inoportuna em três hipóteses: (1) quando as coisas não estiverem em seu estágio integral, quando as operações sem acharem apenas iniciadas ou estivesse pendente alguma delas; (2) se, no dado momento, puder causar prejuízo; e (3) aquela feita menos de dois meses antes do termo do ano social. Cf. Código Civil dos Estados Unidos do Brasil comentado. Edição histórica, 2ª tiragem Rio de Janeiro: Ed. Rio, 1977, p. 532.

que dispõe o art. 187 cc. art. 927 do Código Civil, em que pese não poder redundar na impossibilidade de retirada, pois esta decorre da garantia individual da liberdade de associação.

1.3. Falência do sócio

A falência da sociedade não implica, em regra, a falência dos sócios.

Sem prejuízo, nos termos dos arts. 77 e 81 da Lei nº 11.101/05, a mesma decisão que decreta a falência da sociedade acarretará a falência dos sócios ilimitadamente responsáveis.

Os sócios ilimitadamente responsáveis[11] que participem de sociedade que venha ter sua falência decretada, serão considerados automaticamente excluídos das outras sociedades de que participem, por força do disposto no art. 1.030, parágrafo único, do CC.

Diante disso, cuida-se de causa de exclusão de pleno de direito que não demandaria o ajuizamento de ação de dissolução parcial. É que uma vez declarada a falência, deverá ser levantado balanço especial de determinação dos haveres do falido e pago a quem de direito no prazo de noventa dias (art. 1.031 do CC).

Sem prejuízo, podem haver disputas sobre a avaliação dos haveres, litígio este que se levado à juízo o será via da ação de dissolução parcial.

1.4. Da penhora e da liquidação de quota a pedido de credor do sócio

O credor particular do sócio pode, na insuficiência de outros bens do devedor, fazer recair a penhora sobre os lucros que couberem ao devedor na sociedade ou sobre a parte que lhe tocar em liquidação.

Não havendo possibilidade de penhora de lucros, nem estiver a sociedade em liquidação, poderá o credor requerer a penhora e a liquidação da quota do devedor, cujo valor será apurado com base na situação patrimonial da sociedade, apurado em balanço especial (art. 1.031 do CC).

Há que se registrar que houve muita controvérsia sobre a possibilidade de credores particulares do sócio pleitearem a penhora de quotas do sócio devedor. Sustentava-se, em prol da tese negativista, que a penhora da quota traria para o credor a qualidade de sócio. E como os demais sócios não estavam obrigados a contratar com este, seria a penhora impossível.

Dessa impossibilidade decorreria da inalienabilidade da quota, que poderia, como pode, ser fixada em contrato social. Assim, com fundamento no art. 649, I, do CPC as quotas eram consideradas impenhoráveis. A tese da impenhorabilidade encontrava

11 São ilimitadamente responsáveis pelas obrigações sociais: o sócio ostensivo na sociedade em conta de participação, o tratados na sociedade em comum e o comanditado na sociedade em comandita simples ou por ações.

também fundamento na personificação da sociedade, do que decorre a autonomia patrimonial. Sendo os patrimônios independentes, seria impossível a satisfação do crédito em patrimônio alheio ao do devedor.

O tema chegou ao Supremo Tribunal Federal que entendeu que como a transferência das cotas não tivesse sido regulada pelo Decreto nº 3.708/19, bem como não tivesse exigido o consentimento da maioria absoluta dos quotistas para possibilitar a cessão a terceiro das quotas sociais, na ausência de disposição contratual expressa, o quotista poderia livremente alienar suas quotas. Por conseguinte, passou o Supremo a afirmar que as cotas poderiam ser objeto de penhora.

No Superior Tribunal de Justiça, após divergência inicial, firmou-se posição no sentido da penhorabilidade das cotas. Entendeu-se que as quotas representam o direito do cotista sobre o patrimônio da sociedade. Ademais, a penhora das quotas não é vedada pelo sistema e seus efeitos hão de ser ajustados em atenção aos princípios societários, especialmente se considerando haver ou não disposição no contrato social sobre a livre alienação das quotas sociais.

O Código Civil disciplinou a situação do credor particular do sócio. De acordo com o disposto no art. 1.026 do Código Civil pode-se dizer que o legislador estabeleceu uma preferência: o credor só poderá fazer recair a execução sobre os lucros da sociedade que couberem ao sócio devedor na insuficiência de outros bens ou mesmo na parte que lhe tocar em liquidação.

Ademais, se a sociedade se encontrar em funcionamento regular e não existirem lucros suficientes à garantia do crédito exequendo pode o credor requerer a liquidação da quota do devedor, cujo valor deverá ser depositado em dinheiro até noventa dias após a liquidação, à disposição do juízo da execução.

Como se vê, a lei acabou por gerar verdadeiro incidente na execução, mas não o regulou de forma satisfatória. Sobre o tema, MANOEL DE QUEIROZ PEREIRA CALÇAS assim leciona:

> *Referido incidente, que não é regulado pela lei processual, deverá ser objeto de disciplina legal, haja vista as sérias implicações que poderá acarretar em relação à sociedade, pois é ela interessada no resultado da aludida liquidação, uma vez que ele poderá causar a redução do capital social, salvo se os demais sócios suprirem o valor da quota, observando-se, ainda, que a sociedade terá o prazo de 90 dias, a partir da liquidação, para depositar em dinheiro, no juízo da execução, o valor liquidado (art. 1.026, parágrafo único, cc. o art. 1.031, §§ 1º e 2º do Código Civil de 2002). Assim, do incidente da liquidação da quota do sócio devedor resultará a obrigação da sociedade para depositar o valor apurado no processo da execução movida contra o sócio.*
>
> *Examinando o novo instituto inserido em nossa legislação com evidente objetivo de solucionar a controvertida questão da penhorabilidade das quotas das sociedades limitadas, entendemos que a inovação, ao invés de resolver a questão, será fonte de sérias e intermináveis controvérsias.*[12]

12 Sociedade Limitada no Novo Código Civil, 1ª ed., São Paulo, Ed. Atlas, p. 111.

Por essa ordem razões, entende o referido jurista que a melhor solução seria a adoção do sistema do Código Civil italiano (art. 2.480) ou do Código das Sociedades Comerciais português (art. 239).[13]

O Projeto de Código de Processo Civil enfrenta o tema no art. 817, assim redigido:

> *Art. 861. Penhoradas as quotas ou as ações de sócio em sociedade simples ou empresária, o juiz assinará prazo razoável, não superior a três meses, para que a sociedade:*
> *I – apresente balanço especial, na forma da lei;*
> *II – ofereça as quotas ou as ações aos demais sócios, observado o direito de preferência legal ou contratual;*
> *III – não havendo interesse dos sócios na aquisição das ações, proceda à liquidação das quotas ou das ações, depositando em juízo o valor apurado, em dinheiro.*
> *§ 1º Para evitar a liquidação das quotas ou das ações, a sociedade poderá adquiri-las sem redução do capital social e com utilização de reservas, para manutenção em tesouraria.*
> *§ 2º O disposto no caput e no § 1o não se aplica à sociedade anônima de capital aberto, cujas ações serão adjudicadas ao exequente ou alienadas em bolsa de valores, conforme o caso.*
> *§ 3º Para os fins da liquidação de que trata o inciso III do caput, o juiz poderá, a requerimento do exequente ou da sociedade, nomear administrador, que deverá submeter à aprovação judicial a forma de liquidação.*

---

13 Tanto o ordenamento italiano como o português se aprofundam no tema, regulando os aspectos materiais e processuais: o sistema italiano, criando uma espécie de preempção, pela qual se garante à sociedade o direito de até dez dias da adjudicação apresentar outro adquirente que ofereça o mesmo preço; o sistema português, proibindo a convenção particular de limitar a possibilidade de penhora e estabelecendo ordem de preferência na aquisição das quotas, privilegiando, respectivamente, os sócios, a sociedade ou uma pessoa por ela designada. Cf. o disposto no Artigo 183 e 239 do Código das Sociedades Comerciais: Artigo 183.º (Execução sobre a parte do sócio) 1. O credor do sócio não pode executar a parte deste na sociedade, mas apenas o direito aos lucros e à quota de liquidação. 2. Efectuada a penhora dos direitos referidos no número anterior, o credor, nos quinze dias seguintes à notificação desse facto, pode requerer que a sociedade seja notificada para, em prazo razoável, não excedente a 180 dias, proceder à liquidação da parte. 3. Se a sociedade demonstrar que o sócio devedor possui outros bens suficientes para satisfação da dívida exequenda, a execução continuará sobre esses bens. 4. Se a sociedade provar que a parte do sócio não pode ser liquidada, por força do disposto no artigo 188º, prosseguirá a execução sobre o direito aos lucros e à quota de liquidação, mas o credor pode requerer que a sociedade seja dissolvida. 5. Na venda ou adjudicação dos direitos referidos no número anterior gozam do direito de preferência os outros sócios e, quando mais de um o desejar exercer, ser-lhe-ão atribuídos na proporção do valor das respectivas partes sociais. SECÇÃO V – Execução da quota – Artigo 239º – (Execução da quota) 1. A penhora de uma quota abrange os direitos patrimoniais a ela inerentes, com ressalva do direito a lucros já atribuídos por deliberação dos sócios à data da penhora e sem prejuízo da penhora deste crédito; o direito de voto continua a ser exercido pelo titular da quota penhorada. 2. A transmissão de quotas em processo executivo ou de liquidação de patrimónios não pode ser proibida ou limitada pelo contrato de sociedade nem está dependente do consentimento desta. Todavia, o contrato pode atribuir à sociedade o direito de amortizar quotas em caso de penhora. 3. A sociedade ou o sócio que satisfaça o exequente fica subrogado no crédito, nos termos do artigo 593º do Código Civil. 4. A decisão judicial que determine a venda da quota em processo de execução, falência ou insolvência do sócio deve ser oficiosamente notificada à sociedade. 5. Na venda ou na adjudicação judicial terão preferência em primeiro lugar os sócios e, depois, a sociedade ou uma pessoa por esta designada.

> *§ 4º O prazo previsto no caput poderá ser ampliado pelo juiz, se o pagamento das quotas ou das ações liquidadas:*
> *I – superar o valor do saldo de lucros ou reservas, exceto a legal, e sem diminuição do capital social, ou por doação; ou*
> *II – colocar em risco a estabilidade financeira da sociedade simples ou empresária.*
> *§ 5º Caso não haja interesse dos demais sócios no exercício de direito de preferência, não ocorra a aquisição das quotas ou das ações pela sociedade e a liquidação do inciso III do caput seja excessivamente onerosa para a sociedade, o juiz poderá determinar o leilão judicial das quotas ou das ações.*

Nota-se, portanto, que no caso da penhora de quotas a ação de dissolução parcial poderá ter seus efeitos, no que respeita ao alcançar o valor econômico da quota e satisfazer o credor do sócio, alcançado em mero incidente do processo de execução, ou da fase de cumprimento de sentença.

Diante disso, verifica-se que no novo Código de Processo Civil todos os eventuais questionamentos e discussões sobre o valor das cotas devem se realizar em embargos ou na impugnação.

1.5. Da exclusão de sócio

A exclusão de sócios vem regulada no Código Civil da seguinte maneira:

> *Art. 1.030. Ressalvado o disposto no art. 1.004 e seu parágrafo único, pode o sócio ser excluído judicialmente, mediante iniciativa da maioria dos demais sócios, por falta grave no cumprimento de suas obrigações, ou, ainda, por incapacidade superveniente.*
> *Parágrafo único. Será de pleno direito excluído da sociedade o sócio declarado falido, ou aquele cuja quota tenha sido liquidada nos termos do parágrafo único do art. 1.026.*
> *(...)*
> *Art. 1.058. Não integralizada a quota de sócio remisso, os outros sócios podem, sem prejuízo do disposto no art. 1.004 e seu parágrafo único, tomá-la para si ou transferi-la a terceiros, excluindo o primitivo titular e devolvendo-lhe o que houver pago, deduzidos os juros da mora, as prestações estabelecidas no contrato mais as despesas.*
> *(...)*
> *Art. 1.085. Ressalvado o disposto no art. 1.030, quando a maioria dos sócios, representativa de mais da metade do capital social, entender que um ou mais sócios estão pondo em risco a continuidade da empresa, em virtude de atos de inegável gravidade, poderá excluí-los da sociedade, mediante alteração do contrato social, desde que prevista neste a exclusão por justa causa.*
> *Parágrafo único. A exclusão somente poderá ser determinada em reunião ou assembleia especialmente convocada para esse fim, ciente o acusado em tempo hábil para permitir seu comparecimento e o exercício do direito de defesa.*
> *Art. 1.086. Efetuado o registro da alteração contratual, aplicar-se-á o disposto nos arts. 1.031 e 1.032.*

O Código Civil classificou a dissolução parcial da sociedade em: automática, extrajudicial ou de pleno direito; e em judicial.

A saída voluntária do sócio pode se dar por cessão das quotas a outro sócio ou ainda a terceiro, desde que não ocorra a oposição de mais de um quarto dos titulares das quotas sociais, ou ainda pelo exercício do direito de retirada.

Ocorrerá a saída de pleno direito do sócio declarado falido e no caso de credor do sócio requerer a liquidação da quota do sócio para satisfação de seu crédito.

Resta ainda a última hipótese, consistente naquela decorrente da manifestação da maioria dos sócios, representativa de mais da metade do capital social. É a denominada exclusão ou expulsão de sócio.

Essa hipótese tem nítido fundamento contratual.

O contrato de sociedade pressupõe que suas partes – os sócios – estejam imbuídas da busca de um objetivo comum. É elemento essencial do contrato a affectio societatis, consistente na colaboração de todos os contratantes para a realização do escopo contratual.

Assim, surge o instrumento da exclusão, pelo qual um ou mais sócios podem, compulsoriamente, retirar da sociedade um sócio antes de dissolvida a sociedade.

Portanto, na hipótese de exclusão não se verificará a resolução do contrato, a dissolução total da sociedade, mas sim uma resolução em relação ao sócio que se desliga.[14]

1.5.1. Das hipóteses legais de exclusão

O Código Civil estabelece, em linhas gerais, dois regimes para exclusão: o que decorre exclusivamente da manifestação da maioria dos sócios (art. 1.085), representativa de mais da metade do capital social, e daquela que depende da intervenção judicial (art. 1.030).

A primeira hipótese pressupõe a existência de atos de inegável gravidade que ponham em risco a continuidade da empresa e previsão de exclusão por justa causa no contrato social.

Nesta hipótese, só haverá a exclusão diante de reunião ou assembleia especialmente convocada para esse fim, que deve se realizar após ciência ao sócio acusado em tempo hábil para permitir seu comparecimento e o exercício do direito de defesa.

O Código Civil ao preceituar que a resolução em relação a um sócio dependerá da prática de atos de inegável gravidade que ponham em risco a continuidade da empresa, ressalvou o disposto no art. 1.030, que demanda o ajuizamento da ação judicial para exclusão do sócio.

Na hipótese do art. 1.030 não se exige que a maioria dos sócios seja representativa da maioria do capital social e que haja expressa cláusula no contrato social. Ao lado disso, preferiu-se exigir o ajuizamento de ação para exclusão do sócio. De acordo com o novo direito processual tal demanda se processará no rito da ação de dissolução parcial, nos termos do que dispõe o art. 599, I.

Além desses casos, o Código Civil também contempla a exclusão do sócio remisso como opção para a maioria dos demais sócios, que podem preferir, no entanto, a indenização pelo dano emergente da mora ou a redução da quota ao montante já realizado, como dispõe o art. 1.004, do Código Civil.

---

14 REQUIÃO, RUBENS, A preservação da sociedade comercial pela exclusão do sócio, Curitiba, 1959, p. 269.

Da exclusão em razão da liquidação da quota social e da falência do sócio, já tratamos em item anterior, valendo apenas relembrar que estas se darão de pleno direito, a teor do art. 1.030, parágrafo único.

1.5.2. Das hipóteses contratuais de exclusão

O contrato social poderá dispor sobre causas de exclusão. Assim poderão os sócios, ao firmar sociedade, identificar hipóteses de seu cabimento. Essa autorização decorre da dicção do art. 1.085, do Código Civil, que na parte final de seu caput faz referência a "desde que prevista neste a expulsão por justa causa".

Do mesmo modo, caminhou a legislação portuguesa:

> *Artigo 241°*
> *(Exclusão de sócio)*
> *1. Um sócio pode ser excluído da sociedade nos casos e termos previstos na presente lei, bem como nos casos respeitantes à sua pessoa ou ao seu comportamento fixados no contrato.*
> *2. Quando houver lugar à exclusão por força do contrato, são aplicáveis os preceitos relativos à amortização de quotas.*
> *3. O contrato de sociedade pode fixar, para o caso de exclusão, um valor ou um critério para a determinação do valor da quota diferente do preceituado para os casos de amortização de quotas.*[15]

O contrato social poderá, pois, elencar casos em que se entenda cabível a exclusão, podendo versar sobre violação de cláusula contratual, concorrência desleal, uso indevido e abuso da firma ou denominação social, desídia, incapacidade moral do sócio, prevaricação, fuga ou qualquer outro desajuste imotivado entre um sócio e os demais, que cause séria desarmonia no corpo social.

Poderá ainda o contrato dispor de forma genérica, fazendo constar rol exemplificativo dos fatos pelos quais se entenda possível a expulsão.[16]

De se notar, entretanto, que o Projeto de Lei nº 7.160, da autoria do Deputado Federal Ricardo Fiuza contempla a dispensabilidade da cláusula expressa que permita a exclusão de quaisquer de seus pares. Essa alteração pretende restabelecer situação anterior ao Código Civil, a qual, para a concretização do ato expulsório, exigia, segundo a doutrina e a jurisprudência, apenas a séria e fundada justificativa, independentemente

---

15 PORTUGAL, Decreto-Lei nº 262/86 de 2 de Setembro, atualizado de acordo com as alterações introduzidas pelos Decreto-Lei nº 184/87, de 21 de Abril, Decreto-Lei nº 280/87, de 8 de Julho, Decreto-Lei nº 229-B/88, de 4 de Julho, Decreto-Lei nº 238/91, de 2 de Julho, Decreto-Lei nº 225/92, de 21 de Outubro, Decreto-Lei nº 20/93, de 26 de Janeiro, Decreto-Lei nº 328/95, de 9 de Dezembro, Decreto-Lei nº 257/96, de 31 de Dezembro, Decreto-Lei nº 343/98 de 6 de Novembro, Decreto-Lei nº 486/99 de 13 de Novembro, Decreto-Lei nº 36/2000, de 14 de Março, Decreto-Lei nº 237/2001 de 30 de Agosto, Decreto-Lei nº 162/2002 de 11 de Julho.

16 NEGRÃO, Ricardo. Manual de direito comercial e de empresa, v. I, 3ª ed., reformulada, São Paulo, Ed. Saraiva, p. 368.

da previsão contratual.[17] Enquanto não se colocar a pretendida alteração, tais situações devem ser necessariamente realizadas através da ação de dissolução parcial.

Registre-se, por fim, que eventual diferenciação que se pudesse sustentar entre a ação que visava a dissolução parcial da sociedade por vontade de um dos sócios (resilição parcial) e a ação de exclusão do sócio perde qualquer sentido no regime da ação de dissolução parcial no novo Código de Processo Civil. Tendo em mira que, a par do justo motivo para exclusão, o debate estará relacionado a resolução parcial e a apuração de haveres, não se justifica a diferenciação de procedimento. De fato, em ambas as situações se discutem temas muito próximos a autorizar a solução de conflitos em um procedimento uniforme, sem prejuízo da distinção das causas que dão espaço a aplicação de cada instituto de direito material.

2. DO PROCESSAMENTO DA AÇÃO DE DISSOLUÇÃO PARCIAL

2.1. Da competência

A ação de dissolução parcial deve ser proposta, nos termos do art. 53, inc. III, letras "a" ou "c", do novo Código de Processo Civil, no lugar da sede da pessoa jurídica ou ainda no lugar onde exercer as atividades a sociedade que não tiver personalidade jurídica.

Defende PRISCILA M. P. CORRÊA DA FONSECA, com base no direito hoje vigente, poder ser a ação proposta no domicílio da pessoa jurídica ou no domicílio de qualquer dos sócios que componham o polo passivo da demanda.[18]

Melhor razão tem CELSO BARBI FILHO que sustenta ser competente o foro do lugar da sede da sociedade:

> *Isso porque precisam ser considerados na identificação do foro, não só o local onde se poderá apurar eficazmente os haveres, mas também aquele que assegure a tutela dos interesses da própria pessoa jurídica, que inequivocadamente é atingida pela dissolução parcial.*[19]

De fato, considerando a importância do aspecto econômico da demanda em análise, ou seja, a imbricação da resolução parcial com a condenação ao pagamento dos haveres, que devem ser satisfeitos pela sociedade, de rigor concluir que a ação deve ser proposta no foro de domicílio desta, em manifesto proveito à eficiência da tutela jurisdicional.

Caso se trate de sociedade sem personalidade jurídica, como na hipótese em que apesar de firmado o contrato social, não tenha sido levado a Registro na Junta

---

17 BRASIL, Superior Tribunal de Justiça, REsp nº 7.183-AM, 4º Turma, Rel. Min. Barros Monteiro in RJSTJ 28/454.

18 Dissolução Parcial, Retirada e Exclusão de Sócio no Novo Código Civil, 2ª ed., São Paulo, 2003, Ed. Atlas, p. 102.

19 Dissolução parcial de sociedades limitadas, Belo Horizonte, 2004, Mandamentos, p. 312.

Comercial, a ação deve ser proposta no local onde a sociedade exerça suas atividades.

Tal posicionamento facilita, como demonstrou o jurista mineiro, o processamento da ação, especialmente a realização de perícia para avaliação dos haveres do sócio e o cumprimento da sentença, evitando-se o inconveniente das delongas com a expedição de cartas precatórias.

2.2. Do objeto

A ação em estudo pode ter como objeto a resolução da sociedade contratual ou simples, nos termos do que dispõe o art. 599, I, do novo Código de Processo Civil. A nova lei não excluiu a possibilidade de utilização do instrumento processual para as sociedades por ações fechadas em seu art. 599, § 2.º. No direito hoje vigente PRISCILA M. P. CORRÊA DA FONSECA já sustentava a possibilidade de dissolução parcial nas sociedades por ações fechadas nas quais predomine o aspecto pessoal.[20]

Importante notar que a nova lei ao determinar que a petição inicial seja instruída com o contrato social não exige contrato social registrado, sendo possível, pois, cogitar do ajuizamento da ação para resolução de sociedade cujo contrato não tenha sido levado a registro no órgão próprio, no mais das vezes a Junta Comercial ou o Registro Civil de Pessoas Jurídicas, ou cujo registro tenha sido feito por órgão incompetente.[21]

Poderá a ação tratar da resolução nas hipóteses de (1) falecimento de sócio; (2) exclusão de sócio; (3) de exercício do direito de retirada; (4) pagamento de haveres para ex-cônjuge, companheiro ou convivente; (5) somente a resolução ou a apuração de haveres. Imbricada com a resolução poderá a ação cuidar ainda da apuração de haveres nas mesmas hipóteses. Por fim, deve ser registrado que a ação pode cuidar tão somente da resolução ou da apuração de haveres.

Pode-se afirmar, portanto, que a resolução e a apuração de haveres serão objeto de um procedimento único, diferente do que se verifica hoje, haja vista que os arts. 655 e ss. do Código de Processo Civil de 1939 não cuidarem da apuração de haveres, mas da liquidação da sociedade.

2.3. Das condições da ação

Seguindo o posicionamento de ENRICO TULLIO LIEBMAN, que excluíra de seu manual a possibilidade jurídica do pedido como condição da ação, o novo de Código de Processo Civil não cuida mais da possibilidade jurídica do pedido em seu art. 17.[22]

---

20 A dissolução parcial inversa nas sociedades anônimas fechadas. In: Revista da Associação dos Advogados de São Paulo, nº 96, Mar – 2008.

21 A Lei nº 8.906/94, em seu art. 15, § 1º, estabelece que o registro de seus atos constitutivos no Conselho Seccional da OAB em cuja base territorial tiver sede.

22 O parecer do Senador Valter Vieira sobre o tema afirma: "Outra medida salutar é a mudança de entendimento da natureza processual da possibilidade jurídica do pedido, deixando de ser considerada condição da ação, para qualificar a sentença que não reconhece como de improcedência" Disponível

Assim sendo, adotado o novo paradigma e nos exatos termos em que se propõe o direito projetado, estaria fadada à improcedência, por exemplo, o pedido de sócio de sociedade por ações aberta que viesse a se utilizar da ação de dissolução parcial, como já se disse antes, em virtude do disposto no art. 599, § 2.º, do novo Código de Processo Civil.

Só é possível, nos termos do texto do projeto aprovado pelo Senado, ajuizar ação de dissolução parcial nas hipóteses de (1) falecimento de sócio, objeto do art. 1028, do Código Civil; (2) exclusão de sócio de que cuida o art. 1030 do Código Civil, (3) de exercício do direito de retirada, objeto das atenções do art. 1.077 do Código Civil ou (4) para pagamento de haveres para ex-cônjuge, companheiro ou convivente; (5) somente a resolução ou a apuração de haveres.

Além dos limites relacionados ao objeto da demanda, o autor da ação deve demonstrar interesse. Em face disso, parece evidente que nas hipóteses de resolução extrajudicial ou de pleno direito, como se verifica, por exemplo, diante das situações, respectivamente, do art. 1.085 e 1.030, parágrafo único, do Código Civil, milita em desfavor do interessado uma presunção de falta de interesse de agir.

Em tais situações a resolução em relação ao sócio não depende da intervenção judicial, decorrendo do mero fato, sendo mesmo inútil, em tese, a prestação jurisdicional. Assim, não é necessária ação de dissolução para resolução da sociedade em face do sócio que teve sua falência decretada.[23]

Não obstante, em alguns casos é possível cogitar da demonstração de interesse processual. Assim, por exemplo, não se formalizando o direito de recesso, apesar de ter o sócio comunicado sua intenção aos demais, frente a alguma das hipóteses do art. 1077, do Código Civil, ou ainda se sobrevier discussão sobre a apuração de haveres, cede-se espaço à presença do interesse de agir.

Em relação a legitimidade o projeto dá grande passo para por fim a grandes e intermináveis discussões. Vale transcrever o que dispõe o art. 600:

> *Art. 600. A ação pode ser proposta:*
> *I – pelo espólio do sócio falecido, quando a totalidade dos sucessores não ingressar na sociedade;*
> *II – pelos sucessores, após concluída a partilha do sócio falecido;*
> *III – pela sociedade, se os sócios sobreviventes não admitirem o ingresso do espólio ou dos sucessores do falecido na sociedade, quando esse direito decorrer do contrato social;*

em http//www.senado.gov.br/atividade/matéria/detalhes.asp?p_cod_mat=97249. Acesso em 07.09.2011. De seu turno do relatório da Comissão de Juristas que elaboraram o anteprojeto consta: "Com o objetivo de se dar maior rendimento a cada processo, individualmente considerado, e, atendendo a críticas tradicionais da doutrina, deixou, a possibilidade jurídica do pedido, de ser condição da ação. A sentença que, à luz da lei revogada seria de carência da ação, à luz do Novo CPC é de improcedência e resolve definitivamente a controvérsia." In Brasil. Congresso Nacional. Senado Federal. Comissão de Juristas Responsável pela Elaboração de Anteprojeto de Código de Processo Civil. Disponível em http:// http:// www.senado.gov.br/senado/novocpc/pdf/1a_e_2a_Reuniao_PARA_grafica.pdf.

23 No mesmo sentido FONSECA, Priscila M. P., Ob. Cit., p. 111.

> *IV – pelo sócio que exerceu o direito de retirada ou recesso, se não tiver sido providenciada, pelos demais sócios, a alteração contratual consensual formalizando o desligamento, depois de transcorridos 10 (dez) dias do exercício do direito;*
> *V – pela sociedade, nos casos em que a lei não autoriza a exclusão extrajudicial; ou*
> *VI – pelo sócio excluído.*
> *Parágrafo único. O cônjuge ou companheiro do sócio cujo casamento, união estável ou convivência terminou poderá requerer a apuração de seus haveres na sociedade, que serão pagos à conta da quota social titulada por este sócio.*

Com essa redação, espera-se ficar superado o posicionamento doutrinário que sustentava ser parte ilegítima os sucessores para propor ação de dissolução parcial, fundado na circunstância de não terem qualidade de sócio.

Além dos sucessores do sócio falecido, podem propor a ação o espólio do de cujus, no caso da totalidade dos sucessores não ingressar na sociedade. Em contrapartida, a própria sociedade pode propor a ação quando houver disposição no contrato social vetando o ingresso na sociedade dos sucessores, nos termos do art. 600, III, do novo Código de Processo Civil.

Em relação ao direito de retirada, a disposição do inciso IV do art. 600 além de estabelecer a legitimidade do sócio que exerceu o direito de retirada espanca qualquer dúvida sobre o interesse processual na hipótese de ter sido comunicado o recesso, mas não ter sido o ato formalizado depois de dez dias.

Para a hipótese de exclusão de sócio são legitimados ativos o sócio excluído e a sociedade, esta última no caso em que a lei exigir exclusão judicial.[24]

O parágrafo único do art. 600 dá legitimidade ao cônjuge, companheiro ou convivente cujo matrimônio, união estável ou convivência tenha terminado, para requerer a apuração de seus haveres à conta da quota social titulada pelo ex-cônjuge ou companheiro. Como se vê, tal hipótese prevê que a quota social tenha sido partilhada ao ex-cônjuge, companheiro ou convivente, porquanto tenha o projeto se referido aos haveres do interessado.

Essa interpretação exclui a discussão de temas familiares na ação de dissolução parcial de sociedade, ficando, pois, aberta a possibilidade de requerimento de apuração de haveres após a declaração judicial do direito patrimonial do ex-cônjuge, companheiro ou convivente à quota social.

Por fim, nota-se que a legitimidade passiva é objeto de regramento específico, eis que o art. 601 faz menção a citação dos sócios e da sociedade, seguindo a lição que a doutrina[25] e a jurisprudência[26] vinham perfilhando, no sentido de sustentar o litiscon-

---

24 Veja art. 1.030, Código Civil.

25 Cf. FONSECA, Priscila M. P. Corrêa. Da Dissolução Parcial, Retirada e Exclusão de Sócio no Novo Código Civil, 2ª ed., São Paulo, 2003, Ed. Atlas, pp. 125 e ss. BARBI FILHO, Celso. Dissolução parcial de sociedades Limitadas. Belo Horizonte; Mandamentos, 2004, p. 349.

26 SOCIEDADE COMERCIAL. SOCIEDADE POR COTAS DE RESPONSABILIDADE LIMITADA. DISSOLUÇÃO PARCIAL. APURAÇÃO DE HAVERES. LEGITIMIDADE PASSIVA. SOCIEDADE E SÓCIOS REMANESCENTES. LITISCONSÓRCIO PASSIVO NECESSÁRIO.

sórcio necessário entre sócios e sociedade no polo passivo da ação de dissolução parcial.

PRECEDENTES. CASO CONCRETO. ESPECIFICIDADES.Conforme precedentes desta Corte, na generalidade dos casos, a retirada de sócio de sociedade por quotas de responsabilidade limitada dá-se pela ação de dissolução parcial, com apuração de haveres, para qual têm de ser citados não só os demais sócios, mas também a sociedade. Na especificidade do caso concreto, contudo, não é necessária a inclusão da sociedade, pois, tratando-se de processo muito antigo, ansioso por chegar a desfecho, está bem claro que os demais sócios excluíram o autor, exclusão com a qual, pelo fato de os demais sócios constituírem a unanimidade remanescente, a sociedade jamais chegaria a sustentar o que quer que seja em contrário, de modo que, a rigor, desnecessário anular o processo para inclusão de litisconsorte necessário e retorno à mesma situação que já se tem agora. Recurso Especial improvido. (788886 SP 2005/0165148-7, Relator: Ministro SIDNEI BENETI, Data de Julgamento: 15/12/2009, T3 – TERCEIRA TURMA, Data de Publicação: DJe 18/12/2009). SOCIEDADE POR COTAS DE RESPONSABILIDADE LIMITADA. DISSOLUÇÃO PARCIAL. LEGITIMIDADE PASSIVA. – Na ação de dissolução parcial, a sociedade deve figurar no pólo passivo da demanda. Recurso especial conhecido e provido para anular o processo a partir do saneamento da causa, prejudicadas as demais questões. (80481 DF 1995/0061792-7, Relator: Ministro BARROS MONTEIRO, Data de Julgamento: 18/10/1999, T4 – QUARTA TURMA, Data de Publicação: DJ 17.12.1999 p. 371RSTJ v. 132 p. 391). AGRAVO REGIMENTAL. DISSOLUÇAO PARCIAL DE SOCIEDADE COMERCIAL. OMISSAO DO ACÓRDAO RECORRIDO. INEXISTÊNCIA. LITISCONSÓRCIO PASSIVO NECESSÁRIO COM A SOCIEDADE COMERCIAL. AUSÊNCIA DE CITAÇAO. NULIDADE. AUSÊNCIA DE OFENSA À COISA JULGADA. I – Consoante dispõe o artigo 535 do CPC, destinam-se os Embargos de Declaração a expungir do julgado eventuais omissão, obscuridade ou contradição, não se caracterizando via própria ao rejulgamento da causa.

II – Na ação para apuração de haveres de sócio, a legitimidade processual passiva é da sociedade empresarial e dos sócios remanescentes, em litisconsórcio passivo necessário. III – A falta de citação do litisconsorte necessário inquina de nulidade, desde a origem, o processo originário, matéria a ser apreciada, inclusive, de ofício. Em casos que tais, "os atos nulos pleno iure jamais precluem, não se sujeitando à coisa julgada, porque invalidam a formação da relação processual, podendo ser reconhecidos e declarados em qualquer época ou via." IV – Agravo Regimental improvido. (AgRg REsp nº 947.545-MG(2007/0098430-9), Rel. Ministro Sidnei Beneti, Data do Julgamento: 08/02/20011, T4 – QUARTA TURMA, Data de Publicação: DJE 22/02/2011); RECURSO ESPECIAL – OMISSAO NO ACÓRDAO RECORRIDO – INOCORRÊNCIA – AÇAO DE EXCLUSAO DE SÓCIO – FORMA DE DISSOLUÇAO PARCIAL DA SOCIEDADE – SOCIEDADE E SÓCIO REMANESCENTE – LITISCONSÓRCIO PASSIVO NECESSÁRIO – INTEGRAÇAO DA LIDE – NECESSIDADE – JULGAMENTO ANTECIPADO DA LIDE – IMPOSSIBILIDADE – ENTENDIMENTO OBTIDO PELO EXAME FÁTICO-PROBATÓRIO – INCIDÊNCIA DO ENUNCIADO Nº 7/STJ – RECURSO NAO CONHECIDO. I – (...). II – O quotista interessado na expulsão de outro deverá instaurar o contencioso em face deste, dos sócios remanescentes e da pessoa jurídica à qual se ligavam; III – O Tribunal de origem, após analisar toda a matéria devolvida em apelação, assentou que as provas colacionadas nos autos não seriam suficientes para concluir que houve efetivamente infidelidade, má-fé ou exorbitância de poderes na administração, sendo imprescindível, para tal, a realização de perícia técnica e contábil; IV- Recurso não conhecido. (REsp 813.430/SC, Rel. Min. MASSAMI UYEDA, TERCEIRA TURMA, DJ 20.08.07); SOCIEDADE POR COTAS DE RESPONSABILIDADE LIMITADA. DISSOLUÇAO PARCIAL. LEGITIMIDADE PASSIVA. APURAÇAO DE HAVERES. BALANÇO ESPECIAL. – A ação de dissolução parcial deve ser promovida pelo sócio retirante contra a sociedade e os sócios remanescentes, em litisconsórcio necessário. Precedentes. – Na dissolução de sociedade por cotas de responsabilidade limitada, a

Nos casos em que a sociedade tem natureza contratual, não poderia vicejar dúvidas sobre a necessidade formação de litisconsórcio necessário. Nesse sentido, havendo pretensão da modificação da estrutura interna da sociedade é necessária a participação de todos os componentes da sociedade, porquanto partes do contrato plurilateral, devem eles ser citados para o exercício do contraditório e da ampla defesa. Assim, mesmo que o pedido se limite a resolução parcial da sociedade, os sócios devem compor a lide.

A sociedade, por sua vez, quando não titularizar o polo ativo da demanda comporá o polo passivo, mormente nos casos de apuração de haveres, no qual se verifica, efetivamente, a necessidade de compor a lide, eis que é a sociedade a responsável pelo pagamento do valor correspondente aos haveres sociais.

Nem o fato do art. 601, parágrafo único, permitir que o processo tenha regular prosseguimento sem a citação da sociedade permite a conclusão que o tema não envolve hipótese de litisconsórcio necessário. A bem da verdade, referida disposição se justifica por utilidade e economia processual, para dispensar a citação da sociedade na hipótese dos sócios remanescentes já terem sido. Evidentemente, nesta situação se presume o conhecimento da ação pela própria sociedade, uma vez que seus sócios, que, em última instância, compõem a alma da sociedade, independentemente de ocuparem ou não órgão de direção na sociedade, tem ciência da demanda e já foram citados.

Portanto, mesmo nessa situação a sociedade comporá a lide, apenas deixará de ser citada.

---

apuração de haveres do sócio retirante deve ter em conta o real valor de sua participação societária, como se de dissolução total se tratasse. Precedentes. Recursos não conhecidos. (REsp 105.667/SC, Rel. Min. BARROS MONTEIRO, QUARTA TURMA, DJ 6.11.00); SOCIEDADE COMERCIAL. DISSOLUÇAO PARCIAL. I – A AÇAO DE DISSOLUÇAO PARCIAL DEVE SER PROMOVIDA PELO SÓCIO RETIRANTE CONTRA A SOCIEDADE E OS SÓCIOS REMANESCENTES, EM LITISCONSÓRCIO NECESSÁRIO. II – DECIDINDO AS INSTÂNCIAS ORDINÁRIAS INEXISTIR PREVISAO CONTRATUAL PARA A RETIRADA MOTIVADA, APLICA-SE A REGRA DO ARTIGO 668 DOCPC/39, EM VIGOR POR FORÇA DO DISPOSTO NO ARTIGO 1.218, VII DO CPC/73, A FIM DE SER EFETUADA A APURAÇAO DOS HAVERES NA FORMA DETERMINADA NA SENTENÇA,ATRAVÉS DE BALANÇO ESPECIAL E PAGAMENTO EM UMA ÚNICA PARCELA. III – INCLUI-SE O FUNDO DE COMERCIO E O FUNDO DE RESERVA INSTITUÍDO PELA VONTADE DOS SÓCIOS, ENTRE OS HAVERES A SEREM CONSIDERADOS NO BALANÇO ESPECIAL. IV – (...). RECURSO CONHECIDO, EM PARTE, PELA DIVERGÊNCIA, MAS IMPROVIDO. (REsp 77.122/PR, Rel. Min. RUY ROSADO DE AGUIAR, QUARTA TURMA, DJ 8.4.96); SOCIEDADE POR COTAS – RETIRADA DE SÓCIOS. APURAÇAO DE SEUS HAVERES, COMO SE DE DISSOLUÇAO SE TRATASSE, SEM PREJUÍZO DA PERMANÊNCIA DA SOCIEDADE. SOCIEDADE – LEGITIMIDADE PARA A CAUSA. EMBORA A PRETENSAO DE RETIRADA DE SÓCIO, ENQUANTO ENVOLVE MODIFICAÇAO DO CONTRATO, SÓ POSSA SER ATENDIDA PELOS REMANESCENTES, O CERTO E QUE O PAGAMENTO DOS HAVERES FAR-SE-Á COM O PATRIMÔNIO DA SOCIEDADE. JUSTIFICA-SE SUA PRESENÇA NO PROCESSO. RECURSO ESPECIAL. DELE NAO SE CONHECE QUANTO AO PONTO QUE NAO FOI OBJETO DE EXAME PELO ACÓRDAO. (REsp 44.132/SP, Rel. Min. EDUARDO RIBEIRO, TERCEIRA TURMA, DJ 1.4.1996).

2.4. Da petição inicial e do pedido

A petição inicial deverá obedecer aos requisitos dos arts. 319 e 320 do novo Código de Processo Civil, devendo pois ser direcionada ao Juízo da sede da sociedade, indicando a qualificação do autor e da sociedade e sócios que ocuparão o polo passivo da demanda, incluindo-se, necessariamente, o número do cadastro de pessoas físicas ou do cadastro nacional de pessoas jurídicas da Receita Federal e, facultativamente, os respectivos endereços eletrônicos.

Além disso, deve a petição inicial descrever os fatos e fundamentos jurídicos do pedido. Assim, deve-se, na hipótese de falecimento de sócio, demonstrar tal fato com a juntada de certidão de óbito, além do documento que comprove a qualidade de sucessor.

No caso de exclusão de sócio ou de exercício do direito de retirada deve a inicial esclarecer as razões de fato que dão ensejo ao pedido.

Por fim, tendo em vista a hipótese de pagamento de haveres para ex-cônjuge, companheiro ou convivente, deve a inicial vir acompanhada da comprovação da partilha de bens, que deve ser providenciada em ação própria, ou ainda em escritura pública de partilha.

Em todas as hipóteses, deve vir a inicial acompanhada do contrato social ou do estatuto, nos termos do que dispõe o art. 599, § 1º, e do art. 320, ambos do novo Código de Processo Civil.

Caso a petição inicial não venha acompanhada desse documento, ou apresente outros defeitos ou irregularidades sanáveis, deverá o magistrado conceder prazo de quinze dias, indicando com precisão o que deve ser corrigido, para que, então, o autor emende a inicial. Não sanado o vício, a petição inicial deverá ser indeferida, nos termos do art. 321, parágrafo único, do novo Código de Processo Civil.

2.5. Da citação e da contestação

Estando em ordem a petição inicial, ou tendo sido emendada a tempo e a modo, será determinada a citação dos réus, para que apresentem contestação no prazo de quinze dias.

A sociedade pode ter sua citação dispensada, caso todos os sócios tenham sido regularmente citados, hipótese em que a verdadeira citação tácita, realizada na pessoa dos sócios remanescentes.

Citados os réus estes podem apresentar contestação, na qual podem se limitar a objetar o valor pretendido pelo autor, ficando adstritos à apuração de haveres, ou ainda defender a própria razão do pedido, opondo-se, por exemplo, que haja direito de recesso, ou que o autor não é sucessor do sócio falecido.

Caso a contestação se limite ao valor dos haveres a apurar e havendo concordância expressa e unânime com a dissolução, o juiz a decretará, hipótese em que se passará, imediatamente, à fase de liquidação, sem a imposição de condenação em honorários advocatícios a quaisquer das partes.

Mesmo não havendo tal concordância, mas restando incontroverso os haveres sociais, deverá ser ordenado o depósito dos haveres, que poderá ser imediatamente levantado pelo autor.

Entretanto, pode a sociedade ré formular pedido indenizatório, por meio de pedido contraposto, art. 602 do novo Código de Processo Civil, hipótese na qual os valores pretendidos serão compensados com os haveres a serem apurados.

De qualquer modo, havendo contestação, o feito seguirá o procedimento comum.

2.6. Da apuração de haveres

Esgotada a fase postulatória e sendo o caso de apuração de haveres, o juiz determinará a realização da perícia para realizar balanço de determinação, nomeando o perito e fixando os honorários, a data da resolução da sociedade e elegendo o critério de avaliação, nos termos do art. 604 do novo Código de Processo Civil.

A apuração de haveres obedecerá aos critérios gizados no contrato social. Caso não haja disposição no contrato social o juiz definirá, como critério de apuração de haveres, o valor patrimonial apurado em balanço especial, que o art. 606 denomina de balanço de determinação.

Este balanço tomará como data da resolução: no caso de falecimento do sócio, a data do óbito; na retirada imotivada, o sexagésimo dia seguinte ao do recebimento, pela sociedade, da notificação do sócio retirante; no recesso, o dia do recebimento, pela sociedade da notificação do sócio dissidente; e na retirada por justa causa de sociedade por prazo determinado e na exclusão judicial de sócio, a do trânsito em julgado da decisão que dissolver a sociedade (art. 605).

Vale ressaltar a importância da fixação da data da resolução da sociedade. Até este momento o sócio faz jus aos direitos sociais, especialmente a participação nos lucros e os juros sobre capital próprio declarados pela sociedade. Após a data da resolução, o ex-sócio, o espólio ou seus sucessores terão direito apenas à correção monetária dos valores apurados e aos juros contratuais ou legais.

Para realização da perícia será nomeado um contador, salvo se o contrato social estabelecer como critério o valor econômico da sociedade ou em projeções de resultados futuros, caso em que a nomeação será feita preferencialmente sobre um especialmente em avaliação de sociedades.

Os critérios de apuração de haveres e a data da resolução da sociedade podem ser revistos a qualquer tempo antes do início da perícia, nos termos do art. 607. Esta previsão não exclui, evidentemente, a possibilidade de correção judicial em eventual recurso, caso se surpreenda, por hipótese, desrespeito a disposição do contrato social

Os honorários do perito nesse procedimento devem ser suportados por todos os sócios, na exata proporção de sua participação no capital social.

2.6. Da sentença

O procedimento de dissolução parcial, como já se disse, pode envolver a resolução e a apuração de haveres, ou ainda um ou outro.

Assim havendo pedido de dissolução a sentença deve fixar a data da resolução, observando os critérios estabelecidos no art. 605 do novo Código de Processo Civil.

Tendo havido pedido de apuração de haveres deve a sentença enfrentar o pedido e eventualmente condenar a sociedade ré ao pagamento de haveres ao ex-sócio, valores esses que podem ser compensados com eventual condenação que se proceda frente ao pedido contraposto da sociedade.

Tendo sido formulados ambos os pedidos (resolução e apuração de haveres) a sentença deve enfrentar ambos. Diante disso, pode ter a sentença efeito meramente constitutivo negativo, há na hipótese mera resolução, ou ainda agregar a isso efeito condenatório, situação em que além da resolução condenará a sociedade ao pagamento do valor apurado em perícia, procedendo-se eventual compensação de prejuízos apurados face ao pedido contraposto.

Sensível a alteração do novo direito processual, que determina a análise da resolução da sociedade e a fixação do valor dos haveres desde logo, tornando desnecessária a liquidação da sentença, uma vez que a apuração de haveres é realizada antes da sentença.

Essa alteração, somada a diminuição das possibilidades do agravo de instrumento, torna o procedimento sensivelmente mais eficiente e célere, deixando a fase de cumprimento a efetivação da condenação, sem a necessidade de liquidação.

A sentença no procedimento da dissolução parcial é recorrível mediante apelação.

3. CONCLUSÕES

Da análise do novo Código de Processo Civil podemos concluir que o legislador procurou depurar o procedimento da dissolução parcial de providências relacionadas à liquidação da empresa, além de guarnecê-lo com expedientes para agilizar o seu trâmite.

Nessa linha se enquadram a obrigação da sociedade em realizar o depósito do valor incontroverso do valor dos haveres sociais, além da imediata decretação da resolução na hipótese de manifestação expressa e unânime pela concordância da dissolução, caso em que se passará à liquidação.

Tais expedientes são aptos a garantir a mais rápida efetivação do direito, em seu aspecto prático, o que mais interessa ao consumidor, se assim podemos dizer, da prestação do serviço jurisdicional.

Além disso, com o novo texto, restarão superadas antigas disputas doutrinárias sobre a legitimidade, especialmente no caso da propositura de ação pelos sucessores do falecido e pelo ex-cônjuge ou companheiro, o que nos permite afirmar a maior operabilidade do direito projetado.

Merecedora de aplausos foi a regulamentação da prova pericial, seja ao regulamentar os critérios de apuração de haveres, seja ao disciplinar o pagamento dos honorários do perito, que, nos termos do direito projetado, poderá ser um contador ou um especialista em avaliação de empresas, a depender do critério de avaliação.

Ao assim fazer, o novo Código de Processo Civil vincula o objeto da perícia, o critério de avaliação com a especialização profissional do perito, além de distribui com justiça as despesas da prova pericial em harmonia com a participação societária de cada sócio.

Por fim, a determinação da realização da perícia ainda na fase de conhecimento permitirá a mais rápida prestação jurisdicional, diminuindo apreciavelmente os incidentes na fase de cumprimento e as consequentes delongas, porquanto, em regra, não se fará necessária liquidação.

BIBLIOGRAFIA

ASCARELLI, Tullio. Problemas das sociedades anônimas e direito comparado. 2ª ed. São Paulo: Saraiva, 1969.

BARBI FILHO, Celso Agrícola. Dissolução parcial de sociedades limitadas, Belo Horizonte: Mandamentos, 2004.

BEVILÁQUA, Clóvis. Código Civil dos Estados Unidos do Brasil comentado. Edição histórica, 2ª tiragem Rio de Janeiro: Ed. Rio, 1977.

BRASIL. Congresso Nacional. Senado Federal. Comissão de Juristas Responsável pela Elaboração de Anteprojeto de Código de Processo Civil. Disponível em http:// http:// www.senado.gov.br/senado/novocpc/pdf/1a_e_2a_Reuniao_PARA_grafica.pdf.

CALÇAS, Manoel de Queiroz Pereira. Sociedade Limitada no Novo Código Civil. 1ª ed. São Paulo: Atlas.

CARVALHOSA, Modesto. Comentários ao código civil:parte especial: do direito de empresa. São Paulo: Saraiva, 2003, v. XIII

COELHO, Fabio Ulhoa. Curso de direito comercial. 6ª ed. São Paulo: Saraiva. 2003, v. 1 e 2.

DINIZ, Maria Helena. Tratado teórico e prático dos contratos. 3ª ed. ampl. e rev. São Paulo: Saraiva, 1999. v. 1

ESTRELLA, Hernani. Apuração dos haveres do sócio. 3ª edição atualizada por Roberto Pappini. Rio de Janeiro: Forense, 2001.

FERREIRA, WALDEMAR. Tratado de Direito Comercial. São Paulo: Ed. Saraiva, 1961.

FIUZA, Ricardo. Novo código civil comentado. São Paulo: Saraiva, 2002.

FONSECA, Priscila M. P. Corrêa da. Dissolução Parcial, Retirada e Exclusão de Sócio no Novo Código Civil. 2ª ed. São Paulo: Atlas, 2003.

____________. A dissolução parcial inversa nas sociedades anônimas fechadas. In: Revista da Associação dos Advogados de São Paulo, nº 96, Mar – 2008.

FRANÇA, Rubens Limongi. Manual de Direito Civil. 2ª ed. v. I.

LEITÃO, Luís Mendes. Pressupostos da exclusão de sócios nas sociedades comerciais. Lisboa: AAFDL, 1988.

MAXIMILIANO, Carlos. Hermenêutica e aplicação do direito. 14ª ed. Rio de Janeiro: Forense, 1994.

NEGRÃO, Ricardo. Manual de direito comercial e de empresa. 3ª ed. Reformulada. São Paulo: Saraiva, v. 1, p. 368.

REQUIÃO, Rubens. A preservação da sociedade comercial pela exclusão do sócio. Curitiba, 1959.

____________. Curso de direito comercial. 23ª ed. Atualizada por Rubens Edmundo Requião. São Paulo: Saraiva, 1998.

SZTAJN, Rachel. O direito de recesso nas sociedades comerciais in RDM 71/50.

A DEMORA NA ENTREGA DA PRESTAÇÃO JURISDICIONAL E A ANTECIPAÇÃO DE TUTELA

Vladimir José Massaro
Luiz Vicente Pellegrini Porto

A demora na entrega da prestação jurisdicional existe desde sempre, a partir do terceiro período do processo romano (*cognitio extra ordinem),* momento em que nasceu a justiça pública e a tarefa de entregar a prestação jurisdicional passou a ser feita por um juiz funcionário público do Império Romano. Depois de passar por um período de retrocesso, mercê do predomínio do costume bárbaro dos conquistadores germânicos, o processo ganhou, na era medieval, o *status* de "processo comum", resultado do nascimento do direito comum, sendo este fruto da fusão de institutos do direito romano com o canônico e o germânico. Mas nem por isso perdeu sua característica demora, que o acompanhou até o presente, mesmo após o nascimento do Direito Processual Civil como ciência autônoma e o alcance da sua compreensão como mero instrumento de efetivação da tutela do direito material e não um fim em si mesmo.

Isto porque a necessidade de se observarem garantias processuais estabelecidas em favor das partes, para que a prevenção ou remoção da lesão ao direito material se dê dentro do devido processo legal, exige um tempo próprio do processo, que efetivamente não coincide com o tempo das partes, sobretudo daquela que, já tendo experimentado lesão em seu direito, necessita da tutela restauradora.

Com efeito, a exigência de cumprimento dos prazos e dos mecanismos para a ampla defesa, bem assim a necessidade de se alcançar a coisa julgada como regra para a execução da tutela obtida, são vistas pelo titular da pretensão como providências que o põem longe do estado psicológico de satisfação, somente alcançável quando frui o bem da vida perseguido.

Ao lado disso, tem-se o tempo de demora decorrente do mau funcionamento da chamada máquina judiciária, notoriamente assoberbada pela cronicidade do aumento exponencial da litigância, não acompanhada pelo correspondente investimento na estrutura de funcionamento dos órgãos jurisdicionais, tudo a contribuir para a formação de um acervo sempre crescente, que desestimula não só os destinatários do serviço judiciário, que veem cada vez mais longe o fim de seus litígios, como os próprios julgadores, que convivem com o sentimento de impotência e frustração por não darem conta da demanda.

Atento a isto, o constituinte derivado, combatendo os efeitos e não a causa, tratou de estabelecer mais uma garantia constitucional do processo, com o nome de "duração razoável do processo", para impor celeridade em sua tramitação, conforme se vê do inciso LXXVIII do artigo 5º da Constituição Federal, incluído pela Emenda Constitucional nº 45, de 2004. E nem ele, como não seria de boa técnica, nem o legislador infraconstitucional trataram de definir qual seria essa duração, para ser razoável.

E como definir tal prazo? A lógica indica que o tempo de duração de determinado processo seria apurado pela soma dos prazos máximos fixados para cada ato processual, considerando-se todos os atos processuais possíveis de nele serem praticados. Mas, para isso, seria necessário que todo órgão jurisdicional fosse dotado de estrutura suficiente para atender sempre a demanda.

Na ânsia de dar efetividade a tal garantia, o Conselho Nacional de Justiça, nascido da referida emenda constitucional, estabeleceu em 10 de fevereiro de 2009 a chamada "Meta 2", que consistia em identificar e julgar, até 31 de dezembro de 2009, todos os processos distribuídos até 31 de dezembro de 2005. Embora se tratasse de meta para julgar processos distribuídos a quatro ou mais anos e embora se referisse a cada instância, o primeiro aceno de quem tentou dar efetividade à garantia constitucional foi no sentido de que a razoável duração do processo significava, entre a distribuição e o primeiro julgamento, quatro anos.

Compreende-se que assim tenha sido, na medida em que era preciso conhecer melhor a estrutura de cada órgão jurisdicional e as peculiaridades de cada ramo da Justiça, enquanto se dava um primeiro passo para a mudança de um paradigma, o de que o Poder Judiciário não tinha prazo para dar uma resposta a quem o procurava. Mas evidentemente tal duração não é razoável. E o pior é que, nos anos que se seguiram, a "Meta 2" do CNJ continuou trabalhando com o quatriênio, propondo não mais o julgamento de 100% dos processos atrasados, mas pelo menos 80% na Justiça Estadual de 1º Grau (Metas 2014).

Todavia, o cumprimento de qualquer prazo para o término de um processo judicial sempre ficará na dependência da estrutura dos órgãos jurisdicionais em que ele tramitará, fator que não está apenas nas mãos do Poder Judiciário, mas também do Legislativo e do Executivo, vez que o orçamento depende dessas três vontades.

E não havendo vontade suficiente para se atacarem as causas, como sempre, atacam-se os efeitos.

Foi assim que, já em 1994, o legislador infraconstitucional buscou dar uma solução paliativa para a demora decorrente de mais um fator impeditivo da celeridade processual, assim compreendida a efetiva entrega da prestação jurisdicional, que é a espera da formação da coisa julgada.

A Lei nº 8.952/94, de 13 de dezembro de 1994, através da modificação do artigo 273 do Código de Processo Civil, introduziu em nosso Direito a figura da antecipação, total ou parcial, dos efeitos da tutela pretendida no pedido inicial.

Foi um grande passo, para um sistema processual que sempre rendeu vassalagem ao formalismo, sacralizou a coisa julgada e resistiu à ideia de um contraditório póstumo, inviabilizando qualquer possibilidade de satisfação antecipada da pretensão, olvidando que o escopo maior do processo é justamente proporcionar a fruição do bem da vida perseguido em juízo.

O legislador de 1994 procurou ser comedido, ao inovar nesse campo, pois estabeleceu requisitos para assegurar a aferição da legitimidade da pretensão a antecipar, exigindo quase que a certeza de procedência da ação, qualquer que seja a defesa a ser apresentada.

Para conquistar antecipadamente a satisfação do pedido, no regime do Código de Processo Civil de 1973, o autor deve instruí-lo com prova que não deixe a menor dúvida sobre si própria e sobre o fato a que é destinada comprovar, bem como que, ante o fato provado, a consequência que dele se pretende tirar é plausível. Mas não é só, pois, a esses dois requisitos, exigidos pelo "caput" do artigo 273 do Código de Processo Civil, deve se unir um ou outro dos previstos nos incisos.

Assim é que, para a antecipação da tutela, é preciso que haja fundado receio de dano irreparável ou de difícil reparação. Aqui, não se está buscando obviar a demora do processo, em benefício da rápida fruição do bem da vida pelo autor. Busca-se, isso sim, evitar que ele sofra um prejuízo que a demora do processo poderá causar-lhe. E não é qualquer prejuízo, mas sim um prejuízo irreparável, ou, ao menos, de difícil reparação. Se então o prejuízo for de fácil reparação, não se antecipará a tutela.

Se não há risco de prejuízo difícil de ser reparado, poderá o autor conseguir a antecipação, se ficar caracterizado o abuso de direito de defesa, ou, ainda, o manifesto propósito protelatório do réu.

Sem considerar que a caracterização do abuso de direito de defesa ou do manifesto propósito protelatório do réu é matéria bastante controvertida, tem-se que também aqui a antecipação não se faz em benefício direto do interesse do autor, mas como mera decorrência do desejo de punir o litigante malicioso definido pelo artigo 17 do Código de Processo Civil.

E não se pode perder de vista que a antecipação depende ainda da reversibilidade do provimento, pois, entre remeter o autor para as perdas e danos, quando a demora do processo lhe retirar a utilidade prática do provimento, ou remeter o réu a essa via, quando indevida a antecipação, o legislador preferiu sacrificar aquele que se apresenta como titular da pretensão resistida, mesmo que haja prova inequívoca e verossimilhança, aliadas à possibilidade de dano de difícil reparação e conduta maliciosa do réu.

Mais além, em 7 de maio de 2002, através da Lei nº 10.444, o legislador resolveu antecipar ao titular da pretensão a fruição do bem da vida perseguido em juízo, quando representar um dos pedidos, ou parcela do pedido, que não mereceu controvérsia. Nesse caso, a antecipação decorre do próprio reconhecimento da procedência de um pedido, ou de parte dele, pelo réu, de forma que a antecipação de sua fruição não é um favor legal para o autor, mas a eliminação de um entrave injustificável que antes havia, de obrigar a que se aguardasse a sentença que reconhecesse a sua procedência e ausência de controvérsia, nesse particular, para sua execução.

Como visto, a antecipação da tutela introduzida em nosso sistema processual civil pela reforma de 1994, completada em 2002, foi uma feliz tentativa de se resolver o problema da demora na entrega da prestação jurisdicional, embora ainda tímida, porque fincada ora na preocupação de evitar risco de grave dano para o autor, ora na preocupação de se evitar que o réu use do processo, para atrasar a satisfação da pretensão resistida.

Não se preocupou o legislador, até então, em prestigiar aquele direito evidente, cujo reconhecimento se vê desde o início do processo, mas que depende apenas do cumprimento da mera formalidade procedimental para se chegar a uma sentença e à coisa julgada.

O Novo Código de Processo Civil traz importantes inovações nesse sentido. A começar pelo fato de haver trocado o sentido dos termos *tutela antecipada* e *tutela de urgência*. Até então, *tutela antecipada* significava *tutela de mérito*, em contraposição a *tutela cautelar*, certo que ambas eram espécies do gênero *tutela de urgência*. A partir do novo Código de Processo Civil, *tutela antecipada* é, ao lado da *tutela cautelar*, espécie do gênero *tutela provisória* e gênero das espécies *tutela de urgência* e *tutela de evidência* antecipadas.

Com isso, seguindo a trilha aberta pelo legislador de 1994, ao inserir o § 7º ao artigo 273 do Código de Processo Civil de 1973, o novo código aboliu o Processo Cautelar e ampliou o conceito de tutela antecipada.

O novo instituto da Tutela Provisória vem delineado no Livro V da Parte Geral do Projeto, dividido em três títulos.

O primeiro título trata das disposições gerais da tutela provisória:

> *Art. 294. A tutela provisória pode fundamentar-se em urgência ou evidência.*
> *Parágrafo único. A tutela provisória de urgência, cautelar ou antecipada, pode ser concedida em caráter antecedente ou incidental.*
> *Art. 295. A tutela provisória requerida em caráter incidental independe do pagamento de custas.*
> *Art. 296. A tutela provisória conserva sua eficácia na pendência do processo, mas pode, a qualquer tempo, ser revogada ou modificada.*
> *Parágrafo único. Salvo decisão judicial em contrário, a tutela provisória conservará a eficácia durante o período de suspensão do processo.*
> *Art. 297. O juiz poderá determinar as medidas que considerar adequadas para efetivação da tutela provisória.*
> *Parágrafo único. A efetivação da tutela provisória observará as normas referentes ao cumprimento provisório da sentença, no que couber.*
> *Art. 298. Na decisão que conceder, negar, modificar ou revogar a tutela provisória, o juiz justificará as razões de seu convencimento de modo claro e preciso.*
> *Art. 299. A tutela provisória será requerida ao juízo da causa e, quando antecedente, ao juízo competente para conhecer do pedido principal.*
> *Parágrafo único. Ressalvada disposição especial, na ação de competência originária de tribunal e nos recursos a tutela provisória será requerida ao órgão jurisdicional competente para apreciar o mérito.*

O artigo 294, após afirmar no *caput* que os fundamentos da tutela provisória podem ser urgência ou evidência, estabelece, no parágrafo único, que ela será concedida em caráter antecedente ou incidental, a espancar qualquer dúvida a respeito da possibilidade do pedido de antecipação de tutela ser formulado depois da petição inicial, ou seja, em caráter incidental, caso em que, na previsão do artigo 293, não haverá incidência de custas.

No mais, os dispositivos não trazem novidade, no que pertine à forma de concessão e execução da medida, bem como à sua eficácia e mutabilidade. Mas trazem, na regra do artigo 299 e seu parágrafo único, a previsão expressa de competência para o conhecimento do pedido de tutela provisória incidental, estendendo, para o novo código, o regramento das ações cautelares do anterior, agora cabíveis para as tutelas processuais e as de mérito.

O segundo título, que trata da tutela de urgência, é dividido em três capítulos. O primeiro capítulo trata das disposições gerais:

> *Art. 300. A tutela de urgência será concedida quando houver elementos que evidenciem a probabilidade do direito e o perigo de dano ou o risco ao resultado útil do processo.*
> *§ 1º Para a concessão da tutela de urgência, o juiz pode, conforme o caso, exigir caução real ou fidejussória idônea para ressarcir os danos que a outra parte possa vir a sofrer; a caução pode ser dispensada se a parte economicamente hipossuficiente não puder oferecê-la.*
> *§ 2º A tutela de urgência pode ser concedida liminarmente ou após justificação prévia.*
> *§ 3º A tutela de urgência de natureza antecipada não será concedida quando houver perigo de irreversibilidade dos efeitos da decisão.*
> *Art. 301. A tutela de urgência de natureza cautelar pode ser efetivada mediante arresto, sequestro, arrolamento de bens, registro de protesto contra alienação de bem e qualquer outra medida idônea para asseguração do direito.*
>
> *Art. 302. Independentemente da reparação por dano processual, a parte responde pelo prejuízo que a efetivação da tutela de urgência causar à parte adversa, se:*
> *I – a sentença lhe for desfavorável;*
> *II – obtida liminarmente a tutela em caráter antecedente, não fornecer os meios necessários para a citação do requerido no prazo de 5 (cinco) dias;*
> *III – ocorrer a cessação da eficácia da medida em qualquer hipótese legal;*
> *IV – o juiz acolher a alegação de decadência ou prescrição da pretensão do autor.*
> *Parágrafo único. A indenização será liquidada nos autos em que a medida tiver sido concedida, sempre que possível.*

O novo regramento do instituto, no que pertine à *tutela antecipada*, não fala em "prova inequívoca e verossimilhança das alegações". O artigo 300, que trata tanto da tutela antecipada, quanto da cautelar, é composto de três elementares: "elementos que evidenciem a probabilidade do direito", válida para ambas as formas de tutela provisória, "perigo de dano", válida para tutela antecipada, e "risco ao resultado útil do processo", válida para tutela cautelar.

Assim, ao se referir a *elementos que evidenciem a probabilidade do direito*, a nova regra traz em si a exigência de prova dos fatos e plausibilidade das consequências que deles se pretende tirar, ou seja, a probabilidade de procedência da ação. Isto mais não é do que a clássica "fumaça do bom direito" um pouco mais densa, com o que houve abrandamento das exigências para a tutela antecipada (não é preciso mais "prova inequívoca"), e maior rigor para a tutela cautelar (não mais a mera "possibilidade" de sucesso na ação principal, mas sim a "probabilidade" de procedência do pedido principal).

A expressão seguinte do mesmo dispositivo, *perigo de dano*, repete o clássico "periculum in mora" das tutelas cautelares, abrandando, para a tutela antecipada, o requisito de **risco de dano irreparável ou de difícil reparação**. E, no que pertine à tutela cautelar, manteve-se o mesmo requisito, com a expressão *risco ao resultado útil do processo*.

Justamente porque houve sincretismo entre a medida cautelar e a tutela antecipada, o pressuposto para a concessão da "tutela provisória de urgência" haverá de ser um meio termo entre os requisitos exigidos para a concessão daquelas medidas.

Isto é importante, pois é comum os juízes negarem a antecipação da tutela, mesmo quando patentemente demonstrada a certeza da procedência do pedido, ao fundamento de que "a simples demora na solução da demanda não pode, de modo genérico, ser considerada como caracterização da existência de fundado receio de dano irreparável ou de difícil reparação, salvo em situação excepcionalíssima." (STJ-1ª T., REsp 113.368-PR). Agora basta o *perigo de dano*.

Ao contrário do que se costuma afirmar, a "simples demora" do processo tem sido causa eficiente de dano, reparável, de difícil reparação ou irreparável, dependendo do ponto de vista de quem o sofre. Muitos autores, por conta da demora na entrega da prestação jurisdicional, a deixaram como herança. Para eles, a demora causou dano irreparável. Outros, enfermando durante o processo, ficam privados de recursos que lhes proporcionariam tratamento adequado, vendo deteriorar dia a dia a saúde, o que implica em dano de difícil reparação. Mas a maioria, pela excessiva demora do trâmite processual, quando não perde a saúde, perde dinheiro e, ao menos, a paciência.

Na verdade, por comodidade ou tibieza, a definição de "dano irreparável ou de difícil reparação" sempre foi feita, pelas decisões judiciais, da maneira a mais rigorosa possível, a impedir que o processo efetivamente se transformasse no instrumento de uma justiça rápida e eficaz.

Todavia, a nova lei contenta-se com a simples "evidência de perigo na demora da entrega da prestação jurisdicional", não havendo necessidade de se comprovar ser esse perigo capaz de causar dano irreparável ou de difícil reparação. Bastará que ele seja capaz de causar dano.

Quando se busca a entrega de coisa, por exemplo, ela poderá ser danificada ou destruída pelo que resiste ao cumprimento da obrigação de dá-la. Nesse caso, haverá frustração da pretensão inicial e isto pode ser reparado com o pagamento de uma indenização. Mas efetivamente houve dano, embora reparável. E como a norma não exige que o dano seja irreparável, estar-se-á diante de uma situação de "evidência de perigo", a justificar a antecipação da tutela.

A previsão do § 1º do artigo 300, de possibilidade de exigência de caução para a concessão de tutela de urgência, copiada do processo cautelar abandonado, que não foi prevista no artigo 273 do Código de Processo Civil de 1973, é boa medida para evitar o rigorismo judicial na aferição do preenchimento dos requisitos da antecipação de tutela de mérito. Relevante também é a previsão de dispensa da contracautela, quando a parte for economicamente hipossuficiente e não puder prestá-la.

O novo código mantém, contudo, a vedação de antecipação (artigo 300, § 3º), quando houver risco de irreversibilidade dos efeitos da decisão. Nesse caso, o legislador continua optando por expor o titular da pretensão ao risco de perder o bem da vida, por ato de resistência ilícita do réu, mesmo diante das evidências de plausibilidade do direito e de risco de dano.

No mais, repete regra do processo cautelar, de possibilidade de justificação prévia para a apreciação do pedido de tutela de urgência (art. 300, § 2º), exemplificando medidas que podem ser implementadas para a efetivação da antecipação de tutela urgente de natureza cautelar (art. 301), e de responsabilidade pela indenização dos prejuízos causados à parte adversa (art. 302).

O segundo capítulo do segundo título trata do procedimento da tutela antecipada antecedente:

> *Art. 303. Nos casos em que a urgência for contemporânea à propositura da ação, a petição inicial pode limitar-se ao requerimento da tutela antecipada e à indicação do pedido de tutela final, com a exposição da lide, do direito que se busca realizar e do perigo de dano ou do risco ao resultado útil do processo.*
> *§ 1º Concedida a tutela antecipada a que se refere o caput deste artigo:*
> *I – o autor deverá aditar a petição inicial, com a complementação da sua argumentação, a juntada de novos documentos e a confirmação do pedido de tutela final, em 15 (quinze) dias, ou em outro prazo maior que o juiz fixar;*
> *II – o réu será citado e intimado para a audiência de conciliação ou de mediação na forma do art. 334; não havendo autocomposição, o prazo para contestação será contado na forma do art. 335.*
> *§ 2º Não realizado o aditamento a que se refere o inciso I do § 1º deste artigo, o processo será extinto sem resolução do mérito.*
> *§ 3º O aditamento a que se refere o inciso I do § 1º deste artigo dar-se-á nos mesmos autos, sem incidência de novas custas processuais.*
> *§ 4º Na petição inicial a que se refere o caput deste artigo, o autor terá de indicar o valor da causa, que deve levar em consideração o pedido de tutela final.*
> *§ 5º O autor indicará na petição inicial, ainda, que pretende valer-se do benefício previsto no caput deste artigo.*
> *§ 6º Caso entenda que não há elementos para a concessão da tutela antecipada, o órgão jurisdicional determinará a emenda da petição inicial, em até 5 (cinco) dias. Não sendo emendada neste prazo, a petição inicial será indeferida e de o processo, extinto sem resolução de mérito.*
> *Art. 304. A tutela antecipada, concedida nos termos do art. 303, torna-se estável se da decisão que a conceder não for interposto o respectivo recurso.*
> *§ 1º No caso previsto no caput, o processo será extinto.*
> *§ 2º Qualquer das partes poderá demandar a outra com o intuito de rever, reformar ou invalidar a tutela antecipada estabilizada nos termos do caput.*
> *§ 3º A tutela antecipada conservará seus efeitos enquanto não revista, reformada ou invalidada por decisão de mérito proferida na ação de que trata o § 2º.*
> *§ 4º Qualquer das partes poderá requerer o desarquivamento dos autos em que foi concedida a medida, para instruir a petição inicial da ação a que se refere o § 2º, prevento o juízo em que a tutela antecipada foi concedida.*
> *§ 5º O direito de rever, reformar ou invalidar a tutela antecipada, previsto no § 2º deste artigo, extingue-se após 2 (dois) anos, contados da ciência da decisão que extinguiu o processo, nos termos do § 1º.*
> *§ 6º A decisão que concede a tutela não fará coisa julgada, mas a estabilidade dos respectivos efeitos só será afastada por decisão que a revir, reformar ou invalidar, proferida em ação ajuizada por uma das partes, nos termos do § 2º deste artigo.*

A novidade está em que a tutela antecipada pode ser requerida em caráter antecedente, como medida autônoma, com mera "indicação do pedido de tutela final, com a exposição da lide, do direito que se busca realizar e do perigo de dano ou do risco ao resultado útil do processo" (art. 303), embora o conceito de "risco ao resultado útil do processo" esteja ligado à tutela cautelar.

Uma vez concedida a medida, deve o autor aditar a petição inicial, no prazo de 15 ou mais dias que o juiz fixar, contado evidentemente da ciência dessa decisão, para agora expor a lide de maneira completa, reiterando o pedido de tutela final. Como o réu deve ser notificado da concessão da tutela provisória, será ele citado e intimado para audiência de conciliação ou mediação, a partir de quando, não ocorrendo autocomposição, começará a correr o prazo de contestação.

Não sendo possível a concessão da tutela antecipada, se o pedido se limitou a ela, será ordenada a emenda da petição inicial, para a dedução completa do pedido de tutela final, sob pena de extinção do processo sem resolução de mérito.

Por outro lado, concedida a tutela antecipada, se dela não recorrer o réu, e ele terá o prazo de quinze dias para interpor agravo de instrumento (artigos 1.003, § 5º, e 1.015, inc. I, do NCPC), a medida se estabiliza, dispensando a emenda da petição inicial, se para isso foi fixado prazo superior a quinze dias, e a intimação do réu dessa emenda, já que, nos termos do artigo 304 e seus parágrafos, a não interposição de recurso implica o julgamento de extinção do processo e a necessidade da parte interessada demandar a outra, com o propósito de rever, reformar ou invalidar a tutela antecipada estabilizada. E para isso há um prazo de dois anos, contado da ciência da decisão que extinguiu o processo.

A propósito, causa uma certa espécie o § 2º autorizar o autor do pedido de tutela, após ter ela se estabilizado por ausência de recurso, demandar a outra parte para rever, reformar ou mesmo invalidar a tutela que ele mesmo pediu e obteve. Mas parece que seu intuito foi exatamente impedir que se forme a coisa julgada, depois da estabilização da tutela, a impedir que seja formulado pedido para a alterar ou aumentar. Por exemplo, quando o que o autor buscou e conseguiu liminarmente foi menor ou diverso do que efetivamente poderia obter com o pedido principal e, por conveniência do momento, preferiu não recorrer disso. Por exemplo, ele pede em tutela antecipada a entrega de um dado bem; deferida e estabilizada a medida, depois do prazo de recurso, constata ele que o bem está avariado. Poderá, então, pedir em ação própria a revisão da tutela, para que o bem seja substituído por outro ou por dinheiro, ou, ainda, que a diferença seja indenizada. Se fosse, por exemplo, um contrato de compra a prazo, cuja entrega do bem se deu com atraso e exigiu pedido de tutela provisória que, deferida se estabilizou, poderá pedir abatimento no preço e desconto nos pagamentos restantes. Não existisse essa regra prevista no § 2º e se poderia entender ser imutável a situação e impossível a formulação de novo pedido, alcançado pela coisa julgada e por isso vedado.

Ao lado da regra do artigo 332, que prevê o julgamento de improcedência liminar do pedido, sem necessidade de citação do réu, o artigo 304 traz o que se poderia chamar de julgamento de procedência liminar do pedido, sem necessidade de dedução completa do pedido final e de citação do réu, bastando que ele não recorra da decisão que antecipar a tutela de mérito. É claro que, durante o biênio em que a sentença de extinção do processo for passível de modificação, não se formará coisa julgada material. Nesse caso, o contraditório foi não só diferido, como relegado para ser exercitado em outra ação. O parágrafo 6º do artigo 304 do novo código afirma que "a decisão que concede a tutela não fará coisa julgada", mas, ao garantir-lhe estabilidade e fixar prazo decadencial para sua revisão, modificação ou invalidação (§ 5º), assegura sua definitividade após dois anos da intimação.

O terceiro capítulo trata da tutela cautelar antecedente:

> *Art. 305. A petição inicial da ação que visa à prestação de tutela cautelar em caráter antecedente indicará a lide e seu fundamento, a exposição sumária do direito que se objetiva assegurar e o perigo de dano ou o risco ao resultado útil do processo.*
> *Parágrafo único. Caso entenda que o pedido a que se refere o caput tem natureza antecipada, o juiz observará o disposto no art. 303.*
> *Art. 306. O réu será citado para, no prazo de 5 (cinco) dias, contestar o pedido e indicar as provas que pretende produzir.*
> *Art. 307. Não sendo contestado o pedido, os fatos alegados pelo autor presumir-se-ão aceitos pelo réu como ocorridos, caso em que o juiz decidirá dentro de 5 (cinco) dias.*
> *Parágrafo único. Contestado o pedido no prazo legal, observar-se-á o procedimento comum.*
> *Art. 308. Efetivada a tutela cautelar, o pedido principal terá de ser formulado pelo autor no prazo de trinta dias. Nesse caso, será apresentado nos mesmos autos em que deduzido o pedido de tutela cautelar, não dependendo do adiantamento de novas custas processuais.*
> *§ 1º O pedido principal pode ser formulado conjuntamente com o pedido de tutela cautelar.*
> *§ 2º A causa de pedir poderá ser aditada no momento da formulação do pedido principal.*
> *§ 3º Apresentado o pedido principal, as partes serão intimadas para a audiência de conciliação ou de mediação, na forma do art. 334, por seus advogados ou pessoalmente, sem necessidade de nova citação do réu.*
> *§ 4º Não havendo autocomposição, o prazo para contestação será contado na forma do art. 335.*
> *Art. 309. Cessa a eficácia da tutela concedida em caráter antecedente, se:*
> *I – o autor não deduzir o pedido principal no prazo legal;*
> *II – não for efetivada dentro de 30 (trinta) dias;*
> *III – o juiz julgar improcedente o pedido principal formulado pelo autor ou extinguir o processo sem resolução de mérito.*
> *Parágrafo único. Se por qualquer motivo cessar a eficácia da tutela cautelar, é vedado à parte renovar o pedido, salvo sob novo fundamento.*
> *Art. 310. O indeferimento da tutela cautelar não obsta a que a parte formule o pedido principal, nem influi no julgamento desse, salvo se o motivo do indeferimento for o reconhecimento de decadência ou de prescrição.*

Nenhuma novidade trouxe, o novo código, ao instituto da tutela cautelar, a não ser torná-la um instrumento hábil a qualquer processo de conhecimento ou de execução.

No sistema do Código de Processo Civil de 1973, não se admitia medida liminar em processo de conhecimento, sem previsão legal. E, antes da introdução da tutela antecipada e da previsão de sua fungibilidade com as medidas cautelares, não cabia ação cautelar que não estivesse prevista em lei, justamente para inviabilizar a obtenção de medida liminar, por via transversa. E se repudiava qualquer tentativa de se obter tutela cautelar, por via de ação cautelar inominada, com pedido próprio de ação cautelar nominada. Com isso, determinados processos de conhecimento não podiam obter medida liminar.

No sistema do Novo Código de Processo Civil, cabe medida cautelar em qualquer processo de conhecimento, sendo viável a obtenção de medida liminar, por força do que prevê o artigo 300, § 2º.

Com relação ao processo de execução, embora extintas as ações cautelares típicas (v.g. arresto, sequestro, protesto contra alienação de bens), o credor está habilitado a "pleitear, se for o caso, medidas urgentes" (art. 799, inciso VIII, NCPC).

A única novidade está em que, ajuizado pedido exclusivo de tutela provisória antecedente, de natureza cautelar, a formulação do pedido principal se dará nos próprios autos, seguindo-se a realização de audiência de conciliação ou mediação, com intimação do réu, que já foi citado para o pedido cautelar.

Finalmente, o terceiro título trata da tutela de evidência.

> *Art. 311. A tutela da evidência será concedida, independentemente da demonstração de perigo de dano ou de risco ao resultado útil do processo, quando:*
> *I – ficar caracterizado o abuso do direito de defesa ou o manifesto propósito protelatório da parte;*
> *II – as alegações de fato puderem ser comprovadas apenas documentalmente e houver tese firmada em julgamento de casos repetitivos ou em súmula vinculante;*
> *III – se tratar de pedido reipersecutório fundado em prova documental adequada do contrato de depósito, caso em que será decretada a ordem de entrega do objeto custodiado, sob cominação de multa;*
> *IV – a petição inicial for instruída com prova documental suficiente dos fatos constitutivos do direito do autor, a que o réu não oponha prova capaz de gerar dúvida razoável.*
> *Parágrafo único. Nas hipóteses dos incisos II e III, o juiz poderá decidir liminarmente.*

Estabelece o "caput" do artigo 311 que *a tutela da evidência será concedida, independentemente da demonstração de perigo de dano ou de risco ao resultado útil do processo (...).* Verifica-se que tal modalidade de tutela provisória não exige nenhum risco de dano para ser concedida. Mas restringe-se apenas a três hipóteses.

A primeira hipótese trata de previsão de concessão da tutela provisória, quando no curso do processo se verificar que o réu está abusando do direito de defesa, ou que está agindo com evidente propósito de retardar a marcha processual. Repete regra já existente. Conforme acima dito, não se trata propriamente de prestígio ao direito do autor, mas forma de punição da conduta do réu.

A segunda hipótese trata das ações em que as alegações de fato podem ser provadas exclusivamente por documentos e cuja tese jurídica já tenha sido firmada em julgamento de casos repetitivos ou em súmula vinculante. Aqui, não se admitirá justificação, pois o dispositivo é claro em exigir prova documental suficiente. E, ao lado disso, é preciso que à pretensão do autor socorra tese jurídica fixada em julgamento de demandas repetitivas (artigo 976 do NCPC) ou espelhado em súmula vinculante.

É um avanço, no sentido de que dispensa o requisito de perigo de dano irreparável ou de difícil reparação. Mas é limitante, na medida em que se restringe aos casos em que a tese jurídica seja evidente. Todavia, não resta dúvida, é um avanço, agora em prestígio do direito do autor.

A terceira hipótese trata da ação de depósito. É igualmente limitante, visto que diversos outros direitos, reclamados com base em prova documental adequada, sobretudo em contrato que atenda aos requisitos legais, mereciam o mesmo prestígio.

Em conclusão, o artigo 294 e seu parágrafo único do novo código, como visto, permite a obtenção de tutela provisória, antecipada (de mérito) ou cautelar (processual), em caráter antecedente ou incidental.

A tutela provisória antecedente pode ser formulada no bojo do pedido principal. Todavia, há situações em que a urgência não permite a elaboração do pedido principal, ante a complexidade da causa e a necessidade de coligir documentos para instruir a petição inicial. Nessa hipótese, o autor poderá formular pedido exclusivo de tutela provisória, antecipada ou cautelar, como sempre se fez através da ação cautelar, e, para isso, deverá seguir o procedimento estabelecido nos Capítulos II e III do Título II do Livro V da Parte Geral do Novo Código de Processo Civil, que mais não é do que o ajuizamento de uma petição inicial de uma "ação cautelar" que, depois, se transforma em "ação principal", por mera emenda, a ser feita no prazo de quinze dias ou mais que o juiz fixar, para a tutela antecipada, ou de trinta dias, para a tutela cautelar.

Em conclusão, pode-se afirmar que houve sensível avanço no tratamento do instituto da antecipação da tutela de mérito, visando atender ao princípio do acesso efetivo ao Poder Judiciário, previsto no art. 5º, XXXV, da Constituição Federal, sem se descurar da preservação do direito ao princípio do devido processo legal, do inciso LIV do mesmo artigo retro referido, do qual derivam outros como os princípios da ampla defesa e da bilateralidade da audiência (inciso LV do mesmo art. 5º.), razão de ser ou fonte inspiradora da proibição de que a antecipação da tutela gere situações não suscetíveis de serem desfeitas.

Todavia, o novo código ainda foi tímido, no que diz respeito à tutela de evidência em prestígio ao bom direito do titular da pretensão resistida. É que a hipótese do inciso I do artigo 311 é de punição da conduta maliciosa do réu e não de prestígio ao direito do autor, enquanto que a hipótese do inciso III do mesmo artigo se refere a procedimento único.

A previsão do inciso II do artigo 311, que efetivamente prestigia o bom direito do titular da pretensão resistida, mostra-se ainda muito limitada, quando exige *tese firmada em julgamento de casos repetitivos ou súmula vinculante.*

Para garantir a segurança jurídica, o legislador está a exigir que somente teses incontroversas sirvam à antecipação da tutela, no que anda no caminho certo. Mas ao limitar o cabimento da antecipação da tutela de evidência à fundamentação apenas em tese firmada no julgamento de casos repetitivos, está excluindo a possibilidade de se obter o provimento antecipado, quando a tese jurídica invocada não padece de qualquer controvérsia, ou de controvérsia mínima, que merece ser desconsiderada.

Não se pode perder de vista que, embora fixada a tese jurídica pelos tribunais locais, isto não significa resolução da controvérsia, já que ela pode ainda ser levada aos tribunais superiores, com solução diversa.

Por outro lado, a existência de uniformidade na interpretação do direito, pela maioria dos pronunciamentos dos diversos órgãos jurisdicionais, é fundamento mais seguro para a entrega antecipada da tutela, por representar a reflexão reiterada de vários juízes e tribunais, demonstrando a certeza da solução que será adotada, no julgamento final do litígio.

Ao lado da tese jurídica fixada em julgamento de casos repetitivos, cujo preenchimento restringe sobremaneira o cabimento do pedido de antecipação, tem-se a opção da fundamentação em súmula vinculante. E aí o caráter de excepcionalidade se acentua. É que, nos termos da previsão do artigo 103-A da Constituição Federal, o Supremo Tribunal Federal somente pode editá-la por decisão de dois terços de seus membros, isto depois de reiteradas decisões sobre matéria constitucional. Nem é preciso ir mais além.

Com isso, embora haja segurança na tese jurídica invocada pelo autor, porque representativa de reiteração de julgados em diversos órgãos jurisdicionais do país, ele haverá que amargar a demora do processo, apenas porque o litígio por ele apresentado ainda não mereceu a sagração de um dos dois institutos acima referidos, embora esteja consagrada, a tese que o beneficia, por largo tempo e diversificados julgadores, a indicar a estabilidade e uniformidade das soluções com base nela tomadas.

O NOVO CÓDIGO DE PROCESSO CIVIL ANOTAÇÕES SOBRE O SISTEMA RECURSAL

Luiz Manoel Gomes Junior
Miriam Fecchio Chueiri

SUMÁRIO: **1.** Introdução. **2.** Remessa obrigatória. **3.** Recursos em geral. **4.** Apelação e extinção dos Embargos Infringentes. **5.** Agravo. **6.** Agravo interno. **7.** Embargos de declaração. **8.** Recurso ordinário. **9.** Recursos extraordinário e especial. **10.** Agravo de admissão. **11.** Embargos de divergência. Bibliografia.

RESUMO: O Brasil discute a criação de um Novo Código de Processo Civil há cinco anos, e atualmente encontra-se na fase final de promulgação da nova Lei. O presente artigo analisa as principais propostas de alteração legislativa, frente ao direito positivo vigente, em relação aos recursos cíveis. O sistema recursal brasileiro é bastante complexo e com inúmeras espécies recursais, e tem importantíssimo impacto na jurisdição civil. A análise das alterações é feita com perspectiva analítico-crítica, na qual os autores se posicionam sobre as posições e escolhas realizadas no Projeto de Novo Código de Processo Civil.

PALAVRAS CHAVE. Recursos – Novo Código de Processo Civil Brasileiro – Efetividade do processo.

ABSTRACT: *For about five years, Brasil has been discussing a new Civil Procedure Code , which finds itself on the verge of becoming a reality, as it is, at the moment, at its original "house", the Senate, for final debates and following proclamation. The present article is a study of the main propositions on the appeal system. The brazilian appeal system is rather complex, with numerous and different kinds of appeals, which has a great impact on civil jurisdiction. The study brings a critical and analytical perspective of the main proposed amendments, changes and choices made in the Draft of the Civil Procedure Code.*

KEYWORDS: APPEALS – *New Civil Procedure Code – Full jurisdiction provision*

1. INTRODUÇÃO

Não há qualquer dúvida de que há necessidade de um novo Sistema Processual atualmente no Brasil. A grande questão é verificar quais os problemas e a melhor forma de solução. Há desde propostas como a de aperfeiçoar a conciliação, uma maior informatização do Poder Judiciário, a ampliação do uso das ações coletivas, especialmente em se tratando de relações de consumo e várias outras.

O cerne para solucionar o problema é ter diagnósticos precisos para delimitar os pontos que devem ser atacados e suas possíveis soluções. Qualquer mudança legislativa somente se justifica após a indicação dos verdadeiros pontos de estrangulamento do sistema de acesso à justiça por intermédio de estudos sobre estatísticas de funcionamento dos institutos e categorias jurídicas que serão alterados ou suprimidos na nova Proposta de Código de Processo Civil.

Impossível ignorar que sem esses dados é muito difícil implantar um novo sistema sem maiores riscos de retrocesso ou até mesmo de problemas que poderão ser gerados. O risco, como já é da nossa experiência no plano do direito processual civil, é o de implantarmos um novo sistema vicioso de reformas das próprias reformas.

O fato é que atualmente os esforços estão sendo direcionados a analisar o texto do Novo Código de Processo Civil. Neste trabalho nossa proposta é tecer considerações sobre alguns dos textos relacionados com o mencionado diploma normativo na fase de sanção presidencial.

O Brasil tem um Novo Código de Processo Civil (Lei nº 13.105/2015), que surgiu como uma iniciativa do Senado Federal em 2009, contando com uma primeira versão de texto, produzida pela denominada Comissão de Juristas constituída por aquela Casa legislativa; após regular tramitação no Senado, a versão aprovada – Projeto de Lei n. 166/2010 – distinta daquela primeira proposta, foi encaminhada à Câmara dos Deputados e igualmente aprovada.

Espera-se, mesmo com algumas críticas e divergências, do ponto de vista de técnica processual, que o texto legislativo espelhe o profundo desenvolvimento recente que a doutrina brasileira vem experimentando nos últimos anos, ao mesmo tempo em que possa oferecer respostas eficientes aos graves problemas de funcionamento da jurisdição no país. Nesse sentido, ao sistema recursal é atribuído um relevantíssimo e indispensável papel de ser instrumento de um mecanismo mais racional de revisão das decisões judiciais.

Longe de estarmos pessimistas, o fato é que temos que olhar para a frente e tentar, na medida do possível, colaborar na construção deste novo Sistema Processual.

2. REMESSA OBRIGATÓRIA

Apesar de todas as críticas que o instituto da remessa obrigatória recebe, o certo é que trata-se de um *mal necessário*, considerando que o Poder Público ainda não está totalmente aparelhado para a sua defesa, sendo necessária a manutenção de mecanismos visando tornar possível a verificação das decisões contra ele prolatadas.

A finalidade do instituto, na hipótese de sentenças proferidas contra a Fazenda Pública justifica-se por motivo de conveniência e de interesse de ordem pública,[1] dada

---

1 "(...). "6. É hora de recapitular e resumir. A obrigatoriedade do reexame em segundo grau das sentenças contrárias à Fazenda Pública não ofende o princípio da isonomia, corretamente entendido. A Fazenda não é um litigante qualquer. Não pode ser tratada como tal; nem assim a tratam outros ordenamentos jurídicos, mesmo no chamado Primeiro Mundo. O interesse público, justamente por ser público – ou seja, da coletividade como um todo – é merecedor de proteção especial, num Estado democrático não menos que alhures. Nada tem de desprimorosamente "autoritária" a consagração de mecanismos processuais ordenados a essa proteção. O instituto de que se cuida, em particular,

a natureza do objeto de determinadas causas ou o seu sujeito, impedindo que casos em que aquela figure como vencida, não sejam objeto de reexame na instância superior.

Ainda entre os motivos determinantes, cite-se a possibilidade de suposta desídia dos procuradores que oficiam na representação judicial da Fazenda Pública.[2]

Assim, acertadamente é mantido o instituto da remessa necessária (art. 496, I), havendo a necessidade de ratificação, pelo Tribunal competente, das sentenças proferidas contra o interesse público, com as limitações que estão sendo propostas, anotando a crítica de parcela da doutrina ao instituto.[3]

A sua estrutura permanece a mesma, ou seja, necessidade de ratificação como condição para sua eficácia (aqui entendido como produção de efeitos definitivos). Há um aperfeiçoamento frente ao atual sistema, ou seja, não sendo possível ser indicado o conteúdo econômico preciso da demanda, torna-se necessária a remessa ao Tribunal (art. 496, § 2º, do CPC), evitando deste modo o expediente do autor no sentido de atribuir à causa valor inexpressivo.

Ampliado na proposta o conteúdo econômico da demanda que justifica a remessa para o equivalente a mil salários mínimos em ações contra a União Federal, suas autarquias e fundações de direito público, quinhentos salários mínimos para as causas envolvendo o Estado e cem salários mínimos no caso dos municípios.

Aqui nossa crítica fica para a escolha aleatória dos valores. Não há nada do ponto de vista lógico que justifique o uso dos quantitativos mil salários mínimos, quinhentos e cem respectivamente. Qual a razão da escolha deste critério?

Restará também afastada a necessidade de remessa quando a decisão de primeiro grau estiver fundamentada em Súmula de Tribunal Superior (STF e STJ – aqui restou excluído o TST quando se sabe do uso subsidiário do CPC na Justiça do Trabalho), em acórdão proferido pelo Supremo Tribunal Federal ou pelo Superior Tribunal de Justiça em julgamento de casos repetitivos, em entendimento firmado em incidente de resolução de demandas repetitivas ou de assunção de competência ou entendimento coincidente com orientação vinculante firmada no âmbito administrativo do próprio ente público, consolidada em manifestação, parecer ou súmula administrativa.

---

não nasceu sob inspiração ditatorial, e é arbitrário, tanto do ponto de vista histórico quanto do ideológico, atribuir-lhe caráter "fascista". (BARBOSA MOREIRA, José Carlos. *Em Defesa da Revisão Obrigatória das Sentenças Contrárias à Fazenda Pública*. São Paulo: Revista Dialética de Direito Processual, outubro/2004, nº 19, p. 48).

---

2 Não cremos que profissionais investidos desse múnus público incidam em tal desídia. Contudo, parece-nos que houve a preocupação do legislador até mesmo pelo volume de demandas ajuizadas contra essas Pessoas Jurídicas de Direito Público, em contrapartida, ao contingente de Procuradores reunidos nas três esferas de Poder, União, Estados e Municípios.

3 Cândido Rangel Dinamarco. *A Reforma da Reforma*. São Paulo: Malheiros Editores, 2002, p. 128. Francisco Barros Dias. *A Busca da Efetividade do Processo*. São Paulo: Revista dos Tribunais. Revista de Processo 97, 2000, pp. 217 e ss, dentre outros. Defendendo o instituto: Miriam Fecchio Chueiri. *Estudo Crítico do Reexame Obrigatório Previsto no artigo 475 do Código de Processo Civil Brasileiro*. São Paulo: Tese apresentada junto a banca de Doutorado na PUC/SP, 2004 – não publicada).

De um modo geral, salvo na escolha sem base fática para a limitação em termos econômicos das hipóteses de submissão à remessa, a proposta aperfeiçoa o sistema processual atual com inegável vantagem.

3. DOS RECURSOS EM GERAL

No direito brasileiro, por força do princípio da taxatividade, só são admissíveis os recursos previamente previstos pelo legislador.[4] Nesse diapasão, é fundamental analisar a forma pela qual se contemplou as espécies recursais no Projeto, a fim de se verificar se há restrição ou ampliação dos mesmos.

A opção será pela manutenção dos seguintes recursos: a) apelação; b) agravo de instrumento; c) agravo interno; d) embargos de declaração; e) recurso ordinário; f) recurso especial; g) recurso extraordinário; h) agravo em recurso especial ou extraordinário; i) embargos de divergência – (art. 994), além da manutenção do recurso adesivo na apelação, nos recursos extraordinário e especial (art. 997, §2º, II).

Nota-se, portanto, que há uma redução dos recursos previstos pelo legislador, com a retirada dos embargos infringentes.

Salvo os Embargos de Declaração, estará delimitado em 15 dias o prazo para recorrer (art. 1.003, § 5º), com a obrigação de ser demonstrada a existência de eventual feriado local que possa afetar a sua contagem (art. 1.003, § 6º).

Iremos tecer algumas considerações sobre cada um dos recursos apontados, com destaque para as propostas de mudanças positivas ou negativas.

4. APELAÇÃO E A EXTINÇÃO DOS EMBARGOS INFRINGENTES

O processamento do recurso de apelação, não sofrerá qualquer modificação relevante.

Perdeu-se a oportunidade de afastar o efeito suspensivo automático do recurso de apelação, o que seria a maior evolução do Sistema Processual. Não há qualquer lógica que antecipações de tutela e liminares, prolatadas em regra com cognição superficial, sem ampla dilação probatória, possam produzir efeitos em detrimento das sentenças, que exigem um julgamento com cognição completa.

---

4 "Nenhum ordenamento jurídico pode deixar à autonomia dos litigantes a instituição dos meios hábeis para impugnar as resoluções judiciais. Razões do mais elevado interesse público exigem que os litígios sejam extintos no menor tempo possível. Esse objetivo jamais se mostraria realizável na hipótese de o vencido, por iniciativa própria, criar mecanismos para impugnar o pronunciamento do órgão judiciário. Em tal contingência, o processo se prolongaria indefinidamente ou, no mínimo, seu término dependeria da aquiescência do vencido ao provimento. À vontade convergente das partes tampouco se concede a possibilidade de instituir via de impugnação. Só a lei federal, então, pode disciplinar os recursos, no uso da competência legislativa estipulada no art. 22, I, da CF/1988, e, por conseguinte, sua tipificação é predeterminada. Ao princípio segundo o qual a existência dos recursos se subordina a expressa previsão legal, ainda que não seja a do estatuto de processo, dá-se o nome de taxatividade." ASSIS, Araken de. *Manual dos recursos*. São Paulo: Revista dos Tribunais, 5. ed., 2013, p. 89.

Uma grande oportunidade perdida pelo medo da evolução. Essa sem dúvida alguma tem sido a maior crítica direcionada, pela comunidade jurídica nacional, à versão da Câmara dos Deputados de Novo Código de Processo Civil. Como a última palavra será dada pelo Senado Federal, há grande expectativa de que nessa Casa se restabeleça a previsão contida na sua versão de Projeto de Lei, de que a apelação tenha, em regra, efeito meramente devolutivo, cabendo ao Tribunal, à luz das situações concretas, atribuir, excepcionalmente, efeito suspensivo à apelação.

Será repetido equívoco do Código de Processo Civil atual, qual seja, os requisitos do art. 1.010 são exigíveis para todos os recursos e não apenas para o de Apelação: a) os nomes e a qualificação das partes; b) a exposição do fato e do direito; c) as razões do pedido de reforma ou de decretação de nulidade; d) o pedido de nova decisão. Tais requisitos acabam sendo repetidos, quando bastaria constar como regra geral para todos os recursos.

O Tribunal poderá julgar de forma imediata, ampliando o sistema atual, quando: a-) reformar sentença fundada no art. 485 – extinção sem resolução do mérito; b-) decretar a nulidade da sentença por não ser esta congruente com os limites do pedido ou da causa de pedir; c-) constatar a omissão no exame de um dos pedidos e; d-) decretar a nulidade de sentença por falta de fundamentação.

Apesar desta opção, insistiu o legislador em indicar casos específicos, repetindo o sistema atual, em que não haverá efeito suspensivo no caso de interposição de Apelação da sentença que: a) homologa divisão ou demarcação de terras; b) condena a pagar alimentos; c) extingue sem resolução do mérito ou julga improcedentes os embargos do executado; d) julga procedente o pedido de instituição de arbitragem; e) confirma, concede ou revoga tutela antecipada; f) decreta a interdição e; g) afasta a prescrição ou a decadência.

No mais, sem sentido ou necessidade o inciso V, do art. 1.012 (O capítulo da sentença que confirma, concede ou revoga a tutela antecipada é impugnável na apelação). Claro e óbvio que tal ponto da sentença pode e deve ser impugnado na apelação. O problema será no caso de haver urgência e tiver sido revogada anterior decisão.

Sempre fomos contra a extinção dos embargos infringentes do rol dos recursos do Código de Processo Civil, apesar de defendido pela doutrina.[5]

Ainda que haja bons argumentos na defesa da manutenção do referido recurso,[6]

---

5 Conforme argumentado por BARBOSA MOREIRA, José Carlos (Comentários ao Código de Processo Civil. Rio de Janeiro: Forense, 2009, v. 5, pp. 518-519): "O Anteprojeto Buzaid pusera de lado os embargos de nulidade e infringentes, salvo como recurso cabível contra decisões proferidas nas 'causas de alçada' (art. 561). (...) No projeto definitivo, porém, reapareceu aquele recurso, com as mesmas características que ostentava no Código anterior, sem que a respectiva Exposição de Motivos trouxesse a explicação desse giro de 180º."

6 SHIMURA, Sérgio (Embargos infringentes e seu novo perfil (Lei nº 10.352/01), in *Nelson Nery Jr. e Teresa Arruda Alvim Wambier (coordenadores). Aspectos Polêmicos e Atuais dos Recursos Cíveis,* nº 5, São Paulo, Revista dos Tribunais, 2002, p. 498) e OLIVEIRA, Pedro Miranda de (O novo regime dos embargos infringentes, in Nelson Nery Jr. e Teresa Arruda Alvim Wambier (coordenadores). *Aspectos Polêmicos e Atuais dos Recursos Cíveis e de Outros Meios de Impugnação às Decisões Judiciais,* nº 7, São Paulo, Revista dos Tribunais, 2003, p. 611).

não é essa a questão. O problema é extinguir um recurso que possui destacada utilidade em um sistema que prevalece o voto do relator (todos sabemos que a regra é não haver divergências na maioria dos julgamentos), quando sequer há ciência da quantidade analisada/julgada dia a dia nos Tribunais e qual será o reflexo no Sistema Processual em termos de efetividade. Qual o real ganho com a extinção do recurso?

A proposta inicial (Anteprojeto da Comissão de Juristas constituída pelo Senado Federal) foi apresentada sem qualquer dado estatístico que justificasse a simples extinção dos embargos infringentes e qual será realmente o seu efeito. Há apenas um ganho *político*, um recurso do sistema foi extinto, mas convenhamos que é muito pouco para respaldar a trilha seguida inicialmente.

Mas o fato que deve ser reconhecido é que a proposta aperfeiçoa o recurso de apelação e adota uma forma mais célere de julgamento dos embargos infringentes.

5. AGRAVO

Uma grande novidade é a extinção do agravo na modalidade retida, o que deve ser objeto de aplausos. Recurso inútil e desnecessário, com procedimento especial e toda a dificuldade que causa na tramitação do feito e, na maioria das vezes, a parte se omite no pedido de julgamento, com perda de tempo para todos os envolvidos.

O caso é evitar a preclusão por outros meios, como a impugnação do interessado, que será objeto de julgamento com o recurso de apelação.

Com relação ao recurso de agravo, o primeiro e mais grave equívoco é a volta ao sistema do Código de 1939, com a indicação das hipóteses de sua admissibilidade (art. 1.015) I –tutelas provisórias; II – mérito da causa; III – rejeição da alegação de convenção de arbitragem; IV –incidente de desconsideração da personalidade jurídica; V – rejeição do pedido de gratuidade da justiça ou acolhimento do pedido de sua revogação; VI – exibição ou posse de documento ou coisa; VII – exclusão de litisconsorte; VIII – rejeição do pedido de limitação do litisconsórcio; IX – admissão ou inadmissão de intervenção de terceiros; X – concessão, modificação ou revogação do efeito suspensivo aos embargos à execução; XI – outros casos expressamente referidos em lei.

Mantida a indicação das peças obrigatórias (art. 1.017): I – obrigatoriamente, com cópias da petição inicial, da contestação, da petição que ensejou a decisão agravada, da própria decisão agravada, da certidão da respectiva intimação ou outro documento oficial que comprove a tempestividade e das procurações outorgadas aos advogados do agravante e do agravado; II – declaração de inexistência de qualquer dos documentos do inciso I, feita pelo advogado do agravante, sob pena de sua responsabilidade pessoal; III – facultativamente, com outras peças que o agravante reputar úteis.

Acertadamente passa a ser possível a correção do instrumento caso haja alguma falha em relação à forma (art. 1.017, § 3º e art. 933, parágrafo único. Antes de considerar inadmissível o recurso, o relator concederá o prazo de cinco dias ao recorrente para que seja sanado vício ou complementada a documentação exigível).

Deve ser afastado todo e qualquer formalismo desnecessário que impeça o julgamento do mérito, na perfeita advertência da jurisprudência:[7]

> *"Tudo o que o exagerado rigor processual fez, in casu, foi colaborar para que o processo rode em torno de si mesmo, e princípios como o da economia, da efetividade, da razoável duração, tornassem-se letra morta. A obediência burocrática à forma não pode, em hipótese alguma, comprometer as metas para as quais ela foi concebida. O processo civil foi criado para que haja julgamentos de mérito, não para ser, ele mesmo, objeto dos julgamentos que proporciona. A extinção de processos tem de ser excepcional, a anulação de atos só pode ocorrer nas hipóteses em que seu aproveitamento gere grave lesão a algum direito fundamental de uma das partes e mais, seria até mesmo conveniente que essa lesão fosse expressamente declinada nas decisões de anulação. Fora dessas hipóteses, o apego à forma não se justifica. O processo tem de correr. O aparato judiciário é muito caro para a sociedade e cada processo representa um custo altíssimo. Anulá-lo, portanto, é medida de exceção".*

Aqui há um relevante aperfeiçoamento que é a óbvia delimitação que se o recurso for enviado através de sistema de transmissão, como fac-símile, os documentos obrigatórios devem ser apresentados apenas com o original, evitando assim um ônus desnecessário e inútil para o recorrente e para as serventias judiciais (art. 1.017, § 4º).

Mantida a correta obrigação de o agravante comunicar a interposição do recurso de agravo para o julgador de primeiro grau (art. 1.018), além da relação de documentos, inclusive para permitir o juízo de retratação. A nosso ver a finalidade primeira é tornar possível ao agravado ter ciência quanto ao conteúdo do recurso, sem necessidade de deslocar-se ao Tribunal e, em um segundo momento, permitir o juízo de retratação, mas não deve ser esta a interpretação na medida em que diferente da regra do atual art. 526, do Código de Processo Civil.

A interpretação deverá ser no sentido de não haver a obrigatoriedade da prática do ato, o que a nosso ver é algo prejudicial.

Sem alteração a forma de processamento do agravo nos Tribunais: a) poderá ser atribuído efeito suspensivo ao recurso ou ser deferida, em antecipação de tutela, total ou parcialmente, a pretensão recursal, comunicando ao juiz sua decisão; b) será intimado o agravado pessoalmente e por carta com aviso de recebimento, quando não tiver procurador constituído, ou, pelo Diário da Justiça ou por carta dirigida ao seu advogado, com aviso de recebimento, para que responda no prazo de quinze dias, facultando-lhe juntar a documentação que entender necessária ao julgamento do recurso; c) será determinada a intimação, preferencialmente por meio eletrônico,

---

7 STJ – REsp. nº 970.190-SP, rel. Min. Nancy Andrighi, j. 20.05.2008 – DJ 15.08.2008. No mesmo sentido: *"(...). "O processo não pode ser um fim em si mesmo, voltado exclusivamente à preservação da letra da lei. Modernamente a ciência processual propugna por um processo civil de resultados, em que as técnicas processuais sejam capazes de produzir resultados legítimos e justos, dando tutela jurisdicional útil a quem tiver razão. Para isso, devem ser aproveitados ao máximo os atos processuais, regularizando-se, sempre que possível, as nulidades ou irregularidades sanáveis"* (TJSP – Embargos Infringentes. nº 157.992-5/7-01 – São Paulo, rel. Des. Gonzaga Franceschini, j. 24.04.02, LEX 258, p. 308).

do Ministério Público, quando for caso de sua intervenção para que se pronuncie no prazo de quinze dias.

Passará a haver o prazo de um mês para o julgamento do agravo, contado da intimação do agravado para responder (art. 1.020).

Pensamos ter ocorrido um equívoco, pois o prazo deveria ser da conclusão ao relator. Intimado para responder em quinze dias, a serventia deverá ainda aguardar o decurso do prazo do protocolo integrado, atualmente em mais dez ou quinze dias, o que certamente ultrapassará o lapso temporal fixado no art. 1.020. Em outros termos, o relator receberá o processo com o seu prazo encerrado ou próximo disto.

6. AGRAVO INTERNO

Apesar das discussões sobre a constitucionalidade do art. 557, do CPC/1973 e a possibilidade de decisões monocráticas, prevaleceu o entendimento que esta possibilidade estaria em consonância com a Constituição Federal, especialmente pelo fato de haver via adequada para submeter a matéria ao crivo do colegiado competente.

O agravo interno tem esta finalidade, qual seja, permitir que as decisões monocráticas sejam analisadas/julgadas pelo colegiado, devendo haver a obediência ao regimento interno de cada tribunal (art. 1.021).

Com a interposição do agravo interno será possível a retratação do relator, sendo que no caso de manutenção esse deverá ser apresentado para julgamento na sessão seguinte à sua interposição. Caso não ocorra julgamento na sessão seguinte, deverá haver a sua inclusão em pauta.

Mantido o regime atual em termos de sanção ao agravante, pois quando manifestamente inadmissível ou improcedente o agravo interno, assim declarado em votação unânime, o tribunal condenará o agravante a pagar ao agravado multa fixada entre um e cinco por cento do valor corrigido da causa, sendo que a interposição de qualquer outro recurso ficará condicionada ao depósito prévio do respectivo valor, ressalvados os beneficiários da gratuidade de justiça e a Fazenda Pública que farão o pagamento ao final.

7. EMBARGOS DE DECLARAÇÃO

Na proposta restará mantida a natureza recursal dos embargos de declaração, afastando assim toda uma discussão desnecessária caso houvesse a alteração inicialmente aventada. É da tradição do direito brasileiro mencionada opção, com profundos estudos sobre o instituto. A *mudança pela mudança* deve ser sempre afastada. Necessário um motivo plausível e que seja útil para a sociedade.

A proposta, como não poderia deixar de ser, aperfeiçoa o instituto, ampliando as hipóteses de cabimento, inclusive passando a prever expressamente o erro material: a) esclarecer obscuridade ou eliminar contradição; b) suprir omissão de ponto sobre o qual devia pronunciar-se o juiz de ofício ou a requerimento; c) corrigir erro material.

Temos que a possibilidade de utilização dos embargos de declaração para corrigir erro na análise de requisitos extrínsecos de admissibilidade do recurso era mesmo desnecessária, pois tal situação encontra-se prevista nas demais hipóteses de cabimento desse recurso.

Mantido o prazo tradicional de cinco dias, afastando de igual modo a necessidade de pagamento do preparo recursal, com desnecessária indicação (art. 1.023) de que haverá contagem em dobro do prazo no caso de litisconsortes com procuradores diversos (art. 229). Qual a razão para a expressa menção que apenas poderá causar problemas na interpretação dos dispositivos dos demais recursos?

De outro lado, perfeita a previsão de que se houver possibilidade de modificação da decisão (art. 1.023, § 2º), mostra-se necessária a intimação, para manifestação da parte contrária. Trata-se de uma praxe no sistema atual em obediência aos postulados constitucionais do contraditório e da ampla defesa. A positivação de uma posição jurisprudencial garantirá direitos de forma mais precisa.

Há o objetivo de evitar a posição de alguns julgados de não permitir o prequestionamento de determinado tema (art. 1.025), apesar de que será duvidosa a sua utilidade já que, havendo omissão, restará violada regra específica:

> "Consideram-se incluídos no acórdão os elementos que o embargante pleiteou, para fins de prequestionamento, ainda que os embargos de declaração sejam inadmitidos ou rejeitados, caso o tribunal superior considere existentes erro, omissão, contradição ou obscuridade".

Afasta-se, corretamente, o efeito suspensivo dos embargos de declaração, mantida a interrupção dos prazos para os demais recursos. Contudo, adequadamente, permite ao relator deferir referido efeito em situações nas quais demonstrada a probabilidade de provimento do recurso, ou, sendo relevante a fundamentação, houver risco de dano grave ou difícil reparação (art. 1.026, § 1º).

Não havendo alteração na decisão embargada, será desnecessária a ratificação de recurso anteriormente apresentado pela parte adversa, providência atualmente exigida pelo Superior Tribunal de Justiça.[8]

Haverá uma adequação das sanções pela utilização irregular dos embargos de declaração, infelizmente prática comum, ou seja, se manifestamente protelatórios os embargos, o juiz ou o tribunal condenará o embargante a pagar ao embargado multa não excedente a dois por cento sobre o valor da causa. Na reiteração de embargos manifestamente protelatórios, a multa é elevada a até dez por cento sobre o valor da causa.

Ponto interessante será a da inadmissão *automática* de novos embargos de declaração quando os dois anteriores tiverem sido considerados protelatórios. A nossa posição é a de que se perdeu oportunidade de deixar claro que a interposição de novos

---

8 *"A Turma, ao prosseguir o julgamento, entendeu, por maioria, que é extemporâneo o recurso de apelação interposto antes do julgamento dos embargos de declaração, sem posterior ratificação ou reiteração, no prazo recursal, dos termos da apelação protocolada prematuramente. Precedente citado: REsp 886.405-PR, DJe 1º/12/2008"* (STJ – REsp 659.663-MG, rel. Min. Aldir Passarinho Junior, julgado em 01/12/2009 – Informativo STJ – 418/2009 e STJ – REsp. 886.405-PR, rel. Min. Luiz Fux, j. 11.11.2008 – DJ 01.12.2009).

declaratórios, nesta situação em particular, não teria o efeito de interromper o prazo para os demais recursos, evitando a utilização de expediente para obstar a coisa julgada.

8. RECURSO ORDINÁRIO

A denominação do instituto como recurso ordinário constitucional, utilizada pela Constituição Federal e pela doutrina, é correta, pois trata-se de um meio de impugnação das decisões expressamente previsto na Constituição Federal (arts. 102, II e 105, II da CF-88, arts. 33 a 35 da Lei dos Recursos, arts. 247 e 248 do RISTJ), com caráter ordinário, considerando a inexistência de requisito de admissibilidade especial, além daqueles usualmente exigidos para os demais recursos, possibilitando a cognição de matéria fática, ao contrário daqueles de natureza extraordinária que permitem apenas a análise de questões legais (constitucional ou infraconstitucional).

A sua natureza jurídica, por óbvio, é de um meio de impugnação, ou seja, de recurso, possuindo as características de uma apelação.

A previsão de um recurso ordinário constitucional é tradicional em nosso direito, podendo ser mencionada a Constituição de 1891 e o Decreto 848 de 1890.[9] Em um primeiro momento, até as decisões concessivas de *habeas corpus* viabilizavam a sua utilização, possibilidade posteriormente afastada (CF-1934, art. 76, II, "c" e CF-1937, art. 101, II, "b").

Na Constituição Federal de 1946 o recurso ordinário constitucional era previsto no art. 101, inciso II, alíneas "a" e "b", com pouca variação da redação atual. Lendo as colocações de Pontes de Miranda sobre o dispositivo retro indicado da Constituição de 1946,[10] chega-se à conclusão de que bastaria que a decisão fosse denegatória e prolatada em sede de *habeas corpus* ou mandado de segurança para autorizar a utilização do recurso ordinário constitucional.

Em tese, seria possível a utilização do recurso ordinário constitucional mesmo quando a impetração não fosse originária, criando uma "terceira instância" de forma absolutamente supérflua.

Na Constituição de 1969 houve alteração no instituto, com a inclusão da competência para apreciar, em sede recursal, os crimes praticados contra a segurança nacional ou as instituições militares, além daqueles praticados pelos Governadores de Estado e

---

9 Themistocles Brandão Cavalcanti. *A Constituição Federal Comentada*. Rio de Janeiro: José Konfino editor. 1956, vol. II, pp. 326 e s.

10 *Comentários à Constituição de 1946*. Rio de Janeiro: Livraria Boffoni, s.d., v. II, p. 222: *"(...). De qualquer decisão judicial que denegue habeas-corpus há recurso ordinário para o Supremo Tribunal Federal. Juízes, locais e federais, tribunais, locais ou federais, inclusive o Superior Tribunal Militar (...), e o Superior Tribunal Eleitoral (...), desde que neguem habeas-corpus, estão sujeitos a que da sua decisão se interponha o recurso do art. 101, II, a). (...)".*

seus Secretários, com relação aos mencionados delitos.[11] Vedou, ainda, a utilização de *habeas corpus* originário substituindo o recurso ordinário constitucional.

Agora haverá a disciplina processual do recurso ordinário constitucional no Código de Processo Civil (art. 1.027). Em termos de novidade passará a ser possível o julgamento do mérito estando a causa adequadamente instruída, apesar da posição contrária do Supremo Tribunal Federal,[12] com a qual não concordamos. De qualquer modo, teremos que aguardar nova análise do tema e a verificação da sua constitucionalidade.

9. RECURSOS EXTRAORDINÁRIO E ESPECIAL

Sem dúvida que haverá o aperfeiçoamento do sistema de processamento dos recursos extraordinário e especial, apesar das desnecessárias repetições do texto constitucional.

Foi mantida a forma usual de interposição e processamento perante o Tribunal prolator do acórdão recorrido.

Em termos de novidade podemos indicar as mais relevantes: a) possibilidade de correção de eventuais vícios dos recursos ou mesmo da sua desconsideração, desde que não seja grave. Pensamos que pode ser determinado até mesmo o pagamento de preparo, mas não afastada a intempestividade; b) será viável, em se tratando de recursos processados sob a regra que trata da resolução de demandas repetitivas, haver a suspensão pelo Presidente do Supremo Tribunal Federal ou do Superior Tribunal de Justiça, de todos os casos idênticos com efeito nacional; c) melhor adequação quanto à forma de ser postulado efeito suspensivo, mediante postulação no próprio recurso ou em petição autônoma, após o juízo de admissibilidade, dispensado qualquer instrumento se a demanda já estiver no Tribunal Superior; d) disciplina a competência para a análise do pedido de efeito suspensivo: – ao presidente ou vice-presidente do tribunal de origem, se pendente o juízo de admissibilidade; – ao presidente do respectivo tribunal superior, durante o período compreendido entre o juízo de admissibilidade do recurso no tribunal de origem e a sua distribuição no tribunal superior; – ao relator designado, depois da distribuição no tribunal superior.

Hipótese de verdadeira fungibilidade, por sinal jamais admitida, será a da conversão de recurso especial em extraordinário, quando será determinada a adequação:

---

11 art. 129 da CF-69: *"À Justiça Militar compete processar e julgar, nos crimes militares definidos em lei, os militares e as pessoas que lhes são assemelhadas. §1º. Esse foro especial estender-se-á aos civis, nos casos expressos em lei, para repressão de crimes contra a segurança nacional ou as instituições militares. §2º Compete originariamente ao Superior Tribunal Militar processar e julgar os Governadores de Estado e seus Secretários, nos crimes de que trata o §1º. §3º A lei regulará a aplicação das penas da legislação militar".*

12 *"2. Inaplicabilidade do art. 515, § 3º, do CPC – inserido no capítulo da apelação – aos casos de recurso ordinário em mandado de segurança, visto tratar-se de competência definida no texto constitucional" (RMS 24.789, Relator Ministro Eros Grau). 3. Recurso ordinário desprovido"* (STF – RMS 26.615, rel. Min. Carlos Britto, Primeira Turma, j. 20.05.2008, DJe-206).

> "Art. 1.032. Se o relator, no Superior Tribunal de Justiça, entender que o recurso especial versa sobre questão constitucional, deverá conceder prazo de quinze dias para que o recorrente demonstre a existência de repercussão geral e se manifeste sobre a questão constitucional. Cumprida a diligência, remeterá o recurso ao Supremo Tribunal Federal, que, em juízo de admissibilidade, poderá devolvê-lo ao Superior Tribunal de Justiça".

Do mesmo modo em se tratando de recurso extraordinário que veicule matéria preponderantemente legal:

> "Art. 1.033. Se o Supremo Tribunal Federal considerar como reflexa a ofensa à Constituição afirmada no recurso extraordinário, por pressupor a revisão da interpretação da lei federal ou de tratado, remetê-lo-á ao Superior Tribunal de Justiça para julgamento como recurso especial".

Além destes avanços, ao que parece será possível desconsiderar a necessidade de prequestionamento caso seja mantida a redação proposta para o parágrafo único, do art. 1.034, parágrafo único: "Admitido o recurso extraordinário ou o recurso especial por um fundamento, devolve-se ao tribunal superior o conhecimento dos demais fundamentos e de todas as questões de fato e de direito relevantes para a solução do capítulo impugnado".

Passará a haver situações em que a repercussão geral será presumida: I – impugnar decisão contrária a súmula ou jurisprudência dominante do Supremo Tribunal Federal; II – contrariar tese fixada em julgamento de casos repetitivos; III – questionar decisão que tenha reconhecido a inconstitucionalidade de tratado ou lei federal, nos termos do art. 97 da Constituição Federal.

Em se tratando de julgamento da presença da repercussão geral, a súmula do julgamento será publica e terá o valor legal de um acórdão.

Será bem interessante ver como a jurisprudência irá receber estas positivas inovações.

11. AGRAVO EXTRAORDINÁRIO

Da decisão que nega seguimento ao recurso extraordinário ou ao recurso especial será cabível uma nova espécie de recurso. Deixa de ser utilizada a simples expressão "agravo" para o termo "agravo de admissão" (art. 1.042).

Mantida a necessidade de um agravo para cada decisão na hipótese de dupla interposição de recursos extraordinário e especial, devendo o agravo de admissão ser endereçado ao Presidente do Tribunal recorrido, dispensados os pagamentos de custas e despesas de natureza postal.

Será obrigação do agravante demonstrar, de forma expressa, a existência de distinção entre o caso em análise e o precedente invocado quando: I – especial ou extraordinário fundar-se em entendimento firmado em julgamento de recurso repetitivo por tribunal superior; II) extraordinário fundar-se em decisão anterior do Supremo Tribunal Federal de inexistência de repercussão geral da questão constitucional debatida.

O texto legal aperfeiçoa o Sistema Recursal:

> Art. 1.042. Cabe agravo contra decisão do presidente ou vice-presidente do tribunal que: I – indeferir pedido formulado com base no art. 1.035, § 6º, ou 1.036, § 2º, de inadmissão de recurso especial ou extraordinário intempestivo; II – inadmitir, com base no art. 1.040, inciso I, recurso especial ou extraordinário sob o fundamento de que o acórdão recorrido coincide com a orientação do tribunal superior; III – inadmitir recurso extraordinário, com base no art. 1.035, § 8º, sob o fundamento de que o Supremo Tribunal Federal reconheceu a inexistência de repercussão geral da questão constitucional discutida.
> § 1º Sob pena de não conhecimento do agravo, incumbirá ao agravante demonstrar, de forma expressa: I – a intempestividade do recurso especial ou extraordinário sobrestado, quando o recurso fundar-se na hipótese do inciso I do *caput* deste artigo; II – a existência de distinção entre o caso em análise e o precedente invocado, quando a inadmissão do recurso: a) especial ou extraordinário fundar-se em entendimento firmado em julgamento de recurso repetitivo por tribunal superior; b) extraordinário fundar-se em decisão anterior do Supremo Tribunal Federal de inexistência de repercussão geral da questão constitucional debatida.
> § 2º A petição de agravo será dirigida ao presidente ou vice-presidente do tribunal de origem e independe do pagamento de custas e despesas postais. § 3º O agravado será intimado, de imediato, para oferecer resposta no prazo de quinze dias. § 4º Após o prazo de resposta, não havendo retratação, o agravo será remetido ao tribunal superior competente. § 5º O agravo poderá ser julgado, conforme o caso, conjuntamente com o recurso especial ou extraordinário, assegurada, neste caso, sustentação oral, observando-se, ainda, o disposto no regimento interno do tribunal respectivo. § 6º Na hipótese de interposição conjunta de recursos extraordinário e especial, o agravante deverá interpor um agravo para cada recurso não admitido. § 7º Havendo apenas um agravo, o recurso será remetido ao tribunal competente, e havendo interposição conjunta, os autos serão remetidos ao Superior Tribunal de Justiça. § 8º Concluído o julgamento do agravo pelo Superior Tribunal de Justiça e, se for o caso, do recurso especial, independentemente de pedido, os autos serão remetidos ao Supremo Tribunal Federal, para apreciação do agravo a ele dirigido, salvo se estiver prejudicado.
> Apesar de não haver nenhuma substancial mudança, o certo é que ocorrerá sensível melhora na forma de processamento do agravo de admissão frente ao novo regramento proposto.

12. EMBARGOS DE DIVERGÊNCIA

Por fim, mudanças significativas são propostas no caso dos embargos de divergência, mantidas as diretrizes básicas de cabimento tal como no atual regime (art. 1.043): I – em recurso extraordinário ou em recurso especial, divergir do julgamento de qualquer outro órgão do mesmo tribunal, sendo os acórdãos, embargado e paradigma, de mérito; II – em recurso extraordinário ou em recurso especial, divergir do julgamento de qualquer outro órgão do mesmo tribunal, sendo os acórdãos, embargado e paradigma, relativos ao juízo de admissibilidade; III – em recurso extraordinário ou em recurso especial, divergir do julgamento de qualquer outro órgão do mesmo tribunal, sendo um acórdão de mérito e outro que não tenha conhecido do recurso, embora tenha apreciado a controvérsia; IV – nos processos de competência originária, divergir do julgamento de qualquer outro órgão do mesmo tribunal.

Aqui a grande inovação é permitir a utilização de paradigma na qual o recurso extraordinário ou especial não tenha sido *conhecido*, mas desde que o mérito tenha sido analisado. Outro ponto importante é que a divergência será admissível mesmo que esteja situada no âmbito da própria admissibilidade do recurso (matéria processual).

Não só será admissível embargos de divergência nos recursos extraordinário e/ou especial, mas de igual modo em se tratando de causas de competência originária. A restrição atual nem tem mesmo qualquer sentido, pois o que é relevante é que não haja divergência interna no âmbito dos Tribunais Superiores, inclusive em matéria processual.

Haverá a suspensão do prazo para a interposição de eventual recurso extraordinário quando em processamento embargos de divergência.

CONCLUSÕES

Temos que realmente há uma necessidade de se pensar e termos um direito processual adequado para uma sociedade do século XXI.

O fato que não pode ser negado é que muitas das mudanças são realizadas sem estudos que possam dar respaldo a uma ou a outra opção. Sempre tem sido feito desta forma e este tipo de opção não mais pode persistir.

De qualquer modo, na parte ora analisada, o fato é que haverá grandes avanços com a aprovação da proposta de um novo Código de Processo Civil, com o aperfeiçoamento do Sistema Recursal, com inegável possibilidade de uma melhora na prestação jurisdicional.

BIBLIOGRAFIA

ALMEIDA, Gregório Assagra de & GOMES JUNIOR, Luiz Manoel. *Um Novo Código de Processo Civil para o Brasil*. Rio de Janeiro: GZ Editora, 2010.

Arruda Alvim, Araken de Assis & Eduardo Arruda Alvim. *Comentários ao Código de Processo Civil*. São Paulo: 2014.

ASSIS, Araken de. *Manual dos recursos*. São Paulo: Revista dos Tribunais, 2013.

CAVALCANTI, Themistocles Brandão. *A Constituição Federal Comentada*. Rio de Janeiro: José Konfino editor v. II, 1956.

CHUEIRI, Mirian Fecchio & SOUZA, Emerson Cortezia de. *A remessa obrigatória e as ações coletivas em espécie – Sistema processual coletivo de proteção ao interesse público*. Revista de Processo. Ano 36. v. 200. out. 2011.

____________. *Estudo Crítico do Reexame Obrigatório Previsto no artigo 475 do Código de Processo Civil Brasileiro*. São Paulo: Tese apresentada junto a banca de Doutorado na PUC/SP, 2004 – não publicada.

DINAMARCO, Cândido Rangel. *A Reforma da Reforma*. São Paulo: Malheiros Editores, 2002.

DIAS, Francisco Barros. *A Busca da Efetividade do Processo*. São Paulo: Revista dos Tribunais. Revista de Processo 97, 2000.

GAJARDONI, Fernando da Fonseca; ZUFELATO, Camilo. *Processo Civil.* Salvador: Juspodium, 3. ed., 2014.

MIRANDA, Pontes de. *Comentários à Constituição de 1946.* Rio de Janeiro: Livraria Boffoni, s.d., v. II.

MOREIRA, José Carlos Barbosa. *Em Defesa da Revisão Obrigatória das Sentenças Contrárias à Fazenda Pública.* São Paulo: Revista Dialética de Direito Processual, nº 19, out./2004.

___________. *Comentários ao Código de Processo Civil.* Rio de Janeiro: Forense, v. 5, 2010.

OLIVEIRA, Pedro Miranda de. *O novo regime dos embargos infringentes.* In NERY, Nelson Nery Junior; WAMBIER, Teresa Arruda Alvim (coord.) *Aspectos Polêmicos e Atuais dos Recursos Cíveis e de Outros Meios de Impugnação às Decisões Judiciais*, nº 7, São Paulo, Revista dos Tribunais, 2003.

SHIMURA, Sérgio. *Embargos infringentes e seu novo perfil (Lei nº 10.352/01).* In NERY JUNIOR, Nelson; WAMBIER, Teresa Arruda Alvim (coord.). *Aspectos Polêmicos e Atuais dos Recursos Cíveis*, nº 5, São Paulo, Revista dos Tribunais, 2002.

WAMBIER, Teresa Arruda Alvim *et all* (coord.). *Breves Comentários ao Novo Código de Processo Civil*, São Paulo, Revista dos Tribunais, 2015.

O DIREITO DE FAMÍLIA FACE AO NOVO CÓDIGO DE PROCESSO CIVIL

Natália Sanchez

INTRODUÇÃO

É com grande expectativa que os operadores do direito aguardam a promulgação do Novo Código de Processo Civil, acreditando que este trará celeridade simplificando e tornando o processo um meio mais eficaz para a solução de lides.

Durante 20 anos o Código de Processo Civil de 1973 operou satisfatoriamente, em 1994 vieram as primeiras alterações no que tange a antecipação de tutela, depois agravo e mais tarde sobre a execução.

Mesmo com tais alterações, estas ainda restaram insuficientes, e assim veio o anseio de elaboração de uma nova norma, completa e mais próxima a Constituição Federal.

O Direito de Família é uma realidade constante no exercício da advocacia em todo território nacional. Uma área muitas vezes desprestigiada por sua popularidade, não sendo brindada com a devida importância merecida.

O profissional que atua na área de Família deve ter sensibilidade aflorada, pois diferente das outras vertentes do Direito Civil, o Direito de Família regra a vida pessoal e íntima dos demandantes.

O Novo Código de Processo Civil trouxe-nos ferramentas com ditames constitucionais a fim de equipar-nos para obtenção de maior êxito na resolução da lide de acordo com os princípios constitucionais.

A proximidade do Novo Código de Processo Civil com a Constituição Federal é nítida, o Novo Código de Processo Civil traz a possibilidade de um processo mais justo, mais rente a realidade da sociedade e as necessidades dos demandantes. A simplificação do processo proporciona a celeridade, e com a economia de tempo o Juízo pode despender mais tempo para uma análise mais aprofundada da lide.

Uma nova característica do Novo Código de Processo Civil é que este trouxe uma subjetivação maior da lide, sendo essa uma tendência do Direito.

A resolução da lide com conhecimento mais amplo da causa em menor tempo é o objetivo maior do Novo Código de Processo Civil no que tange ao Direito de Família.

Passaremos a discorrer sobre as mais importantes inovações do Novo Código de Processo Civil relativamente a este ramo específico do Direito.

PROCEDIMENTO COMUM

No Novo Código de Processo Civil as ações que hoje tramitam pelo procedimento comum ordinário continuarão a seguir como tal, e este não mais será diferenciado nos ritos sumário e ordinário. Haverá apenas um rito para esse procedimento, pois nenhuma ação tramita pelo rito sumário, seguirão, então, tramitando pelo procedimento comum ordinário as ações: de regulamentação de visitas, regulamentação de guarda, investigatória de paternidade, as declaratórias de existência de união estável, as de nulidade de casamento e as e de tutela e curatela.

Os alimentos continuarão a ser disciplinados pela Lei nº 5.478 de 25 de julho de 1968; exceto sua execução regrada pelo Novo Código de Processo Civil nos artigos 523 e seguintes.

O artigo 693 do Novo Código de Processo Civil prevê que nas causas que versarem sobre Direito de Família será aplicada uma normatização uniforme, regrada no artigo 694 e seguintes.

No Novo Código de Processo Civil todos os esforços serão empreendidos para a solução consensual da controvérsia, devendo o Juiz dispor de profissionais de outras áreas para mediação e conciliação.

Apesar do judiciário atualmente contar com profissionais das áreas de psicologia e serviço social, que atuam, mormente, através laudos e pareceres, o reconhecimento da hipossuficiência abre um leque de possibilidades para os operadores do direito exigirem do sistema um envolvimento mais aprofundado dos profissionais, nos casos de maior complexidade.

O Novo Código de Processo Civil exaltou e priorizou a mediação e conciliação, podendo o Juiz, a requerimento das partes, determinar a suspensão do processo enquanto os litigantes se submetem à mediação extrajudicial ou a atendimento multidisciplinar (artigo 693 do Novo Código de Processo Civil).

Os operadores do Direito de Família, em sua maioria, entendem que a conciliação através da mediação é a melhor via de resolução das lides, isso porque o juízo não é apto para regular com absoluta exatidão a melhor maneira dos peticionantes resolverem seus conflitos, uma vez que as demandas versam sobre o modo em que os peticionantes viverão. Assim, ninguém mais apto para resolver sobre o assunto, senão os próprios contendores.

Algumas considerações elucidam melhor o intuito da norma: Como regular uma visitação sem conhecer a fundo a rotina dos menores e genitores? Como realizar a partilha dos bens pessoais de modo que atenda todas as necessidades das partes?

Por isso a conciliação e realização de acordos na fase de mediação resulta como a via mais benéfica às partes. Apenas as partes e seus defensores podem opinar com propriedade sobre o caso, pois conhecem as minúcias da história, com isso beneficiando todos os envolvidos na lide.

A conciliação é uma necessidade advinda do anseio da sociedade pela celeridade na tramitação dos processos judiciais, materializada na inclusão do inciso LXXVIII, no art. 5º, da Constituição Federal, por meio da EC nº 45/04, visto que tal inciso assegura a todos, no âmbito judicial e administrativo, a razoável duração do processo e os meios que garantam a celeridade de sua tramitação.

Processualmente, diversas foram as alterações trazidas pela Lei, especialmente enfatizando, através do texto normativo, conceitos e princípios cogentes na prática jurídica. Assim, conforme o artigo 189 do Novo Código de Processo Civil, correrão em segredo de justiça os processos que versem sobre casamento, separação de corpos, divórcio, separação de união estável, alimentos, guardas de crianças e adolescentes com o intuito de preservação da intimidade atendendo o princípio da dignidade da pessoa humana.

Recebida a petição inicial e tomadas as providências cabíveis referente a Tutela Antecipada e Liminares, o Juiz ordenará a citação do Réu para comparecer à audiência de mediação e conciliação.

Contrariamente ao que ocorria, a citação não será acompanhada de contrafé, mas será assegurado ao Réu o direito de examinar o conteúdo dos autos a qualquer tempo.

A citação ocorrerá com antecedência mínima de quinze dias da audiência de conciliação e as partes deverão, necessariamente, ser acompanhadas de seus advogados – outra mudança importante, vez que a presença do advogado do Réu era facultativa em audiência de conciliação, no texto da Lei anterior.

Outra inovação é a possibilidade de dividir as audiências de conciliação em tantas sessões quantas sejam necessárias para viabilizar a solução consensual, conforme mencionado (artigo 696 do Novo Código de Processo Civil).

Apesar do Novo Código de Processo Civil prever a realização de mais de uma audiência de conciliação a celeridade do processo não será prejudicada, tendo em vista que, mesmo que sejam realizadas várias audiências conciliatórias, ainda assim o processo será mais célere do que se tivesse que passar pela apreciação e decisão do Juízo.

Em contrapartida a possibilidade de dividir as audiências de conciliação poderá também ocasionar um prolongamento excessivo e desnecessário do processo, cabendo aos defensores observarem e requererem o prosseguimento se assim entenderem mais benéfico as partes.

Apenas se frustrada a conciliação (independentemente de quantas audiências de conciliação houveram), o Juiz intimará o Réu na audiência, pessoalmente ou na pessoa de seu advogado, para que ofereça contestação. Nessa oportunidade será entregue a contrafé (cópia da petição inicial) passando a incidir as normas do procedimento comum conforme artigo 335 e seguintes do Novo Código de Processo Civil.

Obviamente a mora na entrega da contrafé tem a finalidade de apaziguar o litígio, vez que muitas vezes as partes possuem o intuito conciliatório, frustrado diante das alegações feitas na inicial, não raro com interpretações subjetivas e emocionais da exordial.

A intervenção do Ministério Público apenas ocorrerá quando houver interesse de incapaz e será ouvido antes da homologação do acordo, conforme disciplina do artigo 698 do Novo Código de Processo Civil.

TUTELA DE URGÊNCIA E EVIDÊNCIA

A tutela antecipada visa evitar que do lapso temporal de tramitação processual ocorra dano irreparável ou de difícil reparação a parte autora titular do direito que apresente prova inequívoca de verossimilhança; sendo uma espécie de tutela de urgência.

Os artigos 294 e seguintes do Novo Código de Processo Civil regularam as tutelas de urgência, que são concedidas quando há elementos que evidenciem a probabilidade do direito e o perigo de dano ou o risco ao resultado útil do processo, o que não é novidade em nosso ordenamento jurídico.

Nos processos da vara da família é muito comum a tutela antecipada em ações de alimentos e guarda, pois há casos que a demora do curso processual podem prejudicar o direito tutelado.

A obrigação alimentar, estudada pelo Direito de Família, tem início desde a constatação da insuficiência financeira do alimentado para sua subsistência. Assim, a causa de pedir remota da ação de alimentos é o vínculo que une as partes, o grau de parentesco. Por sua vez, a causa de pedir próxima seria a possibilidade da prestação alimentícia.

A tutela de urgência no presente caso vem antecipar os efeitos da ação tendo em vista a necessidade, e ao final, uma vez reconhecido o direito, será convertida em medida definitiva, confirmada por título judicial.

A tutela de urgência também é concedida em muitas ações de guarda, onde o requerente comprova que a guarda de fato já vem ocorrendo, e também comprova a necessidade de ser concedida a guarda provisória, enquanto tramita o processo.

A tutela de urgência poderá ser revogada durante o curso do processo se o magistrado convencer-se que não está mais evidenciada a urgência que a ensejou, ou se esta foi concedida com base em fato enganoso.

O Novo Código de Processo Civil inovou trazendo a tutela de evidência, que prevê a possibilidade de antecipação dos efeitos independentemente da demonstração de perigo da demora da prestação da tutela jurisdicional, nas hipóteses do artigo 311, verbis:

> *Art. 311. A tutela da evidência será concedida, independentemente da demonstração de perigo de dano ou de risco ao resultado útil do processo, quando:*
> *I – ficar caracterizado o abuso do direito de defesa ou o manifesto propósito protelatório da parte;*
> *II – as alegações de fato puderem ser comprovadas apenas documentalmente e houver tese firmada em julgamento de casos repetitivos ou em súmula vinculante;*
> *III – se tratar de pedido reipersecutório fundado em prova documental adequada do contrato de depósito, caso em que será decretada a ordem de entrega do objeto custodiado, sob cominação de multa.*
> *IV – a petição inicial for instruída com prova documental suficiente dos fatos constitutivos do direito do autor, a que o réu não oponha prova capaz de gerar dúvida razoável.*
> *Parágrafo único. Nas hipóteses dos incisos II e III, o juiz poderá decidir liminarmente.*

Vislumbro que a tutela de evidência será utilizada em casos de divórcio, para proteção dos bens pessoais por exemplo. A tutela de evidência é uma importante ferramenta que será muito utilizada tanto na área de família quanto nos demais ramos do Direito. De certa forma a concessão de uma liminar já demonstra, ainda que em parte, o entendimento do magistrado em relação ao processo, e sua provável inclinação à procedência do feito, pois dificilmente sua convicção é alterada em curso. Assim, sendo obtida a tutela de evidência, os advogados terão maior condição de atuar no feito e desempenhar seu papel social, atuando na negociação em sede conciliatória, prevendo a possível decisão final sobre a matéria incontroversa.

PROCEDIMENTOS ESPECIAIS

Cumprimento de sentença de alimentos

Cumpre informar que as ações de alimentos não foram objeto de regulamentação do Novo Código de Processo Civil continuando a ser disciplinadas pela Lei nº 5.478/68, no que for aplicável.

Os artigos 16 e 18 da Lei nº 5.478/68 deverão ser alterados ou revogados pois disciplinavam a execução fazendo menção aos artigos do Código de Processo Civil de 1973.

O Novo Código Civil, veio a regular apenas a execução de sentença de alimentos, deixando mais uma lacuna no tocante ao acordo extrajudicial de alimentos, que deverá ser objeto de futura (e breve) normatização tendo em vista que urge a necessidade de regulamentação.

O artigo 292, III, do Novo Código de Processo Civil regulou o valor da causa mantendo-a em doze vezes o valor mensal pago ao Alimentado.

No Código de Processo Civil de 1973 os alimentos poderiam ser cobrados de duas formas, a primeira nos próprios autos do processo sob pena de penhora (art. 475 – J do Código de Processo Civil de 1973) e a segunda forma através de ação autônoma, sob pena de prisão, referente às três últimas parcelas vencidas, acrescendo-se as vincendas após a propositura da ação (art. 733 do Código de Processo Civil de 1973), ou sob pena de penhora referente a todas as parcelas em atraso e somadas as vincendas ao curso do processo (art. 732 do Código de Processo Civil de 1973).

Nós, profissionais,usualmente optamos por ingressar com novas ações, pela facilidade em criá-las, e pela comodidade de não ter que desarquivar os autos processuais que ensejaram o dever alimentício, fundamentando-as nos artigos 732 e 733 do Código de Processo Civil de 1973, no qual o rito de penhora é usado nos casos que o Alimentante possua bens passiveis de penhora para que satisfaça o débito de grande monta não emergencial e o rito de prisão usado para alimentos emergenciais e em casos onde o Alimentante não possua bens passiveis de penhora.

O Novo Código de Processo Civil inteligentemente aboliu a execução em ação própria, sendo a execução processada como cumprimento de sentença nos próprios autos do processo. Com certeza o processo digital viabilizou a presente decisão dos elaboradores da lei, pois agora não teremos dificuldade em desarquivar o processo que se mantém no sistema digital, podendo ativá-lo a qualquer tempo.

Acredito que essa escolha dos elaboradores irão ajudar a desafogar nossos tribunais, pois é ilógico que, a cada vez que o Alimentante pare de prestar sua obrigação, o representante legal do Alimentado ingresse com uma nova ação. Quantas ações poderiam ser distribuídas pelo Alimentado até que este atingisse sua maioridade? Sendo assim, a Execução nos autos nos quais os alimentos foram regulados é uma grande inovação do Novo Código de Processo Civil.

Em relação ao procedimento para a cobrança de alimentos pela via de prisão, no Novo Código de Processo Civil o devedor é intimado (não mais citado, pois agora se trata de cumprimento de sentença) pessoalmente para, no prazo de três dias pagar o débito, provar que o fez ou justificar a impossibilidade de efetuá-lo. A Intimação será feita pessoalmente, pois apesar de estar em sede de cumprimento de sentença a constrição da liberdade é um ato judicial que gera a intimação pessoal devido a sua grande importância. (NCPC, 528, *caput*).

Importante ressaltar que a via de cobrança prevista pelo artigo 528 do Novo Código de Processo Civil visa cobrar parcelas em caráter de plena urgência, atendendo o princípio da dignidade da pessoa humana, apenas nesse caso autorizando a prisão civil, medida esta extremamente radical.

Muito se discute em relação a eficácia da prisão civil no caso de dívida alimentar, tendo em vista que em alguns casos muitos Réus preferem ser presos a cumprir com a sua obrigação de prestar alimentos.

Entendo que a via ainda se mostra necessária visto que a ameaça de prisão é um importante fator que influencia o devedor a quitar com suas obrigações. Contudo, melhor seria ter outra via mais benéfica ao Alimentado, pois este não é beneficiado com a prisão de seu Alimentante, uma vez que a prisão não supre a ausência dos alimentos, que muitas vezes é única fonte que o Alimentado tem para prover seu sustento.

Há casos em que vemos Executados fugindo a qualquer custo de sua obrigação, fingem-se de doentes, desaparecidos ou simplesmente tentam se omitir, deixando o judiciário muitas vezes impotente em relação a destreza dos que se esvaiam. Entendo que ainda falta alguma ferramenta para evitar essa omissão contínua, talvez responsabilizar de alguma forma os familiares que ajudam a acobertar os executados. Por hora verifico que o Novo Código de Processo Civil manteve esta lacuna em relação aos meios que poderiam assegurar o cumprimento da obrigação alimentícia.

No Novo Código de Processo Civil, o cumprimento da pena de prisão sem que se tenha feito o pagamento integral do valor das prestações cobradas, não exime o devedor do pagamento (NCPC, 528, § 4º), devendo a cobrança da dívida em aberto, neste caso, ser feita pela via do cumprimento definitivo da sentença condenatória em quantia certa (NCPC, 523 e ss.).

O artigo 529 prevê o desconto em folha de pagamento do valor da importância cobrada da prestação alimentícia nesses casos do executado ser for funcionário público, militar, diretor ou gerente de empresa, bem como empregado sujeito à legislação do trabalho:

> *"Sem prejuízo do pagamento dos alimentos vincendos, o débito executado pode ser descontado dos rendimentos ou rendas do executado, de forma parcelada, nos termos do caput deste*

artigo, contanto que, somado à parcela devida, não ultrapasse cinquenta por cento de seus ganhos líquidos."

O artigo 649 do Código de Processo Civil no parágrafo 2º já previa a possibilidade de penhora dos rendimentos salariais no caso de dívida alimentar, mas não era regulado o "quantum". O artigo 529 veio estipular um limite máximo para a penhora, não regulando o limite mínimo, que deverá ser arbitrado pelo Juízo da causa após análise subjetiva.

Muito se discutia acerca do desconto em folha de pagamento das prestações devidas. Entendo justo o desconto no importe de até cinquenta por cento dos rendimentos líquidos, tendo em vista que essa obrigação tem que ser sanada de alguma forma, e na maioria dos casos, os executados não tem reservas financeiras para satisfação do débito senão seu próprio salário.

Alguns pontos deverão ser considerados pelo magistrado no arbitramento da porcentagem a ser penhorada: valor do débito, valor do rendimento, obrigações financeiras do Executado, e se o Executado possui dependentes.

O Novo Código de Processo Civil prevê no artigo 529 § 1º e 2º que o ofício que determina os descontos em folha, deverá conter, dentre outros, o termo inicial dos descontos, sob pena de responder a autoridade pública, a empresa ou empregador, pelo crime de desobediência; sendo, portanto, uma importante novidade. Como uma pessoa jurídica não pode ser autora de um crime, quem responderá criminalmente pelo crime de desobediência será o representante legal da empresa.

O artigo 531 do Novo Código de Processo Civil vem a regrar que

"A execução dos alimentos provisórios, bem como a dos alimentos fixados em sentença ainda não transitada em julgado, se processa em autos apartados" e "o cumprimento definitivo da obrigação de prestar alimentos será processado nos mesmos autos em que tenha sido proferida a sentença."

Todas as alterações feitas em relação a cobranças de alimentos serão benéficas para nosso ordenamento jurídico com a finalidade de trazer celeridade ao processo de execução, gerando um menor volume de processos, visto que as execuções serão realizadas nos próprios autos em sede de cumprimento de sentença, e também as demais alterações que visam evitar que os executados furtem-se das obrigações judiciais. Ressalte-se que o intuito claro da Lei é de beneficiar o exequente, credor da prestação alimentícia.

DIVÓRCIO

O artigo 53 do Novo Código de Processo Civil prevê que o foro competente para a ação de Divórcio será no domicílio do guardião do incapaz.

Houve uma intensa discussão sobre o Divórcio Consensual e Extinção Consensual de União Estável, durante a elaboração do Novo Código de Processo Civil. Estava no projeto a obrigatoriedade do Divórcio ou Extinção da União Estável em que não houvesse nascituro e filhos incapazes ser feito obrigatoriamente através de escritura pública em cartório. Isso geraria uma grande confusão visto que a obrigatoriedade em se fazer apenas por escritura pública, apesar da facilidade, não seria acessível a todos, face ao alto custo de uma escritura pública, considerando-se que muitos litigantes são beneficiados pela assistência judiciária gratuita, o que demonstrou a inviabilidade do projeto.

Pois bem, o bom senso freou a evolução do direito, talvez porque nossa sociedade ainda não está preparada financeiramente e psicologicamente para resolução de conflitos sem intervenção judicial.

De acordo com o artigo 731 do Novo Código de Processo Civil continua obrigatório regular os seguintes requisitos no Divórcio: as disposições relativas à descrição e à partilha dos bens comuns; as disposições relativas à pensão alimentícia entre os cônjuges; o acordo relativo à guarda dos filhos incapazes e ao regime de visitas; e o valor da contribuição para criar e educar os filhos. No parágrafo único do mesmo artigo é regrado que o pacto relativo aos bens é de inclusão facultativa, uma vez que igualmente ao direito vigente, o fato de o casal não proceder a partilha neste momento não constitui obstáculo ao divórcio, podendo ser feito este depois de homologado o divórcio, na forma estabelecida nos arts. 647 a 658 do Novo Código de Processo Civil.

Entendo que a realização do divórcio sem a partilha de bens deva ser exceção, quanto mais completo e abrangente o objeto da lide, melhor para as partes. O cuidado na elaboração completa, ampla e eficaz do acordo é a maior diferenciação dos bons e maus profissionais da área. Por vezes temos que ingressar com revisionais, no tocante a falta de regulamentação de visitas, por esta estar mal escrita e incompreensível, outras vezes por conta de nebulosidade no tocante aos alimentos. Cumpre compreender que às vezes o bom relacionamento dos ex-cônjuges não perdurará "ad eternum", devendo ser considerada esta condição na elaboração dos termos.

A exemplo disso temos a guarda compartilhada, onde alguns quesitos subjetivos devem ser levados em consideração: ex-cônjuges morando perto um do outro e próximo a escola onde a prole frequenta, relacionamento formidável entre os ex-cônjuges, vida regrada com uma rotina favorável a prole, que a prole tenha em ambas as residências seu espaço, bom relacionamento dos novos relacionamentos amorosos das partes com os ex-cônjuges respectivos e por fim condição financeira favorável de ambos os cônjuges, visando o bem da prole. O preenchimento dos requisitos acima definidos é raro na maioria dos Divórcios, portanto, a guarda compartilhada deverá ser deferida com parcimônia, decorrente da análise detida dos autos, como medida excepcional.

Perdura a regra de que o Divórcio, feito através de escritura pública, sem homologação judicial, que dependa apenas da vontade do casal para dissolução do vínculo matrimonial, necessite ainda da outorga de advogado, de acordo com o artigo 733 do Novo Código de Processo Civil.

No mesmo artigo em seu parágrafo 1º, é regrado que a respectiva escritura "constitui título hábil para qualquer ato de registro, bem assim para levantamento de importância depositada em instituições financeiras" no Código de Processo Civil de 1973 era regulado da seguinte forma: "constitui título hábil para o registro civil e o registro de imóveis", sendo assim, constatamos que a redação do Novo Código de Processo Civil ampliou a eficácia do título extrajudicial.

Houve uma simplificação no procedimento do divórcio, visto que não há mais necessidade de realização de audiência para expressão da vontade dos cônjuges em se divorciar no caso do divórcio consensual.

A Emenda Constitucional nº 66 de 2010 alterou o artigo 226 § 6º, simplificando o encerramento do vínculo matrimonial prevendo que "*casamento civil pode ser dissolvido pelo divórcio, sem a necessidade de lapso temporal*", antes era necessária a realização de separação judicial, bem como aguardar o período mínimo de 1 ano após a sentença desta, ou dois anos da separação de fato, com a única e exclusiva finalidade de tentativa de conciliação do casal no interregno legal. Esse procedimento trancava nossos tribunais ilogicamente, visto que o cônjuges têm plena capacidade de decisão sobre suas vidas, podendo livremente contrair novo matrimônio com os ex-cônjuges se assim desejarem.

Também muito era valorado o motivo que ensejou o rompimento do matrimônio, apesar de ainda ser emocionalmente relevante para a parte, isso não é mais discutido na esfera judicial, apenas em sede de indenização (pouquíssimo usada). Nos dias atuais é comum o rompimento de vínculos matrimoniais, dessa maneira, não é mais necessária a demonstração dos motivos que o ensejaram, mas unicamente o informe deste e o pedido de divórcio.

Nos casos em que há nascituro ou incapazes a homologação do acordo judicial continuará a ser sujeita a apreciação do Ministério Público a fim de zelar pelos direitos da prole.

EXTINÇÃO CONSENSUAL DE UNIÃO ESTÁVEL

Nosso Código Civil de 2002 regra que: "*É reconhecida como entidade familiar a união estável entre o homem e a mulher, configurada na convivência pública, contínua e duradoura e estabelecida com o objetivo de constituição de família.*"

Conforme o entendimento MARIA HELENA DINIZ, "*para que se configure a relação concubinária, é mister a presença dos seguintes elementos essenciais: 1) continuidade das relações sexuais, desde que presentes, entre outros aspectos a estabilidade, ligação permanente para fins essenciais à vida social, ou seja, aparência de casamento; 2) ausência de matrimônio civil válido entre os parceiros; 3) notoriedade das afeições recíprocas, afirmando não se ter concubinato se os encontros forem furtivos ou secretos, embora haja prática reiterada de relações sexuais; 4) honorabilidade, reclamando uma união respeitável entre os parceiros (RT, 328:740, RTJ, 7:24); 5) fidelidade da mulher ao amásio, que revela a intenção de vida em comum; 6) coabitação, uma vez que o concubinato deve ter a aparência de casamento, com a ressalva à Súmula 382.*"[1]

1 DINIZ, Maria Helena. *Curso de Direito Civil Brasileiro*. Vol. Direito de Família. São Paulo: Saraiva, 1990, pp. 223-224

Não há de se equiparar a União Estável a Namoro ou Relacionamentos Eventuais. Em que pese namoros, noivados longos muitas vezes preencherem alguns requisitos é nítido que as partes ainda não corroboram com a ideia de uma vida em comum, pelo menos por hora, apesar de seu desejo de tê-la futuramente.

O Novo Código de Processo Civil equiparou todas as disposições previstas no processo de divórcio ao Reconhecimento e Dissolução de União Estável, podendo esta ser reconhecida de forma consensual também através de escritura pública tendo também seus efeitos ampliados, como foram ampliados para o divórcio no artigo 732.

A União Estável vem cada dia mais sendo usada pelos casais, arrisco-me a prever que daqui alguns anos esta será a forma de União mais utilizada na sociedade, ficando o Casamento Civil em segundo plano. Por isso, os legisladores tiveram o cuidado equiparar sua extinção ao divórcio em todas as suas disposições e efeitos.

ALTERAÇÃO DO REGIME DE BENS

O artigo 734 do Novo Código de processo Civil na mesma seção que regra o Divórcio e Reconhecimento e Extinção de União Estável vem trazer regra própria a Alteração de Regime de Bens. O novo regramento pouco apresentou como melhoramentos no procedimento de Alteração de Regime de Bens.

Agora a petição deverá ser requerida e assinada por ambos os cônjuges, e nela deverá estar contida a razão que motivou o pedido.

Na petição inicial ou intermediária poderá ser proposta nova forma de divulgação da alteração do regime de bens alternativa a publicação por edital, que poderá ser deferida ou indeferida pelo Juiz da causa de acordo com sua convicção pessoal.

Apenas quando do trânsito em julgado da sentença serão expedidos os competentes mandados de averbação, deste modo, não há previsão de antecipação de tutela tanto de urgência quanto evidência no presente caso.

INVENTÁRIO E PARTILHA DE BENS

O Inventário e partilha de bens ainda deverão tramitar no foro de domicílio do autor da herança. Se o autor da herança não possuía domicílio certo, será competente o foro de situação dos bens imóveis; havendo bens imóveis em foros diferentes, é competente qualquer destes; não havendo bens imóveis, é competente o foro do local de qualquer dos bens do espólio, na inteligência do artigo 48 do Novo Código de Processo Civil.

O Novo código de Processo Civil também tratou o inventário e partilha de bens em capítulo próprio, regulados a partir do artigo 610 e seguintes.

"Havendo testamento ou interessado incapaz, proceder-se-á ao inventário judicial; se todos forem capazes e concordes, o inventário e a partilha poderão ser feitos por escritura pública, a qual constituirá documento hábil para qualquer ato de registro, bem assim para levantamento de importância depositada em instituições financeiras."

A Lei nº 11.441 de 2007 previu a possibilidade da realização de inventários e partilhas se todos forem capazes e concordes por escritura pública, o que trouxe grande agilidade na realização de inventários que antes demoravam anos para sua finalização.

No dia a dia, na maioria dos inventários, os herdeiros são concordes e capazes, sendo uma ferramenta importante para a resolução das partilhas.

TUTELA E CURATELA

Os artigos 747 e seguintes do Novo Código de Processo Civil regram sobre a interdição civil.

A interdição poderá ser promovida pelo cônjuge ou companheiro, pelos parentes ou tutores, pelo representante da entidade em que se encontra abrigado o interditando e pelo Ministério Público, na petição inicial o requerente deverá comprovar seu grau de ligação ao interditado.

O Ministério Público apenas irá promover a interdição em caso de doença mental grave e na falta das outras pessoas elencadas no artigo 747 do Código de Processo Civil.

Ainda a mera alegação de necessidade de interdição não é suficiente para ingressar com a ação, há necessidade de provas documentais e laudos que comprovem a incapacidade para os atos da vida civil.

A interdição terá o rito bem parecido com o do Código de Processo Civil de 1973, havendo pequenas alterações, por exemplo, o artigo 752 do Novo Código de Processo Civil prevê o prazo de 15 dias contados da entrevista para o interditando impugnar o pedido, mesmo prazo para contestação, prazo este que era de 5 dias no artigo 1182 do Código de Processo Civil de 1973.

Entendo que esse prazo é benéfico, pois é o mesmo prazo da contestação, a presente impugnação tem valor de contestação ao processo, sendo assim, nada mais lógico ter o mesmo prazo que a contestação.

No mais, as outras alterações foram brandas e não refletirão nos andamentos dos processos.

CONCLUSÃO

O Direito de Família face ao Novo Código de Processo Civil sofreu algumas importantes alterações que não passarão desapercebidas pelo profissional do direito.

Podemos afirmar que os legisladores tentaram amenizar os pontos que geravam um trancamento desnecessário do processo.

A mediação foi exaltada, tendência esta presente em todos os ramos do direito. A intervenção judicial vem ao processo apenas quando necessária e esgotada a possibilidade de resolução amigável.

O Novo Código de Processo Civil aproximou o processo da realidade fática da causa, dando ao magistrado a possibilidade de decidir com maior propriedade sobre cada caso quando a intervenção deste for necessária.

As alterações foram, em resumo, benéficas ao nosso ordenamento jurídico. Arrisco-me a dizer que houve um aprimoramento do Código.

É com grande expectativa que a comunidade jurídica aguardava tais mudanças, pois a sociedade urge por um direito que dê uma visão mais subjetiva do processo estando mais próximo a nossa Constituição Federal.

REFERÊNCIAS BIBLIOGRÁFICAS

DINIZ, Maria Helena. *Curso de Direito Civil Brasileiro.* Vol. Direito de Família. São Paulo: Saraiva, 1990, pp. 223-224

CONSIDERAÇÕES SOBRE OS PRINCÍPIOS DA CONCENTRAÇÃO E PRECLUSÃO E O NOVO CPC

Nelson Rossi

O PROCESSO E SUA NATUREZA

Paira na doutrina a natureza do processo como contrato, quase- contrato ou como instrumento Estatal substitutivo da vontade dos interessados para aplicação da Justiça. Tais concepções surgem a partir da evolução da ciência processual, que de ciência praticamente inexistente no modelo romano (754 a.C.) passa a paulatinamente galgar espaços com a evolução histórica, a ponto de ganhar ***status*** de ciência autônoma a partir de 1868, época demarcada como do direito contemporâneo ou pós-moderno. Certo é que a concepção contratual ou quase- contratual lastreia-se no vínculo que os interessados apresentam em delegar ao Estado a sorte na resolução da pendência jurídica. A evidência do ideal contratualista que inspirou a Europa e o pensamento no século XIX, a partir da clássica obra de Rousseau, tem-se que a ciência processual foi também influenciada em suas concepções. Todavia, mais acertadamente, prevalece hoje a adequação do processo como um instrumento técnico, destinado a tutela dos interesses em conflito, cujo controle institucional é de direito público.[1]

O PROCESSO E SUA ESTRUTURA E PRINCIPIOLOGIA

Em sua estrutura, sob o aspecto axiológico o processo deve ser considerado um instrumento técnico de relação jurídica triangular, de estrutura e desencadeamento dinâmico, em atos de evolução ordenados, quânticos, pois analisado simultaneamente irradiando efeitos sob várias vertentes, muitas vezes descontínuos e imperceptíveis quanto a sua alteração e produção de efeitos. Ônticos, pois o processo se põe como objeto atos em evolução coordenadas instrumentalizadas à aplicação do direito substancial, e lógicos pois tais atos implicam numa estruturação complexa de atos harmônicos e de completude entre si, e, de aplicação do justo normativo considerando que nosso sistema é positivista. E, mesmo quando o juiz aplica os meios integrativos de julgamento (a analogia, os costumes, os princípios gerais de direito e a equidade), assim

---

1 Arruda Alvim Neto, José Manuel de. Manual de Direito Processual Civil, v. I, pp. 30/44. São Paulo, Revista dos Tribunais, 2002. Komatsu, Roque. Da Invalidade no Processo Civil, pp. 19/21, São Paulo, Revista dos Tribunais,1991.

o faz em razão de autorização normativa neste sentido (art. 4.º, da LINDB – Decreto 4.657/42 e 126, 127 do CPC). Enquanto instrumento, fundamenta-se na principiologia, considerando que a instrumentalidade em si, atribui sustentabilidade ao processo e à ciência processual. [2]

O PRINCÍPIO E SUA COMPREENSÃO

A ciência entende como *princípio* normas ideológicas, não necessariamente escritas, que representam uma aspiração e objetivo prévio de melhor compreensão e consequente aplicação da ciência. O princípio tem conteúdo ético e não se limita ao campo da positividade normativa, lhe sendo precedente. A doutrina autorizada os classifica os princípios em informativos, processuais constitucionais e processuais gerais, sendo correto inferir sobre os processuais específicos. Assim, os informativos são científicos pré-convencionados, os processuais constitucionais são aqueles previstos na Constituição e destinados a aplicação no processo, os processuais gerais são aplicados a generalidade dos processos (em tese a todo o qualquer processo) e os processuais específicos livros específicos do CPC, a exemplo das cautelares e da execução. Quanto aos informativos, a dogmática sustenta a existência de ao menos quatro princípios considerados "formativos" da ciência do direito processual: o político, lógico, econômico e jurídico. Historicamente, atribui-se a Mancini, nos idos de 1855, a estruturação de tais princípios. Na atualidade, considerando que o processo moderno assinala seu marco entre 1500 a 1868, e a autonomia paulatinamente conquistada pelo direito processual o alçou a área do Direito do Estado, temos a inserção no processo pós-moderno ou contemporâneo, de três neoprincípios: os da utilidade, segurança e efetividade social, ou simplesmente efetividade. Mencionados princípios, por serem informativos, como já dito, precedem a deontologia. Há, também, os princípios constitucionais processuais (v.g. o direito de ação e o da ampla defesa) e os processuais infraconstitucionais gerais (v.g. o da utilidade dos atos processuais, o da carga proporcional distributiva do ônus da prova, fungibilidade que pode ser utilizada em recursos, cautelares, possessórias, e na hipótese de cautelar substitutiva a antecipação de tutela) e específicos contidos em livros próprios (v.g. o da acessoriedade da ação cautelar face ao processo principal, o da menor onerosidade na execução). [3]

A VISÃO DOS PRINCÍPIOS E DO PROCESSO HOJE SOB A ÓTICA TELEOLÓGICA

Muito embora estruturado no plano científico, normativo e ideal (plano do dever ser), a análise de sua natureza, institutos e estrutura faz derivar a conclusão, de que o

2 Araújo Cintra, Antonio Carlos de. Rangel Dinamarco, Cândido. Grinover, Ada Pellegrini. Teoria Geral do Processo. São Paulo, Malheiros, 2013.

3 Portanova, Rui, Princípios do Processo Civil, pp. 19/33, Porto Alegre, Livraria do Advogado Editora, 1999.

processo tem finalidade ontológica no plano do ser, servindo de objeto para aplicação da Justiça, ou seja, para realização do direito no caso concreto. Ocorre que, hodiernamente a finalidade do processo está diretamente vinculada ao princípio da instrumentalidade, sendo que esta finalidade apenas será atingida se o processo se harmonizar com eficácia de um resultado prático condizente aos interesses em litígio. Destaca-se, ainda, a necessidade de cientificamente, simplificar o processo e melhor organização judiciária, ambos complexos. A par desta concepção processual de atualidade, o legislador pátrio fez ter início mais de duzentas reformas relevantes, a partir de 1994, as quais, paulatinamente, tem por foco a melhoria do sistema, tendo em vista a eficiência do resultado prático e o atendimento dos princípios da economia e celeridade. Assim, é inegável, tanto o processo civil como os princípios não obstante inalterados, passam por uma fase reavaliatória e de adaptação instrumental objetivando uma melhor atuação social, no plano concreto. Destaca Luiz Guilherme Marinoni: *"A expressão tutela jurisdicional dos direitos revela um compromisso com a instrumentalidade substancial do processo: constitui um alerta contra o dogma da neutralidade do processo em relação ao direito substancial."*[4] complementado por João Batista Lopes: *"As exigências da vida moderna tornaram patente a necessidade de conferir ao processo, a par da certeza e da segurança jurídica, função social mais ambiciosa, qual seja, a pacificação da justiça. Expressões como 'acesso à ordem jurídica justa', 'instrumentalidade substancial', 'efetividade do processo', etc., resumem os escopos dessa moderna corrente processual que repele a ideia de processo como mero instrumento técnico. De outra parte, os processualistas cada vez mais se convencem da necessidade de estudar o processo civil à luz dos princípios e garantias constitucionais."*.[5]

A CRISE EXISTENCIAL DO JUDICIÁRIO BRASILEIRO

Não podemos olvidar que a Justiça brasileiro atravessa um período de açodamento: há inúmeras leis incidentes, há deficiência pessoal e material e, este quadro é agravado pelo ingente número de processos que progridem em uma nítida desproporção. Os prazos impróprios fixados aos servidores da Justiça aos cartorários em horas: vinte e quatro horas para remeter os autos a conclusão judicial e quarenta e oito horas para executar os atos processuais, e, aos juízes, em dias, dois dias para os despachos e dez para as decisões, revelam ser de impossível cumprimento. No ano de 2004, a ONU se fez presente em nosso País, e enviou seu representante Leandro Despouy, que como Relator Especial da Comissão de Direitos Humanos da Organização das Nações Unidas, elaborou Relatório tendo como foco de pesquisa a Justiça do Distrito Federal. Referida pesquisa concluiu pelo excesso de processos, nepotismo, e um sistema jurídico garantista onde a interposição de vários recursos atrasa o resultado do processo, e, que a

4 Marinoni, Luiz Guilherme. "apud" Batista Lopes, João. Tutela Antecipada, pp. 14/20, São Paulo, Saraiva, 2001.

5 Batista Lopes, João. Tutela Antecipada, pp. 14/20, São Paulo, Saraiva, 2001.

maioria da população objeto da pesquisa não tem acesso ao Judiciário, por questões de ordem social, econômica ou, mesmo, por exclusão. Destacou em seu relatório informações da OAB de que o Poder Público contribui muito para isso, pois é como litigante habitual, é o maior litigante, maior devedor e postergador do cumprimento das decisões judiciais. É possível que se a pesquisa fosse ampliada para outros Estados membros da Federação o resultado poderia ter sido mitigado ou agravado, mas, isso, verdade seja dita, não sabemos. Muito embora não integrante da pesquisa, destacou no Relatório em observação, que o Estado do Rio Grande do Sul foi apontado como de situação menos dramática por ser informatizado, sendo este um fator de agilização processual. [6] Mas, a par das sabidas deficiências estruturais com as quais todos nos deparamos e, portanto, notórias, o processo em si, institucionalmente considerado, pode ser facilitado, com a criação de mecanismos, alguns inclusive já demonstrados eficientes (vg. a antecipação de tutela) e supressão de outros (normalmente incidentes e efeitos suspensivos) que travam o mecanismo do evoluir processual. A palavra crise, em seu vernáculo, retrata algo que não é bom, que sai do padrão ordinário. Sob o prisma processual, trata-se de expressão propagada por Carnelutti,[7] a classificando em crise suspensiva e extintiva, cujas hipóteses normativas encontram-se, respectivamente, contempladas nos artigos 265 e 267 do CPC de 1973. Certo é que a crise, seja ela institucional seja processual, é detectada quando a realidade refoge, colindindo com o padrão originário concebido.

O PRINCÍPIO DA CONCENTRAÇÃO

O princípio da concentração traz como enunciado a reunião de atos processuais de forma ou de substância, objetivando a manutenção de outros princípios, como os já mencionados da celeridade e economia, mas também resguardo da preclusão e, como corolário, da segurança jurídica. A aparente contradição em se reunir em uma só peça e oportunidade, ou seja, em unidade de ato e momento, teses aparentemente contraditórias, é solucionada pela incidência de outro princípio, o da eventualidade. Inclina-se a doutrina a compreensão de concentração e eventualidade como princípios idênticos. Em nosso entender tratam-se de princípios distintos, considerando que a concentração determina a reunião das alegações em um único ato jurídico processual, ao passo que a eventualidade orienta no sentido de que não sendo aceitos ou conhecidos uma das alegações, que se passe a análise dos fundamentos subsequentes, em ordem cronológica. A incidência da eventualidade propicia a concretização da eventualidade. E tanto são distintas que a concentração existe em outros atos os quais não se fazem acompanhar da eventualidade (a exemplo da concentração no mesmo mandado judicial da citação para responder a ação e intimação de liminar de antecipação de tutela). Assim, vg.,

---

6 Despouy, Leandro. Relatório da ONU sobre o Poder Judiciário Brasileiro em 2004, **Disponível em 05.03.2014,às10?23hsem:http://www.ambitojuridico.com.br/site/?n_link=revista_artigos_leitura&artigo_id=11887.**

7 Carnelutti, Francesco. Instituições do Processo Civil, v. III, p. 190, Campinas, Servanda, 1999.

quando a defesa em sua contestação reúne preliminar de ilegitimidade de parte passiva ***"ad-causam"*** e na sequência passa a discutir o mérito, não há contradição nesta manifestação, pois o próprio sistema autoriza que se reúnam as questões preliminares (art. 267, VI) e de mérito (art. 269), para que se eventualmente a primeira não seja acolhida, automaticamente se passe ao conhecimento da segunda, harmonizando as aparentes contradições. Trata-se de princípio presente em vários procedimentos e atos do processo civil, a exemplo das contestações nos juizados especiais (lei federal 9.9099/95), no rito sumário (art. 275), e, nos recursos, onde a matéria recursal tem que ser explorada e focada em peça uma. O próprio instituto da preclusão consumativa, traz ínsito, reflexamente, o referido princípio, pois uma vez realizado o ato, este se concretiza na forma concentrada, e, por sua vez, aperfeiçoa-se, vedada por motivos de segurança jurídica, sua reprise.

A PRECLUSÃO

Em seu étimo, preclusão deriva do latim ***"praecludo"***, fechar, encerra, tapar. Em suma, retrata tecnicamente a superação de uma fase processual. Suas classificações, em: (a.) ***temporal*** (pelo advento do prazo intencionalmente = perda do prazo, ou pela inércia intencional, pode por vezes levar a efeitos danosos como a revelia e seus efeitos, perda de oportunidades para produção de provas ou interposição de recursos), (b.) ***consumativa*** (quando ato é praticado não poderá por motivos de segurança, ser praticado novamente, pois caso contrário o contestante no plano abstrato poderia apresentar uma contestação por dia no prazo ordinário de 15 dias e não uma única contestação no prazo de 15 dias), (c.) ***lógica*** (pela contradição ou colidência entre atos realizados, a exemplo reconhecido pela jurisprudência do levantamento de valores de forma incondicionada, sem reservas, prejudica a apuração da diferença; o pagamento do réu recorrente em favor do autor credor, implica em renúncia ao recurso interposto cujo objeto é excluir a dívida) e (d.) ***pró-judicato*** (para o juiz, que apenas se realizada aos atos que digam respeito a igualdade entre as partes, envolvendo direitos disponíveis e prazos próprios, pois quanto aos prazos impróprios estes não são alcançados pela preclusão, tanto que se o juiz deixa de proferir sentença no prazo de 10 dias, ou mesmo 10 meses, a sentença será obrigatoriamente proferida, pelo juiz faltoso ou por outro em sem lugar, sem prejudicar ao ato sentencial em sí, que surgirá no processo, resolvendo a ***"quaestio iuris"*** entre as partes), demonstram, sim, a natureza da superação. [8]

OS PRINCIPAIS CENTROS RELEVANTES DE CONCENTRAÇÃO NO NOVO CPC

Observa-se que no novo CPC (Lei Federal 13.105, de 16 de março de 2015) grassam várias hipóteses de concentração de atos, suprimindo o legislador, também, sus-

8 Frederico Marques, José. Manual de Direito Processual Civil, v. 2 , pp. 175/178 , São Paulo, Saraiva, 1994.

pensões desnecessárias, sendo a tônica do legislador um processo concentrado, mais ágil e uma justiça consentânea ao tempo de razoável duração do processo. Dentre as que consideramos nos estreitos limites desta pesquisa, a primeira delas a destacar é a concentração dos ritos ordinário e sumário no chamado processo comum do artigo 318: *Aplica-se a todas as causas o procedimento comum, salvo disposição em contrário deste Código ou de lei. Parágrafo único. O procedimento comum se aplica subsidiariamente aos demais procedimentos especiais e ao processo de execução.* Com esta inovação haverá supressão da fase oral de defesa, predominando a contestação escrita e os prazos passam a ser mais amplos, compatíveis com o rito ordinário. Na sequência, há a concentração do prazo para manifestação dos litisconsortes com distinção de advogados desde que com escritórios de advocacia distintos e desde que o processo sejam em autos físicos, será em *dobro para manifestação em todos os atos do processo* (art. 229). Quanto aos Órgãos Públicos, a exemplo da Defensoria Pública, A União, Estados, Municípios, Distrito Federal e respectivas autarquias (arts. 183,186), e o Ministério Público, terão estes prazos – ressalvados os próprios que serão singulares, § 2.º do art. 180 – em dobro para todas as manifestações nos processos em que atuarem, contados a partir das respectivas intimações pessoais, em alguns casos e, por meio eletrônico, em outras. Quanto aos entes públicos, prudente observar que quanto aos prazos próprios, deve prevalecer o prazo que consta em lei, ressalvado o prazo em dobro aos impróprios (§ 2.º do art. 183). A concentração nos prazos recursais, que excepcionando os embargos de declaração, agravos, e aos prazos privilegiados, passam a ser de quinze dias. Quanto às impugnações (art. 337, II, III e XIII): **i.** de incompetência absoluta ou relativa. **Ii.** do valor da causa, e, **iii.** da indevida concessão de justiça gratuita, que passam a integram o rol de preliminares da contestação. **Iv.** A reconvenção, perde seu ***"status"*** clássico de ação autônoma, agora proposta através de defesa do réu por reação no prazo da contestação, para ser instrumentalizada internamente à contestação sem perder a autonomia de ação (art. 343 do novel diploma), a exemplo das inserções anteriormente verificadas com o rito sumário e nos juizados especiais, suprimindo o rigor formal e a envergadura de uma ação autônoma, sem, contudo, em nosso pensar, prejudicar ao direito do contestante vez que continuaria a ser aplicado a autonomia relativa de seu pedido contraposto formulado na contestação em desistindo o autor da ação. Tem-se, também: **v.** a concentração dos institutos da denunciação da lide e do chamamento ao processo, considerando a similitude entre ambos, que em termos pragmáticos leva a fungibilidade dentre estas espécies intervencionistas pela linha tênue que, por vezes, separa o caso concreto, tornando difícil aos profissionais e tribunais identificar a adequação da tipologia correta. Por outro lado: **vi.** nota-se que não logrou êxito a tentativa de inserção quanto a flexibilização concentração no respeitante a possibilidade em se aditar ou alterar o pedido ou a causa de pedir até a sentença (art. 329 do Códex), inovação que constava no projeto e foi suprimida, admitida, porém, a desistência da ação até a sentença (§ 5.º do art. 485). Permaneceu no artigo 329 limitada a alteração até o saneador com a anuência do réu, possível a mesma conduta na reconvenção, prevalecendo, portanto, o quadro de concentração obrigatória e limites apresentados pelo CPC de 1973, onde toda a matéria deve ser concentrada na petição inicial, podendo ser alterada unilateralmente até antes da citação, após a citação apenas com concordância do réu, e após, a decisão saneadora, mantida inalterável mesmo com a concordância da partes face ao princípio da estabilização da lide que leva a imutabilidade do libelo acusatório civil. Por derradeiro, temos: **vii.** A concentração das ações cautelares no poder geral de cautela do juiz, que poderá ser viabilizada em ação cautelar própria de natureza genérica ou em medida cautelar substitutiva de antecipação de tutela em ação de conhecimento. **Viii.** a concentração na sentença, da resolução das matérias controvertidas possíveis, considerando a supressão do recurso de agravo retido.

A CONCENTRAÇÃO DOS RITOS ORDINÁRIOS E SUMÁRIO

A ritualística ou formalismo, permeia o sistema desde o religioso até a ciência jurídica.[9] Trata-se de uma questão de método.[10] O novo diploma prevê a unificação ritual em sua preponderância, absorvendo o rito sumário, que no CPC deixa de existir, ressalvado legislação extravagante. O artigo 318 é firme no sentido de que: *Aplica-se a todas as causas o procedimento comum, salvo disposição em contrário deste Código ou de lei. Parágrafo único. O procedimento comum se aplica subsidiariamente aos demais procedimentos especiais e ao processo de execução.*

A CONCENTRAÇÃO DA CITAÇÃO E INTIMAÇÃO

Convergem os estudiosos concebendo a citação como forma de comunicação oficial da existência do processo. Alguns a consideram pressuposto de existência (***PPex***) do processo, e, outros pressuposto processual de validade (***PPv***). O CPC a considera como ato de existência do processo.[11] Nos parece que ambas correntes doutrinárias tem razão, cada qual analisando o mesmo ato processual à luz de óticas distintas, mas corretas pois num caso não há a citação, consequentemente o processo não existe para o réu, e, noutro, a citação é realizada, mas não é feita validamente, dentro dos rigores necessários para sua efetividade como ato. Inicialmente, não se concebe a possibilidade de um processo sem citação. Contudo, pode haver litisconsórcio passivo necessário não aperfeiçoado, ou seja, não formado integramente, fato que para o litisconsorte preterido nestas circunstâncias, a citação inexiste. As consequências são que a nulidade poderá ser arguída estando o processo em aberto ou, após o seu encerramento, até o prazo bienal da ação rescisória. Para a inexistência de citação, o entendimento mais aceito, reside na pertinência da ação dos artigos 4.º, I, e 486 do CPC de 1973, não havendo prazo de convalidação, devido tratar-se de ato inexistente, assim considerado o processo

---

9 Alvaro de Oliveira, Carlos Alberto, Do Formalismo do Processo Civil, pp. 5/12, São Paulo, Saraiva, 2013.

10 Ibidem, p. 11.

11 Arruda Alvim Neto, José Manuel de. Manual de Direito Processual Civil, v. I, pp. 301/311. São Paulo, Revista dos Tribunais, 2002. Eduardo Arruda Alvim, Direito Processual Civil, pp. 188/191, São Paulo, RT, 2012. Greco Filho, Vicente. Direito Processual Civil, v. 2, pp. 29/34, São Paulo, Saraiva, 2007.

como apenas formalmente construído, sem a assiduidade de pressuposto processual de existência. A própria lei processual concebeu taxativamente que: ***"214. Para validade do processo, é indispensável a citação do réu. § 1º O comparecimento espontâneo do réu, supre, entretanto, a falta de citação."***. A doutrina a considera ato processual: **i.** de comunicação, pois oficializa ao réu o interessado a existência do processo. **ii.** complexo, pois deriva de um conjunto de atos para que possa se aperfeiçoar, não se classificando como ato individual ou isolado. **iii.** solene, pois segue uma forma ritual severa previamente concebida sob pena de nulidade, e, **iv.** de efeitos internos, haja visto muito embora realizada externamente ao autos pelo oficial de justiça, correio, edital ou meio eletrônico, suas consequências são voltadas para dentro dos autos, mormente a revelia e seus efeitos. Trata-se de ato que tende a ser único, destinado dentro do padrão do modelo processual de normalidade (A x B), que deve ser realizado uma única vez, distinguindo-se essencialmente (***eidéticamente***) da intimação. Quanto a intimação, coube a este ato a comunicação dos demais atos processuais de comunicação as partes ou terceiros, excluída a citação. O CPC em comento concentra dois atos que na prática já ocorriam sem previsão expressa, em um mesmo mandado reunidas a citação e a intimação de atos processuais (conjugação dos arts. 250, IV e V), mormente para comparecimento na tentativa de conciliação. Isso se vê costumeiramente nos ritos sumário e sumaríssimo nas citações para contestação e intimações conjuntas ao comparecimento em audiências conciliatóris, e mesmo no rito ordinário, não raro há a intimação da concessão de liminar ***initio litis e inaudita altera par*** em antecipação de tutela cumulado com citação para a resposta aos termos da petição inicial.

A CONCENTRAÇÃO DOS PRAZOS PRIVILEGIADOS E RECURSAIS

No CPC em vigor (arts. 188 e 191), a Fazenda Pública (União, Estado, Municípios, Distrito Federal e Autarquias) e o Ministério Público gozam de prazo privilegiado em quádruplo para contestar e em dobro para recorrer, face a interpretação equânime do princípio da igualdade, pois na qualidade de litigantes habituais e pelo ingente volume de processos em que estão envolvidos, não podem ter fixados os mesmos prazos que os litigantes eventuais – que pouco vão ao Judiciário e, até mesmo, podem sequer ter um único processo durante toda a existência – e, quanto ao prazo ampliado dos litisconsortes com distinção de advogados, sempre em dobro para contestar, recorrer em geral para se manifestar nos autos, sendo possível a cumulação dos benefícios naquilo em que não se incompatibilizem, ou seja, caso os litisconsortes sejam Fazenda Pública ou Fazenda Pública e pessoa privada, os benefícios podem ser cumulados quanto ao prazo em dobro para se manifestarem (***"em geral para se manifestar nos autos"***, do art. 191, ***"in fine"***), inexistindo incongruência interpretativa e aplicando a exata previsão do benefício contemplado em lei.[12] A tônica da concessão do prazo privilegiado aos litis-

12 Theotônio Negrão. CPC Anotado e Legislação Processual em Vigor, p. 318, nota 4 ao art. 191, São Paulo, Saraiva, 2012.

consortes é diversa, baseada na complexidade de lides e necessidade de contato entre os litisconsortes e seus advogados, para firmarem convicção quanto a estratégia de acusação ou defesa, evitando desencontros e contradições entre as teses processuais, aliado a análise de documentos e impugnações. Assim em havendo litisconsórcio no qual figure como litisconsorte a Fazenda Pública, os litisconsortes podem se beneficiar do prazo em dobro para requerer uma prova ou se manifestar sobre determinação de esclarecimento judicial ou se manifestar sobre laudo pericial. Também, encontra-se pacífico o entendimento que não há necessidade em se requerer a aplicação do benefício do prazo estendido, que é auto-aplicável, [13] que é possível a aplicação parcial destes prazos,[14] a partir que ocorra a distinção de procuradores, que é irrelevante que os advogados sejam casados ou colegas de escritório,[15] ou que sejam o mesmo advogado da parte em outro processo,[16] mas, que o prazo se aplica apenas aos processos de jurisdição contenciosa e aplicam exclusivamente ao polo onde se reunir a relação litisconsorcial,[17] e não a parte adversa, polo em que não se apresenta o litisconsórcio. Cabe lembrar, que as figuras de intervenção de terceiro , resultam na formação de litisconsórcio, e fazem ***"jus"*** a concessão do benefício do prazo em dobro (arts. 54, assistência litisconsorcial, 57, oposição onde a resistência tem necessariamente que ser apresentada contra ambos litigantes, autor e réu no processo principal, 71, 74, 75, I, denunciação da lide geradora de relação litisconsorcial e 77, chamamento ao processo, que pressupõe sempre o litisconsórcio – CPC). Prevalece corrente o entendimento de que o prazo privilegiado do art. 188 CPC não se aplica somente a contestação mas igualmente a outras espécies de resistência, a exemplo das exceções de impedimento, suspeição e incompetência e reconvenção. A proposta do legislador concentrará os prazos privilegiados dos litisconsortes, Fazenda Pública,[18] Ministério Público – incluindo agora no rol das pessoas com prazo processual ampliado a Defensoria Pública[19] – ***unificadamente*** em ***dobro,*** não mais havendo quanto ao privilégio de prazo a distinção entre resistência, recursos ou litisconsórcio, e, os recursais, ressalvado os embargos aclaratórios, fixa em ***quinze dias***, que acrescidos do privilégio desdobram-se em ***30 dias***, pondo, assim, fim a uma diver-

---

13 Ibidem, p. 318, nota 3 ao art. 191 – STJ – 32/336, 671/207, 674/235, 683/190, REsp. 691.863 JTJ 297/437.

14 Ibidem, p. 319, nota 13 – RTJ 84/288 – RJTJESP 138/240, JTA 96/61, STJ AI 957.830 – AgRg.

15 Ibidem, p. 319, nota 11 – REsp 844.311, RJTJESP 106/340, RT 549/85.

16 Ibidem, p. 319, nota 11 – STJ REsp 3.930 – PR

17 Ibidem, p. 317, nota 1.a, STJ – AI 914.111 – AgRg.

18 Art. 183. A União, os Estados, o Distrito Federal, os Municípios e suas respectivas autarquias e fundações de direito público gozarão de prazo em dobro para todas as suas manifestações processuais, cuja contagem terá início a partir da intimação pessoal. § 1º A intimação pessoal far-se-á por carga, remessa ou meio eletrônico. § 2º Não se aplica o benefício da contagem em dobro quando a lei estabelecer, de forma expressa, prazo próprio para o ente público.

19 Art. 185. A Defensoria Pública gozará de prazo em dobro para todas as suas manifestações processuais. § 4º Não se aplica o benefício da contagem em dobro quando a lei estabelecer, de forma expressa, prazo próprio para a Defensoria Pública.

gência de prazos e interpretações acerca dos privilégios e dos prazos recursais diferenciados, no CPC atual em quádruplo ,para contestar e em dobro para recorrer, conforme já salientado (art. 1003, § 5.º). Força concluir, que permanecerão intactas as posições da jurisprudência sobre os prazos, nos pontos em que não colidam frontalmente com o novo estatuto de rito processual. Mencionados prazos unificados e concentrados, agora igualmente, para as pessoas diferenciadas para resistirem ou se manifestarem nos autos. Mas, merece atenção a redação do art. 227, quanto aos litisconsorte com distinção de procuradores, pois converge para prazo simples quando fixado especificamente em lei para a pessoa jurídica e quanto a advogados do mesmo escritório e a inaplicabilidade do benefício no processo eletrônico: *Art. 229. Os litisconsortes que tiverem diferentes procuradores, de escritórios de advocacia distintos, terão prazos contados em dobro para todas as suas manifestações, em qualquer juízo ou tribunal, independentemente de requerimento. § 1º Cessa a contagem do prazo em dobro se, havendo apenas dois réus, é oferecida defesa por apenas um deles. § 2º Não se aplica o disposto no caput aos processos em autos eletrônicos.* É praticamente certo que estes parágrafos serão pontos de controvérsia na doutrina e jurisprudência, pois os prazos dobrados se aplicarão em algumas hipóteses e não em outras, residindo o cerne da controvérsia, quando a lei estabelecer prazo próprio de forma expressa ao ente público e quando cumularem num mesmo processo, pessoas jurídicas de direito público em litisconsórcio, pois remanescerá a questão se os benefícios de prazo concedido aos litisconsortes aplica-se cumulativamente ao privilegiado quanto litisconsorte o Poder Público. Temos que a tendência do novo diploma é individualizar tais situações, não permitindo a conjunção destes privilégios, devido a clareza dos textos e enfáticos os dizeres dos artigos quanto a unificação de prazos privilegiados.

A CONCENTRAÇÃO DE IMPUGNAÇÕES EM PRELIMINAR DA CONTESTAÇÃO

Na sistemática atual, a impugnação ao valor da causa é apresentada em incidente processual externo, sem efeito suspensivo, devendo o impugnante indicar o valor que entende correto, sendo vedado ao juiz julgar a ação sem antes dirimi-la. E, a exceção de incompetência relativa, igualmente arguida através de incidente externo, porém com efeito suspensivo da ação, assim que apresentada, desde que a apresentação não seja manifestamente protelatória, fora do prazo ou incabível. Já a incompetência absoluta recomenda seja suscitada em contestação ou através de incidente interno nos autos do processo, respondendo o suscitante que deveria provoca-la e não o fez a tempo e hora, integralmente pelas custas de retardamento (art. 113, § 1.º- CPC). Quanto a impugnação de concessão dos benefícios da gratuidade processual, esta encontra respaldo na lei federal n.º 1.060/50. Por sua vez, sujeita-se a impugnação através de incidente processual externo, sem efeito suspensivo. Pelo visto, temos ao menos quatro espécies de incidentes processuais, ora de processamento externo ora interno, ora com efeito suspensivo ora sem efeito suspensivo. No CPC aprovado tanto a impugnação quanto a incorreção do valor da causa quanto a incompetência absoluta ou relativa do juiz, concentram-se na contestação (art. 337, II, III) , estas impugnações encontram-se concentradas na contestação, na suscitação preliminar de mérito, todas sem efeito suspensivo, a serem necessariamente resolvidas antes da continuidade do processo e, por corolário lógico, da sentença (art. 340, II). Consequência reflexa é que, em razão do nodo enquadramento técnico, deixam de ter efeito suspensivo, recebendo o tratamento de preliminares a serem resolvidas precedentemente ao mérito, na decisão saneadora ou outra interlocutória antecedente a sentença. Pode-se afirmar, portanto, que alguns destes incidentes, quanto à inspiração em que foram concebidos no sistema brasileiro a partir dos modelos alemão e italiano, serão suprimidos pelo advento do Estatuto de Rito Civil. O projeto é omisso quanto a suscitação superveniente das exceções de incompetência, isto é, a ser realizada em outro momento que não a contestação (exceção de incompetência superveniente), que, por consequência estrutural lógico, deve ser manifestado através de petição autônoma nos autos do processo principal, como incidente interno sem feito suspensivo, mas prejudicial do mérito. Que nos parecer seja de rigor a manutenção da mesma sistemática defendida pelo código atual, pois desmembrado o momento da arguição não há como concentrar a matéria em preliminar de contestação, mantida, por óbvio a preclusão de matérias eventualmente não suscitadas em momento oportuno e sujeitas a preclusão a ela se submetem, desde que não haja justo impedimento ou se tratem daquelas derivas da alteração legislativa ou de ordem pública, passíveis de conhecimento ***"ex-officcio"***. Assim, a impugnação ao valor da causa e alegação de incompetência relativa, não sendo arguidas na contestação, restarão superadas, ao passo que a incompetência absoluta não. O tratamento quanto a estas matérias, sob o ***aspecto jurígeno***, não foi alterado pelo CPC aprovado. Não se pode esquecer que foram mantidos intactos os princípios da concentração e eventualidade, sendo a contestação a peça técnica de rigor para se alegar concentradamente toda a matéria defensiva, nos mesmos moldes oportunizados pelo CPC de 1973, a teor dos artigos 335, 336 e 337.[20]

20 Art. 335. O réu poderá oferecer contestação, por petição, no prazo de quinze dias, cujo termo inicial será a data: I – da audiência de conciliação ou de mediação, ou da última sessão de conciliação, quando qualquer parte não comparecer ou, comparecendo, não houver autocomposição; II – do protocolo do pedido de cancelamento da audiência de conciliação ou de mediação apresentado pelo réu, quando ocorrer a hipótese do art. 334, § 4º, inciso I; III – prevista no art. 231, de acordo com o modo como foi feita a citação, nos demais casos. § 1º No caso de litisconsórcio passivo, ocorrendo a hipótese do art. 334, § 6º, o termo inicial previsto no inciso II será, para cada um dos réus, a data de apresentação de seu respectivo pedido de cancelamento da audiência. § 2º Quando ocorrer a hipótese do art. 334, § 4º, inciso II, e havendo litisconsórcio. passivo, o autor desistir da ação em relação a réu ainda não citado, o prazo para resposta correrá da data de intimação do decisão que homologar a desistência. Art. 336. Incumbe ao réu alegar, na contestação, toda a matéria de defesa, expondo as razões de fato e de direito com que impugna o pedido do autor e especificando as provas que pretende produzir. Art. 337. Incumbe também ao réu manifestar-se precisamente sobre as alegações de fato constantes da petição inicial, presumindo-se verdadeiras as não impugnadas, salvo se: I – não for admissível, a seu respeito, a confissão; II – a petição inicial não estiver acompanhada de instrumento que a lei considerar da substância do ato; III – estiverem em contradição com a defesa,

A CONCENTRAÇÃO DA RECONVENÇÃO

No projeto, a reconvenção perde seu ***"status"*** clássico de ação autônoma, atualmente veiculada através de resistência do réu por reação no prazo da contestação, passa no projeto a ser instrumentalizada na própria contestação (art. 340 do novel diploma), a exemplo das inserções anteriormente verificadas nos rito sumário e sumaríssimo, suprimindo o rigor formal e a envergadura de uma ação autônoma, sem, contudo, em nosso pensar, prejudicar ao direito do contestante vez que continuaria a ser aplicado a autonomia relativa de seu pedido contraposto formulado na contestação em desistindo o autor da ação. Destarte, em desistindo o autor da ação, não se terá como corolário lógico a prejudicialidade de ação com pedido contraposto, que deverá prosseguir autonomamente como ***"reação/pretensão"*** do réu face ao autor, mantendo-se, assim, íntegro, o princípio da autonomia da reconvenção. Esta autonomia encontra-se inserta no artigo 317 do diploma de 1973: ***"A desistência da ação, ou a existência de qualquer causa que a extinga, não obsta ao prosseguimento da reconvenção."***, e, encampado pelo disposto no § 2º, do art. 340 do novel CPC : "***A desistência da ação ou a ocorrência de causa extintiva que impeça o exame de seu mérito não obsta ao prosseguimento do processo quanto à reconvenção."*** . Esta transformação, com inserção da reconvenção em defesa, não é nova entre nós. Com efeito, algumas ações comportavam o chamado ***"pedido dúplice"***, formulado pelo réu juntamente a contestação, a exemplo das ações possessórias. Com o rito sumário, a lei federal 9.425/95 que alterou o artigo 278, do CPC de 1973, introduzindo o § 1º, fez incluir a possibilidade do chamado pedido contraposto pelo réu em desfavor do autor. E, nos juizados especiais cíveis, a lei federal 9.099/95, em seu artigo 31, admite desde sua vigência o pedido contraposto naquele juízo. A distinção é que o pedido dúplice tem origem histórica nas ações possessórias do modelo romano (interditos de reintegração, manutenção e proibitório – artigo 922 CPC), enquanto o pedido contraposto é fruto do direito processual contemporâneo. Todavia, a reconvenção sempre foi mantida a parte desta discussão, pela sua magnitude de ação, com as garantias e amplitude que o instituto do direito de ação é consagrado pelos cientistas jurídicos. Temos que esta nova possibilidade, rompe com padrões estruturais dogmáticos de há muito consolidados no direito brasileiro, mas respeitada a principiologia científica, sem prejudicar ao direito do réu postulante e desde que apresente pedido contraposto com os requisitos de conexidade de fundar-se nos mesmos fatos referidos na inicial. Sobreleva notar a possibilidade de se estabelecer litisconsórcio pelo reconvinte, possibilidade que até este momento, não é admitida pela jurisprudência, que repele a intromissão de novas partes no processo além das existentes. Pelo que se apura, a reconvenção poderá ser proposta contra o terceiro isoladamente ou contra o autor e o terceiro, em litisconsórcio, possibilidades inexistentes no CPC de 1973 e rechaçadas pela jurisprudência contemporânea, que, certamente, revisará seus conceitos.

---

considerada em seu conjunto. Parágrafo único. O ônus da impugnação especificada dos fatos não se aplica ao defensor público, ao advogado dativo e ao curador especial.

A PRECLUSÃO NO NOVO CPC – A INEXISTÊNCIA DA PRECLUSÃO SOBRE DETERMINADAS DECISÕES E MATÉRIAS

Quanto ao fenômeno da preclusão, que se apura é que permanece mantida em seus moldes estruturais, na mesma forma que lhe concebe o CPC de 1973. Sobrevive intacta às partes e, a consumativa, ao juiz, sendo assim , inviável ao magistrado rever questões já decididas sem iniciativa da parte interessada. Conforme dicção do artigo 507 do novel diploma de rito civil. [21] A proposta de controle do CPC de 1973 quanto a preclusão, é sobre sua incidência, como regra, na maioria das matérias praticadas e ou resolvidas no processo, posto que superadas. Todavia, o legislador reservou algumas matérias, considerando-as de relevância, as quais, por excepcionalidade, não se sujeitam a preclusão, pela relevância que apresentam, consubstanciando um resíduo intangível pelo fenômeno preclusivo. Tais matérias são as de ordem pública (de interesse do Estado e da aplicação da Justiça),[22] a exemplo da prescrição e decadência – desde que, quanto a decadência, não convencionada pelas partes, pois quanto a esta prevalece a disponibilidade dos litigantes – as decorrente de direito superveniente ou em que a parte interessada tenha justificativa jurídica para em momento processual oportuno não a ter alegado. Ocorre que, no novo CPC haverá a supressão do agravo retido, pela sua ausência de tipicidade e racionalidade no rol do artigo 994. Como sabido, o agravo retido é hoje a forma prevalecente da espécie de agravos, a preferência do legislador. Mas, o novo CPC evita a preclusão das matérias, por exclusão, pois as que não forem sujeitas ao recurso de agravo de instrumento, estarão automaticamente liberadas da preclusão imediata em primeiro grau de jurisdição. A preclusão de tais matérias fica com seu reconhecimento postergado ao segundo grau de jurisdição, caso não sejam suscitadas pelo interessado. Com efeito, a redação do artigo 1009, § 1.º é clara: *"As questões resolvidas na fase de conhecimento, se a decisão a seu respeito não comportar agravo de instrumento, não ficam cobertas pela preclusão e devem ser suscitadas em preliminar de apelação, eventualmente interposta contra a decisão final, ou nas contrarrazões. Sem as questões referidas no § 1º forem suscitadas em contrarrazões, o recorrente será intimado para, em quinze dias, manifestar-se a respeito delas."*. A concentração de matérias objeto de decisões interlocutórias que não se sujeitem a agravo de instrumento, fica relegada para a sentença, e, mesmo que decididas antes da sentença, tanto uma como outra, serão controladas no recurso de apelação, em razões ou contrarrazões, conforme o polo de interesse processual em que se situe a parte . Na hipótese, a preclusão apenas ocorrerá se não ventilada a matéria nas razões ou resposta da apelação, conclusão a que se chegam também, pela análise do disposto no § 1.º, do art. 1009. Verifica-se, ainda, quanto as matérias de ordem pública, fato e direito superveniente, e motivo justificado e aceito pelo magistrado pela não alegação da matéria pertinente

---

21 Art. 507. É vedado à parte discutir no curso do processo as questões já decididas a cujo respeito se operou a preclusão.

22 Art. 485 § 3º O juiz conhecerá de ofício da matéria constante dos incisos IV, V, VI e IX, em qualquer tempo e grau de jurisdição, enquanto não ocorrer o trânsito em julgado.

em momento oportuno, ficam mantidas em sua estrutura não se sujeitando a preclusão. Merece atenção as questões envolvendo reconhecimento de prescrição e decadência. O Estatuto de Rito Civil de 2010, tem previsão de manifestação do adversário a respeito, antes do reconhecimento destas. O parágrafo único do art. 487, prevê: *"Ressalvada a hipótese do § 1º do art. 332, a prescrição e a decadência não serão reconhecidas sem que antes seja dada às partes oportunidade de manifestar-se."*. A ressalva permanece quanto ao reconhecimento da prescrição ou decadência na fase topológica do processo, de construção inicial, onde o juiz liminarmente detecte desde logo a sua ocorrência, quando, então, a manifestação da parte contrária fica dispensada.

A REVELIA E SUA READEQUAÇÃO

A revelia algumas vezes é chamada de contumácia, traduzindo a ideia de inércia, abandono ou desinteresse processual, mas, enquanto a contumácia, à luz do direito português, é expressão aplicável tanto ao autor como ao réu, a revelia aplica-se apenas ao réu. A questão já preocupava aos juristas no direito romano, que a consideravam como desprezo ao comando da autoridade, mas a decisão do processo seria em conformidade com as provas colhidas, sem a participação do revel, podendo ser desfavorável ao autor. Com a aculturação do direito romano ocorrida no período formulário, constatou-se que o direito germânico previa consequências por este desrespeito, afirmando Wenger que *"Durante a período de influência e domínio do direito germânico, predominava a coação para o comparecimento, e a ausência significava confissão, liberando o autor do ônus da prova."*[23]. A par do ocorrido com outros institutos, a revelia já vinha, paulatinamente, apresentando alterações. Pela doutrina clássica, a revelia civil sempre esteve caracterizada como um fenômeno atrelado à problemas relacionados a resistência do réu, em específico a contestação, única forma de resistência a autorizar o seu reconhecimento. Assim, a revelia associou-se pelo: **i.** desinteresse na apresentação da contestação, que não é apresentada. **ii.** pela apresentação da contestação a destempo sem justificativa jurídica. **iii.** pela apresentação de contestação irregular, não regularizada mesmo após decisão judicial que oportunizou a regularização. **iv.** quando o réu não nomeia outro advogado em substituição ao seu advogado que faleceu, ou, quando não promove a habilitação de sucessores (respectivamente, artigos 319, 13, segunda parte, 265, § 2.º, 265, I, do CPC/1973),[24] e, **v.** quando nos ritos sumário e sumaríssimo o réu comparece a audiência de tentativa de conciliação e apresentação de contestação, mas nãos e faz acompanhar e representar de advogado. Detecta-se que nas duas últimas hipóteses a revelia não é decorrente da contestação, sendo, antes, uma revelia sem efeitos de considerara verdadeiros os fatos alegados pelo autor, se caracterizada após a apresentação da peça e até mesmo, a produção das provas. A expressão revelia, nas hipóteses do artigo 265, § 2.º e I, implicam numa proposição enunciativa de que o processo correrá

23 Greco Filho, Vicente. Direito Processual Civil, v. 2, pp. 141/144, São Paulo, Saraiva, 2007.

24 Ibidem.

ao desconhecimento do réu, constatando-se uma ruptura com o sistema clássico, pois admitiu-se a revelia não somente como fenômeno ligado a contestação, mas, também, ao abandono do processo em qualquer outra fase além da fase topológica, de construção processual. A revelia, quando fenômeno decorrente da contestação, traz como efeito possível a presunção de verdade dos fatos alegados pelo autor. Esta presunção, não obstante tecnicamente relativa (*"juris tantum"*), é de difícil elisão na prática forense. Cabe por imposição legal o julgamento imediato da lide. Todavia, é possível ao juiz abster-se do julgamento imediato nas hipóteses da exclusão legal de seus efeitos, a teor do artigo 320, I, II e III, pois o sistema processual, cuidadoso ante os efeitos jurídicos que o reconhecimento da revelia apresenta quanto a presunção de verdade dos fatos alegados pelo autor, previu artigos reguladores ou limitativos de suas consequências, impedindo o reconhecimento de seus efeitos quando houver pluralidade de réus algum deles contestar a ação, não se admitir confissão a respeito dos fatos e a petição inicial não estiver acompanhada de instrumento público indispensável a prova do ato. Verdade seja dita, a revelia gera presunção relativa de verdade, presunção esta obstada em hipóteses excepcionais pela lei processual, quando: **i.** havendo litisconsórcio ao menos um deles contestar a ação, de modo a evitar que a inércia de um réu prejudique ao outro, preservando a autonomia do colitigantes prevista no artigo 48 CPC ("Salvo **ii.** o litígio versar sobre direitos indisponíveis, e, **iii.** a petição inicial não estiver acompanhada de instrumento público indispensável a prova do ato. (art. 320 – CPC). Nota-se, sob este prisma, compatibilidade com as hipóteses do artigo 302 do CPC, aplicáveis a confissão presumida pela não desincumbência do ônus da impugnação específica ou articulada, pois, não se aplicará a presunção de confissão quando: **i.-** a lide versar sobre fato a cujo respeito não se admita a confissão (v.g. paternidade, direito a vida, utilização do nome) . **ii.** a petição inicial não estiver acompanhada de instrumento público indispensável a prova do ato litigioso (nascimento, casamento, óbito, doação de bem imóvel acima de 30 salários, pacto antenupcial), e **iii.** quando a defesa, não obstante de conteúdo genérico, houver claramente contestado o feito, e, portanto, intelegível, incidindo neste aspecto a discricionariedade do juiz. A semelhança vai além, pois a presunção da confissão motivadora da revelia não gera a revelia também ao Ministério público, curador especial e advogado dativo, extensivo ao defensor público. Como notório, a revelia produz efeitos em caráter de normalidade, os quais recaem sobre o fato litigioso, que passa a ser considerado verdadeiro. Uma vez caracterizada a revelia e produzido seus efeitos, cabe ao juiz verificar como destinatário da prova se encontra-se convencido do conjunto probatório produzido nos autos e dar sequência, adotando uma das seguintes alternativas: **i.** determinando a produção das provas acaso não satisfeito. **ii.** julgando o processo com ou sem resolução de mérito. Como o controle do direito cabe ao juiz (*"da mihi factum dabo tibi ius – jura novit cúria"*), diante da livre dicção do direito objetivo, não obstante hipótese rara, é juridicamente possível que mesmo diante da situação de revelia e seus efeitos o autor seja vencido na demanda. Mas, o cerne da controvérsia reside quanto a produção de provas, sendo o réu revel. Quer nos parecer que na hipótese, cabe ao juiz obstar os efeitos da revelia e determinar a produção de provas pelo autor. Existe também a possibilidade, do réu surgir nos autos e requerer a produção das provas no interregno entre sua revelia e a decretação ou mesmo após a decretação sem seus efeitos. Esta questão se faz presente na jurisprudência. O novo diploma processual em aguardo, enfrenta e dispõe nitidamente sobre a polêmica possibilidade do revel produzir provas, conforme se lê: *art. 349: " Ao réu revel será lícita a produção de provas, contrapostas às alegações do autor, desde que se faça representar nos autos a tempo de praticar os atos processuais indispensáveis a essa produção.".* Consideramos um passo importante que retrata posições jurisprudenciais[25] já existentes, mas sem ainda estar consolidadas. Pela exegese do dispositivo, percebe-se que haverá uma ***"modulação nos efeitos de presunção de verdade da revelia"***, que deverão ser postergado para a sentença, quando, então, a intensidade de seus efeitos e a intensidade da prova produzida deverá ser sopesada e valorada pelo juiz sentenciante.[26] Ademais, pode o juiz deixar de reconhecer os efeitos da revelia no novo Código se *as alegações de fato formuladas pelo autor forem inverossímeis ou estiverem em contradição com prova constante dos autos,* conforme exata dicção do art. 345, IV, acrescido às modalidades já existentes de obtemperação dos efeitos de presunção relativa de verdade advindos com a revelia, mesmo que o revel nenhuma prova venha a produzir. Cabe lembrar que ao juiz não escapa o controle jurídico da questão de fato, lhe competindo a decisão sobre o acerto ou desacerto da pretensão.

A CONCENTRAÇÃO NAS TUTELAS DE URGÊNCIA, DE EVIDÊNCIA E CAUTELAR

Um ponto de destaque, implica na finalização da polêmica existente na dificuldade de identificação, no plano prático, da tutela de urgência, identificando a distinção e a pertinência entre a tutela cautelar e a antecipação de tutela. [27] Na primeira, encontra-se assente na doutrina e nos tribunais, que o juízo é de superficialidade ou horizontalidade,

---

25 Theotônio Negrão. CPC Anotado e Legislação Processual em Vigor, pp. 474/475, notas 7 e 8 ao art. 319, São Paulo, Saraiva, 2012.

26 Art. 345. Se o réu não contestar a ação, será considerado revel e presumir-se-ão verdadeiras as alegações de fato formuladas pelo autor. Art. 345. A revelia não produz o efeito mencionado no art. 351 se: I – havendo pluralidade de réus, algum deles contestar a ação; II – o litígio versar sobre direitos indisponíveis; III – a petição inicial não estiver acompanhada de instrumento que a lei considere indispensável à prova do ato; IV – as alegações de fato formuladas pelo autor forem inverossímeis ou estiverem em contradição com prova constante dos autos. Art. 346. Os prazos contra o revel que não tenha patrono nos autos fluirão da data de publicação do ato decisório no órgão oficial. Parágrafo único. O revel poderá intervir no processo em qualquer fase, recebendo-o no estado em que se encontrar.

Art. 348. Se o réu não contestar a ação, o juiz, verificando a inocorrência do efeito da revelia previsto no art. 344, ordenará que o autor especifique as provas que pretenda produzir, se ainda não as tiver indicado.

Art. 349. Ao réu revel será lícita a produção de provas, contrapostas às alegações do autor, desde que se faça representar nos autos a tempo de praticar os atos processuais indispensáveis a essa produção.

27 Eduardo Arruda Alvim, Antecipação de Tutela, p. 62/79, Curitiba, Juruá, 2009.

bastante mera plausibilidade do direito material aliado a uma situação de dano concreto próximo, ou seja, perigo de dano não abstrato, não hipotético. Um dos obstáculos existentes, foi, sempre, a acessoriedade e provisoriedade da ação cautelar, que não foi concebida no sistema para fazer predominar como ação autônoma, muito embora, enquanto instituto processual, tenha autonomia. Autorizada doutrina distingue nitidamente uma espécie de tutela da outra, mas, na jurisprudência, fica patente que esta distinção nem sempre na prática é tão nítida quanto na ciência, inclusive em decorrência da confusão criada pelos profissionais na invocação e compreensão destas espécies de tutela, ante a riqueza dos fatos da vida. Assim, a tutela de urgência de uma internação hospitalar, sustação de um protesto de títulos, ou nome indevidamente inscrito nos órgãos de restrição de crédito, entrega de documentos de um veículo ou do próprio veículo, conforme os contornos do caso concreto, podem ser amparados por uma ou outra espécie de tutela.[28] Em sua origem a antecipação de tutela, prevista no CPC no art. 273, trouxe uma classificação inicial de ***protetiva e punitiva***, conforme os contornos da tutela, se do inciso I, ou do inciso II. Com o evoluir o e relevância do instituto, adveio a tutela por fato incontroverso, do § 6.º do mesmo artigo, incontrovérsia derivada da confissão expressa do adversário, ou presumida quanto aos efeitos da revelia, ou, do não desencumbimento do ônus da impugnação específica, nas hipóteses em que se admitam a confissão ou efeitos da revelia: *"A tutela antecipada também poderá ser concedida quando um ou mais dos pedidos cumulados, ou parcela deles, mostrar-se incontroverso."*. Com novo evoluir, para se findar a discussão acerca da tutela cabível, se antecipada ou cautelar, o legislador fez incluir o § 7.º, denominado cautelar substitutiva: *"Se o autor, a título de antecipação de tutela, requerer providência de natureza cautelar, poderá o juiz, quando presentes os respectivos pressupostos, deferir a medida cautelar em caráter incidental do processo ajuizado."*. Isso se fez necessário pois uma vez constatado que o requerente da tutela não tem atende ao juízo de profundidade ou verticalidade necessários a concessão da proteção[29] (*prova inequívoca e verossimilhança do alegado*) , mas tem os requisitos para concessão da tutela cautelar, tecnicamente menos rigorosos pois se sedimentam na plausibilidade, poderá o juiz substituir um pleito por outro, operando uma fungibilidade. Esta hipótese legal enseja, por si só, a concentração e eventualidade (legal) entre as tutelas antecipada e cautelar. Todavia, a operação inversa, por motivos lógicos não é possível, inexistindo substitutividade entre ação cautelar e antecipação de tutela. Destarte, ingressa a ação cautelar, não é possível ao magistrado

---

28 Apelação, Reexame necessário nº 0036800-65.2011.8.26.0576 17ª Câmara de Direito Público do TJSP, INSS X Juízo Ex-officio, voto 4.224, Relator Des. Afonso Celso da Silva, j. 26.03.2013. Acórdão 2014.0000128605 no AI nº 2014790-67.2014.8.26.0000, 31ª Câmara de Direito Privado do TJSP, Relator Des. Armando Toledo, j. 11.03.2014.

29 Watanabe, Kazuo. Tutela Antecipatória e Tutrela Específica das Obrigações de Fazer e Não Fazer, Reforma do Código de Processo Civil, pp. 33/34, São Paulo, Saraiva, 1996: "Uma prova que convença bastante, que não apresente dubiedade, pois o juízo concessivo é seguramente mais intenso que o juízo assentado em simples 'fumaça', que somente permite a visualização de mera silhueta ou contorno sombreado de um direito.".

a substitutividade por antecipação de tutela de qualquer natureza. Temos hoje, pois, a antecipação de *tutela protetiva, punitiva, por fato incontroverso e cautelar substitutiva.* Na atualidade o processo civil tem a inserção, agora consagrada pelo novo CPC, de aperfeiçoamento do instituto da antecipação de tutela, nominando-a ***tutela provisória***, e disciplinando sobre as custas no artigo 295 quando requerida incidentalmente (*A tutela antecipada requerida em caráter incidental independe do pagamento de custas.),* esclarecendo sobre a competência e sua prevenção no art. 299 (*A tutela provisória será requerida ao juízo da causa e, quando antecedente, ao juízo competente para conhecer do pedido principal. Parágrafo único. Ressalvada disposição especial, na ação de competência originária de tribunal e nos recursos a tutela antecipada será requerida ao órgão jurisdicional competente para apreciar o mérito.),* e, classificando-a em de natureza preparatória, incidental, satisfativa e cautelar, de urgência, e nominando a tutela de evidência: *Art. 294. A tutela provisória pode fundamentar-se em urgência ou evidência. Parágrafo único. A tutela provisória de urgência, cautelar ou antecipada, pode ser concedida em caráter* antecedente ou incidental. *Art. 296. A tutela provisória conserva sua eficácia na pendência do processo, mas pode, a qualquer tempo, ser revogada ou modificada. Parágrafo único. Salvo decisão judicial em contrário, a tutela antecipada conservará a eficácia durante o período de suspensão do processo. Art. 297. O juiz poderá determinar as medidas que considerar adequadas para efetivação da tutela provisória. Parágrafo único. A efetivação da tutela provisória observará as normas referentes ao cumprimento provisório da sentença, no que couber, vedados o bloqueio e a penhora de dinheiro, de aplicação financeira ou de outros ativos financeiros. Art. 298. Na decisão que conceder, negar, modificar ou revogar a tutela provisória, o juiz justificará as razões de seu convencimento de modo claro e preciso.* Cabe destacar, a inserção de nomenclatura distintiva mais apropriada já utilizada pela doutrina, acertadamente denominando ***tutela de evidência*** quando a tutela não se funde em situações de perigo e independe da análise pragmática do resultado favorável do processo ao postulante. Consagra-se a concessão da tutela antecipada sem a necessidade de urgência face a concretude de um perigo iminente irreparável ou de difícil reparação: *Art. 311.* A tutela da evidência será concedida, independentemente da demonstração de perigo de dano ou de risco ao resultado útil do processo, quando: *I – ficar caracterizado o abuso do direito de defesa ou o manifesto propósito protelatório da parte; II – as alegações de fato puderem ser comprovadas apenas documentalmente e houver tese firmada em julgamento de casos repetitivos ou em súmula vinculante; III – se tratar de pedido reipersecutório fundado em prova documental adequada do contrato de depósito, caso em que será decretada a ordem de entrega do objeto custodiado, sob cominação de multa. IV – a petição inicial for instruída com prova documental suficiente dos fatos constitutivos do direito do autor, a que o réu não oponha prova capaz de gerar dúvida razoável. Parágrafo único. A decisão baseada nos incisos II e III deste artigo poderá decidir liminarmente".* Não obstante as melhorias apresentada na tutela antecipada, constata-se uma concentração no sistema cautelar. Com efeito, no projeto houve a supressão do livro das cautelares concentrado o completude do sistema cautelar não pode geral de cautela do juiz, pondo fim a um excessivo número de ações de tramitação distintas e complexas, e, em razão disto, pouco utilizadas. Tratam do tema, os artigos 305/310, mantida em sua essência, a estrutura da parte geral do processo cautelar no CPC de 1973, no que tange ao poder geral de cautela do juiz. Nota-se uma simbiose já conhecida, permeando as tutelar de urgência antecipada e cautelar, nos termos do artigo 305 o novo CPC prevê: *Art. 305. A petição inicial da ação que visa à prestação de tutela cautelar em caráter antecedente indicará a lide, seu fundamento e a exposição sumária do direito que se visa assegurar e o perigo na demora da prestação da tutela jurisdicional. Parágrafo único. Caso entenda que o pedido a que se refere o caput tem natureza antecipada, o juiz observará o disposto no art. 303".* Prestigia-se, pois, de forma concentrada e inédita o Poder Geral de Cautela erradicando a vasta gama de ações e medidas cautelares do CPC de 1973, raramente utilizadas, adequando-se a pretensão cautelar ao plano da concretude, do caso concreto. Não se pode deixar de observar, a existência de uma aproximação entre os referidos institutos, que não obstante distintos em sua essência, apresentam inúmeros pontos de identidade, a ponto de confundir aos menos atentos. Assim, pode-se afirmar que há aproximação, concentração de pontos processuais, respeitada a distinção principiológica entre os institutos da tutela de urgência, de evidência e cautelar.

PRINCIPAIS CONCLUSÕES SOBRE A CONCENTRAÇÃO E A PRECLUSÃO E O NOVO CPC

Diante das breves considerados tecidas e dentro dos estritos limites de antevisão e projeção de uma nova legislação em ansioso aguardo, que ao certo será deverás trabalhada pela doutrina e jurisprudência, nos é possível inferir as seguintes conclusões:

1ª – a concentração de atos processuais se faz assídua no novo Estatuto de Rito Civil, sendo a motriz de vários atos processuais relevantes, lhe sendo atribuída maior carga do que lhe atribui o CPC/1973.

2ª – o princípio da concentração, inobstante no mais das vezes se apresente conjuntamente ao da eventualidade, com ele não se confunde, tratando-se de princípios distintos, onde a eventualidade prestigia, complementa, o da concentração. A concentração e a eventualidade encontram-se firmes do novo CPC.

3ª – o rito procedimental comum – ordinário – será o norteador principal e subsidiários dos demais, erradicado no CPC o sumário.

4ª – os prazos da Fazenda Pública, Ministério Público, Defensoria Pública, Advocacia Pública e litisconsortes encontram-se agora unificado, mas o prazo dos litisconsortes com diversos procuradores fica suprimido quando ocorrer a utilização do procedimento eletrônico. Também, aplica-se a advogados com distinção de escritórios. Cabe atenção, todavia, quanto aos prazos chamados próprios, e no mais da vezes peremptórios e específicos de lei, que, pelo texto da lei, não estão sujeitos a ampliação em alguns casos. De registrar, que o prazo para os litisconsortes com distinção de procuradores tende a ser excluído com o tempo, pois inaplicável aos processos eletrônicos, e, consequentemente, na medida em que proporcionalmente esta espécie de processos prevalecer este benefícios tende a, paulatinamente, deixar de ser aplicado.

5ª – verifica-se a supressão do recurso de agravo retido, substituído na prática pelo protesto nos autos para se evitar a preclusão da matéria impugnada, a qual deverá necessariamente ser suscitada em recurso de apelação, nas respectivas razões ou contrarrazões. Tecnicamente, contudo, este protesto não é necessário, pois a lei diz que não ocorrerá a preclusão, relegada a discussão, havendo interesse sem ser ressuscitada, para a fase do recurso de apelação.

6ª – a concentração predomina na contestação, que admite a reunião da exceção de incompetência relativa, impugnação ao valor da causa e reconvenção.

7ª – nenhuma destas resistências processuais perde suas características básicas ou tem comprometida sua eficiência em razão desta concentração ou não concentração.

8ª a prescrição e a decadência, apresentaram agora a singularidade de ser ouvido o adversário a seu respeito quanto forem objeto da discussão ou não iminência de sua decretação, ressalvado o seu conhecimento na fase de construção topológica, quando do indeferimento da petição inicial.

9ª – a revelia permanece com sua mesma base originária, mas agora admite legalmente a contraprova, desde que o réu ingresse nos autos em momento processual, podendo este permissivo ser considerado uma modulação de seus efeitos de presunção de verdade, posição já admitida pela jurisprudência, não ocorrendo, pois, a preclusão absoluta da matéria objeto de seus efeitos. Comtempla em lei o controle jurídico da questão de fato ao juiz, que não a decretará havendo contradição fática ou probatório face a pretensão.

10ª – a concentração se faz presente nas tutelas de urgência, reformulando o instituto, mormente no que tange as ações cautelares, procedimentalizando a tutela de evidência.

11ª – há uma concentração do sistema cautelar no poder geral de cautela do juiz.

12ª – a preclusão permanece firme em seu conceito básico e espécies classificatórias concebidas pela doutrina, mantido intacto o conhecimento ex-officio das matérias de ordem pública, podendo ser demonstrado o justo impedimento em alegá-las, e, ressalvando a preclusão quanto as mate´rias postergadas ou diferidas a apreciação em apelação.

13ª – como uma das causas relevantes de morosidade da Justiça seja o processo físico e os prazos mais amplos da Fazenda Pública, é de se atribuir crédito numa maior celeridade e efetividade processual, conduzindo resultados, proporcionalmente mais rápidos comparados ao processo em vigor.

CONSIDERAÇÕES FINAIS

Temos que a essência da processualística em sua essência considerada, reside na ponderação e equilíbrio axiológico e dogmático entre dos valores políticos, lógicos, jurídicos e econômicos que informatizam o processo em sua base, harmonizando-o com os ideais de Justiça. A igualdade propagada por Aristóteles (350 a.C.), de dar a cada um o que é seu, encontra-se, e possivelmente, sempre será insuperável, constitui um dos conceitos presentes de Justiça. Mas é na Justiça convencional, estruturada no positivismo Kelseniano, e no Legislativo, Poderes Constitutivos do Estado Democrático de Direito, respectivamente criador e aplicador normativos, onde encontramos a forma pura, abstrata, genérica e imperativa de Justiça, que a todos obriga e impõe respeito, e, sob esta ótica, o processo se desenvolve como relação entre os interessados, tendo o Estado como intermediário, sendo, pois, responsável pela eficácia e segurança no cumprimento de seus mandamentos. O processo, enquanto instituição, é influenciado pelo meio social, muitas vezes determinante quanto a edição dos Códigos e reflexos em suas alterações, sempre para melhor. Pode transparecer um paradoxo, considerando nosso direito positivista, e desconsiderando Kelsen a influência de fatos anteriores a edição da norma em vigor. Contudo, esta contradição é apenas aparente, pois a proposta de Kelsen é preocupar-se a partir da norma e não refutar as influências que sobre ela possam anteriormente incidir, a exemplo da moral, religião, costumes, ciência, política, economia, ou ideologias. Pesquisas editadas a partir de 2000 apontam para a necessidade do implemento de técnicas para aceleração do processo e resolução de conflitos, de modo a se compatibilizar a fórmula: melhor eficiência com o mínimo dispêndio de tempo. O Estatuto de Rito Civil cuja entrada se avizinha, devido ao aperfeiçoamento demonstrado e a par da concentração, eventualidade e controle pela preclusão, coroa o sistema positivista demonstrando resposta ao anseio de realização da Justiça, não somente dos cidadãos, mas dos profissionais e dos próprios Poderes Constitutivos do Estado, pois erigido dentro dos anseios e de um critério programático de possibilidades concretas, conclusiva do um processo civil mais objetivo quanto aos resultados a que, historicamente, propõe.

REFERÊNCIAS BIBLIOGRÁFICAS

ABBAGNANO, Nicola. Dicionário de Filosofia, São Paulo, Mestre Jou, 1982.

ALVARO DE OLIVEIRA, Carlos Alberto. Do Formalismo no Processo Civil, São Paulo, Saraiva, 2003.

AMARAL SANTOS, Moacyr. Primeiras Linhas de Direito Processual Civil, Processo de Conhecimento, volume 1, Saraiva, 2007.

ARRUDA ALVIM, José Manuel de.

___________. Manual de Direito Processual Civil, volume I, São Paulo, Revista dos tribunais, 2002.

BATISTA LOPES, João. Tutela Antecipada no Processo Civil Brasileiro, São Paulo, Saraiva, 2001.

BOBBIO, Norberto. O Positivismo Jurídico, São Paulo, Ícone Editora, 1995.

CALAMANDREI, Piero. Direito Processual Civil, volume 1, Campinas, SP., Bookseller – Editora e Distribuidora, 1999.

CARNELUTTI, Francesco.

___________. Sistema de Direito Processual Civil, volumes 1/2 São Paulo, ClassicBook, 2000.

___________. Teoria Geral do Direito, São Paulo, Lejus – Livraria e Editora Jurídica Senador, 2000.

CHIOVENDA, Giuseppe. Instituições de Direito Processual Civil, volume I, Campinas, SP., Bookseller Editora e Distribuidora, 1998.

DESPOUY, Leandro. Relatório da ONU sobre o Poder Judiciário Brasileiro em 2004, **Disponível em 05.03.2014, às 10?23 hs em: http://www.ambito-juridico.com.br/site/?n_link=revista_artigos_leitura&artigo_id=11887**

DOMINGUES DE ANDRADE, Manuel Antonio. Teoria Geral da Relação Jurídica, volumes ½, Coimbra, Portugal, 1992.

EDUARDO ARRUDA ALVIM.

___________. Antecipação de Tutela, São Paulo, Juruá Editora, 2009.

___________. Direito Processual Civil, São Paulo, Revista dos Tribunais, 2012.

FERRAZ JUNIOR, Tercio Sampaio. Introdução ao Estudo do Direito, Técnica, Decisão e Dominação, São Paulo, Atlas, 2013.

FERREIRA, Pinto. Curso de Direito Processual Civil, São Paulo, Saraiva, 1998.

FIDÉLIS DOS SANTOS, Ernani. Manual de Direito Processual Civil, Processo de Conhecimento, volume 1, São Paulo, Saraiva, 2006.

FREDERICO MARQUES, José. Manual de Direito Processual Civil, volumes 1/2, São Paulo, Saraiva, 2003.

GAJARDONI, Francisco da Fonseca. Técnicas de Aceleração do Processo, São Paulo, Lemos Cruz Livraria e Editora, 2003.

GRECO FILHO, Vicente. Direito Processual Civil Brasileiro, volume 2, São Paulo, Saraiva, 2007.

KELSEN, Hans. Teoria Pura do Direito. Armênio Amado Editora, Coimbra, Portugal, 1984.

KOMATSU, Roque. Da Invalidade no Processo Civil, São Paulo, Revista dos Tribunais, 1991.

LALANDE, André. Vocabulário Técnico e Crítico da Filosofia, São Paulo, Martins Fontes, 1993.

PORTANOVA, Rui. Princípios do Processo Civil, Porto Alegre, Livraria do Advogado, 1999.

RANGEL DINAMARCO, Cândido. A Instrumentalidade do Processo, São Paulo, Malheiros, 1993.

ROBERTO GRAU, Eros. Ensaio e Discurso sobre a Interpretação/Aplicação do Direito, São Paulo, Malheiro, 2003.

SALVO VENOSA, Sílvio de. Introdução ao Estudo do Direito – Primeiras Linhas, São Paulo, Atlas, 2013.

SATTA, Salvatore, Direito Processual Civil, volume I, Campinas, SP., LZN Editora, 2003.

SCARPINELLA BUENO, Cassio. Curso Sistematizado de Direito Processual Civil, Teoria Geral do Direito Processual Civil, volume 1, São Paulo, Saraiva, 2007.

SCKONKE, Adolf. Direito Processual Civil, Campinas, SP., Editora Romana, 2003.

SILVA TELLES, Goffredo. O Direito Quântico, São Paulo, Saraiva, 1980

VON BULOW, Oskar. Teoria das Exceções e dos Pressupostos Processuais, Campinas, SP., LZN Editora, 2003.

WATANABE, Kazuo. Tutela Antecipatória e Tutela Específica das Obrigações de Fazer e Não Fazer, Reforma do Código de Processo Civil, São Paulo, Saraiva, 1996

A TUTELA DA SEGURANÇA JURÍDICA ATRAVÉS DOS PRECEDENTES JUDICIAIS VINCULANTES NO NOVO CPC

Peter Panutto

RESUMO: O controle concentrado de constitucionalidade ganhou força na Carta Magna de 1988 e se estabeleceu definitivamente pela Emenda Constitucional 45 como meio de permitir uma única decisão do Supremo Tribunal Federal, com eficácia erga omnes e efeito vinculante a todo sistema judiciário nacional. Para além das decisões proferidas em controle concentrado de constitucionalidade, não há vinculação das decisões do Supremo Tribunal Federal e do Superior Tribunal de Justiça, fato que tem causado uma crise em nosso Poder Judiciário, dada a ausência de uniformidade na aplicação de matéria de direito, havendo variação na solução de conflito para causas semelhantes, situação que leva ao desrespeito dos princípios da isonomia, da segurança jurídica e da previsibilidade. A busca pela segurança jurídica em todo o sistema judiciário nos leva aos precedentes judiciais vinculantes, como ocorre no sistema do common law. O Novo Código de Processo Civil atende a previsão constitucional de isonomia, segurança jurídica, duração razoável do processo e previsibilidade quando adota os precedentes judiciais vinculantes.

PALAVRAS-CHAVE: ***Jurisdição Constitucional. Controle Concentrado.*** *Civil Law. Commom Law.* ***Precedentes Judiciais. Segurança Jurídica.*** *Stare Decisis.*

INTRODUÇÃO

O constitucionalismo brasileiro se desenvolve para o controle concentrado de constitucionalidade. Este sistema ganhou força na Carta Magna de 1988 e se estabeleceu definitivamente pela Emenda Constitucional 45, estando disponíveis vários instrumentos jurídicos para o exercício deste sistema de controle de constitucionalidade, o qual permite uma única decisão do Supremo Tribunal Federal, com eficácia *erga omnes* e efeito vinculante a todo o sistema judiciário nacional.

Contudo, para além das decisões proferidas em controle concentrado de constitucionalidade, não há vinculação das decisões do Supremo Tribunal Federal e do Superior Tribunal de Justiça, fato que tem causado uma crise em nosso Poder Judiciário, pois não há uniformidade na aplicação de matéria de direito, havendo variação na solução de conflito para causas semelhantes, o que leva ao desrespeito dos princípios da isonomia, segurança jurídica e da previsibilidade.

Como avanço na tutela da segurança jurídica o Novo Código de Processo Civil prevê a vinculação dos precedentes judiciais do Superior Tribunal de Justiça e do Supremo Tribunal Federal, quando este último exerce controle difuso de constitucionalidade, conforme será demonstrado no presente trabalho.

1. SEGURANÇA JURÍDICA COMO FUNDAMENTO DA UNIFORMIZAÇÃO DE JURISPRUDÊNCIA[1]

O Brasil possui uma estrutura judiciária complexa, dotada de justiças especializadas federais (trabalhista, militar e eleitoral), de justiça federal comum e das justiças estaduais. No que tange à justiça comum (federal e estadual), para efeito de lei federal, cabe a última palavra ao Superior Tribunal de Justiça. Para efeito de matéria constitucional, o último entendimento é dado pelo Supremo Tribunal Federal, o qual atende demanda de todas as justiças. Para as justiças federais especializadas, há tribunais superiores próprios (Tribunal Superior do Trabalho, Superior Tribunal Militar e Tribunal Superior Eleitoral), aos quais cabe a última palavra sobre as leis federais específicas correspondentes.

Temos, portanto, um Superior Tribunal de Justiça que julga recursos especiais oriundos dos Tribunais de Justiça dos vinte e sete Estados membros e também do Tribunal de Justiça do Distrito Federal.

De outra banda temos um Supremo Tribunal Federal que recebe, em controle difuso de constitucionalidade, recursos extraordinários oriundos do Tribunal Superior do Trabalho, do Superior Tribunal Militar, do Tribunal Superior Eleitoral, dos Tribunais de Justiça dos Estados membros e do Distrito Federal, do Superior Tribunal de Justiça e dos órgãos de segundo grau dos Juizados Especiais de todo o Brasil.

Sempre é bom ressaltar que vivemos em um país com aproximadamente 200 milhões de habitantes, com acesso ao Poder Judiciário facilitado pela Carta Magna de 1988, o que, apenas numericamente, já nos leva à uma crise do Poder Judiciário, e este "problema se torna um dos mais graves quando se discute a tendência, posterior à Constituição da República de 1988, de utilização do Judiciário como compensador dos déficits de funcionalidade dos demais Poderes"[2].

Candido Rangel Dinamarco ao abordar este assunto aponta que

> Segundo dados oficiais, no ano de 1998 o Supremo Tribunal Federal julgou 52.611 casos, o que significa que a cada um de seus 11 ministros tocaram 4.783 no ano, ou seja, 478 casos em cada mês de atividades. No Superior Tribunal de Justiça foram julgados no mesmo período 101.464 casos, o que conduz a 307 julgamentos por Ministro, por mês.
> Só no primeiro trimestre de 1999 entraram no Superior Tribunal de Justiça 25.427 recursos. Nos meses de fevereiro a março, os ministros deste tribunal julgaram processo em número até superior ao dos que entraram no mesmo período (20.593 julgados, contra 20.490 entrados), mas o saldo existente é enorme. Informa-se que, entre os 2 tribunais de superposição, existem cerca de 47.000 a espera de julgamento.

---

1 Sub-capítulo resultante de versão ampliada, revista e atualizada de trecho do artigo OLIVEIRA, Flávio Luís de. PANUTTO, Peter. **A tutela da segurança jurídica através dos precedentes judiciais vinculantes no projeto do Novo CPC.** Barcelona: Conpedi, 2014.

2 THEODORO JÚNIOR, Humberto. NUNES, Dierle. BAHIA, Alexandre. **Breves considerações sobre a politização do Poder Judiciário e sobre o panorama de aplicação no direito brasileiro – Análise da convergência entre o *civil law* e *common aw* e dos problemas de padronização decisória**. Revista de Processo. São Paulo: RT, 2010. V. 189.

> Mas o mal do congestionamento judiciário não reside, portanto, exclusivamente no Supremo Tribunal Federal e no Superior Tribunal de Justiça. Existem atualmente cerca de 2.500.000 processos à espera de julgamento nas diversas instâncias da Justiça brasileira.[3]

Não bastasse a quantidade incomensurável de recursos endereçados ao Supremo Tribunal Federal e ao Superior Tribunal de Justiça não temos em nosso país a vinculação ao entendimento jurisprudencial destas Cortes, com exceção das decisões oriundas de controle concentrado e dos entendimentos objeto de súmulas vinculantes do Supremo Tribunal Federal. Ressalta-se que não há também respeito aos precedentes judiciais nem pelos próprios membros destes Tribunais, de modo que no Superior Tribunal de Justiça as "Turmas não guardam respeito pelas decisões das Seções e, o que é pior, entendem-se livres para decidir casos iguais de forma desigual".[4]

Nos dizeres de Alfredo Buzaid

> o dissídio é um mal que precisa ser reparado, porque, havendo na apreciação da mesma norma legal duas interpretações contraditórias, se uma é a verdadeira, a outra por certo não é. A uniformização da jurisprudência impõe-se, portanto, como uma necessidade social, a fim de assegurar a estabilidade da ordem jurídica justa. O direito perde em força e autoridade se as suas disposições não obrigarem de modo regular e permanente. (...) Seguir uma interpretação uniforme é um bem para a estabilidade da ordem jurídica. Inspira confiança, guarda acatamento aos órgãos superiores da Justiça e mantém autoridade.[5]

A ausência de unidade na jurisdição gera insegurança jurídica na medida em que os juízes (estaduais e federais) de primeiro grau e os desembargadores estaduais e federais não são obrigados a adotar os entendimentos jurisprudenciais do Supremo Tribunal Federal e do Superior Tribunal de Justiça, pois não há unidade de entendimento de matéria de direito em nosso sistema judiciário, o que provoca a solução diversa a causas semelhantes, desrespeitando-se a máxima *treat like cases alike*.

A solução diversa para casos correlatos desrespeita o princípio da isonomia, na medida em que a lei é aplicada de forma diferente para situações iguais, pois

> Se há uma definição de definição de direito fundamental, ou mesmo acerca do significado de uma lei federal, todos devem ser tratados igualmente perante elas. A menos, é claro, que se admita que a jurisdição possa e deva conviver com vários significados de um mesmo direito fundamental ou de uma mesma lei federal, o que eliminaria qualquer possibilidade de se ter uma elaboração teórica racionalmente capaz de explicar a legitimidade de uma decisão que afirma direito fundamental e deixaria sem qualquer razão de ser as normas constitucionais que consagram as funções jurisdicionais de uniformização da interpretação da lei federal e de

---

3 DINAMARCO, Cândido Rangel. **Decisões Vinculantes.** Revista de Processo. São Paulo: RT, 2000. V. 100.

4 MARINONI, Luiz Guilherme. **O Precedente na dimensão da Segurança Jurídica.** *In* A Força dos Precedentes – Estudos dos Cursos de Mestrado e Doutorado em Direito Processual Civil da UFPR. Organizador MARINONI, Luiz Guilherme. Salvador: Juspodium, 2012. p. 583.

5 BUZAID, Alfredo. **Uniformização da Jurisprudência**. Revista da AJURIS, nº 34, julho de 1985.

> atribuição de sentido à Constituição, além de, obviamente, violar a idéia imprescindível de igualdade perante a jurisdição.[6]

Tanto o princípio da isonomia como o da segurança jurídica são garantias fundamentais do cidadão expressas no preâmbulo[7] e no *caput* do artigo 5º da Carta Magna. "O princípio da segurança jurídica que pode ser deduzido de nossa Constituição busca restringir a atuação estatal, que tem seus limites fixados na própria Constituição e legislação infraconstitucional, de forma a se garantir a estabilidade e a paz social".[8]

Para Humberto Ávila a "igualdade é instrumento de segurança, pela uniformidade e imparcialidade" dela decorrente. Para ele, a tutela da segurança jurídica pela isonomia se dá "pelo dever de igualdade perante a lei: como as normas, gerais e abstratas, devem ser aplicadas de maneira uniforme e impessoal, sem a consideração da pessoa, os cidadãos que se encontram em situação equivalente deverão receber igual tratamento".[9]

Para Luiz Guilherme Marinoni a segurança jurídica é realizada através da previsibilidade e da estabilidade:

> Para que o cidadão possa esperar um comportamento ou se postar de determinado modo, é necessário que haja univocidade na qualificação das situações jurídicas. Além disso, há que se garantir-lhe previsibilidade em relação às consequências das suas ações. O cidadão deve saber, na medida do possível, não apenas os efeitos que as suas ações poderão produzir, mas também como os terceiros poderão reagir diante delas. Note-se contudo, que a previsibilidade das consequências oriundas da prática de conduta ou ato pressupõe univocidade em relação à qualificação das situações jurídicas, o que torna estes elementos indissociavelmente ligados. Em outra perspectiva, a segurança jurídica reflete a necessidade de a ordem jurídica ser estável. Esta deve ter um mínimo de continuidade. E isso se aplica tanto à legislação quanto à produção judicial, embora ainda não haja, na prática dos tribunais brasileiros, qualquer preocupação com a estabilidade das decisões. Frise-se que a uniformidade na interpretação e aplicação do direito é um requisito indispensável ao Estado de

---

6 MARINONI, Luiz Guilherme. **O Precedente na dimensão da Igualdade.** *In* A Força dos Precedentes – Estudos dos Cursos de Mestrado e Doutorado em Direito Processual Civil da UFPR. Organizador MARINONI, Luiz Guilherme. Salvador: Juspodium, 2012. p. 564.

7 "Nós, representantes do povo brasileiro, reunidos em Assembleia Nacional Constituinte para instituir um Estado Democrático, destinado a assegurar o exercício dos direitos sociais e individuais, a liberdade, a **segurança,** o bem-estar, o desenvolvimento, a igualdade e a justiça como valores supremos de uma sociedade fraterna, pluralista e sem preconceitos, fundada na harmonia social e comprometida, na ordem interna e internacional, com a solução pacífica das controvérsias, promulgamos, sob a proteção de Deus, a seguinte Constituição da República Federativa do Brasil". (sob grifos)

8 BARBOZA, Estefânia Maria de Queiroz. **Precedentes judiciais e segurança jurídica: fundamentos e possibilidades para a jurisdição constitucional brasileira.** São Paulo: Saraiva, 2014. p. 236.

9 ÁVILA, Humberto. Segurança Jurídica. **Entre permanência, mudança e realização no Direito Tributário**. São Paulo: Malheiros Editores, 2012. pp. 229/230.

Direito. Há de se perceber o quanto antes que há um grave problema num direito variável de acordo com o caso.[10]

Jorge Amaury Maria Nunes, abordando a importância da previsibilidade na atuação jurisdicional aduz que "Não por outro motivo, e reagindo a esta imprevisibilidade, o Tribunal Constitucional da Espanha decidiu que no princípio da segurança jurídica "está insita la confianza del ciudadano en que su caso o su pretensión será resuelta o merecerá la misma respuesta que se dio en casos anteriores o iguales (STC 120/1987, FJ 2º)".[11]

Nos dizeres de Ricardo García Manrique

> La seguridad jurídica debe concebirse como la eficacia propia de los sistemas jurídicos en tanto sistemas normativos; un sistema normativo se caracteriza precisamente por su capacidad para generar predicciones sobre hechos o actos futuros; su misión es orientar la conducta de las personas de manera que dicha orientación pueda servir, a su vez, como esquema de interpretación de un determinado sector de la realidad y, si un sistema normativo existe, ello no quiere decir sino que efectivamente es capaz de orientar ciertas conductas y volverlas predecibles.[12]

Nota-se que a Carta Magna em seu artigo 102, III,[13] expressa claramente que o Supremo Tribunal Federal é o guardião da Constituição, por meio de vários instrumentos, dentre eles o Recurso Extraordinário, não sendo possível admitir a ausência de necessidade de respeito aos precedentes judiciais desta Corte.

Como visto, cabe ao Superior Tribunal de Justiça a uniformização da aplicação e interpretação de lei federal, não sendo lógico admitir a possibilidade das instâncias inferiores não acatarem o entendimento já fixado por esta Corte Superior, conforme disposição expressa do artigo 105, III, da Constituição Federal.[14]

---

10 MARINONI, Luiz Guilherme. **O Precedente na dimensão da Segurança Jurídica.** *In* A Força dos Precedentes – Estudos dos Cursos de Mestrado e Doutorado em Direito Processual Civil da UFPR. Organizador MARINONI, Luiz Guilherme. Salvador: Juspodium, 2012. pp. 560-561.

11 NUNES, Jorge Amaury Maia. **Segurança jurídica e súmula vinculante.** São Paulo: Saraiva, 2010. p. 94

12 MANRIQUE, Ricardo García. **El Valor de la Seguridad Jurídica.** Madrid: Iustel, 2012. pp. 337-338.

13 Compete ao Supremo Tribunal Federal, precipuamente, a guarda da Constituição, cabendo-lhe: (...) III – julgar, mediante recurso extraordinário, as causas decididas em única ou última instância, quando a decisão recorrida: a) contrariar dispositivo desta Constituição; b) declarar a inconstitucionalidade de tratado ou lei federal; c) julgar válida lei ou ato de governo local contestado em face desta Constituição. d) julgar válida lei local contestada em face de lei federal.

14 Compete ao Superior Tribunal de Justiça: (...) III – julgar, em recurso especial, as causas decididas, em única ou última instância, pelos Tribunais Regionais Federais ou pelos tribunais dos Estados, do Distrito Federal e Territórios, quando a decisão recorrida: a) contrariar tratado ou lei federal, ou negar-lhes vigência; b) julgar válido ato de governo local contestado em face de lei federal; c) der a lei federal interpretação divergente da que lhe haja atribuído outro tribunal.

Para Marinoni

> A suposição de que os juízes e tribunais podem decidir sem considerar os precedentes do Superior Tribunal de Justiça não se coaduna com tal norma constitucional. Se a esta Corte cabe uniformizar a interpretação da lei federal, e, se for o caso, cassar a interpretação destoante, as suas decisões certamente devem se impor aos tribunais inferiores.[15]

Portanto, para a garantia da unidade no sistema jurídico nacional para além da unidade já atingida pelo controle concentrado de constitucionalidade, será necessária a vinculação dos entendimentos jurisprudenciais de nossas Cortes Supremas, ou seja, do próprio Supremo Tribunal Federal, quando do exercício do controle difuso, bem como do Superior Tribunal de Justiça, como uniformizador de interpretação de lei federal.

A adoção dos precedentes judiciais vinculantes garantirá a desejada e necessária unidade em nosso sistema judiciário de modo a se respeitar plenamente o princípio da inafastabilidade do controle jurisdicional, na medida em que o resultado do processo será obtido dentro dos critérios definidos por nossas Cortes Supremas.

Segundo Hermes Zaneti Jr

> Especialmente em ordenamentos jurídicos mistos ou híbridos como o brasileiro, nos quais a tendência é a autorização constitucional e legal para a vinculação aos precedentes, trata-se de repensar a separação de tarefas entre legislador, juiz e doutrina, evitando-se a insegurança da atuação solipista que gera contrastes irracionais. Assim, a afirmação da vinculação aos precedentes deixa de ser contraditória ao princípio da legalidade, da mesma forma que não é contraditória à legalidade, a existência de princípios com força normativa, cláusulas gerais e conceitos jurídicos indeterminados.[16]

Nos dizeres de Daniel Mitidiero o Supremo Tribunal Federal e o Superior Tribunal de Justiça "devem ser pensados como cortes de interpretação e não como cortes de controle, como cortes de precedentes e não como cortes de jurisprudência, tendo autogoverno e sendo dotados de meios idôneos para consecução da tutela do direito em uma dimensão geral de forma isonômica e segura."[17]

Neste sentido, Tiago Asfor Rocha Lima argumenta que

> Além dessas decisões com efeito vinculante sobre os órgãos integrantes da estrutura do Judiciário e da Administração Pública (como é o caso do enunciado sumular vinculante e das decisões proferidas no âmbito do controle de constitucionalidade), o legislador ordinário também visualizou o crescente fortalecimento das decisões judiciais, as quais cada vez mais têm demonstrado o seu importante papel ao apenas no preenchimento de lacunas jurídicas, mas

---

15 MARINONI, Luiz Guilherme. **Precedentes Obrigatórios**. São Paulo: RT, 2010. p. 98.

16 ZANETI JR, Hermes. **O valor vinculantes dos precedentes. O Modelo Garantista (MG) e a redução da discricionariedade judicial. Uma teoria dos precedentes normativos formalmente vinculantes.** Salvador: Editora Juspodim, 2015. p. 316.

17 MITIDIERO, Daniel. **Cortes Superiores e Cortes Supremas: do Controle à Interpretação, da Jurisprudência ao Precedente.** São Paulo: Editora Revista dos Tribunais, 2014. p. 81.

> fundamentalmente na preservação de valores constitucionais como o da segurança jurídica e da isonomia entre os jurisdicionados.[18]

O respeito aos entendimentos jurisprudenciais do Supremo Tribunal Federal e Superior Tribunal de Justiça dar-se-á pela adoção no Brasil dos precedentes judiciais vinculantes,[19] os quais têm fundamento constitucional na igualdade e segurança jurídica e estão previstos no projeto do Novo Código de Processo Civil, pois, do "ponto de vista do Estado Constitucional, o fim do processo civil só pode ser reconduzido à tutela dos direitos mediante a prolação de uma decisão justa e a formação e respeito aos precedentes".[20]

A adoção dos precedentes judiciais vinculantes também dificultará a corrupção por parte de julgadores que desejarem proferir decisões com parcialidade, pois "se tivermos um sério e fundado sistema de aplicação de precedentes a casos futuros será muito mais difícil para o julgador corrompido justificar sua decisão, posto que precisará de sólidos argumentos para justificar a não aplicação de precedentes".[21]

Ademais, a adoção dos precedentes será mais uma forma de busca pela duração razoável do processo, pois

> A partir do momento em que o relator recebe um processo para julgar, e o processo que ele recebe é repetição ou se assemelha a um caso anterior, a aplicação do precedente, de forma tecnicamente correta, o julgamento pode ser mais rápido, posto que não será necessário remeter o caso ao colegiado para discussão, já que o relator decidirá o recurso monocraticamente,

---

18 LIMA, Tiago Asfor Rocha. **Primeiras impressões sobre os precedentes judiciais no Projeto de novo Código de Processo Civil**. Revista de informação legislativa. v. 48, n. 190 t. 2, pp. 279-291, abr./jun. 2011., 2011 http://www2.senado.leg.br/bdsf/handle/id/1/browse?value=Lima%2C+Tiago+Asfor+Rocha.&type=author. Acesso em 21/04/2014.

19 Juraci Mourão Lopes Filho defende que a segurança jurídica não decorrerá automaticamente pela adoção dos precedentes judiciais vinculantes no Brasil, pois "pronunciamentos superiores não deixam de ser, em alguma medida, discricionários, sobretudo em se considerando o normativismo com que enxergam sua própria atuação". Para referido autor "No Brasil, não existe qualquer ramo do Direito que seja predominantemente regido pelo costume, razão por que não se pode falar de precedentes com a força de determinação e identificação como as descritas no *common law* por Gerhardt. Os precedentes, aqui, são todos pronunciamentos que atuam baseados na legislação ou na Constituição. Fornecerão a esses enunciados normativos novas possibilidades hermenêuticas, sendo esse o seu valor no sistema jurídico. É certo que esse enriquecimento permitirá maior segurança no sentido de ofertar soluções já testadas ao intérprete e demonstrando uma linha de tradição traçada. Só assim, como uma conseqüência de uma função hermenêutica mais ampla, pode-se falar que precedentes garantem segurança jurídica". *In* Os **Precedentes Judiciais no Constitucionalismo Brasileiro Contemporâneo**. Salvador: Editora Juspodium, 2014. pp. 116/124.

20 MITIDIERO, Daniel. **Cortes Superiores e Cortes Supremas: do Controle à Interpretação, da Jurisprudência ao Precedente.** São Paulo: Editora Revista dos Tribunais, 2014. p. 19.

21 NOGUEIRA, Gustavo Santana. **Precedentes Vinculantes no direito comparado e brasileiro**. Salvador: Editora Juspodium, 2013. pp. 82/83.

> e ainda que haja recurso, a taxa de recorribilidade é baixa e a de sucesso no recurso interposto é menor ainda.[22]

Importante destacar que os precedentes judiciais vinculantes adotados no Novo Código de Processo Civil vêm reafirmar uma tradição desde o Brasil Colônia, passando pelo Brasil Império, com a adoção dos assentos portugueses e seus efeitos vinculantes, além do desenvolvimento do direito jurisprudencial através do estabelecimento das súmulas. Desta maneira, demonstra-se que os precedentes judiciais vinculantes nada mais são do que o desenvolvimento natural de nosso Direito[23] em busca da segurança jurídica.

2. PRECEDENTES JUDICIAIS VINCULANTES NO NOVO CÓDIGO DE PROCESSO CIVIL[24]

O legislador, já demonstrando sua preocupação com a necessidade de criação de unidade no entendimento jurisprudencial no sistema judiciário nacional, incluiu no projeto do Novo Código de Processo Civil, nos artigos 847 e 848[25] da versão originá-

---

22 NOGUEIRA, Gustavo Santana. **Precedentes Vinculantes no direito comparado e brasileiro**. Salvador: Editora Juspodium, 2013. pp. 88/89.

23 A este respeito consultar SOUZA, Marcos Seixas. Os **Precedentes na História do Direito Processual Civil Brasileiro: Colônia e Império**. Dissertação de Mestrado. Universidade Federal da Bahia, 2014. Disponível em https://repositorio.ufba.br/ri/bitstream/ri/15279/1/Disserta%C3%A7%C3%A3o%20de%20Mestrado%20-%20Marcus%20Seixas%20Souza.pdf. Acesso em 29/04/15. p. 138.

24 Capítulo resultante de versão ampliada, revista e atualizada do artigo PANUTTO, Peter. **A preferência constitucional pelo controle concentrado de constitucionalidade e os precedentes judiciais vinculantes no Novo CPC.** *In* Revista de Processo. São Paulo: RT, abril/2015, v. 242.

25 Art. 847. Os tribunais velarão pela uniformização e pela estabilidade da jurisprudência, observando-se o seguinte: I – Sempre que possível, na forma e segundo as condições fixadas no regimento interno, deverão editar enunciados correspondentes à súmula da jurisprudência dominante; II – Os órgãos fracionários seguirão a orientação do plenário, do órgão especial ou dos órgãos fracionários superiores aos quais estiverem vinculados, nesta ordem; III – A jurisprudência pacificada de qualquer tribunal deve orientar as decisões de todos os órgãos a ele vinculados; IV – A jurisprudência do Supremo Tribunal Federal e dos tribunais superiores deve nortear as decisões de todos os tribunais e juízos singulares do país, de modo a concretizar plenamente os princípios da legalidade e isonomia; V- Na hipótese de alteração da jurisprudência dominante do Supremo Tribunal Federal e dos tribunais superiores ou daquela oriunda do julgamento de casos repetitivos, pode haver modulação dos efeitos da alteração no interesse social e no da segurança jurídica. § 1º – a mudança de entendimento sedimentado observará a necessidade de fundamentação adequada e específica, considerando o imperativo de estabilidade das relações jurídicas. § 2º – os regimentos internos preverão formas de revisão de jurisprudência em procedimento autônomo, franqueando-se inclusive a realização de audiências públicas e a participação de pessoas, órgãos ou entidades que possam contribuir para a elucidação da matéria.
Art. 848. Para fins deste Código, considera-se julgamento de casos repetitivos: I – o do incidente de resolução de demandas repetitivas; II – o dos recursos especial e extraordinário repetitivos.

ria aprovada pelo Senado Federal, a necessidade de uniformização da jurisprudência pátria.

Note-se que não se tratava da criação de precedentes judiciais vinculantes, mas apenas de uma forma tímida de tentativa de uniformização do entendimento jurisprudencial.

Luiz Guilherme Marinoni e Daniel Mitidiero, ao criticarem este dispositivo do projeto do Novo Código de Processo Civil aprovado pelo Senado, sustentaram que o

> O projeto, contudo, perde a oportunidade de explicitar a necessidade de respeito aos precedentes em nossa ordem jurídica. Prefere trabalhar no plano da jurisprudência.
>
> (...)
>
> É imperiosa a necessidade de reconhecimento da eficácia vinculante dos fundamentos determinantes das decisões judiciais. É, enfim, imprescindível trabalhar no plano do precedente. Precedente, decisão judicial, jurisprudência e súmula não são sinônimos.
>
> Seria possível pensar que toda decisão judicial é precedente. Contudo, ambos não confundem, só havendo sentido falar de precedente quando se tem uma decisão dotada de determinadas características, basicamente a potencialidade de se firmar como paradigma para a orientação dos jurisdicionados e dos magistrados.
>
> De modo que, se todo precedente é uma decisão, nem toda decisão constitui precedente. Note-se que o precedente constitui decisão acerca de matéria de direito – ou, nos termos do *common law*, de um *point of law* – e não de matéria de fato.[26]

Diferentemente do mero entendimento jurisprudencial, o precedente possui como elemento obrigatório a *ratio decidendi* que

> é a regra jurídica utilizada pelo Judiciário para justificar a decisão do caso. Todavia, ela não é uma regra jurídica que pode ser encarada por si só, ou seja, se ela for encarada isoladamente, ela deixará de ser *ratio decidendi*, uma vez que a *ratio decidendi* deve, obrigatoriamente, ser analisada em correspondência com a questão fático-jurídica (caso concreto) que ela solucionou.[27]

Também não se deve confundir precedente judicial com súmula, a qual é apenas o enunciado do Tribunal acerca de suas decisões,[28] não tendo vinculação direta com as decisões que a originaram.

O substitutivo do projeto do Novo Código de Processo Civil aprovado pela Câmara dos Deputados e devolvido ao Senado Federal avançou no tocante aos precedentes, conforme seus artigos 520 a 522.[29] Após discussão do substitutivo pelo Senado Federal,

---

26 MARINONI, Luiz Guilherme, MITIDIERO, Daniel. **O projeto do CPC: crítica e propostas**. São Paulo: Editora Revista dos Tribunais. São Paulo: 2010. p. 165.

27 STRECK, Lenio Luiz. ABBOUD, Georges. **O que é isto – precedente judicial e as súmulas vinculantes?** Porto Alegre: Livraria do Advogado Editora: 2013. p. 43.

28 MARINONI, Luiz Guilherme, MITIDIERO, Daniel. **O projeto do CPC: crítica e propostas**. São Paulo: Editora Revista dos Tribunais. São Paulo: 2010. p. 166.

29 "Art. 520. Os tribunais devem uniformizar sua jurisprudência e mantê-la estável, íntegra e coerente. § 1º Na forma e segundo os pressupostos fixados no regimento interno, os tribunais editarão enunciados de súmula correspondentes a sua jurisprudência dominante. § 2º É vedado ao tribunal editar

e com a consequente renumeração de artigos, os precedentes judiciais vinculantes fica-

---

enunciado de súmula que não se atenha às circunstâncias fáticas dos precedentes que motivaram sua criação. Art. 521. Para dar efetividade ao disposto no art. 520 e aos princípios da legalidade, da segurança jurídica, da duração razoável do processo, da proteção da confiança e da isonomia, as disposições seguintes devem ser observadas: I – os juízes e tribunais seguirão as decisões e os precedentes do Supremo Tribunal Federal em controle concentrado de constitucionalidade; II – os juízes e tribunais seguirão os enunciados de súmula vinculante, os acórdãos e os precedentes em incidente de assunção de competência ou de resolução de demandas repetitivas e em julgamento de recursos extraordinário e especial repetitivos; III – os juízes e tribunais seguirão os enunciados das súmulas do Supremo Tribunal Federal em matéria constitucional e do Superior Tribunal de Justiça em matéria infraconstitucional; IV – não sendo a hipótese de aplicação dos incisos I a III, os juízes e tribunais seguirão os precedentes: a) do plenário do Supremo Tribunal Federal, em controle difuso de constitucionalidade; b) da Corte Especial do Superior Tribunal de Justiça, em matéria infraconstitucional. § 1º O órgão jurisdicional observará o disposto no art. 10 e no art. 499, § 1º, na formação e aplicação do precedente judicial. § 2º Os tribunais darão publicidade a seus precedentes, organizando-os por questão jurídica decidida e divulgando-os, preferencialmente, na rede mundial de computadores. § 3º O efeito previsto nos incisos do *caput* deste artigo decorre dos fundamentos determinantes adotados pela maioria dos membros do colegiado, cujo entendimento tenha ou não sido sumulado. § 4º Não possuem o efeito previsto nos incisos do *caput* deste artigo os fundamentos: I – prescindíveis para o alcance do resultado fixado em seu dispositivo, ainda que presentes no acórdão; II – não adotados ou referendados pela maioria dos membros do órgão julgador, ainda que relevantes e contidos no acórdão. § 5º O precedente ou jurisprudência dotado do efeito previsto nos incisos do *caput* deste artigo poderá não ser seguido, quando o órgão jurisdicional distinguir o caso sob julgamento, demonstrando fundamentadamente se tratar de situação particularizada por hipótese fática distinta ou questão jurídica não examinada, a impor solução jurídica diversa. § 6º A modificação de entendimento sedimentado poderá realizar-se: I – por meio do procedimento previsto na Lei nº 11.417, de 19 de dezembro de 2006, quando tratar-se de enunciado de súmula vinculante; II – por meio do procedimento previsto no regimento interno do tribunal respectivo, quando tratar-se de enunciado de súmula da jurisprudência dominante; III – incidentalmente, no julgamento de recurso, na remessa necessária ou na causa de competência originária do tribunal, nas demais hipóteses dos incisos II a IV do *caput*. § 7º A modificação de entendimento sedimentado poderá fundar-se, entre outras alegações, na revogação ou modificação de norma em que se fundou a tese ou em alteração econômica, política ou social referente à matéria decidida. § 8º A decisão sobre a modificação de entendimento sedimentado poderá ser precedida de audiências públicas e da participação de pessoas, órgãos ou entidades que possam contribuir para a rediscussão da tese. § 9º O órgão jurisdicional que tiver firmado a tese a ser rediscutida será preferencialmente competente para a revisão do precedente formado em incidente de assunção de competência ou de resolução de demandas repetitivas, ou em julgamento de recursos extraordinários e especiais repetitivos. § 10. Na hipótese de alteração de jurisprudência dominante, sumulada ou não, ou de precedente, o tribunal poderá modular os efeitos da decisão que supera o entendimento anterior, limitando sua retroatividade ou lhe atribuindo efeitos prospectivos. § 11. A modificação de entendimento sedimentado, sumulado ou não, observará a necessidade de fundamentação adequada e específica, considerando os princípios da segurança jurídica, da proteção da confiança e da isonomia.
Art. 522. Para os fins deste Código, considera-se julgamento de casos repetitivos a decisão proferida em:
I – incidente de resolução de demandas repetitivas; II – recursos especial e extraordinário repetitivos.
Parágrafo único. O julgamento de casos repetitivos tem por objeto questão de direito material ou processual."

ram previstos nos artigos 926 a 928[30] da versão final do Novo Código de Processo Civil aprovada pelo Senado Federal e publicada no Diário Oficial da União em 17 de março de 2015, após sanção presidencial.

Da leitura dos dispositivos, comparando-se com a versão originária do projeto apresentado no Senado Federal, constata-se que ficou mantida a previsão de uniformização de jurisprudência no artigo 926, mas o artigo 927 avançou ao estabelecer os precedentes vinculantes a todo o sistema judiciário brasileiro, seja entre as instâncias (vinculatividade formal vertical), como também internamente nos tribunais (vinculatividade formal horizontal).

Hermes Zaneti Jr, ao analisar o Projeto do Novo Código de Processo Civil, na versão do projeto substitutivo apresentado na Câmara dos Deputados, aborda tais vinculatividades, assim descrevendo-as:

> b) vinculatividade formal horizontal (*de jure*). (...) é reconhecida no Projeto a partir do dever de uniformização e manutenção da estabilidade, integridade e coerência dos precedentes (...); b′) vinculatividade formal horizontal em senso forte. Neste caso, é prevista uma hierarquia entre os precedentes dos órgãos de composição mais ampla dentro do tribunal em relação aos órgãos fracionários (...); c) vinculatividade formal vertical. Estabelece uma hierarquia entre as Cortes Supremas brasileiras, Supremo Tribunal Federal em matéria constitucional, e Superior Tribunal de Justiça, em matéria infraconstitucional, e as demais cortes de "apelação" (tribunais de justiça dos estados e tribunais regionais federais) e juízes a estas vinculados; c′) vincu-

30 "Art. 926. Os tribunais devem uniformizar sua jurisprudência e mantê-la estável, íntegra e coerente. § 1º Na forma e segundo os pressupostos fixados no regimento interno, os tribunais editarão enunciados de súmula correspondentes a sua jurisprudência dominante; § 2º Ao editar enunciados de súmula, os tribunais devem ater-se às circunstâncias fáticas dos precedentes que motivaram sua criação. Art. 927. Os juízes e os tribunais observarão: I – as decisões do Supremo Tribunal Federal em controle concentrado de constitucionalidade; II – os enunciados de súmula vinculante; III – os acórdãos em incidente de assunção de competência ou de resolução de demandas repetitivas e em julgamento de recursos extraordinário e especial repetitivos; IV – os enunciados das súmulas do Supremo Tribunal Federal em matéria constitucional e do Superior Tribunal de Justiça em matéria infraconstitucional; V – a orientação do plenário ou do órgão especial aos quais estiverem vinculados. § 1º Os juízes e os tribunais observarão o disposto no art. 10 e no art. 486, § 1º, quando decidirem com fundamento neste artigo; § 2º A alteração de tese jurídica adotada em enunciado de súmula ou em julgamento de casos repetitivos poderá ser precedida de audiências públicas e da participação de pessoas, órgãos ou entidades que possam contribuir para a rediscussão da tese; § 3º Na hipótese de alteração de jurisprudência dominante do Supremo Tribunal Federal e dos tribunais superiores ou daquela oriunda de julgamento de casos repetitivos, pode haver modulação dos efeitos da alteração no interesse social e no da segurança jurídica; § 4º A modificação de enunciado de súmula, de jurisprudência pacificada ou da tese adotada em julgamento de casos repetitivos observará a necessidade de fundamentação adequada e específica, considerando os princípios da segurança jurídica, da proteção da confiança e da isonomia; § 5º Os tribunais darão publicidade a seus precedentes, organizando-os por questão jurídica decidida e divulgando-os, preferencialmente, na rede mundial de computadores. Art. 928. Para os fins deste Código, considera-se julgamento de casos repetitivos a decisão proferida em: I – incidente de resolução de demandas repetitivas; II – recursos especial e extraordinário repetitivos. Parágrafo único. O julgamento de casos repetitivos tem por objeto questão de direito material ou processual."

> latividade formal vertical em senso forte. Afirma o projeto não caber aos órgãos de hierarquia inferior o desrespeito ao caso-precedente, quando houver alegação de desrespeito à autoridade do caso precedente será aberta a via da impugnação direta aos órgãos superiores (...);[31]

Inseriu-se, em comparação com a versão originária do projeto apresentado no Senado Federal, a obrigação dos Tribunais manterem a jurisprudência, além de estável, íntegra e coerente, conforme *caput* do artigo 926, resultado de sugestão de Lenio Streck ao relator do projeto na Câmara dos Deputados, deputado Paulo Teixeira.

A estabilidade é realizada pela vinculatividade horizontal pois com a aproximação do sistema jurídico brasileiro ao sistema do *common law* fica impensável que membro de Tribunal Superior "tente promover um entendimento particular (subjetivo) acerca de uma temática, salvo quando se tratar de um caso diferente (*distinguishing*) ou de superação (*overruling*). Mas nestas hipóteses sua fundamentação deve ser idônea ao convencimento da situação de aplicação".[32]

Lenio Streck justifica sua proposta incorporada no Novo Código de Processo Civil nestes termos

> Assim, haverá coerência e os mesmos preceitos e princípios que foram aplicados nas decisões o forem para os casos idênticos; mais do que isto, estará assegurada a integridade do direito a partir da *força normativa* da Constituição. A *coerência* assegura a igualdade, isto é, que os diversos casos terão a igual consideração por parte do Poder Judiciário. Isso somente pode ser alcançado através de um holismo interpretativo, constituído a partir de uma circularidade hermenêutica. Já a *integridade* é duplamente composta, conforme Dworkin: um princípio legislativo, que pede aos legisladores que tentem tornar o conjunto de leis moralmente coerente, e um princípio jurisdicional, *que demanda que a lei, tanto quanto possível, seja vista como coerente nesse sentido*. A integridade exige que os juízes construam seus argumentos de forma integrada ao conjunto do direito, constituindo uma garantia contra arbitrariedades interpretativas; coloca efetivos freios, através dessas *comunidades de princípios*, às atitudes solipsistas-voluntaristas. A integridade é antitética ao voluntarismo, do ativismo e da discricionariedade. (...)
>
> Coerência não é simplesmente se ater ao fato de que cada nova decisão deve seguir o que foi decidido anteriormente. Claro que é mais profunda, porque exige consistência em cada decisão com a moralidade política (não a comum!) instituidora do próprio projeto civilizacional (nos seus referenciais jurídicos) em que o julgamento se dá. A ideia nuclear da coerência e da integridade é *a concretização da igualdade*, que, por sua vez, está justificada a partir de uma determinada concepção de dignidade humana. Entre igualdade e liberdade, devemos ficar com a igualdade. Não posso, por exemplo, transferir recursos dos outros para fazer a felicidade de um.

---

31 ZANETI JR, Hermes. **O valor vinculante dos precedentes. O Modelo Garantista (MG) e a redução da discricionariedade judicial. Uma teoria dos precedentes normativos formalmente vinculantes.** Salvador: Editora Juspodim, 2015. pp. 372-373.

32 NUNES, Dierle. **Processualismo constitucional democrático e o dimensionamento de técnicas para a litigiosidade repetitiva. A litigância de interesse público e as tendências "não compreendidas" de padronização decisória.** Revista de Processo, v. 189. São Paulo: Editora Revista dos Tribunais, 2011.

> A *integridade* quer dizer: tratar a todos do mesmo modo e fazer da aplicação do direito um "jogo limpo" (*fairness* – que também quer dizer tratar todos os casos equanimemente).[33]

A obrigatoriedade de manutenção da jurisprudência estável, íntegra e coerente pelos Tribunais vem corroborar o respeito almejado `a segurança jurídica e à isonomia pelos precedentes judiciais vinculantes, cujos fundamentos estão previstos na Carta Magna, como dito anteriormente.

A prolação de decisões dotadas de integridade

> cabe a todo juiz (de qualquer instância), implica que ele deve decidir um caso concreto tendo em mira o Direito em conjunto (através dos princípios), o que nada mais é do que sua obrigação prévia frente à Constituição. Para isto os princípios devem ser reconstruídos no presente, levando-se em conta o passado (de forma reflexiva e não como mera repetição) e também para o futuro, como abertura para as próximas gerações.[34]

Desnecessária a previsão dos incisos I e II do artigo 927 quanto à vinculação das decisões proferidas em controle concentrado de constitucionalidade pelo Supremo Tribunal Federal, dada a previsão constitucional expressa neste sentido, conforme artigos 102, § 3º e 103-A da Carta Magna.

Inova corretamente o legislador no inciso III do artigo 927 quanto à vinculação dos precedentes em julgamento de recursos especial e extraordinário repetitivos, eliminando a possibilidade existente no CPC[35] vigente do tribunal *a quo* não acolher a decisão proferida no recurso representativo da controvérsia, mantendo a decisão contrária ao entendimento do tribunal *ad quem* e remeter os recursos represados para julgamento, contrariando a tese já formulada pelo juízo *ad quem*, situação que contraria a uniformidade do sistema judiciário e demonstra desrespeito aos precedentes da instância superior.

Ademais, também passa a ter previsão legal a vinculação das súmulas ("não vinculantes") do Supremo Tribunal Federal e do Superior Tribunal de Justiça, conforme inciso IV do artigo 927. Embora não haja previsão constitucional expressa para tanto, esta possibilidade de vinculação de todas as súmulas se justifica pela competência estabelecida na Carta Magna a estes Tribunais, como já abordado anteriormente.

O parágrafo 1º do artigo 927 trata da necessidade de manifestação prévia das partes antes da adoção do precedente pelo órgão jurisdicional, conforme artigo 10 do Novo

---

33 STRECK, Lenio Luiz. **Novo CPC terá mecanismos para combater decisionismos e arbitrariedades?** Disponível em http://www.conjur.com.br/2014-dez-18/senso-incomum-cpc-mecanismos-combater-decisionismos-arbitrariedades. Acesso em 25/04/2015.

34 THEODORO JÚNIOR, Humberto. NUNES, Dierle. BAHIA, Alexandre. **Breves considerações sobre a politização do Poder Judiciário e sobre o panorama de aplicação no direito brasileiro – Análise da convergência entre o *civil law* e *common aw* e dos problemas de padronização decisória.** Revista de Processo. São Paulo: RT, 2010. V. 189.

35 Artigos 543-B, § 4.º e 543-C, § 8.º.

Código de Processo Civil,[36] bem como da necessidade de demonstração, na fundamentação da decisão judicial, dos fundamentos determinantes do precedente adotado, apontando-se a correlação do caso sob julgamento com o caso objeto do precedente, além de, em caso de recusa ao precedente invocado pelas partes, de ser apontado o motivo de sua não adoção, apontando a distinção ou revogação do precedente invocado, nos termos do artigo 489, § 1.º, V e VI, do Novo Código de Processo Civil[37].[38] Sobre a necessidade de especificidade na fundamentação ao adotar ou rejeitar precedentes, Luiz Guilherme Marinoni aduz

---

36 "Art. 10. O juiz não pode decidir, em grau algum de jurisdição, com base em fundamento a respeito do qual não se tenha dado às partes oportunidade de se manifestar, ainda que se trate de matéria sobre a qual deva decidir de ofício."

37 "Art. 489. São elementos essenciais da sentença: I – o relatório, que conterá os nomes das partes, a identificação do caso, com a suma do pedido e da contestação, bem como o registro das principais ocorrências havidas no andamento do processo; II – os fundamentos, em que o juiz analisará as questões de fato e de direito; III – o dispositivo, em que o juiz resolverá as questões principais que as partes lhe submeterem. § 1º Não se considera fundamentada qualquer decisão judicial, seja ela interlocutória, sentença ou acórdão, que: I – se limitar à indicação, à reprodução ou à paráfrase de ato normativo, sem explicar sua relação com a causa ou a questão decidida; II – empregar conceitos jurídicos indeterminados, sem explicar o motivo concreto de sua incidência no caso; III – invocar motivos que se prestariam a justificar qualquer outra decisão; IV – não enfrentar todos os argumentos deduzidos no processo capazes de, em tese, infirmar a conclusão adotada pelo julgador; V – se limitar a invocar precedente ou enunciado de súmula, sem identificar seus fundamentos determinantes nem demonstrar que o caso sob julgamento se ajusta àqueles fundamentos; VI – deixar de seguir enunciado de súmula, jurisprudência ou precedente invocado pela parte, sem demonstrar a existência de distinção no caso em julgamento ou a superação do entendimento. § 2º No caso de colisão entre normas, o juiz deve justificar o objeto e os critérios gerais da ponderação efetuada, enunciando as razões que autorizam a interferência na norma afastada e as premissas fáticas que fundamentam a conclusão. § 3º A decisão judicial deve ser interpretada a partir da conjugação de todos os seus elementos e em conformidade com o princípio da boa-fé."

38 Lenio Streck, crítico da adoção dos precedentes judiciais vinculantes, elogiou a inclusão do parágrafo § 1.º no artigo 521 no projeto do Novo Código de Processo Civil na versão do substitutivo aprovado pela Câmara dos Deputados (atual artigo 486 no projeto final aprovado pelo Senado Federal), nestes termos: "Um ponto importantíssimo foi a aceitação por parte do relator da introdução de um novo parágrafo no artigo 521 do Projeto (talvez sejam inclusos outros). Por esse novo preceito, "O órgão jurisdicional observará o disposto no artigo 10 e no artigo 499, parágrafo 1º, na formação e aplicação do precedente judicial". Bingo. Trata-se da adoção do contraditório como garantia de influência e não surpresa. Vejamos o que diz o artigo 10 de que fala o aludido parágrafo 11: "Art. 10. Em qualquer grau de jurisdição, o órgão jurisdicional não pode decidir com base em fundamento a respeito do qual não se tenha oportunizado manifestação das partes, ainda que se trate de matéria apreciável de ofício." E o que diz o artigo 499? São elementos essenciais da sentença: (...) Veja-se: a crítica que eu fazia de que apenas o "andar de baixo" estava obrigado a cumprir a criteriologia e apenas estes (juízes e tribunais não superiores) estavam obrigados a seguir a jurisprudência, agora está sanada, porque o "andar de cima" está jungido a sua própria jurisprudência. E não poderá mudá-la a seu talante. Vitória da hermenêutica e da democracia." *In* **Por que agora dá para apostar no projeto do novo CPC!** Disponível em http://www.conjur.com.br/2013-out-21/lenio-streck-agora-apostar-projeto-cpc. Acesso em 21/04/14.

> Para que a parte possa ter garantia contra a parcialidade, pouco importa a fundamentação. Esta apenas pode constituir garantia de imparcialidade quando atrelada ao dever de o juiz manter coerência com o que já decidiu. Para se ter garantia, não basta obrigar o juiz a justificar suas decisões – há que se impedir o juiz de decidir de forma arbitrária, o que significa impedi-lo de decidir casos iguais de forma diferente. A parte terá garantia de imparcialidade se o juiz for proibido de negar seu passado.[39]

O parágrafo 5º do artigo 927 prevê a necessidade dos Tribunais darem publicidade a seus precedentes, de forma organizada, em seus *sites* oficiais. Esta publicidade será crucial para o estabelecimento desta nova cultura de criação, divulgação e respeito aos precedentes judiciais.

Para que os operadores do Direito e jurisdicionados em geral possam saber quais são os precedentes fixados pelos Tribunais, haverá necessidade desta divulgação ser muito criteriosa e organizada. Para tanto, caberá ao Conselho Nacional de Justiça expedir atos regulamentares, conforme artigo 103-B, § 4º, I, da Carta Magna, de modo a fixar parâmetros para o Superior Tribunal de Justiça e Supremo Tribunal Federal realizarem a divulgação de forma padronizada. Ademais, súmulas, vinculantes ou não, também deverão ser divulgadas, de forma organizada, mas sem que se crie confusão com os precedentes que originaram as súmulas.

A aplicação do precedente deve se dar a partir dos fundamentos determinantes da decisão, chamados de *ratio decidendi,* como já dito. Os demais elementos da decisão não vinculam, os quais, denominados *obiter dictum*, correspondem "ao enunciado, interpretação jurídica, ou uma argumentação ou fragmento de argumentação jurídica, expressamente contidos na decisão judicial, cujo conteúdo e presença são irrelevantes para a solução final da demanda".[40]

Edward D. Re ao tratar da análise destes critérios para adoção de precedentes, ensina

> Daí que a autoridade do precedente depende e é limitada aos "fatos e condições particulares do caso" que o processo anterior "pretendeu adjudicar". Consequentemente, os precedentes não se devem aplicar de forma automática. O precedente deve ser analisado cuidadosamente para determinar se existem similaridades de fato e de direito e para examinar a posição atual da Corte com relação ao caso anterior. Estuda-se o precedente para determinar se o princípio nele deduzido constitui a fundamentação da decisão ou tão-somente um *dictum.* Apenas os fundamentos da decisão merecem reconhecimento e acatamento com força vinculativa.[41]

O parágrafo 1º, VI, do artigo 489 do Novo Código de Processo Civil prevê a possibilidade de não seguimento do precedente quando o órgão jurisdicional inferior realizar

39 MARINONI, Luiz Guilherme. **Precedentes Obrigatórios**. São Paulo: RT, 2010. p. 175.

40 STRECK, Lenio Luiz. ABBOUD, Georges. **O que é isto – precedente judicial e as súmulas vinculantes?** Porto Alegre: Livraria do Advogado Editora: 2013. p. 44.

41 RE, Edward D. ***Stare Decisis***. Tradução de Ellen Gracie Northfleet. Revista de informação legislativa, v. 31, nº 122, p. 281-287, abr./jun. de 1994. Disponível em http://www2.senado.leg.br/bdsf/item/id/176188. Acesso em 21/04/2014.

o *distinguishing*, o qual "expressa a distinção entre casos para efeito de se subordinar, ou não, o caso sob julgamento a um precedente",[42] após ficar demonstrado que a *ratio decidendi* do caso em julgamento não é a mesma estabelecida no precedente.

De acordo com Edward D. Re

> A doutrina do *stare decisis* consequentemente não exige obediência cega a decisões passadas. Ela permite que os tribunais se beneficiem da sabedoria do passado, mas rejeitem o que seja desarrazoado ou errôneo. Antes de mais nada é necessário que o tribunal determine se o princípio deduzido através do caso anterior é aplicável. Em seguida, deve decidir em que extensão o princípio será aplicado.[43]

A superação de precedentes, denominada *overruling*, permite sua abolição ou releitura, de ofício pela Corte que originou o precedente ou a requerimento das partes interessadas no caso concreto, demonstrando-se a alteração nas hipóteses fáticas ou jurídicas que lhe deu origem.[44]

O projeto substitutivo do Novo Código de Processo Civil aprovado pela Câmara dos Deputados previa, em seu artigo 521, parágrafos 6º a 11,[45] um procedimento para

---

42 MARINONI, Luiz Guilherme. **Precedentes Obrigatórios**. São Paulo: RT, 2010. p. 326.

43 RE, Edward D. ***Stare Decisis***. Tradução de Ellen Gracie Northfleet. Revista de informação legislativa, v. 31, nº 122, p. 281-287, abr./jun. de 1994. Disponível em http://www2.senado.leg.br/bdsf/item/id/176188. Acesso em 21/04/2014.

44 THEODORO JÚNIOR, Humberto. NUNES, Dierle. BAHIA, Alexandre. **Breves considerações sobre a politização do Poder Judiciário e sobre o panorama de aplicação no direito brasileiro – Análise da convergência entre o *civil law* e *common aw* e dos problemas de padronização decisória**. Revista de Processo. São Paulo: RT, 2010. V. 189.

45 "Art. 521. Para dar efetividade ao disposto no art. 520 e aos princípios da legalidade, da segurança jurídica, da duração razoável do processo, da proteção da confiança e da isonomia, as disposições seguintes devem ser observadas: (...) § 6º A modificação de entendimento sedimentado poderá realizar-se: I – por meio do procedimento previsto na Lei nº 11.417, de 19 de dezembro de 2006, quando tratar-se de enunciado de súmula vinculante; II – por meio do procedimento previsto no regimento interno do tribunal respectivo, quando tratar-se de enunciado de súmula da jurisprudência dominante; III – incidentalmente, no julgamento de recurso, na remessa necessária ou na causa de competência originária do tribunal, nas demais hipóteses dos incisos II a IV do *caput*. § 7º A modificação de entendimento sedimentado poderá fundar-se, entre outras alegações, na revogação ou modificação de norma em que se fundou a tese ou em alteração econômica, política ou social referente à matéria decidida. § 8º A decisão sobre a modificação de entendimento sedimentado poderá ser precedida de audiências públicas e da participação de pessoas, órgãos ou entidades que possam contribuir para a rediscussão da tese. § 9º O órgão jurisdicional que tiver firmado a tese a ser rediscutida será preferencialmente competente para a revisão do precedente formado em incidente de assunção de competência ou de resolução de demandas repetitivas, ou em julgamento de recursos extraordinários e especiais repetitivos. § 10. Na hipótese de alteração de jurisprudência dominante, sumulada ou não, ou de precedente, o tribunal poderá modular os efeitos da decisão que supera o entendimento anterior, limitando sua retroatividade ou lhe atribuindo efeitos prospectivos. § 11. A modificação de

mudança dos precedentes, sumulados ou não. Contudo, tal previsão não foi mantida na versão final deste diploma legal aprovada pelo Senado Federal. A despeito disto, Supremo Tribunal Federal e Superior Tribunal de Justiça deverão ter muito rigor na mudança de seus precedentes, em respeito à tutela constitucional da segurança jurídica.

Luiz Guilherme Marinoni aborda a necessidade de procedimento rígido para a revogação ou modificação de precedentes judiciais vinculantes, para garantia da segurança jurídica e da previsibilidade:

> Não é pela razão de ter poder para revogar os seus próprios precedentes que a Corte pode revogá-los à distância de circunstâncias especiais, como se a todo instante pudesse rever a mesma questão jurídica. Como já dito, não há qualquer sentido em ter poder para elaborar precedente e não ter dever de respeitá-lo. Lembre-se que a Suprema Corte americana, embora venha exercendo o seu poder de *overruling* de modo bem mais intenso, é sempre cobrada quando revoga precedentes sem critérios razoáveis.
>
> Portanto, se é certo que o sistema de precedentes que não admite o *overruling* não tem mais lugar, uma vez que impede o desenvolvimento do direito, também não há como pensar que a possibilidade de revogar precedentes é excludente da eficácia horizontal dos precedentes ou da obrigatoriedade de respeito às próprias decisões. Não há sistema de precedentes quando as Cortes Superiores não se submetem a critérios especiais para revogar os seus precedentes. E é exatamente esta submissão a critérios que caracteriza a eficácia horizontal no direito contemporâneo.[46]

O 927, § 3º, do Novo Código de Processo Civil, em respeito à segurança jurídica, possibilita a modulação dos efeitos da decisão que altera um precedente, considerando o impacto que a alteração de entendimento jurisprudencial consolidado poderá gerar nos processos em andamento, cuja solução já se delineava com base nos precedentes existentes.

CONCLUSÃO

A adoção dos precedentes judiciais vinculantes pelo Novo CPC aproximará nosso sistema jurídico do sistema do *common law.*

Diante das normas de conteúdo aberto presentes em nossa Constituição Federal e também em lei infraconstitucional ficou incompatível em nosso país a adoção estrita do sistema do *civil law*, pois, na medida que a lei permite diversas interpretações, não há como se falar em juiz servo da lei.

Com exceção das súmulas vinculantes e das decisões proferidas em controle concentrado de constitucionalidade pelo Supremo Tribunal Federal, os julgadores de pri-

---

entendimento sedimentado, sumulado ou não, observará a necessidade de fundamentação adequada e específica, considerando os princípios da segurança jurídica, da proteção da confiança e da isonomia."

46 MARINONI, Luiz Guilherme. **Precedentes Obrigatórios**. São Paulo: RT, 2010. pp. 389/390.

meiro e segundo graus não precisam respeitar os precedentes do Superior Tribunal de Justiça e do Supremo Tribunal Federal. Além disso, não há respeito aos precedentes pelos próprios membros dos Tribunais, havendo divergência entre câmaras.

Vivenciamos uma total desarmonia em nosso Poder Judiciário, pois os juízes atualmente têm autonomia para interpretar a lei, o que dá ensejo a diversas interpretações à mesma matéria de direito, gerando tratamento desigual a casos iguais.

A adoção dos precedentes judiciais vinculantes também dificultará a corrupção por parte de julgadores que desejarem proferir decisões com parcialidade, pois deverão fundamentar suas decisões nos precedentes judiciais dos Tribunais Superiores, ou, sendo o julgador membro destes Tribunais, deverá respeitar os precedentes de sua própria Corte, impedindo o tratamento de casos de forma pontual.

Ademais, a adoção dos precedentes será mais uma forma de busca pela duração razoável do processo, pois, na medida em que o juiz de primeiro grau dever respeito aos precedentes judiciais dos Tribunais Superiores, não haverá, por um lado, a necessidade de recursos para fazer com que o processo chegue aos Tribunais Superiores para cumprimento de seus próprios precedentes e, por outro lado, haverá um desincentivo à interposição de recurso pela parte derrotada, pois saberá, de antemão, que o entendimento da sentença é pautado nos precedentes judiciais dos Tribunais Superiores.

Não se pode mais permitir decisões contrárias aos entendimentos do Supremo Tribunal Federal e do Superior Tribunal de Justiça, as quais muitas vezes são mantidas pela enorme dificuldade de conhecimento dos recursos extraordinário e especial. É cediço a necessidade de rigor no juízo de admissibilidade de tais recursos. Contudo, o não conhecimento do recurso interposto contra decisão contrária ao entendimento das Cortes Supremas beira à arbitrariedade, representando negação à garantia constitucional da inafastabilidade da tutela jurisdicional e também da segurança jurídica.

O Novo Código de Processo Civil, como lei federal, terá o desafio de incutir esta nova cultura em nosso país, e o exemplo deverá ser dado pelo Supremo Tribunal Federal e pelo Superior Tribunal de Justiça ao demonstrarem o respeito a seus próprios precedentes.

REFERÊNCIAS

ÁVILA, Humberto. **Segurança Jurídica**. Entre permanência, mudança e realização no Direito Tributário. São Paulo: Malheiros Editores, 2012.

BARBOZA, Estefânia Maria de Queiroz. **Precedentes judiciais e segurança jurídica:** fundamentos e possibilidades para a jurisdição constitucional brasileira. São Paulo: Saraiva, 2014.

BUZAID, Alfredo. **Uniformização da Jurisprudência**. Revista da AJURIS, nº 34, julho de 1985.

DINAMARCO, Cândido Rangel. **Decisões Vinculantes.** Revista de Processo. São Paulo: RT, 2000. v. 100.

LIMA, Tiago Asfor Rocha. Primeiras impressões sobre os precedentes judiciais no Projeto de novo Código de Processo Civil. **Revista de informação legislativa**. v. 48, nº 190 t.2, pp. 279-291, abr./jun. 2011., 2011 http://www2.senado.leg.br/bdsf/handle/id/1/browse?value=Lima%2C+Tiago+Asfor+Rocha.&type=author. Acesso em 21/04/2014.

LOPES FILHO, Juraci Mourão. **Os Precedentes Judiciais no Constitucionalismo Brasileiro Contemporâneo**. Salvador: Editora Juspodium, 2014.

MANRIQUE, Ricardo García. **El Valor de la Seguridad Jurídica.** Madrid: Iustel, 2012.

MARINONI, Luiz Guilherme. Aproximação crítica entre as jurisdições de civil law e common law e a necessidade de respeito aos precedentes no Brasil. **Revista de Processo**. São Paulo: RT, 2009. v. 172.

___________. **Precedentes Obrigatórios**. São Paulo: RT, 2010.

___________. Eficácia Vinculante: a ênfase à *ratio decidendi* e à força obrigatória dos precedentes. **Revista de Processo**. São Paulo: RT, 2010. V. 184.

___________. **O Precedente na dimensão da Segurança Jurídica.** *In* A Força dos Precedentes – Estudos dos Cursos de Mestrado e Doutorado em Direito Processual Civil da UFPR. Organizador MARINONI, Luiz Guilherme. Salvador: Juspodium, 2012.

___________. **O Precedente na dimensão da Igualdade.** *In* A Força dos Precedentes – Estudos dos Cursos de Mestrado e Doutorado em Direito Processual Civil da UFPR. Organizador MARINONI, Luiz Guilherme. Salvador: Juspodium, 2012.

MARINONI, Luiz Guilherme, MITIDIERO, Daniel. **O projeto do CPC: crítica e propostas**. São Paulo: Editora Revista dos Tribunais. São Paulo: 2010.

MITIDIERO, Daniel. **Cortes Superiores e Cortes Supremas: do Controle à Interpretação, da Jurisprudência ao Precedente.** São Paulo: Editora Revista dos Tribunais, 2014.

NOGUEIRA, Gustavo Santana. **Precedentes Vinculantes no direito comparado e brasileiro**. BA: Juspodium, 2013.

NUNES, Dierle. **Processualismo constitucional democrático e o dimensionamento de técnicas para a litigiosidade repetitiva. A litigância de interesse público e as tendências "não compreendidas" de padronização decisória.** Revista de Processo, v. 189. São Paulo: Editora Revista dos Tribunais, 2011.

NUNES, Jorge Amaury Maia. **Segurança jurídica e súmula vinculante.** São Paulo: Saraiva, 2010.

OLIVEIRA, Flávio Luís de. PANUTTO, Peter. **A tutela da segurança jurídica através dos precedentes judiciais vinculantes no projeto do Novo CPC.** Barcelona: Conpedi, 2014.

PANUTTO, Peter. Fiscalização de Constitucionalidade. Modelos e Evolução. **Revista de Direito Constitucional e Internacional.** São Paulo: RT, jan-mar/2012.

___________. **A preferência constitucional pelo controle concentrado de constitucionalidade e os precedentes judiciais vinculantes no Novo CPC.** *In* Revista de Processo. São Paulo: RT, Abril/2015, volume 242.

PANUTTO, Peter; ZABOTINI, Marcelo Specian. Controle de Constitucionalidade nas Constituições Brasileiras. GOMES, Júlio de Souza; ZAMARIAN, Lívia Pitteli (orgs.). **As Constituições do Brasil**: análise histórica das constituições e de temas relevantes ao constitucionalismo pátrio. Birigui, SP: Boreal Editora, 2012.

PASSOS, José Joaquim Calmon de. **Revista Eletrônica de Direito do Estado (REDE),** Salvador, Instituto Brasileiro de Direito Público, nº 9, janeiro/fevereiro/março, 2007. Disponível em www.direitodeestado.com.br./rede.asp. Acesso em 19/04/2014.

RAMOS, Elival da Silva. **Controle de Constitucionalidade no Brasil: perspectivas de evolução.** São Paulo: Saraiva, 2010.

RE, Edward D. Stare Decisis. Tradução de Ellen Gracie Northfleet. **Revista de informação legislativa**, v. 31, nº 122, p. 281-287, abr./jun. de 1994. Disponível em http://www2.senado.leg.br/bdsf/item/id/176188. Acesso em 21/04/2014.

SOUZA, Marcos Seixas. Os **Precedentes na História do Direito Processual Civil Brasileiro: Colônia e Império**. Dissertação de Mestrado. Universidade Federal da Bahia, 2014. Disponível em https://repositorio.ufba.br/ri/bitstream/ri/15279/1/Disserta%C3%A7%C3%A3o%20de%20Mestrado%20-%20Marcus%20Seixas%20Souza.pdf. Acesso em 29/04/15.

STRECK, Lenio Luiz. ABBOUD, Georges. **O que é isto – precedente judicial e as súmulas vinculantes?** Porto Alegre: Livraria do Advogado Editora: 2013.

STRECK, Lenio Luiz. **Por que agora dá para apostar no projeto do novo CPC!** Disponível em http://www.conjur.com.br/2013-out-21/lenio-streck-agora-apostar-projeto-cpc, acesso em 21/04/2014.

___________. **Novo CPC terá mecanismos para combater decisionismos e arbitrariedades?** Disponível em http://www.conjur.com.br/2014-dez-18/senso-incomum-cpc-mecanismos-combater-decisionismos-arbitrariedades. Acesso em 25/04/2015.

THEODORO JÚNIOR, Humberto; NUNES, Dierle; BAHIA, Alexandre. Breves considerações sobre a politização do Poder Judiciário e sobre o panorama de aplicação no direito brasileiro – Análise da convergência entre o *civil law* e *common aw* e dos problemas de padronização decisória. **Revista de Processo**. São Paulo: RT, 2010. V. 189.

WAMBIER, Teresa de Arruda Alvim. Interpretação da lei e de precedentes: *civil law* e *common law*. **Revista dos Tribunais**. São Paulo: RT, 2010. V. 893.

___________. Estabilidade e adaptabilidade como objetivos do direito: *civil law* e *common law*. **Revista de Processo**. São Paulo: RT, 2009. Vol. 172.

ZANETI JR, Hermes. **O valor vinculantes dos precedentes. O Modelo Garantista (MG) e a redução da discricionariedade judicial. Uma teoria dos precedentes normativos formalmente vinculantes.** Salvador: Editora Juspodim, 2015. p. 316.

EFICÁCIA DA SENTENÇA E O RECURSO COM EFEITO SUSPENSIVO NO NOVO CÓDIGO DE PROCESSO CIVIL

Gelson Amaro de Souza
Paulo Mazzante de Paula

RESUMO: A finalidade do presente artigo é discutir a eficácia da sentença, produção dos efeitos decisórios, o recurso e o efeito suspensivo no novo Código de Processo Civil; estudar as modificações ocorridas no efeito suspensivo, analisando a sistemática anterior e a alteração processual e, ainda, discutir o momento em que o julgado adquire eficácia e começa a produzir efeitos. Existe forte tendência a afirmar que o julgado nasce ineficaz e somente alcança eficácia quando passado em julgado. De outro lado, há entendimento de que todo ato jurídico é eficaz e produz efeito imediato. Em sendo o julgamento um ato jurídico, por certo produz efeitos imediatamente, porque não há razão para qualquer exceção. Mesmo o chamado efeito suspensivo do recurso não tem força para suspender ou impedir a produção de efeitos pela sentença ou outro julgado e nem é capaz de retirar-lhe a eficácia.

PALAVRAS-CHAVE: Novo Código de Processo Civil, sentença, efeito suspensivo, eficácia e recurso.

SUMMARY: *The purpose of this article is to discuss the effectiveness of sentence and production of decisive effects, and the appeal and the suspensive effect in New Code of Civil Procedure; and to study the changes in suspensive effect, analyzing previous system and the procedural change and also to discuss the time when the judged gets effectiveness and begin to take effects. There is a strong tendency to assert that the judged is born ineffective and only achieves effectiveness when it is passed in judged. By other hand, there is the understanding that every legal act is effective and produces immediate effect, but trial is a legal act, it will take effect right away, because there is no reason for any exception. Even the so-called suspensive effect of appeal has no power to suspend or prevent the production of effects by ruling or other judged and neither is able to withdraw its effectiveness.*

KEYWORDS: *New Code of Civil Procedure, judgment suspensive effect, effectiveness and appeal.*

SUMÁRIO: Introdução – **1.** A sentença – **2.** O efeito suspensivo no novo Código de Processo Civil – **3.** Eficácia – **4.** A sentença e sua eficácia – **5.** A sentença recorrida e seus efeitos – **5.1.** Registro e intimação – **5.2.** Preclusão para o juiz – **5.3.** Abertura da fase recursal – **5.4.** Remessa necessária – **5.5.** Hipoteca judiciária – **5.6.** Arresto – **5.7.** Constituição de capital – **5.8.** Ação rescisória – Considerações finais – Bibliografia.

INTRODUÇÃO

É regra nos sistemas processuais democráticos a existência de recursos para se obter uma nova avaliação daquilo que foi julgado, conforme previsão do artigo 5º, inciso LV, da Constituição Federal.

No sistema brasileiro, os julgados podem aparecer em decisão, sentença e acórdão. Quando se fala em recurso com efeito suspensivo, vem logo a ideia de sentença, porque é nesta, onde aparece com maior freqüência o efeito suspensivo do recurso que é a apelação.

Todavia, a sentença é um instituto processual que provoca as mais sérias divergências com acirradas discussões a partir de sua definição e raros são os institutos capazes de causar tanta controvérsia. Muitos pregam que a sentença não extingue o processo, mas, mesmo quem assim prega, não explica qual é o outro meio existente para se encerrar o processo. Também existem aqueles que pensam que só o Poder Judiciário pode proferir sentença, esquecendo-se de que a Lei nº 9.307/96 (Lei de Arbitragem) em seus artigos 29, 30 e 31, autoriza o particular a proferir sentença com os mesmos efeitos da sentença judicial (artigo 31 da Lei nº 9.307/96).

As dificuldades começam a surgir a partir do momento em que são analisados os requisitos da sentença. Existem aqueles previstos no artigo 489 do novo Código de Processo Civil, como o relatório, os fundamentos e o dispositivo, porém, outros aparecem, generalizando a ideia de que a sentença tem de ser elaborada e assinada por um juiz (artigo 162 do CPC de 1973 {artigo 203 do novo CPC}). Ledo engano. Como noticiado acima, desde há muito tem se admitido que pessoas não investidas em cargo de juiz profiram sentença na qualidade de árbitro (Lei nº 9.307/96: artigos 29, 30 e 31).

Existem também divergências em relação ao momento em que o julgado ganha eficácia. A dificuldade reside em se determinar o momento em que o julgado pode ser considerado eficaz e capaz de produzir efeitos.

Para alguns o julgado produz efeitos, assim que publicado; outros entendem que, somente depois do seu trânsito em julgado é que haverá eficácia. Até mesmo com relação ao recurso apropriado, a questão não é tão singela assim, como parece à primeira vista. O recurso contra a sentença poderá ser apelação (artigo 994, inciso I, do novo CPC), bem como poderá ser outro, dependendo da situação fática ou da matéria tratada na sentença ou no recurso. Pode ser embargos de declaração (artigo 994, inciso IV, do novo CPC), recurso ordinário (artigo 994, inciso V, do novo CPC e 105, II "c", da CF e ainda art. 895 "a", da CLT) ou até mesmo recurso extraordinário nas causas de alçada ou de instância única, tais como, nos casos do artigo 34, da Lei 6.830/80, bem como das sentenças dos Juizados Especiais e CF art. 102, III.

Aparecem embates, quando se procura analisar os efeitos que o recurso pode produzir em face do julgado recorrido. Nesta hipótese, apresentam-se sérias dificuldades no sentido de se saber se o recurso tem força suficiente para inibir todos os efeitos da sentença a ponto de retirar a sua total eficácia ou se persiste a eficácia, mesmo estando ela sujeita a recurso com efeito suspensivo.

A nova legislação adjetiva civil, artigo 995, adverte que "os recursos não impedem a eficácia da decisão, salvo disposição legal ou decisão judicial em sentido diverso".

Por outro lado, o parágrafo 1º do referido dispositivo destaca que a "eficácia da recorrida poderá ser suspensa por decisão do relator, se da imediata produção de seus efeitos houver risco de dano grave, de difícil ou impossível reparação, e ficar demonstrada a probabilidade de provimento do recurso".

Levando-se em conta, a existência de tantas divergências ou controvérsias nestes aspectos, necessária se faz a análise de algumas questões em relação à eficácia do julgado, mesmo quando ele estiver sujeito a recurso com efeito suspensivo (por exemplo: art. 1.012, §4°, do novo CPC).

Ademais, nada obstante à redação do Código Projetado, como por exemplo do artigo 1.009, §§ 1° e 4°, o que se pretende também, é demonstrar que o chamado o efeito suspensivo do recurso não retira a eficácia do julgado, senão apenas a parcial eficácia do título executivo, ou seja, a exeqüibilidade em relação à condenação.

1. A SENTENÇA

Não é fácil definir ou conceituar sentença. Nem mesmo a legislação, reformulada pela Lei 11.232/2005, conseguiu afastar as dificuldades existentes. O artigo 162 do Código de Processo Civil de 1973, em seu parágrafo primeiro, afirma que a sentença é o ato do juiz[1] que implica em uma das situações dos artigos 267 e 269, do CPC. De sua vez o art. 267 do CPC cuida da extinção do processo sem julgamento do mérito e, o artigo 269, cuida da resolução do mérito.

Essas normas tratam de duas situações diferentes. A primeira norma é expressa ao falar em extinção do processo (art. 267, do CPC) e, a segunda, muito embora não fale em extinção, e pelo simples fato de falar em solução do mérito, já traz este indicativo, até porque, havendo solução de mérito, deixa de existir lide e o destino é a extinção do processo.

O novo Código de Processo Civil, em seu artigo 203, § 1° não se afastando muito da postura atual, afirma que a sentença é o pronunciamento por meio do qual o juiz[2], com fundamento nos artigos 485 e 487, põe fim ao processo ou a alguma de suas fases. No entanto, é de se ver que as matérias tratadas no artigo 485 do novo Código de Processo Civil, referem-se à extinção do processo sem resolução do mérito. Já o artigo 487 do mencionado dispositivo refere-se à resolução do mérito, o que corresponde à solução da lide objetivo do processo de conhecimento, figurando-se como outro indicativo de caso de extinção do processo, visto que este não subsiste sem lide.

É ensinamento antigo e aceito que o processo tem por objetivo colocar fim à lide ou à controvérsia, como consta da exposição de motivos do CPC de 1973. Desta forma, nada mais natural que ao solucionar a lide, estar-se-á pondo fim ao processo.[3] Sem lide o processo fica vazio e deve ser extinto por falta de objeto.[4]

---

1 O art. 162, §1°, do CPC de 1973, evidentemente, disse menos do que queria dizer. Hoje se sabe que não é só o juiz que pode proferir sentença. O árbitro também pode, conforme está expressamente disposto no art. 29 da Lei n° 9.307/96, que regula a arbitragem.

2 Vale também aqui a observação da nota anterior.

3 Sobre o conceito de sentença e a sua natural conseqüência de por fim ao processo, veja "Sentença – Em busca de Uma Nova Definição". SOUZA, Gelson amaro de e, SOUZA FILHO, Gelson Amaro de. Revista Jurídica, v. 376, pp. 19-42, fevereiro, 2009.

4 "A lide é, portanto, o objeto principal do processo e nela se exprimem as aspirações em conflito de ambos os litigantes". Exposição de motivos do CPC, n° 6.

A sentença, que pode ser por ato do juiz ou do árbitro, será sempre ato que extingue o processo[5] sem julgamento do mérito (art. 485 do novo CPC) ou com a solução de mérito (art. 487 do novo CPC). Parece natural entender-se que assim se está pondo fim ao processo de cognição, ainda que, para a realização ou satisfação do direito reconhecido, seja necessário novo procedimento (cumprimento de sentença), ou seja, exigindo novo pedido do exeqüente (art. 513, §1º, do novo CPC).

Ainda, de outra forma, não se pode perder de vista que existem sentenças que não comportam fase de cumprimento, tal como acontece com a sentença do art. 485, que extingue o processo sem julgamento de mérito, bem como com as sentenças de mérito de natureza constitutiva ou meramente declaratória, em que nada há para executar. Relevante lembrar que existe sentença condenatória que não comporta execução, o que se dá nos casos de condenação em obrigação de emitir manifestação de vontade (art. 501 do novo CPC), que não tem fase executiva ou de cumprimento.

Desta forma o conceito de sentença é extremamente útil para se detectar em que momento ela começa a produzir efeitos e, com isso, irradiar eficácia no mundo jurídico.

2. O EFEITO SUSPENSIVO NO NOVO CÓDIGO DE PROCESSO CIVIL

Os recursos de forma geral são dotados de efeitos como qualquer ato jurídico. Vários são os efeitos que podem incidir sobre os recursos, conforme a variedade e a modalidade recursal.

A doutrina, no entanto, em linhas gerais, ao cuidar dos efeitos do recurso, se prende àqueles que se denominam devolutivo e suspensivo. É ínsita à natureza do recurso a devolução para novo julgamento, o que caracteriza o chamado efeito devolutivo[6]. Além do efeito devolutivo, que é inerente a todo e qualquer recurso, pode aparecer o efeito suspensivo (art. 1012 do novo CPC).

A nossa legislação projetada ao cuidar dos efeitos dos recursos afirma que estes não impedem a eficácia da decisão, o que implica deduzir, que serão recebidos só com efeito devolutivo. Entretanto, a questão não é simples e não foi enfrentada pela mudança da legislação.

Aliás, segundo Nelson Nery Júnior,[7] no artigo "O Código de Processo Civil e a Justiça Brasileira – Perspectivas de avanços e retrocessos, adverte que "não é com

---

5 DECOMAIN, Pedro Roberto, segue esse entendimento e assim se expressa: "A sentença é o ato pelo qual o magistrado põe termo ao processo em primeira instância. A extinção do processo pode acontecer com ou sem resolução do mérito, usando a terminologia atualmente empregada pelos arts. 267 e 269 do CPC, na redação que lhes foi conferida pela Lei nº 11.232, de 22 de dezembro de 2005". *Coisa julgada na ação popular.* RDDP, v. 76, p. 106. São Paulo: Dialética, junho, 2009.

6 Apenas em recursos como os embargos de declaração é que se costumam dizer que não tem efeito devolutivo. Mas, excepcionalmente o tem. É o que se dá nos casos de embargos de declaração com efeitos infringentes.

7 NERY JR, Nelson. São Paulo: Revista da CAASP nº 10, abril de 2014, pp. 56/58.

mudança de legislação, apenas, que serão melhoradas as condições da Justiça brasileira e da duração razoável do processo, bem como a qualidade da prestação jurisdicional pelos juízes e tribunais do País".

A expressão "efeito suspensivo" parece não ter o elastério que lhes costumam atribuir. A doutrina em grande parte, como foi visto anteriormente, afirma que a sentença já nasce sem eficácia e, se assim pode ser considerada, não seria o recurso que suspenderia uma eficácia que já não tinha.

O termo "suspensivo" vem de suspensão e, esta expressão significa paralisação, cessação temporária, parado, sustado etc. Somente se suspende o que existe e o que é eficaz. No caso, somente se poderia falar em efeito suspensivo para suspender algo existente. Por exemplo, nos casos de embargos à execução com efeito suspensivo, suspendem o trâmite já existente da execução. Mas no caso de sentença, o recurso de apelação quase nada tem a suspender, a não ser obrigatoriedade de cumprimento, visto que no mais a sentença mesmo sujeita a recurso com o chamado efeito suspensivo, continua a produzir efeitos, entre estes, o próprio recurso interposto, que é na sentença que tem a sua razão.

Desta forma, a sentença ou nasce com eficácia ou nasce sem esta. Em caso de nascer sem eficácia, como sustenta parte da doutrina, nada há a suspender pelo recurso. De outra forma, a se entender, como se sustenta neste ensaio, que a sentença nasce e permanece eficaz, não será o recurso capaz retirar esta eficácia e afastar os efeitos da sentença por completo.

São tantos os efeitos da sentença que, mesmo suprimindo ou suspendendo alguns, restaram outros que não podem ser suprimidos ou suspensos. Entre estes efeitos encontram-se o efeito preclusivo ou impeditivo, que impede o juiz de reapreciar a causa (art. 494 do novo CPC) e o efeito remissivo, que impõe a remessa necessária ao duplo grau de jurisdição (art. 496 do novo CPC).

Em verdade, o recurso de apelação nada suspende, senão, apenas impede a produção de alguns efeitos relacionados à sentença. Por exemplo: impede a formação de coisa julgada; Quando recebido no chamado efeito suspensivo, impede o início da fase executiva. Não se há de falar em suspensão da fase executiva (cumprimento de sentença), porque diante do recurso, esta nem sequer, inicia. E, somente se suspende o já teve inicio. Neste sentido basta ver que a audiência somente será considerada suspensa depois de iniciada, antes de ser iniciada, somente poderá ser adiada ou impedida.

Pelo que foi exposto, é de se notar que mesmo o recurso dotado do chamado efeito suspensivo e que tem força para impedir o início da execução (cumprimento de sentença), não se presta para afastar os outros efeitos que podem ser produzidos pela sentença[8]. O recurso pode impedir o início da execução (cumprimento forçado) da sentença, mas não impede que medidas de prevenção sejam tomadas, como a hipoteca

8 "Assim sendo a suspensividade apenas obsta a execução definitiva da sentença, privando-a de imediata exequibilidade". MENDONÇA LIMA, Alcides. *Efeito suspensivo.* Enciclopédia Saraiva do Direito, v. 30, pp. 151-152. São Paulo: Saraiva, 1979.

judiciária (art. 495 do novo CPC) e o arresto como expressamente prevê o Código de Processo Civil substituído (art. 814 e seu parágrafo único do CPC de 1973). Mesmo atacada pelo recurso que tem o chamado efeito suspensivo, a sentença continua a produzir os mais variados efeitos como será visto abaixo.

3. EFICÁCIA

O novo Código de Processo Civil afirma que a sentença não produzirá efeitos quando estiver sujeita ao duplo grau de jurisdição (art. 496) ou não terá eficácia quando houver recurso recebido com efeito suspensivo (exemplo: artigo 1.012, §§ 1º e 4º, do novo CPC). Todavia, há equívoco nestas afirmações.

Não é fácil conceituar a eficácia do julgado. Diz-se que é eficaz tudo que é capaz de produzir efeito[9]. O efeito não pode ser confundido com a eficácia. Este é apenas o resultado provindo da eficácia. Primeiro a eficácia e, depois, o resultado desta, que é o efeito.

Levando-se em conta que a eficácia é a produção de efeitos e como todo ato jurídico produz efeitos, logo, todo ato jurídico é dotado de eficácia. Os atos jurídicos de uma maneira geral, sempre têm aptidão para produzir efeitos. Por isso, é que se diz que a eficácia é o poder que tem o ato jurídico para produção de efeitos.[10]

Louva-se nos ensinamento de SILVA,[11] para quem a eficácia jurídica designa a qualidade de produzir, em maior ou menor grau, efeitos jurídicos, a regular, desde logo, as situações, relações e comportamento. Por sua vez PINTO FERREIRA,[12] ao se referir à eficácia da norma jurídica, afirma que esta tem como consequência automática o seu poder de gerar efeito jurídico, com maior ou menor grau ou de maneira absoluta, ou plena ou ilimitada. Também ao tratar de negócio jurídico explicita AZEVEDO,[13] que a eficácia deve ser entendida como os efeitos jurídicos produzidos. Não destoa do mesmo sentido KOMATSU,[14] ao ensinar que a eficácia é a idoneidade ou aptidão para produzir efeitos. Parece claro que a eficácia está muito relacionada à produção de efeitos. Se produz efeitos – tem eficácia.

9 "[...] ineficaz é tudo o que não produz efeitos". CALMON DE PASSOS. *Esboço de uma teoria das nulidades Aplicada às nulidade processuais,* p. 127.

10 "A eficácia do provimento jurisdicional, num dos sentidos que a expressão eficácia pode ter, é a possibilidade de a decisão produzir transformações no mundo empírico, no plano real e concreto dos fatos". WAMBIER, Teresa Arruda Alvim. *Nulidades do processo e da sentença,* p. 294.

11 SILVA, José Afonso da. *Aplicabilidade das normas constitucionais*, p. 58.

12 PINTO FERREIRA. *Eficácia (Direito Constitucional) in* Enciclopédia Saraiva de Direito, v. 30, p. 156.

13 AZEVEDO, Antonio Junqueira de. *Eficácia do negócio jurídico, in* Enciclopédia Saraiva do Direito, v. 30, p. 219.

14 KOMATSU, Roque. *Da invalidade no processo civil.* p. 36.

Da mesma forma, para MAZZUOLI,[15] não há como dissociar a eficácia das normas da realidade social ou da produção de efeitos concretos no seio da vida social. O ato existente, perfeito e válido é eficaz para produzir efeitos, sem que lhe oponha qualquer obstáculo de direito, na lição de KOMATSU.[16]

Pode-se dizer que a eficácia é a aptidão ou o poder de produzir efeitos, de tal forma que, quando um ato ou um fato[17] produz efeito é porque ele é eficaz. O ato para ter eficácia, basta a sua existência. Todo ato existente produz efeito[18] e, por isso, tem eficácia. Desta forma a sentença como ato jurídico, a partir de sua existência, ela já começa a produzir efeito, independentemente do que venha ocorrer depois. A sentença já nasce eficaz e já produz efeitos,[19] ainda que posteriormente seja atacada por algum recurso.

4. A SENTENÇA E SUA EFICÁCIA

Na linha do que se expôs acima, todo ato ou fato passa a produzir efeitos, desde a sua existência. Assim também se dá com a sentença que é um ato jurídico. Sendo a sentença, ato jurídico, ela é eficaz desde o seu surgimento ou então não é sentença. Ainda mais quando se trata de sentença em que não se nega a existência e a validade, logo há de ser eficaz e produzir efeitos.[20]

Desde o seu surgimento muitos são efeitos produzidos imediatamente pela sentença. O próprio registro da sentença já é um efeito dela. A abertura de oportunidade recursal é outro efeito imediato da sentença, bem como assim o é, determinação de remessa necessária para atendimento do artigo 496 do novo Código de Processo Civil. A preclusão consumativa, que impede ao juiz de rever a sua sentença (art. 494 do Projeto) e a possibilidade de hipoteca judiciária (art. 495 do novo CPC), bem o demonstram a eficácia imediata da sentença.

Enganam-se aqueles que pensam que a sentença nasce ineficaz e, que somente passa a produzir efeitos, depois do seu passamento em julgado.[21] Como ato jurídico que

---

15 MAZZUOLI, Valério de Oliveira. *Teoria geral do controle de convencionalidade no direito brasileiro, in* AJURIS, V. 30, p. 339, março, 2009.

16 KOMATSU, Roque. *Da invalidade no processo civil.* p. 35.

17 "todo fato existente produz efeitos" – Ricardo Perlingeiro Mendes da Silva – *Teoria da Inexistência no Direito Processual Civil,* p. 28 – Sergio Antonio Fabris Editor, 1998.

18 "É imprescindível lembrar que todo ato jurídico é apto a produzir efeitos e que tais efeitos correspondem exatamente ao seu respectivo conteúdo". CHEIM JORGE, Flávio. Teoria Geral dos Recursos Cíveis, p. 246.

19 "será impróprio dizer-se que um ato válido, pode não ser eficaz se como ato perfeito se apresenta". CALMON DE PASSOS. *Esboço de uma teoria das nulidades,* p. 123.

20 "O ato existente, perfeito e válido é eficaz, ou seja, produz os seus efeitos próprios". KOMATSU, Roque. *Da invalidade no processo civil,* p. 35.

21 "A simples exposição da decisão à interposição de recurso faz com que a mesma seja, desde o seu nascimento, privada da produção de qualquer efeito". CHEIM JORGE, Flávio. Teoria Geral dos Recursos Cíveis, p. 228. Em outros pontos reafirma: "Não há, pois, produção de efeitos, que se vê

é, a sentença nasce eficaz e produz os seus efeitos naturais. Há quem admita sentença com efeitos imediatos, mas, apenas como exceção.[22] Outros pensam que a interposição de recurso com efeito suspensivo, retira a eficácia imediata da sentença, sem se atentar que o próprio recurso já é um efeito da sentença[23] e esta continuará produzindo vários outros efeitos, que serão vistos mais abaixo.

Também não se pode concordar com ASSIS,[24] muito embora, diferentemente e de certa forma, com apontamento interessante, afirma que a sentença nasce com efeitos, mas que a partir de certo momento, em razão do recurso, tem a sua eficácia inibida, porém, admite a produção de efeitos secundários, o que não deixa de ser uma forma de eficácia.

É antes tudo necessário esclarecer que a sentença para produzir efeitos não precisa passar em julgado, porque produzir efeitos imediatamente é de sua natureza, como o é, de todo ato jurídico. Até nos casos em que o legislador, por engano, fala que ela só

---

obstada com o oferecimento do recurso". Idem p. 285."[...] as sentenças já nascem, ordinariamente, desprovidas de eficácia". Idem, p. 285. "Existindo o efeito suspensivo a sentença não produzirá efeitos". Idem, p. 292.

"No que interessa neste estudo, o efeito suspensivo é configurado como uma qualidade do recurso que adia a produção dos efeitos da decisão impugnada assim que interposto, e que perdura até o trânsito em julgado da decisão sobre o próprio recurso". LEONEL, Ricardo de Barros, *Revisitando a Teoria Geral dos Recursos: O efeito suspensivo, in Aspectos Polêmicos e atuais dos recursos cíveis e assuntos afins, v. 9*, p. 500. NERY JR, Nelson e ARRUDA WAMBIER, Teresa Arruda Alvim (Coords). São Paulo: RT, 2006.

"(c) se da sentença cabe recurso com efeito suspensivo, a eficácia depende do trânsito em julgado". Idem, p. 501. "O que há em verdade é ineficácia da sentença". Idem, idem p. 503.

---

22 "A eficácia imediata da sentença de primeira instância é exceção". SANT´ANNA, Paulo Afonso de Souza. *Suspensão da eficácia da sentença sujeita a recurso de apelação sem efeito suspensivo, in* Aspectos Polêmicos dos Recursos Civeis e Assuntos afins, v. 10, p. 377. NERY JR, Nelson e ARRUDA WAMBIER, Teresa Arruda Alvim (Coords). São Paulo: RT, 2006. "O efeito suspensivo impede a consumação dos efeitos (eficácia) da decisão até que seja julgado o recurso interposto". Idem,idem, p. 379.

23 "O efeito suspensivo guarda relação direta (e única) com a aptidão de a decisão recorrida surtir, desde logo, seus efeitos ou, diversamente, ter a produção de sues efeitos diferida para um momento futuro:" SCARPINELLA BUENO, Cassio. *Efeitos dos Recursos. In* Aspectos Polêmicos dos Recursos Civeis e Assuntos afins, v. 10, p. 71. NERY JR, Nelson e ARRUDA WAMBIER, Teresa Arruda Alvim (Coords). São Paulo: RT, 2006.

24 "O efeito suspensivo é a qualidade atribuída ao recurso que, a partir de certo momento, inibe a eficácia do provimento impugnado". ASSIS, Araken. *Manual dos Recursos*, p. 242, São Paulo: RT, 2ª Ed. 2008.

"Nos recursos quer têm efeito suspensivo, *ope legis,* o provimento já nasce ineficaz". Idem, p. 242. "Em outras palavras, "a suspensão é de *toda eficácia* da decisão, não apenas de sua possível eficácia *como título executivo"*. Idem, p. 243. Todavia – Araken de Assis reconhece a existência de efeitos anexos, secundários e reflexos, idem, pp. 244-246, indiretamente reconhece a eficácia parcial da sentença.

produz efeito depois do trânsito em julgado,[25] mesmo assim, ela produz os seus efeitos naturais imediatamente.[26] Pode-se dizer que até a denominada sentença inexistente ou nula, produz efeito, até que sobrevenha outra decisão para declará-la nula e sem efeito.[27] Com acerto ensina GONÇALVES,[28] o ato nulo somente assim será considerado depois que a nulidade, como consequência jurídica, é pronunciada e jamais, antes da deliberação judicial neste sentido.[29] Pode-se dizer em relação à inexistência é que ela sempre apresenta uma aparente existência e essa aparência precisa ser desfeita por decisão judicial para afastar a eficácia e a produção de efeitos.[30]

É bom observar que o artigo 503 do novo Código de Processo Civil afirma que a sentença, que julgar total ou parcialmente a lide, tem força de lei nos limites do pedido e das questões decididas. Isto quer dizer, então, que a sentença corresponde a uma norma entre as partes (norma concreta).[31] Como norma que o é, já começa a produzir efeito a partir da sua existência.

Lembra SCHNAID[32] que a eficácia de uma norma está na sua obrigatoriedade, tanto para os sujeitos passivos como para os órgãos estatais que devem aplicá-la. A sentença prolatada passa a produzir efeitos e impõe comportamento que deve ser ob-

---

25 "Art. 483. Esta sujeita ao duplo grau de jurisdição, não produzindo efeito senão depois de confirmada pelo tribunal, a sentença:". O engano do legislador é evidente. A própria remessa necessária já é um dos efeitos produzidos pela sentença. A possibilidade de se recorrer é outro efeito que a sentença produz imediatamente. Basta verificar que tudo isso somente acontece depois e, como efeito da sentença e, não antes.

26 "Mesmo assim, excepcionalmente, apesar da providência imposta pela lei, há sentenças que produzem efeito incontinente, e, portanto, o reexame necessário não suspende a execução". MENDONÇA LIMA, Egas Moniz de Aragão. *Efeito suspensivo.* Enciclopédia Saraiva de Direito, vol. 30, pp. 146-147.

27 "toda sentença, relativa ou absolutamente nula, surte efeitos", MENDES DA SILVA, Ricardo Perlingeiro – *Teoria da Inexistência no Direito Processual Civil,* p. 29. "A nulidade somente existe com o pronunciamento judicial, que torna ineficaz o ato defeituoso". CALMON DE PASSOS. *Esboço de uma teoria das nulidades,* p. 101.

28 GONÇALVES, Aroldo Plinio. *Nulidades no processo,* p. 19.

29 "existe, pois, vale e tem plena eficácia enquanto não lhe sobrevenha a desconstituição". FABRICIO, Adroaldo Furtado. *Reu revel não citado - "Querela nullitatis" e Ação Rescisória.* REPRO, v. 48, p. 27.

30 Do ponto de vista prático, é indiferente que o obstáculo à eficácia de um ato jurídico seja de ordem natural ou legal. Em qualquer hipótese não produzirá efeitos. Demais disso, o ato inexistente, por mais absurdo que seja, é uma aparência de ato. Essa aparência precisa ser desfeita, o que se há de verificar necessariamente, mediante pronunciamento judicial". CALMON DE PASSOS. *Esboço de uma teoria das nulidades...,* p. 90.

31 "O direito não aparece no senso físico, mas nos seus efeitos, que nada mais são do que conseqüências naturais da eficácia de um determinado ato jurídico". LUCON, Paulo Henrique dos Santos. *Efeitos imediatos da decisão e impugnação parcial e total, in* Aspectos Polêmicos e Atuais dos Recursos, p. 513. ARRUDA ALVIM Eduardo, NERY JR, Nelson e ARRUDA WAMBIER, Teresa Arruda Alvim (Coords). São Paulo: RT, 2000.

32 SCHNAID, David. *Filosofia do direito e interpretação,* 2ª ed. p. 93.

servado, como o seu registro, a publicação, a intimação das partes, os prazos recursais, entre outros. Estes efeitos demonstram que a sentença é eficaz desde a sua prolação. Complementa NERY JÚNIOR[33] sobre a eficácia da sentença que "pode produzir efeitos antes mesmo de estar acobertada pela autoridade da coisa julgada", como ocorre, por exemplo, com a execução provisória e com a hipoteca judicial.

5. A SENTENÇA RECORRIDA E SEUS EFEITOS

A sentença mesmo estando sujeita a recurso dotado do chamado efeito suspensivo (ou impeditivo), nasce eficaz e permanece com eficácia produzindo os mais variados efeitos, como será visto a seguir.

5.1. Registro e intimação

A sentença já começa a produzir efeitos deste a sua prolação. Independentemente da possibilidade de ser atacada posteriormente por recurso, a sentença assim que proferida passa ter eficácia e já começa a produzir efeitos. Entre os primeiros desses efeitos que podem ser notados, estão o registro da sentença e a sua publicação. Estes atos serão realizados independentemente da possibilidade ou não de propositura de recurso. A necessidade da prática destes atos, bem demonstra a eficácia da sentença antes da propositura de qualquer recurso e que, perdurará, mesmo que mais tarde sobrevenha recurso. A propositura de recurso posterior não afasta esta eficácia da sentença e não autoriza o desfazimento do seu registro e nem revoga a intimação das partes.

É de se ver que os efeitos da sentença sobressaem imediatamente, tanto que, quando proferida em audiência, ali ocorre a sua publicação e as partes já saem intimadas, mesmo antes dela ser registrada em livro próprio.[34] Isto bem demonstra que a sentença nasce eficaz e produz efeitos mesmo antes de seu registro, pois, seus efeitos começam ao ser a sentença publicada em audiência e essa publicação produz o efeito de intimação e, se for sentença condenatória, na forma do artigo 495 do mencionado Projeto, a parte já pode obter o deferimento de registro de hipoteca judiciária. Nada importando se mais tarde surgirá ou não recurso.

O recurso dotado de efeito impeditivo (chamado de suspensivo) apenas impede que se inicie a execução forçada por parte do credor, mas nem mesmo impede o cumprimento voluntário da sentença, caso assim queira a parte vencida.

A parte vencida, por cautela, poderá tomar a iniciativa de cumprimento da obrigação, fazendo a devida ressalva de que o faz por cautela, mas que não está aceitando a decisão, para não prejudicar o seu recurso interposto, inclusive no cumprimento pro-

---

33 NERYJÚNIOR, Nelson. *Código de Processo Civil comentado e Legislação processual civil extravagante em vigor*, p. 467.

34 "Proferida a sentença em audiência, nela se considera publicada". FIDELIS DOS SANTOS, Ernane. *Manual de Direito Processual Civil,* v. 1, p. 530, nº 747.

visório da sentença (art. 520, §3º, do novo CPC).[35] Uma vez feita a ressalva, o recurso não será prejudicado e terá seguimento normalmente.

5.2. Preclusão para o juiz

Outro efeito que aparece, logo de imediato ao proferimento da sentença e independentemente de recurso, é a preclusão consumativa para o juiz (art. 494 do novo CPC).[36] Proferida a sentença, esta de regra, se torna imutável para juiz, que somente poderá alterá-la nas hipóteses restritas e especialíssimas, com por exemplo os incisos I e II do mencionado artigo e artigo 198, VII da Lei 8.069/90 (Estatuto da Criança e do adolescente).[37] Fora destas hipóteses, com a prolação da sentença surge a preclusão consumativa[38] para o juiz, que não mais poderá mudá-la, inová-la ou mesmo decidir a mesma questão novamente, salvo caso de nulidade reconhecida por instância superior, quando o primeiro julgado desaparece.

O Código de Processo Civil sempre admitiu que a preclusão alcance também o juiz.[39] Essa preclusão se dá até mesmo no caso de juízo absolutamente incompetente. Mesmo o juízo absolutamente incompetente não poderá modificar ou anular a sua própria sentença, dada a sua eficácia originária.[40]

---

35 O vencido poderá cumprir a obrigação, fazendo a ressalva que o faz por mera cautela, mas que não abre se seu recurso que seguir normalmente. Caso cumpra o julgado, sem ressalva alguma, o recurso será considerado prejudicado em razão da ocorrência de preclusão lógica. Mas, uma vez, feita a ressalva, não haverá a preclusão lógica e o recurso seguirá normalmente.

36 "A preclusão alcança não só as partes, mas também o juiz". BARBOSA, Antonio Alberto Alves. *Da preclusão processual civil,* p. 37. "A preclusão, como ficou assentado, pode atingir tanto as faculdades das partes quanto os poderes processuais do juiz". FERREIRA FILHO, Manoel Caetano. *A preclusão no direito processual civil,* p. 82.

37 "A possibilidade de o juiz retratar-se em hipótese regulada pelo CPC 296, configura exceção ao princípio contido no CPC 463, segundo o qual o juiz, ao proferir a sentença, não mais pode inovar no processo, somente podendo modificá-la para corrigir erros materiais (CPC 463) ou por embargos de declaração (CPC 535). Pouco importa que no CPC 463 conste o termo " sentença de mérito", pois a proibição de inovar já incidia quer se tratasse de sentença de mérito quer de sentença de extinção do processo sem conhecimento do mérito; Nunca o juiz pôde retratar-se de sentença processual". NERY JUNIOR, Nelson. *Atualidades sobre o processo civil.* p. 101.

38 "Realmente, a única modalidade de preclusão que pode atingir o juiz é a consumativa". FERREIRA FILHO, Manoel Caetano. *A preclusão no direito processual civil,* p. 25.

39 Ora, quando o juiz profere a sentença cautelar, independentemente da existência ou não de recurso, terá esgotado sua função jurisdicional no processo (o que não acontece com raras exceções, art. 296 no CPC, embargos declaratórios com efeitos infringentes), não mais podendo reverter qualquer decisão proferida. Dessa forma, o magistrado, em virtude de ver exaurida sua função jurisdicional naquele processo, não poderá simplesmente revogar sua sentença". ASSUMPÇÃO NEVES, Daniel Amorim, *Preclusões para o juiz,* p. 310.

40 Neste sentido: SOUZA, Gelson Amaro de e SOUZA FILHO, Gelson Amaro de. *Prevalência do juízo incompetente sobre o juízo competente.* Revista Dialética de Direito Processual, v. 115, pp. 29:45. São Paulo: Dialética, outubro de 2012.

5.3. Abertura da fase recursal

Com a publicação da sentença abre-se a fase recursal que decorre do efeito imediato da sentença. Não fosse a sentença, não se teria a fase recursal e nem eventual recurso. A simples propositura da apelação já é demonstração da eficácia e dos efeitos da sentença. Não tivesse a sentença eficácia alguma, não haveria necessidade de recurso.

Trata-se de efeito tão importante, que a intimação das partes se dá com a publicação da sentença e, desta, inicia-se a fase recursal e o prazo para a interposição do recurso. Quando ultrapassado o prazo para recurso, as partes não mais poderão recorrer. Se a sentença nascesse ineficaz, como pensam alguns, não produziria estes efeitos tão importantes. Resta observar que mesmo no caso de juízo absolutamente incompetente a sentença produz este efeito e passado prazo para o recurso, a sentença se torna definitiva, como já se demonstrou em outro local.[41]

5.4. Remessa necessária

A remessa necessária prevista no art. 496 do novo Código de Processo Civil, também é um efeito da sentença, sendo que sem esta a remessa não ocorreria. O artigo 496 afirma curiosamente que a sentença nesses casos não produzirá efeito, enquanto não confirmada pelo tribunal. O engano é evidente. A prática demonstra outra realidade.

A sentença, somente não produzirá, como de regra não produz, efeito executivo imediato,[42] mas produzirá outros efeitos, tais como, o registro, a intimação das partes, a preclusão para o juiz (que não pode inovar no processo e nem proferir outra sentença), a remessa para o tribunal, a abertura da fase recursal, abrindo-se, inclusive, prazo para eventual recurso voluntário etc.

5.5. Hipoteca judiciária

Outro efeito imediato da sentença é que aquela que condenar a parte em pagamento de uma prestação, consistente em dinheiro ou em coisa, valerá como título constitutivo de hipoteca judiciária (art. 495 do novo CPC), independentemente de vir a ser proposto recurso ou não.[43] Não se pode dizer, como muitos o fazem, que a sentença nasce ineficaz e, somente mais tarde adquire eficácia, se não houver recurso ou após este

---

41 SOUZA, Gelson Amaro de e SOUZA FILHO, Gelson Amaro de: *Prevalência do juízo incompetente sobre o competente.* Revista Dialética de Direito Procesusal, v. 115. São Paulo; Dialética, outubro, 2012.

42 Existe caso de exceção, que mesmo sujeita à remessa necessária, a sentença produz efeito executivo imediato, como se com sentença concessiva de mandado de segurança (art. 12, parágrafo único, da Lei nº 1.533/51).

43 "Inscrição de hipoteca judiciária. Deferimento – Ato que independe de pendência, ou não de recurso, pois é resultante de um efeito imediato da sentença". TJSP. AI. 134.607-1. 1ª Câmara. Rel. Luiz Macedo, j. 22-05-1990, publicado na RJTJSP, v. 127, 186.

ser julgado. Ledo engano. Sua eficácia é imediata.[44] Não fosse assim de nada adiantaria as cautelas instituídas pela nova lei no artigo 521.

A lei autoriza a hipoteca judiciária independentemente de propositura de recurso e sem levar em conta se o recurso tem ou não efeito suspensivo (artigo 495 do novo CPC). A norma não faz distinção entre recurso com efeito suspensivo ou somente devolutivo. Independentemente de qualquer recurso que possa ser interposto, a lei autoriza de imediato a instituição de hipoteca judiciária. Mesmo ocorrendo a substituição da sentença pelo acórdão, mas mantida a condenação, também será mantida a hipoteca judiciária.

5.6. Arresto

O Código de Processo Civil de 1973, também prevê expressamente que, quando a sentença condenar o devedor ao pagamento de dinheiro ou de prestação que em dinheiro possa ser convertida, ela produz imediatamente o efeito de título que comprova dívida líquida e certa, para o fim de concessão de arresto, ainda que esta sentença não seja líquida (mas líquida se considera) e esteja seja sob a pendência de recurso (art. 814, parágrafo único, do CPC de 1973).

A norma que ainda está em vigor, se apresenta de clareza palmar a ponto de deixar explícita a produção de efeito de prova de dívida líquida e certa, com a eficácia bastante para fundamentar pedido de arresto imediatamente, sem se preocupar com futuro recurso.[45] Mesmo havendo interposição de recurso, qualquer que seja o efeito ou os efeitos em que o recurso é recebido, a sentença continua eficaz e serve de prova de dívida bastante para autorizar o arresto de bens do devedor.

Caso a sentença nascesse sem eficácia ou a viesse a perder com a interposição de recurso, não poderia ela servir de prova de dívida líquida e certa a autorizar a realização do arresto.[46] É de se ver que a sentença tem eficácia de sentença líquida, mesmo antes de ser liquidada e mesmo antes de ser passada em julgado. É a demonstração de que a sentença nasce com eficácia e produz efeitos imediatamente à sua prolação e à sua publicação.

O novo Código de Processo Civil, que seguiu a duvidosa opção de unificar o processo cautelar com o de cognição, não reproduziu norma equivalente. No entanto,

---

44 "As sentenças de procedência produzem efeitos diretos e pretendidos pelo autor". PORTO, Sergio Gilberto. *Comentários ao Código de Processo Civil.* v. 6, p. 136.

45 "Além do mais, como vimos, a sentença civil de condenação em primeiro grau desenvolve a sua eficácia antes de transitar em julgado, isto é, quando ela é ainda discutível em sede de impugnação ordinária". FAZZALARI, Elio. Instituições de Direito Processual, p. 543. Trad. Elaine Nassif. Campinas: 2006.

46 "Não há relação entre irretratabilidade da sentença (coisa julgada) e eficácia da sentença. Para Fazzalari, a eficácia da sentença civil desenvolve sua eficácia antes de transitar em julgado, isto é, quando ela é ainda discutível em sede de impugnação ordinária", SOARES, Carlos Henrique, *Coisa julgada constucional*, p. 84, Almedina, 2009.

apesar do silêncio do projeto, mas para o bem da justiça e do acesso à ordem jurídica justa, este procedimento deve ser mantido, até porque é perfeitamente conciliável com o estatuto projetado.

Não é a ausência de previsão legal no novo código, suficiente para afastar a possibilidade de arresto para garantir o cumprimento da obrigação, nas hipóteses previstas no atual diploma processual civil.

5.7. Constituição de capital

O art. 533 do novo Código de Processo Civil autoriza ao juiz determinar a constituição de capital para assegurar o cumprimento da obrigação quando se tratar de condenação em indenização por ato ilícito em se tratando de prestação mensal de alimentos.

Trata-se de efeito imediato, podendo o juiz determinar essa providência desde logo e isto não sofrerá abalo em caso de eventual e futuro recurso. É um efeito que acompanha a sentença, desde o seu nascedouro e por todo o período em que durar a obrigação. Mesmo quando julgado o recurso de apelação, caso em que este substitui a sentença, ainda assim, permanece a constituição de capital, desde que mantida a condenação.

5.8. Ação rescisória

É comum encontrar-se a afirmação de que o recurso suspende a eficácia da sentença enquanto *sub judice* e retira por completo a eficácia ou os seus efeitos quando o recurso é acolhido.[47] Todavia, não é bem assim. No caso de julgamento do recurso de apelação pelo Tribunal, a sentença não perde a sua eficácia e nem seus efeitos pura e simplesmente, ocorre o fenômeno da substituição, sendo que o acórdão passa a ocupar o lugar da sentença. Mas, isto não quer dizer que a sentença perdeu a sua eficácia pela simples interposição do recurso. O que pode retirar a eficácia da sentença é o julgamento do Tribunal e a reforma do julgado, não esquecendo-se de que o acórdão que substituiu a sentença pode ser anulado ou rescindido futuramente, consequentemente a eficácia plena da sentença pode ser restabelecida.

Desta forma, pode-se dizer que a sentença uma vez proferida e publicada já começa a produzir efeitos, o que demonstra a sua eficácia, mesmo que posteriormente possa ser atacada por recurso.

CONSIDERAÇÕES FINAIS

Ante o que foi exposto, é possível extrair algumas conclusões:

---

47 "Os recursos constituem um meio de impugnação dos provimentos que impedem que a sentença desenvolva a sua eficácia, ou, se acolhidos, tolhem a eficácia da sentença". SOAREZ, Carlos Henrique, *Coisa julgada constitucional*, p. 84, Almedina, 2009.

1. A sentença nasce eficaz e produz efeitos desde a sua prolação. A própria publicação que se segue, já é um dos efeitos da própria sentença, porque sem a sua existência fática não haveria o que publicar.

2. Amplia-se o leque de efeitos a partir de sua publicação; Com a publicação, a sentença ganha existência jurídica e abre a fase recursal, outro efeito importante e imediato da sentença.

3. O próprio recurso de embargos de declaração, ou o de apelação que se segue, são efeitos da própria sentença, porque sem esta não haveria recurso algum a ser proposto.

4. O chamado efeito suspensivo da sentença, pelo recurso de apelação, nada mais é do que hipótese de impedimento de exigência de cumprimento imediato da obrigação, mas não se trata de retirada dos demais efeitos da sentença.

5. O recurso contra a sentença condenatória, ainda que seja recebido pelo chamado efeito suspensivo, em verdade, impede a execução ou a exigência de cumprimento imediato da obrigação, mas não retira da sentença a sua eficácia e nem impede a sua produção de efeitos.

6. O recurso quando recebido no chamado efeito suspensivo, impede a exigência de cumprimento da sentença imediatamente; quando recebido em qualquer dos efeitos impede a ocorrência de coisa julgada. Talvez, a melhor denominação para os efeitos do recurso fosse a que considera a função impeditiva, ou seja, efeito impeditivo.

7. O recurso impede a formação de coisa julgada, mas não retira a eficácia da sentença. Quando recebido no efeito suspensivo impede a exeqüibilidade imediata, mas não afasta os demais efeitos naturais da sentença.

8. A própria exposição de motivos do novo Código de Processo Civil justifica que o sistema recursal foi bastante simplificado, porém, salvante melhor juízo, permaneceram as imperfeições das definições dos mencionados conceitos.

9. O novo Código de Processo Civil perdeu a grande oportunidade de melhor definir a sentença, a eficácia e o (s) efeito (s), proporcionando segurança jurídica aos jurisdicionados. Quantos questionamentos processuais poderiam ser evitados caso houvesse a definição correta pelo legislador.

10. A doutrina, entretanto, a partir destas discussões pontuais, como a ora debatida, poderá esclarecer e servir para a melhor interpretação do novo texto processual, reconhecendo que a sentença nasce produzindo efeitos e continua a produzi-los em vários aspectos, mesmo com ou sem recurso.

BIBLIOGRAFIA

ARRUDA ALVIM, Eduardo, *Curso de Direito Processual Civil,* v. 2. São Paulo: RT. 2000.

ASSIS, Araken. *Manual dos Recursos*, p. 242, Sâo Paulo: RT, 2ª Ed. 2008.

ASSUMPÇÃO NEVES, Daniel Amorim. *Preclusões para o juiz.* São Paulo: Método, 2004.

AZEVEDO, Antonio Junqueira. *Eficácia do negócio jurídico in* Enciclopédia Saraiva do Direito, v. 30. São Paulo: Saraiva, 1979.

BARBOSA, Antonio Alberto Alves. *Da preclusão processual civil.* São Paulo: Revista dos Tribunais, 2ª ed. 1992.

CALMON DE PASSOS, j. j. *Esboço de uma teoria das nulidades aplicadas às nulidades processuais.* Rio de Janeiro: Forense, 2002.

CAMBI, Eduardo. *Efetividade da decisão recorrida e o efeito suspensivo dos recursos,* in Aspectos polêmicos e atuais dos recursos cíveis e assuntos afins, v. 9, p. 107. NERY JUNIOR, Nelson e WAMBIER, Teresa Arruda Alvim, São Paulo: RT. 2006.

CHEIM JORGE, Flávio. Teoria Geral dos Recursos Civeis. Rio de Janeiro Forense, 2003.

DECOMAIN, Pedro Roberto. *Coisa julgada na ação popular.* RDDP, v. 76. São Paulo: Dialética, junho, 2009.

FABRICIO, Adroaldo Furtado. *Réu revel não citado "Querela nullitatis" e Ação Rescisória.* REPRO, v. 48. São Paulo: RT. Outubro/dezembro, 1987.

FAZZALARI, Elio. Instituições de Direito Processual. Trad. Elaine Nassif. Campinas: Bookseller, 1ª, ed. 2006.

FERREIRA FILHO, Manoel Caetano. *A preclusão no direito processual civil.* Curitiba: Juruá, 1991.

FERREIRA PINTO. *Eficácia (Direito Constitucional) in* Enciclopédia Saraiva de Direito, v. 30. São Paulo: Saraiva, 1979.

FIDELIS DOS SANTOS, Ernane. *Manual de Direito Processual Civil.* v. 1. São Paulo: Saraiva, 10ª ed, 2003.

GONÇALVES, Aroldo Plinio. *Nulidades no processo.* Rio de Janeiro: AIDE, 1993.

KOMATSU, Roque. *Invalidade no processo civil.* São Paulo: Revista dos Tribunais, 1.991.

LEONEL, Ricardo de Barros, *Revisitando a Teoria Geral dos Recursos: O efeito suspensivo, in Aspectos Polêmicos e atuais dos recursos cíveis e assuntos afins, v. 9*. NERY JR, Nelson; ARRUDA WAMBIER, Teresa Arruda Alvim (Coords). Sâo Paulo: RT, 2006.

LUCON, Paulo Henrique dos Santos. *Efeitos imediatos da decisão e impugnação parcial e total, in* Aspectos Polêmicos e Atuais dos Recursos, p. 513. ARRUDA ALVIM Eduardo,

NERYJÚNIOR, Nelson. *Código de Processo Civil comentado e Legislação processual civil extravagante em vigor*, São Paulo: RT, 2002.

NERY JR, Nelson; ARRUDA WAMBIER, Teresa Arruda Alvim (Coords). Sâo Paulo: RT, 2000.

NERY JUNIOR, Nelson. *Atualidades sobre o processo civil: a reforma do Código de Processo Civil brasileiro de 1994, 1995*. São Paulo: Revista dos Tribunais, 2ª ed. 1996.

____________. Revista CAASP. São Paulo: Revista nº. 10, abril de 2014.

NERY JUNIOR, Nelson. *Atualidades sobre o processo civil: a reforma do Código de Processo Civil brasileiro de 1994, 1995*. São Paulo: Revista dos Tribunais, 2ª ed. 1996.

____________. Revista CAASP. São Paulo: Revista nº. 10, abril de 2014.

MAZZUOLI, Valério de Oliveira. *Teoria geral do controle de convencionalidade no direito brasileiro in* AJURIS, v. 113, março, 2009.

MENDES DA SILVA, Ricardo Perlingeiro – *Teoria da Inexistência no Direito Processual Civil,* Porto Alegre - RS. Sérgio Antonio Fabris Editor, 1998.

MENDONÇA LIMA, Egas Moniz de Aragão. *Efeito suspensivo.* Enciclopédia Saraiva de Direito, vol. 30. São Paulo: Saraiva, 1979.

PINTO FERREIRA. *Eficácia (Direito Constitucional) in* Enciclopédia Saraiva de Direito, v. 30. São Paulo: Saraiva, 1979.

PORTO, Sergio Gilberto. *Comentários ao Código de Processo Civil.* v. 6. São Paulo: Revista dos Tribunais, 2000.

SANT´ANNA, Paulo Afonso de Souza. *Suspensão da eficácia da sentença sujeita a recurso de apelação sem efeito suspensivo, in* Aspectos Polêmicos dos Recursos Civeis e Assuntos afins, v. 10. NERY JR, Nelson; ARRUDA WAMBIER, Teresa Arruda Alvim (Coords). Sâo Paulo: RT, 2006.

SCARPINELLA BUENO, Cassio. *Efeitos dos Recursos. In* Aspectos Polêmicos dos Recursos Civeis e Assuntos afins, v. 10. NERY JR, Nelson; ARRUDA WAMBIER, Teresa Arruda Alvim (Coords). Sâo Paulo: RT, 2006.

SCHNAID, David. *Filosofia do direito e interpretação.* São Paulo: Revista dos Tribunais, 2ª ed. 2004.

SILVA, José Afonso da. *Aplicabilidade das normas constitucionais.* São Paulo: Revista dos Tribunais, 1.968.

SILVA, Ricardo Perlingeiro Mendes da – *Teoria da Inexistência no Direito Processual Civil.* Porto Alegre-RS: Sergio Antonio Fabris Editor, 1998.

SOAREZ, Carlos Henrique, *Coisa julgada constucional.* Lisboa. Almedina, 2009.

SOUZA, Gelson Amaro de; SOUZA FILHO, Gelson Amaro de. *Prevalência do juízo incompetente sobre o competente.* Revista Dialética de Direito Processual, v. 115. São Paulo: Dialética, outubro, 2012.

_____; _____ Sentença – Em busca de Uma Nova Definição. Revista Jurídica, v. 376, pp. 19-42, Porto Alegre-RS: Notadez, fevereiro, 2009.

WAMBIER, Teresa Arruda Alvim. *Nulidades do processo e da sentença.* São Paulo: RT. 4ª ed, 1998.

APARENTE ANTINOMIA DAS TUTELAS DE EVIDENCIAS E DAS TUTELAS DE URGÊNCIAS NO NOVO CÓDIGO DE PROCESSO CIVIL FACE ÀS DEMANDAS DE NOVOS DIREITOS

RACHEL LOPES QUEIROZ CHACUR

RESUMO: O presente trabalho propõe o debate da unificação do regime de concessão de Tutelas de Urgência e Tutela de Evidência, prevista no Novo Código de Processo Civil. O instituto das tutelas diferenciadas é apresentado em livro próprio denominado "Da Tutela Antecipada", subdividido em Título I e II, o qual dispõe da Tutela de Urgência e da Tutela de Evidencia. O objetivo da primeira parte do trabalho é apresentar a evolução histórica e científica do Direito Processual Civil Brasileiro, embasada primordialmente, na Constituição Federal de 1988. A segunda parte versa a análise das propostas realizadas pelas Comissões da Reforma do Novo Código de Processo Civil brasileiro, em particular, apresenta os debates sobre a utilidade da distinção da tutela de urgência e tutela de evidência, os aspectos metodológicos de sua aplicabilidade para atingir o resultado-fim do processo, com a entrega efetiva da tutela de direito pleiteado, em tempo oportuno. Finalizando, com as conclusivas acerca da contemporaneidade da lei para proteger os bens jurídicos emergentes, em uma era de Novos Direitos.

PALAVRA-CHAVE: Novo Processo Civil, Tutelas de urgência, Tutela de Evidência.

INTRODUÇÃO

A Constituição Federal de 1988 prevê a democratização do direito ao Acesso ao Poder Judiciário, embasada nos Princípios Constitucionais e Princípios Informativos do Direito Processual Civil brasileiro, como corolário de ações diretivas do Estado para a efetivação de Direitos.

As propostas de alterações legislativas do Novo Código de Processo Civil, em especial, àquelas matérias dotadas de certeza de direito, reforçam a idéia de aprimoramento das técnicas processuais de urgência, priorizando as garantias constitucionais de amplo acesso ao Poder Judiciário e o alcance da Efetividade da Tutela Jurisdicional.

A metodologia da previsão normativa versa o gênero de Tutela Provisória, subdividindo em Livros próprios, em Tutelas de Urgência e Tutelas de Evidência, no Novo Código de Processo Civil.

Esse método confirma a tendência do código, no sentido de primar pela garantia do instrumento processual como fonte de entrega do direito, contando com formas e momentos processuais flexíveis, em que se põe o fato notório e comprovado ou a própria emergência, como sustentáculo do deferimento do pleito.

No entanto, mercê observa-se controvérsias à respeito da proposta de unificação do regime de concessão das tutelas de urgências, durante os trâmites do Projeto, Ante-Projeto e Substitutivo de Reforma do Código de Processo Civil.

No entanto, a aprovação do Novo Código de Processo Civil confirmou o texto da lei, com o fito de priorizar a garantia de garantir o bem jurídico face à normas *rígidas* meramente formais e processuais.

O conteúdo meritório do Projeto de Reforma do Código de Processo Civil, contemplava um livro próprio "Das Tutelas de Urgência" e tantas outras em "demais medidas de urgência", as quais eram requeridas no Procedimento de Conhecimento ou nos Procedimentos Específicos; o qual não prosperou com o advento do Novo Código de Processo Civil.

Naquilo que os processualistas divergiam sobre o tratamento processual das Tutelas Provisórias, com o destaque para a real utilidade da distinção das Tutelas de Evidência e Tutelas de Urgência, restou-nos somente os debates acadêmicos. Restando-nos indagar, se a forma metodológica de aparente antinomia das tutelas de urgências e tutelas de evidencia no Novo Código de Processo Civil cumprirá com o discurso ideológico da Constituição Federal de 1988 e contemplará a proteção desses bens jurídicos novos. Se o estabelecido na lei trará respeito a continuidade de medidas protetivas genéricas, como é o caso do Poder Geral de Cautela, seja qual for a hipótese do caso concreto, ainda que, a opção do legislador tenha sido de categorizar, em livros, as tutelas de urgência.

Os debates de processualistas estabelecem opiniões contrárias à respeito da autonomia das matérias elencadas nos Livros e seus capítulos. Se não caberia a continuidade de medidas protetivas genéricas, no Rito Comum.

No entanto, aprovado o texto na forma examinada do Novo Código de Processo Civil, à contento, os debates reforçam a necessidade de aplicabilidade indistintamente da proteção à tutela de direito, no momento adequado, com o intuito de tornar eficiente a prestação de serviços jurisdicionais, com um ordenamento jurídico sistematizado e didático, para que os operadores do direito promovam o alcance do resultado prático e entrega da tutela de direito.

REVISÃO DE LITERATURA

O artigo 5º, inciso XXXV, LIV e LV da Constituição Federal de 1988 fundamenta o corolário da garantia constitucional do amplo acesso a Jurisdição, o qual assegura aos cidadãos o direito ao devido processo legal, com o objetivo de assegurar às garantias individuais.

Acrescentada à garantia do devido processo legal também as seguintes categorias: a garantia de juiz natural (CF, art. 5º, inc. XXXVII) e do juiz competente (CF, art.5º, inc. LIII), a garantia de acesso à justiça (CF, art. 5º inc. XXXV), de ampla defesa e contraditório (CF, art. 5º, inc. LV) e, ainda, a de fundamentação de todas as decisões judiciais (art. 93, inc. IX), ou seja, o Direito ao Acesso à Justiça; o Direito à Defesa; o Direito ao contraditório e a paridade das armas (processuais) entre as partes; a independência e imparcialidade do Juiz; a obrigatoriedade da motivação dos provimentos judiciais decisórios e a garantia do razoável tempo do processo e tempestiva tutela jurisdicional (ANDOLINA, 2005, p. 96).

O direito ao acesso à Jurisdição e ao devido processo legal são institutos indissociáveis para a consecução dos Direitos Fundamentais do Homem, seja qual for o direito pleiteado pelo jurisdicionado.

Da qualsiasi angolazione lo si consideri, il processo è (e rimane), nella sua elementare realtà, un 'dramma' di persone e di accadimenti della vita di tutti i giorni, di cui l'uomo, nella combinazione variabile delle sue aspirazioni, dei suoi comportamenti, delle sue azioni, delle sue debolezze o dei suoi interessi, è il fulcro intorno al quale ruota l'intero apparato di giustizia. Se al centro di questo dramma infi nito si trova pur sempre l'*uomo,* come singolo individuo o come partecipe delle 'formazioni sociali ove si svolge la sua personalità', con tutto il suo fardello di nobiltà (non di rado, assai poca), de passioni, di rancori e di miserie (perlopiù, tante o troppe), il processo che a qualsiasi titolo lo coinvolga può dirsi 'giusto', nella sola misura in cui le forme che lo caratterizzano e Le attivitá che in esso si compiono non siano mai tali, da pregiudicare alcuno dei suoi *diritti personali inviolabili,* riconosciuti e garantiti dallo Stato. (COMOGLIO, 2004 b, pp. 6-7).

Neste contexto de Estado Democrático de Direito cabe à todos os cidadãos a inafastabilidade do Poder Judiciário, a amplitude de defesa e essas garantias constitucionais de mecanismos adequados à justa composição da lide (Theodoro Junior, 2009 c, p. 23). Para tanto, faz-se necessário instrumentos processuais hábeis para a resolução de conflitos próximos à realidade fática, mercê a flexibilidade do conceito de verdade *formal*, no Direito Processual Civil Moderno. Valendo dessa justa prestação de serviços jurisdicionais, para a obtenção de seus fins colimados, com a total resolução dos conflitos de interesses e o real alcance da pacificação social.

Nesse âmbito de comprometimento com o "justo", com a "correção", com a "efetividade" e a "presteza" da prestação jurisdicional, o *due process of Law* realiza, entre outras, a função de um superprincípio, coordenando e delimitando todos os demais princípios que informam tanto o processo como o procedimento. Inspira e torna realizável a proporcionalidade e razoabilidade que deve prevalecer na vigência e harmonização de todos os princípios do direito processual de nosso tempo (Theodoro Júnior, 2009c, p. 27).

Esse contexto traz à tona situações fáticas que submergem ao direito positivado. Ele apresenta situações fáticas que emergem defesas de interesses individuais ou coletivos, não elencados em dispositivos legais e em repertórios jurisprudenciais.

É o processo que se desenvolve respeitando os parâmetros fixados pelas normas constitucionais e pelos valores consagrados pela coletividade (TROCKER, 2001, pp. 383-384).

O próprio avanço tecnológico e as novas relações pessoais ou negociais criam esses novos direitos, os quais levam a essa revisitação das formas de resolução de demandas.

Logo, o panorâma da evolução científica do Direito Processual Civil Contemporâneo, não abre espaços para divisões, como Direito Formal e Direito

Substancial, seja qual for o pleito do jurisdicionado. Cabe ao jurisdicionado sempre a garantia da garantia de *se ter* um processo apto a propiciar uma tutela procedimental e *substancial* justa, adequada e devida (Theodoro Júnior, 2009 a, pp. 88 e p.108).

Tal concepção é unânime entre a doutrina nacional e estrangeira, porém, alguns estudiosos, já aventaram a necessidade de um modelo constitucional de processo, em que se concebia um conjunto de normas constitucionais e processuais, com o fito de buscar a legitimidade, a otimização dos instrumentos, a economia temporal e processual, a realização e a entrega do direito pleiteado (Wassermann, 1978, p. 129).

O direito processual não pode se contentar com um único procedimento e uma única forma de tutela" e que "da predisposição de procedimentos idôneos a fornecer formas de tutelas jurisdicionais adequadas às necessidades dos casos concretos depende a existência, ou o modo da existência, do próprio direito substancial.(PISANI, 1993, pp. 51 e SS).

No entanto, a nova concepção do Direito Processual Civil amparado pela Constituição Federal de 1988, com um arcabouço de instrumentos processuais civis demonstra que o ramo é suficiente para garantir a tutela pretendida.

Para tanto, é fundamental a participação dos atores do processo através de um canal de comunicação aberto, com a mantença de um diálogo das partes e o exercício factível, dentro dos próprios autos, o que leva à eficiência da cognição no prazo razoável e traz os auferidos resultados do processo.

> [...] graças a uma tríplice ordem de situações subjetivas processuais, na qual a qualquer parte vêm reconhecidos: (i) o direito de receber adequadas e tempestivas *informações*, sobre o desencadear do juízo e as atividades realizadas, as iniciativas empreendidas e os atos de impulso realizados pela contraparte e pelo juiz, durante o inteiro curso de processo; (ii) o direito de defender-se ativamente, posicionando-se sobre cada questão, de fato ou de direito, que seja relevante para a decisão da controvérsia; (iii) o direito de pretender que o juiz, a sua vez, leve em consideração as suas defesas, as suas alegações e as suas provas, no momento da prolação da decisão. Por fim, alertamos para o óbvio de que essa visão atual do princípio do contraditório não deve se limitar a uma discussão de direito comparado (COMOGLIO, 1988, p. 6).

Tal posicionamento altera a concepção de atuação dos protagonistas do processo no sistema processual civil, inclusive no modelo brasileiro.

Nesse diapasão, o aperfeiçoamento do sistema processual civil moderno colabora para com uma nova forma de estrutura processual, acrescenta uma concepção dialética procedimental, a valoração ética do instrumento, assim como altera a função e a conduta dos atores do processo (Fazzalari, 1958, pp. 869).

O mesmo ocorre, com o debate acerca da figura do Juiz, que dirige o processo, o qual pela sua valorização ética e técnica determina àquilo que é *justo* ou *injusto*, em um determinado momento processual.

A doutrina comparada também retrata a figura do Juiz Diretor, como aquele que tem a função de manter a participação ativa, tanto nos aspectos de direito material e direito processual, assegurando a aplicação dos Princípios Constitucionais e Informativos do Processo Civil, como norteadores do alcance desses resultados-fins do processo, mantendo um diálogo participativo e ativo, principalmente interpretando as normas constitucionais e infraconstitucionais, com a finalidade da busca do ideal meta-jurídico – a Justiça.

Conclui Rotondi (1965 – 407) que esta é "a finalidade de prevenção, que todos os ordenamentos jurídicos devem ter", ou seja, a prevenção pela participação das *partes* e o controle do processo, com o fito de obter resultados do mecanismo.

Desde então, em especial, as Comissões de Estudos da Reforma do Código de Processo Civil, sempre consignaram em pauta, a preocupação com o tema das Tutelas Diferenciadas, seja pela imperativa urgência, e por outro lado pela necessária e imperiosa mantença das garantias constitucionais do devido processo legal.[1]

A 1ª e a 2ª Reforma do Código de Processo Civil previu um avanço na técnica processual criando as denominadas Tutelas Jurisdicionais Diferenciadas. Em um primeiro momento, a concepção de tutelas jurisdicionais diferenciadas previu uma adequação do pedido, em caráter de urgência, para àquelas hipóteses não previstas no rito próprio e que não tinham respaldo legal. Em um segundo momento, previram as hipóteses garantísticas do perigo da demora de um direito, sob pena de perecimento do objeto de tutelado pleiteado e finalmente, vislumbraram as hipóteses de situações emergenciais e os novos direitos que mereciam uma proteção jurídica, com um interpretação substancial do fato posto, porém, não o era previsto no dispositivo legal.

---

1 Sobre a importância do tema da tutela jurisdicional, ver, no direito brasileiro, Luiz Guilherme Marinoni, Efetividade de processo e tutela de urgência, Porto Alegre, Fabris, 1994; Cândido Rangel Dinamarco, "Tutela jurisdicional", Revista de Processo, v. 81, pp. 54 e ss; José Roberto dos Santos Bedaque, Direito e processo, São Paulo, Ed. Malheiros, 1995. Sobre as tutelas jurisdicionais diferenciadas, ver Donaldo Armelin, "Tutela jurisdicional diferenciada", in O processo civil contemporâneo (coordenado por Luiz Guilherme Marinoni), Curitiba, 1994. A respeito da tutela antecipatória, ver Luiz Guilherme Marinoni, A antecipação da tutela antecipatória na reforma do processo civil, 2ª ed., São Paulo, Ed. Malheiros, 1996. Andrea Proto Pisani, La tutela giurisdizionale dei diritti della personalità: strumenti e tecniche di tutela, Foro italiano, 1990, V, p. 4. Sobre a importância da tutela inibitória para a efetividade da tutela dos direitos do consumidor, ver Guido Alpa, Responsabilità dell'impresa e tutela del consumatore, Milano, Giuffrè, 1975, pp. 461 e ss. Piero Calamandrei, La condanna, cit., p. 197; Enrico Tullio Liebman, Manuale di diritto processuale civile, cit., v. 1, pp. 162/3; Luigi Paolo Comoglio, Commentario della Costituzione (a cura di G. Branca), Bologna-Roma, Zanichelli-Foro Italiano, 1981, pp. 1 e ss; Luigi Paolo Comoglio, Principi costituzionali e processo di esecuzione, Studi in memoria di Gino Gorla, Milano, Giuffrè, 1994, v. 2, p. 1584; Michele Taruffo, "Note sul diritto alla condanna e all'esecuzione", Rivista critica del diritto privato, 1986, pp. 635/637; Ferruccio Tommaseo, Appunti di diritto processuale civile, Torino, Giappichelli, 1995, p. 169 e ss; Italo Andolina e Giuseppe Vignera, Il modello costituzionale del processo civile italiano, Torino, Giappichelli, 1990, pp. 61 e ss. Luiz Guilherme Marinoni, A antecipação da tutela na reforma do processo civil, 2ª ed., São Paulo, Ed. Malheiros, 1996, pp. 95 e ss. Tutela cautelar e tutela antecipatória, 2ª ed., São Paulo, Ed. Revista dos Tribunais, 1994, pp. 87 e ss; Novas linhas do processo civil, 2ª ed., São Paulo, Ed. Malheiros, 1996, pp. 123 e ss; Efetividade do processo e tutela de urgência, Porto Alegre, Fabris, 1994, pp. 1/10. Sobre outras tipicidades e demandas: Andrea Proto Pisani, Lezioni di diritto processuale civile, Napoli, Jovene, 1994, p. 171. Andrea Proto Pisani, "Appunti sulla tutela di condanna", Rivista trimestrale di diritto e procedura civile, 1978, pp. 1107 e ss. Giuseppe Chiovenda, Instituições de direito processual civil, São Paulo, Ed. Saraiva, 1965, v. 1, p. 235; dentre outros.

A tendência das correntes teóricas, da técnica processual e da jurisprudência à respeito do tema sedimentaram o instituto processual das tutelas diferenciadas, no contexto jurídico e na prática forense.

Ocorre que, os institutos cotejados como a Tutela Cautelar, a Tutela Antecipada e o Mandado de Segurança, não trouxeram todo o respaldo, para todas as questões emergentes da sociedade brasileira. Logo, fez-se necessária a criação dos institutos processuais, como as Tutelas Específicas e as Tutelas Inibitórias, e por último, as Tutelas de Evidência; esta prevista no Novo do Código de Processo Civil.

A Lei nº 13.105 de 2015, sancionado e publicado, como última versão do Novo Código de Processo Civil, trata o tema no Capitulo III – Do Procedimento da Tutela Cautelar requerida em caráter antecedente – subdividindo em Tutelas de Urgência e Tutelas de Evidencias.

> Art. 294. A tutela provisória pode fundamentar-se em urgência ou evidência.
> Parágrafo único. A tutela provisória de urgência, cautelar ou antecipada, pode ser concedida em caráter antecedente ou incidental.
> Art. 295. A tutela provisória requerida em caráter incidental independe do pagamento de custas.

A descrição do texto legal opta pela metodologia de unificação do regime de concessão de tutelas de urgências, utilizando o conceito genérico de Tutela Antecipada e as classificando em Tutela Antecipada antecedente e Tutela antecipada satisfativa. Àquela tem um cunho cautelar, enquanto a esta cabe propriamente o seu caráter de antecipação da tutela de direito. A tutela antecipada é considerada uma técnica de julgamento que serve para adiantar efeitos de qualquer tipo de provimento, de natureza cautelar ou satisfativa, de conhecimento ou executiva.

A novidade legislativa alterou o rito procedimental cujo objetivo é facilitar o entendimento do conceito genérico das tutelas diferenciadas, em caráter de urgência, apenas as diferenciando pela exigência de cognição exauriente ou superficial, mercê as necessidades de aprofundamento meritório e probatório do caso apresentado e com a indicação de uma das formas do rito procedimental. (Enunciado nº 28 do III Fórum Permanente de Processualistas do Rio de Janeiro/2014).

Como novidade legislativa elogiada fundamenta o artigo 296 do Novo Código de Processo Civil, o qual prevê a isenção de pagamento de custas, para as tutelas antecipadas requeridas, na forma incidental nos autos.

> Art. 296. A tutela provisória conserva sua eficácia na pendência do processo, mas pode, a qualquer tempo, ser revogada ou modificada.
> Parágrafo único. Salvo decisão judicial em contrário, a tutela provisória conservará a eficácia durante o período de suspensão do processo.

Do mesmo modo, o artigo 297 do Novo Código de Processo Civil versa sobre a efetivação da tutela provisória, com a determinação nos moldes do "Cumprimento de Sentença", nos próprios autos do processo.

> Art. 297. O juiz poderá determinar as medidas que considerar adequadas para efetivação da tutela provisória.
> Parágrafo único. A efetivação da tutela provisória observará as normas referentes ao cumprimento provisório da sentença, no que couber.

Naquilo que concerne, as medidas executórias de cumprimento das tutelas, mantém-se por mero incidente processual, o cumprimento da decisão judicial, com o objetivo de facilitação da entrega do direito pleiteado (Enunciado nº 31 e 140 – Fórum dos Processualistas – Rio de Janeiro).

No tocante, a eficácia da tutela antecipada na pendência do processo, manteve-se concepção anterior, ou seja, a conservação de sua eficácia na suspensão dos autos do processo, porém, consignaram *in conteste* a previsão taxativa da possibilidade, à qualquer tempo, da modificação e revogação da medida.

Novamente, o fundamento legal retoma os questionamentos do perigo da irreversibilidade da tutela antecipada, o que é salutar frente aos inúmeros casos de modificações do *status* do direito pleiteado, desde a concessão da medida até findar processo.

Não olvidando, a excepcionalidade das hipóteses de reversão das tutelas antecipadas somente para aqueles casos de dano grave ou fraude processual, porém, merecendo o tratamento ao tema, a observância da segurança jurídica das decisões concessivas de tutelas antecipadas face à importância do bem jurídico pleiteado.

> Art. 303. Nos casos em que a urgência for contemporânea à propositura da ação, a petição inicial pode limitar-se ao requerimento da tutela antecipada e à indicação do pedido de tutela final, com a exposição da lide, do direito que se busca realizar e do perigo de dano ou do risco ao resultado útil do processo.
> § 1º Concedida a tutela antecipada a que se refere o caput deste artigo:
> Art. 304. A tutela antecipada, concedida nos termos do art. 303, torna-se estável se da decisão que a conceder não for interposto o respectivo recurso.
> § 1º No caso previsto no caput, o processo será extinto.
> § 2º Qualquer das partes poderá demandar a outra com o intuito de rever, reformar ou invalidar a tutela antecipada estabilizada nos termos do caput.
> § 3º A tutela antecipada conservará seus efeitos enquanto não revista, reformada ou invalidada por decisão de mérito proferida na ação de que trata o § 2º.
> § 4º Qualquer das partes poderá requerer o desarquivamento dos autos em que foi concedida a medida, para instruir a petição inicial da ação a que se refere o § 2º, prevento o juízo em que a tutela antecipada foi concedida.
> § 5º O direito de rever, reformar ou invalidar a tutela antecipada, previsto no § 2º deste artigo, extingue-se após 2 (dois) anos, contados da ciência da decisão que extinguiu o processo, nos termos do § 1º.
> § 6º A decisão que concede a tutela não fará coisa julgada, mas a estabilidade dos respectivos efeitos só será afastada por decisão que a revir, reformar ou invalidar, proferida em ação ajuizada por uma das partes, nos termos do § 2º deste artigo.

Como destaque, estão os comentários dos processualistas sobre a decisão que julga improcedente o pedido final da demanda, a qual gerará a perda da eficácia da tutela antecipada, o que também denota uma nova concepção sobre a perpetuação dos efeitos da tutela levando à cabo a obrigatoriedade de decisão final do mérito da causa (Enunciado nº 140 – Fórum dos Processualistas – Rio de Janeiro).

É evidente que, ao se tratar de tutelas de urgências, perpassará sempre o Poder Geral de Cautela, do qual sempre manterá a proteção do bem jurídico maior, em qualquer hipótese, sem as formalidades rígidas de praxe, as quais levariam a uma ineficiência da executoriedade das medidas de urgência.

Do mesmo modo, prevê a obrigatoriedade do Princípio das Motivações da Decisão Judicial, sob os limites objetivos e subjetivos da lide e da sentença, seja em 1º ou 2º Grau de Jurisdição, sendo impugnáveis as decisões que negarem a apreciação da tutela antecipada, por qualquer motivo, pelo recurso de agravo de instrumento (Enunciado nº 29 e 30 – Fórum dos Processualistas – Rio de Janeiro). Na mesma seara, se houver o indeferimento do efeito ativo do recurso, caberá o agravo interno, em sede de 2º Grau de Jurisdição (Enunciado nº 142 – Fórum dos Processualistas – Rio de Janeiro).

Do mesmo modo, a competência para os pedidos de tutela antecipada, também manteve a mesma regra, respectivamente, da acessoriedade e prevenção, ou seja, os pedidos de tutela antecipada em caráter antecedente ficarão condicionados ao juízo competente que conhecer a ação principal, enquanto nas hipóteses de concessão de tutela antecipada em caráter incidental tornará prevento o juízo da causa principal.

Naquilo concernente às Tutelas de Urgência, o método prevê os mesmos requisitos para a concessão da tutela cautelar e tutela satisfativa de urgência, na forma antecipada, como: probabilidade do direito e o perigo da demora da prestação da tutela jurisdicional. (Enunciado nº 143 do III – Fórum de Processualistas do Processo Civil – Rio de Janeiro).

Acrescenta a exigência da caução real ou fidejussória idônea como garantia de eventual prejuízo, em decorrência dos desvios após a concessão da medida judicial, porém, dispensa a mesma para a parte que comprovar a condição econômica de hipossuficiente. Essa dispensa de caução incluída expressamente no Novo Código de Processo Civil corrobora para com a efetividade de medidas de urgência, uma vez que são inúmeros os casos na jurisprudência, em que a apreciação da dispensa da caução fica à critérios de fixação de valor, de forma aberta e subjetiva pelo juiz da causa, sem uma prática forense plausível de apuração de cada caso concreto, mesmo porquê, geralmente os pedidos dessas tutelas, são requeridas em situações reais *urgentíssima*, e em muitos casos, não prosperam com o seu deferimento, tendo o requerente de recorrer para comprovar essa condição de hipossuficiência, ficando à deriva o seu pleito urgente.

Por outro lado, também manteve a indenização por fraude processual ou qualquer outra medida de omissão do requerente que levasse à prejuízos ao requerido.

São exigidos os mesmos requisitos para a propositura da ação de tutela de urgência em caráter incidental, limitando ao requerimento da tutela satisfativa à indicação do pedido de tutela final (causa de pedir), com a mera exposição sumária da lide, do direito que se busca realizar e do perigo da demora da prestação da tutela jurisdicional.

A alteração legislativa que inova no artigo 304, parágrafo 1º do Código de Processo Civil, prevê um aditamento da petição inicial com a complementação dos argumentos realizados pelo requerente, propõe a flexibilização do prazo legal de 15 dias para resposta do requerido dependendo da complexidade da causa, designa audiência de conciliação ou mediação contemplando um contraditório mitigado para esclarecimentos e resoluções de conflitos, e, se o requerente manifestamente não apresenta a opção legislativa, na petição inicial, culmina na renuncia ao direito e no indeferimento da petição, com o julgamento sem resolução do mérito (Enunciado nº 144 do III Fórum Permanente dos Processualistas do Rio de Janeiro).

O que se debate veemente é a questão do prazo de revisão, reformar ou invalidação da tutela satisfativa, pelo prazo máximo de 2 anos e a possível estabilização da tutela satisfativa. Se nessas hipóteses a extinção do processo faz coisa julgada formal ou material. Se o faz somente coisa julgada formal, pois na sequência do texto discorre que da mesma não cabe ação rescisória. Apesar do entendimento de se tratar de coisa julgada formal, pela particulariedade dos direitos disponíveis e indisponíveis, dependo qual for o caso, restou ainda, controvérsias à respeito do tema, no último encontro do grupo de estudos de processualistas (Enunciado nº 32 e 33 do III Fórum Permanente do Processo Civil).

Há entendimento de estabilização das tutelas de urgência em caráter antecedente, desde que negociado pelas partes, e a coibição da mesma para as tutelas de caráter satisfativo, principalmente àquelas dotadas de matéria de direitos indisponíveis.

De todo modo, a grande novidade do códex trata das denominadas Tutelas de Evidência. As características que justificam a concessão da tutela de evidências são o direito demonstrável *prima facie* por meio de prova documental que demonstre direito líquido e certo, direito baseado em fatos incontroversos e notórios que independam de provas, direito a coibir conduta *contra legem*, o direito baseado em prova emprestada e garantida pelo crivo da ampla defesa e contraditório, o direito decorrente de prescrição e decadência, entre outros (FUX, 1996, p. 317).

Os conceitos epistemológicos daquilo que é provável, enquanto verdade e realidade, em contraponto com a hipótese para a concepção da *não verdade,* auxiliam no fechamento dos critérios exigidos para a postulação das tutelas de evidência.

Como é do entendimento do direito italiano aquilo que é posto como verdade, notório e óbvio, está para a concessão das tutelas de evidências (PROTO PISANI, 1993, p. 51).

Se elencadas as hipóteses do artigo 306 do Novo Código de Processo Civil, alcunhada dos meios de comprovação documental ou também por repetição de julgados e súmula vinculante, as mesmas fundamentarão o conteúdo meritório da verdade, assim dizendo, estará demonstrada a *verdade* para a efetiva concessão da tutela de evidência.

A Tutela de Evidência é considerada simplesmente uma medida satisfativa, sem o condão da urgência e provisoriedade das tutelas de urgência.

Nesse mesmo diapasão, outros proponentes do Ante-Projeto do Código de Processo Civil debateram sobre a classificação das tutelas diferenciadas, em Tutelas de Urgência, em Tutela Antecipada e Tutela Cautelar, recomendando a exclusão da Tutela de Evidência (representada por Ada Pelegrini Grinover). No mesmo sentido, outros doutrinadores, levantaram o debate sobre a antinomia na interpretação classificatória do texto legal, levando aos riscos de impor limites as garantias de efetivação dos direitos individuais e/ou coletivos, considerando somente situações fáticas previsíveis e demonstradas para a concessão da tutela de evidência, o que senão, indagarão se tal opção metodológica, não o é um retrocesso no âmbito legislativo processual.

Neste diapasão, resta a contribuição assertiva do restabelecimento do proposto tema à contento para novos estudos (representados pelos renomados proponentes Luiz Fux e Teresa Arruda Alvim Wambier), no sentido de ampliar as hipóteses, no plano fático, de uma análise apurada para a concessão das tutelas de evidência. Tal situação será defendida e conferida nas intepretações do Novo Código de Processo Civil e nos julgados futuros.

De tal sorte, os julgados dos Tribunais Superiores correlacionam exemplos práticos que versam sobre temas em debates ou direitos *novos*, os quais estão pautados de forma insuficiente ou inexistentes nas legislações infraconstitucionais, os quais merecem uma análise pormenorizada independente da denominação da tutela diferenciada.

> o repertório legal das medidas preventivas, no Brasil e alhures, é sabidamente insatisfatório; e, por paradoxal que possa afigurar-se, a sua pobreza agrava-se justamente no domínio onde mais aguda se faz a necessidade prática da tutela: para proteger a posse e a propriedade ainda se dispõe de remédios prestadios, mas a farmacopéia jurídica chega em geral às raias da penúria no que concerne às relações não patrimoniais – precisamente numa área de problemas cuja solução, sem tais remédios, oscila entre os níveis da precariedade e da mistificação (MOREIRA, p. 5)

Cumpre ressaltar que, é obrigatória a retomada dos debates das Tutelas Diferenciadas, os quais colaborarão para com a potencialização desses institutos processuais e resgatarão outras tutelas, como é o caso da Tutela Monitória.

A aprovação do Novo Código de Processo Civil vislumbra a *aceleração* do provimento jurisdicional e um número maior de hipóteses de concessão de medidas de urgências (no sentido *lato*) para adequações fáticas que merecem pronto atendimento, ainda que, não observadas em fundamentos de Rito próprio ou específico.

Contudo, parte da doutrina, já ressalta a involução teórica-legislativa ao tratar do tema de Tutelas Provisórias, como se pautam no Novo Código de Processo Civil.

O objetivo primordial do ramo das Ciências Jurídicas do Direito Processual Civil é manter a evolução da técnica processual, mantendo e ampliando as garantias constitucionais e cumprindo com os enunciados da Emenda nº 45/2004, alcançando as metas elencadas pelo Conselho Nacional de Justiça (CNJ), para a efetiva entrega da tutela jurisdicional.

Nesse contexto, o presente artigo defende a observância da reabertura do debate da eficácia do novo texto legal das tutelas diferenciadas, para a consecução dos objetivos e fins da Jurisdição, e, principalmente, para garantir a necessária manutenção da premissa garantística do acesso à ordem jurídica justa, com a pronta prestação jurisdicional, em especial, àquelas com "caráter de urgência".

A análise do texto do Novo Código de Processo Civil brasileiro deve estar em consonância com a moderna exegese principiológica do Direito Processual Civil Moderno e da Constituição Federal de 1988, restando a conferência do grau de eficácia da lei e a imperatividade das medidas processuais de cognição não exauriente ou exauriente, para a consecução de seus fins almejados.

As críticas profícuas a simplificação do rito procedimental das Tutelas diferenciadas no Novo Código de Processo Civil prospera pela magnitude do tratamento do instituto processual, pelas Ciências Jurídicas.

CONCLUSÃO

No Brasil, o estudo da evolução histórica, ideológica e política do Código de Processo Civil demonstra que as reiteradas minirreformas implicam em implantação, implementação e otimização de instrumentos processuais, assim como gestão dos órgãos administrativos e judicias, sempre com o fito de colaborar para com a Efetividade da Tutela do Processo e da Tutela Jurisdicional.

As previsões normativas no Anteprojeto e Projeto de Reforma do Código de Processo Civil estabeleceram divergências sobre a sistematização dos temas, em Livros próprios, elencando as incongruências das propostas legislativas para com a às demandas e a própria situação atual da estrutura do Poder Judiciário, em nosso país.

Faz-se-à necessário estabelecer um debate contínuo, em espaços democráticos e acadêmicos, no sentido de aprimoramento da interpretação do Novo Código de Processo Civil.

À partir desta análise crítica e aprofundada visando sempre o acesso ao Poder Judiciário, se estabelecerá estratégias instrumentais de otimização do rito processual e o fomento de políticas governamentais, para a entrega imediata dos *direitos* almejados pelos jurisdicionados.

A aprovação do Novo Código de Processo Civil acentua o diagnóstico remoto de usurpação da demanda judicial atinente à inserção de tutelas de urgência e destaca a obrigatoriedade de uma maior flexibilização do rito processual, com o objetivo-fim de estabelecer no regramento – a garantia constitucional do devido processo legal, porém, com a previsão máxima da efetividade dos Direitos Fundamentais.

Em contrapartida, não se cabe aos fins colimados do Novo Código de Processo Civil resolver todas as proposições de políticas públicas, legais e jurídicas, como medida protetiva única, prevista em lei.

Seja qual for, a celeuma sobre as formas de sistematização do *codex* das medidas de urgência ou qualquer outro instituto processual, seja pela antinomia ou unificação do regime de concessões de tutelas de urgências, cumpre como imperiosa a contínua interpretação do texto, para jamais esgotar a abertura retroalimentar de adaptação do sistema processual civil brasileiro.

O importante é verificar a sua utilidade para responder à demandas judiciais, analisar a mantença da eficácia normativa e resgatar a credibilidade dos préstimos dos serviços do Poder Judiciário.

BIBLIOGRAFIA

ALVIM, Arruda. **Manual de Direito Processual Civil.** São Paulo. Editora Revista dos Tribunais, 2011.

Notas sobre o Projeto do Novo Código de Processo Civil. In: Revista de Processo. São Paulo. RT, RePro, nº 191, ano 36, Janeiro de 2011, PP. 299-325.

ALVIM, Arruda Eduardo. ASSIS, Araken de. **Comentários ao Código de Processo Civil**. 3ª edição revista e atualizada. Revista dos Tribunais Thomson Reuters, São Paulo, 2014.

BEDAQUE, José Roberto dos Santos. **Tutela Cautelar e Tutela Antecipada: Tutelas Sumárias e de Urgência (tentativas de sistematização).** São Paulo. Editora Malheiros, 2006.

BENDER, R.; STRECKER, C. 1978. **Access to justice in the Federal Republic of Germany.** *In*: M. CAPPELLETTI; B. GARTH, *Access to justice – a world survey.* Milano, Giuffrè, v. I, livro II.

CAPPELLETTI, Mauro; GARTH, Bryant. ***Acesso à Justiça***. Trad. Ellen Gracie Northfleet. Porto Alegre: Sergio Antonio Fabris, 2002.

COMOGLIO, L.P. 1988. ***Etica e tecnica del "giusto processo".*** Torino, G. Giappichelli.

'giusto processo' civile in Italia. *Revista de Processo*, Il, 2004-a, 116:154-158.

Etica e tecnica del "giusto processo". Torino,G.Giappichelli, 2004-b, 429 p.

La garanzia costituzionale dell'azione ed il processo civile. Padova, Cedam, 1970, 370 p.

DIDIER JR., Fredie. Curso de Direito Processual Civil. 6ª edição, v. 2, 2010.

Distinção entre tutela antecipada e tutela cutelar. In: CIANCI, Mirna; QUARTIERI, Rita; MOURÃO, Luiz Eduardo; GIANNICO, Ana Paula Chiovitti. Temas atuais das tutelas diferenciadas. Estudos em homenagem ao Professor Donaldo Armelin. São Paulo: Saraiva, 2009, pp. 265-282.

DINAMARCO, Candido Rangel. ***A Instrumentalidade do Processo.*** 10ª ed. São Paulo: Malheiros, 2002.

FRIGNANI A. ***"L'injunction nella "common law" e l'inibitoria nel diritto italiano",*** cit., p. 465.

Inibitoria, v. 21, p. 526.

FERRI, C. **Sull'effettivitá del contraddittorio.** ***Rivista trimestrale di Diritto e Procedura Civile.*** 1988, 42:780-795.

FREIRE, Alexandre et. al. Novas Tendências do Processo Civil. Estudos sobre o Projeto do Novo Código de Processo Civil. Volume 1, 2 e 3. Editora JusPODIVM, 2014.

FUX, Luiz. **Tutela de Segurança e Tutela da Evidência (fundamentos da tutela antecipada)**. São Paulo: Saraiva, 1996.

A reforma do processo Civil. Niteroi: Impetrus, 2006.

A tutela dos direito evidentes. Revista de Jurisprudencia do STJ (Brasília). V. 2, 2012. pp. 23-43.

HABERMAS, J. 2002. ***Verdad y justifi cación.*** Madrid, Trotta, 326 p.

HART, H.L.A. 1963. ***Law, liberty, and morality.*** Stanford, Stanford University Press, 88 p.

LOPES, João Batista. **Tutela antecipada no processo civil brasileiro**. São Paulo: Saraiva, 2001 e Revista dos Tribunais (atual).

OLIVEIRA; F.D. MACHADO (coord.). **Constituição e processo: a contribuição do processo ao constitucionalismo democrático brasileiro.** Belo Horizonte, Del Rey, pp. 233-263.

ORIONE NETO, Luiz. **Liminares no processo civil e legislação processual civil extravagante.** 2ª Ed. São Paulo: Editora Método, 2002.

MARINONI, **Efetividade do Proceso e tutela de urgência**, Porto Alegre, 1994.

Tutela Inibitória: a tutela de prevenção de ilícito. 2000.

Tutela Inibitória" (individual e coletiva). Editora Revista dos Tribunais, 1998.

MONTERO AROCA, J. 2002. ***I principi politici del nuovo processo civile spagnolo.*** Napoli, Edizioni Scentifi che italiane, 169 p.

NUNES, D.J.C. 2008. ***Processo jurisdicional democrático: uma análise crítica das reformas processuais.*** Curitiba, Juruá, 286 p.

PISANI, Andrea Proto. ***Nuovi diritti e tecniche di tutela,* Scritti in onore di Elio Fazzalari.** Milano, Giuffrè, 1993, v. 2, p. 51 e SS.

Sulla Tutela giurisdizionale Differenziata, in Rivsta de Diritto Processuale 4, de 1979, pp. 436-591, especialmente pp. 58-59.

Brevi note in tema di tutela specifica e tutela risarcitoria. Foro Italiano, 1983.

L'effettività dei mezzi di tutela giurisdizionale con particolare riferimento all'attuazione della sentenza di condanna. Rivista di diritto processuale, 1975.

Lezioni di diritto processuale civile. Editora Jovene, 2006 .

RAPISARDA C. e TARUFFO M.***"Inibitoria", Enciclopedia Giuridica Trecani.*** v. 17, p. 1.

Inibitoria, digesto delle discipline privatistiche. v. 9, 1993, p. 480.

RICCI, G. 1995. ***Principi di Diritto Processuale Generale.*** Torino, Giappichelli, p. 366.

RODRIGUES, Marcelo Abelha. **Manual de Direito Processual Civil.** São Paulo: Editora Revista dos Tribunais, 2010.

SILVA, José Afonso da. **Aplicabilidade das normas constitucionais.** 3ª ed. Malheiros Editores, São Paulo: 1998.

THEODORO JUNIOR, Humberto. **Curso de direito processual civil.** Editora Revista dos Tribunais, São Paulo, 2011.

Processo justo e contraditório dinâmico. *Revista de Estudos Constitucionais, Hermenêutica e Teoria do Direito (RECHTD)*, 2(1): 64-71 65. Estudo em homenagem ao Prof. Ovídio Baptista da Silva. Artigo publicado originalmente na *Revista Magister de Direito Civil e Processual Civil*, 33:5-18, nov-dez 2009 e Revista de Estudos Constitucionais, Hermenêutica e Teoria do Direito (RECHTD) 2(1): 64-71 janeiro-junho 2010, by Unisinos – doi: 10.4013/rechtd.2010.21.07.

Constituição e processo: desafios constitucionais da reforma do processo civil no Brasil. *In:* M.A.C. de, 2009b.

THEODORO JÚNIOR, H.; NUNES, D.J.C. **Uma dimensão que urge reconhecer ao contraditório no direito brasileiro: sua aplicação como garantia de influência, de não surpresa e de aproveitamento da atividade processual.** *Revista de Processo*, 2009, 168:107-141.

TROCKER, N. **I llimitti soggetivi del giudicato tra tecniche di tutela sostanziale e garanzie di difesa processuale.** *Rivista di Diritto Processuale,* 1988, XLIII:35-95.

WAMBIER, Teresa Arruda Alvim. **Parte Geral e Processo de Conhecimento.** Vol. 1, 2ª edição. Revista dos Tribunais, São Paulo, 2011.

Terceiro no Processo Civil brasileiro e Assuntos Correlatos. Revista dos Tribunais, São Paulo, 2011.

Criticas ao Novo Projeto de CPC são senso comum. Revista Consultor Jurídico, em 27 de Junho de 2011.

WOOLF, L. ***Access to justice. Interim Report to the Lord Chancellor on the civil justice system in England and Wales.*** London, HMSO, 1995, 192 p.

Access to justice. Final Report to the Lord Chancellor on the civil justice system in England and Wales. London, HMSO, 1996, 139 p.

REFERENCIAS BIBLIOGRÁFICAS:

ANDOLINA, I.; VIGNERA, G. 1997. ***I fondamenti costituzionali della giustizia civile: il modelo costituzionale del processo civile italiano.*** 2ª ed., Torino, G. Giappichelli, *96 p.*

BARASSI L. ***"La Teoria Generale delle Obbligazioni"***. Milano, Giufrè, 1964, pp. 428 e 429.

COMOGLIO, L.P. 1988. **Voce: contraddittorio (principio del).** *In: Enciclopedia giuridica.* Roma, Istituto della Enciclopedia Italiana, vol. 8, pp. 2-5.

GRINOVER, Ada Pellegrini, ***Tutela jurisdicional diferenciada: a antecipação e sua estabilização,*** RePro nº 121, março de 2005, pp. 11-37.

MOREIRA, José Barbosa.Processo **Civil e direito à perservação da intimidade**, cit., p- 5.

NORMAND, J. 1988. **I poteri del giudice e delle parti quanto al fondamento delle pretese controverse.** *Rivista di diritto processuale,* pp. 736-750.

PISANI, Andrea Proto. ***Nuovi diritti e tecniche di tutela,*** **Scritti in onore di Elio Fazzalari.** Milano, Giuffrè, 1993, v. 2, pp. 51 e SS.

ROTONDI, Mario. **Istituzioni di diritto privato.** Milano, Giuffrè, 1965, p. 407.

THEODORO JUNIOR, Humberto. **Direito fundamental à duração razoável do processo.** *Revista Magister de Direito Civil e Processual Civil,* 2009-a, 88-108.

Curso de Direito Processual Civil. 50ªed., Rio de Janeiro, Forense, vol. I, nº 22, 2009 c., 23 e 27 p.

TROCKER, N. **Il nuovo art. III della Costituzione e il giusto processo in matéria civile: profi li generali.** *Rivista Trimestrale di diritto e procedura civile,* 2001, 2:383-384.

WASSERMANN, R. 1978. ***Der soziale Zivilprozeβ Zur Theorie um práxis des zivilprozesses im socialen rechsstaat.*** Neuwied, Darmstadt, Luchterhand, 129 p.

ENUNCIADOS DO III EDIÇÃO DO FÓRUM PERMANENTE DE PROCESSUALISTAS CIVIS, no Rio de Janeiro, R. J., Maio de 2014.

ENUNCIADOS DO IV EDIÇÃO DO FÓRUM PERMANENTE DE PROCESSUALISTAS CIVIS, Belo Horizonte, M. G., Dezembro de 2014.

ENUNCIADOS DO V EDIÇÃO DO FÓRUM PERMANENTE DE PROCESSUALISTAS CIVIS, Vitória , E.S., Maio de 2015.

LEGISLAÇÕES:

ANTEPROJETO DE LEI E PROJETO DE LEI:

Lei nº 5.869/73), PL. 8046 / 2010, Projeto de Lei do Senado 166/2010, entre outros.

BRASIL. Senado. Comissão de Juristas Responsável pela Elaboração de Anteprojeto de Código de Processo Civil. ***Código de*** **Processo** ***Civil:*** anteprojeto. Disponível em: <http://www.senado.gov.br/senado/novocpc/pdf/Anteprojeto.pdf>. Acesso em: 02 jul. 2012.

LEI Nº 6.025, DE 2005 DO CODIGO DE PROCESSO CIVIL, versão da Câmara dos Deputados. Redação Final aprovada em 26 de Março de 2014.

O INSTITUTO DA COISA JULGADA: SISTEMÁTICA ATUAL E CONSIDERAÇÕES SOBRE O NOVO CPC

Rennan Faria Krüger Thamay
Marcelo Chiavassa de Mello Paula Lima

SUMÁRIO: 1. Considerações iniciais. **2.** A coisa julgada no código de processo civil vigente. Bibliografia.

1. CONSIDERAÇÕES INICIAIS

O importante tema da coisa julgada sempre mereceu, dos juristas, atenção destacada, por ser tema de grande complexidade e polêmicas. No decorrer do tempo, muitas teorias foras instituídas com o intuito de explicar a *res iudicata*, dando margem a variadas outras correntes doutrinárias sobre o tema.

Com a chegada de um novo Código de Processo Civil, muitas mudanças no sistema jurídico-processual estão sendo implementadas, dentre elas, como não poderia ser diferente, a coisa julgada.

É nesse contexto que se pretende estudar a *res iudicata*, iniciando a análise desde os clássicos processualistas que trabalharam o tema até tempos hodiernos, encerrando-se o estudo com uma análise comparativa do Código de Processo Civil de 1973 e do novo Código de Processo Civil.

Constata-se, neste ensaio, evolução teórico-normativa em relação ao instituto da coisa julgada, importante ferramenta da manutenção da estabilidade e segurança jurídica, que não mudou muito aquilo que já se havia construído; todavia, importante acréscimo teórico foi pretendido no NCPC.

2. A COISA JULGADA NO CÓDIGO DE PROCESSO DE 1973

O Código de Processo Civil de 1973 normatiza a coisa julgada a partir da teoria de Enrico Tullio Liebman,[1] muito embora, em diversos aspectos, acabe adotando posições que não são, realmente, decorrentes do pensamento do processualista Italiano.

Justifique-se a influência de Enrico Tullio Liebman pelo fato de ter este vindo a morar em São Paulo, lecionando na Universidade de São Paulo, sendo professor de

---

1 Para Enrico Tullio Liebman, que foi discípulo de Giusepp Chiovenda e que com sua vinda para o Brasil fundou a Escola Paulista, a coisa julgada não é um efeito da sentença, mas, sim, uma qualidade especial da sentença. Nesse sentido, conferir LIEBMAN, Enrico Tullio. Eficácia e autoridade da sentença. 2. ed., Rio de Janeiro: Forense, 1981, pp. 46-47. Observando Enrico Tullio Liebman, percebe-se a preocupação do autor em distinguir a eficácia da autoridade da coisa julgada. Para ele, a autoridade da *res iudicata* não é efeito da sentença, como postura da doutrina da época, mas, sim,

Alfredo Buzaid, então Ministro da Justiça e mentor do Código de Processo Civil de 1973. A *res iudicata* está disposta, nesse código, a partir do art. 467.

Em vista disso, far-se-á, então, uma análise comparativa daquilo que hoje vige e das mudanças que, possivelmente, serão produzidas em face da nova codificação.

Com efeito, denomina-se coisa julgada material a eficácia que torna imutável e indiscutível a sentença, não mais sujeita a recurso ordinário ou extraordinário, assim como prevê o Art. 467 do Código de Processo Civil atual.

Percebe-se que o Código buscou inspiração na construção de Enrico Tullio Liebman, pois, este observa a *res iudicata* não como efeito, mais como uma qualidade que torna todos os efeitos imutáveis e indiscutíveis.

De fato, esta é uma das vertentes da coisa julgada, que, como já alertado, sofreu dura crítica de José Carlos Barbosa Moreira,[2] compreendendo que a *res iudicata* é a qualidade que se agrega aos efeitos para tornar imutável e, consequentemente, indiscutível o conteúdo decisório da sentença.

Com efeito, deve-se observar que o dispositivo acaba confundindo a coisa julgada material com a coisa julgada formal, por não pontuar as distinções entre elas.

A suposta coisa julgada formal, em verdade, não passa de preclusão temporal[3] -

---

modo de manifestar-se e produzir-se dos efeitos da própria sentença, algo que a esses efeitos se ajunta para qualificá-los e reforçá-los em sentido bem determinado. Assim refere o processualista italiano: *"Não é efeito da sentença, como postura da doutrina unânime, mas sim modo de manifestar-se e produzir-se dos efeitos da própria sentença, algo que a esses efeitos se ajunta para qualificá-los e reforçá-los em sentido bem determinado.(...)"*. LIEBMAN, Enrico Tullio. Eficácia e autoridade da sentença. Tradução de Alfredo Buzaid e Benvindo Aires. Rio de Janeiro: Forense, 1945, p. 36. Aduz ainda, com firmeza, o autor que a autoridade da coisa julgada *"não é efeito da sentença, mas uma qualidade, um modo de ser e de manifestar-se dos seus efeitos, quaisquer que sejam, vários e diversos, consoante as diferentes categorias das sentenças."* LIEBMAN, Enrico Tullio. Eficácia e autoridade da sentença. Tradução de Alfredo Buzaid e Benvindo Aires. Rio de Janeiro: Forense, 1945, p. 16.

---

2 Com efeito, José Carlos Barbosa Moreira concorda com a distinção da eficácia da sentença com a autoridade da coisa julgada, assim como Enrico Tullio Liebman, mas distingue-se deste ao pensar que a imutabilidade não atinge aos efeitos da decisão, mas, sim, ao seu conteúdo, não se limitando ao elemento declaratório. Observando o posicionamento de Enrico Tullio Liebman, e sua construção, José Carlos Barbosa Moreira constitui verdadeiro adendo à teoria do processualista italiano ao concluir que os efeitos das sentenças estão sujeitos à mudança, razão por que tal qualidade, referida por Enrico Tullio Liebman, não poderia acobertar a sentença e seus efeitos com a coisa julgada, mas, somente, o conteúdo da decisão. MOREIRA, José Carlos Barbosa. Eficácia da sentença e autoridade da coisa julgada. Revista de processo, ano IX, nº 34 abr-jun, 1984, 273-279.

3 Nesse sentido, entendendo que coisa julgada só pode ser a substancial e não a formal, por ser mera preclusão, vem o STJ, 2º Turma, REsp 648.923/SP, rel. Min. Humberto Gomes de Barros. EMENTA: *"PROCESSUAL CIVIL – ALÍNEA "A" – AUSÊNCIA DE PREQUESTIONAMENTO DOS ARTS. 121, 165 E 166 DO CTN – VIOLAÇÃO DA COISA JULGADA MATERIAL – NÃO-OCORRÊNCIA – QUESTÃO DE NATUREZA PROCESSUAL – TRIBUTÁRIO – ADICIONAL DE IMPOSTO DE RENDA – REPETIÇÃO DE INDÉBITO – ILEGITIMIDADE ATIVA DO RESPONSÁVEL TRIBUTÁRIO. 1. A Corte a quo não analisou a matéria recursal à luz de alguns dos dispositivos legais apontados como violados, quais sejam, os artigos 121, 165 e 166 do CTN. Incide, neste ponto, o enunciado das Súmulas 282 e 356 do STF. Ressalte-se que não foram opostos os cabíveis embargos declaratórios a fim de suprir a omissão do julgado. 2. Quanto à alegada violação do*

preclusão máxima.[4] Em vista disso, as partes no mesmo processo não poderão discutir determinada situação, pois o seu momento temporal e processual já passou. Neste caso, as partes terão em seu (des)favor a ocorrência da preclusão temporal,[5] instituto distinto da *res iudicata* que é comprometida com a imutabilidade e a indiscutibilidade do conteúdo da sentença.

A coisa julgada material é a imutabilidade e, consequente, indiscutibilidade da sentença[6] e não, como informa o texto normativo, a eficácia. Esta é algo distinto, pois, na verdade é a aptidão para a produção de efeitos.

Lançadas essas bases, cabe, agora, analisarem-se os limites objetivos da coisa julgada que são lançados pelo Art. 468 do Código de Processo Civil, o qual estabelece que a sentença que julgar total ou parcialmente a lide tem força de lei nos limites da lide e das questões decididas.

Destarte, os limites objetivos da *res iudicata* estão comprometidos com aquilo que receberá o manto protetor da coisa julgada. Neste peculiar, vislumbra-se qual o conteúdo, ou o quê, receberá a proteção da coisa julgada.[7]

---

artigos 467, 468, 471, caput, e 473, do CPC, o entendimento assente nesta Corte é o de que inexiste coisa julgada material se as questões decididas forem de natureza processual, como é o caso dos autos. 3. A Primeira Seção desta Corte pacificou a orientação de que o responsável tributário não é parte legítima para pleitear a restituição de adicional de imposto de renda em questão. Recurso especial conhecido em parte e improvido."

---

4 Frederico Marques: "A coisa julgada formal consiste na preclusão máxima de que fala a doutrina, visto que impede qualquer reexame da sentença como ato processual, tornando-a imutável dentro do processo" (Instituições de direito processual civil, 1960, v. 5, p. 41)

5 *"A mais usual das modalidades, a preclusão temporal, consiste na perda do direito de praticar determinado ato processual pelo decurso do prazo fixado para o se exercício."* RUBIN, Fernando. A preclusão na dinâmica do processo civil. Porto Alegre: Livraria do Advogado, 2010, p. 101.

6 *"A imutabilidade reveste todo o conteúdo decisório, e não apenas o elemento declaratório. Se a sentença, por exemplo, é constitutiva, não se poderá contestar que a modificação se operou, muito embora possa cessar ou alterar-se a situação constituída pela sentença."* MOREIRA, José Carlos Barbosa. Eficácia da sentença e autoridade da coisa julgada. Ajuris. Porto Alegre, nº 28, jul., 1983, p. 30. *"A coisa julgada é efeito do trânsito em julgado da sentença de mérito, efeito consistente na imutabilidade (e, consequentemente, na indiscutibilidade) do conteúdo de uma sentença, não de seus efeitos. Posso renunciar a um direito declarado por sentença: assim agindo, afasto os efeitos da sentença, sem modificar o seu conteúdo. O que não se pode é renunciar à própria coisa julgada, o que teria por efeito a possibilidade de instauração de novo processo, a fim de ser outra vez julgada a res."* TESHEINER, José Maria Rosa. Eficácia da sentença e coisa julgada no processo civil. São Paulo: RT, 2001, p. 72.

7 *"Os limites objetivos estão ligados às matérias que serão analisadas na sentença, o conteúdo que será parte da decisão emanada pelo Poder Judiciário, separando o que fará ou não parte da res iudicata."* THAMAY, Rennan Faria Krüger. A relativização da coisa julgada pelo supremo tribunal federal: o caso das ações declaratórias de (in)constitucionalidade e arguição de descumprimento de preceito fundamental. Porto Alegre: Livraria do Advogado Editora, 2013, p. 52. CHIOVENDA, Giuseppe. Principi di Diritto Processuale Civile. Napoli: Casa Editrice E. Jovene, 1980, p. 918. *Verbis "Ma oggetto del giudicato è la conclusione ultima dei ragionamenti del giudice". "Por límites objetivos se entiende la frontera que tiene el fallo judicial para no transponer su eficacia hacia otro proceso donde no existe identidad con lo pedido y la causa petendi, esto es, de la extensión de la cosa juzgada hacia situaciones fuera del proceso donde se dicta".* GOZAÍNI, Osvaldo A. Teoría general del derecho procesal: jurisdicción, acción y proceso. Buenos Aires: Sociedad EDIAR, 1996, pp. 265-266.

Aquilo que não estiver contido na causa de pedir e pedidos, levado ao conhecimento do julgador pelo mecanismo processual adequado, não receberá o manto da *res iudicata*, pois, aqui está a delimitação dos limites objetivos, que estão vinculados ao que fora objeto de exame judicial.[8]

No Brasil, em relação à coisa julgada, adotou-se a teoria restritiva dos limites objetivos da coisa julgada (diversamente do modelo alemão),[9] possibilitando que somente a parte dispositiva da decisão receba a proteção da imutabilidade e consequente indiscutibilidade.

---

8 Nesse sentido, STJ, 2º Turma, REsp 861.270/PR, rel. Min. Castro Meira. EMENTA: *"284/STF. PRECLUSÃO PRO JUDICATO. EFICÁCIA PRECLUSIVA DA COISA JULGADA. 1. É impossível conhecer-se do recurso especial pela alegada violação ao artigo 535 do CPC nos casos em que a argüição é genérica, por incidir a Súmula 284/STF, assim redigida: "É inadmissível o recurso extraordinário, quando a deficiência na fundamentação não permitir a exata compreensão da controvérsia". 2. Não pode prevalecer, em face do óbice da preclusão pro judicato, a decisão do magistrado de primeira instância que tenha por fim retratar decisão interlocutória objeto de agravo de instrumento não conhecido pelo Tribunal ad quem. 3. O acórdão proferido pela instância de segundo grau, ao não conhecer do mérito do agravo de instrumento pela inobservância do disposto no art. 526 do CPC, trouxe como efeito a manutenção da decisão agravada, impedindo que fosse reaberto o prazo para retratação do juiz de piso. Solução em contrário, importaria em supressão de instância. 4. O art. 468 do Código de Processo Civil explicita que a sentença tem força de lei, ou seja, faz coisa julgada, nos limites da lide e das questões decididas, o que impede a propositura de ação idêntica, com as mesmas partes, causa de pedir e pedido. 5. Já o art. 474 do CPC dispõe sobre a impossibilidade de se rediscutir não apenas as questões que tenham sido explicitamente decididas no dispositivo, porquanto expressamente alegadas pelas partes, mas também aquelas que poderiam ser alegadas e não o foram. 6. Da interpretação desses dispositivos, extrai-se o óbice para a propositura de ação idêntica, rediscussão de pontos já decididos na sentença e alegação de fatos novos não aduzidos por desídia da parte. 7. Malgrado constar do dispositivo da sentença a determinação para que, após o trânsito em julgado, os depósitos fossem convertidos em renda da União, o reconhecimento da decadência com a conseqüente determinação de levantamento dos depósitos pela empresa recorrida não ofende a coisa julgada. 8. Em face da decadência ter-se operado no curso da lide, seria desarrazoado exigir que a parte suscitasse esse fato extintivo em momento anterior. Além disso, essa tese não foi discutida na ação de conhecimento, consubstanciando outra causa de pedir sujeita a nova coisa julgada. 9. Recurso especial conhecido em parte e improvido."*

9 Os limites objetivos da coisa julgada estão ligados, em uma concepção eclética (da escola brasileira e rioplatense de processo), não adotando com rigor a teoria de abrangência da proteção da coisa julgada os fundamentos da decisão (com arrimo em Savigny) e muito menos adotando integralmente a concepção de que somente faz coisa julgada a parte dispositiva da sentença (tese de Chiovenda). Muito embora o Brasil tenha optado por um modelo restritivo que concebe a coisa julgada somente em relação ao dispositivo da sentença, Eduardo Couture sustentou que os fundamentos da decisão farão parte da coisa julgada, recebendo o manto de imutabilidade, quando: a) a parte dispositiva fizer expressa referência aos fundamentos; ou b) os fundamentos forem antecedentes lógicos à parte dispositiva, sendo deste inseparável como nos casos de questão prejudicial como alerta o autor. Esses fundamentos têm sido observados pela doutrina, como visto a partir de Couture, bem como pela jurisprudência nacional. COUTURE, Eduardo J. Fundamentos del derecho procesal civil. 3. ed., Buenos Aires: Depalma, 1978, pp. 431-432.

Desta forma, não estarão sujeitos ao véu da imutabilidade (i) os motivos,[10] ainda que fundamentais para a compreensão do alcance da parte dispositiva (art. 469, I, CPC); (ii) a verdade dos fatos, ainda que estabelecida como fundamento da sentença (art. 469, II, CPC) e (iii) a apreciação de questão prejudicial ao mérito da demanda, decidida incidentemente no processo (art. 469, III, CPC).[11]

Esta opção sistêmica encontrada no ordenamento jurídico pátrio, e constantemente reafirmada pela jurisprudência,[12] deixa claro que o que importa para a formação da coisa julgada é aquilo que compõe a parte dispositiva da sentença.

---

10 "As observações dos parágrafos anteriores não significam dizer que os motivos da sentença, isto é, a sua fundamentação, não possam ser (e não sejam) elementos importantes para compreender o que foi e o que não foi decidido pelo juiz e o alcance de sua decisão. Isto não quer dizer que eles transitem em julgado, o que não é admitido pelo art. 469, mas podem e devem ser utilizados como verdadeiros auxiliares para a compreensão do que efetivamente foi julgado e em que medida o pedido (ou pedidos) de tutela jurisdicional foi efetivamente acolhido (ou negado) na sentença." (BUENO, Cássio Scarpinella. *Curso Sistematizado de Direito Processual Civil – Procedimento Comum: Ordinário e Sumário*. São Paulo: Saraiva, 2007, p. 389).

11 "As questões ditas prejudiciais são decididas *incidenter tantum,* ou seja, prévia e incidentemente ao julgamento principal (*principalitter*). Daí que, sobre essas questões incidentais, por não comporem o objeto do processo, não incidirá a autoridade da coisa julgada, que se limita ao dispositivo da sentença, que é justamente a "resposta" do Estado ao pedido formulado pelo autor." (AMENDOEIRA, Sidnei Jr. *Direito Processual Civil – Teoria Geral do Processo e Processo de Conhecimento (Procedimento em Primeiro Grau de Jurisdição).* São Paulo: Atlas, 2007, pag. 396).

12 STJ, 1º Turma, REsp 795.724/SP, rel. Min. Luiz Fux. EMENTA: *"PROCESSO CIVIL. EXCEÇÃO DE PRÉ-EXECUTIVIDADE. EFICÁCIA DA COISA JULGADA EM MATÉRIA TRIBUTÁRIA. SENTENÇA QUE, EM AÇÃO DECLARATÓRIA, RECONHECEU O DIREITO À CORREÇÃO MONETÁRIA DOS SALDOS CREDORES DO ICMS. EFICÁCIA PROSPECTIVA DA COISA JULGADA. 1. A decisão em ação declaratória que reconhece, em manifestação trânsita, o direito ao creditamento de correção monetária de determinado período inadmite execução em relação ao mesmo lapso, proposta subseqüentemente à coisa julgada, sob pena de violação da eficácia preclusiva da mesma, que se opera na forma do art. 474, do CPC. 2. A exceção de pré-executividade é servil à suscitação de questões que devam ser conhecidas de ofício pelo juiz, como a coisa julgada, que consubstancia condição genérica negativa para o legítimo exercício do direito de ação. 3. Conquanto seja de sabença que o que faz coisa julgada material é o dispositivo da sentença, faz-se mister ressaltar que o pedido e a causa de pedir, tal qual expressos na petição inicial e adotados na fundamentação do decisum, integram a res judicata, uma vez que atuam como delimitadores do conteúdo e da extensão da parte dispositiva da sentença. Dessa forma, enquanto perdurar a situação fático-jurídica descrita na causa de pedir, aquele comando normativo emanado na sentença, desde que esta transite em julgado, continuará sendo aplicado, protraindo-se no tempo, salvo a superveniência de outra norma em sentido diverso. 4. Na seara tributária, valioso e atual se mostra o escólio de Rubens Gomes de Souza, verbis: "(...) a solução exata estaria em distinguir, em cada caso julgado, entre as decisões que tenham pronunciado sobre os elementos permanentes e imutáveis da relação jurídica, como a constitucionalidade ou inconstitucionalidade do tributo, a sua incidência ou não-incidência na hipótese materialmente considerada, a existência ou inexistência de isenção legal ou contratual e o seu alcance, a vigência da lei tributária substantiva ou a sua revogação, etc. – e as que se tenham pronunciado sobre elementos temporários ou mutáveis da relação jurídica, como a*

Grande é a discussão em torno da coisa julgada de questão prejudicial, mormente porque o art. 470 do CPC determina que a questão prejudicial estará acobertada pela coisa julgada se a parte assim o requerer (por meio da competente Ação Declaratória Incidental).

Configura-se prejudicial ao exame do mérito toda aquela questão que poderá influenciar no julgamento da causa, de sorte que para resolver a lide, deverá o juiz, obrigatoriamente, decidir a questão prejudicial.[13]-[14]

Esta liberdade concedida pelo CPC – no sentido de permitir que as partes possam optar se a questão prejudicial será, ou não, abrigada pela coisa julgada – é alvo de inces-

---

avaliação de bens, as condições personalíssimas do contribuinte em seus reflexos tributários, e outras da mesma natureza; à coisa julgada das decisões do primeiro tipo há que se atribuir uma eficácia permanente; e às segundas, uma eficácia circunscrita ao caso específico em que foram proferidas." (Coisa Julgada, In Repertório enciclopédico do direito brasileiro, RJ, Ed. Borsoi, p. 298) 5. Conseqüentemente, a regra de que a sentença possui efeito vinculante somente em relação às situações já perfeitas, não alcançando àquelas decorrentes de fatos futuros, deverá ser relativizada quando se tratar de situações jurídicas permanentes, que não se alteram de um exercício para o outro, nem findam com o término da relação processual. Nesses casos, a sentença terá efeitos prospectivos em relação aos fatos geradores similares àqueles por ela apreciados, desde que ocorridos sob uma mesma situação jurídica. 6. In casu, a natureza permanente da situação jurídica que engendrou a decisão com trânsito em julgado, qual seja, a necessidade de preservação do valor dos créditos tributários da empresa contribuinte em face dos efeitos nefastos da inflação, pelos mesmos índices de correção monetária aplicados pelo Estado aos seus créditos fiscais, de forma a impedir-se a carga tributária indevida e o enriquecimento sem causa por parte do Estado. Conseqüentemente, em virtude da perduração do contexto jurídico em que proferida a sentença da ação declaratória, encontra-se albergado pela eficácia da coisa julgada o direito da recorrente à atualização monetária do saldo credor do ICMS. 7. Recurso especial provido."

---

13 "Pois bem, existem questões preliminares ao mérito e questões prejudiciais ao mérito. As questões preliminares são aquelas que determinam se o juiz poderá ou não julgar o mérito da causa. As questões prejudiciais, por sua vez, determinam o modo como o magistrado irá julgar a causa. A questão prejudicial não impede o julgamento do mérito, mas influenciará, diretamente, como ele será julgado, já que se trata de questão diretamente ligada ao objeto do processo. Assim, por exemplo, a questão da filiação é prejudicial ao julgamento do mérito em uma ação de alimentos; ou seja, se o réu não for pai do autor, então, não há que se falar em condenação em alimentos. Note-se que o objeto do processo é a condenação em pagar alimentos; a questão da paternidade não faz parte desse objeto, no entanto, sem uma decisão direta sobre essa questão, não é possível julgar o mérito, daí a prejudicialidade." (AMENDOEIRA, Sidnei Jr. *Direito Processual Civil – Teoria Geral do Processo e Processo de Conhecimento (Procedimento em Primeiro Grau de Jurisdição)*. São Paulo: Atlas, 2007, pp. 394/395).

14 "'Prejudicial', de sua parte, é todo e qualquer *ponto* ou *questão* que vincula a solução do ponto ou questão seguinte." (BUENO, Cássio Scarpinella. *Curso Sistematizado de Direito Processual Civil – Procedimento Comum: Ordinário e Sumário*. São Paulo: Saraiva, 2007, pp. 179/180).

santes conflitos na doutrina, com posições positivas[15] e negativas[16]-[17] quanto à matéria, a qual, não por acaso, é pauta de modificação no projeto do novo Código de Processo Civil, como será exposto adiante.

Muito embora, a regra é de que a questão prejudicial não receba a proteção da coisa julgada; havendo a propositura de ação declaratória incidental, descrita nos Arts. 5º e 325 do Código de Processo Civil, formar-se-á a coisa julgada,[18] caracterizando-se, desta forma, a exceção apresentada pelo sistema à regra do Art. 469, III. Do contrário, se as partes não suscitarem a declaração incidente, não se formará a *res iudicata*.

---

15 "O principal argumento empregado pela doutrina brasileira, quando da discussão acerca do art. 287 do CPC de 1939, para afastar a extensão da coisa julgada sobre as questões prejudiciais baseava-se no respeito ao princípio dispositivo. Nesse sentido, correta a constatação feita por Gidi de que a adoção de solução restritiva dos limites objetivos da coisa julgada nos países de *civil law* decorre da deferência ao princípio de que "as partes são as donas do processo". Barbosa Moreira alertava para o fato de que muitas vezes é inconveniente para as partes a extensão do julgamento a relações jurídicas estranhas ao âmbito do pedido. Afinal, as partes podem estar despreparadas para enfrentar uma discussão exaustiva das questões prejudiciais porque talvez, por exemplo, não seja possível, à época da propositura da demanda, coligir todas as provas necessárias àquela ampla discussão e, ainda assim, tenham a necessidade de ajuizar desde logo a ação. Defendendo a solução restritiva, Barbosa Moreira ponderava que, quando houver interesse, as partes sempre podem lançar mão da ação declaratória incidental, medida considerada satisfatória e capaz de equilibrar o princípio dispositivo e a eventual necessidade de definição das questões prejudiciais. Ademais, poder-se-ia acrescentar, se a regra fosse a da coisa julgada das questões prejudiciais, as partes que não estivessem preparadas para litigar tais questões se sentiriam desencorajadas a propor qualquer demanda, com receio de serem vinculadas em questões meramente incidentais aos seus interesses atuais." (GIDI, Antônio. TESHEINER, José Maria Rosa. PRATES, Marília Zanella. *Limites Objetivos Da Coisa Julgada No Projeto De Código De Processo Civil Reflexões Inspiradas Na Experiência Norte-Americana.* Revista de Processo 194/99 de Abril/2011, Ed. Revista dos Tribunais).

16 Sobre as contradições que podem decorrer de julgamentos distintos sobre a mesma questão prejudicial: "Tais contradições são amenizadas por serem consideradas 'meramente' lógicas e não contradições práticas e, portanto, aceitas no sistema. Muito embora, sejam realmente contradições 'meramente' lógicas, tal explicação é cerebrina e de difícil entendimento para o jurisdicionado que se vê envolvido em uma situação como essa, contribuindo para o real desprestígio da função jurisdicional." (Vale dizer que os Autores assumem o entendimento de que é um mal necessário) (GIDI, Antônio. TESHEINER, José Maria Rosa. PRATES, Marília Zanella. *Limites Objetivos Da Coisa Julgada No Projeto De Código De Processo Civil Reflexões Inspiradas Na Experiência Norte-Americana.* Revista de Processo 194/99 de Abril/2011, Ed. Revista dos Tribunais).

17 "A impossibilidade de rediscussão da 'questão prejudicial', de resto, é técnica que atua em favor de uma maior estabilização do quanto decidido porque impede que, numa futura atuação do Estado-juiz, o resultado prático do processo anterior seja esvaziado." (BUENO, Cássio Scarpinella. *Curso Sistematizado de Direito Processual Civil – Procedimento Comum: Ordinário e Sumário.* São Paulo: Saraiva, 2007, pp. 388/389).

18 Assim, STJ, 2º Turma, REsp 182.735/SP, rel. Min. Castro Filho. EMENTA: *"PROCESSO CIVIL. COISA JULGADA. ARTIGO 469, I E III, DO CÓDIGO DE PROCESSO CIVIL. FIXAÇÃO DE VERBA HONORÁRIA. AUSÊNCIA DE FUNDAMENTAÇÃO. INOCORRÊNCIA. I – Os limites objetivos da coisa julgada não abrangem os motivos da decisão nem questões prejudiciais, salvo, quanto a estas, a propositura de ação declaratória incidental. II – Nas causas em que não há condenação, a fixação dos honorários se dá consoante apreciação eqüitativa do juiz. Recurso a que se nega provimento."*

Outro aspecto imprescindível ao estudo, neste ensaio, é compreender qual a limitação temporal da coisa julgada.[19] A *res iudicata* foi constituída para validade temporal, ou seja, não eternamente. Incongruente seria acreditar que uma decisão poderia valer para sempre, sabendo da mutabilidade das questões fático-sociais e do próprio ordenamento jurídico.

Nesta senda, faz-se necessário compreenderem-se os limites temporais da coisa julgada, que fazem com que esse instituto tenha aplicação temporal, enquanto não se alterarem os fatos jurídicos, pois, ocorrendo isso, a *res iudicata* não mais persistirá em face da qualidade de mutabilidade da cláusula *rebus sic stantibus* que é inerente à coisa julgada.[20]

Assim, nenhum juiz decidirá novamente as questões já decididas, relativas à mesma lide, em regra, assim como determina o Art. 471, *caput* do Código de Processo

---

19 Em relação aos limites temporais da *res iudicata,* destaca-se Othmar Jauernig, professor da *Universidade de Heidelberg(Ruprecht-Karls-Universität Heidelberg)* na Alemanha, foi um dos primeiros autores a trabalhar sobre a temática, assim como Remo Caponi (CAPONI, Remo. L'efficacia del giuducato civile nel tempo. Milano: Giuffrè, 1991), professor da Universidade de Florença (*Università degli Studi di Firenze)* na Itália. No Brasil José Maria Rosa Tesheiner (TESHEINER, José Maria. Eficácia da sentença e coisa julgada no processo civil. São Paulo: RT, 2001, pp. 162-163) e Egas Dirceu Moniz de Aragão (ARAGÃO, Egas Dirceu Moniz de. Sentença e coisa julgada. Rio de Janeiro: Aide, 1992, pp. 199 e ss) já vinham se preocupando com essa temática face a sua importância e acreditando na tripartição dos limites: objetivos, subjetivos e temporais. Igualmente importante observarem-se algumas das muitas contribuições de Sérgio Gilberto Porto, autor que, atualmente, tem se dedicado à temática em decorrência de sua importância. Aduz o autor que *"a matéria referente aos limites atribuídos à coisa julgada tem sido tratada pela doutrina brasileira, preferencialmente, apenas sob o ponto de vista objetivo e subjetivo, vez que esta tem concentrado esforços na tentativa de identificar 'quem' está sujeito a autoridade da coisa julgada e 'o quê' na sentença, passada em julgado, torna-se imutável. Contudo, como sabido, os limites de incidência da autoridade da coisa julgada não se esgotam somente nestas medidas, eis que as relações jurídicas, embora normadas por decisão jurisdicional, também estão sujeitas a variação dos fatos no tempo, ou seja, a autoridade da coisa julgada não é capaz de imunizar a relação jurídica anteriormente jurisdicionada."* PORTO, Sérgio Gilberto. A coisa julgada civil. 4. ed. rev. atual. e ampl. com notas do Projeto de Lei do Novo CPC. São Paulo: RT, 2011, p. 85. Para Sérgio Gilberto Porto, a *"ideia parte da premissa de que a relação jurídica é somente normada nos limites da situação substancial posta à apreciação, vez que pode, com o transcurso do tempo, sofrer alterações fáticas. Contudo, deve ser registrado que esta limitação ocorre apenas quando a relação jurídica controvertida for tipicamente continuativa, tais as antes citadas, ou seja, as alimentares e tributárias, dentre outras igualmente de periodicidade intrínseca. Com efeito, também as relações não marcadamente continuativas estão sujeitas as variações temporais, haja vista que toda a relação jurídica possui, com maior ou menor intensidade, a presença da cláusula rebus sic stantibus."* PORTO, Sérgio Gilberto. A coisa julgada civil. 4. ed. rev. atual. e ampl. com notas do Projeto de Lei do Novo CPC. São Paulo: RT, 2011, p. 88.

20 STJ, 6º Turma, REsp 30.216/SP, rel. Min. José Cândido de Carvalho Filho. EMENTA: *"PROCESSUAL. CPC. ART. 471, INC. I. REVISÃO DE BENEFICIOS DE PRESTAÇÃO CONTINUADA. COISA JULGADA. POSSIBILIDADE. NAS RELAÇÕES DE PRESTAÇÕES CONTINUADAS, EM BENEFICIOS ACIDENTARIOS, É PERMITIDA A REVISÃO EM AÇÃO AUTONOMA, MESMO APOS O TRANSITO EM JULGADO DA SENTENÇA CONCESSIVA POR FORÇA DA CLAUSULA REBUS SIC STANTIBUS. RECURSO NÃO CONHECIDO."*

Civil. Todavia, excepcionalmente, assim como permite o Art. 471, I e II, do mesmo Código, poderá ser novamente decidida demanda que se trate de: a) relação jurídica continuativa (as relações jurídicas continuativas são aquelas em que há trato sucessivo entre os envolvidos que necessariamente se estendem no tempo), na qual sobreveio modificação no estado de fato ou de direito; caso em que poderá a parte pedir a revisão do que foi estatuído na sentença; b) nos demais casos prescritos em lei.

Ademais, entenderem-se os limites subjetivos[21] da coisa julgada se faz necessário. A sentença faz coisa julgada às partes entre as quais é dada, não beneficiando, nem prejudicando terceiros. Nas causas relativas ao estado de pessoa,[22] se houverem sido

---

21 O limite subjetivo da coisa julgada está ligado aos sujeitos que poderão receber ou não a produção de efeito da *res iudicata*. De acordo com Giuseppe Chiovenda *"la cosa giudicata si produce fra Le parti"*. *Vide* CHIOVENDA, Giuseppe. Princippi di Diritto Processuale Civile. Napoli: Casa Editrice E. Jovene, 1980, p. 924. Assim, nos diz José Maria Rosa Tesheiner que *"[...] entende-se por limite subjetivo da coisa julgada a determinação das pessoas sujeitas à imutabilidade e indiscutibilidade da sentença que, nos termos do art. 467 do CPC, caracterizam a eficácia de coisa julgada material"*. TESHEINER, José Maria. Eficácia da sentença e coisa julgada no processo civil. São Paulo: RT, 2001, p. 81. Sua ponderação liga o limite subjetivo da coisa julgada – como havíamos referido anteriormente – às pessoas que podem ser atingidas por esta *res iudicata*. Este ponto é importante para que haja a percepção da limitação existente aos sujeitos que sofrerão algum efeito da coisa julgada e aos que não sofrerão tais consequências. CHIOVENDA, Jose. Principios de derecho procesal civil. Traducción de José Casáis y Santalo. Tomo I. Madrid: Editorial Reus, 1925, pp. 429 e ss. Cândido Rangel Dinamarco entende que *"[...] a imutabilidade dos efeitos da sentença vincula somente os sujeitos que figuram no processo e aos quais se dirigiu aquela"*. DINAMARCO, Cândido Rangel. Instituições de Direito Processual Civil. 3 v. 2. ed. São Paulo: Malheiros, 2002, pp. 316-317. Sua posição se soma à de Enrico Tullio Liebman que também nesses moldes compreendia o limite subjetivo, tendo sido o autor italiano influente na formação acadêmica de Cândido Rangel Dinamarco. Ademais, como assevera Enrico Tullio Liebman, o limite subjetivo da coisa julgada se presta também a um princípio de justiça, não podendo a coisa julgada atingir e prejudicar os direitos de pessoas que não tenham participado da lide, por não terem apresentado as suas razões e defesa sobre a questão em debate. *Vide* LIEBMAN, Enrico Tullio. Corso de diritto processuale civile. Milano: Dott.A Giuffrè, 1952, p. 242. Francisco Cavalcanti Pontes de Miranda, sobre o tema, entende que *"[...] quanto aos limites subjetivos, a coisa julgada somente atinge as partes do processo (res iudicata ius facit inter partes)"*. PONTES DE MIRANDA. Francisco Cavalcanti. Comentários ao código de processo civil. t. V. Rio de Janeiro: Forense, 1974, p. 122. Assim, deve-se pensar que o efeito é *inter partes*, por ser o limite da coisa julgada relativo às partes que compõem a lide. Por todos, Giuseppe Chiovenda refere que *"La cosa giudicata come risultato della definizione del rapporto processuale è obbligatoria pei sogetti di questo rapporto"*. Nesse sentido CHIOVENDA, Giuseppe. Princippi di Diritto Processuale Civile. Napoli: Casa Editrice E. Jovene, 1980, p. 922.

22 Nas causas relativas ao estado de pessoa, importante destacar que a eficácia da sentença atinge a todos, quais sejam: as partes, terceiros interessados e terceiros desinteressados. As partes é que são atingidas pela coisa julgada. Assim, STJ, 4º Turma, REsp 279.243/RS, rel. Min. Aldir Passarinho Júnior. EMENTA: *"CIVIL E PROCESSUAL. AÇÃO DE INVESTIGAÇÃO DE PATERNIDADE. ALEGAÇÃO DE COISA JULGADA. DESPACHO SANEADOR AGRAVADO DE INSTRUMENTO. DESPACHO DA RELATORA NEGANDO SEGUIMENTO AO RECURSO. AGRAVO INOMINADO. ACÓRDÃO DA CÂMARA CÍVEL QUE DE LOGO APRECIA O MÉRITO DO AGRAVO DE INSTRUMENTO E EXTINGUE A AÇÃO POR IMPOSSIBILIDADE JURÍDICA DO PEDIDO.*

citados no processo, em litisconsórcio necessário, todos os interessados, a sentença produz coisa julgada em relação a terceiros. Esta conotação dos limites subjetivos é advinda da determinação do Art. 472 do Código de Processo Civil.

Portanto, a coisa julgada só envolve as partes do litígio e seus sucessores, sendo a eles imposta a imutabilidade e a consequente indiscutibilidade do conteúdo decisório da sentença. No entanto, nasce a dúvida da figura dos terceiros. Aclare-se que estes não recebem a imutabilidade e a indiscutibilidade do conteúdo decisório da sentença, ou seja, a coisa julgada. Recebem, entretanto, sim, as eficácias da sentença, que não se confundem com a *res iudicata*.[23]

Assim como informa o Código de Processo Civil, no Art. 473, é defeso à parte discutir, no curso do processo, as questões já decididas, a cujo respeito se operou a pre-

---

OFENSA AO ART. 557, PARÁGRAFO 1º, NÃO PREQUESTIONADA. EXTINÇÃO DA AÇÃO POR IMPOSSIBILIDADE JURÍDICA DO PEDIDO. COISA JULGADA NA ANTERIOR AÇÃO DE ANULAÇÃO DE ASSENTO DE NASCIMENTO MOVIDA CONTRA O PAI REGISTRAL. AUSÊNCIA DE PREJUDICIALIDADE À AÇÃO INVESTIGATÓRIA MOVIDA CONTRA OUTREM, QUE NÃO INTEGROU A DEMANDA DESCONSTITUTIVA. AÇÃO DE ESTADO DE PESSOA. INTERESSE PÚBLICO. CPC, ARTS. 267, VI E 472. CONDIÇÃO TEMPORAL PARA O EXERCÍCIO DA AÇÃO INVESTIGATÓRIA. INEXISTÊNCIA DE IDADE MÍNIMA. PRAZO QUADRIENAL QUE, ALÉM DE NÃO MAIS PREVALECER, SE REFERIA AO LIMITE MÁXIMO, NÃO INIBINDO DEMANDA MOVIDA PELA REPRESENTANTE, EM NOME DO MENOR. CC ANTERIOR, ART. 362. ECA, ART. 27. EXEGESE. I. A ausência de prequestionamento da questão referente ao art. 557, parágrafo 1o, do CPC, impede a apreciação da tese alusiva à nulidade do acórdão, registrando-se que tal requisito se faz necessário ainda que a questão federal controvertida tenha surgido no próprio julgamento de 2a instância. Precedentes do STJ. II. A coisa julgada ocorrida na anterior ação de anulação do assento de nascimento do menor-autor, de que fez parte, no pólo passivo, apenas o pai registral, não inibe o ulterior ajuizamento de ação de investigação de paternidade contra o suposto pai verdadeiro, ainda que tal venha a produzir efeito sobre o registro primitivo, em atenção à prevalência do interesse público na ação de estado de pessoa e da busca da verdade real. Necessidade, todavia, da presença do pai registral também na lide investigatória, ab initio, na qualidade de litisconsorte passivo necessário. III. O prazo decadencial quadrienal previsto no art. 362 do Código Civil anterior, além de não mais prevalecer em face do ECA, art. 27, também então limitava apenas o tempo máximo para o exercício da ação, não inibindo o seu ajuizamento pela representante da menor para a defesa dos seus interesses. IV. Recurso especial conhecido em parte e parcialmente provido, afastada a impossibilidade jurídica do pedido, mas anulado o processo para a integração do pai registral desde o início, como litisconsorte passivo necessário."

---

23 STJ, 3ª Turma, RMS 21.443/SP, rel. Min. Humberto Gomes de Barros. EMENTA: *"RECURSO ORDINÁRIO EM MANDADO DE SEGURANÇA – SÚMULA 202/STJ – DETERMINAÇÃO DE REINTEGRAÇÃO DE POSSE CONTRA TERCEIROS – INEFICÁCIA – INALTERABILIDADE DA SENTENÇA – DEVIDO PROCESSO LEGAL, CONTRADITÓRIO E AMPLA DEFESA – LIMITES SUBJETIVOS DA COISA JULGADA. I- "A impetração de segurança por terceiro, contra ato judicial, não se condiciona a interposição de recurso." (Súmula 202/STJ) II- Fora das hipóteses do Art. 463 do CPC, o Juiz não pode alterar a sentença publicada para alcançar terceiros alheios a relação processual e estendê-la a fato que lhe foi posterior. III- Ninguém pode ser privado de seus bens sem o devido processo legal, que lhe garanta contraditório e ampla defesa (CF – Art. 5º, LIV e LV). IV- As decisões judiciais não atingem terceiros alheios à relação processual (CPC – Art. 472)."*

clusão.[24] Ademais, importante salientar que passada em julgado a sentença de mérito, reputar-se-ão deduzidas e repelidas todas as alegações e defesas que a parte poderia opor assim ao acolhimento como à rejeição do pedido, assim como determina o Art. 474 do Código de Processo Civil. Nesse caso, se está frente à eficácia preclusiva da coisa julgada, que se caracteriza por verdadeira proteção que o sistema lançou sobre a *res iudicata*.[25]

---

24 A título de curiosidade, Michele Taruffo relata, no sistema italiano, a substancial eliminação das preclusões realizada em 1950 em decorrência da pressão dos advogados. TARUFFO, Michele. La giustizia civile in Italia dal'700 a oggi. Bologna: Mulino, 1980, p. 299. Esse movimento não é surpreendente para o processo civil do século XIX que acabou se desenvolvendo a partir da ausência total das preclusões, em nome da liberdade absoluta reservada às partes. TARUFFO, Michele. La giustizia civile in Italia dal'700 a oggi. Bologna: Mulino, 1980, p. 115.

25 STJ, 1º Turma, REsp 763.231/PR, rel. Min. Luiz Fux. EMENTA: *"PROCESSUAL CIVIL. AGRAVO DE INSTRUMENTO DO ART. 522, DO CPC. DECISÃO INTERLOCUTÓRIA QUE OBSTOU O LEVANTAMENTO DO DEPÓSITO JUDICIAL EFETUADO NO ÂMBITO DE MANDADO DE SEGURANÇA COM DECISÃO TRÂNSITA EM JULGADO. RECURSO ESPECIAL. ALEGAÇÃO DE OFENSA À COISA JULGADA E JULGAMENTO EXTRA PETITA. INOCORRÊNCIA. 1. A coisa julgada é tutelada pelo ordenamento jurídico não só pelo impedimento à repropositura de ação idêntica após o trânsito em julgado da decisão, mas também por força da denominada eficácia preclusiva do julgado. 2. O primeiro aspecto acerca do artigo 468, do CPC ("a coisa julgada tem força de lei nos limites da lide e das questões decididas"), assenta-se em clássica sede doutrinária que: "Já o problema dos limites objetivos da res iudicata foi enfrentado alhures, em termos peremptórios enfáticos e até redundantes, talvez inspirados na preocupação de preexcluir quaisquer mal-entendidos. Assim, é que o art. 468, reproduz , sem as deformações do art. 287, caput, a fórmula carneluttiana: "A sentença, que julgar total ou parcialmente a lide, tem força de lei nos limites da lide e das questões decididas". (José Barbosa Moreira, in Limites Objetivos da Coisa Julgada no Novo Código de Processo Civil, Temas de Direito Processual, Saraiva, 1977, p. 91). 3. O segundo, inerente à eficácia preclusiva, admite dizer-se que a coisa julgada atinge o pedido e a sua causa de pedir. Destarte, a eficácia preclusiva da coisa julgada (artigo 474, do CPC) impede que se infirme o resultado a que se chegou em processo anterior com decisão trânsita, ainda que a ação repetida seja outra, mas que, por via oblíqua, desrespeita o julgado anterior (Precedentes desta relatoria: REsp 714792/RS, Primeira Turma, DJ de 01.06.2006; EDcl no AgRg no MS 8483/DF, Primeira Seção, DJ de 01.08.2005; REsp 671182/RJ, Primeira Turma, DJ de 02.05.2005; e REsp 579724/MG, Primeira Turma, DJ de 28.02.2005). 4. Pedido de levantamento, formulado pelos impetrantes, dos depósitos efetuados no âmbito de ação mandamental, em virtude do trânsito em julgado do acórdão proferido pela Primeira Turma do STJ, segundo o qual: (a) "o imposto de renda não incide sobre o valor recebido pelo beneficiário de entidade de previdência privada em liquidação, posto não configurar o mesmo acréscimo patrimonial, exceto quanto aos valores relativos às contribuições efetuadas a partir da vigência da Lei 9.250/95"; e (b) revela-se ausente o interesse em recorrer dos impetrantes contra decisum prolatado pelo Tribunal a quo, que preconizou entendimento sustentado pelos mesmos, qual seja, a incidência de "imposto de renda no resgate das contribuições para plano de previdência privada descontadas a partir de 1º de janeiro de 1996, conforme dispõe o artigo 33, da Lei 9.250/95, excluídos os valores pagos no período de 1º de janeiro de 1989 a 31 de dezembro de 1995, eis que já tributados na fonte, conforme dispõe o art. 6º, da Medida Provisória nº 1.943-52, de 26-07-2000". 5. Decisão interlocutória, agravada de instrumento, que obstou o imediato levantamento dos depósitos, até que sejam feitos os cálculos dos valores que devem ser levantados nos termos da aludida decisão definitiva, "ou seja, considerando*

Por fim, deve-se dizer que as alegações e defesas dedutíveis não recebem a proteção da coisa julgada, em relação ao seu limite objetivo, pois podem ser livremente debatidas em outro processo.[26]

Dessa forma, foi tratada a coisa julgada pelo Código de Processo Civil de 1973, sob forte influência do pensamento de Enrico Tullio Liebman, muito embora a doutrina nacional tenha construído novas formas de compreender a *res iudicata*, que, sabidamente, é a matriz de segurança jurídica do sistema jurídico.

Com efeito, resta agora, obviamente, examinar como foi tratado o instituto pelo Novo Código de Processo Civil que está às portas da entrada em vigor.

3. A COISA JULGADA NO NOVO CÓDIGO DE PROCESSO CIVIL

O novo Código de Processo Civil[27] vem demarcado pela manutenção de muitos instrumentos e algumas novidades pontuais que poderão ter o condão de, realmente, tornar o processo mais célere, eficiente e até de duração razoável. Mas, quanto a isto, somente o tempo poderá dizer.

Sobre o tema da coisa julgada, há tempos debatido, questionado e problematizado, o novo Código pouco muda em alguns aspectos já definidos anteriormente pela doutrina com base nas construções de Enrico Tullio Liebman.

Assim como determina o art. 502 do NCPC, denomina-se coisa julgada material a autoridade que torna imutável e indiscutível a decisão de mérito não mais sujeita a recurso.

---

que só não deve incidir IR sobre os valores resgatados correspondentes à parcela das contribuições que os impetrantes recolheram após 1º de janeiro de 1989", tendo como marco final a data da liquidação da entidade de previdência privada (PARSE), que se deu em 1991. 6. Acórdão recorrido que, nos autos do agravo de instrumento que suscitara ofensa à coisa julgada e vício extra petita, assentou o acerto da decisão agravada, ressaltando que "a isenção da Lei nº 7.713/88 abrange somente as contribuições pagas exclusivamente pelo participante, no período de 1989 a 1995, que devem ser excluídas da incidência do imposto de renda, quando do rateio do patrimônio da entidade". 7. Deveras, a Medida Provisória 1.943-52/1996, reeditada sob o nº 2.159-70, fundamento legal do acórdão regional confirmado pelo decisum transitado em julgado, determinou a exclusão da base de cálculo do imposto de renda do "valor do resgate de contribuições de previdência privada, cujo ônus tenha sido da pessoa física, recebido por ocasião de seu desligamento do plano de benefícios da entidade, que corresponder às parcelas de contribuições efetuadas no período de 1º de janeiro de 1989 a 31 de dezembro de 1995", razão pela qual se infere o respeito à coisa julgada pelas decisões impugnadas nos presentes autos de agravo de instrumento. 8. Recurso especial desprovido."

---

26 STJ, 1º Turma, REsp 763.231/PR, rel. Min. Luiz Fux. EMENTA: *"COISA JULGADA – LIMITES OBJETIVOS. A IMUTABILIDADE PROPRIA DE COISA JULGADA ALCANÇA O PEDIDO COM A RESPECTIVA CAUSA DE PEDIR. NÃO, ESTA ULTIMA ISOLADAMENTE, PENA DE VIOLAÇÃO DO DISPOSTO NO ART. 469, I DO C.P.C.. A NORMA DO ART. 474 DO C.P.C. FAZ COM QUE SE CONSIDEREM REPELIDAS TAMBEM AS ALEGAÇÕES QUE PODERIAM SER DEDUZIDAS E NÃO O FORAM, O QUE NÃO SIGNIFICA HAJA IMPEDIMENTO A SEU REEXAME EM OUTRO PROCESSO, DIVERSA A LIDE."*

27 Os Projetos que trataram do novo Código de Processo Civil são as leis nºs 6.025 de 2005 e 8.046 de 2010.

Aqui, como se pode perceber, atribui-se à coisa julgada a qualidade de autoridade, assim como defendido por Enrico Tullio Liebman. Esta autoridade, que se traduz em verdadeira força, tem a qualidade de tornar imutável e, consequentemente, indiscutível a decisão de mérito não mais sujeita a recurso.

Com essa definição normativa da coisa julgada mantém-se no sistema pátrio a já conhecida divisão da *res iudicata* em material e formal, pois se emprega, no texto normativo, a expressão *"não mais sujeita a recurso"*.

Discorda-se dessa orientação, como já afirmado, pois coisa julgada como imutabilidade e a consequente indiscutibilidade é somente a substancial, ou seja, a material, já que aquilo que se chama de coisa julgada formal não passa de preclusão máxima que estabiliza as decisões com base no trânsito em julgado.[28]

Outro ponto que resolve definir o NCPC é o de que a coisa julgada, como autoridade, só atinja a decisão de mérito; o que já se vislumbrava na antiga sistemática, muito embora se falasse em *"sentença"*.

Por conseguinte, conceitua-se a coisa julgada com essas qualidades e definições. Resta recordar, como já evidenciado anteriormente, que a doutrina não acolhe em sua integralidade a teoria de Enrico Tullio Liebman, muito embora, em grande parte, dela decorra.

Mais, como já estudadas essas teorias e vislumbrando o objetivo deste texto que é o de analisar a coisa julgada no NCPC, limitar-se-á o estudo a compreender o que a projetada nova norma quer dizer com seu texto.

De outro lado, diversamente das mínimas renovações conceituais do instituto, assim como se viu do art. 502, percebe-se que no art. 503 a renovação foi mínima, mantendo-se claramente a ideologia do art. 468 do antigo Código. Segundo o novo dispositivo, a decisão que julgar total ou parcialmente o mérito tem força de lei nos limites da questão principal expressamente decidida.

Pontualmente, a mudança desse texto veio ligada a duas relevantes palavras, substituindo a anterior "sentença" por "decisão" e também alterando a noção de "lide" por "mérito".

Muita coisa muda, pois se pode, com base no novo texto, falar em coisa julgada não somente das sentenças, mas também, como já se defendia, das decisões de mérito de natureza distinta. Com base nesse fato, nasce aqui a possibilidade de falar-se em coisa julgada de decisões interlocutórias.

Afora isso, relevante destacar-se que o art. 503 demarca os limites objetivos da *res iudicata*, determinando que o conteúdo da decisão que julgar total ou parcialmente o mérito tem força de lei nos limites da questão principal expressamente decidida.

Os limites objetivos da coisa julgada estarão determinados pela sentença em sua parte dispositiva, definido que a questão passará a receber a imutabilidade e a consequente indiscutibilidade.

28 Nesse sentido, conferir a tese de doutorado defendida na PUCRS. THAMAY, Rennan Faria Krüger. A inexistência de coisa julgada (clássica) no controle de constitucionalidade abstrato. Porto Alegre, 2014, p. 132.

Diferentemente do que foi adotado no Código de 1973, o NCPC amplia os limites objetivos da coisa julgada para fazer com que as questões prejudiciais (aquelas que incidentalmente venham a ser decididas e possam trazer prejuízo à matéria principal sob judice) estejam protegias pelo véu da imutabilidade, assim como determina o art. 503, § 1º.

Nesse contexto, o novo Código de Processo Civil optou por flexibilizar o princípio da inércia da jurisdição, que encampa todo o processo civil vigente (art. 2º do CPC) e encontra guarida no NCPC (art. 2º), uma vez que determinada questão que diga respeito à existência ou inexistência da relação jurídica entre as partes recairá sob o manto da coisa julgada, independentemente da vontade das partes, o que poderia afrontar, até mesmo, o princípio dispositivo.[29]

Barbosa Moreira,[30] antes mesmo da entrada em vigor do CPC/73, já trazia elementos de ordem prática capazes de sustentar a impossibilidade de a coisa julgada recair, sem pedido expresso das partes, sobre a questão prejudicial, na medida em que as partes podem estar despreparadas para enfrentar uma discussão exaustiva acerca das questões prejudiciais, o que poderia, em alguns casos, desestimular o ajuizamento da demanda pela parte, com receio de serem vinculadas a questões meramente incidentais aos seus interesses atuais.[31]

---

29 "O principal argumento empregado pela doutrina brasileira, quando da discussão acerca do art. 287 do CPC de 1939, para afastar a extensão da coisa julgada sobre as questões prejudiciais baseava-se no respeito no respeito ao princípio dispositivo." (GIDI, Antônio. TESHEINER, José Maria Rosa. PRATES, Marília Zanella. *Limites Objetivos Da Coisa Julgada No Projeto De Código De Processo Civil Reflexões Inspiradas Na Experiência Norte-Americana.* Revista de Processo 194/99 de Abril/2011, Ed. Revista dos Tribunais).

30 "Não poucas vezes, seria de todo em todo inconveniente para as partes a extensão do julgamento, a seu malgrado, a relações ou situações jurídicas que, estranhas ao âmbito do pedido, sejam todavia condicionantes da pretensão deduzida. Quem pede um pronunciamento sôbre a relação condicionada sem sempre tem interêsse em ver transpostos os limites em que, de caso pensado, confinou o *thema decidendum*, sem que, por outro lado, se possa contrapor ao da parte qualquer interesse *público* dotado de fôrça bastante para tornar necessária a produção do efeito que ela quis evitar. A parte pode estar despreparada para enfrentar uma discussão exaustiva da questão subordinante, *v. g.*, por não lhe ter sido possível, ainda, coligir tôdas as provas que, potencialmente, a favoreceriam, e no entanto, achar-se na contingência, por êste ou aquêle motivo, de ajuizar desde logo a controvérsia subordinada, em relação à qual já dispõe dos elementos indispensáveis (...)"(MOREIRA, José Carlos Barbosa. *Questões prejudiciais e Coisa Julgada.* Revista de Direito da Procuradoria Geral do Estado da Guanabara, v. 16. Rio de Janeiro, 1967, p. 227).

31 Thereza Alvim sempre discordou desse argumento, uma vez que, para ela, "o debate das questões, em si, também não apresenta muita relevância: o que importa é que a parte contrária tenha tido oportunidade de se defender, obedecendo-se ao princípio do contraditório. Lembremos que, mesmo havendo revelia, poderá existir coisa julgada material." (ALVIM, Thereza. *Questões prévias e os limites objetivos da coisa julgada.* São Paulo: RT, 1977, p. 48).

Fará coisa julgada a resolução de questão prejudicial,[32] decidida expressa e incidentalmente no processo (art. 503, § 1 º do NCPC), se: a) dessa resolução depender o julgamento do mérito (inciso I); b) a seu respeito tiver havido contraditório prévio e efetivo, não se aplicando no caso de revelia (inciso II); e, por fim, c) o juízo tiver competência em razão da matéria e da pessoa para resolvê-la como questão principal (inciso III).

Ainda assim, como evidenciado anteriormente, modificando a estrutura anterior do Código de Processo Civil de 1973, o Novo Código de Processo Civil, no art. 503, § 2º, determina que as hipóteses do § 1º (questões prejudiciais que recebem o manto da coisa julgada), do mesmo artigo, não se aplicam, se no processo houver restrições probatórias ou limitações à cognição que impeçam o aprofundamento da análise da questão prejudicial, evitando, neste caso, a formação da coisa julgada, já que os elementos necessários para uma decisão coerente não estão presentes.

Contrariamente, não fazem coisa julgada (art. 504 do NCPC): a) os motivos, ainda que importantes para determinar o alcance da parte dispositiva da sentença (inciso I); e b) a verdade dos fatos, estabelecida como fundamento da sentença (inciso II).

Nesse peculiar não houve inovação, com exceção da já trabalhada possibilidade de a questão prejudicial fazer coisa julgada, pois se mantém aquilo que antes vinha previsto no art. 469, I e II, do Código de 1973.

Portanto, para evitar tautologia sobre a opção sistêmica, optou-se no Brasil por excluírem-se da proteção da *res iudicata* os motivos determinantes (diferentemente do sistema alemão[33] que inclui a fundamentação como objeto de proteção da coisa julgada) para a sentença, bem como a verdade dos fatos por mais relevantes que sejam para a conclusão sentencial.

Em plena simetria com o que foi determinado no Código de Processo Civil de 1973, vem o Novo Código de Processo Civil, dispondo no art. 505 que, em relação aos limites temporais da coisa julgada, nenhum juiz decidirá novamente as questões já decididas relativas à mesma lide.

Esta regra (art. 505) comporta ressalvas nos casos de: a) relação jurídica de trato continuado do qual sobreveio modificação no estado de fato ou de direito; caso em que poderá a parte pedir a revisão do que foi estatuído na sentença (inciso I); e b) nos demais casos prescritos em lei (inciso II).

Assim, segue-se neste ponto basicamente aquilo que o anterior Código de Processo Civil já previa no art. 471, I e II, devendo-se observar o que se escreveu no tópico do Código de 1973 para evitar ser recorrente.

Quanto aos limites subjetivos, em nada inova o NCPC, pois determina no art. 506 que a sentença faz coisa julgada às partes entre as quais é dada, não prejudicando a terceiros, seguindo a linha já definida pelo art. 472 do Código de Processo Civil de 1973.

32 Neste contexto, refira-se que se supera o que previa o art. 470 do Código de Processo Civil de 1973.

33 COUTURE, Eduardo J. Fundamentos del Derecho Procesal Civil. 3. ed. Buenos Aires: Depalma, 1978. pp. 431-432.

Todavia, este limite subjetivo da *res iudicata* não mais se estende às causas relativas ao estado de pessoa; se houverem sido citados no processo, em litisconsórcio necessário, todos os interessados, a sentença produz coisa julgada em relação a terceiros, assim como fazia a parte final do art. 472 do Código de Processo Civil de 1973.

Assim, a imutabilidade e a consequente indiscutibilidade atingem às partes entre as quais é dada, não prejudicando a terceiros.

Com efeito, seguindo-se as diretrizes do art. 507 do Novo Código de Processo Civil, é vedado à parte discutir no curso do processo as questões já decididas a cujo respeito se operou a preclusão, acompanhando identicamente aquilo que já previa o art. 473 do Código de Processo Civil e 1973. Nesse caso, se está frente à eficácia preclusiva da coisa julgada.

Por fim, sem grande inovação, mas, sim, manutenção do sistema anterior, o art. 508 do Novo Código de Processo Civil determina que, transitada em julgado a decisão de mérito, considerar-se-ão deduzidas e repelidas todas as alegações e as defesas que a parte poderia opor assim ao acolhimento como à rejeição do pedido.

Essa disposição vem a ser praticamente a mesma estabelecida no art. 474 do Código de Processo Civil de 1973, mudando-se somente a noção de *"passada em julgado a sentença de mérito"* para *"transitada em julgado a decisão de mérito"*.

Isso se dá em decorrência da adoção clara do Novo Código de Processo Civil pela noção de que recebem o manto da coisa julgada as decisões de mérito, alterando-se a concepção restritiva anterior por uma mais ampla no novo Código.

Dessa forma, com base nesses elementos, afirme-se que, pela nova sistemática, transitada em julgado a decisão de mérito, formar-se-á a coisa julgada que para esse Código é a autoridade que torna imutável e, consequentemente, indiscutível a decisão de mérito não mais sujeita a recurso.

4. CONSIDERAÇÕES FINAIS

Observando a coisa julgada do clássico ao contemporâneo, pode se concluir que muito se tem produzido, bem como teorias diversas têm se confrontado, mantendo o tema vívido e muito atrativo até em dias hodiernos.

No sistema do Novo Código de Processo Civil, pouca inovação se pôde perceber sobre o instituto, com ressalva da possibilidade de receber o manto da coisa julgada em relação às prejudiciais, que não mais serão manejadas por Ação Declaratória Incidental, podendo-se, assim, lançar-se sobre as questões prejudiciais a *res iudicata*.

Com isso, visualiza-se nítida ampliação dos limites objetivos da coisa julgada.

Também se aclara que a coisa julgada, com arrimo em Enrico Tullio Liebman, é a autoridade que torna imutável e indiscutível a decisão de mérito vinculada ao dispositivo da decisão.

Além do mais, como se apontou, os limites objetivos acabam sendo ampliados, pois permitem que a questão prejudicial receba o manto da coisa julgada independentemente de requisição das partes em casos pontuados e específicos. Em relação aos limites subjetivos e temporais seguem a mesma noção do Código de 1973.

Destarte, sem maiores novidades, a coisa julgada vem dessa forma trabalhada no projetado futuro Código de Processo Civil.

BIBLIOGRAFIA

ARAGÃO, Egas Dirceu. **Sentença e coisa julgada.** Rio de Janeiro: Aide, 1992.

BARBI, Celso Agrícola. Da preclusão no processo civil. **Revista dos tribunais.** São Paulo: RT, n.158.

BAUMAN, Zygmunt. **O mal-estar da pós-modernidade.** Tradução de Mauro Gama, Cláudia Martinelli Gama. Rio de Janeiro: Jorge Zahar, 1998.

BERIZONCE, Roberto Omar. **Aportes para una justicia más transparente.** Roberto Omar Berizonce Coordenador, ... [*et. al.*]. La Plata: LEP, 2009.

BERNAL. Francisco Chamorro. **La tutela judicial efectiva.** Barcelona: Bosch, NA.

BOMFIM JÚNIOR, Carlos Henrique de Moraes. [et al.] **O ciclo teórico da coisa julgada:** de Chiovenda a Fazzalari. Coord. Rosemiro Pereira Leal. Belo Horizonte: Del Rey, 2007.

CABRAL, Antonio do Passo. **Coisa julgada e preclusões dinâmicas**: entre continuidade, mudança e transição de posições processuais estáveis. Salvador: Editora Juspodivm, 2013.

CARNELUTTI, Francesco. **Estudios de derecho procesal.** Tradução de Santiago Sentis Melendo. Vol. II, Buenos Aires: Ediciones Jurídicas Europa-América, 1952.

____________. **Sistema de direito processual civil.** v. I, São Paulo: Editora ClassicBook, 2000.

CHEVALLIER, Jacques. **O Estado pós-moderno.** Tradução de Marçal Justen Filho, Belo Horizonte: Fórum, 2009.

CHIOVENDA, Giuseppe. **Instituições de direito processual civil:** os conceitos fundamentais – a doutrina das ações. v.1. São Paulo: Saraiva, 1965.

____________. **Instituições de direito processual civil.** 2. ed., v. I, São Paulo: Bookseller, 2002.

____________. **Princippi di Diritto Processuale Civile.** Napoli: Casa Editrice E. Jovene, 1980.

COUTURE, Eduardo J. **Fundamentos do direito processual civil.** Tradução de Benedicto Giaccobini. Campinas: RED Livros, 1999.

DONOT, F. **L'autorité de la chose jugée en matière d'état des personnes.** Coulommiers: Imprimerie Dessaint Et Cie, 1914.

FERRAJOLI, Luigi. **A soberania no mundo moderno.** Tradução de Carlos Coccioli, Márcio Lauria. São Paulo: Martins Fontes, 2002.

GARCÍA-PELAYO, Manuel. **As transformações do estado contemporâneo.** Tradução de Agassiz Almeida Filho, Rio de Janeiro: Forense, 2009.

GOZAÍNI, Osvaldo A. **La conducta en el proceso.** La Plata: LEP, 1988.

___________. **Teoría general del derecho procesal:** jurisdicción, acción y proceso. Buenos Aires: Sociedad EDIAR, 1996.

GRECO FILHO, Vicente. **Direito processual civil brasileiro.** São Paulo: Saraiva, 1981.

HARVEY, David. **Condição pós-moderna.** São Paulo: Edições Loyola, 1992.

HELLWIG, Konrad. **Wesen und subjektive begrenzung der rechtskraft.** Leipzig: A. Deichert, 1901.

JAYME, Erik. **Cours général de droit intenacional prive**, In recueil des cours, Académie de droit internacional, t, 251, 1997.

KAUFMANN, Arthur. **La filosofía del derecho en la posmodernidad.** Traducción de Luis Villar Borda. Santa Fe de Bogotá: Editorial Temis S.A, 1992.

KUMAR, Krishan. **Da sociedade pós-industrial à pós-moderna.** Rio de Janeiro: Jorge Zahar Editor, 1997.

LIEBMAN, Enrico Tullio. **Eficácia e autoridade da sentença.** Tradução de Alfredo Buzaid e Benvindo Aires. Rio de Janeiro: Forense, 1945.

___________. **Eficácia e autoridade da sentença.** Tradução de Alfredo Buzaid e Benvindo Aires. 2. ed. Rio de Janeiro: Forense, 1981.

LIPOVETSKY, Gilles. **Os tempos hipermodernos.** Tradução de Mário Vilela. São Paulo: Barcarolla, 2004.

LYOTARD, Jean-François. **O pós-moderno.** Rio de Janeiro: Olympio Editora, 1986.

MENDEZ, Francisco Ramos. **Derecho y proceso.** Barcelona: Librería Bosch, 1979.

MERRYMAN, John Henry. **La tradición jurídica romano-canónica.** Traducción de Eduardo L. Suárez. Ciudad de México: Fondo de cultura económica, 1997.

MOREIRA, José Carlos Barbosa. **Eficácia da sentença e autoridade da coisa julgada.** RePro 34.

___________. **Questões prejudiciais e coisa julgada.** Rio de Janeiro: Borsoi, 1967.

___________. Coisa julgada e declaração. **Temas de direito processual.** 1º série. 2. ed., São Paulo: Saraiva, 1988.

___________. Eficácia da sentença e autoridade a autoridade da coisa julgada. **Revista de processo**, ano IX, nº 34 abr-jun, 1984, 273-279.

___________. Ainda e sempre a coisa julgada. **Revista dos Tribunais,** v. 59, nº 146, pp. 9-15. São Paulo, jun. 1970.

___________. Eficácia da sentença e autoridade da coisa julgada. **Ajuris.** Porto Alegre, nº 28, jul., 1983.

NEIVA FENOLL, Jordi. **La cosa juzgada:** el fin de un mito. Problemas actuales del proceso iberoamericano. Málaga: Centro de Ediciones de la Diputación Provincial, 2006.

NEVES, Celso. **Contribuição ao estudo da coisa julgada civil.** São Paulo: RT, 1970.

PAGENSTECHER, Max. **Zur Lehre von der materiellen Rechtskraft.** Berlin: Franz Vahlen, 1905.

PONTES DE MIRANDA. Francisco Cavalcanti. **Comentários ao código de processo civil.** t. V. Rio de Janeiro: Forense, 1974.

PORTO, Sérgio Gilberto. **A coisa julgada civil.** 4. ed. rev. atual. e ampl. com notas do Projeto de Lei do Novo CPC. São Paulo: RT, 2011.

POTHIER, Robert Joseph. **Traité dês obligations, selon les règles, tant du for de la conscience, que du for extérieur.** t. II, Paris: Letellier, 1813.

REZENDE FILHO, Gabriel Jose Rodrigues de. **Curso de direito processual civil.** v. 3. São Paulo: Saraiva, 1951.

RIBEIRO, Darci Guimarães. **Da tutela jurisdicional às formas de tutela.** Porto Alegre: Livraria do Advogado, 2010.

RIBEIRO, Darci Guimarães. **La pretensión procesal y La tutela judicial efectiva.** Barcelona: J.M.Bosch editor, 2004.

ROCCO, Ugo. **L'autoritá della cosa giudicata e i suoi limiti soggettivi.** Tomo I. Roma: Athaeneum, 1917.

___________. **Trattato di diritto processuale civile.** v. II. Torino: Utet, 1957.

SANTOS, Boaventura de Souza. **Pela Mão de Alice:** O social e o político na pós-modernidade. São Paulo: Cortez, 1997.

SANTOS, Moacir Amaral. **Comentários ao código de processo civil.** Rio de Janeiro: Forense, 1976.

SANTOS, Moacyr Amaral. **Primeiras linhas de direito processual civil.** São Paulo: Saraiva, 1989-1992.

SAVIGNY, Friedrich Carl von Savigny. **System des heutigen römischen rechts.** v. V, Berlin: Veit & Comp, 1840.

SILVA, Ovídio A. Baptista da. **Comentários ao código de processo civil.** v. 1, São Paulo: RT, 2000.

___________. **Curso de processo civil (processo de conhecimento).** 3. ed., Porto Alegre: Fabris, 1996.

___________. **Curso de processo civil.** V. I. 5. ed., Rio de Janeiro: Forense, 2001.

___________. **Curso de processo civil.** V. I. 7. ed., Rio de Janeiro: Forense, 2006.

___________. **Epistemologia das ciências culturais.** Porto Alegre: Verbo Jurídico, 2009.

___________. **Sentença e coisa julgada.** 3. ed., Porto Alegre: Fabris, 1995.

STRECK, Lenio Luiz. **Hermenêutica jurídica e(m) crise:** uma exploração hermenêutica da construção do direito. 5. ed., rev. atual., Porto Alegre: Livraria do Advogado, 2004.

TESHEINER, José Maria Rosa. **Elementos para uma teoria geral do processo.** São Paulo: Saraiva, 1993.

VATTIMO, Gianni. **O Fim da Modernidade:** niilismo e hermenêutica na cultura pós-moderna, Lisboa: Editorial Presença, 1987.

A FUNÇÃO DO CONSELHO NACIONAL DE JUSTIÇA NO NOVO CÓDIGO DE PROCESSO CIVIL

(LEI Nº 13.105, DE 16 DE MARÇO DE 2015)

SANDRO LUIZ DE OLIVEIRA ROSA

RESUMO: Este artigo tem como assunto central o Conselho Nacional de Justiça no Novo Código de Processo Civil (Lei nº 13.105, de 16 de março de 2015). Para abordar o tema, passa-se pelo surgimento do Conselho Nacional de Justiça, pelo precedente histórico do Conselho Nacional da Magistratura, pela natureza jurídica, composição, função e atribuições. Por fim, registrar-se-á algumas reflexões feitas nos dezoito artigos do Novo Código de Processo Civil, que dispõe sobre o Conselho Nacional de Justiça.

PALAVRAS-CHAVE: Conselho Nacional de Justiça – Novo Código de Processo Civil – Poder Judiciário

ABSTRACT: *This article has as its subject the National Council of Justice in the New Civil Procedure Code (Law Nº 13,105, of March 16, 2015). To address the issue, passing by the emergence of the National Council of Justice, the historical precedent of the National Judicial Council, the legal nature, composition, function and duties. Finally, it will be registering some reflections made in the eighteen articles of the New Code of Civil Procedure, which provides for the National Council of Justice.*

KEYWORDS: *National Council of Justice – the New Code of Civil Procedure – Judiciary*

SUMÁRIO: Introdução. **1.** Precedentes Históricos. **2.** Criação do Conselho Nacional de Justiça. **2.1.** Natureza Jurídica. **2.2.** Composição. **2.3.** Funções e atribuições. **3.** Conselho Nacional Novo. Código e Processo Civil. Conclusão. Bibliografia.

INTRODUÇÃO

Neste texto examinar-se-ão as atribuições do Conselho Nacional de Justiça frente ao Novo Código de Processo Civil (Lei nº 13.105, de 16 de março de 2015), conforme tramitação no Congresso Nacional e sanção presidencial.

Antes do Conselho Nacional de Justiça tivemos em nosso país o Conselho Nacional da Magistratura, criado na égide da Constituição Federal de 1969, pela Emenda Constitucional nº 07/77, que deixou de existir com a Constituição Federal de 1988.

A Emenda Constitucional nº 45 de 2004, conhecida como Emenda da "Reforma do Poder Judiciário" alterou alguns artigos da Constituição Federal, ela trouxe à lume a criação do Conselho Nacional de Justiça. Referido órgão já produziu diversas alterações e instituiu diversas regras, com um enfoque para desburocratizar o Poder Judiciário, imprimir Metas aos Tribunais em primeira instância entre outras diretrizes como, por exemplo, a transparência salarial e busca pela conciliação, mediação e arbitragem para a solução dos conflitos.

Será objeto deste trabalho, a análise do precedente histórico, o Conselho Nacional da Magistratura e ainda da estruturação do Conselho Nacional de Justiça Novo Código de Processo Civil (Lei nº 13.105/2015).

Procurar-se-á demonstrar a importância do Conselho Nacional de Justiça no da Constituição Federal e no Novo Código de Processo Civil com análise dos dezoitos momentos em que foi citado no novo texto.

O presente trabalho não tem como escopo esgotar o tema objeto de estudo, mas sim, fomentar a matéria referente ao Conselho Nacional de Justiça no Novo Código de Processo Civil, buscando sua essência, finalidade e atribuições.

1. PRECEDENTES HISTÓRICOS

Um órgão externo de controle do Poder Judiciário não é novo em nosso sistema jurídico. Cabe lembrar que já tivemos em nosso sistema o Conselho Nacional da Magistratura, criado na égide da Constituição Federal de 1969, pela Emenda Constitucional nº 07/77, exercendo função administrativa como ressaltou Ana Nery neste diapasão

> Esse órgão administrativo, que não exercia função de índole jurisdicional, dispunha de poderes extraordinário que lhe permitiam impor sanções de caráter disciplinar, determinando a disponibilidade ou a aposentadoria de magistrados, inclusive membros de Tribunais com proventos proporcionais ao tempo de serviço. (NERY, Ana Luíza Barreto de Andrade Fernandes. Observações Iniciais sobre o Conselho Nacional de Justiça. Revista de Processo. São Paulo: Revista dos Tribunais, abr. 2006, vol. 134, p. 122).

José Adércio Sampaio destaca que: "O Conselho era feito de papel e de intenção. Dizia-se que seu objetivo era unificar o sistema da magistratura estadual e federal, além de evitar atos de insubordinação administrativa e de corrupção." (2007, p. 240).

O Conselho da Magistratura Nacional era composto por sete Ministros do Supremo Tribunal Federal, e os membros eram escolhidos pelo próprio Tribunal. A competência estava definida no § 1º, do art. 120 da Constituição, cuja redação foi dada pela Emenda Constitucional nº 7/77.[1] Nesse sentido diz Carlos Eduardo Thompson Flores Lenz

---

1 Constituição Federal de 1969, art. 120, § 1º – conhecer de: Reclamações contra membro de Tribunais, sem prejuízo da competência disciplinar destes, podendo avocar processos disciplinares contra juízes de primeira instância e em qualquer caso, determinar a disponibilidade ou a aposentadoria de uns e outros, com vencimentos proporcionais ao tempo de serviço, observado o disposto na Lei Orgânica da Magistratura Nacional.

> Com efeito, a Reforma Judiciária realizada em 1977, por meio da EC 7/77, criou o Conselho Nacional da Magistratura, composto de sete ministros do Supremo Tribunal Federal. Na ocasião, o legislador constituinte atendeu à sugestão formulada pela Comissão Especial do Supremo Tribunal Federal, integrada pelos Ministros Thompson Flores, Rodrigues Alckmin e Xavier de Albuquerque, encarregada de elaborar o célebre "Diagnóstico do Poder Judiciário", o mais completo estudo até hoje realizado acerca do Poder Judiciário no Brasil. (LENZ, 2006, p. 266).

As sessões do Conselho Nacional da Magistratura eram secretas, bem como seus julgamentos e suas decisões, ao arrepio da transparência e da publicidade. Diante disso, a sociedade não tinha acesso sobre a atuação do Conselho Nacional da Magistratura, qual a contribuição efetiva e real perante os Tribunais e na sociedade, bem como o impacto relevante na administração e organização do Poder Judiciário.

Diante da redemocratização do nosso país em busca da implantação e vivência de regime democrático em 1985 e efetivamente com a promulgação da Constituição Federal de 1988, o Conselho Nacional da Magistratura deixou de existir, pois não foi recepcionado e mesmo tratado no bojo do novo texto constitucional. Portanto, fez cessar os poderes disciplinares atribuídos pela ordem constitucional revogada.

2. A CRIAÇÃO DO CONSELHO NACIONAL DE JUSTIÇA

A criação do Conselho Nacional de Justiça (CNJ) se deu com a Emenda Constitucional nº 45/2004, trazendo mais um órgão ao Poder Judiciário brasileiro. Foi instalado em 14.06.2005, sua sede está em Brasília/DF e possui atuação em todo o território nacional. E segundo Carlos Eduardo Thompson Flores Lenz: "EC 45/2004 tem sua origem em movimento iniciado nos anos noventa, a fim de promover a reestruturação da magistratura, com profunda reforma de sua base, visando a corrigir os defeitos existentes nas normas que a disciplinam e a torná-la mais eficiente." (2006, p. 264).

De 1988 a 2004 cada Tribunal do país tinha a atribuição de autogoverno, de prestar e garantir um bom serviço público à sociedade (CHIMENTI, 2005, p. 150). Para (BAGATINI e WICKERT, 2010, p. 161)

A EC 45/2004 foi promulgada em 08.12.2004 e publicada em 31 de dezembro do mesmo ano, momento em que passou a ter vigência. A Emenda Constitucional citada surgiu com o intuito de reorganizar o Poder Judiciário, o qual estava sendo objeto de várias críticas por sua morosidade processual, falta de transparência e, ainda, seu difícil acesso pela sociedade em geral.

Nesse sentido, esta reforma veio estruturada a partir dos princípios do acesso à Justiça, da razoabilidade processual, da eficiência processual, entre outros. A fim de resguardar e garantir tais princípios esta reforma, conhecida como a "Reforma do Judiciário" criou o Conselho Nacional de Justiça.

O Conselho Nacional de Justiça deve controlar a atuação administrativa e financeira do Poder Judiciário, do cumprimento dos deveres funcionais dos juízes, e outras atribuições conferidas pelo Estatuto da Magistratura (Constituição Federal, art. 103-B, § 4º). Atua também em questões de planos, metas e programas de avaliação do Poder

Judiciário, recebe reclamações, petições eletrônicas e representações contra membros do judiciário, julga processos disciplinares, institui práticas para melhorar a celeridade processual em todo o país (Disponível em: <www.cnj.jus.br>. Acesso em 27 abr. 2015).

Além disso, o Conselho Nacional da Magistratura desenvolve e coordena diversos programas de âmbito nacional nas áreas do Meio Ambiente, Direitos Humanos, Tecnologia e Gestão Institucional. Entre eles estão: Lei Maria da Penha, Começar de Novo, Conciliar é Legal, Metas do Judiciário, Pai Presente, Adoção de Crianças e Adolescentes, etc. (Disponível em: <www.cnj.jus.br>. Acesso em 27 abr. 2015).

2.1. Natureza Jurídica

Consoante o artigo 103, §4º,[2] do texto constitucional e respectivos incisos, demonstra que o Conselho Nacional de Justiça faz parte do Poder Judiciário, ele não é órgão jurisdicional, não possui poder judicante, faltando-lhe, por própria opção do legislador infraconstitucional, atribuir-lhe competência jurisdicional, para aplicar a lei.

Desta forma, possui natureza administrativa e nesse sentido escreve Erik Frederico Gramstrup

> A vontade do poder constituinte derivado foi atribuir natureza administrativa ao Conselho Nacional de Justiça. É órgão despersonalizado da estrutura do Poder Judiciário, mas não de natureza jurisdicional. O aspecto determinante está em que as decisões do Conselho Nacional não têm qualidade de coisa julgada material, é dizer, a da imutabilidade, mesmo forma da lide em que proferidas. Prova disto está em que a Constituição Federal admite implicitamente ulterior controle jurisdicional das referidas decisões pelo Supremo Tribunal Federal. (GRAMSTRUP, Erik Frederico. Conselho Nacional de Justiça e controle externo: roteiro geral. Reforma do Poder Judiciário – Primeiras Reflexões sobre a Emenda Constitucional nº 45 (Coord. Teresa Wambier, Luis Wambier, Luis Gomes Júnior, Octavio Fischer, William Ferreira). São Paulo: Revista dos Tribunais, 2005, p. 193).

Na concepção de Alexandre de Moraes

> A atuação constitucional do Conselho Nacional de Justiça direciona-se para duas importantes missões: o controle da atuação administrativa e financeira do Poder Judiciário e o controle do cumprimento dos deveres funcionais dos juízes.
> Em ambos os casos, a EC nº 45/04 buscou estabelecer a possibilidade de efetivo controle administrativo centralizado de legalidade sobre a atuação dos diversos juízos e tribunais, sem prejuízo dos controles administrativos de cada tribunal e do controle jurisdicional. (MORAES, 2005, p. 476).

Portanto, o Conselho Nacional de Justiça não possui natureza de órgão judicante, com a característica de decidir à lide, mas sim, de controlar a atuação administrativa e financeira e os deveres funcionais dos magistrados.

---

2 Compete ao Conselho o controle da atuação administrativa e financeira do Poder Judiciário e do cumprimento dos deveres funcionais dos juízes, cabendo-lhe, além de outras atribuições que lhe forem conferidas pelo Estatuto da Magistratura:

Composição

A composição do Conselho Nacional de Justiça está estabelecida no artigo 103-B da Constituição Federal, e pela mera leitura do texto percebe-se que possui uma composição mista, ou seja, com membros do Poder Judiciário (incisos I/IX) e com a expressa inclusão de membros do Ministério Público da União e dos Estados (incisos X e XI), da advocacia (inciso XII) e dois cidadãos escolhidos pelas Casas do Congresso Nacional (inciso XIII).

Pertinente destacar que logo após a promulgação da Emenda Constitucional nº 45/2004, a Associação dos Magistrados Brasileiros (AMB) ingressou com uma Ação Direta de Inconstitucionalidade (ADI 3367-DF) perante o Supremo Tribunal Federal, cuja relatoria foi do Ministro Cezar Peluso. (Disponível em: <www.stf.jus.br>. Acesso em 02 abr. 2014). Na sessão do pleno da Corte Constitucional ocorrida em 13 de abril de 2005, admitiu a ação em parte. No mérito, por maioria, entendeu pela constitucionalidade de todos os dispositivos do artigo 103-B da Constituição Federal.

Alexandre de Moraes assim assevera

> (...) três importantes pontos caracterizadores do Conselho Nacional de Justiça afastam a possibilidade de declaração de sua inconstitucionalidade, por interferência na Separação de Poderes (CF, art. 60; § 4º, III): ser órgão integrante do Poder Judiciário, sua composição apresentar maioria absoluta de membros do Poder Judiciário e possibilidade de controle de suas decisões pelo órgão de cúpula do Poder Judiciário (STF).
> Essas três marcantes características garantem a constitucionalidade do Conselho Nacional de Justiça, além de reforçarem e centralizarem na força do Supremo Tribunal Federal todo ordenamento jurídico-constitucional brasileiro, tornando-o, não só a cúpula jurisdicional do Poder Judiciário brasileiro, como tradicionalmente estabelecido, mas também, a partir da EC nº 45/04, sua cúpula administrativa, financeira e disciplinar, (...) (2005, pp. 474/475).

O Conselho Nacional de Justiça é composto por quinze membros, com mais de trinta e cinco anos de idade, com mandato de dois anos, e é admitida apenas uma recondução. A distribuição se dá na seguinte composição: a) nove Magistrados; b) dois membros do Ministério; c) dois advogados e d) dois cidadãos.

Portanto, a composição mista do Conselho Nacional de Justiça é constitucional conforme reconhecida pela Corte Constitucional, garantindo, a participação de membros diversos da carreira da Magistratura, Ministério Público, da Advocacia e da sociedade, em consonância com funções essenciais à justiça, inclusive, para proporcionar o *chack and balances* a democrática discussão de casos, buscando uma solução harmônica em nosso Estado Democrático e Constitucional de Direito.

Funções e Atribuições

A atribuição no controle administrativo e financeiro do Poder Judiciário e do cumprimento dos deveres funcionais dos juízes exercido pelo Conselho Nacional de Justiça está estabelecido nos incisos I/VII do § 4º, do artigo 103-B da Constituição Federal em um rol exemplificativo.

O Conselho Nacional de Justiça não possui competência para rever, modificar, anular, ou suspender despacho, decisão interlocutória, sentença ou acórdão, proferido por quaisquer órgãos do Poder Judiciário e de qualquer instância, seja em processo de jurisdição contenciosa ou voluntária.

E neste sentido assevera Sérgio Bermudes: "O Conselho Nacional de Justiça não possui competência judicante, recursal ou originária. Trata-se de órgão administrativo da mais alta importância, como demonstram sua composição e as suas funções." (BERMUDES, 2005, p. 20).

Eis as palavras de Luís Roberto Barroso bem antes de vir a integrar o Supremo Tribunal Federal

> Ao Conselho Nacional de Justiça cabe, sem interferir na atividade jurisdicional, planejar estrategicamente a instituição, reivindicar verbas e compromissos, apresentar relatórios estatísticos, zelar pela universalização do acesso à justiça e, quando for o caso, punir desvios de conduta. Sua criação é *a favor*, e não contra o Judiciário. (BARROSO, 2005, p. 427).

Não se pode olvidar, que se o caso, de punição de Magistrado, esta somente poderá acontecer com base nos princípios constitucionais do devido processo legal, do contraditório e da ampla defesa, ainda que seja no âmbito do Conselho Nacional de Justiça, sob pena de nulidade do ato.

A Emenda Constitucional nº 45/2004, também acrescentou a alínea 'r', ao inciso I, do artigo 102 da Constituição Federal, ampliando a competência do Supremo Tribunal Federal para processar e julgar as ações aviadas em face do Conselho Nacional de Justiça.

O Conselho Nacional de Justiça já tomou algumas decisões impactantes e diante do *numerus apertus* do rol de suas atribuições, entre elas, Resolução nº 07, de 18/10/2005, proibindo a prática do nepotismo em todos os órgãos do Poder Judiciário. Tal resolução foi objeto de Ação Declaratória de Constitucionalidade (ADC 12) aviada pela Associação dos Magistrados Brasileiros, porquanto, os Tribunais pelo país estavam concedendo liminares garantindo a permanência dos parentes dos magistrados no cargo que ocupavam. Na sessão plenária o Supremo Tribunal Federal realizada em 16/02/2006, julgou por nove votos a um, a validade da Resolução nº 07/2005.

Outra resolução impactante na sociedade se deu em 31.01.2006, por intermédio da Resolução nº 11 do Conselho Nacional de Justiça, que determina a comprovação de experiência jurídica, para fins de ingresso na carreira da Magistratura, que só será considerada após a obtenção de grau como Bacharel em Direito. Outrossim, dita Resolução estabeleceu que "atividade jurídica" é aquela exercida exclusivamente por Bacharel em Direito.

A título de exemplo podemos citar ainda a Meta 2, em que o Poder Judiciário começou a se alinhar com o direito constitucional de todos os cidadãos brasileiros que estabelece a duração razoável do processo na Justiça, para acabar com o estoque de processos causadores de altas taxas de congestionamento nos Tribunais. Tratou também sobre organização nos ofícios judiciais e proporcionar transparência à sociedade. Outrossim, a criação, organização e implantação dos Centro de Solução de Conflitos visando a composição das partes antes mesmo de ingressarem com uma ação judicial no Poder Judiciário. E por fim, que os Cartórios Extrajudiciais não poderão ficar com vagas em aberto, sendo obrigatória a abertura de concurso público assim que surgir a vaga. (Disponível em: <www.cnj.jus.br>. Acesso em 02 abr. 2015).

Portanto, observamos que o Conselho Nacional de Justiça é um órgão ativo não só no Poder Judiciário, mas em toda a sociedade, desempenhando satisfatoriamente o papel que lhe foi atribuído pela Emenda Constitucional nº 45/2004.

3. O CONSELHO NACIONAL DE JUSTIÇA NO NOVO CÓDIGO DE PROCESSO CIVIL

Com a tramitação no Congresso Nacional e sanção presidencial surgiu no arcabouço jurídico nacional o Novo Código de Processo Civil (Lei nº 13.105, de 16 de março de 2015), tratando de novas regras ao sistema instrumental e do Conselho Nacional de Justiça.

De acordo com o texto sancionado o Conselho Nacional de Justiça está com as seguintes previsões no Novo Código de Processo Civil:

> Artigo 12. Os juízes e os tribunais deverão obedecer à ordem cronológica de conclusão para proferir sentença ou acórdão. (...) § 2º Estão excluídos da regra do *caput*: (...) VII – as preferências legais e as metas estabelecidas pelo Conselho Nacional de Justiça;

O Novo Código de Processo Civil determina com regra que o magistrado obedeça a ordem cronológica que lhe foi submetido os feitos para a sentença que dar-se-á com ou sem resolução de mérito. Todavia, o § 2º do artigo 12 apresenta exceções – preferências legais e metas estabelecidas pelo Conselho Nacional de Justiça.

Entre preferência legal podemos citar casos como, por exemplo, do Estatuto do Idoso (Lei nº 10.741/2003, Art. 71. É assegurada prioridade na tramitação dos processos e procedimentos e na execução dos atos e diligências judiciais em que figure como parte ou interveniente pessoa com idade igual ou superior a 60 (sessenta) anos, em qualquer instância.).

Na questão das metas o Conselho Nacional de Justiça implantou a Meta 2, com o título "Meta 2: bater recordes é garantir direitos". Porquanto, entre as metas de 2009, o Judiciário estava empenhado em alcançar a Meta 2: "Identificar os processos judiciais mais antigos e adotar medidas concretas para o julgamento de todos os distribuídos até 31.12.2005 (em 1º, 2º grau ou tribunais superiores)". O objetivo é assegurar o direito constitucional à "razoável duração do processo judicial", o fortalecimento da democracia, além de eliminar os estoques de processos responsáveis pelas altas taxas de congestionamento. Neste sentido, os tribunais e associações sob a coordenação do Conselho Nacional de Justiça, criaram a campanha "Meta 2: bater recordes é garantir direitos".[3]

---

3 Disponível em: <http://www.cnj.jus.br/gestao-e-planejamento/metas/metas-de-nivelamento-2009/meta-2>. Acesso em 02 abr. 2015.

Inobstante a Meta 2 o Conselho Nacional de Justiça já estabeleceu outras Metas, conforme consulta no próprio endereço eletrônico. E o objetivo é imprimir a norma constitucional da duração razoável do processo.

Portanto, o Novo CPC está em consonância com o poder fiscalizatório do Conselho Nacional de Justiça.

> Art. 95, (...) § 3º Quando o pagamento da perícia for de responsabilidade de beneficiário de gratuidade da justiça, ela poderá ser: I – custeada com recursos alocados no orçamento do ente público e realizada por servidor do Poder Judiciário ou por órgão público conveniado; II – paga com recursos alocados no orçamento da União, do Estado ou do Distrito Federal, no caso de ser realizada por particular, hipótese em que o valor será fixado conforme tabela do tribunal respectivo ou, em caso de sua omissão, do Conselho Nacional de Justiça.

Neste artigo o Novo Código de Processo Civil está tratando da prova pericial e respectivo pagamento do perito com recursos públicos, ou seja, com o dinheiro público, pela equipe técnica do próprio Tribunal ou órgão conveniado. Caso o Tribunal não conte com corpo técnico especializado, um particular devidamente compromissado poderá fazer a perícia necessária, mas neste caso o pagamento ficará pautado em Tabela do Tribunal, ou ainda por tabela criada pelo Conselho Nacional de Justiça em nível nacional, mas honrados com recursos públicos da União, do Estado ou do Distrito Federal.

> Art. 165. Os Tribunais criarão centros judiciários de solução consensual de conflitos, responsáveis pela realização de sessões e audiências de conciliação e mediação e pelo desenvolvimento de programas destinados a auxiliar, orientar e estimular a autocomposição. § 1º A composição e a organização dos centros serão definidas pelo respectivo tribunal, observadas as normas do Conselho Nacional de Justiça.

O Conselho Nacional de Justiça criou por intermédio da Resolução nº 125 de 29 de novembro de 2010 (que já sofreu algumas alterações) os Centros Judiciários de Solução de Conflitos e Cidadania (CEJUSC), instaurando a Política Pública de Soluções Consensuais de Conflitos. Buscando meios alternativos de soluções de conflitos, primando pela mediação e arbitragem para que os próprios envolvidos resolvam os problemas e não dependam do Poder Judiciário para uma decisão, com isso desburocratizando as demandas, diminuindo o número de processos para imprimir uma resposta rápida para outros casos da sociedade.

O Novo Código de Processo Civil está trazendo em seu bojo o contexto da Resolução nº 125 do Conselho Nacional de Justiça, que especifica como deve ser formado, composição entre outro pontos relevantes, para que a norma instrumental procure estabelecer as partes uma solução mais rápida com a conciliação e a mediação. Porquanto, é melhor um consenso com apresentação do problema e respectiva solução de forma mais rápida do que um processo judicial que pode demorar anos, e, além disso, não resolver o problema das partes quando for decidido.

> Art. 167. Os conciliadores, os mediadores e as câmaras privadas de conciliação e mediação serão inscritos em cadastro nacional e em cadastro de Tribunal de Justiça ou de Tribunal

> Regional Federal, que manterá registro de profissionais habilitados, com indicação de sua área profissional. § 1º Preenchendo o requisito da capacitação mínima, por meio de curso realizado por entidade credenciada, conforme parâmetro curricular definido pelo Conselho Nacional de Justiça em conjunto com o Ministério da Justiça, o conciliador ou o mediador, com o respectivo certificado, poderá requerer sua inscrição no cadastro nacional e no cadastro de Tribunal de Justiça ou de Tribunal Regional Federal.

A Resolução nº 125 do CNJ estabelece como deve ser feita a capacitação dos conciliadores, para que qualquer pessoa tenha a habilitação necessária mínima para ficar entre os litigantes, e possa conduzi-las com parcimônia, isenção e respeito, na busca da resolução do conflito sem depender de decisão judicial após a tramitação perante o Poder Judiciário em um demanda judicial, que na maioria das vezes deixa ranhura nas partes. O Novo Código de Processo Civil por mais uma vez trata da questão da solução de conflito e capacitação das pessoas com esteio nas normas do Conselho Nacional de Justiça.

Outrossim, pode ser citada como exemplo de câmara privada de conciliação e mediação a Câmara de Comércio Brasil-Canadá (<www.ccbc.org.br>), que possui uma Câmara de Arbitragem e Mediação cuja existência data de 1973, cujos árbitros e mediadores devem possuir capacitação para o mister.

Citamos como exemplo o Tribunal de Justiça do Estado de São Paulo que possui curso de alta qualificação e capacitação para quem se interessar em se tornar um conciliador, desde que preencha os requisitos mínimos conforme a própria exigência do Conselho Nacional de Justiça.

> Art. 169. Ressalvada a hipótese do art. 168, § 6º, o conciliador e o mediador receberão pelo seu trabalho remuneração prevista em tabela fixada pelo Tribunal, conforme parâmetros estabelecidos pelo Conselho Nacional de Justiça.

Referido artigo está tratando a remuneração do conciliador e do mediador mediante fixação do valor em tabela do Tribunal com parâmetro do Conselho Nacional de Justiça. Até o presente momento é desconhecido a fixação de tabela remuneratória pelo Tribunal ou pelo Conselho Nacional de Justiça.

A grande massa de conciliadores e mediadores dos Centros Judiciários de Solução de Conflitos são formadas pelos próprios funcionários dos tribunais, que já recebem a remuneração pelo cargo que ocupam, sem qualquer valor extra na folha de pagamento pelo fato de integrar referidos centros. Mas que exercem com total esmero e responsabilidade a tarefa de conciliar as partes.

A remuneração do profissional pelo mister que exerce está pautada no próprio exercício do trabalho. Trata-se de um trabalho como outro qualquer e que deve receber a contraprestação, ou seja, a remuneração.

O Novo CPC estabelece no artigo 169, § 1º que: A mediação e a conciliação podem ser realizadas como trabalho voluntário, observada a legislação pertinente e a regulamentação do Tribunal. Em nosso arcabouço jurídico há a Lei nº 9.608, de 18 de fevereiro de 1998 (lei sobre o serviço voluntário e outras providências), se o serviço é voluntário, não pode ser remunerado, portanto, não incidindo todas as regras de legislação trabalhista na contratação e no desligamento do trabalhador. É serviço voluntário pautado no amor e senso de responsabilidade como pessoa e cidadão.

> Art. 196. Compete ao Conselho Nacional de Justiça e, supletivamente, aos Tribunais, regulamentar a prática e a comunicação oficial de atos processuais por meio eletrônico e velar pela compatibilidade dos sistemas, disciplinando a incorporação progressiva de novos avanços tecnológicos e editando, para esse fim, os atos que forem necessários, respeitadas as normas fundamentais deste Código.

O processo eletrônico já é uma prática no Poder Judiciário, é a tecnologia, a rede mundial de computadores, equipamentos sofisticados, o certificado digital etc. no dia-a-dia da justiça. A Lei nº 11.419/2006 promoveu alterações no Código de Processo Civil ainda em vigor para inserir a informatização do processo judicial.

A Resolução nº 185, de 18 de dezembro de 2013, do Conselho Nacional de Justiça, instituiu o Sistema Processo Judicial Eletrônico – PJe como sistema de processamento de informações e prática de atos processuais e estabeleceu os parâmetros para sua implementação e funcionamento. (Disponível em: <www.cnj.jus.br>. Acesso em 02 abr. 2015).

Pois bem, o Conselho Nacional de Justiça visa instituir um único sistema para todos os Tribunais do país, fato que proporcionará uma maior praticidade aos usuários, pois cada Tribunal e respectiva justiça possuindo sistemas diversos dificultarão o acesso do usuário, porquanto, deverá realizar diversos cadastros, senhas de acesso etc., para poder peticionar eletronicamente. Um sistema único sem dúvida alguma facilitará para os operadores do Direito.

O legislador infranconstitucional poderia ter especificado no bojo no Novo Código de Processo Civil as regras sobre o processo eletrônico e respectivas práticas dos atos processuais. Mas por pura opção legislativa deixou ao Conselho Nacional de Justiça a regulamentação e de forma supletiva aos Tribunais a especificação detalhada das regras do processo eletrônico. Ao Conselho Nacional de Justiça traçando as regras por intermédio de resoluções ou outro instrumentos é mais fácil a regulamentação e/ou alteração, do que alterar o Código que entrará em vigor, porquanto dependerá de tramitação no Congresso Nacional por um processo legislativo constitucional quem nem sempre é célere.

> Art. 235. Qualquer parte, o Ministério Público ou a Defensoria Pública poderá representar ao corregedor do Tribunal ou ao Conselho Nacional de Justiça contra juiz ou Relator que injustificadamente exceder os prazos previstos em lei, regulamento ou regimento interno. (...) § 2º Sem prejuízo das sanções administrativas cabíveis, em até 48 (quarenta e oito) horas após a apresentação ou não da justificativa de que trata o § 1º, se for o caso, o corregedor do Tribunal ou Relator no Conselho Nacional de Justiça determinará a intimação do representado por meio eletrônico para que, em 10 (dez) dias, pratique o ato.

O artigo 235 do Novo Código de Processo Civil está em consonância com a função do Conselho Nacional de Justiça, cuja atribuição e função estão no controle administrativo e financeiro do Poder Judiciário e do cumprimento dos deveres funcionais dos juízes e dos Tribunais com espeque nos incisos I/VII do § 4º, do artigo 103-B da Constituição Federal em um rol exemplificativo.

Exceder o prazo é corriqueiro no Poder Judiciário, fato que muitas vezes não é causado pelo julgador, porquanto o volume de serviço é enorme, a quantidade de demandas e recursos que são protocolados por dia normalmente atrasam o andamento dos feitos. O que deverá ser analisado é o motivo do excesso injustificado do prazo, com foi a causa, quem a proporcionou entre outras hipóteses possíveis. Além disso, o § 1º, do artigo 235 do Novo Código de Processo Civil, garante a oportunidade de defesa, garantia constitucional que é e agora também destacada logo no artigo 1º do Novo CPC.

> Art. 257. São requisitos da citação por edital: (...) II – a publicação do edital na rede mundial de computadores, no sítio do respectivo Tribunal e na plataforma de editais do Conselho Nacional de Justiça, que deve ser certificada nos autos;

O Novo Código de Processo Civil define a citação no artigo 238, como: "Citação é o ato pelo qual são convocados o réu, o executado ou o interessado para integrar a relação processual." No atual Código de Processo Civil está estabelecida no artigo 213, como: "Citação é o ato pelo qual se chama a juízo o réu ou o interessado a fim de se defender."

No artigo 246 do Novo Código de Processo Civil estão as espécies de como a citação será feita: I – pelo correio; II – por oficial de justiça; III – pelo escrivão ou chefe de secretaria, se o citando comparecer em cartório; IV – por edital; e V – por meio eletrônico, conforme regulado em lei.

Citação é a forma de dar conhecimento a outra parte de que ela está sendo processada e oportunidade de apresentar defesa se essa for a sua vontade.

O Código de Processo Civil em vigor no artigo 232 elenca os requisitos da citação por edital, sem qualquer alteração legislativa quanto ao processo eletrônico. Já o artigo 257, inciso II, do Novo Código de Processo Civil traz um requisito que a publicação do edital de citação na rede mundial de computadores, consoante o Diário da Justiça Eletrônico, disponibilizando a publicação no sítio do respectivo Tribunal e na plataforma de editais do Conselho Nacional de Justiça, com a respectiva certificação nos autos. Tudo como forma de dar uma maior publicação possível, além de outros meios para que os interessados tomem conhecimento das informações judiciais.

> Art. 454. São inquiridos em sua residência ou onde exercem sua função (...) III – os Ministros do Supremo Tribunal Federal, os Conselheiros do Conselho Nacional de Justiça, os Ministros do Superior Tribunal de Justiça, do Superior Tribunal Militar, do Tribunal Superior Eleitoral, do Tribunal Superior do Trabalho e do Tribunal de Contas da União;

O artigo 454 do Projeto do Novo Código de Processo Civil está dentro do Capítulo das Provas. Estabelecendo que algumas pessoas por exercerem determinadas funções, e nas palavras de Eduardo Arruda Alvim: "pessoas egrégias", devem ser inquiridas em sua residência ou onde exercem sua função, de tal modo que o juiz solicitará à autoridade arrolada como testemunha que designe dia, hora e local, a fim de ser inquiridas," (2010, p. 495).

A novidade no Projeto do Novo Código de Processo é dispor que o Conselheiro do Conselho Nacional de Justiça também estará coberto com essa prerrogativa de marcar dia, hora e local para prestar o seu depoimento como testemunha.

> Art. 509, §3º O Conselho Nacional de Justiça desenvolverá e colocará à disposição dos interessados programa de atualização financeira.

O artigo 509, *caput* do Novo Código Processo Civil assim está redigido "Quando a sentença condenar ao pagamento de quantia ilíquida, proceder-se-á a sua liquidação, a requerimento do credor ou devedor:" –, o juiz decidiu o processo, porém, se faz necessário a fixação do *quantum debeatur*, que é feito por intermédio de arbitramento ou procedimento comum (incisos I e II do art. 523 do Novo CPC).

É necessária a atualização do valor com a correção monetária, a fixação dos juros se houver, para que o devedor satisfaça o débito e ressarcindo o direito lesado do autor. A prática forense criou planilhas para a atualização, como facilitador dos trabalhos do contador judicial e das partes. Foram criados programas de computador para tornar fácil e prático a atualização.

Alguns Tribunais pelo país, e podemos trazer à baila o Tribunal de Justiça do Estado de São Paulo,[4] possuem as planilhas em seu endereço eletrônico. O Novo Código de Processo Civil, no art. 509, §3º diz: O Conselho Nacional de Justiça desenvolverá e colocará à disposição dos interessados programa de atualização financeira. Será uma forma de unificar dentro de um padrão único os programas de atualização financeira e o Conselho Nacional de Justiça administrando os programas de atualização.

> Art. 741. Ultimada a arrecadação, o juiz mandará expedir edital, que será publicado na rede mundial de computadores, no sítio do tribunal a que estiver vinculado o juízo e na plataforma de editais do Conselho Nacional de Justiça, onde permanecerá por 3 (três) meses, ou, não havendo sítio, no órgão oficial e na imprensa da comarca, por 3 (três) vezes com intervalos de 1 (um) mês, para que os sucessores do falecido venham a habilitar-se no prazo de 6 (seis) meses contados da primeira publicação.

Este artigo está dentro do Capítulo XV, que trato do Procedimento de Jurisdição Voluntária, e como diz a doutrina a administração pública dos interesses privados. A Seção VI trata da herança jacente, que para Carlos Roberto Gonçalves,

> herança jacente – existente quando o *"de cujus"* não tenha deixado testamento, e não há conhecimento da existência de algum herdeiro – não tem personalidade jurídica nem é patrimônio autônomo sem sujeito. Consiste, em bem verdade, em um acervo de bens, administrado por um curador, sob fiscalização da autoridade judiciária, até que se habilitem os herdeiros, incertos ou desconhecidos, ou se declare por sentença a respectiva vacância.

---

4 Disponível em: <http://www.tjsp.jus.br/Institucional/PrimeiraInstancia/CalculosJudiciais/Default.aspx?f=1>. Acesso em abr. 2014.

Existe um procedimento a ser seguido que de acordo com o Novo Código de Processo Civil está a partir do artigo 738. No momento da publicação aplicar-se-á o artigo 756, que determina a utilização da plataforma de editais do Conselho Nacional de Justiça. Fato que auxilia o acesso de qualquer pessoa para tomar conhecimento do feito, da relação de bens etc., além, da publicação na rede mundial de computadores, no sítio do Tribunal a que estiver vinculado o juízo. Determina ainda o prazo de três meses, ou, não havendo sítio, no órgão oficial e na imprensa da Comarca, por três vezes com intervalos de um mês, para que os sucessores do falecido venham a habilitar-se no prazo de seis meses contados da primeira publicação.

> Art. 745. Feita a arrecadação, o juiz mandará publicar editais na rede mundial de computadores, no sítio do Tribunal a que estiver vinculado e na plataforma de editais do Conselho Nacional de Justiça, onde permanecerá por 1 (um) ano; ou não havendo sítio, no órgão oficial e na imprensa da comarca, durante 1 (um) ano, reproduzida de 2 (dois) em 2 (dois) meses, anunciando a arrecadação e chamando o ausente a entrar na posse de seus bens.

O artigo 745 está tratando dos bens dos ausentes, que aquele que desaparece do seu domicílio sem deixar representante a quem caiba administrar-lhe os bens, cujo pressuposto processual é o desaparecimento da pessoa de seu domicílio, existência de bens e a ausência de administrador para gerir tais bens. O Novo Código de Processo Civil, determina que seguindo o procedimento os editais serão publicados na rede mundial de computadores, no endereço eletrônico do Tribunal, bem como na plataforma de editais do Conselho Nacional de Justiça.

> Art. 746. Recebendo do descobridor coisa alheia perdida, o juiz mandará lavrar o respectivo auto, do qual constará a descrição do bem e as declarações do descobridor. (...) § 2º Depositada a coisa, o juiz mandará publicar edital na rede mundial de computadores, no sítio do Tribunal a que estiver vinculado e na plataforma de editais do Conselho Nacional de Justiça ou, não havendo sítio, no órgão oficial e na imprensa da comarca, para que o dono ou o legítimo possuidor a reclame, salvo se se tratar de coisa de pequeno valor e não sendo possível a publicação no sítio do Tribunal, caso em que o edital será apenas afixado no átrio do edifício do fórum.

O artigo 746 está tratando das coisas vagas, e seguindo na mesma linha da herança jacente e dos bens dos ausentes, obedecendo procedimento do Novo Código de Processo Civil, far-se-á necessária a publicação no sítio do Tribunal a que estiver vinculado, bem como na plataforma de editais do Conselho Nacional de Justiça.

> Art. 755. Na sentença que decretar a interdição, o juiz: (...) (...) § 3º A sentença de interdição será inscrita no registro de pessoas naturais e imediatamente publicada na rede mundial de computadores, no sítio do Tribunal a que estiver vinculado o juízo e na plataforma de editais do Conselho Nacional de Justiça, onde permanecerá por seis meses, na imprensa local, 1 (uma) vez, e no órgão oficial, por 3 (três) vezes, com intervalo de dez dias, constando do edital os nomes do interdito e do curador, a causa e o termo da interdição, os limites da curatela e, não sendo total a interdição, os atos que o interdito poderá praticar autonomamente.

Quando o juiz decretar a interdição de uma pessoa se faz necessário o registro junto ao Cartório de Registro Civil e devida averbação a margem da Certidão de Nascimento para fixar que o indivíduo não possua a plena capacidade para gerir os atos da vida civil, fixando, com isso a curatela. E esses atos devem publicados e disponibilizados na plataforma de editais do Conselho Nacional de Justiça.

Desses quatro últimos dispositivos busca-se dar a mais ampla publicidade possível, e para isso utiliza-se a plataforma de editais do Conselho Nacional de Justiça, demonstra-se, portanto, uma efetiva participação do CNJ na sociedade, além de ser um órgão fiscalizador do Poder Judiciário.

> Art. 837. Obedecidas as normas de segurança instituídas sob critérios uniformes pelo Conselho Nacional de Justiça, a penhora de dinheiro e as averbações de penhoras de bens imóveis e móveis podem ser realizadas por meios eletrônicos.

Existente uma relação jurídica entre as partes com deveres e obrigações para cada lado, o que se espera de cada qual é cumprir o avençado. Caso isso não ocorra assistirá a quem foi lesado se socorrer de meios alternativos de solução de conflitos e/ou do Poder Judiciário. Este fará o acertamento da situação e fixará obrigação para que se restabeleça a paz social entre as partes.

Aquele que deveria cumprir a obrigação, mas não cumpriu por livre e espontânea vontade, ficou vencido na demanda, com isso ficará obrigado a cumprir a ordem emanada na sentença. Caso não cumpra ao credor assistirá o direito de iniciar a fase de cumprimento de sentença, e poderá ser utilizado diversos sistemas Bacenjud:[5] "O BacenJud é um sistema que interliga a Justiça ao Banco Central e às instituição bancárias, para agilizar a solicitação de informações e o envio de ordens judiciais ao Sistema Financeiro Nacional, via internet."

Podemos citar ainda o Renajud:[6] "é um sistema on-line de restrição judicial de veículos criado pelo Conselho Nacional de Justiça (CNJ), que interliga o Judiciário ao Departamento Nacional de Trânsito (Denatran)."

Existe ainda a penhora *on line* de bens imóveis conforme o Provimento 6/2009, da Corregedoria Geral da Justiça, que regulamenta o tema no Tribunal de Justiça do Estado de São Paulo, que foi publicado no dia 13 de abril de 2009.

Para uniformizar todos esses sistemas de constrição de bens do executado-devedor o Conselho Nacional de Justiça deverá uniformizar em todos os Tribunais as regras.

> Art. 880. Não sendo possível a sua realização por meio eletrônico, o leilão será presencial.
> §1º A alienação judicial por meio eletrônico será realizada, observando-se as garantias processuais das partes, de acordo com regulamentação específica do Conselho Nacional de Justiça.

---

5 Disponível em: <http://www.cnj.jus.br/programas-de-a-a-z/sistemas/bacenjud>. Acesso em 02 abr. 2014.

6 Disponível em: <http://www.cnj.jus.br/programas-de-a-a-z/sistemas/renajud>. Acesso em 02 abr. 2014.

O leilão dos bens que sofreram constrição judicial poderá ser feito por meio eletrônico e presencial. Pelo meio eletrônico deverá ser respeitadas as garantias processuais das partes, ou seja, o contraditório, ampla defesa etc., e regulamentado de forma específica pelo Conselho Nacional de Justiça, como forma de uniformização do sistema nos Tribunais brasileiros.

> Art. 979. A instauração e o julgamento do incidente serão sucedidos da mais ampla e específica divulgação e publicidade, por meio de registro eletrônico no Conselho Nacional de Justiça. § 1º Os Tribunais manterão banco eletrônico de dados atualizados com informações específicas sobre questões de direito submetidas ao incidente, comunicando-o imediatamente ao Conselho Nacional de Justiça para inclusão no cadastro.

O Livro III do Novo Código de Processo Civil, que trata dos Processos nos Tribunais e dos Meios de Impugnação das Decisões Judiciais, no Capítulo VIII, que dispõe do Incidente de Resolução de Demandas Repetitivas, que segue na mesma linha da reforma legislativa operada pelas Leis nº 11.418/2006 e 11.672/2008, que acrescentou, respectivamente os artigos 543-B e 543-C no Código de Processo Civil.

Há uma preocupação do legislador na uniformidade dos julgamentos estabelecendo o julgamento de recursos repetitivos que segundo Daniel Ferreira de Lira e Thecio Almeida de Oliveira (2012)

> no âmbito do Superior Tribunal de Justiça, assim, com base no novo instituto, quando verificada a grande quantidade de recursos sobre a mesma matéria, o presidente do tribunal de origem poderá selecionar um ou mais processos referentes ao mesmo tema e, encaminhar os recursos ao Superior Tribunal de Justiça, ficando suspensos os demais recursos especiais até o pronunciamento definitivo do Superior Tribunal. Proferida a decisão, caberá ao Tribunal de Justiça ou ao Tribunal Regional Federal tomar duas atitudes, ou seja, negar seguimento na hipótese de o acórdão recorrido coincidir com a orientação do Superior Tribunal de Justiça ou reexaminá-los, na hipótese de o acórdão recorrido divergir da orientação do Superior Tribunal de Justiça.

Outrossim, o Novo Código de Processo Civil a partir do artigo 988, dispõe sobre o Incidente de Resolução de Demandas Repetitivas estabelecendo a intenção legislativa para que diminua o número de recursos, buscando uma uniformização das decisões judiciais, que impactará (ou poderá impactar) na celeridade processual, diminuição de processos entre outros fatores. E nas palavras de Natália Moyses

> Com o incidente de resolução de demandas repetitivas, busca o legislador, ao resolver questões comuns, aplicando-as de forma idêntica a uma multiplicidade de demandas, desincumbir-se de sua tarefa de, ao mesmo tempo, prever instrumentos de tutela diferenciada, sem criar, contudo, insegurança jurídica, nem aumentar o risco do processo.

Os requisitos necessários para a admissão do incidente são: i) identificação da controvérsia fundada em mesma questão de direito com potencialidade de gerar demandas repetitivas e ii) possibilidade de decisões conflitantes que causem grave insegurança jurídica.

Desta forma, o Novo Código de Processo Civil busca a uniformização das decisões judiciais, que a mesma questão jurídica possa gerar inúmeras demandas repetitivas e que decisões diversas possam implicar em insegurança jurídica.

> Art. 1.069. O Conselho Nacional de Justiça promoverá, periodicamente, pesquisas estatísticas para avaliação da efetividade das normas previstas neste Código.

O artigo 1069 do Novo Código de Processo Civil está dentro do Livro Complementar das Disposições Finais e Transitórias determinando que o Conselho Nacional de Justiça por intermédio de pesquisas periódicas proceda a análise das normas previstas no Código.

Diante disso o Conselho Nacional de Justiça, o Poder Judiciário e a sociedade saberão se o novo diploma legal está sendo bem aplicado, se está sendo obedecido, se é necessária alguma alteração e adequação em virtude da rápida mudança que é imprimida na sociedade em geral. O Conselho Nacional de Justiça poderá baixar resoluções, orientações e estabelecer metas, desde que estejam dentro do que possa agir e atuar conforme estabelecido constitucionalmente e no Novo Código de Processo Civil. Lembrando que é mais fácil o Conselho Nacional de Justiça atuar dentro de seus limites do que proceder a alteração do texto legal do código em virtude de uma obediência ao texto constitucional do processo legislativo.

CONCLUSÃO

A Emenda Constitucional nº 45/2004 foi promulgada em 08.12.2004 e publicada em 31 de dezembro daquele ano, surgindo com o intuito de reorganizar o Poder Judiciário, em razão de críticas diante da morosidade processual e falta de transparência. Criou-se, portanto, o Conselho Nacional de Justiça. Nosso país já tivera o Conselho Nacional da Magistratura que perdurou até a promulgação da Constituição Federal de 1988.

O Conselho Nacional de Justiça teve diversas atuações no Poder Judiciário desde o seu início, como a Meta (que os Tribunais dos Estados e em primeira instância julgassem os recursos e processos em andamento), regras para criação dos Centros Judiciários de Solução de Conflitos, buscando a conciliação e mediação entre as partes, visando, portanto, diminuir os números de processos judiciais. Determinando que os Cartórios Extrajudiciais não ficassem mais vagos por tempo indeterminado, com isso, sempre entrando para a lista de concurso público.

O Projeto do Novo Código de Processo Civil reconheceu e deu importância ao Conselho Nacional de Justiça, tanto que lhe trouxe em seu bojo. Pode-se, portanto, concluir que o Conselho Nacional de Justiça é um órgão importante no ordenamento jurídico brasileiro.

Nessa linha, o legislador infraconstitucional já indica expressamente e reconhece a enorme contribuição que o Conselho Nacional de Justiça faz à sociedade e ao Poder Judiciário, e se o caso, de outras leis ou Códigos poderá trazer em seu bojo dispositivos atinentes ao Conselho Nacional de Justiça.

É reconhecida a constante mudança do meio social e que as leis, Códigos entre outras espécies legislativas vem para tratar do assunto, se adequar, modificar etc., buscando melhorar e aperfeiçoar o sistema para ser aplicado à sociedade.

Sem qualquer pretensão de fechar o tema do Conselho Nacional de Justiça no Novo Código de Processo Civil, o que foi visto são algumas formas de interpretação da instituição, e muita coisa ainda há por acontecer e comentar. Portanto, esperemos as doutrinas, decisões, sentenças, acórdãos e resoluções do Conselho Nacional de Justiça.

BIBLIOGRAFIA

ALVIM, Eduardo Arruda. Direito Processual Civil. 3ª ed., São Paulo: Revista dos Tribunais, 2010.

ARRUDA ALVIM NETTO, José Manoel de. Notas Sobre o Projeto de Novo Código de Processo Civil. São Paulo: Revista dos Tribunais, Revista de Processo, Janeiro 2011, v. 191.

BAGATINI, Júlia. WICKERT, Lisiane Beatriz. Ponderações Reflexivas acerca do Conselho Nacional de Justiça. 2010, Revista de Processo, São Paulo: Revista do Tribunais, agosto, vol. 186.

BARROSO, Luís Roberto. Constitucionalidade e Legitimidade da criação do Consel ho Nacional de Justiça. *Reforma do Poder Judiciário* – Primeiras Reflexões sobre a Emenda Constitucional n. 45/2004. Coord.: Teresa Wambier, Luis Wambier, Luis Gomes Jr., Octavio Fischer, William Ferreira. São Paulo: Revista dos Tribunais, 2005.

BERMUDES, Sergio. A Reforma do Judiciário pela Emenda Constitucional 45. Rio de Janeiro: Forense, 2005.

GONÇALVES, Carlos Roberto. Direito Civil Brasileiro: Direito das Sucessões. 2ª ed., São Paulo: Saraiva, 2008, Vol. VII.

CHIMENTI, Ricardo Cunha. Órgão Especial. O Conselho Nacional de Justiça e os Predicamentos da Magistratura. Reforma do Judiciário – Analisada e Comentada. Coordenadores: André Ramos Tavares, Pedro Lenza e Pietro Alarcón. São Paulo: Método, 2005.

GRAMSTRUP, Erik Frederico. Conselho Nacional de Justiça e controle externo: roteiro geral. Reforma do Poder Judiciário – Primeiras Reflexões sobre a Emenda Constitucional nº 45 (Coord. Teresa Wambier, Luis Wambier, Luis Gomes Júnior, Octavio Fischer, William Ferreira). São Paulo: Revista dos Tribunais, 2005.

LENZ, Carlos Eduardo Thompson Flores. O CONSELHO NACIONAL DE JUSTIÇA E A ADMINISTRAÇÃO DO PODER JUDICIÁRIO. Revista de Processo, São Paulo: RT, 2006, V. 141.

LIRA, Daniel Ferreira de; OLIVEIRA, Thecio Almeida de. O julgamento dos recursos especiais repetitivos pelo superior tribunal de justiça: um olhar sobre o artigo 543-C do Código de Processo Civil brasileiro. In: Âmbito Jurídico, Rio Grande, XV, n. 99, abr 2012. Disponível em: <http://ambito-juridico.com.br/site/?n_link=revista_artigos_leitura&artigo_id=11419&revista_caderno=21>. Acesso em 02 fev. 2015.

MOYSES, Natália Hallit. O instituto do incidente de resolução de demandas repetitivas previsto no anteprojeto do novo Código de Processo Civil. Jus Navigandi, Teresina, ano 18, 2013, n. 3540. Disponível em: <http://jus.com.br/artigos/23848>. Acesso em: 5 fev. 2015.

MORAES, Alexandre. Direito Constitucional. 17ª ed., São Paulo: Atlas, 2005.

NERY, Ana Luíza Barreto de Andrade Fernandes. Observações Iniciais sobre o Conselho Nacional de Justiça. Revista de Processo. São Paulo: Revista dos Tribunais, abr. 2006, vol. 134.

SAMPAIO, José Adércio Leite. O Conselho Nacional de Justiça e a independência do Judiciário. Belo Horizonte: Del Rey, 2007.

Disponível em: <http://www.cnj.jus.br>. Acesso em 02 abr. 2054.

Disponível em: <http://www.cnj.jus.br/gestao-e-planejamento/metas/metas-de-nivelamento-2009/meta-2>. Acesso em 02 abr. 2015.

Disponível em: <http://www.cnj.jus.br/programas-de-a-a-z/sistemas/bacenjud>. Acesso em 02 abr. 2015.

Disponível em: <http://www.cnj.jus.br/programas-de-a-a-z/sistemas/renajud>. Acesso em 02 abr. 2015.

Disponível em: <http://www.tjsp.jus.br/Institucional/PrimeiraInstancia/CalculosJudiciais/Default.aspx?f=1>. Acesso em abr. 2015.

DESCONSIDERAÇÃO DA PESSOA JURÍDICA NA FORMA INCIDENTAL

Wallace Couto Dias

SUMÁRIO: I. Introdução; **II.** Consideração da pessoa jurídica; **II.a.** A nomenclatura; **II.b.** Origens e evolução; **II.c.** A razão de ser autônoma; **III.** Desconsideração da pessoa jurídica; **III.a.** O conceito e a funcionalidade; **III.b.** Origens; **III.c.** Hipóteses de cabimento; **IV.** O Processo e a desconsideração; **IV.a.** O procedimento para desconsiderar; **IV.b.** Natureza processual do sócio; **IV.c.** Limites da contestação; **IV.d.** A forma liminar no procedimento; **IV.e.** Honorários ao sócio; **IV.f.** Prescrição; **V.** Conclusão; **VI.** Bibliografia.

I. INTRODUÇÃO

"*Um engenhoso artifício para se obter a ganância individual sem responsabilidade individual*", com estas palavras Ambrose Pierce definiu a *pessoa jurídica*. Apesar de certo exagero do satirista americano, é irrefutável que este instituto pode ser utilizado em dissonância aos preceitos normativos, configurando abuso de direito (art. 187 do Código Civil). A fim de que não seja facilitado o inadimplemento provocado por práticas ilícitas, ocasionalmente o ordenamento permite a desconsideração da pessoa jurídica.

A desconsideração da pessoa jurídica tem suas hipóteses genéricas de cabimento positivadas brevemente no Código Civil (art. 50), mas até a formulação do Novo Código de Processo Civil não havia um *procedimento* formal regulamentando o *modus operandi* da matéria. A falta deste capítulo foi se tornando crítica conforme o legislador alargava a incidência dos casos de desconsideração, tal como o disposto no art. 28, §5°, do Código de Defesa do Consumidor.

O instituto relaciona-se com elementos basilares do processo, tais como o conceito de parte/terceiro e nuances referentes à citação e ao contraditório. O que ocorre na desconsideração da pessoa jurídica é um curioso evento no qual o *terceiro-sócio* é citado para defender sua autonomia e independência pessoal, transformando-se em um potencial sujeito passivo para efeitos da sentença e da execução. Dado este cenário jurídico complexo, era preciso que a norma processual definisse a operacionalidade da desconsideração, sobretudo porque o Código Civil não é específico sobre a incidência, comportando diversas interpretações, pois utiliza expressões de sentido amplo. Tal dúvida sobre a incidência exige ainda mais um procedimento estruturado, vez que é no processo que serão definidos todos os fatos pertinentes para verificar o cabimento ou não desta norma material.

Antes de estudar o procedimento de desconsideração da pessoa jurídica, cumpre ressaltar alguns pontos de direito material, incluindo as origens da formulação da pessoa jurídica e por qual razão houve a aceitação deste ente abstrato. Compreendida sua função, tornar-se mais fácil visualizar o objeto de prova do incidente previsto no novo CPC e perceber quando há o desvio de finalidade previsto no art. 50 do CC. Feitas tais considerações, o exame recairá sobre o procedimento proposto nos ideais para um novo CPC.

II. CONSIDERAÇÃO DA PESSOA JURÍDICA

Para que seja possível *desconsiderar* pessoas jurídicas é inevitável que o pensamento jurídico tenha *formado* antes um ente abstrato que represente este ser distinto dos seus membros. Tal diferenciação, todavia, nem sempre é clara e muita dificuldade é enfrentada pela doutrina que pretende conceituar com perfeição este instituto. Por esta razão, inicia-se o estudo com a nomenclatura, demonstrando os problemas desta ordem, passando-se, ato contínuo, a origem e justificativa da autonomia destas pessoas.

II.a. A nomenclatura

A palavra *pessoa*, cuja origem etimológica é "*persona*", referia-se primitivamente a uma máscara de teatro na antiguidade. Como cada humano desempenha seu papel na sociedade, assim como faz o artista na peça, com o tempo a abrangência da palavra alargou-se. Já no século XIII há registros da palavra "pessoa" no Índice do Vocabulário do Português Medieval.[1]

O interesse deste trabalho é voltado para um tipo específico de pessoa da qual diverge a doutrina sobre a melhor forma de se referir, trata-se do que comumente denomina-se *pessoa jurídica.* Há na literatura quem prefira expressá-las como *pessoas morais, pessoas sociais, pessoas coletivas, pessoas fictícias, pessoas legais, pessoas civis, pessoas universais, pessoas incorpóreas e pessoas de existência ideal.*[2] Todas estas escolhas, entretanto, enfrentam seus dilemas:[3] *pessoas morais* envolveria mais a filosofia que o direito, além da moralidade ser *mais* inerente à pessoa física; *pessoas coletivas* indicaria que a ausência de pluralidade *imediatamente* a desconstituiria, o que não ocorre, além de ser difícil explicar a *fundação* com este conceito; *pessoas de existência ideal* conflitaria com o pensamento daqueles que acreditam na realidade social da pessoa jurídica, bem como daqueles que pensam na pessoa física também como um ente jurídico idealizado, como explica Hans Kelsen:

> A chamada pessoa física não é, portanto, um indivíduo, mas a unidade personificada das normas jurídicas que obrigam e conferem poderes a um e mesmo indivíduo. Não é uma realidade

1 *Grande Dicionário Houassis da língua portuguesa.* p. 2201

2 SILVA, De Plácido e. *Vocabulário Jurídico.* p. 1040.

3 NADER, Paulo. *Curso de Direito Civil: Parte Geral.* p. 199.

natural, mas uma construção jurídica criada pela ciência do Direito, um conceito auxiliar na descrição de fatos juridicamente relevantes. Neste sentido, a chamada pessoa física é uma pessoa jurídica.[4]

Este entendimento kelseniano é adotado no Brasil por Orlando Gomes, o qual se manifesta nas seguintes palavras:

Todas essas expressões não revelam com propriedade o ente que designam. A mais difundida – pessoa jurídica – é ambígua, porque, propriamente falando, todas as pessoas são jurídicas, no sentido de que a personalidade é o conceito jurídico e seus atributos se regulam pelo Direito.[5]

Portanto, não satisfaz plenamente nenhuma destas escolhas, sempre existindo imperfeições nelas. O problema, todavia, não é exclusivo para a *pessoa jurídica*, vez que a sua antagônica, a *pessoa física*, é também denominada de *pessoa natural*. Atualmente, toda pessoa natural é um ser humano, mas a história provou que esta coincidência não é necessária do ponto de vista das diferentes culturas (*e.g.* as pessoas disformes para o direito romano), por isso Kelsen pretendia afastar as características biológicas e físicas da explicação sobre a pessoa em âmbito jurídico.

Talvez pensar nas *pessoas corpóreas* e *incorpóreas* fosse o mais acertado, mas o conceito transformaria o ser humano em um simples ente corpóreo, retirando dele a sua característica mais distinta e peculiar: a capacidade de *raciocinar*. Se a denominação fosse dividida entre *pessoas racionais* e *pessoas irracionais*, obviamente não menos deselegante seria o resultado. Assim, como não há definição perfeita, aqui se optou pelo uso da forma mais tradicional no Brasil, aquela utilizada pelo art. 41 e 44 do Código Civil.

II.b . Origens e evolução

Embora os romanos tenham traçados certos estudos sobre entes coletivos, a idéia abstrata e autônoma da pessoa jurídica não se efetivou no direito da antiguidade, ela foi se formando gradualmente.[6] Foi do Direito Canônico a primeira referência histórica sobre pessoa jurídica, tratava-se dos *corpus mysticum*, grupos eclesiásticos com patrimônio direcionados à atividade religiosa.[7]

Há, entretanto, outros marcos históricos para a idealização da pessoa jurídica pública, como se deu em 1651, quando o filósofo inglês Thomas Hobbes publicou sua *magnum opus* O Leviatã. O gigante mitológico era retratado como sendo o Estado,

4 *Teoria Pura do Direito*. p. 194.

5 *Introdução ao Direito Civil*. p. 144.

6 VENOSA, Silvio de Salvo. PP. 226 e 227.

7 FARIAS, Cristiano Chaves de. e ROSENVALD, Nelson. *Curso de Direito Civil: parte geral e LINDB*. p. 405.

representado pela união formada de cidadãos. O Leviatã (Estado) era muito mais poderoso que a força individual de cada um deles. A ilustração da obra era auto-explicativa: um conjunto de corpos unidos que formavam um corpo maior.

Hobbes escreveu sobre a distinção entre pessoas físicas e jurídicas em uma época em que o direito comercial começava a se desenvolver. Suas análises foram voltadas à política, embora muito proveito possa ser extraído dos seus textos. Deste momento em diante os Códigos Comerciais foram ganhando notoriedade e, junto com os respectivos Códigos Civis, buscaram firmar a autonomia das pessoas jurídicas.

Durante toda esta formação conceitual, dividiram-se os juristas em dois grupos: um deles defendia a origem da pessoa jurídica na abstração da norma e o outro que a pessoa jurídica é uma verdadeira integração social, este último calcado em aspectos sociológicos. Ambos, todavia, são unânimes em reconhecer que o conjunto de pessoas com a qualidade de sócios cria uma mentalidade coletiva autônoma que pode subsistir até mesmo além da vida dos seus membros. Os únicos discordantes a respeito desta autonomia são os poucos adeptos da *teoria negativista*, os quais entendem que a pessoa jurídica nada mais é que uma máscara ao patrimônio coletivo.[8] Seja real ou abstrata, a pessoa jurídica é posta pelo ordenamento como autônoma, com sua própria existência, personalidade, seu patrimônio, capacidade de negociação e processual, respondendo por seus atos, inclusive criminalmente (nos limites de sua natureza incorpórea). Certamente há de haver motivos para tantos poderes serem conferidos a este ente, é o que será demonstrado.

II.c. A razão de ser autônoma

A razão econômica do direito ter criado a pessoa jurídica (se é que ela já não existia na realidade social) é incentivar o *empreendedorismo e a profissionalização do comércio*. Se as responsabilidades de uma grande empresa recaíssem sobre os sócios, poucos teriam interesse neste exercício arriscado, preferindo receber menos em tarefas mais estáveis. A falência nem sempre decorre de culpa ou má gestão de sócio, existem inúmeros fatores econômicos externos que podem prejudicar a vida de uma pessoa jurídica, por isso os bens que esta adquiriu serão aqueles que, em regra, serão utilizados para satisfazer as dívidas que ela se obrigou.

Sob o aspecto sociológico, visa o direito regulamentar as relações decorrentes das atividades dos entes coletivos e incorpóreos para que estes sofram a incidência de liberdades e deveres pertinentes aos mais diversos objetivos que possuem, os quais vão desde o acúmulo de riquezas até a filantropia, incluindo a defesa de interesses políticos e institucionalização do Estado.

Deste modo, a pessoa jurídica "*transcendentaliza*" o intuito e a atividade humana tal e qual a *obra* existe além do seu *criador*. Os contratos firmados entre pessoas jurídicas podem ter duração mais longa que aqueles pactuados entre pessoas físicas,

8 VENOSA, Silvio de Salvo. *Direito Civil: parte geral*. pp. 226 e 227.

permitindo sólidas relações comerciais. A importância econômica é tão elevada que a desconsideração da pessoa jurídica não significa o desfazimento de sua personalidade e de sua estrutura, mas apenas a não-aplicação pontual de certos efeitos e privilégios de uma pessoa jurídica típica. A desconsideração da pessoa jurídica deve ser vista com grandes ressalvas e cuidados a fim de evitar a diminuição do desejo de empreender no país; por isso a necessidade de um procedimento específico para atingir estes resultados.

III. DESCONSIDERAÇÃO DA PESSOA JURÍDICA

Passado o primeiro período de aceitação da pessoa jurídica como independente, os juízes foram obrigados a conviverem com desvirtuamentos dos objetivos destas pessoas. Os métodos de abuso eram diversos, todos praticados pelos sócios formais ou não sob o manto da proteção da pessoa jurídica. Estes atos incorretos justificaram os primeiros estudos sobre a desconsideração, como será explicado a seguir.

III.a. O conceito e a funcionalidade

A desconsideração é a inoperância *pontual* e *temporária* da autonomia patrimonial da pessoa jurídica em razão de um ato ilícito praticado por todos ou alguns dos sócios, podendo, eventualmente, a lei autorizar a desconsideração sem que tenha havido ato ilícito. Não se deve confundir com a *despersonalização* da pessoa jurídica, circunstância em que ela perderá sua autonomia *completamente*, tal como ocorre com a *falência*.[9] Nas palavras de Cândido Rangel Dinamarco:

> Desconsiderar a pessoa jurídica é suprimir mentalmente sua existência, de modo a tratar o próprio ente coletivo em conjunto com as pessoas físicas que a integram, como se fossem uma só pessoa e, conseqüentemente, como se fossem um só também o patrimônio de todos. Isso é feito com o objetivo de *reprimir fraudes* praticadas sob o manto da personalidade jurídica de sociedades, geralmente a dano de credores.[10]

Em complemento, explica Fábio Ulhoa Coelho:

> A desconsideração da pessoa jurídica não atinge a validade do ato constitutivo, mas a sua validade episódica. Uma sociedade que tenha a autonomia patrimonial desconsiderada continua válida, assim como válidos são todos os demais atos que praticou. A separação patrimonial em relação aos seus sócios é que não produzirá nenhum efeito na decisão judicial referente àquele específico ato objeto da fraude.[11]

9 GAGLIANO, Pablo Stolze e PAMPLONA FILHO, Rodolfo. Novo curso de direito civil: parte geral. p. 278.

10 *Vocabulário do processo civil*. p. 120.

11 *Manual de direito comercial*. p. 127.

A desconsideração dependerá, entretanto, da adoção de duas possíveis teorias: a) pela *teoria maior* é necessária a presença de requisitos específicos analisados no caso concreto, tais como prática de atos que comprometam a independência patrimonial da empresa; b) pela *teoria menor* desconsidera-se em favor do credor por motivos mais brandos, sem necessidade de ampla demonstração de atos ilícitos, permitindo hipóteses que pela teoria maior não seriam possíveis. Os requisitos da *teoria maior* podem ser objetivos ou subjetivos, de acordo com cada ordenamento.[12]

O Brasil adota teoria mista: no art. 50 do Código Civil elegeu-se a teoria maior; no que tange ao art. 28, § 5º, do Código de Defesa do Consumidor, prevalece a teoria menor, a qual não precisará de um procedimento complexo para demonstração de requisitos. No âmbito tributário, o alcance e aplicação do art. 135 do Código Tributário Nacional foi delimitado pelo Egrégio STJ quando sumulou que o simples inadimplemento não é suficiente para a desconsideração, *in verbis*:

> **Súmula nº 430 – Inadimplemento da Obrigação Tributária – Responsabilidade Solidária do Sócio-Gerente.** O inadimplemento da obrigação tributária pela sociedade não gera, por si só, a responsabilidade solidária do sócio-gerente.

Apesar de estar prevista no Código Civil, a desconsideração é um tema muito mais processual, inicialmente porque apenas se concretizada perante a jurisdição, devendo, até a decisão, todos os demais respeitarem a autonomia da pessoa jurídica. Além disto, por meio da decisão não se altera a *substância* da pessoa jurídica, em seu aspecto formal a pessoa jurídica continua a existir incólume para as demais relações civis. Por ser excepcional, pontual, temporária e vinculada ao caso concreto, não é de admirar que a desconsideração tenha nascido, essencialmente, da obra do magistrado e não do legislador.

III.b. Origens

A desconsideração da pessoa jurídica é de interesse preponderantemente processual, tanto que foram nas cadeiras forenses que se delinearam os primeiros estudos do tema, mais precisamente na jurisprudência da Inglaterra, Estados Unidos da America e Alemanha.[13] No estrangeiro adotou-se o nome de *Disregard Theory* ou *Teoria de la penetración de la personalidad* (Argentina).

Os registros mais remotos a respeito deste debate entre a conexão patrimonial dos sócios e de suas empresas são de 1809 (Bank of United States vs. Deveaux), mas também há casos especiais de 1847 (Salomon vs. Salomon) e de 1910 (United States vs. Lehigh Valley Rail Road).[14] Nem todos estes chegaram a resultados efetivos de desconsideração, mas construíram debates que foram paradigmáticos.

---

12 FARIAS, Cristiano Chaves de. e ROSENVALD, Nelson. Curso de Direito Civil: parte geral e LINDB. pp. 470-472

13 COELHO, Fábio Ulhoa. *Manual de direito comercial*. p. 126.

14 FARIAS, Cristiano Chaves de. e ROSENVALD, Nelson. *Curso de Direito Civil: parte geral e LINDB*. p. 467.

No Brasil, sem existir, a princípio, uma lei que autorizasse a desconsideração, por muito tempo a jurisprudência potencializou a aplicação do art. 135 do Código Tributário Nacional, interpretando-o extensivamente e fazendo analogias.[15] Todavia, no decorrer das décadas, o legislador positivou diversas outras hipóteses que merecem uma análise própria.

III.c. Hipóteses de cabimento

A desconsideração da pessoa jurídica tem sua hipótese geral prevista no art. 50 do Código Civil, dependendo de provas que demonstrem a confusão patrimonial e/ou o desvio de finalidade da empresa. O desvio de finalidade é uma "*uma fuga dos objetivos sociais da pessoa jurídica, deixando um rastro de prejuízo, direto ou indireto, para terceiros ou mesmo para outros sócios*".[16] A confusão patrimonial, por sua vez, é quando o "*sócio utiliza o patrimônio da pessoa jurídica para realizar pagamentos pessoais e vice-versa*",[17] esta prática não é tão rara no Brasil, porquanto muitos pequenos empresários administram suas empresas com certo amadorismo e acabam por se valer inadvertidamente de cheques da pessoa jurídica como se fossem seus, criando conseqüências que provavelmente não pensariam estarem sujeitos.

As hipóteses específicas surgiram antes da genérica e estão disseminadas por todo o ordenamento, são exemplos clássicos: o art. 135 do Código Tributário Nacional; §5º do art. 28 do Código de Defesa do Consumidor; art. 18º da Lei nº 8.884/94 (já revogado); o art. 4º da Lei nº 9.605/98. Algumas destas independem de provas sobre requisitos específicos, bastando demonstrar que a pessoa jurídica é um obstáculo ao sujeito ativo do direito, tais casos são verificados no curso da fase executiva, quando a insuficiência patrimonial do réu (pessoa jurídica) é transparecida.

Existem formas diferenciadas de desconsideração, é o caso da "*desconsideração em cascata*", a qual se dá quando a pessoa jurídica compõe-se de outras pessoas jurídicas e estas também passam a ser objeto de desconsideração, tal qual aquela. Neste sentido, menciona-se o julgado abaixo:

> O objetivo do art. 28 do CDC (assim como as demais normas consumeristas) é preservar o interesse do consumidor, parte desprotegida na relação jurídica e vulnerável, mesmo que em detrimento da autonomia patrimonial da pessoa jurídica. Disto decorre que a personalidade desta não pode ser razão impeditiva de ressarcimento de danos experimentados pelos consumidores, ainda mais se os sócios da pessoa jurídica consistem em outras pessoas jurídicas criadas com referido objetivo. Em outras palavras, se a sócia da pessoa jurídica provocadora de dano a consumidor é uma pessoa jurídica, esta deve ter a sua personificação ignorada se for também fator impeditivo para o ressarcimento do dano.

---

15 GONÇALVES, Carlos Roberto. *Direito civil brasileiro: parte geral*. p. 250.

16 FARIAS, Cristiano Chaves de. e ROSENVALD, Nelson. *Curso de Direito Civil: parte geral e LINDB*. p. 473

17 *Ibidem*. mesma página.

> É o que ocorre no caso concreto. A desconsideração da personalidade jurídica é feita em cascata. Agravo improvido.[18]

Também é possível a desconsideração *pela via inversa*, em verdade trata-se da pessoa física que se mixa a uma pessoa jurídica para se salvaguardar. Esta prática é muito comum no âmbito do Direito de Família para prejudicar a apuração real da pensão alimentícia e dos bens a partilhar. De todo jeito ocorrerá uma confusão patrimonial, mas a pessoa física é quem está sendo demandada e ela quem deve a prestação jurídica. Na *via inversa* não se *desconsidera* a pessoa física, apenas a pessoa jurídica, conduzindo os bens desta para aquela, tornando-os penhoráveis. Esta modalidade foi entendida como possível pelo Enunciado nº283 da IV Jornada de Direito Civil:

> 283 – Art. 50: É cabível a desconsideração da personalidade jurídica denominada "inversa" para alcançar bens de sócio que se valeu da pessoa jurídica para ocultar ou desviar bens pessoais, com prejuízo a terceiros.

Outros estudos desta Jornada concluíram ainda que a desconsideração independente da insolvência da pessoa jurídica (Enunciado 281),[19] do encerramento irregular das atividades da pessoa jurídica (Enunciado 282), do fato das pessoas jurídicas terem fins lucrativos ou não (Enunciado 284) e do fato de quem a requereu ser ou não outra pessoa jurídica (Enunciado 285).

Situação mais complexa surge com sócio oculto, ou seja, aquela pessoa que não é *oficialmente* sócia, mas faticamente atua como se fosse uma, oferecendo apoio econômico para mantimento e aperfeiçoamento da pessoa jurídica e/ou direcionando seu funcionamento. A jurisprudência vem admitindo a desconsideração expansiva, quando provada a presença de sócio oculto, respondendo este sempre que verificado o abuso de personalidade jurídica. [20] Os grandes problemas da desconsideração, entretanto, surgirão no aspecto processual dela.

IV. O PROCESSO E A DESCONSIDERAÇÃO

O novo CPC resolverá certos impasses da desconsideração da pessoa jurídica, entretanto, como será explicado, algumas questões ficaram dúbias e apresentaram pontos obscuros. Isto ocorre especialmente porque não se fez uma distinção entre a *teoria menor* e a *teoria maior*, ambas aceitas pelo direito material brasileiro. O pedido para

---

18 TJ-SP – AI: 1393009420118260000 SP 0139300-94.2011.8.26.0000, Relator: Sandra Galhardo Esteves, Data de Julgamento: 21/09/2011, 12ª Câmara de Direito Privado, Data de Publicação: 23/09/2011

19 Embora na aplicação do §5º do art. 28 do CDC a pessoa jurídica deve ser um *óbice* para o adimplemento, sendo crível que, neste caso, é imprescindível a falta de bens dela.

20 FARIAS, Cristiano Chaves de. e ROSENVALD, Nelson. *Curso de Direito Civil*: parte geral e LINDB. P. 486.

desconsiderar feito *conjuntamente com a inicial* está pouco aprofundado e merecia maior atenção. Solucionar os pontos obscuros também depende de se estabelecer qual é a natureza processual do sócio da pessoa jurídica desconsiderada, incerteza de difícil esclarecimento, mas que este capítulo busca solucionar.

IV.a. O procedimento para desconsiderar

O procedimento para desconsiderar a pessoa jurídica previsto no CPC foi inserido do artigo 133 até 137 e acompanha o método já utilizado pela jurisprudência para sanar a atual lacuna. Há algum tempo defendia-se a desnecessidade de demanda autônoma de conhecimento para a desconsideração. Segundo a doutrina majoritária:

> [...] não se justifica exigir a propositura de uma ação autônoma de conhecimento para a obtenção da desconsideração da personalidade jurídica, bastando a formação do devido processo (contraditório, ampla defesa...), através de um procedimento próprio, incidental ao processo de execução. Não se olvide, de qualquer maneira, que a providência da desconsideração não pode ter aplicação irrestrita e sem medida, impondo-se o respeito aos princípios constitucionais da ampla defesa e do contraditório [...][21]

Isto decorre do fato de não ser a desconsideração da pessoa jurídica uma tutela *desconstitutiva* e nem mesmo uma tutela *cognitiva autônoma*, trata-se apenas da relativização pontual de certos efeitos da pessoa jurídica, a qual ainda continuará a existir. Não afetando a estrutura jurídica da pessoa, a desconsideração não faz uma *despersonalização*, ela apenas amplia os efeitos da execução (ou cumprimento de sentença).

O incidente de desconsideração da pessoa jurídica, pela via ordinária ou inversa, deverá ser instaurado a pedido da parte ou do Ministério Público (quando a este couber intervir ou atuar no processo), não cabendo a modalidade de ofício pelo juiz (art. 133). O simples requerimento de inauguração do incidente já deverá, por si só, conter ampla dissertação sobre o preenchimento dos pressupostos legais específicos (art. 134, §4º), e, por haver previsão expressa neste sentido, o juiz poderá denegar liminarmente a continuidade do incidente se este não contiver uma fundamentação.

O momento possível para desconsiderar é diversificado. O sócio pode ser demandado logo no princípio, quando do ajuizamento da causa, dispensando-se a forma incidental, ou pode ser citado em qualquer outra fase cognitiva ou executiva (cumprimento de sentença), sendo inevitável nesta hipótese o incidente e a suspensão da dialética da causa principal.

Seja em qual procedimento for, será citado o "*sócio **ou** a pessoa jurídica*" para manifestar-se e requerer provas no prazo de 15 dias (art. 134, §2º e art.135). Note-se que a desconsideração em *cascata* é aceita por haver previsão de citação de "*pessoa jurídica*", a qual pode compor o quadro social de outra. Este prazo de quinze dias para

21 FARIAS, Cristiano Chaves de. e ROSENVALD, Nelson. *Curso de Direito Civil*: parte geral e LINDB. P. 484

a manifestação dos sócios não tem menção do seu *dies ad quo*, devendo-se aplicar o método da contestação, pois não deixa de haver relação entre ambos em função do ato citatório. Deste modo, começará o prazo nos termos dos incisos do art. 229, aplicando-se também o §1º deste.

Conforme art. 299, serão dobrados os novos prazos para os sócios se manifestarem, especialmente na instrução, sempre que tiverem diferentes procuradores. Não fica impedida, deste modo, a oportunidade eficaz de defesa.

A desconsideração prejudicará apenas os sócios que dela tenham participado, pois o contraditório deve ser permitido a quem sofre a acusação de conduta ilícita. O CPC expressa até mesmo a possibilidade de oposição de embargos de terceiro ao sócio *não participante* do incidente de desconsideração de pessoa jurídica e que teve seus bens penhorados. *In verbis*:

> Art. 674. Quem, não sendo parte no processo, sofrer constrição ou ameaça de constrição sobre bens que possua ou sobre os quais tenha direito incompatível com o ato constritivo, poderá requerer seu desfazimento ou sua inibição por meio de embargos de terceiro.
> §2º Considera-se terceiro para ajuizamento de embargos:
> (...)
> III – quem sofre constrição judicial de seus bens por força de desconsideração da personalidade jurídica, de cujo incidente não fez parte;

Nos casos de pessoas jurídicas em que haja responsabilidade solidária, se apenas um dos sócios tiver praticado confusão patrimonial, e tal fato for reconhecido no incidente, poderia a solidariedade estender estes efeitos aos sócios não citados? Entende-se que não, pois a citação para contraditório é uma regra que deve ser exercida ainda que em excesso, por razões óbvias de segurança jurídica. Aliás, esta parece ser a disposição expressa do artigo retromencionado.

Fica a dúvida se, quando não se conseguir encontrar um sócio para citar, poderia a parte que pleiteou o incidente prosseguir apenas em função de alguns sócios citados, ficando os demais não tangíveis pela desconsideração. O art. 674 denota ser possível tal prática, uma vez que ele apenas permite a propositura de embargos de terceiro de quem sofreu penhora sem participar do incidente, *não afirmando a nulidade completa do próprio incidente e da penhora contra aqueles que participaram*. Pode ocorrer, por exemplo, de um sócio estar ausente do país e os demais, já citados pelo incidente, começarem a dilapidar seus patrimônios, de modo que a suspensão do processo acabaria por comprometê-lo, tendo razão prosseguir o procedimento sem prejuízo de um novo incidente futuro contra o sócio ausente do país. Deve-se considerar ainda que o art. 135 deixa claro em seu texto a unidade "*sócio*", indicando que não é necessário citar a todos, mas apenas o sócio que foi apontado no incidente e sofrerá eventual penhora.

Também ficou omissa a hipótese do sócio citado no incidente de desconsideração trazer ao processo os demais por meio da intervenção de terceiros. Apesar desta prática poder tumultuar o procedimento incidental, não há como negar o cabimento quando o sócio for demandado logo na exordial com causa de pedir comum entre os sócios.

Outro ponto interessante é o fato do CPC se referir ao *Incidente* como *requerimento* (art. 134, §4º) e, ao mesmo tempo, como um *pedido* (art.133, §1º). Dada a complexidade e os amplos efeitos produzidos pelo Incidente, parece melhor atribuí-lo a um "*pedido*", mesmo que incidental, como demonstram as lições de Cândido Rangel Dinamarco:

> [...] *requerimento* é apenas a postulação de impulso oficial processual ou de providências instrutórias, não de uma tutela jurisdicional. A parte pede a condenação do adversário, pede a liquidação, pede a execução etc...[22] (itálico do autor)

O Incidente será resolvido por meio de decisão interlocutória passível de interposição de agravo de instrumento, ou agravo interno, se proferida por desembargador relator (art. 136, parágrafo único). Não expressa o CPC como se dará a resolução quando a desconsideração foi pleiteada no ato de demanda, que dispensa a forma de incidente, mas nada impede de se estender o dispositivo em tais casos de modo que o juiz resolva a desconsideração *interlocutoriamente*, sendo até desejável que o faça antes da sentença. Todavia, incerteza ainda pode haver sobre o recurso cabível quando a desconsideração for decidida no bojo da sentença. A fim de ilustrar o procedimento, demonstra-se abaixo o quadro:

Ainda que esta seja a vontade do legislador, é um pouco estranho suspender o cumprimento de sentença contra uma pessoa jurídica até que se defina se o sócio será também executado, pois uma a execução de uma não prejudica a outra. O que seria útil para a fase cognitiva (suspender para permitir amplo contraditório e participação nos atos) não parece ter tanta lógica na fase de cumprimento de sentença (quando o sócio já não terá tantos poderes instrutórios e postulatórios).

O incidente perde um pouco a sua utilidade quando a desconsideração ocorre pela teoria menor, tal como a do Código de Defesa do Consumidor. Em tais casos há poucos elementos a serem alegados e provados, bastando a simples insuficiência patrimonial da pessoa jurídica, já verificada na própria execução ou cumprimento de sentença. Assim, pouco terá o sócio a manifestar-se, salvo se para demonstrar que a pessoa jurídica ainda tinha bens suficientes para o pagamento. Em suma, quanto menor a necessidade probatória, menor a diferença trazida pelo novo incidente.

Por fim, o art. 137 tem como fraude à execução a alienação ou oneração de bens após instaurado o incidente e quando este for acolhido. Aqui se tem um bom motivo para não tardar a inauguração do incidente, pois até isto ocorrer haverá presunção de legalidade nas operações efetuadas com bens dos sócios.

---

22 DINAMARCO, Candido Rangel. *Vocabulário do processo civil*. p. 37.

IV.b. NATUREZA PROCESSUAL DO SÓCIO

A ampla defesa e o contraditório sempre foram preocupações para aqueles que estudam a desconsideração da pessoa jurídica, pois com ela surgem novas pessoas no processo, inseridas de forma bem peculiar. É preciso estudar qual a natureza processual destes litigantes, pois a classificação deles determinará certas qualidades que influenciam no *modus operandi* da desconsideração.

Não chegou a doutrina a uma solução eficaz para diferenciar as nuances entre *parte* e *terceiro*, este fato dificulta o oferecimento de uma resposta. Há quem classifique o terceiro como uma espécie de parte,[23] conceito o qual Cássio Scarpinella Bueno discorda, como explica o jurista:

> Entender que "parte é todo aquele que participa do processo ou que parte é todo sujeito do contraditório, todo sujeito processual, portanto, é ampliar demasiadamente aquele conceito, tornando tarefa extremamente difícil a de compreender quem são os terceiros.[24]

Este doutrinador baseia-se em outro critério, descrito abaixo:

> Alguns terceiros realmente entrarão em juízo pedindo algo. Pode acontecer, até mesmo, que eles ingressem em juízo justamente porque contra eles se passou a pedir alguma espécie de tutela jurisdicional. Até poderá acontecer que, quando intervierem, estes terceiros passem a ser partes. Outros, [...] sempre serão terceiros porque, não obstante exerçam atividade no plano do processo, nada pedem em juízo e nada contra eles é pedido. [...] O que mais interessa de perto para distinguir os "terceiros" das "partes", pois, é o **momento imediatamente anterior à sua intervenção.**[25] (destacou-se)

Pela lógica do autor supramencionado, o sócio seria parte quando demandado logo no início da ação, vez que já compõe o processo desde seu ajuizamento. Por outro lado, na forma do incidente de desconsideração ele seria terceiro, chamado *a posteriori* para atuar no processo. O problema é que se o pedido de desconsideração for uma demanda autônoma direcionada diretamente em desfavor do sócio para condená-lo, então não teria sentido permitir que uma simples forma incidental pudesse atingir igual resultado, ainda mais por meio de uma decisão interlocutória, como consta no texto. Agrava-se com o fato de que o incidente pode ser instaurado a qualquer momento do processo, mesmo após a fase de contestação e até mesmo de cognição. Entretanto, se o sócio da pessoa jurídica desconsiderada for classificado como *terceiro* ficaria difícil compreender sua "*citação*" para "*contestar*" bem como a responsabilização de seu patrimônio sem que houvesse uma condenação. O impasse, portanto, é profundo e complexo, havendo críticas para cada escolha feita.

---

23 SILVA, De Plácido e. *Vocabulário Jurídico*. p. 1006.

24 *Curso Sistematizado de Direito Processual Civil*. p. 435.

25 *Ibidem*. pp. 435-436.

O problema do sócio, porém, não deriva somente da estrutura processual, mas principalmente do direito material, isto porque o sócio desconsiderado não é um terceiro *completamente alheio ao processo* justamente por estar confundido com a pessoa jurídica. Quando se "descortina" a pessoa jurídica o sócio será encontrado nela e não fora dela, isto é, está mixado com seu patrimônio. Porém, nem toda desconsideração deriva de uma fraude, como se percebe na hipótese prevista no Código de Defesa do Consumidor.

Seja como for, é temporária a fase em que o sócio seria terceiro, pois, uma vez definida sua inserção no processo, torna-se um devedor que poderá interpor seus embargos à execução. Aqui se defende, portanto, que o sócio será sempre um terceiro (mesmo quando demandado diretamente) até que o juízo se manifeste sobre a desconsideração, a qual, se deferida, transforma-o em parte. Esta *mutação* não é estranha se verificada a definição de Humberto Thedoro Júnior:

> Ocorre o fenômeno processual chamado **intervenção de terceiro** quando alguém ingressa, **como parte** ou coadjuvante da parte, em processo pendente entre outras partes.[26] (destacou-se)

Portanto, uma fez definida a desconsideração, o sócio na fase executiva não mais embargaria como *terceiro*, mas como um *co-devedor* inserido no processo, tanto que o CPC apenas menciona os embargos de terceiro ao sócio que *não participou* do incidente (art. 674, §2º, inciso III). Outro indício de que o sócio se torna litisconsorte *ao final do incidente* é que a decisão que decidirá tal ponto é interlocutória, tal qual seria a de exclusão de um litisconsorte, no entender de Eduardo Arruda Alvim:

> [...] a decisão que exclui, por exemplo, um litisconsorte passivo, prosseguindo o processo em relação aos demais, é de natureza interlocutória (há perfeita subsunção à fattispecie do §2º do art. 162 do CPC), sendo, pois impugnável por agravo de instrumento.[27]

Trata-se de uma difícil classificação, mas ela é feita respeitando certas opções do Código, tal como a de inserir o incidente de desconsideração no *Título III – Da intervenção de terceiros*. Afirmar que o sócio é parte implicaria em dizer que contra ele ocorreria uma eventual condenação, de modo que seria impossível conciliar este argumento com o incidente, o qual nada condena. Há, pois, a *desnecessidade* de uma ação autônoma para desconsiderar a pessoa jurídica.

A desconsideração da personalidade jurídica é uma *extensão do patrimônio da pessoa jurídica* com fundamento em uma hipótese legal, um determinado ato ilícito comprovado ou pela simples responsabilidade não limitada da pessoa jurídica. Em verdade, configura-se a *conjugação* da pessoa física com a jurídica para adimplir certos valores, não é exatamente uma *dupla condenação ou duas condenações distintas*, mas uma condenação de efeitos amplos. Em um comparativo distante, é como se dá na

26 *Curso de Direito Processual Civil*. p. 135.

27 *Curso processual Civil*. p. 225.

evicção quando o comprador sofre os efeitos da ação sobre a propriedade julgada em desfavor ao alienante, prejudicando o negócio jurídico daquele que adquiriu a coisa, sofrendo ele os efeitos da sentença, mas sem ser parte processual. Isto seria o que Liebman denominava de *eficácia natural da sentença*.[28]

Quando se desconsidera, de algum modo quebra-se a independência da pessoa jurídica, sem que haja processo ou condenação extra (no entender da jurisprudência atual). O sócio manifesta-se na qualidade de terceiro, do contrário, ele teria obrigatoriamente o direito de ter participado da construção do título judicial pelo qual será executado. Em uma análise simplificada, o que o juízo faz na desconsideração é inserir o sócio e seus bens "*dentro*" da pessoa jurídica condenada, mas sem promover uma nova condenação autônoma, daí não ser preciso nova demanda, podendo ser feita por incidente a qualquer momento.

Se a desconsideração fosse uma *demanda autônoma*, fixando o sócio como parte, então ela faria coisa julgada e não poderia se encerrar, por via oblíqua, com uma decisão interlocutória. Por isso é importante frisar: ainda que se discorde da interpretação proposta, seria demasiadamente trágico pensar em um litisconsorte "*condenado*" *interlocutoriamente* em incidente cujo qual lhe impediu de participar de todos os atos que constituíram o título objeto da condenação. Melhor seria ao ordenamento, para não soar estranho, entender o sócio como *terceiro* que se torna parte, e não uma parte que pode ser impedida de participar do procedimento que formulou o título executivo judicial.

IV.c. Limites da contestação

A rigor, o sócio é inserido no processo para se manifestar sobre os fatos que fundamentariam, em tese, a desconsideração da pessoa jurídica. Diz o texto que se trata de uma *contestação*, embora se saiba que o resultado da dialética decorrerá em uma simples decisão interlocutória. Todavia, se o procedimento para desconsiderar é realizado *conjuntamente* com a demanda, dispensa-se o incidente, não suspendendo o debate da causa principal, de modo que é de se perguntar se o sócio poderia contestar e instruir sobre fatos que não se referem especificamente à desconsideração, mas que lhes interessa por proteger a pessoa jurídica e, por consequência, auxiliar em sua defesa.

Caso o sócio citado por decorrência da demanda *apenas* se manifeste sobre a desconsideração da pessoa jurídica, ele correrá o risco de perder a oportunidade de alegar outros fatos diversos que poderiam ter-lhe sido úteis. Sobretudo porque neste caso não haverá a suspensão prevista para a forma incidental. Muitas destas matérias "*diversas*" seriam problemáticas para que o sócio alegasse visto que grande parte delas é de uso mais apropriado da pessoa jurídica demandada. Imagina-se, por exemplo, um sócio que alegasse que a pessoa jurídica adimpliu todas as obrigações. Há interesse de este sócio comprovar que a pessoa jurídica quitou as obrigações pleiteadas, porquanto

28 LIEBMAN, Enrico Tullio. *Eficácia e Autoridade da Sentença e outros escritos sobre a coisa julgada. Passim.*

o patrimônio dele também foi direcionado como pertencendo e/ou responsável pela pessoa jurídica. Como explicar esta questão? A resposta reside no fato de que na desconsideração, como já dito, o sócio está sendo acusado de possuir uma "mescla" com a pessoa jurídica, de modo que eles não sejam completamente autônomos, por isso o que é pertinente a um deles acaba sendo ao outro, sendo incorreto, portanto, proibir o sócio de afirmar fatos referentes à pessoa jurídica e comprová-los. Sendo por ora um terceiro, o sócio defenderia a pessoa jurídica como um terceiro, ou seja, como um assistente interessado. Assim, poderia o sócio alegar que a pessoa jurídica pagou o débito, ou que este se encontra precluso, mesmo que contra ele apenas alegou-se a desconsideração.

Resta ainda saber se o sócio desconsiderado atuaria como assistente simples ou litisconsorcial. Para solucionar o impasse será preciso revisitar rapidamente alguns conceitos: *o assistente litisconsorcial* é uma forma de intervenção de terceiros em que o novo integrante no processo atuará de uma maneira muito próxima a de uma parte litisconsorte, diz-se que é uma *meia-parte meio-terceiro,* embora Ovídio Baptista da Silva já tenha criticado esta explicação intermediária.[29] Todavia, superficialmente pode-se estabelecer que o *assistente simples* defende a mera vitória jurídica de uma parte, porque tem interesse jurídico neste resultado. O assistente litisconsorcial assiste à parte para que possa resguardar seu próprio direito e age em virtude deste, ou seja, algo mais próximo a um opoente.[30] O assistente simples tem uma relação mais vinculada a quem assiste, podendo até mesmo propor demanda contra este posteriormente; o assistente litisconsorcial tem um *conflito* mais direcionado ao adversário de quem assiste, podendo, inclusive, ter sido demandado junto com este, desde o princípio (*e.g.* co-devedor). Neste sentido, o Novo CPC reforça:

> Art. 124. Considera-se litisconsorte da parte principal o assistente sempre que a sentença influir na relação jurídica entre ele e o adversário do assistido.

Dois são os motivos de se manter a diferenciação entre o assistente litisconsorcial e o litisconsorte ordinário: a) o interveniente tem maior flexibilidade nos efeitos da coisa julgada; e b) o interveniente recebe contra si o processo já formado, podendo inclusive já estar em estado avançado.[31] Verdade é que o ordenamento não trata igualmente o litisconsorte e o terceiro litisconsorcial. Embora, algumas vezes, um instituto resida próximo ao outro, não podem ser equiparados.

Passa-se a verificar, pois, a situação do sócio enquanto terceiro nos casos de desconsideração de pessoa jurídica. O sócio tem conflito com o demandante e não a pessoa jurídica em si, age, todavia, para proteger o seu patrimônio, um interesse que lhe é

---

29 SILVA, Ovídio A. Baptista da. *Comentários ao Código de Processo Civil, v. 1.: Processo de Conhecimento – arts. 1º a 100.* 1ª ed. rev. atul. e ampl. São Paulo: Editora Revista dos Tribunais, 2005. p. 256.

30 *Ibidem*. p. 274.

31 *Ibidem*. p. 282.

pertinente. O encerramento do processo (pelo pagamento, prescrição etc.) influirá diretamente na relação entre o sócio e o demandante, eliminando todo e qualquer vínculo jurídico que poderia haver entre eles. Quando da inauguração do incidente de desconsideração o sócio ainda não é propriamente parte, tanto que a razão de existir o incidente é justamente verificar se ele deverá ou não ingressar na relação processual, sua manifestação, *a priori*, será apenas para defender a independência patrimonial sua perante a pessoa jurídica. Depois que o incidente é julgado, todavia, ficaria difícil dizer que o sócio é um terceiro. Portanto, o sócio que auxiliar (assistir) a defesa da pessoa jurídica agirá como um assistente litisconsorcial e não como um assistente simples.

A utilidade de ser um assistente litisconsorcial é relativizada quando há o incidente, pois ele suspenderá o debate da causa até o seu final, isto é, o sócio não perderá nenhum prazo se aguardar a definição do incidente para se manifestar sobre a causa principal. Todavia, quando a desconsideração é pedida na própria demanda, então não haverá suspensão e, neste caso, poderá ter interesse o sócio em contestar não apenas a desconsideração como também assistir a pessoa jurídica na busca por sua vitória, fazendo ambos no mesmo ato processual. Aqui a contestação teria um duplo viés: a) defender o sócio, em seu nome, contra a desconsideração; b) defender a pessoa jurídica, na qualidade de terceiro, contra a cobrança judicial.

Um grande problema de permitir que o sócio da pessoa jurídica possa ser, ao mesmo tempo, um assistente litisconsorcial dela, deve-se a prescrição do art. 123, o qual dispõe, *in verbis*:

> Art. 123. Transitada em julgado a sentença, na causa em que interveio o assistente, este não poderá, em processo posterior, discutir a justiça da decisão, salvo se alegar e provar que:
> I – pelo estado em que recebeu o processo ou pelas declarações e atos do assistido, foi impedido de produzir provas suscetíveis de influir na sentença;
> II – desconhecia a existência de alegações ou de provas das quais o assistido, por dolo ou culpa, não se valeu.

Este artigo é emblemático no que tange a desconsideração, pois com ele poderia o sócio da pessoa jurídica desconsiderada debater a mesma causa, especialmente quando o incidente ocorrer em fase de cumprimento de sentença, isto é, quando o sócio teve menos possibilidades de fazer provas. Portanto, o sócio poderia *redebater* a causa, se tiver provas cabais que comprometeriam profundamente a condenação da pessoa jurídica, ou quando esta não fizer uso de prova nos termos do inciso II do Art. 123. Ocorre que a condição de terceiro do sócio é temporária, ele não estará sempre nesta qualidade. A partir do momento em que a decisão resolver que há assimilação entre a pessoa física e jurídica, então ele atuará como uma parte, uma parte que está inserida e "dissolvida" no núcleo da pessoa jurídica. Deste momento em diante agirá como se parte fosse, cessando o interesse como assistente. De modo pragmático, pouco mudará, salvo que tal decisão expõe o patrimônio do sócio ao mesmo risco dos demais devedores demandados.

Deste modo, o art. 123 do CPC não se aplica ao caso do sócio porque o procedimento em questão é *sui generis*, mas ele ainda poderá embargar ou mesmo propor demanda rescisória do título direcionado contra ele. Todavia, ainda que se aplicasse ao caso, a extensão do art. 123 limitar-se-ia apenas ao capítulo da condenação da pessoa jurídica (quando o sócio defende na qualidade de terceiro) e não à desconsideração em si (em que o sócio defende-se por si).

IV.d. A forma liminar no procedimento

Apesar de o contraditório ser indiscutivelmente necessário e tal entendimento estar assente na jurisprudência, poderá ocorrer da desconsideração da pessoa jurídica ser liminar, postergando-se o contraditório. Estas situações são fundamentadas com a prova de dilapidação patrimonial em curso ou iminente, comprovando o perigo no aguardar da decisão definitiva. A dificuldade surge para embasar legalmente esta concessão liminar, pois o texto legal tem a desconsideração como uma *decisão interlocutória* e não uma *tutela final*, não havendo previsão sobre o "antecipar" dos efeitos da decisão interlocutória. Entretanto, o novo Código tem como grande destaque a construção de uma gama de princípios que destinam a função instrumental, de modo que é correta a defesa da desconsideração liminar, desde que presentes os requisitos semelhantes ao de uma antecipação liminar dos efeitos da tutela. Sobre este ponto na desconsideração, já defende a doutrina moderna:

> Tal garantia do contraditório, todavia, em nosso sentir, não poderia impedir a concessão de medida liminar, quando verificados os pressupostos da tutela de urgência, pois tal entendimento, a par de absurdo, vulneraria o princípio da inafastabilidade do controle judicial, prejudicando a efetividade do processo.[32]

Não há porque defender que o instituto deva perder sua eficácia ou mesmo que o contraditório não possa ser postergado. Os efeitos incidentais podem ser antecipados tanto quanto as tutelas finais eram antes da previsão legal específica (antigo art. 273 de 1994).

IV.e. Honorários ao sócio

O sócio é trazido ao processo por um incidente, isto significa que não há contra ele uma demanda condenatória autônoma. Em verdade ele estaria, pela hipótese do art. 50 do Código Civil, tão confundido com a pessoa jurídica que o direito o trata como se fosse um todo. Deste modo, não caberia, tem tese, o recebimento de honorários sucumbenciais por parte do sócio que se viu obrigado a contratar profissional para advogar em sua defesa sobre o incidente, mesmo quando fosse vitorioso na questão. Entretanto, caso ocorresse a desconsideração da pessoa jurídica, o sócio desconsiderado sofreria a execução sobre seu patrimônio inclusive para pagar os honorários do demandante

32 GAGLIANO, Pablo Stolze e PAMPLONA FILHO, Rodolfo. Novo curso de direito civil: parte geral. p. 285.

vitorioso. Deste modo, haveria um desequilíbrio no fato de que o sócio, quando sucumbisse, pagaria os honorários do demandante, mas este não pagaria os do sócio se ele conseguisse comprovar que o incidente não tem embasamento.

Ainda que sem previsão expressa, existe lógica na cobrança de honorários contra aquele que inaugurou incidente, pois há citação do sócio para realizar defesa. Isto é ainda mais perceptível quando o sócio tem a desconsideração apontada contra si logo no início da demanda. É preciso verificar que o modelo legal não aponta os honorários apenas em "*demandas autônomas*", haverá honorários, por exemplo, em recursos e fase de cumprimentos de sentença (art. 85, §1º), por conseguinte, não é absurda a idéia de honorários em incidente. Se sucumbirem os sócios, também devem ser majorados os honorários favoráveis ao demandante, até os limites fixados, vez que este teve de se dar ao trabalho de fazer minucioso estudo e criar novos andamentos processuais por conta de uma fraude cometida pelos membros da pessoa jurídica.

IV.f. Prescrição

Fosse o sócio "condenado" na *desconsideração da pessoa jurídica* e então haveria de existir uma *prescrição* sobre esta condenação. Se o processo de conhecimento durasse tempo suficiente para ocorrência deste fato, não poderia o demandante tentar depois inserir o sócio da empresa, pois contra ele não se interrompeu a prescrição condenatória, afinal, sequer tinha sido citado e nem mesmo haveria despacho para citá-lo. Isto só aconteceria na teoria daqueles que interpretam a desconsideração da pessoa jurídica como uma condenação e o sócio como uma parte litisconsorte desde o seu princípio.

Da leitura do CPC extrai-se que o incidente pode ser proposto em qualquer fase processual e, sendo terceiro o sócio, contra ele não há prescrição. Isto não significa, contudo, que este sócio não se beneficie da prescrição *em favor da pessoa jurídica*. Enquanto a pessoa jurídica ter sua obrigação passível de ser cobrada igualmente passível de ser cobrado será o sócio em decorrência do que consta na condenação daquela, pois a responsabilidade dele está inserida na pessoa jurídica.

Ficaria difícil defender que a desconsideração decorre de demanda *condenatória* contra o sócio e que o incidente causa estes mesmos efeitos sem condenar, sem permitir ampla participação no processo e podendo ser instaurado em qualquer fase deste. Desta forma, ou o incidente não deveria existir ou ele precisa ter forma equivalente e lógica com o seu correlato oriundo da demanda, aqui se prefere esta última opção.

V. CONCLUSÃO

Todo o problema do procedimento para desconsiderar a pessoa jurídica decorre de duas questões: *a natureza processual do sócio* e a *natureza do pedido para desconsiderar*. Resolvido este impasse, outras dúvidas paralelas são desmistificadas, tais como a desnecessidade de demanda autônoma, a necessidade de citação e do contraditório, bem como as permissões processuais dadas ao sócio.

O CPC pretende solucionar a maioria das incertezas, transformando o método da desconsideração da pessoa jurídica em um *incidente*, salvo quando pedida a desconsideração na própria demanda. A decisão que resolve a desconsideração também foi classificada pelo CPC como interlocutória e passível de agravo de instrumento e, ainda que não mencione, mesmo na forma direta de demanda a decisão ainda terá a mesma natureza e passível do mesmo recurso.

A rigor, o sócio é trazido ao processo apenas para defender sua autonomia e a idoneidade da pessoa jurídica, todavia, nada impede que atue como terceiro interessado na vitória desta até o juiz resolver interlocutoriamente se fará a desconsideração (no incidente a condição de assistente é inútil porquanto ela suspende o debate da causa principal). Uma vez que o juiz desconsidera a pessoa jurídica, o sócio passa ser uma verdadeira parte litisconsorte, neste momento já se definiu que ele responderá com seu patrimônio e estará sujeito a todos os efeitos, sua defesa já não é mais apenas sobre a autonomia, é sobre tudo o que for pertinente a seus efeitos, inclusive embargando como parte.

VI. BIBLIOGRAFIA

ALVIM, Eduardo Arruda. *Direito Processual Civil.* 2ª ed. reform., atual e ampl. São Paulo: Revista dos Tribunais, 2008.

BUENO, Cassio Scapinella. *Curso Sistematizado de Direito Processual Civil: Procedimento comum: ordinário e sumário.* V. 2. tomo I. 2ª ed. rev. atual. e ampl. São Paulo: Saraiva, 2009.

COELHO, Fábio Ulhoa. *Manual de direito comercial.* 17ª ed. rev. e atual. São Paulo, Saraiva, 2006.

DINAMARCO, Candido Rangel. *Vocabulário do processo civil.* São Paulo: Malheiros, 2009.

FARIAS, Cristiano Chaves de. e ROSENVALD, Nelson. *Curso de Direito Civil: parte geral e LINDB.* v. 1. 11ª ed. rev., ampl. e atual. Bahia: Jus Podivm, 2012.

GAGLIANO, Pablo Stolze e PAMPLONA FILHO, Rodolfo. *Novo curso de direito civil: parte geral.* v. 1. 15ª ed. rev., atual. e ampl. São Paulo: Saraiva, 2013.

GOMES, Orlando. *Introdução ao Direito Civil.* 20ª ed. rev. atul. aum.Rio de Janeiro: Forense, 2010.

GONÇALVES, Carlos Roberto. *Direito civil brasileiro: parte geral.* v. 1. 11ª ed. São Paulo: Saraiva, 2013.

HOUAISS, Antônio. e Villar, Mauro de Salles. *Grande Dicionário Houaiss da Língua Portuguesa.* Rio de Janeiro: Objetiva, 2001.

KELSEN, Hans. *Teoria pura do direito.* 7ª ed. São Paulo: Martins Fontes, 2006.

LIEBMAN, Enrico Tullio. *Eficácia e Autoridade da Sentença e outros escritos sobre a coisa julgada.* Tradução de Alfredo Buzaid e Benvindo Aires, tradução dos textos posteriores à edição de 1945 com notas relativas ao direito brasileiro vigente de Ada Pellegrini Grinover. 4ª ed. Rio de Janeiro: Forense, 2007.

NADER, Paulo. *Curso de Direito Civil: Parte Geral*. v. 1. 7ª ed. rev. e atual. Rio de Janeiro: Forense, 2010.

SILVA, De Plácido e. *Vocabulário Jurídico*. 29ª ed. Rio de Janeiro: Forense, 2012.

SILVA, Ovídio A. Baptista da. *Comentários ao Código de Processo Civil, v. 1: Processo de Conhecimento – arts. 1º a 100*. 1ª ed. rev. atul. e ampl. São Paulo: Editora Revista dos Tribunais, 2005.

THEODORO JÚNIOR, Humberto. *Curso de Direito Processual Civil: teoria geral do direito processual civil e processo de conhecimento*. 53ª ed. v. 1. Rio de janeiro: Forense, 2012

VENOSA, Silvio de Salvo. *Direito Civil: parte geral*. 12ª ed. São Paulo: atlas, 2012.

OS 25 ANOS DA CONSTITUIÇÃO DE 1988: PASSADO, PRESENTE E FUTURO[1]

Zaiden Geraige Neto

RESUMO: O presente trabalho aborda o contexto em que se instalou a Constituição Federal de 1988, as conjecturas administrativas e políticas da época, os aparentes e os efetivos avanços, sua reflexão na ordem processual (tradicional e coletiva) e no princípio da inafastabilidade do controle jurisdicional, tendo-se por cautela a não infringência ao contraditório e à ampla defesa, mas, também, a necessidade de medidas de ordem prática para minimizar o número absurdo de processos e recursos, atribuindo-se aos tribunais superiores a sua verdadeira função.

ABSTRACT: *This paper discusses the context in which was installed the 1988 Constitution, conjectures and administrative policies of the time, the apparent and effective progress, its reflection in a procedural (traditional and collective) and the principle of main jurisdictional control, taking up a caution for non-infringement to the contradictory and full defense, but also the need for practical measures to minimize the absurd number of processes and resources, assigning to court over its real function.*

PALAVRAS-CHAVE: Constituição. Efetividade. Segurança. Jurídica.

KEYWORDS: *Constitution. Effectiveness. Security. Legal.*

SUMÁRIO: **1.** Introdução. **2.** CF/88: contexto histórico. **3.** A adaptação e os problemas velhos tratados como novos. **4.** Os direitos coletivos, o Ministério Público, o novo CPC e outros mecanismos, processuais e extrajudiciais. **5.** Conclusão. **6.** Bibliografia.

1. INTRODUÇÃO

Muitos chamam a Constituição Federal de 1988 de "Carta Cidadã", fazendo alusão, principalmente, aos direitos e garantias previstos em seu artigo 5º e incisos.

Ocorre que, no seu vigésimo quinto aniversário, percebe-se que não só o seu texto é um complexo e agigantado emaranhado de normas cuja natureza ontológica desmereciam lugar nesse plano, como, também, a tão almejada efetividade processual acaba esbarrando em princípios genéricos, como se fossem auto-explicativos, verdadeiros axiomas e, na verdade, o que se verifica é que o hermeneuta se encontra não raro à frente de perversos sofismas propostos pelo próprio texto constitucional.

Medidas foram tomadas, mas não foram suficientes. Agora está-se na iminência da vigência de um novo Código de Processo Civil, sancionada por meio da Lei nº

---

1 Baseado também em palestra e texto de nossa autoria, a pedido da Faculdade Barretos.

13.105, de 16 de março de 2015. O Direito coletivo surgiu como uma esperança ao lado da arbitragem e da mediação.[2]

O fato é que nada se avançará caso não ocorra uma união de esforços de natureza prática e, principalmente, cultural. Nessa medida incluem-se o Estado e o próprio povo.

2. CF/88: CONTEXTO HISTÓRICO

Por ocasião da posse do Ministro Luiz Fux como membro honorário do IASP – Instituto dos Advogados de São Paulo,[3] entidade cuja diretoria integramos, além do homenageado, tivemos a oportunidade de receber vários e renomados palestrantes, dentre eles os professores e também associados Carlos Alberto Carmona, Flávio Luiz Yarshell, Edgard Bueno Filho, Cássio Scarpinella Bueno, José Manuel de Arruda Alvim e Nelson Nery Júnior, estes dois últimos inesquecíveis professores no Mestrado e no Doutorado da PUC/SP.

A beleza da ciência jurídica está exatamente na sua complexidade e na capacidade de ser interpretada de diferentes formas e não necessariamente de uma forma certa e outra errada. Os divergentes enfoques, desde que tratados com bases científicas, com premissas e conclusões críveis, merecem sempre nosso respeito.

Muito se discutiu sobre os avanços e retrocessos da própria Constituição Federal e do Código de Processo Civil que está para entrar em vigor, nos termos do que foi previsto em seu art. 1.045.

Nas palavras do professor Arnold Wald, também presente na ocasião, *as linhas paralelas não se encontram em geometria. Mas em direito elas podem se encontrar, porque tudo é possível...*

Realmente. Mas se houve um ponto em comum a todos os pronunciamentos – com o qual concordamos – foi o contexto histórico no qual foi concebida a Constituição da República de 1988 e, principalmente, o ambiente administrativo quando da criação do Superior Tribunal de Justiça.

Com efeito, o país gritava por sede de democracia e de instituições políticas fortes, respeitadas. A Ditadura tinha que ser apenas um passado triste da história e um mundo novo deveria surgir com um Estado Social e Democrático de Direito, com uma carta que valorizasse, acima de tudo, o cidadão, o acesso irrestrito aos direitos inerentes a qualquer democracia (saúde, justiça, lazer, educação, propriedade etc.).

3. A ADAPTAÇÃO E OS PROBLEMAS VELHOS TRATADOS COMO NOVOS

Pois bem. Os direitos, os princípios foram lançados ao texto constitucional e o Estado passou a interpretar a nova ordem, no seu âmbito judicial, a adaptar sua legisla-

---

2 Sobre o tema vide Eduardo Arruda Alvim e Daniel Willian Granado. *Novo CPC sistematiza conciliação e mediação.* www.conjur.com.br, *22.06.2011.*

3 Em outubro de 2013.

ção infraconstitucional em seu viés legislativo e, à sua luz, tentar governar através do Poder Executivo.

Não tardaram a aparecer grandes dificuldades. O Estado nunca esteve e não está aparelhado para fazer frente à enormidade de direitos (legítimos) atribuídos na CF/88.

A má redação das normas passou a ser também um grande problema. O moroso processo legiferante outra questão alarmante. As medidas provisórias se tornaram a válvula de escape para o Executivo, apesar das aberrações praticadas, notadamente porque em muitos casos evidente a ausência de urgência ou necessidade (relevância).

E no meio de toda essa balbúrdia, juntamente com a Constituição Federal nasceu o Superior Tribunal de Justiça, cuja função seria a de *uniformizar a jurisprudência,* analisando os casos advindos de matérias de natureza infraconstitucional.

Ocorre que o novo tribunal foi composto pela base dos magistrados do antigo TFR – Tribunal Federal de Recursos, que julgava, em segunda instância, as questões discutidas no âmbito da primeira instância da justiça federal. Antes eles reexaminavam os casos (apelação). Na nova função a súmula 7 do STJ estancou essa possibilidade.

Nada mais natural que os novos ministros tivessem grande dificuldade em passar a julgar também casos de competência da justiça estadual, sem qualquer relação com a temática habitual e originária desses juízes.

Ao contrário de uniformizar a jurisprudência o que se notou foi a instalação da mais absoluta divergência entre as Turmas e entre os Ministros. Súmulas foram criadas e também os filtros para recebimento dos recursos especiais, como requisitos formais absurdos, tal como a certidão da decisão que negou seguimento ao recurso. No âmbito do Supremo Tribunal Federal a mesma coisa. Súmula vinculante, repercussão geral, arguição de relevância, recursos repetitivos etc.

Foram arquivados mais de dois mil recursos.

4. OS DIREITOS COLETIVOS, O MINISTÉRIO PÚBLICO, O NOVO CPC E OUTROS MECANISMOS, PROCESSUAIS E EXTRAJUDICIAIS

Na visão de Yarshell,[4] durante a década de 80, antes do advento da constituição, o que se percebeu foi uma litigiosidade contida. O sistema não permitia que os direitos transindividuais chegassem à tutela do judiciário. Os problemas existiam, mas não havia suporte e nem hábito. O ordenamento compunha-se da Ação Popular, da Ação Civil Pública e depois promulgou-se o Código de Defesa do Consumidor.

O professor Nelson Nery Júnior[5] nos relata um fato que, a nosso sentir, sintetiza bem a importância da utilização dos mecanismos processuais tipicamente coletivos, notadamente através do Ministério Público como ente legitimado. Na oportunidade em que o professor cursou seu doutoramento na Alemanha, certo dia deparou-se com uma notícia divulgada em horário nobre, numa espécie de "Jornal Nacional" tedesco. O fato

4 Flávio Luiz Yarshell. Palestra no dia da *Posse do Ministro Luiz Fux no IASP.*

5 Nelson Nery Júnior. Palestra no dia da *Posse do Ministro Luiz Fux no IASP.*

dizia respeito a um ilícito (corriqueiro no Brasil) que havia sido praticado pelo Estado da Baviera. Tal fato foi tratado como grande insulto e, tamanho o alarde, o governo se retratou e desfez o ato em menos de cinco dias. Pois bem. Aqui no Brasil, em uma determinada e importante cidade da Nação, o mesmo professor questionou um então Secretário de Negócios Jurídicos daquele grande município porque a então chefe do executivo havia promovido um aumento ilegal de IPTU (não uma simples correção, mas algo que alterava base de cálculo, alíquota etc.), através de simples decreto. A surpresa do professor Nery foi grande ao receber a resposta de que "valia a pena" tomar aquela atitude ilegal, por uma questão de custo/benefício. Isso porque já tinham elaborado um estudo de perspectiva, com bases matemáticas e sociológicas, tendo notado que apenas 20% (vinte por cento) da população iria questionar o ato ilegal perante o Poder Judiciário. Assim, com o transcurso do prazo para os 80% restantes, o Município iria "obter alto lucro" pela inércia dessa parte da população.

Percebe-se que não bastam e não existem fórmulas mágicas e mirabolantes para o melhor funcionamento do Poder Judiciário. Não será criando filtros, por vezes inconstitucionais, na vã tentativa de resolver tais problemas, impedindo o acesso à jurisdição na forma do artigo 5º, XXXV, da CF/88 (na sua plenitude, i.e. recursos, *due process of law* etc.), que se conseguirá transformar nossa justiça em algo digerível. O problema, conforme se nota pelo exemplo citado, é de ordem cultural. Se o próprio governante pensa no "custo/benefício" da ilegalidade é claro que o cidadão comum seguirá o exemplo de quem o governa.

E não obstante o reiterado entendimento do STF[6] (artigo 1º, § único da Lei nº 7.347/85) no sentido de que o Ministério Público não tem legitimidade para defesa de

---

6 www.stj.jus.br/noticias: Segunda-feira, 06 de maio de 2013. "Reafirmada jurisprudência sobre ilegitimidade do MP para questionar tributos em defesa dos contribuintes. Em análise do Recurso Extraordinário com Agravo (ARE) 694294, o Supremo Tribunal Federal (STF), por meio de deliberação no Plenário Virtual, reafirmou jurisprudência no sentido de que o Ministério Público não tem legitimidade processual para requerer, por meio de ação civil pública, pretensão de natureza tributária em defesa dos contribuintes, visando questionar a constitucionalidade de tributo. A decisão da Corte ocorreu por maioria dos votos e teve repercussão geral reconhecida. Na origem, o Ministério Público de Minas Gerais (MP-MG), por sua promotoria de Justiça na Comarca de Santa Bárbara, propôs contra este mesmo município uma ação civil pública de responsabilidade por cobrança inconstitucional de taxa de iluminação pública. Solicitava o reconhecimento incidental da inconstitucionalidade das Leis Municipais 1.146/2001 e 998/1997, por afronta ao artigo 145, inciso II e parágrafo 2º, da Constituição Federal. Pedia também a suspensão imediata da cobrança, com fixação de multa em caso de descumprimento e a condenação do município para a devolução retroativa dos valores cobrados aos contribuintes. Em primeira instância, o processo foi extinto sem resolução de mérito, ao fundamento de que o autor carecia de legitimidade ativa para a causa. Contra a sentença, o MP-MG recorreu ao Tribunal de Justiça do Estado de Minas Gerais (TJ-MG), que negou provimento ao recurso. Entre outros fundamentos, a Corte mineira entendeu que "a relação estabelecida entre o município de Santa Bárbara e os contribuintes não é de consumo, mas, tão somente, jurídico-tributária, sem quebra da individualidade de cada um destes; que o MP não tem legitimidade para defesa de direitos individuais homogêneos identificáveis e divisíveis". Em seguida, o MP-MG interpôs recurso extraordinário, que foi inadmitido pelo TJ-MG e originou

contribuintes em relação a matéria tributária, esse caso concreto citado acima seria uma típica situação, a nosso ver, de relevante afronta ao texto constitucional (artigo 146, CF/88) a ensejar sua defesa por parte do órgão ministerial, fato a evidenciar também a importância dos direitos coletivos.

Rendemos aplausos à nossa orientadora no Mestrado e no Doutorado, Dra. Teresa Arruda Alvim Wambier, com relação à postura no transcurso da elaboração e discussão do projeto do novo Código de Processo Civil. É claro que ele não é perfeito e deverá ser esculpido pelo tempo, através da vivência empírica, como sói acontecer com todo regramento jurídico. Até porque seu texto final não dependeu e não dependerá somente das opiniões técnicas e sim dos interesses e posicionamentos do próprio Congresso Nacional, o que, a nosso ver não é bom, mas é uma regra da democracia.

Traz, também, algumas preocupações, *data maxima venia,* como, por exemplo, a criação de um rol taxativo de hipóteses para o gravo de instrumento. No início diminuirá o volume de recursos mas, com o tempo, haverá novas interpretações e extensão das hipóteses. Se não couber o agravo haverá maior incidência de Mandado de Segurança.

Por outro lado, o novo Código de Processo Civil amplia muito o poder judicial. Há muita reverência à jurisprudência. Sabe-se ser fato incontroverso em todas as comunidades jurídicas avançadas do mundo que a jurisprudência deve seguir a doutrina e não o contrário.

Também a possível manutenção da regra do recebimento da apelação no duplo efeito é um retrocesso (*perderam a oportunidade*). Sobre o tema, merece transcrição

---

o presente agravo, para que o caso fosse apreciado pelo Supremo. O MP-MG aponta violação ao artigo 5º, inciso LIV; artigo 93, inciso IX; artigo 127 e artigo 129, inciso III, da Constituição Federal. Sustenta que a ação civil pública "destina-se a ser um dos mais importantes instrumentos de defesa de interesses difusos e coletivos, principalmente porque a ordem jurídica está evoluindo no sentido de buscar, por meio de ações coletivas, a solução para os conflitos de massa". "Entretanto, lamentavelmente, interpretações equivocadas têm sido utilizadas para afastar a atuação ministerial, prejudicando, assim, o interesse da coletividade", completa. Jurisprudência. Segundo o relator, ministro Luiz Fux, a matéria sob exame há muito tempo vem sendo objeto de discussão no âmbito do Supremo. Por isso, conforme ele, há necessidade de pronunciamento definitivo da Corte quanto à existência de repercussão geral do tema, por entender que ultrapassa os interesses subjetivos da causa. O ministro salientou que a jurisprudência da Corte pacificou entendimento segundo o qual "falece ao Ministério Público legitimidade ativa ad causam para deduzir em juízo pretensão de natureza tributária em defesa dos contribuintes, visando a questionar a constitucionalidade/legalidade de tributo". Ele citou como precedentes os REs 206781, 559985, 248191, 213631 e o Agravo de Instrumento (AI) 327013. "Tenho, pois, que o tema constitucional versado nestes autos é relevante do ponto de vista econômico, político, social e jurídico, pois alcança uma quantidade significativa de ações em todo o país", ressaltou o relator. Ele se manifestou pela existência de repercussão geral e pela reafirmação da jurisprudência sobre o tema e foi acompanhado pela maioria dos votos. De acordo com o artigo 323-A do Regimento Interno do STF (atualizado com a introdução da Emenda Regimental 42/2010), o julgamento de mérito de questões com repercussão geral, nos casos de reafirmação de jurisprudência dominante da Corte, também pode ser realizado por meio eletrônico. EC/AD. Processos relacionados. ARE 694294".

interessante posicionamento de nosso colega de docência no Mestrado da Unaerp, Fernando da Fonseca Gajardoni:[7]

> "Não é lógico obrigar o vencedor da ação em primeira instância a esperar o tempo do duplo grau de jurisdição quando o juiz já declarou a existência do direito postulado.... Afinal, em um sistema de Justiça civil que se deseja (e se projeta) efetivo, a sentença não pode ter o mesmo efeito de um parecer; o primeiro grau não pode ser mera instância de passagem; e o juiz monocrático não pode ser responsável, simplesmente, por decidir quem vai recorrer de sua decisão (quando não ambos).... A busca por um (pseudo) consenso político em torno do projeto não pode servir de escusa para que a versão Câmara do Novo CPC mutile a reforma mais esperada dos últimos anos; aquela que permitirá ao titular do direito já reconhecido em primeiro grau antecipar medidas executivas na pendência da apelação; que inibirá, naturalmente, a prática recursal protelatória de quem lucra com o tempo-justiça (leia-se: Poder Público e instituições financeiras). Espera-se, então, que na fase sucessiva do tramitar do projeto (plenário da Câmara e retorno ao Senado), os legisladores tenham bom senso e coragem suficientes para restabelecer a regra da auto-executoriedade da sentença de 1º grau (prevista em todas as versões anteriores do projeto), extinguindo a regra da suspensividade automática da sentença apelável supreendentemente lançada na versão Câmara do projeto. Se o que queremos é um Novo CPC que, realmente, possa contribuir para a efetividade da Justiça, essa é, sem dúvida alguma, uma reforma irrenunciável.".

Outro aspecto preocupante diz respeito à emenda nº 614, que visa restringir o uso da penhora *on-line, "...limitando-a aos casos em que não exista mais recurso no tocante à decisão que está sendo executada. Acaso acolhida a emenda teremos um verdadeiro retrocesso no processo de execução brasileiro, pois a penhora on-line sem reservas – incorporada formalmente ao ordenamento há mais de sete anos – mostra resultados exitosos.".*[8]

Não se pode negar, por outro lado, conforme advertiu o professor Arruda Alvim[9], que o novo CPC tenta ser efetivo. Traz valorização prática ligado à Constituição Federal e prestigia o contraditório, com a organicidade que não tinha no CPC de 1973. Inova com a cooperação judicial internacional e economia processual (supressão nomeação à autoria, fusão da denunciação da lide com contestação, admissibilidade da apelação será em segundo grau).

Além disso, no novo CPC as decisões interlocutórias não ensejam preclusão e há expressa previsão do *amicus curiae*, devendo o juiz efetivamente fundamentar e não simplesmente transcrever suas decisões. Há ordem cronológica de julgamento. A desconsideração da personalidade jurídica será submetida ao contraditório. Os honorários poderão atingir 25%, haverá supressão das cautelares nominadas, além de outros pontos, por nós considerados avanços.

---

7 Fernando da Fonseca Gajardoni. *Efeito suspensivo automático da apelação deve acabar.* http://www.conjur.com.br/2013-ago-09/fernando-gajardoni-efeito-suspensivo-automatico-apelacao-acabar.

8 Fernando da Fonseca Gajardoni, Luiz Dellore, Zulmar Duart Jr. e André V. Roque. *A penhora online e o novo CPC.* www.folha.com.br/opiniao, 27.12.2013.

9 José Manuel de Arruda Alvim. Palestra no dia da *Posse do Ministro Luiz Fux no IASP.*

Paralela a isso já tramita pelo Congresso Nacional a PEC 209/2012, que estabelece a chamada repercussão geral também no Recurso Especial. Conceitualmente acreditamos que será, no mínimo, insólito, pois se o STJ, conforme dissemos, tem a responsabilidade de *uniformizar a jurisprudência,* em tese, não havendo esbarros em filtros já existentes como, por exemplo, a súmula 7 e outros, a função primaz desse pretório estará sendo banida com a necessidade de se comprovar a relevância da discussão.

De qualquer forma, parece que o tema já está sacramentado no âmbito político, restando apenas a nós,[10] operadores do direito, que tentemos minimizar ou, pelo menos, racionalizar a operacionalização dessa repercussão geral.

O que não se pode conceber é o desenfreado ***ativismo judicial.*** Na verdade, estamos diante de um eufemismo. O STF não tem poder para mudar a Constituição Federal. O Poder Judiciário tem a atribuição típica de interpretar e julgar. O déficit legislativo não autoriza ao STF a legislar. Isso é arbítrio. Discricionariedade judicial compromete o Estado Democrático de Direito.

Para se ter uma ideia da gravidade da situação, há decisões judiciais prolatadas por tribunal superior, declarando a inconstitucionalidade em caso concreto produzindo efeitos *erga omnes*! Esse tipo de decisão não faz coisa julgada nem para as partes, pois é fundamento e não dispositivo da sentença (art. 504 do novo CPC)!

Concordamos que as decisões judiciais não podem se utilizar apenas do método da subsunção do fato à norma. O método ainda é válido, mas deve estar acompanhado de ferramentas que transcendem o direito expressamente positivado. Assim, ao falar-se em lei é claro que se pode ampliar a interpretação dessa palavra para atingir também os princípios,[11] por exemplo.

A jurisprudência, por exemplo, mesmo que não diretamente ligada ao caso concreto e, portanto, ineficaz como paradigma, pode, por outro lado, em razão do conteúdo de suas digressões, servir de fundamento ou orientação para outras decisões. Apesar da doutrina já ter sido "atacada" e tratada com desdém até por ministro de tribunal superior, o fato é que o estudo acadêmico-científico, somado às decisões judiciais, ao estudo da hermenêutica legislativa e a interatividade com as demais ciências destinam importante papel para o aprimoramento do Direito.[12]

---

10 Integramos a Comissão de Processo Constitucional do IASP, presidida por Eduardo Arruda Alvim, cuja primeira incumbência é participar e acompanhar a tramitação da PEC 209/2012, junto ao Congresso Nacional.

11 Sobre o tema vide Teresa Arruda Alvim Wambier & José Miguel Garcia Medina. *O dogma da coisa julgada,* RT, 2003.

12 Marco Aurélio Greco. *Contribuições* (uma figura "sui generis"), Dialética, 2000, p. 14. Sobre o tema: *Considerar a jurisprudência, num trabalho de doutrina, é tão relevante quanto considerar a Constituição ou as leis, seja porque ela tem uma função criadora do Direito, seja para permitir um exame conjugado do qual podem resultar observações que contribuam para o aperfeiçoamento tanto da legislação quanto da própria jurisprudência...Deste exame conjunto, porém, podem resultar diversas perplexidades, que demandarão especial atenção, particularmente no sentido de buscar superá-las.*

Ainda sobre a forma de enfrentar as questões, Marco Aurélio Greco apresenta importante posicionamento:[13]

> "Todo este modelo, apoiado na idéia de causalidade, na noção de subsunção e numa concepção como a de Estado de Direito, é um modelo que propugna pelos valores certeza e segurança. O mundo que está pronto, feito, a ser meramente descrito pelo intérprete sem que seja por ele modificado, é o mundo da certeza e da segurança. Realmente, na medida em que o intérprete ou aplicador se limitasse a subsumir fatos a normas, identificando objetivamente a causa da obrigação; na medida em que soubesse exatamente qual a relação existente, e assim por diante, esta seria uma postura que levaria à certeza e à segurança. Sucede que, veremos mais adiante, esta certeza e segurança não existem nem mesmo nas Ciências Exatas, além do que são meramente aparentes e as contribuições são típicas figuras que não atendem a esta visão eminentemente causal...".

E também:

> "Outra alternativa de resposta segue na direção da evolução que vem sendo realizada pela doutrina nos últimos tempos, que aponta no sentido da aplicação do denominado princípio da proporcionalidade, do qual decorrem três critérios a serem considerados quando temos uma norma constitucional (ou mesmo legal) que indica um fim a ser atingido. São os critérios da: necessidade, adequação e proibição do excesso".[14]

Dessa forma, não pode o judiciário *julgar mal* (leia-se: *julgar desconforme o bom senso traduzido pelo ordenamento jurídico, sem discutir-se a justiça da decisão),* ou, deixar de julgar, simplesmente porque encontrou as chamadas lacunas na busca de ferramentas para a análise do caso concreto.

Sobre o tema da completude no microssistema Riccardo Guastini[15] pondera o seguinte:

> "Em geral, pode-se dizer que um microssistema normativo ficará incompleto toda vez que se leve em consideração uma circunstância que não foi julgada relevante pelo legislador (entendendo-se legislador em sentido lato como qualquer órgão investido de competências normativas). Diante de uma lacuna, o microssistema pode ser completado de diversas maneiras. (a) Em primeiro lugar, ampliando a base de documentos normativos com os quais se trabalha: pode acontecer que outras fontes diferentes das que foram inicialmente levadas em consideração forneçam a norma que se está buscando. (b) Em segundo lugar, mudando a interpretação dos documentos normativos utilizados, reinterpretando-os, de modo a extrair deles também a norma apta a fornecer a solução do caso em questão. (c) Em terceiro lugar, elaborando uma norma nova (por exemplo, mediante analogia) e juntando-a ao sistema".

---

13 Marco Aurélio Greco. *Contribuições* (uma figura "sui generis"), Dialética, 2000, p. 29.

14 Marco Aurélio Greco. *Contribuições* (uma figura "sui generis"), Dialética, 2000, pp. 125/126.

15 Riccardo Guastini. *Das fontes às normas*. Quartier Latin, 2005, pp. 183/184.

Agir com base nesses mecanismos é o que Chaïm Perelman[16] chama de *lógica do razoável,* que toda *lógica jurídica* deve ter em sua essência, devendo as decisões jurídicas ter por premissa o bom senso, a razoabilidade, o que, nos dizeres de Margarida Maria Lacombe Camargo[17] se traduz na constatação de que *a solução jurídica tem um compromisso com a paz social, tendo em vista tratar-se de uma atividade prática e não puramente teórica. A decisão razoável será, então, aquela que não se opõe, sem razão, ao senso comum de cada sociedade.*

Isto também vale para as reformas legislativas.

Assim, por exemplo, diminuir o número de recursos e ações sim. Através de infringência à Constituição Federal não! Veio-nos à memória outro caso concreto em que advogamos e que retrata o absurdo em que vivemos. Foi interposto um recurso especial e ao mesmo negado seguimento. Diante disso, interpôs-se o agravo previsto no artigo 544 do CPC (art. 1.042, do novo CPC), nos próprios autos, conforme prevê o novo regramento. A parte contrária – no caso a União – não havia juntado sua procuração aos autos. Simplesmente rejeitou-se o agravo por esse motivo! Ou seja, o agravante foi penalizado pelo erro da parte contrária! Não havendo mais necessidade de formação do instrumento, é claro que estará nos autos aquilo que efetivamente estiver nos autos. Não pode o STJ identificar a ausência da procuração da parte contrária como erro do agravante, exercendo, na verdade mais um vergonhoso filtro para não analisar mais um recurso especial, principalmente se contraria os interesses do Estado.

E agora o judiciário *digitalizou* sua vida. Temos certeza de que transcorrido o necessário hiato de adaptação e muitas falhas, esse será um grande avanço para o Estado e, por consequência, para os jurisdicionados.

Muitas dúvidas ainda existirão. Será que isso é um sinal da total desumanização do processo? Será que o contato do advogado com o juiz está fadado ao fim?[18] O novo CPC não cuidou do processo eletrônico. Não seria essa uma oportunidade?

5. CONCLUSÃO

Nota-se, assim, que o sistema não pode viver de incertezas e o jurisdicionado

---

16 Chaïm Perelman. *Ética e Direito*. Tradução de Maria Ermantina Galvão Pereira. Ed. Martins Fontes, 1996, p. 463.

17 Margarida Maria Lacombe Camargo. *Hermenêutica e Argumentação.* Renovar, 1999, p. 222.

18 Postura elogiável foi adotada pelo juiz Fernando da Fonseca Gajardoni: *...Para facilitar o acesso ao Judiciário e economizar tempo, um juiz da comarca de Patrocínio Paulista (a 413 km da capital do estado de SP) está atendendo advogados pelo Skype – programa de telefonia com vídeo pela internet. O juiz Fernando da Fonseca Gajardoni adotou a tecnologia, também utilizada pela ministra do Superior Tribunal de Justiça Nancy Andrighi, no último dia 15 e diz que foi motivado pelos problemas enfrentados por advogados de outras cidades, como Franca, Ribeirão Preto e São Paulo, que são obrigados a se deslocar quando precisam despachar na comarca em que ele atende.... http://www.conjur.com.br/2014-jan-22/juiz-interior-sao-paulo-passa-receber-advogados-skype.*

não pode viver na insegurança. Enquanto a questão cultural parece estar distante, pois depende de todo um processo de amadurecimento de um povo, há soluções mais palatáveis, tangíveis, como a mediação e a arbitragem. Claro que isso não dispensa o aperfeiçoamento de nossas normas processuais. Mas devemos dedicar mais tempo ao consenso, ao acordo, à desmotivação ao *demandismo*.

O Estado tem o dever de dar o exemplo.[19]

6. BIBLIOGRAFIA

Alexy. Robert. *Teoria dos direitos fundamentais*. São Paulo: Malheiros Editores, 2008.

Arruda Alvim. Eduardo *et* Granado. Daniel Willian. *Novo CPC sistematiza conciliação e mediação. www.conjur.com.br, 22.06.2011.*

Arruda Alvim. José Manuel de. *IASP – palestras proferidas por ocasião da posse do Ministro Luiz Fux como associado, outubro/2013.*

Atienza. Manuel. *As razões do Direito*. Landy, 2000.

Dworkin, Ronald M. *Levando os direitos a sério*. São Paulo: Martins Fontes, 2002.

Gajardoni. Fernando da Fonseca. Efeito suspensivo automático da apelação deve acabar. http://www.conjur.com.br/2013-ago-09/fernando-gajardoni-efeito-suspensivo-automatico-apelacao-acabar.

___________. *A penhora on-line e o novo CPC. et* Luiz Dellore, Zulmar Duart Jr. e André V. Roque. www.folha.com.br/opiniao, 27.12.2013.

Geraige Neto. Zaiden. *O princípio da inafastabilidade do controle jurisdicional,* RT, 2003.

___________. *Ação Rescisória – o lento caminhar do direito escrito comparado às rápidas transformações das sociedades contemporâneas,* RT, 2009.

___________. *et* Marcelo Rodrigues Mazzei *et* Alexandre Rodrigues Oliveira Signorelli. *O protesto extrajudicial da certidão de dívida ativa – meio alternativo à judicialização ou ofensa ao direito coletivo dos contribuintes?,* publicado pela Revista Bimestral de Direito Público (interesse público – IP), outubro/2013.

Greco. Marco Aurélio. *Contribuições* (uma figura "sui generis"). Dialética, 2000.

Guastini. Riccardo. *Das fontes às normas*. Quartier Latin, 2005.

---

19 Exemplo de boa alternativa pode ser visto em trabalho intitulado *O protesto extrajudicial da certidão de dívida ativa – meio alternativo à judicialização ou ofensa ao direito coletivo dos contribuintes?,* publicado pela Revista Bimestral de Direito Público (interesse público – IP), outubro/2013, pp. 213 e ss., de autoria de Marcelo Rodrigues Mazzei, Zaiden Geraige Neto e Alexandre Rodrigues Oliveira Signorelli.

Lacombe Camargo. Maria Margarida. *Hermenêutica e Argumentação.* Renovar, 1999.

Nery Júnior. Nelson. *IASP – palestras proferidas por ocasião da posse do Ministro Luiz Fux como associado, outubro/2013.*

Perelman. Chaïm. Ética e Direito. Tradução de Maria Ermantina Galvão Pereira. Ed. Martins Fontes, 1996

Wambier. Teresa Arruda Alvim *et* Garcia Medina. José Miguel. *O dogma da coisa julgada,* RT, 2003.

Yarshell. Flávio Luiz. *IASP – palestras proferidas por ocasião da posse do Ministro Luiz Fux como associado, outubro/2013.*

www.conjur.com.br

www.stf.jus.br

www.stj.jus.br

Impressão e acabamento:

Grupo Smart Printer
Soluções em impressão